Die Anerkennung US-amerikanischer Urteile
in Deutschland unter Berücksichtigung des ordre public

Europäische Hochschulschriften
Publications Universitaires Européennes
European University Studies

Reihe II
Rechtswissenschaft

Série II Series II
Droit
Law

Bd./Vol. 2813

PETER LANG
Frankfurt am Main · Berlin · Bern · Bruxelles · New York · Wien

David Herrmann

Die Anerkennung US-amerikanischer Urteile in Deutschland unter Berücksichtigung des ordre public

Eine rechtsvergleichende Untersuchung zum „Justizkonflikt“ zwischen Deutschland und den USA

PETER LANG
Europäischer Verlag der Wissenschaften

Die Deutsche Bibliothek - CIP-Einheitsaufnahme

Herrmann, David:

Die Anerkennung US-amerikanischer Urteile in Deutschland unter Berücksichtigung des ordre public : eine rechtsvergleichende Untersuchung zum „Justizkonflikt" zwischen Deutschland und den USA / David Herrmann. - Frankfurt am Main ; Berlin ; Bern ; Bruxelles ; New York ; Wien : Lang, 2000
(Europäische Hochschulschriften : Reihe 2, Rechtswissenschaft ; Bd. 2813)
Zugl.: Augsburg, Univ., Diss., 1999
ISBN 3-631-35067-8

D 384
ISSN 0531-7312
ISBN 3-631-35067-8

Meinen Eltern und Frau Dr. Helga Nitsch

Law has become the prerogative of territorial sovereigns,
whereas human affairs freely cross state and national boundaries

(Friedrich K. Juenger)

VORWORT

Das Manuskript der vorliegenden Arbeit wurde im September 1997 abgeschlossen und der Rechtswissenschaftlichen Fakultät der Universität Augsburg als Dissertation vorgelegt. Es wurde ohne Änderungen oder Ergänzungen im Wintersemseter 1998/1999 angenommen. Text und verwertete Literatur befinden sich – bis auf wenige Ausnahmen – auf dem Stand September 1997.

Meinem Doktorvater, Herrn Professor Dr. Volker Behr, danke ich für die Anregung zu dieser Arbeit. Er war - sofern von mir erbeten - stets ein geduldiger Gesprächspartner und unterstützte mich durch konstruktive Anmerkungen. Darüber hinaus fand er regelmäßig motivierende Worte und war äußerst verständnisvoll hinsichtlich meiner beruflichen Belastung als Rechtsanwalt.

Besonderer Dank gilt Herrn Professor Dr. Stephan Lorenz für die Erstellung des Zweitgutachtens innerhalb kürzester Zeit.

Herzlichen Dank möchte ich insbesondere Herrn Dr. Nikolaus Bosch aussprechen, der durch ergänzende Hinweise in den Phasen des brain stormings und dann auch bei Durchsicht des Manuskripts zum Gelingen der Arbeit aktiv beigetragen hat. Daneben möchte ich Herrn Professor Dr. Ronald A. Brand, University of Pittsburgh, Pittsburgh (Pa.), für Hinweise zur US-amerikanischen Rechtslage, dem dortigen Diskussionsstand und die Übersendung verschiedener US-amerikanischer Literaturstellen danken. Als Gesprächspartner war darüber hinaus Herr Professor Dr. Fritz Jünger, University of California, Davis (Ca.), leider nur selten, aber dennoch von großem Wert.

Danken möchte ich auch meinen Eltern, die sowohl durch finanzielles als auch persönliches Engagement eine große Hilfe waren und das Entstehen der Arbeit überhaupt erst ermöglicht haben. Nicht jeder Doktorand hat die Chance, seine Eltern bei deren USA-Aufenthalten zur Literaturrecherche einsetzen zu können.

Abschließend möchte ich mich ganz besonders bei meiner Lebensgefährtin, Frau Dr. Helga Nitsch, bedanken. Sie hat mit ganz wenigen - dann allerdings um so nachvollziehbareren - Ausnahmen in geradezu stoischem Gleichmut die erheblichen promotionsbedingten Zumutungen ertragen und insbesondere die berufsbedingt erforderliche Arbeit an diesem Buch an einer Unzahl von Wochenenden hingenommen.

Augsburg, im Juni 1999 David Herrmann

INHALTSVERZEICHNIS

ABKÜRZUNGSVERZEICHNIS 21

VORBEMERKUNG 25

TEIL 1

PROBLEME BEI DER ANERKENNUNG UND VOLLSTRECKUNG AUSLÄNDISCHER ENTSCHEIDUNGEN IN DEUTSCHLAND

I. Allgemeiner Rahmen 27

1. Die Rechtsgrundlagen für die Anerkennung ausländischer Entscheidungen 27
2. Die besonderen Rechtsgrundlagen für die Anerkennung ausländischer Entscheidungen im Verhältnis Deutschland - USA 30
3. Der Anwendungsbereich des § 328 ZPO und die Voraussetzungen der Anerkennung und Vollstreckbarerklärung im allgemeinen 31

II. Die Anerkennung ausländischer Entscheidungen 32

1. Die Bedeutung unterschiedlicher Interessen bei der Anerkennung ausländischer Entscheidungen 33
   a) Die Interessen von Urteilsstaat und Anerkennungsstaat 33
   b) Weitere, insbesondere politische und allgemein wirtschaftliche Interessen 35
   c) Die Interessen der beteiligten Parteien 36
   d) Die Interessen der Rechtspflege 37
   e) Zusammenfassende Stellungnahme zu den möglichen Interessenkollisionen bei der Anerkennung ausländischer Entscheidungen 37
2. Verschiedene Überprüfungsmöglichkeiten im Zusammenhang mit der Anerkennung ausländischer Entscheidungen 38
3. Der Begriff der Anerkennung fremder Entscheidungen 42
4. Der Umfang der Anerkennung fremder Entscheidungen 45
   a) Anerkennungsfähige Urteilswirkungen 45
   b) Die Teilanerkennung ausländischer Entscheidungen 46
      (1) Die horizontale und vertikale Teilbarkeit eines Urteils 46
      (2) Die Teilbarkeit bei objektiver Klagehäufung 47
      (3) Die Teilbarkeit bei subjektiver Klagehäufung 49
      (4) Die Teilbarkeit eines einheitlichen materiellen Anspruches 49
5. Die Anerkennung ausländischer Entscheidungen als Regel oder als Ausnahme - ein Scheinproblem? 54

6. Die formellen Voraussetzungen der Anerkennung 57
a) Das Verfahren der Anerkennung 57
b) Der Zeitpunkt der Anerkennung und die Inlandsbeziehung ausländischer Urteile - eine formelle Anerkennungsvoraussetzung? 58
(1) Die Inlandsbeziehung als formelle Anerkennungsvoraussetzung und als Gesichtspunkt der materiellen Überprüfung der Anerkennungsfähigkeit 58
(2) Die Auswirkungen der Relativität des ordre public für den Zeitpunkt der Anerkennung ausländischer Entscheidungen 61

III. Die Vollstreckbarerklärung ausländischer Entscheidungen unter Berücksichtigung des autonomen deutschen Rechts 62

1. Der Begriff der Vollstreckbarkeitserklärung 62
2. Die Voraussetzungen der Vollstreckbarkeitserklärung 63

IV. Zusammenfassung 64

TEIL 2

GEGENSTAND UND WESEN DES ORDRE PUBLIC

I. Der ordre public in Art. 6 EGBGB und § 328 I Ziffer 4 ZPO 66

II. Die verschiedenen Ausformungen des Vorbehalts des ordre public 67

1. Der kollisionsrechtliche und der anerkennungsrechtliche ordre public 68
2. Der materiellrechtliche und der verfahrensrechtliche ordre public 68
a) Der materiellrechtliche ordre public 68
b) Der verfahrensrechtliche ordre public 69
c) Das Verhältnis von materiellrechtlichem zu verfahrensrechtlichem ordre public 70
3. Der ordre public intern, - international und - transnational 71
4. Der nationale - und der internationale - oder völkerrechtliche ordre public, ordre public universel und europäischer ordre public 73
a) Der nationale ordre public 73
b) Der internationale - oder völkerrechtliche ordre public und der ordre public universel 73
c) Der europäische ordre public 77
5. Der interlokale ordre public 78
6. Der politische ordre public 79
7. Zusammenfassung 79

III. Aufgabe, Funktion bzw. Wirkungsweise und Prüfungsobjekt des ordre public 80

1. Inhalt, Aufgabe und Funktion des Vorbehalts des ordre publicim allgemeinen 80
a) Der Inhalt des Vorbehalts des ordre public 80
b) Aufgabe und Funktion des Vorbehalts ordre public 81
2. Die Funktion bzw. Wirkungsweise des Vorbehalts des ordre public im besonderen - grundsätzlich negativ und/oder positiv? 83
a) Die Wirkungsweise des ordre public im Kollisionsrecht des IPR 83
(1) Die negative Wirkungsweise des kollisionsrechtlichen ordre public 84
(2) Die positive Wirkungsweise des kollisionsrechtlichen ordre public bzw. das Problem der ausschließlichen Geltung inländischer Normen 85
(3) Zusammenfassung 89
b) Die Wirkungsweise des ordre public im internationalen Zivilverfahrensrecht 90
(1) Die negative Wirkungsweise des anerkennungsrechtlichen ordre public 90
(2) Die positive Wirkungsweise des anerkennungsrechtlichen ordre public 90
(3) Zusammenfassung 92
3. Das Prüfungsobjekt des ordre public-Vorbehaltes im allgemeinen 92
a) Das Prüfungsobjekt des kollisionsrechtlichen ordre public im IPR 92
b) Das Prüfungsobjekt des anerkennungsrechtlichen ordre public im IZVR 93

IV. Inhalt und Prüfungsmaßstab des ordre public und besondere Aspekte zu deren Eingrenzung 95

A. Inhalt und Prüfungsmaßstab des ordre public 95

1. Allgemeines zu Inhalt und Prüfungsmaßstab des ordre public im IPR und im IZVR 95
2. Der Zweck eines deutschen Gesetzes als Auslegungskriterium für den Inhalt des ordre public 98
3. Die guten Sitten als Auslegungskriterium für den Inhalt des ordre public 101
4. Die öffentliche Ordnung als Auslegungskriterium für den Inhalt des ordre public 103
5. Die wesentlichen Grundsätze des deutschen Rechts, insbesondere die Grundrechte als Auslegungskriterium für den Inhalt des ordre public 104
a) Der Gesetzeswortlaut von Art. 6 EGBGB und § 328 I Ziffer 4 ZPO 104
b) Die wesentlichen Grundsätze des deutschen Rechts 104
c) Die Grundrechte 106

B. Die maßgeblichen in der Literatur unternommenen Versuche, Inhalt und Prüfungsmaßstab des ordre public zu beschreiben 108

1. G. Roths Versuch der Eingrenzung des Vorbehalts des ordre public anhand der Natur der Sache 108
2. Die Konkretisierung des Inhalts des ordre public anhand topischer Erwägungen 110
 a) Baurs drei topische Thesen zur Eingrenzung des verfahrensrechtlichen ordre public 111
 b) Zusammenfassung und Ergebnis 114
3. Die methodische Erfassung des ordre public - Konkretisierung und Begrenzung von Inhalt und Prüfungsumfang anhand internationaler Kontrollmaßstäbe 115
 a) Jaymes Versuch der Konkretisierung des kollisionsrechtlichen ordre public durch ein Prüfungsschema 115
 b) Die Übertragung von Jaymes Prüfungsschema auf den anerkennungsrechtlichen ordre public 116
4. Konkrete Schranken zur Eingrenzung von Inhalt und Prüfungsmaßstab des ordre public 117
 a) Die Inlandsbeziehung des anzuerkennenden Falles als Kriterium zur Eingrenzung von Inhalt und Prüfungsmaßstab des ordre public 118
 b) Die Einzelfallprüfung als Kriterium zur Eingrenzung von Inhalt und Prüfungsmaßstab des ordre public 121
 c) Die Gegenwartsbeziehung des zur Entscheidung stehenden Falles als Kriterium zur Eingrenzung von Inhalt und Prüfungsmaßstab des ordre public 122
 d) Zusammenfassung 122
5. Das Erfordernis einer wertenden Betrachtung zur Ausfüllung und Eingrenzung von Inhalt und Prüfungsmaßstab des ordre public 123

V. Das systematische Verhältnis zwischen anerkennungsrechtlichem ordre public und internationalprivatrechtlichen Kollisionsnormen 124

1. Das Verhältnis zwischen anerkennungsrechtlichem ordre public und Art. 5 EGBGB 125
2. Das Verhältnis zwischen anerkennungsrechtlichem ordre public und Art. 34 EGBGB 126
3. Das Verhältnis zwischen anerkennungsrechtlichem ordre public und Art. 38 EGBGB 126
 a) Der Regelungsgehalt von Art. 38 EGBGB und dessen Verhältnis zum kollisionsrechtlichen ordre public des Art. 6 EGBGB 127
 b) Das Verhältnis von Art. 38 EGBGB zum kollisionsrechtlichen ordre public des Art. 6 EGBGB 129

c) Das Verhältnis zwischen Art. 38 EGBGB und dem anerkennungsrechtlichen ordre public gemäß § 328 I Ziffer 4 ZPO 130
d) Begünstigt die Nichtanwendbarkeit von Art. 38 EGBGB im Anerkennungsverfahren forum shopping? 135
e) Die mittelbare Wirkung von Art. 38 EGBGB im Rahmen des anerkennungsrechtlichen ordre public und der Inlandsbezug des Falles als Abgrenzungskriterium 136

VI. Zusammenfassung 139

TEIL 3

DIE ROLLE DES ORDRE PUBLIC BEI DER ANERKENNUNG UND VOLLSTRECKBARERKLÄRUNG US-AMERIKANISCHER ENTSCHEIDUNGEN IN DEUTSCHLAND

I. Mögliche Verstöße gegen den verfahrensrechtlichen ordre public 142

1. Die Gerichtsgewalt und die Zuständigkeit US-amerikanischer Gerichte und deren Anerkennungsfähigkeit in Deutschland 142
a) Die konzeptionell unterschiedliche Regelung der internationalen Zuständigkeit in Deutschland und in den USA 142
b) Kritik an den US-amerikanischen Regelungen aus deutscher Sicht - long arm statutes, transient jurisdiction und Zuständigkeitsdurchgriff 144
(1) Zu den long arm statutes 148
(2) Zur transient jurisdiction 149
(3) Zum Zuständigkeitsdurchgriff 149
(4) Zusammenfassung 150
c) Die Anerkennungsfähigkeit der auf US-amerikanischen Zuständigkeitsregelungen beruhenden Urteile in Deutschland 150
(1) Zu den long arm statutes 151
(2) Zur transient jurisdiction 152
(3) Zum Zuständigkeitsdurchgriff 152
(4) Zusammenfassung 153
2. Die Zustellung US-amerikanischer Schriftstücke als Problem der Anerkennungsfähigkeit US-amerikanischer Urteile in Deutschland 155
a) Die Zustellung prozeßeinleitender Schriftstücke in den USA 155
b) Die Zustellung US-amerikanischer prozeßeinleitender Schriftstücke in Deutschland und die Anerkennungsfähigkeit der daraufhin ergehenden US-amerikanischen Urteile in Deutschland 156
(1) Allgemeines 157

(2) Die Entscheidungen des BVerfG zur Zustellung US-amerikanischer prozeßeinleitender Schriftstücke in Deutschland vom 3.8.1994 und 7.12.1994 160
(3) Exkurs: Geltung und Reichweite der Grundrechte im internationalen Rechtsverkehr 163
c) Zusammenfassung und Annex 165
3. Probleme der Prozeßführungsbefugnis des US-amerikanischen Klägers bei der Anerkennung US-amerikanischer Urteile in Deutschland 166
a) Die Verwendung eines Pseudonyms zur Parteibezeichnung und die Anerkennungsfähigkeit eines daraufhin ergangenen US-amerikanischen Urteils in Deutschland 166
b) Probleme der Rechtsnachfolge und deren Auswirkungen auf die Anerkennungsfähigkeit US-amerikanischer Urteile in Deutschland 167
4. Die Beteiligung Dritter am Ausgangsprozeß - Streitverkündung (vouching in) und Drittklage (third-party-complaints) im US-amerikanischen Prozeß als Probleme der Anerkennungsfähigkeit US-amerikanischer Urteile in Deutschland 168
a) Die Anerkennungsfähigkeit US-amerikanischer Urteile, die aufgrund eines vouching in im US-amerikanischen Ausgangsverfahren ergangen sind 168
b) Die Anerkennungsfähigkeit US-amerikanischer Urteile, die aufgrund einer third party complaint im US-amerikanischen Ausgangsverfahren ergangen sind 170
5. US-amerikanische class action-Urteile und deren Anerkennungsfähigkeit in Deutschland 171
a) Die class action nach US-amerikanischem Recht 171
b) Gibt es eine class action in Deutschland? 176
c) Die Anerkennungsfähigkeit des auf einer class action beruhenden Urteils in Deutschland 177
(1) Die Einschränkung der Dispositionsmaxime (Art. 2 I GG) als mögliches Anerkennungshindernis von US-amerikanischen class action-Urteilen in Deutschland 177
(2) Die Beschränkung des rechtlichen Gehörs (Art. 103 I GG) als mögliches Anerkennungshindernis von US-amerikanischen class action-Urteilen in Deutschland 180
(3) Die Ausweitung der Rechtskrafterstreckung als mögliches Anerkennungshindernis von US-amerikanischen class action-Urteilen in Deutschland 180
(4) Die Durchbrechung des Strafmonopols des Staates und die dem Richter auferlegte Fürsorgepflicht gegenüber den Parteien als mögliche Anerkennungshindernisse bei US-amerikanischen class action-Urteilen in Deutschland 183
(5) Zusammenfassung und Ergebnis 184

6. Die Beweisaufnahme im US-amerikanischen Zivilprozeß und deren Anerkennungsfähigkeit in Deutschland - pretrial discoveries 185

Zwei Problembereiche: Die Durchführung von pretrial discoveries in Deutschland im Rahmen der Rechtshilfe und die Anerkennung US-amerikanischer auf pretrial discoveries beruhender Urteile 185

a) Die Beweisaufnahme in US-amerikanischen Zivilprozeß - pretrial discoveries 185
b) Die Beweisaufnahme im deutschen und im US-amerikanischen Zivilprozeß - konzeptionelle Unterschiede 190
c) Exkurs: Deutsche Rechtshilfe bei US-amerikanischen pretrial discovery-Verfahren 191
d) Die Anerkennungsfähigkeit US-amerikanischer auf pretrial discoveries beruhender Urteile in Deutschland 195
(1) Allgemeines 195
(2) Das Problem der Ausforschung im US-amerikanischen pretrial discovery-Verfahren 197

7. Die Erforderlichkeit von Urteilsgründen für die Anerkennungsfähigkeit US-amerikanischer Urteile in Deutschland 199
a) Allgemeines 199
b) Die Entscheidung des LG Berlin vom 13.6.1989 199
c) Zusammenfassung 201

8. Das US-amerikanische jury-Verfahren und dessen Anerkennungsfähigkeit in Deutschland 201
a) Die US-amerikanische jury in Zivilsachen 202
b) Unterschiede in der Person und der Stellung des US-amerikanischen und des deutschen Richters 204
(1) Der das US-amerikanische Verfahren leitende Berufsrichter 204
(2) Die US-amerikanische jury - Laienrichter aus dem Volk 205
c) Die Hauptkritikpunkte am US-amerikanischen jury-Verfahren 206
d) Die Vorteile des US-amerikanischen jury-Verfahrens 207
e) Die Anerkennungsfähigkeit eines von einer US-amerikanischen jury ausgesprochenen Urteils in Deutschland 207

9. Die US-amerikanischen Regeln der Kostentragung und des Kostenausgleichs und deren Anerkennungsfähigkeit in Deutschland 208
a) Die Gerichtskosten in den USA und deren Erstattbarkeit - die American Rule of Costs 209
b) Das Anwaltshonorar in den USA und dessen Erstattbarkeit 211
c) Kritik an den US-amerikanischen Regeln der Kostentragung 213
d) Vergleich zwischen dem US-amerikanischen und dem deutschen Kostenrecht 215

e) Die Anerkennungsfähigkeit von Urteilen in Deutschland, die auf der US-amerikanischen Regelung der Kostentragung und des dortigen Kostenausgleichs beruhen 216

(1) Die Anerkennungsfähigkeit US-amerikanischer Urteile, die Kosten und Gebühren nach der American Rule of Costs zusprechen 217

(2) Die Anerkennungsfähigkeit US-amerikanischer Urteile, die dem Anwalt ein Erfolgshonorar zusprechen - ein Problem des materiellrechtlichen ordre public 222

II. Mögliche Verstöße gegen den materiellrechtlichen ordre public 226

1. Die Erstattung fiktiver Herstellungskosten bei Personenschäden als Schadensersatz in den USA und deren Anerkennungsfähigkeit in Deutschland 226

a) Die Erstattung fiktiver Herstellungskosten bei Sach- und Personenschäden in Deutschland 226

b) Die Anerkennungsfähigkeit US-amerikanischer Urteile in Deutschland, die fiktive Herstellungskosten bei Personenschäden zusprechen 228

2. US-amerikanische punitive damages und deren Anerkennungsfähigkeit in Deutschland 229

a) Punitive damages im US-amerikanischen Recht 229

(1) Der Begriff der punitive damages im US-amerikanischen und deutschen Recht 230

(2) Die Voraussetzungen der punitive damages nach US-amerikanischem Recht 231

(3) Die Funktion der punitive damages im US-amerikanischen Recht 233

(4) Die Höhe der punitive damages im US-amerikanischen Recht - Beispielsfälle und Tendenzen 233

(5) Kritik an den punitive damages und neuere Entwicklung in den USA in Rechtsprechung und Gesetzgebung 243

b) Punitive damages und das deutsche zivile Haftungsrecht 250

(1) Mehrfacher Schadensersatz und zivilrechtliche Prävention im Arbeitsrecht bei der Diskriminierung von Arbeitnehmern 251

(2) Mehrfacher Schadensersatz und zivilrechtliche Prävention im gewerblichen Rechtsschutz 252

(3) Zivilrechtliche Sanktion und Prävention im Gesellschaftsrecht 253

(4) Zivilrechtliche Sanktion und Prävention im Vertragsrecht 253

(5) Zivilrechtliche Sanktion und Prävention bei der Verurteilung zu Schadensersatz und Schmerzensgeld 254

(6) Zivilrechtliche Sanktion und Prävention im Bereich des Persönlichkeitsschutzes 257

(7) Zusammenfassung 261

c) Die Anerkennungsfähigkeit von punitive damages-Urteilen in Deutschland 261
(1) Die deutsche Rechtsprechung 261
(2) Die Meinungen in der deutschen Literatur 264
(3) Eigener Ansatz 265

III. Zur Frage der Anerkennung US-amerikanischer Urteile in Deutschland bei der Kumulation verschiedener Verstöße gegen den ordre public 274

ZUSAMMENFASSENDE DARSTELLUNG DER WESENTLICHEN ERGEBNISSE

I. Zum Vorbehalt des anerkennungsrechtlichen ordre public 277

II. Zur Anerkennung US-amerikanischer Urteile in Deutschland 279

III. Zum Urteil des neunten Senats des BGH in Zivilsachen vom 4.6.1992 („Kalifornien-Entscheidung„) 282

ANHANG

LITERATURVERZEICHNIS 285
STICHWORTVERZEICHNIS 297

ABKÜRZUNGSVERZEICHNIS

a.A.	Anderer Ansicht
ABA Journal	American Bar Association Journal
abgedr.	abgedruckt
AcP	Archiv für die civilistische Praxis
a.E.	am Ende
a.F.	alte Fassung
Ala. L. Rev.	Alabama Law Review
ALR	American Law Reports (Cases and Annotations)
Am. J. Comp. L.	American Journal of Comparative Law
Anglo-Am L. Rev.	The Anglo-American Law Review
Anh.	Anhang
Anm.	Anmerkung
ArbG	Arbeitsgericht
ArbGG	Arbeitsgerichtsgesetz
Art.	Artikel
AWD	Außenwirtschaftsdienst des Betriebsberaters (s. auch RIW)
B.	Beschluß
BAG	Bundesarbeitsgericht
Basler JurMitt.	Basler Juristische Mitteilungen
Baylor L. Rev.	Baylor Law Review
BayObLG	Bayerisches Oberstes Landesgericht
BB	Betriebsberater
BerDtGesVR	Berichte der deutschen Gesellschaft für Völkerrecht
BGB	Bürgerliches Gesetzbuch
BGBl.	Bundesgesetzblatt
BGH	Bundesgerichtshof
BGHZ	Entscheidungen des BGH in Zivilsachen (amtliche Sammlung)
BT-Drucks.	Deutscher Bundestag, Drucksachen
BRAGO	Bundesrechtsanwaltsgebührenordnung
BRAO	Bundesrechtsanwaltsordnung
BR-Drucks	Bundesratsdrucksachen
Breg	Bundesregierung
BVerfG	Bundesverfassungsgericht
BVerfGE	Entscheidungen des Bundesverfassungsgerichts (amtliche Sammlung)
bzw.	beziehungsweise
Cal. App.	California Court of Appeal
Cal. Rpter.	California Reporter
Cin. L. Rev.	Cinncinnaty Law Review
Colum. J. Transnanat'l L.	Columbia Journal of Transnational Law
CR	Computer und Recht
ders.	derselbe
d.h.	das heißt
dies.	dieselbe / dieselben
Diss.	Dissertation
DWiR/DZWir	Deutsche Zeitschrift für Wirtschaftsrecht
ECOSOC	Economic and Social Counsel of the United Nations Organization
EG	Europäische Gemeinschaften

EMRK	Europäischen Konvention zum Schutz der Menschenrechte und Grundfreiheiten vom 4.11.1950
EU	Europäische Union
EuGH	Europäischer Gerichtshof
EuGVÜ	Brüsseler EWG-Übereinkommen vom 27.9.1968 über die gerichtliche Zuständigkeit und die Vollstreckung gerichtlicher Entscheidungen in Zivil- und Handelssachen
EuZW	Europäische Zeitschrift für Wirtschaftsrecht
EWG Vertrag	Vertrag zur Gründung der Europäischen Wirtschaftsgemeinschaft vom 25.3.1957
EWiR	Entscheidungen zum Wirtschaftsrecht
f.	folgende
ff.	fortfolgende
FamRÄndG	Familienrechtsäderungsgesetz
FamRZ	Zeitschrift für das gesamte Familienrecht
FCN-Vertrag	Deutsch-amerikanischer Freunschafts-, Handels- und Schiffahrtsvertrag vom 29.10.1954
FGG	Gesetz über die Angelegenheiten der freien Gerichtsbarkeit
FICC Quarterly	Ferderation of the Insurance and Corporate Counsel Quarterly
Fn.	Fußnote
F.R.App.P	Federal Rules of Appelate Procedure
F.R.Civ.P.	Federal Rules of Civil Procedure
F.R.D.	Federal Rules Decisions
FS	Festschrift
F. Supp.	Federal Supplement
Ga. J. Int'l & Comp. L.	Georgia Journal of International and Comparative Law
GG	Grundgesetz der Bundesrepublik Deutschland
GRUR	Gewerblicher Rechtsschutz und Urheberrecht
GRUR Int	Gewerblicher Rechtsschutz und Urheberrecht, Internationaler Teil
GVG	Gerichtsverfassungsgesetz
Hamline J. Pub. L. & Pol'y	Hamline Journal of Public Law and Policy
Harv. Int. L. J.	Harvard International Law Journal
Harv. L. Rev.	Harvard Law Review
HBÜ	Haager Übereinkommen vom 18.3.1970 über die Beweisaufnahme im Ausland in Zivil- und Handelssachen
Hrsg.	Herausgeber
HZÜ	Haager Übereinkommens vom 15.11.1965 über die Zustellung gerichtlicher und außergerichtlicher Schriftstücke im Ausland in Zivil- und Handelssachen
Int & Comp. L. Q.	International and Comparative Law Quarterly
Int'l Law	International Lawyer
Intl. Litig. Procedure	International Litigation Procedure
IPR	Internationales Privatrecht
IPRax	Praxis des Internationalen Privat- und Verfahrensrechts
IPRspr	Die deutsche Rechtsprechung auf dem Gebiet des internationalen Privatrechts
i.V.m.	in Verbindung mit
IZPR	Internationales Zivilprozeßrecht (s. auch: IZVR)
IZVR	Internationales Zivilverfahrensrecht (s. auch: IZPR)
JBl.	Juristische Blätter

J. L. & Comm.	The Journal of Law and Commerce (University of Pittsburgh, school of law)
JR	Juristische Rundschau
JurMitt	Juristische Mitteilungen (Schweiz)
JuS	Juristische Schulung
JW	Juristische Wochenschrift
JZ	Juristenzeitung
KSZE	Konferenz über Sicherheit und Zusammenarbeit in Europa
LG	Landgericht
LM	Lindenmeyer / Möhring (Hrsg.), Nachschlagewerk des Bundesgerichtshofes, Loseblattsammlung, München
LS	Leitsatz
LZ	Leipziger Zeitschrift für Handels-, Konkurs- und Versicherungsrecht
MDR	Monatsschrift des Deutschen Rechts
Mich. L. Rev.	Michigan Law Review
Minn. L. Rev.	Minnesota Law Review
mph	miles per hour
MRK	Allgemeine Erklärung der Menschenrechte der Generalversammlung der Vereinten Nationen vom 10.12.1948 (Menschenrechtskonvention)
MünchKomm	Münchner Kommentar zum Bürgerlichen Gesetzbuch
N.E.	North Eastern Reporter
n.F.	neue Fassung
NHTSA	National Highway Transportation Safety Bureau
NILR	Netherlands International Law Review
NiemeyersZ	Niemeyers Zeitschrift für internationales Recht
NJW	Neue Juristische Wochenschrift
NJW RR	Neue Juristische Wochenschrift, Rechtsprechungsreport Zivilrecht
Notre Dame L. Rev.	Notre Dame Law Review
N. Y. L. J.	New York Law Journal
OECD	Organization for Economic Cooperation and Developement (Organisation für wirtschaftliche Zusammenarbeit und Entwicklung)
OLG	Oberlandesgericht
Pa.	Pennsilvania
Palandt	Kommentar zum Bürgerlichen Gesetzbuch
PHI	Produkthaftung International
PKH	Prozeßkostenhilfe
Pkt.	Punkt
RabelsZ	Rabels Zeitschrift für ausländisches und internationales Privatrecht
Rec. A. B. City N. Y.	The Record of the Association of the Bar of the City of New York
RegE	Regierungsentwurf
Rev. Litigation	The Review of Litigation
RG	Reichsgericht
RGZ	Reichsgerichtsentscheidungen in Zivilsachen (amtliche Sammlung)
RICO Act	Racketeer Influenced Corrupt Organisation Act
RIW	Recht der Internationalen Wirtschaft (s. auch: AWD)
Rn.	Randnummer
Rspr.	Rechtsprechung
Rutgers L. Rev.	Rutgers Law Review
RVO	Reichsversicherungsordnung

Rz.	Randziffer
s.	siehe
S.	Seite
S.Ct.	United States Supreme Court Reporter
SJZ	Schweizer Juristenzeitung
s.o.	siehe oben
Solic. J.	Solicitors Journal
StAZ	Das Standesamt
St. John´s L. Rev.	St John´s Law Review
str.	strittig
s.u.	siehe unten
Suffolk U. L. Rev.	University of Suffolk Law Review
Tex. Int'l L. J.	Texas International Law Journal
Übers.	Übersicht
UN	United Nations (Vereinte Nationen)
UNCTAD	United Nations Conference on Trade and Developement
UNICITRAL	United Nations Comission on International Trade Law
UNÜ	New Yorker UN-Übereinkommen über die Anerkennung und Vollstreckung ausländischer Schiedssprüche von 1958
U. Pa. J. Int'l Bus. L.	University of Pensilvania Journal of International Business Law
UrhG	Urheberrechtsgesetz
Urt.	Urteil
US	United States
USA	United States of America
US-Constitution	Constitution of the United States of America (Verfassung der Vereinigten Staaten von Amerika)
USC	United States Code (Annotated)
UWG	Gesetz über den unlauteren Wettbewerb
v.	vom
Va. L. Rev.	Virginia Law Review
Vand. J. Transnt'l L.	Vanderbilt Journal of Transnational Law
VersR	Versicherungsrecht
vgl.	vergleiche
Vorbem.	Vorbemerkung
vs.	versus
WiB	Wirtschaftsrechtliche Beratung
WM	Wertpapiermitteilungen
W. St. U. L. Rev.	Western State University Law Review
WuB	Entscheidungssammlung zum Wirtschafts- und Bankrecht
WUR	Wirtschaft und Recht (Schweiz)
Yale L. J.	Yale Law Journal
Ziff.	Ziffer
ZIP	Zeitschrift für Wirtschaftsrecht und Insolvenzpraxis
ZVglRWiss	Zeitschrift für die vergleichende Rechtswissenschaft
ZPO	Zivilprozeßordnung
ZRP	Zeitschrift für Rechtspolitik
ZZP	Zeitschrift für Zivilprozeß

VORBEMERKUNG

Der BGH[1] hat am 4.6.1992 eine wichtige Entscheidung zur Frage der Anerkennung US-amerikanischer Urteile in Deutschland erlassen, die sich mit einer Vielzahl von Aspekten des deutsch-amerikanischen Justizkonfliktes[2] auseinandersetzt. Die Entscheidung wird als Leitfaden bei der Anerkennung und Vollstreckung US-amerikanischer Urteile in Deutschland angesehen.[3]

Die vorliegende Arbeit nimmt dieses Urteil zum Anlaß, sich allgemein mit der Anerkennung US-amerikanischer Entscheidungen in Deutschland zu befassen. Zum einen findet eine Auseinandersetzung mit den vom BGH getroffenen Feststellungen statt. Zum anderen werden aber auch Aspekte untersucht, die der BGH in seiner Entscheidung nicht berücksichtigt hat.

Ausgangspunkt soll eine Erörterung der wesentlichen Grundsätze der Anerkennung und Vollstreckung ausländischer Entscheidungen in Deutschland und dort insbesondere des anerkennungsrechtlichen Vorbehalts des ordre public sein. Es stellt sich die Frage, ob die mittlerweile als gefestigt anzusehende Dogmatik des ordre public mit den Anforderungen der Realität Schritt halten kann oder ob sie sich von letzerer nicht so weit entfernt hat, daß eine geänderte Sicht der Dinge erforderlich ist.[4]

---

1 (Urt. v. 4.6.1992) BGHZ 118/312 ff. = CR 1993/274 ff. = EuZW 1992/705 ff. = EWiR 1993/827 (mit Anm. Geimer) = IPRax 1993/310 ff. (mit Anm. Koch/Zekoll, IPRax 1993/288 ff.) = JZ 1993/261 ff. (mit Anm. Deutsch) = LM 2/93 zu § 328 ZPO (mit Anm. Kronke) = MDR 1992/1181 ff. = NJW 1992/3096 ff. (mit Anm. Koch, NJW 1992/3073 ff.) = NJW RR 1993/152 (nur Leitsätze) = PHI 1992/174 ff. = RIW 1993/132 ff. (mit Anm. Schütze) = VersR 1992/1281 ff. = WM 1992/1451 ff. = ZIP 1992/1256 ff. (mit Anm. Bungert, ZIP 1992/1707 ff.) = ZZP 106 (1993), S. 79 ff. (mit Anm. Schack). An US-amerikanischer Literatur zu diesem Urteil ist insbesondere zu nennen: Behr, 13 J. L. & Comm. 211 - 232 (1994); Bungert, 27 Int'l Law 1075 - 1090 (1993); Fiebig, 22 Ga. J. Int'l & Comp. L. 635 - 657 (1992); Fischer, 68 St. John's L. Rev. 199 - 215 (1994); Hay, 40 Am. J. Comp. L. 729 - 750 (1992); Nettesheim/Stahl, 28 Tex. Int'l L. J. 415 - 425 (1993); Zekoll, 30 Colum. J. of Transn'l L. 641 - 659 (1992); eine englische Übersetzung der Entscheidung selbst findet sich in 32 I. L. M. 1320 (1992).

2 Der Begriff wurde wohl erstmals von P. Schlosser verwendet; vgl. ders., Justizkonflikt, S. 1, 42; s. auch Baum, in: Herausforderungen, S. 185, 187; Böhmer, NJW 1990/3049 ff.; Habscheid, Justizkonflikt; Hay/Rassmusen-Bonne, DAJV-Newsletter 1992/33 ff.; Heldrich, in: Herausforderungen, S. 1; Junker, IPRax 1986/197 ff.; Leipold, S. 5, 9 ff.

3 So z.B. Geimer, EWiR 1992/828; sinngemäß auch Kronke, LM 2/93 zu § 328 ZPO, Bl. 338 ff.; Zekoll, 30 Colum. J. Transnat'l L. 641, 643 (1992). Schack spricht von einem „Meilenstein“ im Recht der internationalen Urteilsanerkennung, vgl. ders. ZZP 106 (1993), S. 104.

4 Ausführlich zur Dogmatik des ordre public: Völker, S. 23 ff.

TEIL 1

PROBLEME BEI DER ANERKENNUNG UND VOLLSTRECKUNG AUSLÄNDISCHER ENTSCHEIDUNGEN IN DEUTSCHLAND

I. Allgemeiner Rahmen

1. Die Rechtsgrundlagen für die Anerkennung ausländischer Entscheidungen

Die Anerkennung fremder Entscheidungen bedeutet die ausdrückliche oder stillschweigende Erklärung, bestimmte Tatsachen oder Rechtsverhältnisse gegen sich gelten zu lassen. Die Urteilswirkungen eines ausländischen Erkenntnisses werden über die Grenzen des Urteilsstaates hinaus auf das eigene Hoheitsgebiet erstreckt.

Nach allgemeinem Völkergewohnheitsrecht besteht grundsätzlich[5] keine Pflicht, ausländische, also außerhalb der Grenzen von Deutschland ergangene, gerichtliche Entscheidungen im Inland anzuerkennen und zu vollstrecken.[6] Es liegt vielmehr im Ermessen des jeweiligen Gesetzgebers und der jeweiligen Rechtsprechung, Art und Ausmaß der Anerkennung zu regeln.[7]

---

5 Eine Ausnahme hierzu stellen die gerichtlichen Entscheidungen zum Status einer Person dar, bei denen eine verfassungsrechtliche Pflicht zur Anerkennung besteht. Zu diesem Sonderproblem, insbesondere unter Berücksichtigung der Menschenrechte, Geimer, ZfRV 1992/321 ff., 401, 405 ff.; ders., IZPR, Rn. 151 f., 165 und 2757; Zöller-Geimer, ZPO, § 328, Rn. 2 ff.

6 Vgl. grds. Bleckmann, JZ 1985/1072, 1073; Geimer, Zur Prüfung der Gerichtsbarkeit, S. 37; ders., ZfRV 1992/321 ff. 421, 405; ders., IZPR, Rn. 2184; ders. differenzierend in: Anerkennung, S. 10 f.; Nagel, ZZP 75 (1962), S. 408, 421, 425; Schütze, DIZPR, S. 128; Völker, S. 23; Zöller-Geimer, ZPO, § 328, Rn. 1. Zur Anwendbarkeit völkerrechtlicher Normen im Rahmen des IZVR vgl. Schütze, JZ 1982/636.

7 Das US-amerikanische Recht folgt hier dem völkerrechtlichen Grundsatz der comity of nations (comitas gentium), d.h. der gegenseitigen Rücksichtnahme und dem Gedanken vom guten Einvernehmen der Nationen, auch internationale Courtoisie genannt. Vgl. z.B. Société Nationale Industrielle Aerospatiale vs. U.S. District Court of the Southern District of Iowa, 482 US 522 (1987) = PHI 1987/163 ff. Dort nimmt der Supreme Court of the United States allerdings ausdrücklich keine Konkretisierung der comity vor. S. auch Hector, S. 247 ff.; Lange/Wiessner, RIW 1985/757 ff.; Martiny, Handbuch des IZVR, Band III/1, Rn. 26; MünchKomm-Gottwald, ZPO, § 328, Rn. 1; Nagel, IZPR, Rn. 1057; Schack, IZVR, Rn. 126, 786; Stürner, JZ 1987/984 ff.; Weissenstein, S. 29; von Winterfeld, NJW 1987/3059, 3060.

Daß aber zumindest in gewissem Rahmen eine Anerkennung fremder Entscheidungen stattfinden muß, steht völkergewohnheitsrechtlich schon lange[8] außer Frage.

Im deutschen Recht ist die Anerkennung ausländischer Urteile in § 328 ZPO, deren Vollstreckbarkeit in den §§ 722, 723 ZPO normiert. Daneben gibt es eine Reihe von Sondervorschriften, insbesondere Art. 7 § 1 FamRÄndG für Entscheidungen auf dem Gebiet des Familienrechts, § 16 a FGG für die Anerkennung ausländischer Entscheidungen aus dem Bereich der freiwilligen Gerichtsbarkeit und § 738 a II HGB zur Regelung von Schäden beim Zusammenstoß von Schiffen.[9]

Neben den gesetzlichen Regelungen gibt es eine Vielzahl von bi- und multilateralen Staatsverträgen. Auch Deutschland ist Partner zahlreicher Verträge und Kollektivabkommen.[10] Die zwei- oder mehrseitigen Verträge enthalten meist auch Regelungen zur Anerkennung und Vollstreckung fremder Entscheidungen. Diese Staatsverträge sind Teil des Völkervertragsrechts[11], das - nicht zuletzt wegen der stetig steigenden Zahl von Verträgen - im Rahmen des IZVR an Bedeutung gewinnt.[12] Von großer praktischer Bedeutung ist das heute wohl in den meisten Fällen[13] eingreifende EuGVÜ[14]. Es regelt in Art. 25 bis 30 die Anerkennung und in Art. 31 bis 45 die Vollstreckbarerklärung von in Vertragsstaaten ergangenen Entscheidungen.[15]

Neben ausländischen Gerichtsentscheidungen spielen im internationalen Rechtsverkehr auch ausländische Schiedssprüche eine große Rolle. Diese werden grundsätzlich nach den Sonder-

---

8 Zur Geschichte vgl. Martiny, Handbuch des IZVR, Band III/1, Rn. 18 ff.; Völker, S. 27 ff.

9 Ein Eingehen auf diese Spezialregelungen würde den Rahmen der Arbeit sprengen. Es bleibt bei einem kurzen Hinweis. Ausführlicher:
Zu Art. 7 § 1 FamRÄndG: Martiny, Handbuch des IZVR, Band III/1, Rn. 1630; Rosenberg/Schwab/Gottwald, S. 948 ff.
Zu § 16 a FGG: Basedow, StAZ 1983/233, 237; allgemein zur Anerkennung und Vollstreckung ausländischer Akte der freiwilligen Gerichtsbarkeit s. auch Richardi, S. 1 ff.
Zu § 738 a II HGB: Zöller-Geimer, ZPO, § 328, Rn. 290.

10 Einen Überblick über diese Staatsverträge bieten: Baumbach/Lauterbach/Albers/Hartmann, ZPO, Anh. nach § 328; Geimer, IZPR, Rn. 2758 ff.; vgl. auch Koch, in: Effiziente Rechtsverfolgung, S. 161, 168 ff.; Martiny, 35 Am. J. Comp. L. 721, 724 ff. (1987); MünchKomm-Gottwald, ZPO, § 328, Rn. 12 ff., sowie Schlußanhang; Nagel, IZPR, Rn. 485 ff.; Schack, IZVR, Rn. 54 ff.; Stein/Jonas-Schumann, ZPO, § 328, Rn. 41 ff.; Thomas/Putzo, ZPO, § 328, Rn. 30 ff.; s. auch Völker, S. 42 ff. Eine Zusammenstellung der wichtigsten Vertragstexte findet sich bei: Jayme/Hausmann, Nr. 68 - 132; MünchKomm-Gottwald, ZPO, § 328, Rn. 12 ff., sowie Schlußanhang (kommentiert); Nagel, IZPR, Rn. 485 ff. Die das Thema der Untersuchung tangierenden Verträge zwischen Deutschland und den USA werden zum gegebenen Zeitpunkt genannt.

11 Im Gegensatz zu dem in den §§ 328, 722, 723 ZPO geregelten autonomen Recht. Zum Begriff vgl. statt aller: Zöller-Geimer, ZPO, § 328, Rn. 5.

12 Vgl. Nagel, IZPR, Rn. 18.

13 Vgl. Rosenberg/Schwab/Gottwald, S. 942, 943.

14 EWG-Übereinkommen über die gerichtliche Zuständigkeit und die Vollstreckung gerichtlicher Entscheidungen in Zivil- und Handelssachen vom 27.9.1968 (BGBl. 1972 II, S. 774) i. d. F. vom 25.10.1982 (BGBl. 1988 II, S. 453); abgedruckt und kommentiert z.B. bei Jayme/Hausmann, Nr. 71; Kropholler, Europäisches Zivilprozeßrecht.

15 Ausführlich hierzu: Geimer/Schütze, Internationale Urteilsanerkennung, Band I/1, S. 967; Koch, in: Effiziente Rechtsverfolgung, S. 161, 172 ff.; Kropholler, Europäisches Zivilprozeßrecht, vor Art. 26, Rn. 1 ff.; Zöller-Geimer, ZPO, Anh. I (S. 2496).

regeln des § 1044 i.V.m. den §§ 1042 ff. ZPO anerkannt und für vollstreckbar erklärt.[16] Der Vorbehalt des ordre public ist für sie in § 1044 II Ziffer 2 ZPO geregelt. Als völkervertragliche Sonderregelungen kommen bezüglich der Anerkennung und Vollstreckung von Schiedsentscheidungen das New Yorker Übereinkommen über die Vollstreckung ausländischer Schiedssprüche vom 10.6.1958 (UNÜ)[17] bzw. das Europäische Übereinkommen über die internationale Handelsschiedsgerichtsbarkeit vom 21.4.1961[18] in Betracht.[19]

Staatsvertragliche Regelungen gehen als lex specialis dem nationalen Recht grundsätzlich vor.[20] Die Regelungen des autonomen deutschen Rechts[21] greifen nur ein, wenn nicht in nationales Recht transformiertes Völkervertragsrecht einschlägig ist.[22]

Eine Ausnahme hiervon ergibt sich aus dem Günstigkeitsprinzip, auch Meistbegünstigungsregel oder Regel der maximalen Wirksamkeit genannt.[23] Danach soll die im Einzelfall anerkennungsfreundlichere Regelung zur Anwendung kommen. Dieses Prinzip der Anerkennungsfreundlichkeit gilt nicht nur für die Fälle, für die es konkret normiert wurde,[24] sondern darüber hinaus allgemein im Anerkennungsrecht.[25] Es dient der Erleichterung des internationalen Rechtsverkehrs, denn das autonome Recht kann weiter gefaßt sein als möglicherweise die Anerkennung stärker einschränkende vertragliche Regelungen. In den Anerkennungsverträgen ist oft nur der Umfang der Anerkennungspflicht geregelt, also die Mindestanforderungen fixiert worden. Die Möglichkeit einer weitergehenden und somit umfassenderen Anerkennung ist jedoch regelmäßig nicht ausgeschlossen. Es steht den Parteien somit häufig frei, die Grenzen des anerkennungsfreundlicheren autonomen Rechts anzusetzen.[26] Vor Anwendung dieser Günstigkeitsregel ist aber zu prüfen, ob nach dem Willen des das Vertragsrecht

16 A.A. BGH (Urt. v. 27.3.1984) NJW 1984/2765 = RIW 1984/734 (mit Anm. Schütze) = WM 1984/748; BGH (Urt. v. 10.5.1984) IPRax 1985/158 = RIW 1984/644 (mit Anm. Mezger) zur Exequaturentscheidung von New Yorker Schiedssprüchen; vgl. auch von Heymann, S. 1 ff.; Nagel, IZPR, Rn. 655.

17 BGBl. 1961 II, S. 123; abgedruckt bei: Bülow/Böckstiegel/Linke, Band II, Ziffer 714 (Text); abgedruckt und kommentiert bei: MünchKomm-Gottwald/Sonnauer, ZPO, Schlußanhang, Ziffer 6 a; ausführlich: Bertheau, S. 1 ff.; s. auch Barber, S. 28 f.

18 BGBl. 1964 II, S. 425.

19 Vgl. zum Ganzen: Müller, ZZP 79 (1966), S. 199, 200 (dort Fn. 3); Sonnenberger, in: Zeitgenössische Fragen des Internationalen Zivilverfahrensrechts, S. 209, 211, 229. Ausführlich zum Recht der internationalen Schiedsgerichtsbarkeit: P. Schlosser, Das Recht der internationalen Schiedsgerichtsbarkeit, S. 1 ff.

20 Vgl. Baumbach/Lauterbach/Albers/Hartmann, ZPO, § 328, Rn. 5; Geimer, IZPR, Rn. 2764; Habscheid, FamRZ 1981/1142; Rosenberg/Schwab/Gottwald, S. 942; Schack, IZVR, Rn. 53; Thomas-Putzo, ZPO, § 328, Rn. 1.

21 Das „autonome deutsche Recht“ erfaßt die Regelungen der §§ 328, 722 und 723 ZPO, staatsvertragliche Regelungen werden als „Vertragsrecht“ bezeichnet. Vgl. Zöller-Geimer, ZPO, § 328, Rn. 5.

22 S. hierzu insbesondere Art. 25, 59 GG.

23 Vgl. Geimer, IZPR, Rn. 2766, 2965 (a.E.); Koch, in: Effiziente Rechtsverfolgung, S. 161, 172; MünchKomm-Gottwald, ZPO, § 328, Rn. 12; Schack, IZVR, Rn. 62, 807.

24 Vgl. hierzu Schack, IZVR, Rn. 807.

25 Vgl. BGH (Urt. v. 18.3.1987) IPRax 1989/104, 106 (mit Anm. Siehr, IPRax 1989/93, 96); BayObLG NJW RR 1990/842, 843; Schack, IZVR, Rn. 807.

26 Hierbei handelt es sich um eine Frage, die dem Bereich des innerstaatlichen Rechts zuzuordnen ist; vgl. Geimer, IZPR, Rn. 2766; Geimer/Schütze, Internationale Urteilsanerkennung, Band I/2, S. 1381.

transformierenden Gesetzgebers dieses als abschließende Regelung ausschließlich gelten soll.[27]

Art. 3 II S. 1 EGBGB, der völkerrechtliche Vereinbarungen für vorrangig zum deutschen Recht erklärt, findet auf die Anerkennung und Vollstreckbarerklärung ausländischer Entscheidungen keine Anwendung. Es handelt sich hier um Fragen des IZVR und nicht um solche des IPR. Nur für letztere ist Art. 3 II S. 1 EGBGB einschlägig.[28]

2. Die besonderen Rechtsgrundlagen für die Anerkennung ausländischer Entscheidungen im Verhältnis Deutschland - USA

Die vorliegende Arbeit befaßt sich mit der Anerkennung und Vollstreckbarerklärung US-amerikanischer Gerichtsurteile in Deutschland, die materiellen und immateriellen Schadensersatz zusprechen.[29] Für diesen Bereich existiert zwischen den beiden Ländern keine vertragliche Regelung.[30]

Der deutsch-amerikanische Freundschafts-, Handels- und Schiffahrtsvertrag vom 29.10.1954 (FCN-Vertrag)[31] regelt nur Fragen der Sicherheitsleistungen, der Prozeßkostenhilfe und der Schiedsgerichtsbarkeit. Er enthält nur Bestimmungen zur Anerkennung und Vollstreckung von Schiedssprüchen, befaßt sich aber nicht mit den Wirkungen von gerichtlichen Entscheidungen in den beiden Ländern.[32]

Weiterhin sind die USA und Deutschland zwar Parteien des Haager Übereinkommens vom 15.11.1965 über die Zustellung gerichtlicher und außergerichtlicher Schriftstücke im Ausland in Zivil- und Handelssachen (HZÜ)[33]. Dieses Abkommen regelt aber ebensowenig die Aner-

27 Vgl. Geimer/Schütze, Internationale Urteilsanerkennung, Band I/2, S. 1383 (dort insbesondere Fn. 11); grds. auch Schack, IZVR, Rn. 807; Stein/Jonas-Schumann, ZPO, § 328, Rn. 41; Zöller-Geimer, ZPO, § 328, Rn. 5.

28 Vgl. Geimer, IZPR, Rn. 2766.

29 Zum umgekehrten Fall der Anerkennung ausländischer Entscheidungen in den USA s. Brand, 67 Notre Dame L. Rev. 253 - 334 (1991); ders., 13 J. L. & Comm. 193 (1994); von Mehren, 57 RabelsZ (1993), S. 449 ff.; Schütze, Aufsatzreihe in JR 1986-1990 (Beginn JR 1986/177 ff.); darauf aufbauend: ders., Deutsch-amerikanische Urteilsanerkennung, S. 5 ff.; s. auch Berenscheidt, RIW/AWD 1976/554 ff.

30 Vgl. Behr, 13 J. L. & Comm. 211, 213 (1994); Beucher/Sandage, 23 Vand. J. Transnat'l L. 967, 980 (1991); Brand, 67 Notre Dame L. Rev. 253, 289 (1991); ders., 13 J. L. & Comm. 193 (1994); ders 18 NILR, 143 - 186 (1996); Bungert, ZIP 1992/1707, 1708; Rosengarten, S. 123; Schütze, Deutsch-amerikanische Urteilsanerkennung, S. 161; Zekoll, 37 Am. J. Comp. L. 301, 303 (1989); ders., 30 Colum. J. Transnat'l L. 641, 642 (1992). Auch an anderen bi- bzw. multilateralen Vollstreckungsabkommen sind die USA als einzige sog. Industrienation nicht beteiligt; vgl. Koch/Zekoll, IPRax 1993/288, 292.

31 BGBl. 1956 II, S. 487, in Deutschland in Kraft seit dem 14.7.1956 (BGBl. 1956 II, S. 763); vgl. auch Bülow/Böckstiegel/Linke, Band I, Ziffer 525 (Text); MünchKomm-Gottwald, ZPO, SchlAnh. Ziffer 6 a (Text mit Erläuterungen).

32 Vgl. Müller, ZZP 79 (1966), S. 199, 200 (dort insbesondere Fn. 3); Schack, IZVR, Rn. 56 (a.E.); Schütze, Deutsch-amerikanische Urteilsanerkennung, S. 161.

33 BGBl. 1977 II, S. 1452, zwischen Deutschland und den USA in Kraft seit dem 26.6.1979 (BGBl. 1979 II, S. 779; BGBl. 1980 II, S. 907); vgl. Jayme/Hausmann, Nr. 102 (dort Fn. 1); Junker, JZ 1989/121 ff.; Schack, IZVR, Rn. 605. Grundsätzlich zur Frage der Anerkennung ausländischer Entscheidungen nach den Haager Übereinkommen s. Coester-Waltjen, 57 RabelsZ (1993), S. 263 ff.

kennung und Vollstreckbarerklärung von Urteilen im Verhältnis Deutschland - USA, wie das Haager Übereinkommen über die Beweisaufnahme im Ausland in Zivil- und Handelssachen vom 18.3.1970 (HBÜ)[34], das von beiden Ländern ratifiziert wurde.

Auch das in den USA und Deutschland geltende UN-Übereinkommen vom 10.6.1958 über die Anerkennung und Vollstreckung von Schiedssprüchen kann nicht herangezogen werden. Es verpflichtet zur Anerkennung und Vollstreckung ausländischer Schiedssprüche, sofern deren Parteien den Vertragsstaaten angehören, betrifft aber nicht die Anerkennung und Vollstreckbarerklärung von Urteilen.[35]

Bezüglich der Anerkennung und Vollstreckbarerklärung US-amerikanischer Urteile aus dem Zivil- und Handelsrecht muß mangels besonderer Rechtsgrundlagen auf die allgemeinen Regeln, das autonome Recht, zurückgegriffen werden. Diese sind in § 328 ZPO und §§ 722, 723 ZPO enthalten.

3. Der Anwendungsbereich des § 328 ZPO und die Voraussetzungen der Anerkennung und Vollstreckbarerklärung im allgemeinen

§ 328 ZPO erfaßt nach seinem Wortlaut nur Entscheidungen, die zivilrechtliche Ansprüche zum Gegenstand haben. Der Begriff der Zivilsache wird insofern von der deutschen lex fori bestimmt. Er ist weit auszulegen und umfaßt unter anderem auch handels- und arbeitsrechtliche Ansprüche.[36]

Urteile i.S.d. § 328 ZPO sind alle ausländischen Entscheidung, die nach einem geordneten Prozeßverfahren eine Rechtsfrage endgültig regeln. Es muß sich um ein rechtskräftiges Urteil eines fremden staatlichen Gerichts in einer Zivilsache handeln. Der Begriff ist weit zu fassen. Unterschiedliche Definitionen[37] basieren auf der verschiedenen begrifflichen Einordnung. Aus ihnen kann nicht auf ein differenzierendes materielles Verständnis geschlossen werden.[38] Sowohl Form, als auch Bezeichnung der ausländischen Entscheidung sind ohne Bedeutung, solange inhaltlich eine Rechtsfrage endgültig entschieden wurde.

---

34 BGBl. 1977 II, S. 1452, 1472. In Kraft in Deutschland seit 26.6.1979 (BGBl. II, 780), in den USA seit 7.10.1972 (BGBl. 1980 II, 1290); vgl. Junker, JZ 1989/121 ff.; Schack, Einführung in den US-amerikanischen Zivilprozeß, S. 53 (dort insbesondere Fn. 396); ders., IZVR, Rn. 725.; Trittmann, S. 125 ff.; Grundsätzlich zur Frage der Anerkennung ausländischer Entscheidungen nach den Haager Übereinkommen s. Coester-Waltjen, 57 RabelsZ (1993), S. 263 ff.

35 Vgl. Lange/Black, Rn. 153.

36 Ausführlicher hierzu: Geimer, IZPR, Rn. 2867; Geimer/Schütze, Internationale Urteilsanerkennung, Band I/2, S. 1690; Martiny, Handbuch des IZVR, Band III/1, Rn. 500 ff; Rosenberg/Schwab/Gottwald, S. 943; Schack, IZVR, Rn. 817.

37 Vgl. Geimer, IZPR, Rn. 2851 ff.; Geimer/Schütze, Internationale Urteilsanerkennung, Band I/2, S. 1691; Martiny, Handbuch des IZVR, Band III/1, Rn. 463 ff.; Rosenberg/Schwab/Gottwald, S. 943; Schack, IZVR, Rn. 810 ff.

38 Ausführlicher zum Ganzen: Geimer, IZPR, Rn. 2851 ff.; Geimer/Schütze, Internationale Urteilsanerkennung, Band I/2, S. 1691; Martiny, Handbuch des IZVR, Band III/1, Rn. 463 ff.; Rosenberg/Schwab/Gottwald, S. 943; Schack, IZVR, Rn. 810 ff.

Die Anerkennung und Vollstreckbarerklärung eines ausländischen Erkenntnisses ist durch § 328 I ZPO weiterhin an folgende Voraussetzungen gebunden:

- Das ausländische Gericht muß nach den deutschen Gesetzen international zuständig gewesen sein (Ziffer 1).

- Der Nachweis der ordnungsgemäßen und rechtzeitigen Zustellung des prozeßeinleitenden Schriftstücks ist erforderlich, sofern der Beklagte sich auf das Verfahren vor dem fremden Gericht nicht eingelassen hat und sich hierauf beruft (Ziffer 2).

- Es darf keine Unvereinbarkeit der ausländischen Entscheidung mit einem im Anerkennungsstaat bereits erlassenen Urteil oder einer früheren anerkennungsfähigen Entscheidung des fremden Urteilsstaates vorliegen (Ziffer 3).

- Es darf kein Verstoß gegen den deutschen ordre public gegeben sein (Ziffer 4).

- Zwischen den beiden Staaten ist die tatsächliche Verbürgung der Gegenseitigkeit erforderlich (Ziffer 5).

II. Die Anerkennung ausländischer Entscheidungen

Ein inländisches Urteil entfaltet die Wirkungen seiner materiellen Rechtskraft (§ 322 ZPO), sobald es formell rechtskräftig geworden ist (§ 705 ZPO).[39] Zur Erlangung der formellen Rechtskraft bedarf es keiner besonderen Voraussetzungen, insbesondere nicht eines weiteren hoheitlichen Aktes.[40] Die Geltung eines Urteilsspruches erstreckt sich zunächst aber nur auf das Gebiet des Landes in dem die Entscheidung erlassen wurde. Dies ergibt sich aus der Bindung der staatlichen Hoheitsgewalt an das Territorialitätsprinzip. Die Souveränität der Staaten wird auch im Bereich der Judikative geachtet.[41] Die nationalen Rechtsordnungen sind voneinander unabhängig und stehen sich selbständig gegenüber. In verschiedenen Punkten weichen die verschiedenen Rechtsordnungen auch inhaltlich voneinander ab, so daß die Wirkungen des in einem Staat ergangenen Urteils nicht ohne weiteres mit der Rechtsordnung eines anderen Staates in Einklang gebracht werden können.[42]

---

39 Anders im US-amerikanischen Zivilprozeßrecht. Dort wird der Begriff Rechtskraft materiellrechtlich verstanden. Die formelle Rechtskraft ist nicht Voraussetzung für den Eintritt der materiellen Rechtskraft. Vgl. Schack, Einführung in das US-amerikanische Zivilprozeßrecht, S. 71, 72; s. auch Juenger, 36 Am. J. Comp. L. 1 - 39 (1988).

40 Vgl. G. Roth, S. 13.

41 Vgl. Linke, IZPR, Rn. 31, 331; Schütze, Anerkennung und Vollstreckung, S. 1; Schütze, JZ 1982/636; s. auch Bleckmann, JZ 1985/1172, 1173.

42 Zum Ganzen: Geimer/Schütze, Internationale Urteilsanerkennung, Band I/2, S. 1385.

Um diese Schranken zu überwinden und internationalen Rechtsverkehr wenn nicht überhaupt erst zu ermöglichen, so doch zu erleichtern, bestehen seit jeher die Institute der Anerkennung und Vollstreckbarerklärung ausländischer Entscheidungen im Inland.[43]

Ob und inwieweit eine im Urteilsstaat[44] ergangene Entscheidung vom Anerkennungs- bzw. Vollstreckungsstaat[45] anerkannt wird, unterliegt dessen souveräner Regelungsbefugnis. Es muß allerdings davon ausgegangen werden, daß diese Souveränität heute nicht mehr uneingeschränkt gilt.[46]

1. Die Bedeutung unterschiedlicher Interessen bei der Anerkennung ausländischer Entscheidungen

In gewissem Umfang steht es im Ermessen des jeweiligen Anerkennungsstaates, die Anerkennung und Vollstreckbarerklärung fremder Entscheidungen zuzulassen oder abzuweisen. Die Entscheidung wird von verschiedenen Interessen beeinflußt. Der Anerkennungsstaat muß prüfen, ob der Anerkennung der Entscheidung des Urteilsstaates wichtige Interessen entgegenstehen. Zu beachten sind einerseits unterschiedliche staatliche Interessen von Urteils- und Anerkennungsstaat, andererseits aber auch die der am Rechtsstreit beteiligten Parteien und gegebenenfalls weiterer Personen.[47] Bei der Anerkennung ausländischer Entscheidungen stellt die Interessenlage ein wichtiges Entscheidungskriterium dar. Dabei ist offensichtlich, daß die verschiedenen Interessen zum Teil gleichgerichtet sind, sich zum Teil aber auch widersprechen.

Im folgenden sollen die wichtigsten Interessen und Interessengruppen und deren Gegensätze dargestellt werden:

a) Die Interessen von Urteilsstaat und Anerkennungsstaat

Der Urteilsstaat selbst ist - schon aus Gründen nationalen Prestiges - daran interessiert, daß ein in seinem Rechtssystem ergangene Entscheidung im Ausland ohne Einschränkung und ohne erneute Überprüfung durch ein ausländisches Gericht anerkannt wird.

---

43 Einen geschichtlichen Überblick bieten: Martiny, Handbuch des IZVR, Band III/1, Rn. 18 (umfassend); Matscher, in: FS Schima, S. 265, 268 ff. (knapper).

44 Auch Erststaat genannt. Hierbei handelt es sich um den Staat, dem das Gericht, dessen Entscheidung anerkannt werden soll, staatsrechtlich zuzuordnen ist. Zur Fachterminologie vgl. Geimer, Zur Prüfung der Gerichtsbarkeit, S. 22 (dort insbesondere Fn. 4); Linke, IZPR, Rn. 332.

45 Auch Zweitsstaat genannt. Hierbei handelt es sich um den Staat, in dem das Urteil des Urteils- oder Erststaates (vgl. vorhergehende Fn.) anerkannt bzw. vollstreckt werden soll. Zur Fachterminologie vgl. Geimer, Zur Prüfung der Gerichtsbarkeit, S. 22 (dort insbesondere Fn. 4); Linke, IZPR, Rn. 332. Zwischen den Begriffspaaren besteht sachlich kein Unterschied. Geimer weist aber zu Recht darauf hin, daß die Begriffe Urteils- und Anerkennungs- oder Vollstreckungsstaat sprachlich farbiger sind. Im folgenden wird deswegen das bildlich klarere Begriffspaar verwendet.

46 Hierzu sogleich.

47 Vgl. Martiny, Handbuch des IZVR, Band III/1, Rn. 75 ff.; s. auch Ansay, in: FS Wengler, Band II, S. 67, 72, 75 ff.

Aus der Sicht des Anerkennungsstaates können dagegen eigene Souveränitätsinteressen einer vorbehaltlosen Anerkennung entgegenstehen. Jeder Staat erhebt Anspruch auf Selbstbestimmung in den Bereichen der Legislative, der Exekutive und auch der Judikative. Die ausländische Entscheidung beruht möglicherweise auf Rechtssätzen, die nicht in Einklang mit Bestimmungen oder Grundgedanken des eigenen Rechts stehen, so daß ihr die Anerkennung versagt werden muß.

Es kommen sowohl materielle, als auch formelle Unterschiede in Betracht. Sie können grundsätzlicher Art sein, es kann sich aber auch um Einzelphänomene der jeweiligen Rechtsordnungen handeln. Ein Unterschied allgemeiner Art zeigt sich beispielsweise bei einem Vergleich des Aufbaus des deutschen Zivilrechts und des US-amerikanischen common law. Eine individuelle Abweichung vom deutschen Recht stellt z.B. das Rechtsinstitut der US-amerikanischen punitive damages dar, die dem Geschädigten bei einer qualifizierten Schädigung des Täters neben dem rein kompensatorischen Schadensersatz und neben dem Schmerzensgeld einen weiteren Geldbetrag zugestehen.[48]

Möglicherweise bietet das fremde Urteil auch nicht die im Anerkennungsstaat üblichen Garantien der materiellen Gerechtigkeit und der Rechtsstaatlichkeit.

Ein weiterer Aspekt ist, daß die Umgehung der eigenen Rechtsordnung, z.B. durch forum shopping[49], verhindert werden soll. Fremde Entscheidungen, die auf das Inland einwirken, müssen deshalb aus der Sicht des Anerkennungslandes einer gewissen Kontrolle unterliegen.

Andererseits hat aber auch der Anerkennungsstaat ein Interesse an internationaler Zusammenarbeit. Im Gegenzug zur Anerkennung ausländischer Urteile im Inland kann er die Anerkennung der Urteile seiner eigenen Gerichte im entsprechenden Ausland erwarten (Gegenseitigkeit der Anerkennung). Der internationale Handels- und Rechtverkehrs wird inzwischen allgemein gefördert.[50]

Die Bundesrepublik Deutschland folgt der allgemeinen zu beobachtenden Entwicklung, internationale Rechtsbeziehungen zu fördern. Sie forciert diese auch. Im Zusammenhang mit der Anerkennung ausländischer Entscheidungen muß somit von einer deutlich liberalen Tendenz bei der Auslegung der Voraussetzungen ausgegangen werden.[51]

---

48 Ausführlich hierzu später, s. Teil 3, Ziffer II. 2. (S. 229 ff.).

49 Forum shopping bedeutet, daß der Kläger unter mehreren in Betracht kommenden internationalen Gerichtsständen denjenigen auswählt, der aufgrund des dort anzuwendenden formellen und materiellen Rechts für ihn am günstigsten ist. Die negative Färbung des Begriffes ist unbegründet. Es ist das gute Recht des Klägers und sogar die Pflicht des klägervertretenden Anwaltes, den wirtschaftlich und prozeßtaktisch chancenreichsten Gerichtsstand anzustreben und dessen Vorteile zu nutzen. S. auch Becker, 60 RabelsZ (1996), S. 691, 732 f.; Bell, 69 Aust'l L. J. 124 - 142 (1995); Geimer, IZPR, Rn. 1095 ff.; Kropholler, IPR, Rn. 501; Kurth, S. 90; Schack, IZVR, Rn. 220 ff.; ders., 58 RabelsZ (1994), S. 40, 47; Schütze, in: FS Nagel, S. 392 ff. Das wohl bekannteste Beispiel von forum shopping eines deutschen Klägers liegt der „Autostrada-del-Sole-Entscheidung" des BGH zugrunde. Ausführlich hierzu in Teil 2, Ziffer V. 3. c) (S. 131 ff.).

50 Vgl. zum Ganzen: Martiny, Handbuch des IZVR, Band III/1, Rn. 86.

51 Ebenso Koch, in: Effiziente Rechtsverfolgung, S. 161, 166 ff., 170 f.

b) Weitere, insbesondere politische und allgemein wirtschaftliche Interessen

Sowohl für den Urteilsstaat, als auch für den Anerkennungsstaat können auch politische sowie wirtschaftliche Interessen eine Rolle spielen. Insbesondere die Position eines Staates als klassischer „Schuldnerstaat" oder „Gläubigerstaat", heute also konkret Entwicklungs- oder Industrieland, führt zu einer konträren Haltung bezüglich der Anerkennung ausländischer Entscheidungen aufgrund wirtschaftlicher Überlegungen.[52]

Von politischen und allgemein wirtschaftlichen Überlegungen maßgeblich beeinflußt wurde die „Kalifornien-Entscheidung" des Reichsgerichts vom 26.3.1909[53]:

Nach dem schweren Erdbeben von San Francisco im Jahre 1906 hatten verschiedene deutsche Versicherungsgesellschaften die Erstattung von Brandschäden verweigert. Sie beriefen sich auf eine in ihren Versicherungsbedingungen enthaltene „Erdbebenklausel", die eine Zahlungsverpflichtung ausschloß, sofern das Schadensereignis auf höhere Gewalt, insbesondere ein Erdbeben zurückzuführen sei. Im Vertrauen auf die Nichtvollstreckbarkeit kalifornischer Urteile in Deutschland hatten sich die in Deutschland ansässigen Gesellschaften nicht auf ein Verfahren der Geschädigten in Kalifornien eingelassen. Dies führte dazu, daß Kalifornien 1907, als die Frage von Schadensersatzzahlungen und insbesondere die Frage der Durchsetzung US-amerikanischer Urteile in Deutschland noch nicht geklärt war, seine Prozeßordnung änderte. Nunmehr konnten aus Sicht des Staates Kalifornien auch vorläufig vollstreckbare Urteile - im vorliegenden Fall konkret Versäumnisurteile - anerkannt und vollstreckt werden. Da Kalifornien dies für die Anerkennung deutscher Urteile im dortigen Land vorsah ging man davon aus, daß umgekehrt auch Deutschland der Anerkennung kalifornischer Urteile zustimmen müßte. Denn die Durchsetzung der vor einem US-amerikanischen Gericht zugesprochenen Ansprüche in Deutschland war auf der Grundlage des Rechts von Kalifornien - nunmehr - ermöglicht. Im Gegenzug verneinte das Reichsgericht die Verbürgung der Gegenseitigkeit im Verhältnis Deutschland zu Kalifornien und verhinderte somit letztlich doch eine Anerkennung und Vollstreckung der US-amerikanischen Entscheidung in Deutschland.[54]

Inzwischen ist - nach Übernahme des US-amerikanischen Mustergesetzes bezüglich der Anerkennung ausländischer Geldurteile - zwischen Kalifornien und Deutschland die Gegenseitigkeit verbürgt. Die Anerkennungspraxis beider Länder ist bei gleichartigen Urteilen an im wesentlichen gleichwertige Anforderungen geknüpft (vgl. § 328 I Ziffer 5, II ZPO).[55] Dies ist zwischenzeitlich allgemein anerkannt und wurde vom BGH in der hier zugrundeliegenden „Kalifornien-Entscheidung" vom 4.6.1992 – wenn auch nur deklaratorisch, so jedenfalls aber

---

52 Vgl. Martiny, Handbuch des IZVR, Band III/1, Rn. 94 ff.; s. auch Ansay, in: FS Wengler, Band II, S. 67, 75 ff.

53 RGZ 70/434 ff. = JW 1909/279 ff.

54 Zur Kritik an dem kalifornischen Gelegenheitsgesetz vgl. Kisskalt, LZ 1907/689 ff.; s. auch Feller, JW 1931/112 ff.; Süß, in: FS Rosenberg, S. 229, 239; Wittmaack, NiemeyersZ 22 (1912), S. 1 ff.

55 Vgl. Geimer/Schütze, Internationale Urteilsanerkennung, Band I/2, S. 1917 f.; Hoechst, S. 123; Martiny, Handbuch des IZVR, Band III/1, Rn. 1534; Schütze, JR 1986/177, 235; ders., Deutsch-amerikanische Urteilsanerkennung, S. 43.

doch ausdrücklich - bestätigt. [56] Zweifel an der Verbürgung der Gegenswitigkeit sind somit inzwischen unberechtigt.

c) Die Interessen der beteiligten Parteien

Für die am Rechtsstreit beteiligten Parteien ergeben sich naturgemäß widerstreitende Interessen. Die Anerkennung eines Urteils erspart einerseits der obsiegenden Klägerpartei die erneute Durchführung eines Verfahrens wegen desselben Streitgegenstandes im Anerkennungsstaat und schützt andererseits die erfolgreiche Beklagtenpartei dort vor einem erneuten Verfahren. Dagegen könnte die unterlegene Partei, sei sie Kläger oder Beklagter, Interesse haben an einer erneuten Überprüfung der Entscheidung. Die Interessen der Parteien sind hierbei in erster Linie subjektiv individueller Art, sie betreffen die Frage der Kosten oder den Schutz vor einem erneuten Prozeß.

Schack[57] äußert, daß sich der unterlegene Beklagte durch Absetzen ins Ausland seiner Verpflichtung zur Zahlung der Schuld nicht entziehen könne, wenn dort eine Anerkennung des Urteils stattfinde. Das trifft allenfalls teilweise zu.

In dem der „Kalifornien-Entscheidung" des BGH vom 4.6.1992[58] zugrundeliegenden Fall ist es dem Beklagten im Ergebnis zumindest teilweise gelungen, sich seiner Zahlungsverpflichtung zu entziehen. Der Beklagte, ein Deutscher mit zusätzlich US-amerikanischer Staatsbürgerschaft, hatte an seinem Wohnsitz in Stockton, Kalifornien sexuelle Handlungen an und mit dem zum Tatzeitpunkt im Jahre 1982 noch nicht 14-jährigen Kläger vorgenommen. Beide hatten in fünf Fällen gemeinsam onaniert. Strafrechtlich war der Beklagte wegen sexueller Verfehlungen an einem Minderjährigen zu einer mehrjährigen Haftstrafe verurteilt worden. Zivilrechtlich verurteilte ihn der Superior Court of the State of California in and for the County of San Joaquin am 24.4.1985 zur Zahlung von Schadensersatz und Schmerzensgeld in Höhe von insgesamt 750.260 US-Dollar. Das US-amerikanische Urteil ist rechtskräf-

---

56 Vgl. BGH (Urt. v. 4.6.1992) BGHZ 118/312, 326 = IPRax 1993/310, 314 = LM 2/93 zu § 328 ZPO = NJW 1992/3096, 3100 = RIW 1993/132, 133 = VersR 1992/1281, 1285 = WM 1992/1451, 1457 = ZIP 1992/1256, 1262 = ZZP 106 (1993), S. 79, 89, jeweils unter Pkt. A. III. 5. (nicht abgedruckt in CR 1993/274 ff., EuZW 1992/705 ff., EWiR 1993/827, JZ 1993/261 ff., MDR 1992/1181 ff. und PHI 1992/174 f.). Vgl. zum Ganzen insbesondere auch Schütze in Anm. zu BGH (Urt. v. 4.6.1992), RIW 1993/132, 139, 141. Ausführlich zum Sachverhalt sogleich.

57 IZVR, Rn. 787.

58 Vgl. hierzu den zugrundeliegenden Sachverhalt bei BGH (Urt. v. 4.6.1992) BGHZ 118/312 ff. = CR 1993/274 ff. = EuZW 1992/705 ff. = EWiR 1993/827 (mit Anm. Geimer) = IPRax 1993/310 ff. (mit Anm. Koch/Zekoll, IPRax 1993/288 ff.) = JZ 1993/261 ff. (mit Anm. Deutsch) = LM 2/93 zu § 328 ZPO (mit Anm. Kronke) = MDR 1992/1181 ff. = NJW 1992/3096 ff. (mit Anm. Koch, NJW 1992/3073 ff.) = NJW RR 1993/152 (nur Leitsätze) = PHI 1992/174 ff. = RIW 1993/132 ff. (mit Anm. Schütze) = VersR 1992/1281 ff. = WM 1992/1451 ff. = ZIP 1992/1256 ff. (mit Anm. Bungert, ZIP 1992/1707 ff.) = ZZP 106 (1993), S. 79 ff. (mit Anm. Schack). An US-amerikanischer Literatur sind insbesondere zu nennen: Behr, 13 J. L. & Comm. 211 - 232 (1994); Bungert, 27 Int'l Law 1075 - 1090 (1993); Fiebig, 22 Ga. J. Int'l & Comp. L. 635 - 657 (1992); Fischer, 68 St. John's L. Rev. 199 - 215 (1994); Hay, 40 Am. J. Comp. L. 729 - 750 (1992); Nettesheim/Stahl, 28 Tex. Int'l L. J. 415 - 425 (1993); Zekoll, 30 Colum. J. of Trans-n'l L. 641 - 659 (1992); eine englische Übersetzung der Entscheidung findet sich in 32 I. L. M. 1320 (1992).

tig. Um der Vollstreckung der langjährigen Freiheitsstrafe in den USA zu entgehen siedelte der Beklagte noch während das zivilgerichtlichen Verfahren anhängig war am 30.5.1984 nach Deutschland über. Er hatte sich zunächst auf das zivilgerichtliche Verfahren vor dem US-amerikanischen Gericht eingelassen, war dann aber zur mündlichen Verhandlung am 23.4.1985 nicht mehr erschienen. Nach Abschluß des US-amerikanischen Zivilverfahrens begehrte der Kläger die Anerkennung des Urteils in Deutschland. Er beantragte die Vollstreckbarerklärung zunächst vor dem LG Düsseldorf, das den Anspruch vollständig anerkannte. In zweiter Instanz sprach das OLG Düsseldorf[59] einen Teilbetrag in Höhe von 275.325 US-Dollar zu. Der BGH[60] entschied sich letztinstanzlich für eine dritte Variante und erkannte das US-amerikanische Urteil mit einem Teilbetrag in Höhe von 350.260 US-Dollar an.[61] Die Zahlungsverpflichtung des Beklagten hat sich im Ergebnis auf etwa die Hälfte der ursprünglichen Summe reduziert.

Abgesehen davon, daß der Beklagte sich der Vollstreckung der gegen ihn verhängten Freiheitsstrafe entzogen hat, ist es ihm auch gelungen, die Durchsetzung des zivilrechtlichen Anspruches deutlich zu kürzen.

d) Die Interessen der Rechtspflege

Das Anerkennungsrecht trägt - entsprechend seiner Ausformung - dazu bei, den internationalen Rechtsverkehr zu erleichtern, insbesondere grenzüberschreitende Rechtsverfolgung zu ermöglichen. Die jeweiligen Justizapparate werden, wenn sie kein erneutes Erkenntnisverfahren durchführen müssen, entlastet. Weiterhin muß die Rechtspflege auf sowohl äußeren (internationalen), als auch auf inneren (nationalen) Entscheidungseinklang achten. Hinkende Rechtsverhältnisse oder sich widersprechende Entscheidungen müssen verhindert werden.

Es gilt, durch das Anerkennungsrecht zur Rechtssicherheit beizutragen und Ordnungsinteressen gerecht zu werden.[62]

e) Zusammenfassende Stellungnahme zu den möglichen Interessenkollisionen bei der Anerkennung ausländischer Entscheidungen

Die Frage der Anerkennung ausländischer Entscheidungen kann durch unterschiedliche Interessen beeinflußt werden.

---

59 OLG Düsseldorf (Urt. v. 28.5.1991) RIW 1991/594 ff. = RuS 1991/339 ff. = VersR 1991/1161 ff.

60 BGH (Urt. v. 4.6.1992) BGHZ 118/312 ff. = CR 1993/274 ff. = EuZW 1992/705 ff. = EWiR 1993/827 (mit Anm. Geimer) = IPRax 1993/310 ff. (mit Anm. Koch/Zekoll, IPRax 1993/288 ff.) = JZ 1993/261 ff. (mit Anm. Deutsch) = LM 2/93 zu § 328 ZPO (mit Anm. Kronke) = MDR 1992/1181 ff. = NJW 1992/3096 ff. (mit Anm. Koch, NJW 1992/3073 ff.) = NJW RR 1993/152 (nur Leitsätze) = PHI 1992/174 ff. = RIW 1993/132 ff. (mit Anm. Schütze) = VersR 1992/1281 ff. = WM 1992/1451 ff. = ZIP 1992/1256 ff. (mit Anm. Bungert, ZIP 1992/1707 ff.) = ZZP 106 (1993), S. 79 ff. (mit Anm. Schack).

61 Ausführlich zum Sachverhalt auch Schack, ZZP 106 (1993), S. 104 f.

62 Ausführlich zum Ganzen: Martiny, Handbuch des IZVR, Band III/1, Rn. 101 ff., 104 ff.; siehe auch Basedow, StAZ 1983/233, 240.

Die verschiedenen Interessen können Einfluß auf die Begriffsbestimmung des ordre public ausüben. Allerdings läßt sich dies nicht allgemein bestimmen. Es kommt auf die tatsächlichen Umstände des konkreten Einzelfalls und die diesem zugrundeliegende Rechtsfrage an.[63] Problematisch bei der Berücksichtigung der Interessen ist, daß sämtliche - nicht nur die genannten Interessen der Parteien - jeweils auch von einem subjektiven Moment geprägt werden. Sie heben grundsätzlich die Vorstellungen einer Partei einseitig über die der anderen Beteiligten. Dagegen soll der ordre public eine objektive Schranke der deutschen Rechtsordnung gegenüber solchen Einflüssen von außen sein, die als nicht hinnehmbar angesehen werden. Er darf nicht lediglich dem Schutz individueller Interessen dienen, schon gar nicht zu einer reinen Inländerschutzklausel abgewertet werden.

Bei der Auseinandersetzung mit der Vorbehaltsklausel des ordre public muß differenziert werden zwischen den subjektiven Interessen, die dem allgemeinen Anerkennungsrecht zuzuordnen sind, und möglicherweise zu beachtenden objektiven Interessen, die unmittelbar dem ordre public unterstehen, sich also individueller zuordnen lassen.

2. Verschiedene Überprüfungsmöglichkeiten im Zusammenhang mit der Anerkennung ausländischer Entscheidungen

Ausländische Entscheidungen können grundsätzlich als im Inland unbeachtlich angesehen werden, d.h. gar nicht anerkennt werden. Sie können aber auch einer vollständigen Überprüfung unterzogen werden (révision au fond). Weiterhin kann eine teilweise Überprüfung vorgenommen werden. Schließlich ist es auch denkbar, fremde Erkenntnisse unbesehen zu übernehmen.[64] Sowohl die erst- als auch die letztgenannte Möglichkeit kommen heute nicht mehr ernsthaft in Betracht. Es findet allgemein eine mehr oder minder weit gefaßte Überprüfung der fremden Entscheidung statt.[65]

In Deutschland gilt das Verbot der révision au fond, d.h. die Gesetzmäßigkeit der ausländischen Entscheidung darf im Inland nicht nachgeprüft werden.[66] Weder die tatsächlichen Feststellungen durch den ausländischen Richter noch die Anwendung der Rechtssätze dürfen

---

63 Vgl. Jayme, StAZ 1980/301, 306 (allerdings zum kollisionsrechtlichen ordre public des IPR).

64 Eine differenziertere Gliederung findet sich bei G. Roth, S. 16; s. auch Juenger 36 Am. J. Comp. L. 1 – 39 (1988). Zur Differenzierung der Anerkennungsmöglichkeiten in formeller Hinsicht, d.h.der in Betracht kommenden Verfahren der Anerkennung, siehe: Schütze, Anerkennung und Vollstreckung, S. 3 ff.; Geimer, NJW 1965/1414 ff.

65 So bereits Süß, in: FS Rosenberg, S. 229, 230; vgl. auch Geimer, ZfRV 1992/321 ff., 401 ff., 405, 407; s. auch G. Roth, S. 16.

66 Vgl. BGH (Urt. v. 4.6.1992) BGHZ 118/312, 320 = IPRax 1993/310, 313 = LM 2/93 zu § 328 ZPO = NJW 1992/3096, 3098 = VersR 1992/1281, 1284 = WM 1992/1451, 1455 = ZIP 1992/1256, 1260 = ZZP 106 (1993), S. 79, 86, jeweils unter Pkt. A. III. 3. a) (nicht abgedruckt in CR 1993/274 ff., EuWZ 1993/705 ff., EWiR 1993/827, JZ 1993/261 ff., MDR 1992/1181 ff., PHI 1992/174 f. und RIW 1993/132 ff.); s. auch OLG Düsseldorf (Urt. v. 28.5.1991) RIW 1991/594 ff. = RuS 1991/339 ff. = VersR 1991/1161, 1162 (Vorinstanz zu BGH in dieser Fn.); Geimer, IZPR, Rn. 2910; Geimer/Schütze, Internationale Urteilsanerkennung, Band I/2, S. 1465; Linke, IZPR, Rn. 331; Martiny, Handbuch des IZVR, Band III/1, Rn. 319 ff.; Nagel, IZPR, Rn. 1040; Schack, IZVR, Rn. 786, 867 ff., 909; Schütze, Anerkennung und Vollstreckung, S. 27; Stein/Jonas-Schumann, ZPO, § 328, Rn. 21; Zöller-Geimer, ZPO, § 328, Rn. 151.

kontrolliert werden. Auch das Verfahren des Urteilenden ist, bis auf die ausnahmsweise zu beachtenden, unverzichtbaren Erfordernisse der verfahrensrechtlichen Gerechtigkeit,[67] nicht zu prüfen. Das Verbot der révision au fond muß als grundlegender Teil des deutschen Anerkennungsrechts verstanden werden.

Ausdrücklich normiert ist dies im deutschen autonomen Recht in § 723 I ZPO. Diese Norm regelt an sich den Erlaß eines Vollstreckungsurteils bezüglich einer ausländischen Entscheidung. Das Verbot der révision au fond betrifft aber bereits die Frage der Anerkennung ausländischer Entscheidungen. Der Standort der Regelung ist systematisch fehlerhaft, sie hätte bei oder nach § 328 ZPO geregelt werden müssen. Dies ist allgemein anerkannt. Zurückzuführen ist die sachlich verfehlte Normierung auf historische Entwicklungen.[68] Jedenfalls darf die ausländische Entscheidung auch im Rahmen der Überprüfung der Anerkennungsfähigkeit gemäß § 328 ZPO grundsätzlich nicht sachlich auf ihre Richtigkeit überprüft werden.[69]

Eine Neuentscheidung durch ein inländisches Gericht in der selben Sache wäre mit dem Begriff der Anerkennung nicht mehr in Einklang zu bringen. Der die Anerkennung bzw. Vollstreckbarerklärung im Inland prüfende Exequaturrichter darf nicht zum Rechtsmittelrichter über den ausländischen Erstrichter des Urteilsstaates werden. Rechtssicherheit und Rechtsfrieden werden hier gegenüber inhaltlicher Richtigkeit als vorrangig angesehen.[70]

Eine Durchbrechung des Grundsatzes der allgemeinen Anerkennung ist ausnahmsweise zulässig, wenn unabdingbar zu beachtende höherwertige Interessen eine Hinnahme der fremden Entscheidung ohne Überprüfung nicht vertretbar erscheinen lassen. Dies ist der Fall, wenn grundlegende Werte der deutschen Rechtsordnung, staatspolitische Ziele oder Staatsinteressen gefährdet sind oder auch fundamentale private Interessen berücksichtigt werden müssen.[71] Gemeint ist hiermit der Vorbehalt des ordre public gegenüber ausländischen Entscheidungen. Er ist im autonomen Recht geregelt in § 328 I Ziffer 4 ZPO. Nach dieser Vorschrift ist eine Anerkennung des Urteils eines ausländischen Gerichts ausgeschlossen, wenn die Anerkennung des Urteils zu einem Ergebnis führt, das mit wesentlichen Grundsätzen des deutschen Rechts, insbesondere den Grundrechten offensichtlich unvereinbar ist. Hierfür genügt es allerdings nicht, daß das ausländische Urteil zwingendes deutsches Recht nicht beachtet oder falsch anwendet. Erst wenn die Werteordnung des deutschen Rechts in den ihr zugrundeliegenden Gedanken durch die Hinnahme einer ausländischen Entscheidung erschüttert wird, ist ein Verstoß gegen den ordre public anzunehmen. Eine konkrete Überprüfung der ausländi-

67 Zum sog. verfahrensrechtlicher ordre public später ausführlich.

68 Vgl. Martiny, Handbuch des IZVR, Band III/1, Rn. 52, 320.

69 Vgl. zum Ganzen: Geimer/Schütze, Internationale Urteilsanerkennung, Band I/2, S. 1465 (dort insbesondere Fn. 10); Geimer, Zur Prüfung der Gerichtsbarkeit, S. 41 (dort insbesondere Fn. 84); Schütze, Anerkennung und Vollstreckung, S. 27; Zöller-Geimer, ZPO, § 328, Rn. 152.

70 Vgl. Martiny, Handbuch des IZVR, Band III/1, Rn. 321.

71 Vgl. Geimer, Zur Prüfung der Gerichtsbarkeit, S. 42; ders., IZPR, Rn. 2251.

schen Entscheidung ist somit nur unter ganz engen Voraussetzungen - nur in krassen Fällen - möglich, dann aber auch erforderlich.[72]

G. Roth[73] spricht in diesem Zusammenhang von einem „System der eingeschränkten Nachprüfung". Dadurch soll die Abgrenzung zur grundsätzlich verbotenen révision au fond sprachlich hervorgehoben werden.

Problematisch hieran ist, daß die Wortwahl G. Roth's ungenau ist. Um eine Entscheidung über die Anerkennungsfähigkeit der fremden Entscheidung treffen zu können, muß der Anerkennungsrichter das fremde Urteil vollständig überprüfen. Dies geschieht anhand des Vorbehalts des ordre public. Hierbei können sowohl das Verfahren, als auch das Ergebnis der Anwendung des materiellen Rechts durch den Erstrichter im Anerkennungsland als Verstöße gegen den ordre public angesehen werden. Zwar braucht der Anerkennungsrichter nicht die tatsächlichen Feststellungen und die Handhabung des materiellen Rechts im Urteilsstaat zu kontrollieren. Aber faktisch kann er nur aufgrund einer in allen Einzelheiten durchgeführten eigenen Prüfung der fremden Entscheidung ein Urteil über deren Anerkennungsfähigkeit treffen. Hierzu muß er sich konkret mit dem ausländischen Urteil und dem dort geltenden formellen und materiellen Recht auseinandersetzen. Nur so kann er über die Verträglichkeit der anzuerkennenden Entscheidung mit dem eigenen ordre public entscheiden. Andernfalls könnte er lediglich eine an vagen Überlegungen orientierte Interpretation des Ergebnisses des ausländischen Urteils vornehmen. Dies würde den Anforderungen an eine Analyse der Anerkennungsfähigkeit ausländischer Entscheidungen nicht genügen. Da aber der deutsche Richter die Anerkennung eines fremden Urteils nur verweigern darf, wenn ein Verstoß gegen den ordre public vorliegt, braucht er nicht jede Einzelheit der zur Anerkennung stehenden Entscheidung zu überprüfen. Das Ziel bestimmt den Umfang der Kontrolle. Zunächst erfolgt eine vollständige Durchsicht der ausländischen Entscheidung die sich an einem Grobraster orientiert. Anerkennungsfähige oder ablehnungsbedürftige Aspekte der fremden Entscheidung werden ausgesondert, sofern sie offensichtlich sind. Eine eingehende Nachprüfung ist insofern nicht erforderlich. Die verbleibenden Gesichtspunkte werden einer genauen Kontrolle unterzogen. Prüfungsumfang ist jeweils die Verträglichkeit der ausländischen Entscheidung mit dem ordre public, die im ersten Fall offensichtlich ist und der im zweiten Fall exakt nachgegangen werden muß.

Das von G. Roth als „System der eingeschränkten Nachprüfung" bezeichnete Verfahren muß weit verstanden werden. Es findet eine teleologische Überprüfung statt, die sich am ordre public ausrichtet. Sprachlich exakter gefaßt handelt es sich um ein

„System der umfassenden Überprüfung mit eingeschränkter Ablehnungsmöglichkeit".

---

72 Vgl. Geimer/Schütze, Internationale Urteilsanerkennung, Band I/1, S. 1052; Zöller-Geimer, ZPO, § 328, Rn. 152; OLG Saarbrücken (B. v. 3.8.1987) IPRax 1989/37, 38 (mit Anm. H. Roth, IPRax 1989/14 ff.) = IPRspr 1987/156 = NJW 1988/3100 - allerdings zum ordre public in Art. 27 Nr. 1 EuGVÜ.

73 S. 19.

Dies zeigt besonders deutlich die Vorgehensweise des BGH in der „Kalifornien-Entscheidung“ vom 4.6.1992.[74] Dort erfolgt eine exakte Auseinandersetzung mit sämtlichen Aspekten des US-amerikanischen Urteils. Sachverhalt, Entscheidungsgründe und die Aufschlüsselung der Schadensersatzbeträge der US-amerikanischen Entscheidung werden vom BGH dem der Hauptverhandlung vor dem Superior Court of the State of California in and for the County of San Joaquin zugrundeliegenden Protokoll entnommen.[75] Auch einzelne rechtliche Aspekte werden konkret analysiert. Zwar untersucht der BGH bei der Frage der Anerkennungsfähigkeit von im pretrial discovery-Verfahren ermittelten Beweisergebnissen nur die Vereinbarkeit des US-amerikanischen Rechtssatzes mit wesentlichen Grundsätzen der deutschen Rechtsordnung.[76] Aber bei der Frage der Anerkennungsfähigkeit von punitive damages geht der BGH in seiner Überprüfung weiter und stellt nicht lediglich auf das Ergebnis der Anerkennung in Deutschland ab. Vielmehr durchleuchtet er das US-amerikanische Recht selbst und prüft sogar Sinn und Zweck der Regelung nach dortigem Recht.

Dies darf jedoch nicht so weit führen, bei verschiedenen mit einer Regelung verfolgten Zwecken (hier: Bestrafung, Prävention, Belohnung oder Schadensbeseitigung) die konkreten Motive des Erstgerichts und die tatsächlichen Beweggründe des Einzelfalles selbst zu erforschen. Wenn keine Anhaltspunkte vorhanden sind, dann darf der Anerkennungsrichter den Urteilsinhalt nicht über dessen amtliche Begründung hinaus auslegen. Er würde sonst die Grenze zur verbotenen révision au fond überschreiten.[77]

Zweifellos ist es schwierig, die Grenzen einer „umfassenden Überprüfung mit eingeschränkter Ablehnungsmöglichkeit“ abzustecken. Unter dem Aspekt des Vorbehalts des ordre public darf keine weitergehende Überprüfungen der fremden Entscheidung vorgenommen werden, als durch den Zweck des ordre public erforderlich und zulässig, um die Anerkennungsfähigkeit der fremden Entscheidung beurteilen zu können. Innerhalb des zulässigen Rahmens muß diese Prüfung aber konkret und umfassend erfolgen.

---

74 BGH (Urt. v. 4.6.1992), abgedruckt in BGHZ 118/312 ff. = CR 1993/274 ff. = EuZW 1992/705 ff. = EWiR 1993/827 (mit Anm. Geimer) = IPRax 1993/310 ff. (mit Anm. Koch/Zekoll, IPRax 1993/288 ff.) = JZ 1993/261 ff. (mit Anm. Deutsch) = LM 2/93 zu § 328 ZPO (mit Anm. Kronke) = MDR 1992/1181 ff. = NJW 1992/3096 ff. (mit Anm. Koch, NJW 1992/3073 ff.) = NJW RR 1993/152 (nur Leitsätze) = PHI 1992/174 ff. = RIW 1993/132 ff. (mit Anm. Schütze) = VersR 1992/1281 ff. = WM 1992/1451 ff. = ZIP 1992/1256 ff. (mit Anm. Bungert, ZIP 1992/1707 ff.) = ZZP 106 (1993), S. 79 ff. (mit Anm. Schack).

75 Kritisch hierzu Schack, ZZP 106 (1993), S. 105, 108.

76 Vgl. BGH (Urt. v. 4.6.1992) BGHZ 118/312, 323 = CR 1993/274 = IPRax 1993/310, 313 = LM 2/93 zu § 328 ZPO = MDR 1992/1181, 1182 = NJW 1992/3096, 3099 = RIW 1993/132 = VersR 1992/1281, 1285 = WM 1992/1451, 1456 = ZIP 1992/1256, 1261 f. = ZZP 106 (1993), S. 79, 87 f., jeweils unter Pkt. A. III. 4. a) (nicht abgedruckt bei EuZW 1992/705 ff., EWiR 1993/827 f., JZ 1993/261 ff., PHI 1992/174 f.). Konkret ging es dort einzig um die Ladung des Beklagten zum pretrial discovery, der BGH nahm jedoch umfassend Stellung.

77 S. hierzu BGH (Urt. v. 4.6.1992) BGHZ 118/312, 334 ff. = CR 1993/274, 275 ff. = EuZW 1992/705, 707 ff. = IPRax 1993/310, 316 ff. = JZ 1993/261, 263 ff. = LM 2/93 zu § 328 ZPO = MDR 1992/1181, 1183 = NJW 1992/3096, 3102 ff. = RIW 1993/132, 135 ff. = VersR 1992/1281, 1287 = WM 1992/1451, 1460 ff. = ZIP 1992/1256, 1265 ff. = ZZP 106 (1993), S. 79, 94 ff., jeweils unter Pkt. A. V. (nicht abgedruckt bei EWiR 1993/827 f., ansatzweise abgedruckt bei PHI 1992/174 f.).

Grundsätzlich kann die Prüfung der Anerkennungsfähigkeit ausländischer Entscheidungen in ein dreistufiges System[78] unterteilt werden:

- Basiert die zur Anerkennung stehende fremde Entscheidung auf einer im Verhältnis zum internen Recht völlig fremden und nicht vergleichbaren Rechtsordnung oder einem völlig fremden Rechtsinstitut oder -satz, so erfolgt grundsätzlich keine Anerkennung.

- Ist das der fremden Entscheidung zugrundeliegende Recht dem inländischen Recht nicht völlig fremd, so erfolgt eine kritische Überprüfung der Anerkennungsfähigkeit. Die Kontrolle des ausländischen Urteils ist um so strenger, je fremder das ausländische Recht im Verhältnis zur internen Rechtsordnung ist.

- Eine fremde Entscheidung, die auf einem Recht beruht, das der internen Rechtsordnung vergleichbar ist, wird zwar ebenfalls überprüft. Die Prüfung fällt aber um so milder aus, je näher das ausländische Recht dem inländischen ist.

Den eingeschränkten Prüfungsmaßstab, an dem sich die Anerkennungsfähigkeit der fremden Entscheidung orientiert, stellt der anerkennungsrechtliche ordre public dar. Die Bestimmung von dessen Grenzen soll im folgenden anhand der Anerkennung US-amerikanischer, auf materiellen und immateriellen Schadensersatz lautender, vermögensrechtlicher Urteile in Deutschland unternommen werden.

3. Der Begriff der Anerkennung fremder Entscheidungen

Obwohl der Gesetzgeber mit einer „geradezu liebevollen Sorgfalt und Genauigkeit"[79] die Ausschlußtatbestände der Anerkennung normiert hat, bleibt der Begriff der Anerkennung eines fremden Urteils selbst ungenau.

In einem ersten Anlauf kann man sagen, daß die Anerkennung ausländischer Entscheidungen bedeutet, die fremden Urteilswirkungen über die Grenzen des Urteilsstaates hinaus zu erstrecken.

Weiterhin wird unter Anerkennung auch die Zulassung einer fremden Entscheidung zur Vollstreckung im Inland verstanden. Dies ist aber begrifflich irreführend, denn für die Zulassung bedarf es zunächst einer zumindest gedanklichen Anerkennung des Urteils im eigentlichen Wortsinn[80] und weiterhin eines Verfahrens zur Verleihung des Rechts auf Vollstreckbarkeit. Die Vollstreckung selbst ist ein hoheitlicher Akt, für den es gemäß §§ 724 ff. ZPO grundsätzlich der Erteilung einer gesonderten Klausel, der Vollstreckungsklausel, bedarf. Sie ist von der Anerkennung zu unterscheiden.

---

78 Vom Ansatz her ähnlich: Becker, 60 RabelsZ (1996), S. 691, 725 f. Er geht von vornherein von einem vierstufigen System zur Konkretisierung des anerkennungsrechtlichen ordre public aus. Zur weiteren Differenzierung des hier zunächst grundsätzlich dreistufigen Systems s. Teil 2, Ziffer III. B. 3. b) (S. 116 ff.).

79 Müller, ZZP 79 (1969), S. 199.

80 Vgl. MünchKomm-Gottwald, ZPO, § 328, Rn. 2.

In der Literatur wird der Begriff der Anerkennung ausländischer Urteile unterschiedlich interpretiert. Anerkennung kann sowohl Gleichstellung der fremden Entscheidung mit inländischen Urteilen, als auch Wirkungserstreckung der fremden Entscheidung auf das Inland bedeuten.

Matscher[81] versteht unter Anerkennung die Gleichstellung ausländischer Erkenntnisse mit inländischen Entscheidungen in prozeßrechtlicher Hinsicht. Diese Gleichstellungstheorie[82] basiert auf dem Gedanken der Äquivalenz von in- und ausländischen Entscheidungen. Matscher begründet seine Meinung damit, daß es nicht angehe, das einheitliche Phänomen der Wirkungen einer ausländischen Entscheidung in Wirkungserstreckung (Anerkennung) und Wirkungsverleihung (Vollstreckbarerklärung) aufzuspalten.

Er verkennt aber, daß eine Differenzierung ohne weiteres möglich und auch erforderlich ist. Im deutschen Zwangsvollstreckungsrecht gilt das Prinzip der formalisierten Vollstreckung. Zwischen erkennendem Gericht und Vollstreckungsorgan besteht eine funktionelle Trennung, das Vollstreckungsverfahren ist unabhängig vom Erkenntnisverfahren. Die Vollstreckbarkeit eines ausländischen Urteils im Inland kann sich schon technisch nicht nach fremdem Recht richten. Es ist immer ein inländischer Hoheitsakt, basierend auf der lex fori, erforderlich. Einzig diesen kann und darf der zuständige Gerichtsvollzieher ohne Überprüfung der Sachentscheidung umsetzen.

Die herrschende Meinung[83] in Deutschland folgt bezüglich der Anerkennung i.S.d. § 328 ZPO der Lehre von der Wirkungserstreckung, dehnt also die Wirkungen einer ausländischen Ent-

81 Andeutungsweise bereits in: JBl. 1960/265, 270; konkret in: FS Schima, S. 265, 277; s. auch: ders., ZZP 86 (1973), S. 404, 408; ders., ZZP 95 (1982), S. 170, 171; ders., ZZP 103 (1990), S. 294, 307.

82 Ausführlicher hierzu: Martiny, Handbuch des IZVR, Band III/1, Rn. 365 ff (ablehnend); s. auch Frick, S. 7 f.

83 Vgl. BGH (Urt. v. 4.6.1992) BGHZ 118/312, 318 f. = IPRax 1993/310, 312 = LM 2/93 zu § 328 ZPO = MDR 1992/1181, 1182 = NJW 1992/3096, 3098 = VersR 1992/1281, 1283 = WM 1992/1451, 1454 = ZIP 1992/1256, 1259 = ZZP 106 (1993), S. 79, 83 f., jeweils unter Pkt. A. III 2. a) (nicht abgedruckt in CR 1993/274 ff., EuWZ 1993/705 ff., EWiR 1993/827, JZ 1993/261 ff., PHI 1992/174 f. und RIW 1993/132 ff.); Aus der Literatur sind zu nennen: Baumbach/Lauterbach/Albers/Hartmann, ZPO, § 328, Rn. 1 ff.; Bungert, IPRax 1992/225, 226 f.; Decker, S. 1; vermittelnd aus der Sicht Liechtensteins: Frick, S. 9, 13 f., 16 (dort insbesondere auch Fn. 72 a.E.); Geimer, JuS 1965/475; ders., Zur Prüfung der Gerichtsbarkeit, S. 27; ders., IPRax 1993/292 f.; ders., IZPR, Rn. 2191; Geimer/Schütze, Internationale Urteilsanerkennung, Band I/2, S. 1385; Gottwald, ZZP 103 (1990), S. 257, 261; Kropholler, IPR, Rn. 533; Linke, IZPR, Rn. 333; rechtsvergleichend mit Zustimmung zur Theorie der Wirkungserstreckung: Martiny, Handbuch des IZVR, Band III/1, Rn. 362 ff. (364); ders., 35 Am. J. Comp. L. 721, 728 (1987); MünchKomm-Gottwald, ZPO, § 328, Rn. 3 a; Müller, ZZP 79 (1966), S. 199, 202 ff. (207), 245; Nagel, IZPR, Rn. 638; grundsätzlich auch: Rosenberg/Schwab/Gottwald, S. 946; G. Roth, S. 14; Schütze, Anerkennung und Vollstreckung, S. 3; ders., DIZPR, S. 133; Sonnenberger in: Zeitgenössische Fragen des Internationalen Zivilverfahrensrechts (1972), S. 209, 212; Spellenberg, JZ 1987/1116; Thomas-Putzo, ZPO, § 328, Rn. 1; Zöller-Geimer, ZPO, § 328, Rn. 18.
Vermittelnd: Schack, IZVR, Rn. 791, 796, der eine Kombination der beiden Theorien, die sog. Kumulationstheorie bevorzugt.
Unklar äußert sich Stein/Jonas-Schumann, ZPO, § 328, der von der „Erstreckung der dem ausländischen Urteil zukommenden Wirkungen auf das Inland" spricht (Rn. 2), im folgenden Text (Rn. 5) aber von einer Gleichstellung ausländischer Urteile ausgeht.
Die Bedenken von Matscher, ob diese Lehre wirklich die vorherrschende sei, geäußert in: FS Schima, S. 265, 275 (dort Fn. 15 a.E.), können heute nicht mehr geteilt werden.

scheidung auf das Inland aus. Anerkennung bedeutet somit, dem fremden Urteil die positiven und negativen Rechtswirkungen im Anerkennnungsstaat zuzuerkennen. Der ausländische Rechtsakt wird im Inland als verbindlich hingenommen.[84]

Hierfür ist erforderlich, daß die ausländische Entscheidung nach dem Recht des Urteilsstaates wirksam bzw. gültig und nicht nichtig ist.[85] Denn nur wenn eine Entscheidung im Ausland (Urteilsstaat) Wirkungen entfaltet, können diese auch auf das Inland (Anerkennungsstaat) übertragen werden. Sofern das ausländische Urteil zwar nicht nichtig, aber anfechtbar sein sollte, ist dessen Anerkennung im Inland nicht ausgeschlossen.[86]

Allerdings können im Inland nur Wirkungen des ausländischen Urteils anerkannt werden, die „als solche" dem deutschen Recht nicht völlig unbekannt oder wesensfremd sind. Dieser Aspekt muß mit der Wirkungserstreckungstheorie kombiniert werden (Kumulationstheorie).[87] Denn die Urteilswirkungen nach ausländischem Recht können vielfältig sein und über die nach deutschem Recht engen Rechtskraftwirkungen hinausgehen, so daß es einer Beschränkung bedarf.[88] Die ausländische Entscheidung muß sich insofern in das Rechtssystem des Anerkennungsstaates einfügen.

Das Gesagte kann aber nach allgemeiner Meinung nur unmittelbar für die Wirkungen zwischen Urteilsstaat und Anerkennungsstaat gelten, nicht auch Wirkungen eines Urteils aus einem dritten Staates erfassen. Eine Anerkennung der Anerkennung ist nicht möglich. Ausländische Entscheidungen sind unmittelbar anzuerkennen, es gilt das Verbot der Doppelexquirierung.[89]

---

84 Vgl. Geimer/Schütze, Internationale Urteilsanerkennung, Band I/2, S. 1385 f., 1697; Martiny, Handbuch des IZVR, Band III/1, Rn. 68; sinngemäß ebenso: Stein/Jonas-Schumann, ZPO, § 328, Rn. 2.

85 Vgl. Schütze, IPRax 1994/266, 267 (zur Anerkennung und Vollstreckbarerklärung eines in einem mit schweren Mängeln behafteten Verfahren ergangenen österreichischen Versäumnisurteils).

86 Vgl. BGH (Urt. v. 4.6.1992) BGHZ 118/312, 318 f. = IPRax 1993/310, 312 = LM 2/93 zu § 328 ZPO = MDR 1992/1181, 1182 = NJW 1992/3096, 3098 = VersR 1992/1281, 1283 = WM 1992/1451, 1454 = ZIP 1992/1256, 1259 = ZZP 106 (1993), S. 79, 83 f., jeweils unter Pkt. A. III. 2. a (nicht abgedruckt in CR 1993/274 ff., EuZW 1992/705 ff., EWiR 1993/827, JZ 1993/261 ff., PHI 1992/174 f. und RIW 1993/132 ff.); s. auch Geimer, IZPR, Rn. 2889; Geimer/Schütze, Internationale Urteilsanerkennung, Band I/2, S. 1463; Martiny, Handbuch des IZVR, Band III/1, Rn. 486; Zöller-Geimer, ZPO, § 328, Rn. 91; A.A. OLG Düsseldorf (Urt. v. 28.5.1991) RIW 1991/594 = RuS 1991/339 = VersR 1991/1161, 1162 (Vorinstanz zu BGH in dieser Fn.). Zur Situation im US-amerikanischen Recht vgl. Schack, Einführung in das US-amerikanische Zivilprozeßrecht, S. 72 (dort insbesondere Fn. 557).

87 Vgl. hierzu Baumbach/Lauterbach/Albers/Hartmann, ZPO, § 328, Rn. 4; Bernstein, in: FS Ferid, S. 77, 89, 90; Bungert, IPRax 1992/225, 229 f.; OLG Frankfurt a.M. (B. v. 12.11.1985) IPRax 1986/297; Geimer, Zur Prüfung der Gerichtsbarkeit, S. 27; Geimer, IZPR, Rn. 2782; Geimer/Schütze, Internationale Urteilsanerkennung, Band I/2, S. 1387, 1391; Martiny, Handbuch des IZVR, Band III/1, Rn. 369 ff.; Müller, ZZP 79 (1966), S. 199, 207; Nagel, IZPR, Rn. 638; Rosenberg/Schwab/Gottwald, S. 946; Schack, IZVR, Rn. 796; Stein/Jonas-Schumann, ZPO, § 328, Rn. 3 ff.; Zöller-Geimer, ZPO, § 328, Rn. 19. Im Ergebnis der Kumulationstheorie recht nahekommend: Frick, S. 16 ff., der aber für Liechtenstein einer modifizierten Gleichstellungstheorie folgt.

88 Vgl. Schack, IZVR, Rn. 791, 920 (mit Beispielen von sowohl objektiven, als auch subjektiven Grenzen der Rechtskraftwirkungen im anglo-amerikanischen Recht); s. hierzu auch Schack, Einführung in das US-amerikanische Zivilprozeßrecht, S. 71 ff.

89 Vgl. Geimer, Zur Prüfung der Gerichtsbarkeit, S. 26; ders. IZPR, Rn. 2310; Geimer/Schütze, Internationale Urteilsanerkennung, Band I/1, S. 1174; Martiny, Handbuch des IZVR, Band III/1, Rn. 371 ff.; Mat-

Zusammenfassend ist davon auszugehen, daß Anerkennung gleichbedeutend mit der Beachtlichkeit der materiellen Rechtskraft ist. Vollstreckbarerklärung dagegen bedeutet die Schaffung der Möglichkeit, den fremden Ausspruch mittels staatlicher Gewalt im Inland durchzusetzen.[90]

4. Der Umfang der Anerkennung fremder Entscheidungen

a) Anerkennungsfähige Urteilswirkungen

Aus § 328 ZPO ergibt sich nicht, welche Wirkungen der ausländischen Entscheidung anerkennungsfähig sind. Dies kann sich nur aus dem Sinnzusammenhang ergeben.

Anerkennungsfähige Urteilswirkungen sind insbesondere die Feststellungswirkung (materielle Rechtskraft), die Gestaltungswirkung, die Präklusionswirkung, sowie die Streitverkündungs- und Interventionswirkung.[91] Die jeweilige prozessuale Wirkung wird nach dem deutschen Recht als lex fori des Anerkennungsstaates qualifiziert. Die Einordnung der Wirkung nach dem Recht des ausländischen Urteilsstaates als prozessual oder materiellrechtlich ist hierbei unerheblich. Denn für diese Qualifikation ist das internationale Verfahrensrecht des Anerkennungsstaates entscheidend. Nur dieser kann regeln, welche der ausländischen Urteilswirkungen auch in seinem Inland gelten sollen und wie diese Wirkungen eintreten.

Dagegen richtet sich der Inhalt der anzuerkennenden Wirkungen nach dem Recht des Urteilsstaates.[92] Das sachlich anwendbare Recht, die lex causae kann nicht herangezogen werden. Zu berücksichtigen ist in diesem Zusammenhang, daß ein ausländisches Urteil nicht mehr Wirkungen im Inland entfalten kann, als ein vergleichbares deutsches Urteil selbst.[93]

Als nicht anerkennungsfähig gelten die Vollstreckungswirkungen nach dem Recht des Urteilsstaates (s.o.). Weiterhin sind insbesondere Zwischenentscheidungen nicht anerkennungs-

---

scher, ZZP 86 (1973), S. 404, 437; Schack, IZVR, Rn. 936. A.A. Schütze, ZZP 77 (1964), S. 287 ff.; ders., RIW 1984/734; ders. DIZPR, S. 134.

90 Vgl. G. Roth, S. 14.

91 Ausführlich hierzu: Geimer, IZPR, Rn. 2799 ff.; Geimer/Schütze, Internationale Urteilsanerkennung, Band I/2, S. 1387 ff.; Martiny, Handbuch des IZVR, Band III/1 Rn. 373, 374 ff.; Stein/Jonas-Schumann, ZPO, § 328, Rn. 8 ff.; Zöller-Geimer, ZPO, § 328, Rn. 25, 26.

92 Baumbach/Lauterbach/Albers/Hartmann, ZPO, § 328, Rn. 14 (a.E.); Stein/Jonas-Schumann, ZPO, § 328, Rn. 3.

93 Vgl. Geimer, Zur Prüfung der Gerichtsbarkeit, S. 27. Geimer begründet dies dort mit der zu erreichenden Gleichstellung von ausländischem und inländischem Urteil, geht eigentlich aber von der Theorie der Wirkungserstreckung aus (s.o.). Um die Differenzierung einhalten zu können, wäre es wohl korrekter, von einer wünschenswerten Angleichung der Urteile zu sprechen. S. auch Geimer/Schütze, Internationale Urteilsanerkennung, Band I/2, S. 1387. Auch Nagel, IZPR, Rn. 638, nimmt insofern eine Art Kombination von Wirkungserstreckungs- und Gleichstellungstheorie vor.

fähig,[94] sofern sie im Urteilsstaat lediglich innerprozessuale Bindungswirkungen entfalten. Dies ist z.B. der Fall bei Beweisbeschlüssen oder sonstigen beweissichernden Maßnahmen des Gerichts im Urteilsstaat.

Ein Sonderproblem birgt das in den USA häufige Verfahren der pretrial discoveries. Hierbei handelt es sich um eine in Deutschland unbekannte Form der Beweisaufnahme unter Parteiherrschaft. Sie findet nach Klageerhebung, aber noch vor der Hauptverhandlung ohne unmittelbare Beteiligung des Richters statt. Beide Parteien sind zu kooperativer Zusammenarbeit verpflichtet und müssen dem Gegner auch belastendes Beweismaterial herausgeben. Der Kläger kann sich so die für das weitere Verfahren erforderlichen - ihm bei Klageerhebung noch gar nicht bekannten oder noch nicht zur Verfügung stehenden - Kenntnisse über Tatsachen und Beweismittel verschaffen.[95] Die pretrial discovery dienen nicht selten der Ausforschung des Beklagten durch private Recherchen des Klägers und seiner Anwälte. Im deutschen Zivilprozeßrecht ist ein solches Verfahren unbekannt, allenfalls mit der Auskunftspflicht gemäß § 260 BGB vergleichbar. Somit ist fraglich, ob eine Anerkennung von Ergebnissen, die sich aufgrund eines pretrial discovery-Verfahrens ergeben haben, möglich ist.

Das Problem soll erst später, bei der Prüfung der Vereinbarkeit dieser besonderen Verfahrensregel des US-amerikanischen Zivilprozeßrechts mit dem deutschen ordre public ausführlich analysiert werden.[96]

b) Die Teilanerkennung ausländischer Entscheidungen

Wie bereits erwähnt, können nur solche Wirkungen eines ausländischen Urteils anerkannt werden, die dem deutschen Recht nicht völlig wesensfremd sind. Sofern eine fremde Entscheidung nur in Teilbereichen anerkennungsfähig ist, kommt es auch nur zu einer teilweisen Anerkennung des fremden Urteils. Da die Anerkennung ausländischer Urteile freiwillig erfolgt, kann der deutsche Richter den nicht akzeptierten Teil zurückweisen.

Das autonome deutsche Recht enthält keine Sonderregel bezüglich einer Teilanerkennung bzw. Teilvollstreckbarerklärung. Der BGH geht davon aus, daß eine solche Teilanerkennung eines ausländischen Urteils eine Abänderung des Titels darstellt.[97] Sie erfolgt aufgrund von § 323 ZPO.

(1) Die horizontale und die vertikale Teilbarkeit eines Urteils

Erfaßt die ausländische Entscheidung im Tenor verschiedene Gegenstände, z.B. bei Leistungsurteilen üblicherweise die Verurteilung zur Zahlung, zur Kostentragung und die Voll-

94 Vgl. Geimer/Schütze, Internationale Urteilsanerkennung, Band I/2, S. 1412, 1415; Schack, IZVR, Rn. 811; Zöller-Geimer, ZPO, § 328, Rn. 27, 28, § 722, Rn. 2; differenzierend in qualitative und quantitative Aspekte: Spellenberg, JZ 1987/1116 f.

95 Ausführlich: Junker, S. 1 ff.; s. auch Schack, IZVR, Rn. 737 ff. (knapp).

96 Vgl. Teil 3, Ziffer I. 6. (S. 185 ff.).

97 Vgl. BGH (Urt. v. 29.4.1992) LM § 323 ZPO Nr. 66 (mit Anm. Kronke).

streckbarkeitserklärung, so ist die Anerkennungsfähigkeit dieser Punkte anhand der Anerkennungsvoraussetzungen selbständig zu prüfen. Die drei Aussprüche der ausländischen Entscheidung lassen sich voneinander trennen, eine Teilung im Hinblick auf die Gegenstände ist möglich (horizontale Teilung).

Dagegen kommt eine Teilung der einzelnen Urteilsbestandteile, also insbesondere von Tenor und Gründen (vertikale Teilung), nicht in Betracht. Die Anerkennung erfaßt einzig den Tenor der ausländischen Entscheidung.[98]

Wie bereits gezeigt wird bei der Prüfung der Anerkennungsfähigkeit aber durchaus auf den Sachverhalt und die Gründe der fremden Entscheidung und die Protokolle der Hauptverhandlung zurückgegriffen. In der „Kalifornien-Entscheidung" des BGH vom 4.6.1992[99] werden Sachverhalt, Entscheidungsgründe und auch die Aufschlüsselung der dem Kläger zugesprochenen Schadensersatzbeträge der US-amerikanischen Entscheidung vom 24.4.1985 vom BGH aus dem der Hauptverhandlung vor dem Superior Court of the State of California in and for the County of San Joaquin zugrundeliegenden Protokoll erschlossen.[100]

(2) Die Teilbarkeit bei objektiver Klagehäufung

Besteht das ausländische Urteil aus mehreren rechtlich selbständigen Ansprüchen, liegt also nach deutschem Recht faktisch eine objektive Klagehäufung vor (vgl. § 260 ZPO), so werden die einzelnen Ansprüche gesondert bezüglich ihrer Anerkennungsfähigkeit überprüft. Sollten einzelne Ansprüche an den Anerkennungsvoraussetzungen scheitern, so kommt es zu einer Teilanerkennung (horizontale Teilung, s.o.) der Restsumme.[101] Eine Regelung für diese horizontale Teilanerkennung ist im deutschen autonomen Recht zwar nicht vorhanden.[102] Die Möglichkeit zum Erlaß eines Teilurteils gemäß § 301 I ZPO bei innerstaatlichen Rechtsstrei-

98 Vgl. zum Ganzen Martiny, Handbuch des IZVR, Band III/1, Rn. 323, 326.

99 BGH (Urt. v. 4.6.1992) BGHZ 118/312 ff. = CR 1993/274 ff. = EuZW 1992/705 ff. = EWiR 1993/827 (mit Anm. Geimer) = IPRax 1993/310 ff. (mit Anm. Koch/Zekoll, IPRax 1993/288 ff.) = JZ 1993/261 ff. (mit Anm. Deutsch) = LM 2/93 zu § 328 ZPO (mit Anm. Kronke) = MDR 1992/1181 ff. = NJW 1992/3096 ff. (mit Anm. Koch, NJW 1992/3073 ff.) = NJW RR 1993/152 (nur Leitsätze) = PHI 1992/174 = RIW 1993/132 (mit Anm. Schütze) = VersR 1992/1281 ff. = WM 1992/1451 ff. = ZIP 1992/1256 ff. (mit Anm. Bungert, ZIP 1992/1707 ff.) = ZZP 106 (1993), S. 79 ff. (mit Anm. Schack). Zum Sachverhalt s. S. 36 f.

100 So ausdrücklich der BGH in seiner Sachverhaltsdarstellung. Kritisch hierzu Schack, ZZP 106 (1993), S. 105, 108. Der BGH führt hier besonders deutlich eine vollständige Überprüfung des kalifornischen Urteils durch und schränkt diese erst später anhand des eingeschränkten Prüfungsmaßstabes ein.

101 Vgl. BGH (Urt. v. 4.6.1992) BGHZ 118/312, 346 = EuZW 1992/705, 710 = IPRax 1993/310, 319 = JZ 1993/261, 266 = LM 2/93 zu § 328 ZPO = NJW 1992/3096, 3105 = RIW 1993/132, 139 = VersR 1992/1281, 1290 = WM 1992/1451, 1464 = ZIP 1992/1256, 1269 = ZZP 106 (1993), S. 79, 100 f., jeweils unter Pkt. A. VI. (a.E.), (nicht abgedruckt in CR 1993/274 ff., EWiR 1993/827, MDR 1992/1181 ff. und PHI 1992/174 f.); s. auch Böhmer, NJW 1990/3049, 3051; Geimer, IZPR, Rn. 3065, 3067; Geimer/Schütze, Internationale Urteilsanerkennung, Band I/2, S. 1614, 1641 ff.; Martiny, Handbuch des IZVR, Band III/1, Rn. 323 ff.; Matscher, in: FS Reimer, S. 33, 35 ff.; ders., ZZP 86 (1973), S. 404, 431 ff. (zum österreichischen Recht); Schack, IZVR, Rn. 1022 ff.; Schütze, in: FS Nagel, S. 392, 400; Zekoll, S. 123; ders., 37 Am. J. Comp. L. 301, 330 (1989); Zöller-Geimer, ZPO, § 328, Rn. 285 ff.

102 Zu den Regelungen in völkerrechtlichen Verträgen vgl. Geimer/Schütze, Internationale Urteilsanerkennung, Band I/2, S. 1641 ff.

ten, insbesondere entsprechend der Teilbarkeit der Ansprüche untereinander (§ 301 I 1. Alt. ZPO), gestattet aber die Übertragung auf das Anerkennungsverfahren.[103] Ein tatsächlicher oder rechtlicher Zusammenhang zwischen den einzelnen Ansprüchen hindert eine Teilanerkennung nicht, sofern die Ansprüche selbständig und trennbar nebeneinander stehen.[104] Eine Teilanerkennung ist insofern als ein Weniger zur Vollanerkennung möglich. Bezüglich des nicht anerkennungsfähigen Teils der Entscheidung des Urteilsstaates unterliegt der Anerkennungskläger.

Der Antrag auf Anerkennung oder Vollstreckbarerklärung vor dem deutschen Gericht muß diese Teilanerkennung allerdings nicht schon berücksichtigen, die Stellung eines auf den anerkennungsfähigen Teil reduzierten Antrages kann nicht verlangt werden.

Der in der Anerkennungspraxis zwischen den USA und Deutschland wichtigste Fall zur Frage der Teilbarkeit bei objektiver Klagehäufung betrifft die Aufschlüsselung einer dem Kläger im US-amerikanischen Verfahren pauschal zugesprochenen Gesamtsumme (lump sum). Der US-amerikanische Kläger ist gehalten, in einem einheitlichen Prozeß eine lump sum zu fordern. Es erfolgt häufig keine Differenzierung in einzelne Schadensersatz- und Schmerzensgeldbeträge und auch keine getrennte Tenorierung.[105]

In der dem „Kalifornien-Urteil" des BGH vom 4.6.1992 zugrundeliegenden Entscheidung des Superior Court of the State of California in and for the County of San Joaquin vom 24.4.1985 enthielt lediglich das Protokoll der Hauptverhandlung Hinweise zur Höhe der jeweiligen Teilbeträge. Das US-amerikanische Gericht hatte die gesamte zugesprochene Summe in Höhe von 750.260 US-Dollar in folgende Einzelbeträge differenziert:[106]

- 260 US-Dollar für past medical damages (Ersatz für Heilaufwendungen),
- 100.000 US-Dollar für future medical damages (Ersatz für künftige medizinische Versorgung),
- 50.000 US-Dollar für cost of placement (Kosten für eine voraussichtlich erforderliche Unterbringung des Klägers in einer betreuenden Einrichtung),

---

103 Ebenso Matscher, in: FS Reimer, S. 33, 35; ders., ZZP 86 (1973), S. 404, 431 ff. (jeweils zum österreichischen Recht); Zekoll, S. 123.

104 Martiny Handbuch des IZVR, Band III/1, Rn. 323, 327; Matscher, in: FS Reimer, S. 33, 35 ff.; ders., ZZP 86 (1973), S. 405, 432 ff.

105 S. hierzu BGH (Urt. v. 4.6.1992) BGHZ 118/312, 331 = IPRax 1993/310, 315 = LM 2/93 zu § 328 ZPO = NJW 1992/3096, 3101 = RIW 1993/132, 135 = VersR 1992/1281, 1286 f. = WM 1992/1451, 1459 = ZIP 1992/1256, 1264 = ZZP 106 (1993), S. 79, 91 f., jeweils unter Pkt. A. IV. 3. b) (nicht abgedruckt in CR 1993/274 ff., EuZW 1992/705 ff., EWiR 1993/827, MDR 1992/1181 ff., PHI 1992/174 f. und JZ 1993/261 ff.); vgl. auch Fleming, S. 231; Kionka, S. 354. Stiefel/Stürner, VersR 1987/829, 843 weisen darauf hin, daß die Differenzierung in compensatory damages und punitive damages bei US-amerikanischen Entscheidungen teilweise durchaus üblich sei; vgl. hierzu auch Stürner/Stadler, IPRax 1990/157, 159.

106 Erklärend abgedruckt im Sachverhalt von BGH (Urt. v. 4.6.1992) BGHZ 118/312, 313 f. = CR 1993/274 = EuZW 1992/705 = IPRax 1993/310, 311 = JZ 1993/261 = LM 2/93 zu § 328 ZPO = MDR 1992/1181, 1182 = NJW 1992/3096 f. = RIW 1993/132 = VersR 1992/1281 f. = WM 1992/1451, 1452 = ZIP 1992/1256, 1257 = ZZP 106 (1993), S. 79, 80 (nicht abgedruckt bei EWiR 1993/827, PHI 1992/174 f.).

- 200.000 US-Dollar für anxiety, pain, suffering and general damages of that nature (Ersatz für erlittene Ängste, Schmerzen, Leiden und sonstige Schäden dieser Art)

und in

- 400.000 US-Dollar für exemplary and punitive damages

Der BGH differenziert bei seiner Entscheidung zwischen den einzelnen Beträgen und setzt sich gesondert mit deren individueller Anerkennungsfähigkeit auseinander.

Besteht die Möglichkeit der Trennung nicht, so kann eine Teilanerkennung nicht stattfinden. Es bestünde die Gefahr, daß der Anerkennungsrichter die ausländische Entscheidung sachlich abändert.

(3) Die Teilbarkeit bei subjektiver Klagehäufung

Mit Ausnahme der Fälle der notwendigen Streitgenossenschaft (§ 62 ZPO) ist auch bei einer Personenmehrheit (subjektive Klagehäufung gemäß. §§ 59 ff. ZPO) eine horizontale Teilanerkennung gegenüber den einzelnen Streitgenossen grundsätzlich möglich.[107] Zwischen den einzelnen Beteiligten läßt sich klar differenzieren. Die Anerkennung einer ausländischen Entscheidung ist nur dem zu gewähren, der sie begehrt.

(4) Die Teilbarkeit eines einheitlichen materiellen Anspruches

Ob ein einheitlicher materieller Anspruch teilweise anerkannt werden kann, ist strittig.[108] Im Bereich der Anerkennung US-amerikanischer Urteile in Deutschland taucht dieses Problem

---

107 Vgl. Geimer, IZPR, Rn. 3071; Matscher, in: FS Reimer S. 33, 36 (für das Verfahren nach österreichischem Recht).

108 Offengelassen bei BGH (Urt. v. 4.6.1992) BGHZ 118/ 312, 346 = IPRax 1993/310, 319 = JZ 1993/261, 266 = LM 2/93 zu § 328 ZPO = NJW 1992/3096, 3105 = RIW 1993/132, 139 (a.E.) = VersR 1992/1281, 1290 = WM 1992/1451, 1464 = ZIP 1992/1256, 1269 = ZZP 106 (1993), S. 79, 100 f., jeweils unter Pkt. A. VI. (nicht abgedruckt bei CR 1993/274 ff., EuZW 1992/705 ff., EWiR 1993/827, MDR 1992/1181 ff. und PHI 1992/174 f.).
Für eine Teilanerkennung sprechen sich aus: Böhmer, NJW 1990/3049, 3051; Bungert, ZIP 1992/1707, 1724; Drolshammer/Schärer, SJZ 1986/309, 318 (in Bezug auf das schweizer Recht); OLG Düsseldorf (Urt. v. 28.5.1991) RIW 1991/594, 596 f. = RuS 1991/339 = VersR 1991/1161, 1163 (Vorinstanz zu BGH in dieser Fn.); Geimer/Schütze, Internationale Urteilsanerkennung, Band I/2, S. 1645; Schack, IZVR, Rn. 869, 1026 (a.E.); Siehr, RIW 1991/705, 709; Stiefel/Stürner, VersR 1987/829, 842 f.; Stiefel/Stürner/Stadler, 39 Am. J. Comp. L. 779, 797 f. (1991); Stürner/Stadler, IPRax 1990/157, 159; Zekoll, S. 123, 156; ders., 37 Am. J. Comp. L. 301, 303 (1989); Zöller-Geimer, ZPO, § 328, Rn. 169.
Gegen eine Teilanerkennung sprechen sich aus: BGH (Urt. v. 16.9.1993) IPRax 1994/118 ff. (mit kritischer Anm. Basedow, IPRax 1994/85 f.), s. hierzu auch EuGH (Urt. v. 21.4.1993) IPRax 1994/37 ff. - zu Art. 27 EuGVÜ; LG Berlin (Urt. v. 13.6.1989), DB 1989/2120 ff. = RIW 1989/988, 990; Matscher, in: FS Reimer, S. 33, 38 f. (für das Verfahren nach österreichischem Recht); Kauffmann-Kohler, WUR 35 (1983), S. 211, 243 f. (in Bezug auf das schweizer Recht); Schütze, in: FS Nagel, S. 392, 397, 400 (bezüglich der grundsätzlichen Anerkennungsfähigkeit von punitive damages).
Anmerkung: Geimer meint, daß Zekoll (dort S. 156) sich gegen eine Teilanerkennung ausspreche. Dies trifft nicht zu. Geimer verkennt in Zöller-Geimer, ZPO, § 328, Rn. 169, daß Zekoll sich auf S. 156 gegen die Anerkennung von punitive damages insgesamt wendet, darüber hinaus jedoch auf die grundsätzlichen Ausführungen zur Teilexequatur (bei Zekoll S. 123, s.o.) verweist (vgl. bei Zekoll insbesondere S. 156,

insbesondere bei den aus deutscher Sicht häufig als exzessiv angesehenen Schadensersatz- und Schmerzensgeldbeträgen auf. Eine pauschale Beantwortung der Frage ist nicht möglich. Es muß differenziert werden. Zunächst ist zu fragen, ob der der fremden Entscheidung zugrundeliegende Sachverhalt[109] dem Grunde nach anerkannt werden kann. Erst dann kann eine Auseinandersetzung mit der Frage erfolgen, ob gegebenenfalls eine teilweise Anerkennung des einheitlichen materiellen Anspruchs in Betracht kommt.

Ist der Anspruch dem Grunde nach anzuerkennen und steht er lediglich der Höhe nach in Frage, so spricht gegen eine teilweise Anerkennung, daß eine Trennbarkeit des Betrages nach Vorschriften des deutschen Zivilverfahrensrechts (§ 301 I 2. Alt. ZPO) praktisch kaum möglich ist. Ein Teilurteil scheidet grundsätzlich aus, da dieses über einen Teilbetrag nicht unabhängig davon entscheiden kann, wie über den Restbetrag zu entscheiden ist, und die Höhe des zuzusprechenden bzw. abzuerkennenden Teilbetrages nicht eindeutig individualisierbar ist. Eine Abgrenzbarkeit in quantitativer Hinsicht muß möglich sein. Ist dies nicht der Fall, so kann allenfalls ein Zwischenurteil über den Grund gemäß § 304 ZPO erlassen werden. Der Rechtsstreit wäre damit nicht beendet, die Frage nach der Teilanerkennung eines einheitlichen materiellen Anspruchs noch nicht beantwortet.

Sollte aber ein einheitlicher Schadensersatzbetrag teilbar sein, so wäre eine Teilanerkennung möglich.

Dies läßt sich gut am Beispiel der punitive damages aufzeigen. Eine Differenzierung in einen Anteil mit - dem deutschen Schadensersatzrecht bekannter - Ausgleichsfunktion und in einen Anteil mit - in Deutschland nicht im Zivil-, sondern im Strafrecht geregeltem - Strafcharakter (Geldstrafe) erscheint nachvollziehbar. Dann könnte zumindest der Schadensersatzanteil mit ausgleichender Funktion anerkannt werden.[110] Bei diesem Teil des Schadensersatzes handelt es sich jedoch um den in den punitive damages enthaltenen Anteil der compensatory damages. Voraussetzung für eine solche Aufspaltbarkeit ist jedoch, daß das ausländische Urteil selbst ausreichend Anhaltspunkte für eine Differenzierung erkennen läßt. Diese darf keinesfalls dem Ermessen das Anerkennungsrichters überlassen bleiben.[111]

Fn. 41 - der allerdings intern selbst fehlerhaft verweist; korrekt wäre dort § 8 C. I. - S. 123, nicht § 8 B. I.). Auch die Entscheidung des OLG Düsseldorf (Urt. v. 28.5.1991) RIW 1991/594 ff. = RuS 1991/339 ff. = VersR 1991/1161 ff. wird von Geimer in Zöller-Geimer, ZPO, § 328, Rn. 169 fälschlich als ablehnende Meinung zur Teilexequatur zitiert.

109 Z.B. punitive damages, exemplary damages, treble oder tripple damages, compensatory damages, damages of pain and suffering oder auch Erfolgshonorarvereinbarungen US-amerikanischer Anwälte.

110 Vgl. hierzu OLG Düsseldorf (Urt. v. 28.5.1991) RIW 1991/594, 596 f. = RuS 1991/339 ff. = VersR 1991/1161, 1163; s. auch Siehr, RIW 1991/705, 709.

111 Vgl. BGH (Urt. v. 4.6.1992) BGHZ 118/312, 341 f. = CR 1993/274, 277 = EuZW 1992/705, 709 = IPRax 1993/310, 318 = JZ 1993/261, 264 = LM 2/93 zu § 328 ZPO = NJW 1992/3096, 3103 f. = RIW 1993/132, 137 f. = VersR 1992/1281, 1289 = WM 1992/1451, 1462 = ZIP 1992/1256, 1267 f. = ZZP 106 (1993), S. 79, 98, jeweils unter Pkt. A. V. 3. c) (a.E.) (nicht abgedruckt bei EWiR 1993/827, MDR 1992/1181 ff. und PHI 1992/174 f.); s. auch Böhmer, NJW 1990/3049, 3051; Bungert, ZIP 1992/1707, 1724. Stiefel/Stürner haben in VersR 1987/829, 840 ff. eine Berechnungsmethode ausgearbeitet, anhand derer eine Teilanerkennung einheitlicher punitive damages-Ansprüche ermöglicht werden soll. Diese Theorie wird wiederholt in der modifizierten englischen Fassung des Artikels, Stiefel/Stürner/Stadler, 39 Am. J. Comp. L. 779, 797 (1993). Ausführlich hierzu sogleich.

Matscher[112] wendet ein, daß eine von Amts wegen gewährte, auf den „unbedenklichen Teil" des Anspruches reduzierte Teilanerkennung dem Verbot der révision au fond widerspreche. Bei einer Teilanerkennung würde der Anerkennungsrichter eine unerlaubte Nachprüfung und Abänderung der fremden Entscheidung vornehmen. Matscher möchte dagegen einen beschränkten Antrag des Gläubigers auf Anerkennung eines Teils des fremden Urteils zulassen.[113] Das Gericht soll also nicht von sich aus eine Teilanerkennung des insgesamt zu prüfenden ausländischen Urteils aussprechen, sondern es soll über die vollständige Anerkennung der vom Gläubiger nach dessen individueller Vorstellung nur teilweise geltend gemachten Ansprüche aus dem ausländischen Urteil entscheiden. Die Höhe des zu erstattenden und vom Kläger geforderten Betrages müsse hierbei in Einklang mit dem inländischen ordre public stehen. Matscher ist entgegenzuhalten, daß er bei dieser Vorgehensweise weit mehr in die fremde Entscheidung eingreift, als bei einer teilweisen Anerkennung eines einheitlichen materiellen Anspruches. Er fordert eine völlig neue Sachentscheidung des Anerkennungsrichters, die sich nicht an dem ursprünglichen ausländischen Urteil orientiert, sondern die Vorstellungen des Klägers in Bezug auf den Teil der fremden Entscheidung widerspiegelt, den er nach eigenem Ermessen für anerkennungsfähig hält. Hierfür ist aber eine Überprüfung der Ausgangsentscheidung und des neuen Antrags durch den Anerkennungsrichter nicht nur nach der Höhe, sondern darüber hinaus auch nach dem Grund erforderlich. Dagegen genügt bei einer teilweisen Anerkennung eine Auseinandersetzung nur mit der Höhe des fraglichen Anspruches. Das Argument des Verbots der révision au fond kann ebenfalls nicht greifen. Es ist, herausgelöst aus dem Zusammenhang, zu formal und verkennt das sensible Zusammenspiel zwischen ordre public und Verbot der révision au fond, konkret das „System der umfassenden Überprüfung mit eingeschränkter Ablehnungsmöglichkeit"[114].

Das Scheitern eines Anspruches am Vorbehalt des ordre public bedeutet, daß eine teilweise Überprüfung mit eingeschränkter Ablehnungsbereitschaft stattfindet, die faktisch einer - zwar in ganz engem Rahmen, aber eben ausnahmsweise doch zulässigen - révision au fond gleichkommt. Wie sonst könnte der Anerkennungsrichter eine sachgerechte Entscheidung treffen, als durch eine begrenzte Überprüfung?

Zusammenfassend ist festzuhalten, daß die Teilanerkennung eines einheitlichen materiellen Anspruches grundsätzlich möglich ist.

Obwohl der BGH diese Frage im Urteil vom 4.6.1992 offen gelassen hat, läßt sich aus verschiedenen Andeutungen in der Urteilsbegründung erahnen, daß auch er eine Teilanerkennung zulassen will. Dieser Schluß ergibt sich insbesondere aus der Feststellung des BGH, daß für die Bestimmung des ordre public die Genugtuungsfunktion des Schmerzensgeldanspruchs nur herangezogen werden könne „soweit" punitive damages auch immaterielle Schäden ausgleichen sollen und daß etwas anderes gelten könne, „soweit" mit der Verhängung von punitive damages restliche, nicht besonders abgegoltene oder schlecht nachweisbare wirtschaftli-

---

112 In: FS Reimer, S. 33, 38 f. Zur révision au fond s. S. 38.

113 In: FS Reimer, S. 33, 39.

114 Vgl. hierzu S. 39 ff.

che Nachteile pauschal ausgeglichen werden sollen.[115] Eine diese Überlegungen konkretisierende Stellungnahme des BGH ist nicht bekannt.

Der gleiche Senat des BGH hat dann allerdings mit Beschluß vom 16.9.1993[116] eine Teilvollstreckbarkeit eines nach einem Bergunfall eines Schülers in Südtirol im italienischen Adhäsionsverfahren gegen den aufsichtspflichtigen Lehrer ergangenen Schadensersatz- und Schmerzensgeldurteils abgelehnt. Der Lehrer hatte im Rahmen eines Schulausfluges mit seinen Schülern eine Bergtour unternommen, bei der ein Schüler tödlich verunglückte. Der Lehrer war in Italien angeklagt und im Rahmen des dortigen Strafverfahrens auch zur Zahlung von materiellem und immateriellem Schadensersatz verurteilt worden. Die Eltern und der Bruder des Schülers betrieben die Anerkennung des italienischen Urteils in Deutschland. In der Entscheidung des BGH ging es vornehmlich um die Vereinbarkeit der Haftungsersetzung aufgrund von sozialversicherungsrechtlichen Schutzvorschriften mit dem ordre public des Art. 27 Nr. 1 EuGVÜ. Nach Ansicht des BGH seien die Sachschäden, also der unmittelbare Bekleidungsschaden und die Kosten der Rechtsverfolgung, zu erstatten. Sämtliche Personenschäden, insbesondere Beerdigungskosten, Ersatz entgangenen Unterhalts und Schmerzensgeld seien dagegen nicht auszugleichen. Ihnen komme aufgrund des zwingenden Haftungsausschlusses durch die im vorliegenden Fall aufgrund von § 539 I Nr. 14 b RVO anwendbaren §§ 636, 637 RVO eine Sonderstellung zu. Die Umgehung dieser Haftungsbeschränkung bei Arbeitsunfällen durch Klagen im Ausland verstoße gegen wesentliche Grundgedanken der deutschen öffentlichrechtlichen Unfallversicherung. Durch einen nur kurzfristigen Aufenthalt im Ausland solle ein in Deutschland Sozialversicherter keinen haftungsrechtlichen Vorteil erlangen, der ihm nach inländischem Recht nicht zustehe. Die Anerkennung des italienischen Urteils müsse insofern versagt werden.

Das Urteil des BGH privilegiert den Lehrer unverhältnismäßig. Er soll lediglich für geringe Sachschäden, nicht aber für die ihm im italienischen Ausgangsverfahren angelasteten Personenschäden haften. Auch in Bezug auf die Ablehnung einer Teilanerkennung ausländischer Entscheidungen kann dem BGH nicht gefolgt werden. Basedow[117] weist zu Recht darauf hin, daß das System der Haftungsersetzung in Deutschland nicht unumstritten ist. Im Zuge historischer Entwicklungen, konkret der Industrialisierung und der damit einhergehenden Erweiterung von Haftungsfällen, wurde das Reichshaftpflichtgesetz von 1871 erlassen. Es stellt einen politischen Kompromiß dar und kann ebensowenig als wesentlicher Grundsatz des deutschen Rechts (vgl. § 328 I Ziff. 4 ZPO)[118] angesehen werden wie der im vorliegenden Fall den ver-

115 Vgl. BGH (Urt. v. 4.6.1992) BGHZ 118/312, 340 f. = CR 1993/274, 277 = EuZW 1992/705, 708 f. = IPRax 1993/310, 318 = JZ 1993/261, 264 = LM 2/93 zu § 328 ZPO = NJW 1992/3096, 3103 = RIW 1993/132, 137 = VersR 1992/1281, 1289 = WM 1992/1451, 1462 = ZIP 1992/1256, 1267 f. = ZZP 106 (1993), S. 79, 97, jeweils unter Pkt. A. V. 3. a) (a.E.) und A. V. 3. b) (nicht abgedruckt bei EWiR 1993/827, MDR 1992/1181 ff. und PHI 1992/174 f.). S. auch Bungert, ZIP 1992/1707, 1724.

116 IPRax 1994/118 ff. (mit kritischer Anm. Basedow, IPRax 1994/85 f.) = LM H. 2/1993 EGÜbk Nr. 42 - 45 (mit Anm. Kronke) = NJW 1993/3269 ff.; s. auch EuGH (Urt. v. 21.4.1993) IPRax 1994/37 ff.

117 IPRax 1994/85, 86.

118 Im vorliegenden Fall geht es konkret um den ordre public des Art. 27 Nr. 1 EuGVÜ. Dieser spricht nicht von „wesentlichen Grundsätzen des deutschen Rechts“, sondern nennt als Schranke für die Anerkennung fremder Entscheidungen die „öffentliche Ordnung“. Für die Auslegung dieses unbestimmten Rechtsbe-

antwortlichen Lehrer privilegierende Haftungsausschluß nach §§ 636 f. RVO. Die Grundgedanken der öffentlichrechtlichen Unfallversicherung zählen - entgegen der Ansicht des BGH - nicht zu den „wesentlichen Grundsätzen des deutschen Rechts, insbesondere den Grundrechten".

Das eigentliche Problem liegt auf einer ganz anderen Ebene. Es geht um die Haftungsverlagerung auf einen Versicherungsträger. Der BGH führt aus, daß ein interner Ausgleich zwischen Schädiger und Unfallversicherungsträger im Sozialversicherungsrecht nicht in Frage komme.[119] Der Lehrer hätte also die volle Belastung einer Vollstreckung der italienischen Entscheidung in Deutschland selbst tragen müssen. Möglicherweise sollte er hiervor geschützt werden. Der Beschluß des BGH vom 16.9.1993 weist somit Besonderheiten auf, die ihn nicht geeignet erscheinen lassen, als allgemeingültig angesehen zu werden.

Zusammenfassend bleibt es dabei, daß die Teilanerkennung eines einheitlichen materiellen Anspruches grundsätzlich möglich ist.

Läßt man diese zu, so stellt sich die Frage, anhand welcher Kriterien eine Teilanerkennung durchgeführt werden kann, wenn der einheitliche Anspruch sich nicht individualisieren läßt.

Stiefel/Stürner[120] haben ein System entwickelt, das Richtlinie für die Teilanerkennung nicht nur von punitive damages-Urteilen sein könnte: US-amerikanische Schadensersatzurteile sollten am Leitbild des deutschen Haftungsrechts überprüft werden. Da sich einheitliche Grundprinzipien für das inländische Schadensersatzrecht jedoch nur schwer festlegen ließen, sei ein „differenzierter Vergleichsmaßstab" heranzuziehen.[121] Auf der Basis der so gewonnenen „deutschrechtliche(n) Kategorien"[122] erfolge eine Überprüfung der Anerkennungsfähigkeit von materiellen und immateriellen Schadensersatzansprüchen und der Kostenerstattung, anhand „(rechts)gebietsmäßig differenzierter Grundsätze". Im Rahmen der in Deutschland erforderlichen Prüfung der Verhältnismäßigkeit ergäben sich so berechenbare Toleranzgrenzen. Anerkennungsfähig seien nur punitive damages-Urteile, die etwa das doppelte an materiellem[123] - und immateriellem[124] Schadensersatz dessen zusprechen, was nach deutschem Recht im gleichen Fall zu erwarten sei. Von den Anwaltskosten seien entsprechend dem Streitwert degressiv zwischen 30 % und 10 % als angemessenes Erfolgshonorar anzusehen.[125]

griffes ist auf den Wortlaut von § 328 I Ziffer 4 ZPO zurückzugreifen. Völkervertragliche Anerkennungs- und Vollstreckungsregeln können nicht in Widerspruch zu autonomen Kollisionsregeln stehen. Vgl. Basedow, IPRax 1994/85.

119 Anders für den Fall der Amtshaftung gemäß. Art. 34 GG, den der BGH ausdrücklich anspricht, der hier aber nicht anwendbar ist; vgl. BGH (B. v. 16.9.1993) IPRax 1994/118, 119 = NJW 1993/3269, 3270 f.

120 VersR 1987/829, 837 ff.; wiederholt in der modifizierten englischen Fassung des Artikels: Stiefel/Stürner/Stadler, 39 Am. J. Comp. L. 779, 797 (1993). S. auch Stürner/Stadler, IPRax 1990/157, 159.

121 Stiefel/Stürner, VersR 1987/829, 837.

122 Stiefel/Stürner, VersR 1987/829, 838.

123 Stiefel/Stürner, VersR 1987/829, 839.

124 Stiefel/Stürner, VersR 1987/829, 840.

125 Stiefel/Stürner, VersR 1987/829, 842.

Eine Anpassung der Beträge an US-amerikanische Binnenmarktverhältnisse sei bei diesem Berechnungsmodell berücksichtigt worden.[126]

Bereits der von Stiefel/Stürner gewählte Ausgangspunkt ihrer Überlegung gibt Anlaß zu Kritik.[127] Bei der Überprüfung der Anerkennungsfähigkeit einer fremden Entscheidung anhand des ordre public kommt es entscheidend auf die Gesamtrechtsordnung an.[128] Die von Stiefel/Stürner vorgeschlagene Suche nach individuellen Leitbildern für verschiedene Teilbereiche des Haftungsrechts - von ihnen als „gebietsmäßig differenzierte Grundsätze" bezeichnet - ist zu detailliert. Sie verkennt den Charakter des ordre public als Auffangtatbestand. Außerdem muß die von Stiefel/Stürner fixierte Höchstgrenze, daß lediglich gut das Doppelte eines in Deutschland vergleichbar zuerkannten Betrages anerkennungsfähig sei, abgelehnt werden. Sie ist willkürlich gewählt, man könnte ebenso vom Drei- oder Vierfachen des Betrages ausgehen.[129] Falsch ist allerdings die Ansicht Rosengartens[130], daß die von Stiefel/Stürner vorgeschlagene Reduzierung des anzuerkennenden Betrages eine révision au fond darstelle. Eine konkrete Überprüfung des Inhalts der ausländischen Entscheidung findet bei der Vorgehensweise von Stiefel/Stürner gerade nicht statt. Das fremde Urteil wird zwar individuell, nicht aber in seinen Einzelheiten überprüft. Es wird lediglich pauschal reduziert.

Entscheidendes Argument gegen die von Stiefel/Stürner entwickelte Formel ist aber, daß keine individuelle Auseinandersetzung mit der Anerkennungsfähigkeit eines jeden Einzelfalles erfolgt, sondern daß eine pauschalierte Anerkennungsentscheidung getroffen wird, die die Besonderheiten des Einzelfalles gerade nicht berücksichtigt.

Im Ergebnis ist der Vorschlag von Stiefel/Stürner abzulehnen. Eine formelhafte Reduzierung der zur Anerkennung stehenden Urteilsbeträge ist nicht sinnvoll und widerspricht wesentlichen Grundgedanken des Anerkennungsrechts. Erforderlich ist eine Überprüfung des Einzelfalles mit eingeschränkter Anerkennungsbereitschaft. Diese richtet sich nach dem „System der umfassenden Überprüfung mit eingeschränkter Ablehnungsmöglichkeit"[131].

5. Die Anerkennung ausländischer Entscheidungen als Regel oder als Ausnahme - ein Scheinproblem?

Von verschiedenen Autoren wird erörtert, ob die Anerkennung einer ausländischen Entscheidung die Regel oder die Ausnahme bilden soll.[132] Dies ist insbesondere von Bedeutung für die

---

126 Zum Kaufkraft(zu)- bzw.-(ab)schlag vgl. Stiefel/Stürner, VersR 1987/829, 840.

127 Vgl. insbesondere Rosengarten, S. 157 f.

128 Vgl. BGH (Urt. v. 4.6.1992) BGHZ 118/312, 323 = CR 1993/274 f. = IPRax 1993/310, 313 = LM 2/93 zu § 328 ZPO = MDR 1992/1181, 1182 = NJW 1992/3096, 3099 = RIW 1993/132 = VersR 1992/1281, 1285 = WM 1992/1451, 1456 = ZIP 1992/1256, 1261 f. = ZZP 106 (1993), S. 79, 87 f., jeweils unter Pkt. A. III. 4. a) (nicht abgedruckt bei EuZW 1992/705 ff., EWiR 1993/827 f., JZ 1993/261 ff. und PHI 1992/174 f.).

129 Ebenso MünchKomm-Ebenroth, BGB, Band 7, Nach Art. 10 EGBGB, Rn. 342; Rosengarten, S. 162.

130 S. 169.

131 Vgl. hierzu bereits Teil 1, Ziffer II. 2. (S. 39 ff.).

132 Von der Anerkennung als der Regel gehen aus: Nagel, IZPR, Rn 638; Schütze, Anerkennung und Vollstreckung, S. 29; BayObLG (B. v. 19.9.1991) NJW RR 1992/514 f. (zur Anerkennung eines mexikani-

Frage, wie der deutsche Anerkennungsrichter sich zu verhalten hat. Geht man davon aus, daß die Anerkennung die Regel ist, so muß der Richter eine Anerkennung üblicherweise bejahen. Ist man der Meinung, sie sei die Ausnahme, so hat der Anerkennungsrichter sie grundsätzlich zu verneinen.

Gesetzessystematisch sind in § 328 ZPO, ebenso wie in den meisten Staatsverträgen, die Anerkennungsvoraussetzungen grundsätzlich negativ als Anerkennungshindernisse formuliert. Insofern wird auch von Versagungsgründen gesprochen.[133] Aus dem Wortlaut des § 328 ZPO ergibt sich aber weder, daß ein Urteil eines ausländischen Gerichts grundsätzlich in Deutschland anerkannt wird, noch, daß die Anerkennung die Ausnahme darstellt.[134] Eine Differenzierung der verschiedenen Tatbestandsvoraussetzungen in positive Anerkennungsvoraussetzungen, bei deren Vorliegen von der Anerkennung auszugehen ist, und negative Anerkennungshindernisse (Versagungsgründe), bei deren Vorliegen die Anerkennung zu versagen ist, hat für die hier zu beantwortende Frage keine Bedeutung und trägt nicht zu einer Klärung des Regel-Ausnahme-Verhältnisses bei.[135] Der Streit kann aber in Bezug auf § 328 ZPO auch dahinstehen, ihm kommt keine rechtliche Relevanz zu.[136] Die in § 328 ZPO normierten Ausschließungsgründe konkretisieren lediglich die Fälle, in denen Deutschland nicht zur Anerkennung eines Urteils eines ausländischen Gerichts bereit ist. Weitere systematische Argumente sind hieraus nicht abzuleiten. Entscheidend ist vielmehr, daß das ausländische Urteil nicht ohne weiteres in Deutschland wirkt, sondern einer teilweisen Überprüfung mit eingeschränkter Ablehnungsbereitschaft anhand der in § 328 ZPO enumerativ aufgeführten Anerkennungsvoraussetzungen bzw. Versagungsgründe (§ 328 I Ziffer 1 - 5, II ZPO) - sowohl in der einen, als auch in der anderen Richtung - bedarf.[137]

---

schen Scheidungsurteils). Von der Anerkennung als der Ausnahme geht insbesondere aus: Müller, ZZP 79 (1966), S. 199 (dort Fn. 1).

133 Vgl. Geimer/Schütze, Internationale Urteilsanerkennung, Band I/2, S. 1456 ff.; Linke, IZPR, Rn. 368; a.A. Schütze, Anerkennung und Vollstreckung, S. 28, der davon ausgeht, daß § 328 ZPO (a.F.) einen Mischtatbestand darstellt. Nach Beitzke, RabelsZ 30 (1966), S. 642, 649, spricht die Entstehungsgeschichte des § 328 ZPO (a.F.) dafür, daß die dort genannten Gründe der Verweigerung der Anerkennung bei der Schaffung des Gesetzes als Anerkennungsvoraussetzungen aufgefaßt wurden.

134 Vgl. BGH (Urt. v. 11.10.1956) BGHZ 22/24, 26 = IPRspr. 1956-57 Nr. 191 = NJW 1957/61; Baumbach/Lauterbach/Albers/Hartmann, ZPO, § 328, Rn. 1 (a.E.); Beitzke, RabelsZ 30 (1966), S. 642, 649; Martiny, Handbuch des IZVR Band III/1, Rn. 317, 318; s. auch Stein/Jonas-Schumann, ZPO, § 328, Rn. 21; Zöller-Geimer, ZPO, § 328, Rn. 184.

135 Vgl. Geimer/Schütze, Internationale Urteilsanerkennung, Band I/2; S. 1456, 1457. Richtig stellt Geimer (dort insbesondere Fn. 2) fest, daß die Differenzierung zwischen Anerkennungsvoraussetzungen und Versagungsgründen bei Fragen der Darlegungs- und Beweislast an Bedeutung gewinnt und setzt sich mit der zu undifferenzierten herrschenden Meinung auseinander. Eine Unterscheidung anhand der jeweiligen Interessenlage (Staats- oder Parteiinteressen), wie Geimer sie vorschlägt, ist sinnvoll und begrüßenswert. S. auch Matscher, JurBl. 1962/356, 361; Zöller-Geimer, ZPO, § 328, Rn. 184.

136 Vgl. Geimer, JuS 1965/475, 476; ders., Zur Prüfung der Gerichtsbarkeit, S. 38 (dort insbesondere Fn. 74); Linke, IZPR, Rn. 368; Martiny, Handbuch des IZVR, Band III/1, Rn. 318.

137 Vgl. Baumbach/Lauterbach/Albers/Hartmann, ZPO, § 328, Rn. 1 (a.E.). Martiny, Handbuch des IZVR, Band III/1, Rn. 318, weist zu Recht darauf hin, daß der Streit meist nur zur Untermauerung der eigenen (anerkennungsfreundlicheren oder -feindlicheren) Meinung ausgefochten wird.

G. Roth[138] hat versucht, eine eigene Lösung für die Frage des Regel-Ausnahme-Verhältnisses zu entwickeln. Er unterteilt die bei der Anerkennung zu prüfenden Gesichtspunkte in grundsätzlich erforderliche Vorbedingungen einerseits und in Anerkennungsvoraussetzungen andererseits, die konkrete Punkte der individuellen Überprüfung seien. Zu ersteren zählt er die internationale Zuständigkeit des ausländischen Gerichts nach dem Recht des Anerkennungsstaates (§ 328 I Ziffer 1 ZPO), die Gültigkeit des Urteils nach dem Recht des Urteilsstaates und die Verbürgung der Gegenseitigkeit (§ 328 I Ziffer 5, II ZPO). Zu letzteren rechnet er insbesondere den Vorbehalt des ordre public. Sind die Vorbedingungen erfüllt, so sei die Anerkennung die Regel, ansonsten sei sie die Ausnahme. Bezüglich der weiteren zu prüfenden Anerkennungsvoraussetzungen sei jeweils eine konkrete Überprüfung erforderlich. Die von G. Roth vollzogene Aufteilung der Prüfungsgesichtspunkte ist sinnvoll, um das Verhältnis der Aspekte nach § 328 ZPO zueinander zu entzerren und um den Vorbehalt des ordre public auszusondern, von Ballast zu befreien. Fraglich ist aber die Annahme von G. Roth bezüglich des Regel-Ausnahme-Verhältnisses. Schließlich verbleibt, wie G. Roth selbst feststellt, als letzter und meist entscheidender Prüfungspunkt regelmäßig der Vorbehalt des ordre public. Daß hier konkret eine Ausschließung der Anerkennung nur ausnahmsweise in Frage komme[139], ist eine Annahme, die sich allein auf die anerkennungsfreundliche Haltung Deutschlands stützt. Zur Anerkennungsfähigkeit selbst ist damit aber noch nichts gesagt, sie kann nur jeweils konkret überprüft werden.

Meines Erachtens findet sich die Antwort auf die Frage, ob die Anerkennung die Regel oder die Ausnahme sei, eher im Bereich der Statistik als in der Ausformung des Rechts.[140] Die Antwort ließe sich am besten anhand der entschiedenen Fälle auszählen, sofern diese überhaupt statistisch erfaßt sind. Da die Anerkennung ausländischer Urteile aber grundsätzlich formlos ergeht, meist im Vollstreckbarkeitsverfahren nur als Vorfrage geprüft wird,[141] und da insbesondere auch nicht erfaßt werden kann, wie viele ausländische Leistungsurteile im Inland bereits freiwillig anerkannt werden, muß die Frage offen bleiben.

Für die vorliegende Untersuchung kann festgestellt werden, daß der Vorbehalt des ordre public, wegen seiner Stellung als zuletzt zu prüfender Schutzschild[142] der deutschen Rechtsordnung gegenüber fremden Entscheidungen, den schwierigsten und unklarsten Prüfungsgesichtspunkt im Rahmen der teilweisen Überprüfung mit eingeschränkter Ablehnungsbereitschaft fremder gerichtlicher Entscheidungen darstellt.[143] Diesen gilt es zu erhellen. Ob die Anerkennung hierbei die Regel oder die Ausnahme darstellt, ist - genau genommen - unwichtig.

---

138 S. 20.

139 So aber G. Roth, S. 20 .

140 Ebenso Gesler, S. 14; vgl. zu statistischen Angaben: Martiny, Handbuch des IZVR, Band III/1, Rn. 72.

141 Hierzu später ausführlicher.

142 Martiny, Handbuch des IZVR, Band III/1, Rn. 1150.

143 Zu diesem Ergebnis kommt natürlich auch G. Roth, S. 20, 21.

6. Die formellen Voraussetzungen der Anerkennung

a) Das Verfahren der Anerkennung

Die Anerkennung ausländischer Entscheidungen erfolgt in Deutschland inzidenter oder als Vorfrage im Rahmen der Entscheidung über einen Fall, für den die Frage der Anerkennung als Teilaspekt relevant ist. Regelmäßig findet sie im Vollstreckungs- oder Exequaturverfahren statt. Es bedarf keines vorgeschalteten Anerkennungs- oder Delibationsverfahrens. Soweit die Anerkennungsvoraussetzungen erfüllt sind, erstrecken sich die ausländischen Urteilswirkungen im Regelfall auf das Inland.[144]

Die inzidente Prüfung der Anerkennungsvoraussetzungen erfolgt grundsätzlich von Amts wegen. Es genügt, wenn sie im Zeitpunkt der begehrten Anerkennung vorliegen.[145] Einzig die Voraussetzungen des § 328 I Ziffer 2 ZPO werden nur auf Rüge hin geprüft.

Die Parteien können auch eine positive oder negative Feststellungsklage gemäß § 256 ZPO auf Anerkennung oder Nichtanerkennung der ausländischen Entscheidung erheben. Das festzustellende Rechtsverhältnis basiert auf den durch das konkrete ausländische Urteil erzeugten Rechtswirkungen gegenüber den Parteien. Das erforderliche Rechtsschutzinteresse ergibt sich aus der Ungewißheit über die mögliche Anerkennung der fremden Entscheidung. Anstatt einer positiven Feststellungsklage erscheint es jedoch sinnvoller und effektiver, unmittelbar die Durchführung eines Verfahrens auf Vollstreckbarerklärung gemäß. § 722 ZPO anzustreben, da der Schuldner häufig nicht bereits aufgrund der Feststellung der Anerkennung leisten wird. Dieses zielgerichtetere Vorgehen berücksichtigt im übrigen auch, daß der deutsche Gerichtsvollzieher an eine deutsche Vollstreckungsklausel gebunden ist.[146] Somit muß davon ausgegangen werden, daß für eine positive Feststellungsklage in der Regel das Feststellungsinteresse fehlt.

---

144 Hiervon gibt es allerdings einige Ausnahmen. Eine der wichtigsten regelt Art. 7 § 1 FamRÄndG. In Ehesachen wird für die Anerkennung ausländischer Urteile ein förmliches Verwaltungsverfahren durchgeführt. Ausführlicher hierzu: Geimer, JuS 1965/475, 476; ders., IZPR, Rn. 2271 ff.; Geimer/Schütze, Internationale Urteilsanerkennung, Band I/2, S. 1608, 1609 f.; Gottwald, ZZP 103 (1990), S. 257, 259 f.; Martiny, Handbuch des IZVR, Band III/1, Rn. 1576, 1593; Nagel, IZPR, Rn. 642 ff.; Schack, IZVR, Rn. 878 ff.; vgl. auch Decker, S. 107.
Für den umgekehrten Fall der Anerkennung nach US-amerikanischem Verfahren vgl. Schütze, Deutsch-amerikanische Urteilsanerkennung, S. 18 f.
Zum Verwaltungsverfahren aufgrund Art. 7 § 1 FamRÄndG vgl. Geimer, IZPR, Rn. 3015 ff.; Martiny, Handbuch des IZVR, Band III/1, Rn. 1630 ff., 1706 ff.; Rosenberg/Schwab/Gottwald, S. 948 ff.

145 Ausführlicher hierzu: Rosenberg/Schwab/Gottwald, S. 946; Schack, IZVR, Rn. 882; A.A. Geimer, Zur Prüfung der Gerichtsbarkeit, S. 123 ff.; ders. NJW 1988/649 ff.; ders., NJW 1988/2180, 2181; ders., IZPR, Rn. 2246; ders., Zöller-Geimer, ZPO, § 328, Rn. 121, 159 a. Geimer will die internationale Zuständigkeit gemäß. § 328 I Ziffer 1 ZPO nur auf Rüge des Betroffenen hin überprüft haben. Auch Gottwald, ZZP 103 (1990), S. 257, 279, regt aufgrund dogmatischer Bedenken an, alle Anforderungen an ein rechtsstaatliches Verfahren zusammenzufassen und nur auf Rüge hin zu überprüfen.

146 Stichwort: formalisierte Vollstreckung; ausführlicher zum Ganzen: Geimer/Schütze, Internationale Urteilsanerkennung, Band I/2, S. 1611 f.; Schack, IZVR, Rn. 885 f.; Schütze, Anerkennung und Vollstreckung, S. 35.; s. auch Decker, S. 139.

Ein erneutes, nunmehr im Inland begehrtes Leistungsurteil in derselben Sache scheitert nicht schon an der Rechtskraft des ausländischen Urteils, denn Letzteres entfaltet Bindungswirkung auch im Anerkennungsland. Dort dürfte allenfalls ein inhaltlich übereinstimmendes Sachurteil ergehen.[147]

b) Der Zeitpunkt der Anerkennung und die Inlandsbeziehung ausländischer Urteile - eine formelle Anerkennungsvoraussetzung?

Aus dem Grundsatz der inzidenten Anerkennung kraft Gesetzes wird hergeleitet, daß die inländischen Urteilswirkungen in dem Zeitpunkt, in dem sie im Urteilsstaat gelten, auch im Anerkennungsstaat eintreten. Hierfür ist jedoch erforderlich, daß die entsprechenden Anerkennungsvoraussetzungen erfüllt sind. Für den Fall, daß Anerkennungshindernisse im Inland zu einem späteren Zeitpunkt wegfallen, erfolgt eine Anerkennung zeitlich verzögert.[148] Hierbei sind zwei Aspekte zu untersuchen:

(1) Die Inlandsbeziehung als formelle Anerkennungsvoraussetzung und als Gesichtspunkt der materiellen Überprüfung der Anerkennungsfähigkeit

Schütze[149] fordert für die Anerkennung einer ausländischen Entscheidung zusätzlich zu den allgemeinen Anerkennungserfordernissen eine aktuelle Beziehung des ausländischen Rechtsstreits oder seiner Parteien zum Anerkennungsstaat (Inlandsbeziehung). Eine Anerkennung komme erst in dem Zeitpunkt in Betracht, in dem neben den übrigen Anerkennungsvoraussetzungen ein Bezug zum Anerkennungsstaat hergestellt sei. Dies gehe regelmäßig mit dem Vollstreckungsbegehren im Inland einher. Er begründet seine Ansicht damit, daß Wirkungen nur innerhalb einer kausalen Kette Ursache für neue Wirkungen sein können. Sie könnten immer nur im Hinblick auf deren Bedeutung für konkrete Tatbestände gesehen werden. Solange kein Bezug zum Inland hergestellt sei, bedürfe es keiner Anerkennung. Bis zu diesem Zeitpunkt des Inlandsbezuges sei die Frage der Anerkennungsfähigkeit ohne Bedeutung.

Die grundsätzliche Forderung nach einer Inlandsbeziehung führt zu weit. Es bestünde dann die Möglichkeit, daß die Parteien den Zeitpunkt, in dem eine Inlandsbeziehung zum Anerkennungsstaat eintritt, z.B. durch Wohnsitznahme im Inland selbst wählen. Der Zeitpunkt der

---

147 Vgl. Baumann, IPRax 1990/28, 29 (ausführlich); Martiny, Handbuch des IZVR, Band III/1, Rn. 1614 ff.; Rosenberg/Schwab/Gottwald, S. 946 f.; Schack, IZVR, Rn. 887 f.; Wolff, Handbuch des IZVR, Band III/2, Kapitel IV, Rn. 175, 176. Einschränkend: Schütze, DB 1967/497 f.; ders., NJW 1973/2143 f.; ders., DB 1977/2129 f.; Nagel, IZPR, Rn. 718; Beide verneinen ein Rechtsschutzbedürfnis für eine erneute Leistungsklage.

148 Vgl. Geimer, IZPR, Rn. 2798; ders., in: Geimer/Schütze, Internationale Urteilsanerkennung, Band I/2, S. 1602, 1603. A.A. Schütze in: Geimer/Schütze, Internationale Urteilsanerkennung, Band I/2, S. 1774; vgl. insofern die hier folgende Fn.); Martiny, Handbuch des IZVR, Band II/1, Rn. 298 ff.; Schack, IZVR, Rn. 880.

149 Anerkennung und Vollstreckung, S. 7, 8; ders., NJW 1966/1598, 1599; ders. in: Geimer/Schütze, Internationale Urteilsanerkennung, Band I/2, S. 1774 (A.A. aber Geimer in: Geimer/Schütze, Internationale Urteilsanerkennung, Band I/2, S. 1602; vgl. vorhergehende Fn.); ders., DIZPR, S. 163 (jeweils mit philosophisch begründetem Ansatz).

Anerkennung darf aber nicht von Faktoren abhängen, deren Eintritt unbestimmt oder sogar manipulierbar ist. Eine Anerkennung im metaphysischen Sinn erfolgt statt dessen mit Eintritt der Wirkungen der fraglichen Entscheidung im Urteilsstaat. Die konkrete, grundsätzlich inzidente Feststellung der Anerkennung im Anerkennungsstaat im Rahmen des Vollstreckungsverfahrens hat hier lediglich deklaratorische Bedeutung.

Faktisch geht es bei der Frage der Inlandsbeziehung als Aspekt der Anerkennungsvoraussetzungen aber auch darum, daß die absolut überwiegende Anzahl ausländischer Urteile im Inland niemals relevant wird. Fordert man eine Inlandsbeziehung als formelles Anerkennungskriterium, so werden diese Urteile von vornherein ausgesondert. Das Problem grenzt sich dann auf diejenigen Urteile ein, für die eine Anerkennung überhaupt nur in Betracht zu ziehen ist. Möglicherweise ist aber eine solche Reduktion auf wenige ausländische Urteile nicht erforderlich. Die große Masse der nicht anerkennungsrelevanten ausländischen Entscheidungen braucht das Anerkennungsland nicht zu interessieren. Es bedarf keiner Auseinandersetzung mit diesen fremden Entscheidungen.

Insbesondere wegen der aufgezeigten Risiken, die eine Inlandsbeziehung als Teil der formellen Anerkennungsvoraussetzungen bergen würde, sollte auf sie als eigenständige und gesonderte Voraussetzung für die Anerkennung verzichtet werden.

Um etwas ganz anderes geht es dagegen, wenn innerhalb der materiellen Überprüfung der Anerkennungsfähigkeit anhand des Vorbehalts des ordre public eine Inlandsbeziehung gefordert wird. Im Rahmen dieser Prüfung der ausländischen Entscheidung anhand der Grundwerte des deutschen Rechts, insbesondere der Grundrechte, muß sehr wohl ein möglicherweise vorhandener Inlandsbezug der Parteien und auch des Streitgegenstandes selbst berücksichtigt werden.[150] Hier muß die Inlandsbeziehung des im Urteilsstaat entschiedenen Falles zum Anerkennungsstaat stärker bzw. enger sein, als im internen Erkenntnisverfahren. Hierauf wird - u.a. bei der Analyse des Inhalts bzw. Prüfungsumfangs des ordre public - noch einzugehen sein. Bereits jetzt sei aber darauf hingewiesen, daß der Vorbehalt des ordre public sich bei der Anerkennung fremder Urteile auch danach bemessen muß, ob der Inlandsbezug des Falles zu Deutschland besteht und wie stark dieser ist. Entsprechend der Bindung des ausländischen Falles an das Inland muß sich die Wirkung des ordre public mildern oder verstärken, müssen sich dessen Schranken verringern oder erhöhen.

Einen hinreichenden Inlandsbezug fordert in zunehmendem Maße auch die Rechtsprechung. Bei der zweiten höchstrichterlichen „Kalifornien-Entscheidung" lag aus Sicht des Urteils-

---

150 Vgl. BGH (Urt. v. 4.6.1992) BGHZ 118/312, 347 ff. = IPRax 1993/310, 320 = JZ 1993/261, 266 = LM 2/93 zu § 328 ZPO = NJW 1992/3096, 3105 = VersR 1992/1281, 1291 = WM 1992/1451, 1464 = ZIP 1992/1256, 1269 = ZZP 106 (1993), S. 79, 101 f., jeweils unter Pkt. B. I. 1. (nicht abgedruckt bei CR 1993/274 ff., EuZW 1992/705 ff., EWiR 1993/827, MDR 1992/1181 ff., PHI 1992/174 f. und RIW 1993/132 ff.); s. auch Geimer, IZPR, Rn. 2967; ders. EWiR 1992/827, 828 (zustimmend); Hay, 40 Am. J. Comp. L. 729 - 750 (1992); Koch/Zekoll, IPRax 1993/288, 291 (ablehnend); Martiny, Handbuch des IZVR, Band III/1, Rn. 181, 1014, 1028 f.; Meise, S. 84 ff.; Schack, IZVR, Rn. 867; Völker, S. 90 ff., 231 ff.; Zekoll, 30 Colum. J. of Transn'l L. 641 - 659 (1992); Zöller-Geimer, ZPO, § 328, Rn. 167; für das Schweizer Recht: Drolshammer-Schärer, SJZ 1986/309, 312; Zivilgericht Basel Stadt (Urt. v. 1.2.1989), JurMitt 1991/31, 34; Hauser, in: FS Keller, S. 589 ff.

staates (Kalifornien), also aus Sicht der USA, ein reiner Inlandsfall ohne Bezug zum späteren Anerkennungsstaat Deutschland vor.[151] Der dort sowohl unter strafrechtlichen, als auch zivilrechtlichen Gesichtspunkten abgehandelte Sachverhalt[152] spielte ausschließlich in den USA zwischen Amerikanern, auf Seiten des Beklagten zumindest einem Deutsch-Amerikaner.[153] Ein Bezug zum Anerkennungsland ergab sich erst durch die spätere Flucht des Beklagten nach Deutschland. Durch seine Übersiedlung wollte der Beklagte sich der strafrechtlichen Verfolgung in den USA entziehen. Sein Vermögen wollte er durch den Transfer nach Deutschland vor dem Zugriff des Klägers in den USA schützen. Der BGH hat den deutschen ordre public deswegen nur zurückhaltend eingesetzt. Ob dies gegebenenfalls anders zu beurteilen ist, wenn der Fall von vornherein im internationalen Bereich angesiedelt ist, also ein Inlandsbezug zum Anerkennungsstaat vorhanden ist, wird noch auszuführen sein.

Auf einen hinreichenden Inlandsbezug wird aber nicht nur bei Fragen der materiellen Anerkennungsfähigkeit abgestellt. Auch zur Begründung der internationalen Zuständigkeit wird in jüngerer Zeit verstärkt darauf zurückgegriffen.[154] Im Rahmen sowohl der internationalen Entscheidungs-, als auch der internationalen Anerkennungszuständigkeit deutscher Gerichte fordert der BGH für den Rechtsstreit nunmehr einen hinreichenden Bezug zum Inland. Der Aspekt des Inlandsbezuges gewinnt als grundsätzliches Kriterium der Differenzierung zunehmend an Bedeutung im internationalen Recht. Dieser Rückgriff auf den Inlandsbezug entspricht dem heutigen (modernen) Verständnis von Freundlichkeit und Fairneß gegenüber fremden Staaten und Respekt gegenüber fremden Rechtsordnungen und Entscheidungen.

Allerdings handelt es sich auch beim Inlandsbezug um einen unbestimmten Rechtsbegriff, dessen Inhalt, ebenso wie der des ordre public, der Konkretisierung bedarf.

---

151 BGH (Urt. v. 4.6.1992) BGHZ 118/312 ff. = CR 1993/274 ff. = EuZW 1992/705 ff. = EWiR 1993/827 (mit Anm. Geimer) = IPRax 1993/310 ff. (mit Anm. Koch/Zekoll, IPRax 1993/288 ff.) = JZ 1993/261 ff. (mit Anm. Deutsch) = LM 2/93 zu § 328 ZPO (mit Anm. Kronke) = NJW 1992/3096 ff. (mit Anm. Koch, NJW 1992/3073 ff.) = NJW RR 1993/152 (nur Leitsätze) = MDR 1992/1181 ff. = PHI 1992/174 f. = RIW 1993/132 ff. (mit Anm. Schütze) = VersR 1992/1281 ff. = WM 1992/1451 ff. = ZIP 1992/1256 ff. (mit Anm. Bungert, ZIP 1992/1707 ff.) = ZZP 106 (1993), S. 79 ff. (mit Anm. Schack).
An US-amerikanischer Literatur sind insbesondere zu nennen: Behr, 13 J. L. & Comm. 211 - 232 (1994); Bungert, 27 Int'l Law 1075 - 1090 (1993); Fiebig, 22 Ga. J. Int'l & Comp. L. 635 - 657 (1992); Fischer, 68 St. John's L. Rev. 199 - 215 (1994); Hay, 40 Am. J. Comp. L. 729 - 750 (1992); Nettesheim/Stahl, 28 Tex. Int'l L. J. 415 - 425 (1993); Zekoll, 30 Colum. J. of Transn'l L. 641 - 659 (1992); eine englische Übersetzung der Entscheidung selbst findet sich in 32 I. L. M. 1320 (1992). Zur „Kalifornien-Entscheidung" des RG vgl. RGZ 70/434 ff. = JW 1909/279 ff.; zum Sachverhalt s. S. 35 f.

152 Zum Sachverhalt s. S. 36 f.

153 Der Beklagte hatte sowohl die amerikanische als auch die deutsche Staatsbürgerschaft, galt insofern jedoch, nicht zuletzt wegen seines Wohnsitzes in Kalifornien, als Amerikaner.

154 Vgl. BGH (Urt. v. 2.7.1991) BGHZ 115/90 ff. = IPRax 1992/160 ff. = NJW 1991/3092; vgl. hierzu auch Fricke, NJW 1992/3066 ff.; Geimer, NJW 1991/3072 ff.; Grothe, RabelsZ 58 (1994), S. 686, 711; ders., in: Herausforderungen, S. 209, 221; Mark/Ziegenhain, NJW 1992/3062; Schack, JZ 1992/54 ff.; Schütze DWiR 1991/239 ff.; s. auch BGH (Urt. v. 3.12.1992) IPRax 1994/204, mit Anm. Basedow, IPRax 1994/183 ff. und Anm. Geimer, S. 187; OLG München (Urt. v. 7.10.1992) IPRax 1993/237 ff. Dazu, daß dieser Rückgriff auf den Inlandsbezug die Einführung eines in den USA seit langem üblichen minimum contacts-Test bedeutet vgl. später, Teil 3, Ziffer I. 1. (S. 142, 144 ff.).

(2) Die Auswirkungen der Relativität des ordre public für den Zeitpunkt der Anerkennung ausländischer Entscheidungen

Der Zeitpunkt der Anerkennung birgt sowohl wegen der Möglichkeit der sich ändernden tatsächlichen Gegebenheiten als auch wegen der Ausformung des Anerkennungshindernisses ordre public gemäß § 328 I Ziffer 4 ZPO ein Sonderproblem. Fraglich ist, ob für die Prüfung der Anerkennungsfähigkeit der ordre public mit dem Inhalt herangezogen werden muß, der im Zeitpunkt der ausländischen Entscheidung selbst im Anerkennungsstaat gilt, oder ob bei einer möglicherweise zeitlich versetzten Anerkennung der möglicherweise inhaltlich veränderte ordre public des Anerkennungsstaates gelten soll.

Hintergrund des Problems ist die grundsätzliche Wandelbarkeit des Inhalts unbestimmter Rechtsbegriffe. Sämtliche Generalklauseln[155] und somit auch der ordre public haben keinen konkreten und in jeder Hinsicht klar definierbaren Tatbestand. Ihr Inhalt ist wandelbar, er ist eingebunden in den ständigen Prozeß gesellschaftlicher und wirtschaftlicher Veränderungen. Sowohl rechtliche Änderungen in Legislative, Exekutive und Judikative, als auch politische, wirtschaftliche, soziale und auch kulturelle Tendenzen können die Ausformung und Auslegung beeinflussen. Weiterhin ist nicht lediglich der zugrundeliegende ausländische Rechtssatz oder dessen Anwendung von Bedeutung, sondern es kommt entscheidend auf den jeweiligen Einzelfall an. Hierbei müssen die Gesamtumstände in den Abwägungsprozeß einbezogen werden. Das zentrale Problem bei der Umschreibung des ordre public ist dessen ständiger Wandel, mit anderen Worten dessen Relativität.[156] Der Begriff der Relativität des ordre public ist in einem umfassenden Sinn zu verstehen, der sowohl die zeitliche und örtliche Wandelbarkeit als auch die Berücksichtigung der Besonderheiten des Einzelfalles erfaßt.[157] Was hier und heute als inakzeptabel angesehen wird, kann schon bald als tragbar, sogar üblich gelten.

Als Beispiel kann hier der Anspruch auf Kranzgeld (§ 1300 BGB) genannt werden.[158] Die unbescholtene Verlobte konnte für den Fall, daß sie ihrem Verlobten die „Beiwohnung gestattet" hat und das Verlöbnis danach vom Verlobten verschuldet aufgehoben wurde, immateriellen Schadensersatz fordern. Zwischenzeitlich haben aber gesellschaftliche Entwicklungen und insofern insbesondere eine allgemein liberalere Einstellung derBevölkerung zur Sexuali-

155 Der Begriff wird hier nicht als selbständiges Gegenüber zur kasuistischen Tatbestandsausformung, sondern als Ober- bzw. Austauschbegriff zu dem des unbestimmten Rechtsbegriffs verwendet. Vgl. hierzu genauer: Engisch, S. 120.

156 A.A. G. Roth, S. 78 ff., 87, 96, der von einer absoluten Geltung des ordre public ausgeht. Er unterscheidet zwischen den Werten, die an sich absolut gelten, und der für jeden Fall individuellen Inlandsbeziehung des Falles. Diese beeinflusse nicht die Geltung der Werte, gehe aber in die konkrete Bewertung mit ein und könne so den ordre public im Einzelfall in seiner Ausformung ändern.

157 Ausführlich hierzu: Meise, S. 6, 7 (dort insbesondere Fn. 1). Er unterscheidet zwischen substantieller Relativität (Abhängigkeit des Inhalts des ordre public von Ort und Zeit der Entscheidung), S. 11 ff., akzessorischer Relativität (u.a. gehöre hierher die Inlandsbeziehung), S. 77 ff. und verfassungs- und völkerrechtlicher Relativität, S. 207 ff.; s. auch Dölle in: Landesreferate 1950, S. 397, 409 (insbesondere zur zeitlichen und örtlichen Wandelbarkeit); Epe, S. 130 ff. A.A. Jayme, der den Begriff Relativität einzig auf die Besonderheiten des jeweiligen Einzelfalles bezieht, ansonsten von Wandelbarkeit spricht; vgl. ders., Methoden der Konkretisierung des ordre public im Internationalen Privatrecht, S. 34.

158 Ausführlich hierzu später, Teil 2, Ziffer IV. A. 3. (S. S. 100).

tät, eventuelle Ansprüche auf Kranzgeld gegen den Verlobten in Frage gestellt.[159] Die Durchsetzung von Ansprüchen auf Kranzgeld ist heute unrealistisch.

Geimer[160] vertritt die Auffassung, daß der für die Frage der Anerkennungsfähigkeit entscheidungserhebliche Zeitpunkt derjenige sei, in dem die Wirkungen des Urteils im Urteilsstaat eintreten. Es sei auf den Erlaß der ausländischen Entscheidung abzustellen. Gegen diese Ansicht spricht jedoch der Wortlaut von § 328 ZPO. Danach ist die Anerkennung des Urteils und nicht der Erlaß desselben für die Frage der Anerkennungsfähigkeit und damit für den Anerkennungszeitpunkt im Inland entscheidend.

Auch die herrschende Meinung[161] geht von einer positivistischen Begründung aus. So findet auch der besondere Aspekt der Relativität des ordre public Berücksichtigung. Der Vorbehalt des ordre public dient der Abwehr fremder Einflüsse ausländischer Entscheidungen, die das Anerkennungsland nicht hinnehmen will. Eine Überprüfung dessen, was akzeptiert werden soll und kann, findet aber erst statt, wenn die ausländische Entscheidung für das Inland relevant wird. Faktisch muß hier eine Inlandbeziehung der Parteien, z.B. durch Wohnsitznahme, Aufenthalt, Anerkennungs- oder Vollstreckungsbegehren eintreten. Seiner Funktion als Schutzschild kann der ordre public nur gerecht werden, wenn er fremde unerwünschte Wirkungen vom Inland fernhält. Als unerwünscht ist aber grundsätzlich nur das zum aktuellen Zeitpunkt der Überprüfung im Anerkennungsland nicht mehr Tolerierbare anzusehen. Die ursprünglich möglicherweise engeren oder weiteren Grenzen des ordre public können allenfalls bei ganz gravierenden Änderungen der Rechtsvorstellungen zu berücksichtigen sein.[162]

Für den Vorbehalt des ordre public ist also der Zeitpunkt entscheidend, zu dem die Prüfung der Anerkennung, regelmäßig also die der Vollstreckbarkeit, stattfindet. Grundsätzlich interessiert nur die aktuelle Ausformung der Vorbehaltsklausel.

III. Die Vollstreckbarerklärung ausländischer Entscheidungen unter Berücksichtigung des autonomen deutschen Rechts

1. Der Begriff der Vollstreckbarkeitserklärung

Anerkennung (Delibation) und Vollstreckbarerklärung (Exequatur) fremder Entscheidungen müssen wegen ihrer unterschiedlichen Ausrichtung begrifflich scharf getrennt werden. Die

159 Zu den in diesem Zusammenhang vergleichbaren US-amerikanischen Anti-Heart-Balm-Statutes vgl. Prosser and Keeton, S. 929 f.

160 In Geimer/Schütze, Internationale Urteilsanerkennung, Band I/2, S. 1603 ff. (dort insbesondere Fn. 77 - mit ausführlicher Analyse des Meinungsstandes und Kritik an der herrschenden Meinung); ebenso: Stein/Jonas-Schumann, ZPO, § 328, Rn. 23.

161 Vgl. BGH (Urt. v. 11.4.1979) NJW 1980/529, 531; Baumbach/Lauterbach/Albers/Hartmann, ZPO, § 328, Rn. 32; Martiny, Handbuch des IZVR, Band III/1, Rn. 1149; MünchKomm-Gottwald, ZPO, § 328, Rn. 7; G. Roth, S. 63 (dort insbesondere Fn. 35); Stein/Jonas-Schumann, ZPO, § 328, Rn. 23, 231 (a.E.); Thomas-Putzo, ZPO, § 328, Rn. 15.

162 Vgl. hierzu Stein/Jonas-Schumann, ZPO, § 328, Rn. 23 (a.E.).

Vollstreckbarerklärung ermöglicht die praktische Durchsetzung einer fremden anerkannten Entscheidung mit Hilfe staatlicher Zwangsmittel im Anerkennungsland. Die Vollstreckbarerklärung ist nicht vom Urteilsstaat auf den Anerkennungsstaat übertragbar, sie muß von diesem originär verliehen werden. Sie bestimmt sich ausschließlich nach der lex fori, hier nach autonomem deutschen Rechts (§ 722 ZPO). Es gilt das Prinzip der formalisierten Vollstreckung, zwischen erkennendem Gericht und Vollstreckungsorgan besteht eine funktionelle Trennung.[163] Die deutschen Vollstreckungsorgane können nur aufgrund einer inländischen, hoheitlichen Anordnung, konkret einer vollstreckbaren Ausfertigung des Titels, tätig werden (§§ 724, 725 ZPO). Grundsätzlich liegt für die Vollstreckung nur eine verkürzte Ausfertigung des Urteils, ohne Entscheidungstatbestand und ohne Entscheidungsgründe vor (vgl. §§ 317 II S. 2 HS. 1, 750 I S. 2 HS. 2 ZPO). Im übrigen steht es den Vollstreckungsorganen nicht zu, das Urteil sachlich zu überprüfen. Die Leistungsverpflichtung des Vollstreckungsschuldners muß sich also allein aus dem Titel bzw. der Entscheidungsformel (vgl. § 313 I Ziffer 4 ZPO) ergeben.

Anerkennung und Vollstreckbarerklärung sind aber in gewissem Sinn trotzdem miteinander verknüpft. Die Anerkennungsfähigkeit eines ausländischen Urteils ist grundsätzlich Voraussetzung für dessen Vollstreckbarerklärung. Letztere beinhaltet die inzident mitgeprüfte Entscheidung (besser: positive Stellungnahme) zur Anerkennung. Die der ausländischen Entscheidung gemäß § 722 ZPO verliehene Vollstreckbarkeit steht inhaltlich der einem deutschen Urteil gemäß §§ 705 ff. ZPO verliehenen Vollstreckbarkeit gleich. Insofern setzt sich die Gleichstellungstheorie durch.[164]

2. Die Voraussetzungen der Vollstreckbarkeitserklärung

§ 723 II S. 2 ZPO bestimmt, daß ein Vollstreckbarkeitsurteil nur zu erlassen ist, wenn die Voraussetzungen des § 328 ZPO erfüllt sind. Wird die Vollstreckbarkeit einer ausländischen Entscheidung ausgesprochen, so ist damit gleichzeitig deren Anerkennungsfähigkeit bejaht. Neben diesen Anerkennungsvoraussetzungen ist für die Vollstreckbarkeit weiterhin erforderlich, daß das Urteil nach dem Recht des Urteilsstaates selbst vollstreckbar ist, daß der Anerkennungs- bzw. Vollstreckungsstaat die Gerichtsbarkeit für die Entscheidung besitzt und daß

---

163 Auch der BGH unterscheidet zwischen Zivilprozeß und Zwangsvollstreckung; vgl. BGH (Urt. v. 4.6.1992) BGHZ 118/312, 315 = IPRax 1993/310, 311 = LM 2/93 zu § 328 ZPO = MDR 1992/1181, 1182 = NJW 1992/3096, 3097 = VersR 1992/1281, 121282 = WM 1992/ 1451, 1452 = ZIP 1992/1256, 1258 = ZZP 106 (1993), S. 79, 80 f., jeweils unter Pkt. A. I. 1. (nicht abgedruckt bei CR 1993/274 ff., EuZW 1992/705 ff., EWiR 1993/827, JZ 1993/261 ff., PHI 1992/174 f. und RIW 1993/132 ff.); s. auch Geimer, Zur Prüfung der Gerichtsbarkeit, S. 29, 35 ff.; ders., IZPR, Rn. 2300 ff.; Linke, IZPR, Rn. 335 ff.; Martiny, Handbuch des IZVR, Band III/1, Rn. 424; Schack, IZVR, Rn. 929 ff.; Wolff, Handbuch des IZVR, Band III/2, Kapitel IV, Rn. 9 ff.

164 S. hierzu bereits Teil 1, Ziffer II. 3. (S. 43 f.); vgl. Geimer, IZPR, Rn. 3161 f.; Zöller-Geimer, ZPO, § 328, Rn. 18.

der Vollstreckungsanspruch noch nicht erloschen ist.[165] Die materielle Richtigkeit des ausländischen Urteils wird nicht überprüft. Es gilt das Verbot der révision au fond (s.o.).

Das für die vorliegende Untersuchung relevante Verfahren zur Herbeiführung der Vollstreckbarerklärung ausländischer Entscheidungen nach autonomem deutschem Recht ist die Vollstreckungsklage gemäß den §§ 722, 723 ZPO.[166] Die sachliche Zuständigkeit richtet sich nach dem Streitwert (§ 23 Nr. 1 GVG), die örtliche Zuständigkeit nach den Regeln der §§ 13 ff. ZPO, hilfsweise § 23 ZPO (vgl. § 722 II ZPO).

IV. Zusammenfassung

Die Ausführungen zur Anerkennung und Vollstreckbarerklärung ausländischer Urteile, insbesondere nach autonomem deutschem Recht, haben Grundbegriffe geklärt und einzelne problematische Aspekte des ordre public bereits angesprochen.

Ob in der Praxis der Anerkennung ausländischer Entscheidungen die Bedeutung des autonomen Rechts tatsächlich verhältnismäßig gering ist,[167] muß nicht zuletzt wegen des ständig wachsenden Wirtschafts- und Rechtsverkehrs mit den USA bezweifelt werden. Zumindest für den Rechtsverkehr zwischen den USA und Deutschland ist nach wie vor grundsätzlich das autonome Recht der §§ 328, 722, 723 ZPO von Bedeutung. Das autonome Recht, speziell der Vorbehalt des ordre public gemäß § 328 I Ziffer 4 ZPO erfordert wegen seiner unklaren Ausformung die Möglichkeit einer intensiven Auseinandersetzung.

165 Vgl. Geimer, IZPR, Rn. 3115 f.; Martiny, Handbuch des IZVR, Band III/1, Rn. 425 f.; Sonnenberger, in: Zeitgenössische Fragen des Internationalen Zivilverfahrensrechts, S. 209, 222; ausführlich: Wolff, Handbuch des IZVR, Band III/2, Kapitel IV, Rn. 17 ff.

166 Zu den weiteren Verfahren vgl. insbesondere: Geimer, NJW 1965/1413, 1414 ff.; ders., JZ 1977/145 ff., 213 ff.; ders., ZZP 103 (1990), S. 257, 284 ff.; s. auch Wolff, Handbuch des IZVR, Band III/2, Kapitel IV, Rn. 50.

167 So zumindest Martiny, Handbuch des IZVR, Band III/1, Rn. 73.

TEIL 2

GEGENSTAND UND WESEN DES ORDRE PUBLIC

Anerkennung und Vollstreckung ausländischer Urteile stehen unter dem Vorbehalt des ordre public (§ 328 I Ziffer 4 ZPO). Bei dem Rechtsinstitut des ordre public handelt es sich um einen unbestimmten Rechtsbegriff. Eine Definition, die die Generalklausel begrifflich vollständig erfaßt, gibt es aus naheliegenden Gründen nicht.[168]

Um mit dem Begriff ordre public arbeiten zu können, muß der Versuch unternommen werden, Auslegungskriterien, zumindest Anhaltspunkte für dessen inhaltliche Bestimmung zu finden.

Es soll versucht werden, anhand einer kritischen Auseinandersetzung mit Aufgabe, Inhalt, Gegenstand und Funktion aber auch Prüfungs- bzw. Regelungsumfang des ordre public spezielle Kriterien für die besondere Ausgestaltung der Vorbehaltsklausel bei der Anerkennung US-amerikanischer Entscheidungen in Deutschland zu entwickeln.

Die Überlegung, anhand von Fällen eine axiomatische Annäherung und begriffliche Ausfüllung vorzunehmen, wird nicht weiterverfolgt. Es steht eine zu geringe Zahl von unmittelbar relevanten Entscheidungen zur Verfügung und deren Begründungen geben abgesehen von allenfalls grundsätzlich richtungsweisenden Überlegungen nicht viel her.

Konkrete Anhaltspunkte bietet die „Kalifornien-Entscheidung" des BGH[169]. In diesem Zusammenhang wird vor allem darauf zu achten sein, ob dieses Urteil berechtigt als Leitfaden

---

168 Nach Dölle wird unter dem ordre public im IPR der Inbegriff jener innerstaatlichen Normen verstanden, welche die Anwendung des nach dem Kollisionsrecht an sich zuständigen ausländischen Rechts ausschließen, weil eine solche Anwendung aus bestimmten Gründen mit der eigenen staatlichen Ordnung unvereinbar erscheint; vgl. ders., in: Landesreferate 1950, S. 397. Viel gesagt ist hiermit jedoch noch nicht, die Aussage ist zu allgemein gehalten.

169 Vgl. hierzu den zugrundeliegenden Sachverhalt bei BGH (Urt. v. 4.6.1992) BGHZ 118/312 ff. = CR 1993/274 ff. = EuZW 1992/705 ff. = EWiR 1993/827 (mit Anm. Geimer) = IPRax 1993/310 ff. (mit Anm. Koch/Zekoll, IPRax 1993/288 ff.) = JZ 1993/261 ff. (mit Anm. Deutsch) = LM 2/93 zu § 328 ZPO (mit Anm. Kronke) = MDR 1992/1181 ff. = NJW 1992/3096 ff. (mit Anm. Koch, NJW 1992/3073 ff.) = NJW RR 1993/152 (nur Leitsätze) = PHI 1992/174 ff. = RIW 1993/132 ff. (mit Anm. Schütze) = VersR 1992/1281 ff. = WM 1992/1451 ff. = ZIP 1992/1256 ff. (mit Anm. Bungert, ZIP 1992/1707 ff.) = ZZP 106 (1993), S. 79 ff. (mit Anm. Schack).
An US-amerikanischer Literatur sind insbesondere zu nennen: Behr, 13 J. L. & Comm. 211 - 232 (1994); Bungert, 27 Int'l Law 1075 - 1090 (1993); Fiebig, 22 Ga. J. Int'l & Comp. L. 635 - 657 (1992); Hay, 40 Am. J. Comp. L. 729 - 750 (1992); Nettesheim/Stahl, 28 Tex. Int'l L. J. 415 - 425 (1993); Zekoll, 30 Co-

bei der Anerkennung und Vollstreckung US-amerikanischer Urteile in Deutschland angesehen werden kann.[170] Unter anderem anhand dieser richtungsweisenden Entscheidung soll eine Auseinandersetzung mit dem Vorbehalt des ordre public erfolgen.

I. Der ordre public in Art. 6 EGBGB und in § 328 I Ziffer 4 ZPO

Die aktuelle Ausformung des Gesetzestextes von § 328 I Ziffer 4 ZPO wurde im Zuge der Neuregelung des IPR[171] geändert. Nach der früheren gesetzlichen Formulierung war die Anerkennung ausgeschlossen, wenn sie gegen die guten Sitten oder gegen den Zweck eines deutschen Gesetzes verstieß (§ 328 I Ziffer 4 ZPO a.F.).[172]

Durch die Neufassung sollte die anerkennungsrechtliche ordre public-Klausel des § 328 I Ziffer 4 ZPO derjenigen des Kollisionsrechts, nunmehr geregelt in Art. 6 EGBGB (= Art. 30 EGBGB a.F.), angeglichen und konkretisiert werden. Die beiden Regelungen sollten nicht ohne zwingenden Grund sprachlich voneinander abweichen. Beabsichtigt war zudem die Anpassung der bisherigen Regelungen an die internationale Rechtslage unter Berücksichtigung der Erfordernisse der Rechtsklarheit. Der sachliche Gehalt der Vorschrift sollte hierbei aber nicht verändert werden.[173] Die Neufassung formuliert deutlicher, daß es um die Wahrung der wesentlichen Grundsätzen des deutschen Rechts geht, zu denen insbesondere die Grundrechte gehören.[174] Weiterhin zu beachten sind auch heute noch die in der alten Gesetzesfassung genannten „guten Sitten" bzw. der „Zweck eines deutschen Gesetzes".[175]

Die bilateralen Staatsverträge Deutschlands und die meisten multilateralen Konventionen, deren Partner Deutschland ist, enthalten gleichlautende oder ähnliche Regelungen.[176]

---

lum. J. of Transnat'l L. 641 - 659 (1992); eine englische Übersetzung der Entscheidung selbst findet sich in 32 I. L. M. 1320 (1992).

170 Ebenso: Zekoll, 30 Colum. J. Transnat'l L. 641, 643 (1992).

171 Durch Gesetz vom 25.7.1986 (BGBl. I, S. 1142 ff.).

172 Vgl. die Gegenüberstellung der Gesetzestexte bei Pirrung, S. 54, 55; Zur Geschichte des ordre public vgl. Spickhoff, S. 27 ff., 73 ff.

173 Vgl. zum Ganzen die Begründung des RegE, BT-Drucks. 10/504, S. 42 - 44 bzw. 88 - 89; BR-Drucks. 222/83, S. 88 f.; s. auch Jayme, Methoden der Konkretisierung des ordre public im Internationalen Privatrecht, S. 67 ff. (Anhang); Kegel, IPR, S. 663; Koch, in: Effiziente Rechtsverfolgung, S. 161, 170; Kornblum, in : FS Nagel, S. 140, 147 f. (allerdings ohne Berücksichtigung des Gesetzes zur Neuregelung des IPR vom 25.7.1986); ders., NJW 1987/1105, 1106 ff.; Linke, IZPR, Rn. 420; Martiny, 35 Am. J. Comp. L. 721, 745 (1987); MünchKomm-Gottwald, ZPO, § 328, Rn. 85; Pirrung, S. 123, 209; Stein/Jonas-Schumann, ZPO, § 328, Rn. 224; Zöller-Geimer, ZPO, § 328, Rn. 152.

174 Hierauf weist das BVerfG bereits vor der Neuregelung des IPR und der damit einhergehenden Änderung des IZVR hin; vgl. BVerfGE 31/58, 71 ff. = NJW 1971/1509 ff. = RabelsZ 36 (1972), S. 45 ff. = IPRspr 1971/39 ff. (Spanier-Beschluß). Die Entscheidung erging zwar zum kollisionsrechtlichen ordre public des Art. 30 EGBGB (nunmehr Art. 6 EGBGB), muß aber ebenso für den anerkennungsrechtlichen ordre public des § 328 I Ziffer 4 ZPO gelten. S. hierzu auch Henrich, RabelsZ 36 (1972), S. 2 ff.

175 S. hierzu auch Schack, IZVR, Rn. 861; Schütze, JR 1979/184 ff.

176 Vgl. insbesondere Art. 27 Nr. 1 EuGVÜ; allgemein hierzu: Martiny, Handbuch des IZVR, Band III/1, Rn. 989 ff.

Dem Gesetzgeber blieb wegen der Vielzahl von denkbaren Fallgestaltungen in der Praxis[177] einzig die Möglichkeit, den Vorbehalt des ordre public als Generalklausel zu normieren. Insbesondere der Wissenschaft und der Rechtsprechung obliegt es, Thesen zu entwickeln, die den Inhalt der Blankettvorschrift ausfüllen. Die Schwierigkeit besteht darin, die flexible Vorbehaltsklausel einerseits nicht zu stark einzugrenzen und andererseits nicht völlig offen zu lassen. Es gilt, deren Elastizität zu wahren und die bereits angesprochene[178] Relativität des Vorbehalts des ordre public zu erhalten. In der „Kalifornien-Entscheidung“[179] hat der BGH Richtlinien zur Konkretisierung des ordre public-Vorbehaltes aufgestellt, die zumindest für die Anerkennung und Vollstreckung vermögensrechtlicher US-amerikanischer Urteile in Deutschland von grundlegender Bedeutung sind.[180] Letztlich muß aber jeder Richter bei der Überprüfung des ihm vorliegenden Einzelfalles eine Konkretisierung des ordre public vornehmen, die aktuelle Strömungen und Entwicklungen der Ausformung der Generalklausel berücksichtigt.

Um Anhaltspunkte für eine Konkretisierung des ordre public zu erarbeiten und möglicherweise vorhandene Strukturen zur Eingrenzung der Generalklausel zu erarbeiten ist es zunächst erforderlich, eine differenzierte Betrachtung der Ausformungen des ordre public vorzunehmen.

II. Die verschiedenen Ausformungen des Vorbehalts des ordre public

Neben der grundsätzlichen Differenzierung des ordre public nach dessen Zugehörigkeit zum IPR oder zum IZVR gibt es eine Reihe von unterschiedlichen Ausgestaltungen, die die Vorbehaltsklausel auf verschiedene Einzelaspekte beschränkt. Diese sollen im folgenden zusammengestellt werden. Hierbei ist zu berücksichtigen, daß die verschiedenen Begriffspaare sich

---

177 Dölle spricht von der „jeder vorschauenden Phantasie weit überlegenen Vielgestaltigkeit des Lebens“; vgl.: ders., in: Landesreferate (1950), S. 397, 402; s. auch Simitis, in: Vorschläge und Gutachten zur Reform des deutschen internationalen Personen-, Familien- und Erbrechts, S. 267, 290.

178 Vgl. Teil 1, Ziffer II. 6. b) (2) (S. 58 ff.).

179 BGH (Urt. v. 4.6.1992) BGHZ 118/312 ff. = CR 1993/274 ff. = EuZW 1992/705 ff. = EWiR 1993/827 (mit Anm. Geimer) = IPRax 1993/310 ff. (mit Anm. Koch/Zekoll, IPRax 1993/288 ff.) = JZ 1993/261 ff. (mit Anm. Deutsch) = LM 2/93 zu § 328 ZPO (mit Anm. Kronke) = MDR 1992/1181 ff. = NJW 1992/3096 ff. (mit Anm. Koch, NJW 1992/3073 ff.) = NJW RR 1993/152 (nur Leitsätze) = PHI 1992/174 ff. = RIW 1993/132 ff. (mit Anm. Schütze) = VersR 1992/1281 ff. = WM 1992/1451 ff. = ZIP 1992/1256 ff. (mit Anm. Bungert, ZIP 1992/1707 ff.) = ZZP 106 (1993), S. 79 ff. (mit Anm. Schack).
S auch: Behr, 13 J. L. & Comm. 211 - 232 (1994); Bungert, 27 Int'l Law 1075 - 1090 (1993); Fiebig, 22 Ga. J. Int'l & Comp. L. 635 - 657 (1992); Fischer, 68 St. John's L. Rev. 199 - 215 (1994); Hay, 40 Am. J. Comp. L. 729 - 750 (1992); Nettesheim/Stahl, 28 Tex. Int'l L. J. 415 - 425 (1993); Zekoll, 30 Colum. J. of Transnat'l L. 641 - 659 (1992); eine englische Übersetzung der Entscheidung selbst findet sich in 32 I. L. M. 1320 (1992).

180 Ob sie auch zutreffend sind, wird noch zu untersuchen sein.

zum Teil inhaltlich überschneiden. Entscheidend ist nicht eine absolute Differenzierbarkeit, sondern die begriffliche Unterscheidung der verschiedenen Formen des ordre public.[181]

1. Der kollisionsrechtliche und der anerkennungsrechtliche ordre public

Der kollisionsrechtliche und der anerkennungsrechtliche ordre public werden jeweils durch ihre systematische Stellung geprägt. Die kollisionsrechtliche Vorbehaltsklausel ist in Art. 6 EGBGB, das anerkennungsrechtliche Pendant in § 328 I Ziffer 4 ZPO geregelt (s.o.).

2. Der materiellrechtliche und der verfahrensrechtliche ordre public

Weiterhin wird grundsätzlich zwischen materiellrechtlichem und verfahrensrechtlichem ordre public unterschieden. Bei der Anerkennung und Vollstreckbarerklärung ausländischer Entscheidungen wird folgendermaßen differenziert:

Verstößt das Ergebnis der Anwendung eines materiellrechtlichen Rechtssatzes oder -instituts gegen die Vorbehaltsklausel, so ist der materiellrechtliche ordre public betroffen. Er wird auch materieller ordre public genannt.

Verstößt das Verfahren oder die Anwendung von Verfahrensnormen gegen den ordre public, so widerspricht dies dem verfahrensrechtlichen ordre public. Er wird auch prozessualer oder formeller ordre public genannt.

a) Der materiellrechtliche ordre public

Der materiellrechtliche ordre public richtet sich in erster Linie gegen den Inhalt der fremden Entscheidung selbst. Er greift ein, wenn der vom ausländischen Gericht angewandte materielle Rechtssatz, das materielle Rechtsinstitut oder das dem Sachverhalt zugrundeliegende Rechtsverhältnis als im Inland nicht hinnehmbar angesehen wird.[182]

Z.B. begründet der BGH in seiner „Kalifornien-Entscheidung" bei der Anerkennung von punitive damages die Ablehnung des nicht hinnehmbaren Teils des in den USA dem Kläger zugesprochenen Schadensersatzes mit einem Verstoß gegen den materiellrechtlichen ordre public.[183] Die Grenze zum materiellen ordre public sei überschritten, wenn mit einem fremden

---

181 S. hierzu auch Völker, S. 254 ff.

182 Vgl. Martiny, Handbuch des IZVR, Band III/1, Rn. 1016.

183 Vgl. BGH (Urt. v. 4.6.1992) BGHZ 118/312, 338 = CR 1993/274, 276 ff. = EuWZ 1992/705, 708 = IPRax 1993/310, 317 = JZ 1993/261, 263 = LM 2/93 zu § 328 ZPO, Bl. 334 f. = NJW 1992/ 3096, 3102 = PHI 1992/174 = RIW 1993/132, 136 = WM 1992/1451, 1461 = ZIP 1992/1256, 1266 = ZZP 106 (1993), S. 79, 96, jeweils unter Punkt A. V. 3. (nicht abgedruckt bei EWiR 1993/827 ff., MDR 1992/1181 ff.). S. auch Greger, NJW 1989/3103, 3104; Hoechst, VersR 1983/13, 16 f.; ders., S. 122; Koch, NJW 1992/3073, 3074; Schack, IZVR, Rn. 869; Schütze, in: FS Nagel, S. 392, 399 f.: ders., Deutsch-

Schadensersatzurteil ausschließlich eine konkretisierbare Bestrafungsfunktion wahrgenommen werde, die in Deutschland allein dem staatlichen Strafmonopol unterliege. Dagegen seien andere, im Inland ebenfalls ungewohnte Schadensfestsetzungen anerkennungsfähig. Hierzu zähle insbesondere eine Schadenspauschalierung anhand im Anerkennungsland unklarer oder unbekannter Grundlagen oder die Gewährung hypothetischen und immateriellen Schadensersatzes in beträchtlicher Höhe.[184]

b) Der verfahrensrechtliche ordre public

Der verfahrensrechtliche oder prozessuale ordre public stellt ab auf das der fremden Entscheidung vorausgegangene ausländische Verfahren und die dortige Urteilsfindung.

Erstmals grundlegend zum verfahrensrechtlichen ordre public Stellung genommen hat der BGH in seinem Urteil vom 18.10.1967.[185] Es ging um die Frage der Vereinbarkeit des Ausschlusses einer Partei aus einem Unterhaltsverfahren vor einem britischen Gericht wegen Mißachtung des Gerichts (contempt of court). Der Antragsgegners war wegen des Verstoßes gegen eine gerichtliche interim-order vom weiteren Verfahren ausgeschlossen worden. Er hatte unentschuldigt eine einstweilige Anordnung des Richters mißachtet, vorläufig Unterhalt zu zahlen und verschiedene Urkunden vorzulegen. Das Verfahren wurde in Anwesenheit seines Anwaltes ohne ihn fortgeführt. Die Antragstellerin begehrte die Vollstreckung des Urteils in Deutschland.

Der BGH stellte fest, daß ein Verfahrensverstoß nur zur Versagung der Anerkennung der darauf basierenden Entscheidung berechtige, wenn nach der deutschen Rechtsordnung das fremde Urteil nicht als in einem geordneten rechtsstaatlichen Verfahren ergangen angesehen werden könne. Dies sei hier nicht der Fall. Zwar würde ein deutscher Richter bei Ausschluß einer Partei aus dem Verfahren regelmäßig gegen den Anspruch auf rechtliches Gehör (Art. 103 I GG) und somit gegen wesentliche Verfahrensgrundsätze des deutschen Rechts verstoßen. Aber auch das deutsche Recht kenne Einschränkungen des Grundrechtes auf rechtliches Gehör, wenn sich aus dem Zweck und der Besonderheit einzelner Verfahren zwingend Beschränkungen ergäben, wie z.B. bei der Zwangsvollstreckung in Forderungen (§ 834 ZPO), im Arrestverfahren (§ 921 ZPO) oder beim Erlaß eines Haftbefehls (§ 114 a StPO). Außerdem sei dem Antragsgegner im britischen Unterhaltsverfahren bewußt gewesen, welches Risiko er eingehe. Er sei anwaltlich beraten gewesen und habe auch keine sachlichen Entschuldigungs-

---

Amerikanische Urteilsanerkennung, S. 163, 169 ff.; Zekoll, S. 152 ff.; a.A. von Westphalen, RIW/AWD 1981/141, 148 f.

184 Ausführlich zur Anerkennungsfähigkeit von punitive damages vgl. Teil 3, Ziffer II. 2. (S. 229 ff.).

185 BGH (Urt. v. 18.10.1967) BGHZ 48/327 = JZ 1968/594 (mit Anm. mit Anm. Geimer, JZ 1969/12 ff. und Wengler, JZ 1968/596 ff.) = LM § 328 ZPO Nr. 182 = NJW 1968/354 = ZZP 82 (1969), S. 149 (mit Anm. G. Roth). Bestätigt durch BVerfG (B. v. 28.3.1968) 2 BvR 740/67; vgl. den Nachweis bei BGH (Urt. v. 4.6.1992) BGHZ 118/312, 321 f. = IPRax 1993/310, 313 = LM 2/93 zu § 328 ZPO, Bl. 328 = NJW 1992/3096, 3098 f. = VersR 1992/1281, 1284 = WM 1992/1451, 1455 = ZIP 1992/1256, 1261 = ZZP 106 (1993), S. 79, 86, jeweils unter Punkt A. III. 3. b) (nicht abgedruckt bei CR 1993/274 ff. = EuZW 1992/705 ff. = EWiR 1993/827 = JZ 1993/261 ff. = MDR 1992/1181 ff. = PHI 1992/174 ff. = RIW 1993/132 ff.). S. auch BVerfG (B. v. 9.3.1983) BVerfGE 63/332, 337 = NJW 1983/1726.

gründe vorgetragen, warum er der Verfügung des Gerichts nicht habe nachkommen können. Ein Verstoß gegen den ordre public liege somit nicht vor.[186]

Der verfahrensrechtliche ordre public kommt insbesondere zur Anwendung, wenn es darum geht, die Unabhängigkeit und Unparteilichkeit des Gerichts zu gewährleisten, den Parteien rechtliches Gehör zu sichern, verfahrensinterne Verschiedenheiten zwischen Urteils- und Anerkennungsstaat zu berücksichtigen,[187] die Begründung und Form der fremden Entscheidung zu überprüfen oder betrügerisch erlangte Entscheidungen abzuwehren.[188]

Allerdings müssen auch gravierende Abweichungen vom deutschen Verfahrensrecht hingenommen werden, denn das Verfahren richtet sich nach der jeweiligen lex fori des fremden Urteilsstaates. Der verfahrensrechtliche ordre public soll nicht dazu führen, daß unzweckmäßiger Prozeßführung im Urteilsstaat oder dort nicht erhobenen Verfahrensrügen nachträglich im Anerkennungsland abgeholfen wird. Fehler des ausländischen Verfahrens sind im Urteilsstaat zu rügen.[189]

Im US-amerikanischen Recht selbst wurden für die Fälle des Verstoßes gegen den verfahrensrechtlichen ordre public besondere Anerkennungshindernisse entwickelt. Dort werden die Mindestanforderungen an ein ordnungsgemäßes Verfahren durch die zwingend erforderliche Einhaltung der due process clause (US-Constitution, Amendment V, XIV) geschützt.[190]

c) Das Verhältnis von materiellrechtlichem zu verfahrensrechtlichem ordre public

Eine klare Differenzierung zwischen materiellrechtlichem und verfahrensrechtlichem ordre public wäre aus systematischen Gründen wünschenswert, da sie Klarheit schaffen würde. Sie ist aber nicht immer möglich.

Besonders deutlich wird dies bei Vorbehalten gegenüber der Anerkennung einer als exzessiv angesehenen ausländischen Verurteilung zur Zahlung von punitive damages. Die in pauschalierten Schadensersatzbeträgen enthaltenen Verfahrensaufwendungen[191] können sowohl zum materiellen Schaden gezählt werden, also dem materiellen ordre public unterfallen, als auch Verfahrensfragen selbst betreffen, also dem verfahrensrechtlichen ordre public zugeordnet werden.

Eine solch differenzierende Zuordnung nimmt auch der BGH vor. Er prüft in seiner „Kalifornien-Entscheidung“ im Rahmen des prozessualen ordre public die verfahrensrechtlichen

---

186 Der BGH geht im vorliegenden Fall allerdings nicht auf den effet atténué des ordre public bei der Anerkennung ausländischer Entscheidungen ein.

187 Im US-amerikanischen Recht z.B. class actions oder pretrial discoveries.

188 Ausführlich: Martiny, Handbuch des IZVR, Band III/1, Rn. 1094 ff.

189 Vgl. zum Ganzen Martiny, Handbuch des IZVR, Band III/1, Rn. 968 f. (rechtsvergleichend), 1021 ff., 1094 ff.

190 Vgl. Martiny, Handbuch des IZVR, Band III/1, Rn. 969; Peterson, IPRax 1990/187; Schack, Einführung in das US-amerikanische Zivilprozeßrecht, S. 12, 25 f., 29, 37, 81; Weißenstein, S. 137.

191 Kosten der Rechtsverfolgung, z.B. des pretrial discovery-Verfahrens oder ein vereinbartes Erfolgshonorar der Anwälte.

Besonderheiten des pretrial discovery-Verfahrens und der unterschiedlichen Kostenerstattungsregeln, geht auf die Höhe der insofern zuerkannten Beträge aber erst im Rahmen der Überprüfung des materiellen ordre public ein.[192]

3. Der ordre public intern, - international und – transnational

Im IPR wird unterschieden zwischen ordre public intern und ordre public international[193]. Dieses Begriffspaar wurde in Ländern des romanischen Rechtskreises entwickelt. Vornehmlich in Frankreich, wo sämtliche zwingenden nationalen Vorschriften dem ordre public interne zugerechnet werden, wird nach einem strengeren ordre public interne und einem toleranteren ordre public international differenziert. Die lois d'ordre public interne sind innerstaatlich zwingendes Recht, das nur im Rahmen des eigenen Rechts unbedingte Geltung beanspruchen. Die lois d'ordre public international (auch lois d'application immédiate) setzen sich dagegen auch gegenüber dem nach den allgemeinen Kollisionsnormen anzuwendenden ausländischen Recht durch.[194]

Der ordre public intern sichert das zwingende Recht des Anerkennungslandes, das nicht zur Disposition der Parteien steht. Der ordre public international umfaßt den Teil des zwingenden Rechts, der im Kollisionsfall Geltung gegenüber dem an sich anwendbaren ausländischen Recht beansprucht, sich diesem gegenüber durchsetzt.

Der Begriff ordre public international bezeichnet in Wirklichkeit nichts anderes als den nationalen ordre public gegenüber ausländischem Recht.[195]

Der ordre public transnational erfaßt die allen zivilisierten Staaten gemeinsamen Grundprinzipien und Grundwerte.[196] Er muß als die Basis des ordre public international verstanden werden.

Bei der Anerkennung und Vollstreckung ausländischer Entscheidungen nach § 328 I Ziffer 4 ZPO geht es vornehmlich um den ordre public international. Es ist grundsätzlich hinzunehmen, daß die Gerichte der jeweils erkennenden Staaten ihr eigenes Verfahrensrecht anwen-

192 Vgl. BGH (Urt. v. 4.6.1991) BGHZ 118/312 ff. = IPRax 1993/310 ff. = LM 2/93 zu § 328 ZPO = NJW 1992/ 3096 ff. = RIW 1993/132 ff. = WM 1992/1451 ff. = ZIP 1992/1256 ff. = ZZP 106 (1993), S. 79 ff., jeweils unter Punkt A. III. 4 bzw. Ziffer IV. (nicht abgedruckt bei EuWZ 1992/705 ff., EWiR 1993/827 ff., JZ 1993/261 ff., MDR 1992/1181 ff., PHI 1992/174 ff.). S. auch Koch, NJW 1992/3073, 3075.

193 Hiervon streng zu unterscheiden ist der internationale ordre public, der völkerrechtliche Gedanken berücksichtigt - hierzu sogleich.

194 Vgl. Martiny, Handbuch des IZVR, Band III/1, Rn. 992; Wuppermann, S. 11.

195 Vgl. zum Ganzen: Jayme, Methoden der Konkretisierung des ordre public im IPR, S. 62; Kornblum, in: FS Nagel, S. 140 ff. (zum Recht der privaten Schiedsgerichtsbarkeit); Martiny, Handbuch des IZVR, Band III/1, Rn. 992; Marx, S. 70 (zum Recht der privaten Schiedsgerichtsbarkeit); G. Roth, ZZP 82 (1969), S. 152, 154 (dort insbesondere Fn. 4); P. Schlosser, Das Recht der internationalen privaten Schiedsgerichtsbarkeit, Band I, Rn. 744; ders. IPRax 1991/218 ff. (jeweils zum Recht der internationalen privaten Schiedsgerichtsbarkeit); Stadler, JZ 1995/718, 719 f.

196 Vgl. Kornblum, in: FS Nagel, S. 140, 141, 155.

den, gleichgültig ob der zu entscheidende Fall auch Anknüpfungspunkte zu anderen Rechtsordnungen aufweist (vgl. § 723 I ZPO).

Der BGH hat in seinem Urteil vom 18.10.1967 (s.o.) zwei Aspekte des ordre public besonders hervorgehoben: Zum einen gebiete das Prinzip der Rechtsstaatlichkeit, eine Entscheidung grundsätzlich nur nach Anhörung der Beteiligten zu erlassen. Zum anderen gewährleiste die Achtung der Menschenwürde den Beteiligten die aktive Einflußnahme auf den Verfahrensablauf.[197] Diese Aussage relativiert der BGH nunmehr in seiner „Kalifornien-Entscheidung" vom 4.6.1992. Wenige Sätze nachdem er dort die oben genannte Entscheidung zitiert hat, schränkt er den Inhalt seiner damaligen Aussage ein. Er zieht sich auf die allgemeine Formel zur Umschreibung eines ordre public-Verstoßes zurück und definiert den ordre public international folgendermaßen: Maßgebend für die Frage eines Verstoßes gegen den ordre public sei, ob das Ergebnis der Anwendung des ausländischen Rechts zu den Grundgedanken der deutschen Regelungen und der in ihnen enthaltenen Gerechtigkeitsvorstellungen in so starkem Widerspruch stehe, daß eine Anerkennung nach inländischen Vorstellungen untragbar erscheine.[198] Diese Verallgemeinerung bringt nichts. Die vom BGH selbst im Urteil vom 4.6.1992 wenige Sätze vorher zitierte Konkretisierung des ordre public international aus früherer Zeit ist für die praktische Differenzierung hilfreicher.[199]

Bei der Prüfung der Anerkennungsfähigkeit ausländischer Entscheidungen wird ein größeres Maß an Abweichung gegenüber den Normen und rechtspolitischen Prinzipien der eigenen Rechtsordnung toleriert, als bei reinen Inlandsfällen. Der ordre public interne ist weiter gefaßt als der engere ordre public international.

---

197 BGH (Urt. v. 18.10.1967) BGHZ 48/327, 331 = JZ 1968/594 (mit Anm. mit Anm. Geimer, JZ 1969/12 ff. und Wengler, JZ 1968/596 ff.) = LM § 328 ZPO Nr. 18 L = NJW 1968/354 f. = ZZP 82 (1969), S. 149, 150 (mit Anm. G. Roth). Bestätigt durch BVerfG (B. v. 28.3.1968) 2 BvR 740/67; vgl. den Nachweis bei BGH (Urt. v. 4.6.1992) BGHZ 118/312, 321 f. = IPRax 1993/310, 313 = LM 2/93 zu § 328 ZPO, Bl. 328 = NJW 1992/3096, 3098 f. = VersR 1992/1281, 1284 = WM 1992/1451, 1455 = ZIP 1992/1256, 1261 = ZZP 106 (1993), S. 79, 86, jeweils unter Punkt A. III. 3. b) (nicht abgedruckt bei CR 1993/274 ff. = EuZW 1992/705 ff. = EWiR 1993/827 = JZ 1993/261 ff. = MDR 1992/1181 ff. = PHI 1992/174 ff. = RIW 1993/132 ff.). S. auch BVerfG (B. v. 9.3.1983) BVerfGE 63/332, 337 = NJW 1983/1726.

198 Vgl. BGH (Urt. v. 4.6.1992) BGHZ 118/312, 331 = IPRax 1993/310, 315 = LM 2/93 zu § 328 ZPO, Bl. 330 ff. = NJW 1992/3096, 3101 = RIW 1993/132, 135 = WM 1992/1451, 1459 = ZIP 1992/1256, 1264 = ZZP 106 (1993), S. 79, 91 f., jeweils unter Punkt A. IV. 3. b) (nicht abgedruckt in CR 1993/274 ff., EuZW 1992/705 ff., EWiR 1993/827, MDR 1992/1181 ff., PHI 1992/174 f. und JZ 1993/261 ff.); s. auch BGH (B. v. 17.9.1968) BGHZ 50/370, 375 f. = FamRZ 1968/642 (mit Anm. Bosch) = IPRspr 1968-69 Nr. 127 b = JZ 1969/299 (mit Anm. Heldrich) = NJW 1969/369 ff. = StAZ 1969/10 (mit Anm. Simitis) - zur Legitimation von italienischen „Ehebruchskindern".

199 Der Begriff der Menschenwürde unterliegt selbst Wandlungen und ist zudem restriktiv auszulegen. An der eigentlichen Kritik ändert dies aber nichts.

4. Der nationale - und der internationale - oder völkerrechtliche ordre public, ordre public universel und europäischer ordre public

Weiterhin wird zwischen nationalem und internationalem oder völkerrechtlichem ordre public unterschieden. In diesem Zusammenhang wird auch von ordre public universel und europäischem ordre public gesprochen.

a) Der nationale ordre public

Die originäre Funktion sowohl des kollisionsrechtlichen als auch des anerkennungsrechtlichen ordre public ist der Schutz spezifisch nationaler Grundwerte, die von der eigenen Rechtsordnung als unverzichtbar angesehen werden. Der Inhalt der Vorbehaltsklausel orientiert sich hier an den nationalen Gesetzen und den Grundwerten, die diese konkretisieren.

b) Der internationale - oder völkerrechtliche ordre public und der ordre public universel

Neben den Grundgedanken der eigenen - nationalen - Rechtsordnung sind auch international gültige Grundwerte zu beachten. Diese unterfallen dem internationalen ordre public[200]. Seinen Ursprung hat der internationale ordre public im Völkerrecht. Er ist ein Instrument zum Ausschluß völkerrechtswidrigen fremden Rechts oder darauf basierender ausländischer Entscheidungen.[201]

Der Inhalt des internationalen ordre public orientiert sich an völkerrechtlichen Grundsätzen bei der Handhabung nationaler Kollisionsnormen. Auch die Beachtung einer „natürlichen Gerechtigkeit" soll ihm unterfallen.[202]

Anhaltspunkte für seinen Inhalt finden sich in internationalen Erklärungen und Übereinkommen, insbesondere in der von den Vereinten Nationen deklarierten Allgemeine Erklärung der Menschenrechte vom 10.12.1948[203] und auf europäischer Ebene in der Europäischen Konvention zum Schutz der Menschenrechte und Grundfreiheiten vom 4.11.1950[204]. Zu be-

---

200 Nicht zu verwechseln mit dem ordre public international (dazu s.o.).

201 Vgl. Jaenicke, BerDtGesVR 7 (1967), S. 77 ff.; Wiethölter, in: BerDtGesVR 7 (1967), S. 133, 151 (dort insbesondere Fn. 50).

202 Ausführlich: Schütz, S. 6 ff.

203 Im folgenden: MRK. Die Allgemeine Erklärung der Menschenrechte vom 10.12.1948 wurde von der Vollversammlung der Vereinten Nationen zwar als unverbindliche Empfehlung verabschiedet, die nicht zur Ratifikation bestimmt ist. Es wird jedoch von einer in gewissem Maße völkerrechtlichen Verbindlichkeit der dort formulierten Rechte ausgegangen. Diese werden als allgemeine Regeln des Völkerrechts i.S.d. Art. 25 GG verstanden, vgl. BVerfG (Urt. v. 13.12.1977) BVerfGE 46/342, 362. Da das Recht keine normierte Gültigkeit besitzt, ihm jedoch rechtliche Relevanz nicht abgesprochen werden kann, bietet sich der Begriff des internationalen soft law an.

204 Im folgenden: EMRK. Ratifiziert durch Zustimmungsgesetz vom 7.8.1952 (BGBl. 1952 II, S. 686, 953), in Kraft seit 3.9.1953 (BGBl. 1954 II, S. 14) geändert durch verschiedene Zusatzprotokolle; ausführlich hierzu Kleinknecht/Meyer-Goßner, StPO, Abschnitt A 4, vor Art. 1, Rn. 2. Die Europäische Menschenrechtskonvention enthält nicht verfassungsrechtliche bzw. im Verfassungsrang stehende Grundsätze. Sie

rücksichtigen sind z.B. auch der Menschenrechtspakt über bürgerliche und politische Rechte vom 19.12.1966[205] und der Menschenrechtspakt über wirtschaftliche, soziale und kulturelle Rechte vom 19.12.1966[206], denen auch Deutschland beigetreten ist.[207]

Weitere Aspekte zur Konkretisierung des Inhalts des internationalen ordre public finden sich in internationalen Verhaltensrichtlinien und -kodizes.[208] Hierzu zählen z.B. der von den Vereinten Nationen erarbeitete Entwurf eines umfassenden Verhaltenskodex für transnationale Gesellschaften[209], der im Anwendungsbereich engere Kodex über wettbewerbsbeschränkende Geschäftspraktiken[210] und der Entwurf eines UNCTAD Verhaltenskodex über Technologietransfer[211]. Für die in der OECD organisierten westlichen Industrieländer ist weiterhin die Richtlinie für multinationale Unternehmen[212] von 1976 zu nennen. Auch die Schlußakte der KSZE beinhaltet verschiedene für den internationalen ordre public verwertbare Verhaltensregeln.

Von Kritikern wird die Existenz des internationalen ordre public bezweifelt.[213] Im internationalen Bereich seien präzise und konsensfähige Regeln kaum zu finden. Es mache deshalb wenig Sinn, einen internationalen ordre public zu definieren. Die genannten Beispiele zeigen jedoch, daß international gültige Grundwerte nicht nur vage existieren, sondern sogar konkret ausformuliert sind. Zwar sind nicht alle formulierten Gedanken rechtlich verbindlich, aber sie sind als „international soft law" in ihrer Bedeutung für die jeweiligen Adressaten zumindest moralisch verpflichtend. Damit treffen sie den Grundgedanken des ordre public: Einerseits die fehlende Fixierung dessen, was von der eigenen Rechtsordnung als noch hinnehmbar oder als bereits abzulehnen angesehen wird und andererseits die Ausfüllung des unbestimmten Rechtsbegriffes ordre public durch zumindest ethisch-moralisch verpflichtende Aspekte. Diese können sowohl im nationalen, als auch im internationalen Recht enthalten sein, so daß auf die Existenz eines internationalen ordre public nicht verzichtet werden kann.[214]

---

beinhaltet spezielle, nicht lediglich allgemeine Regeln des Völkerrechts i.S.d. Art. 25 GG. Sie stehen im Rang einfacher Bundesgesetze und sind nachrangig gegenüber dem Grundgesetz.

205 IpbürgR; im folgenden: Zivilpakt.

206 Im folgenden: Sozialpakt.

207 Vgl. BGBl. 1973 II, S. 1534, 1570. In Kraft traten die Pakte auch in Deutschland erst am 3.1.1976 bzw. am 23.3.1976 (vgl. Bek. v. 9.3.1976, BGBl. 1976 II, S. 428 und Bek. v. 14.6.1976, BGBl. II, S. 1068). Die lange Zeitverzögerung bei der Ratifizierung beruht darauf, daß das Inkrafttreten der Pakte davon abhängig war, daß sie von jeweils 35 Vertragsstaaten umgesetzt werden mußten (vgl. Art. 49 I Zivilpakt und Art. 21 I Sozialpakt).

208 Vgl. Horn, RabelsZ 44 (1980), S. 423 ff.; Meessen, NJW 1981/1131 f.

209 Ausführlicher hierzu: Horn, RabelsZ 44 (1980), S. 423, 424 (dort insbesondere Fn. 3); Kather, S. 65.

210 Ausführlich hierzu: Kather, S. 1 ff.

211 Mangels Einigung unter den Beteiligten stellt dieser Kodex zwar verschiedene Vorschläge nebeneinander. Zumindest eine Basis muß jedoch als allgemein anerkannt angesehen werden. Vgl. Horn, RabelsZ 44 (1980), S. 423, 424 (dort insbesondere Fn. 3); Kather, S. 67 ff.; Seidl-Hohenveldern, Rn. 495.

212 Vgl. Horn, RabelsZ 44 (1980), S. 423, 425 (dort insbesondere Fn. 6).

213 Ablehnend: Neuhaus, S. 372. Einschränkend in der Befürwortung: Jaenicke BerDtGesVR 7 (1967), S. 77 ff.; Wiethölter, BerDtGesVR 7 (1967), S. 133 ff. Vgl. zum Ganzen auch Meessen, NJW 1981/1131 f.

214 Vgl. zum Ganzen auch Stöcker, StAZ 1981/16 ff.

Die bisher geführte Diskussion betrifft vornehmlich den Bereich der Vorbehaltsklausel im IPR. Die Ergebnisse sind aber auch für den ordre public des IZVR bedeutsam.[215] Auch bei der Anerkennung und Vollstreckbarerklärung ausländischer Entscheidungen werden die zu berücksichtigenden nationalen Grundwerte in zunehmenden Maße von internationalen Standards geprägt.

Der Begriff des internationalen ordre public wird, entsprechend einem völkerrechtlichen oder einem internationalprivatrechtlichen Ansatz, unterschiedlich verstanden, ausgelegt und berücksichtigt:

Jaenicke[216] gibt dem internationalen oder völkerrechtlichen ordre public einen umfassenden Inhalt und ordnet ihm neben dem zwingend zu beachtenden völkerrechtlichen jus cogens auch solche Rechtsgrundsätze und Normen zu, die grundlegenden Interessen und Zielen aller Mitgliedsstaaten der Völkerrechtsgemeinschaft dienen.

Wiethölter[217] erwägt, innerhalb des internationalen ordre public die zunehmende Tendenz zu politisch motivierten Lösungsansätzen im IPR[218] zu berücksichtigen. Er geht davon aus, daß die Vorbehaltsklausel ihre „Hauptstoßrichtung" wechsele und sich von einer ethischen zu einer politischen Abwehrklausel wandle. Allerdings will er auf den im IPR nicht etablierten und seiner Ansicht nach überflüssigen Begriff des internationalen ordre public verzichten.

Diesem Ansatz folgt zunächst auch Stöcker[219]. Er stellt aber dem Begriff des internationalen ordre public den des ordre public international gegenüber. Diesen wiederum versteht er - entgegen der üblichen Differenzierung (s.o.) - nicht als Teil des zwingenden Rechts, das Geltung gegenüber dem an sich anwendbaren ausländischen Recht oder der darauf basierenden fremden Entscheidung beanspruche. Sondern nach Ansicht Stöckers hindere der ordre public international die Durchsetzung fremden Rechts, das so stark von spezifischen Anliegen des Ursprungslandes geprägt sei, daß dieses auf das fremde Hoheitsgebiet beschränkt bleiben müsse. Den Inhalt des internationalen ordre public, insbesondere den Schutz der Menschenrechte, orientiert Stöcker an anderer Stelle dann wieder richtigerweise an internationalen Konventionen und Deklarationen.[220] Diese Vermengung der Begriffe führt aber zu Unstimmigkeiten mit etablierten Begriffen.

Bleckmann[221] unterscheidet nicht zwischen den Begriffen internationaler ordre public und ordre public international, er verwendet sie synonym. Ihr Inhalt werde von Kollektivinteressen geprägt, die sowohl im fremden Recht selbst, als auch in allgemeinen Völkerrechtsregeln enthalten sein können.

Horn[222] geht davon aus, daß jede nationale oder internationale Rechtsnorm von ethischen und politischen Grundwerten geprägt werde. Er definiert den internationalen ordre public als

215 Kritisch Martiny, Handbuch des IZVR, Band III/1, Rn. 985.
216 In: BerDtGesVR 7 (1967), S. 77 ff.
217 In: BerDtGesVR 7 (1967), S. 133 ff.
218 Gleiches müßte dann auch für das IZVR gelten.
219 RabelsZ 38 (1974), S. 87 ff.
220 StAZ 1981/16, 17 f.
221 ZaöRV 34 (1974), S. 112 ff.
222 RabelsZ 44 (1980), S. 423, 445 ff.

das auf internationalem Konsens beruhende, allgemein anerkannte Wertungssystem, das durch international gültige Verhaltensrichtlinien konkretisiert werde.

Dietzi[223] und Geimer[224] sprechen zwar nicht von einem internationalen ordre public. Ein Minimum an Gerechtigkeit im naturrechtlichen Sinn werde aber durch den ordre public universel gesichert. Erfaßt würden hiervon Verstöße gegen fundamentale Gerechtigkeitsvorstellungen, insbesondere elementare Menschenrechte. Der ordre public universel müsse also als Teil des internationalen ordre public verstanden werden. Er stelle dessen Basis dar.

Schütz[225] definiert den internationalen ordre public weit und versteht ihn als übergeordneten Begriff für die eben genannten Lösungswege. Allerdings beschränkt er die Internationalität der Vorbehaltsklausel materiell auf den Ausschluß nur völkerrechtswidrigen fremden Rechts im deutschen IPR. Diese Einengung erfaßt aber nur einen Teilbereich der internationalen Verhaltensregeln. Bereits oben wurde aber gezeigt, daß diese umfassend zu berücksichtigen sind. Nicht jeder internationale, auf nationaler Ebene zu berücksichtigende Grundsatz ist als völkerrechtliche Vorschrift ausformuliert.

Zusammenfassend kann derjenige Teilbereich der Vorbehaltsklausel als internationaler ordre public bezeichnet werden, der internationale Standards erfaßt, die auch im Inland als so wesentlich angesehen werden, daß sie Geltung erfordern. Hierbei ist davon auszugehen, daß die zu berücksichtigenden internationalen Verhaltenskodizes naturgemäß Werte und Grundtendenzen wiedergeben oder konkretisieren, die sich auch in der nationalen Rechtsordnung finden. Internationaler und nationaler ordre public greifen somit ineinander.

Sowohl ein völkerrechtlich geprägter Ansatz, als auch ein enger gefaßter internationalprivat- und somit letztlich auch internationalzivilverfahrensrechtlicher Ansatz erfassen nur Teilbereiche des internationalen ordre public. Dieser muß weit verstanden werden. Es geht um die Fortsetzung des nationalen ordre public mit erweitertem - internationalem - Horizont.

Der internationale ordre public darf nicht lediglich als Korrektiv des nationalen Pendants verstanden werden.[226] Er stellt vielmehr einen Lösungsansatz für das Dilemma des IPR und auch des IZVR dar, anhand nationaler Quellen internationale Sachverhalte zu erfassen und daraus resultierende Funktionen zu regeln.[227] Erst die Kombination von nationalem und internationalem ordre public ermöglicht die erforderliche umfassende Berücksichtigung aller ordre public-relevanten Gesichtspunkte.

---

223 S. 13.

224 In: IZPR, Rn. 2266; Geimer/Schütze, Internationale Urteilsanerkennung, Band I/1, S. 1590 (dort Fn. 40); Zöller-Geimer, ZPO, § 328, Rn. 167 (a.E.).

225 S. 11.

226 So aber Simitis, in: BerDtGesVR 7 (1967), S. 185 (konkret in der Wiedergabe der Aussprache zum Thema: Zur Frage des internationalen ordre public).

227 Vgl. auch Wiethölter, in: BerDtGesVR 7 (1967), S. 133, 174 ff.

c) Der europäische ordre public

Weiterhin wird von einem europäischen ordre public[228] gesprochen. Auch dieser Begriff wird unterschiedlich verstanden, wobei vornehmlich die Interpretation der EMRK eine Rolle spielt.

Teilweise wird vertreten, die EMRK sei weder ein völkerrechtlicher Vertrag im eigentlichen Sinn, noch eine dem innerstaatlichen Recht zuzuordnende Rechtsordnung, sondern es handele sich vielmehr um eine objektiv zu beachtende Ordnung mit ordre public-Charakter. Diese individuelle Ausformung des internationalen ordre public beschränke sich auf den Bereich der Europäischen Union, es handele sich um einen europäischen ordre public.[229] Allerdings basieren diese Überlegungen auf der Lehre von den lois d'ordre public. Es wurde bereits gezeigt, daß diese abzulehnenden ist (s.o.).

Ein anderer Ansatz geht davon aus, daß der europäische ordre public im Bereich der Europäischen Union den jeweils nationalen ordre public verdränge oder für diesen zumindest eine zurückhaltende Anwendung bewirke. An die Stelle des inländischen ordre public trete ein gemeinsamer Bestand an grundlegenden Rechtssätzen, die das Recht von Nichtmitgliedstaaten abwehren, sofern dieses allgemein als nicht anerkennungsfähig angesehen werde.[230] Gegen eine solche grenzüberschreitende Ansicht spricht, daß trotz regionaler Rechtsvereinheitlichung nationale Grundwerte nicht völlig übergangen werden können. Voraussetzung für diesen nivellierenden Ansatz wäre ein europäisches Einheitsrecht, das für alle Staaten der Europäischen Union gilt. Dies gibt es derzeit aber nur partiell.

Schließlich wird vertreten, daß der europäische ordre public nur dazu diene, die zu beachtenden Grundwerte regionaler Kulturgemeinschaften zu konkretisieren.[231] Auch diese Meinung übergeht nationale Besonderheiten und verkennt individuelle Unterschiede der verschiedenen Rechtsordnungen. Sie eilt der derzeitigen Gesetzeslage voraus.

Trotz dieser Meinungsvielfalt ist fraglich, ob die zusätzliche Klassifizierung in einen europäischen ordre public erforderlich und sinnvoll ist. Praktisch wäre der europäische ordre public zwischen dem nationalen und dem internationalen ordre public anzusiedeln.[232] Die europäische Variante der Vorbehaltsklausel beschränkt den ordre public auf einen kontinentalen Ausschnitt. Der deutsche ordre public muß aber allgemein einen einheitlichen Inhalt haben. Er muß gegenüber fremdem, als nicht hinnehmbar angesehenem Recht oder darauf basierenden Entscheidungen jeweils die gleiche Schrankenwirkung entfalten. Die Hürde des ordre public darf nicht variabel in Bezug auf das fremde Land selbst sein, je nach dem, ob dieses Land

---

228 Auch ordre public européen.

229 Moser, ÖJZ 29 (1974), S. 650 ff.; s. auch Schütz, S. 29; Stöcker, StAZ 1981/16, 18 f. (mit Hinweis auf die Entscheidung der Europäischen Kommission für Menschenrechte, Straßburg im Fall Pfunders).

230 Vgl. von Brunn, NJW 1962/985, 988 f.; Steindorff, EuR 1981/426, 440; s. auch Raeschke-Kessler, EuZW 1990/145, 148 f.; ablehnend: Raape/Sturm, IPR, S. 204.

231 Vgl. Horn, RabelsZ 44 (1980), S. 423, 449; Wiethölter, in: BerDtGesVR 7 (1967), S. 133, 172.

232 Ebenso Marx, S. 82, der als Eckpfeiler aber den ordre public national und den ordre public international ansieht.

Mitglied der Europäischen Union ist oder nicht. Andernfalls bestünde die konkrete Gefahr politisch motivierter Entscheidungen und des kontinentaleuropäischen Rechtsprotektionismus.

5. Der interlokale ordre public

Auch im Verhältnis von Gebieten desselben Landes, die unterschiedliche Rechtsordnungen haben, bedarf es einer Vorbehaltsklausel. Hier greift der interlokale ordre public ein. Dieser kommt insbesondere bei föderativ organisierten Staaten mit autonomen Teilrechtsordnungen in Betracht. Der interlokale ordre public ist z.B. im Verhältnis der Anerkennung von Urteilen einzelner Bundesstaaten der USA untereinander von großer Bedeutung.[233]

In Deutschland war diese Spielart des nationalen ordre public nach der Schaffung einer Einheitsordnung im Privatrecht durch Inkrafttreten des BGB am 1.1.1900 zunächst von geringer Bedeutung. Nach der Trennung Deutschlands in eine West- und eine Ostzone wurde die hier auch als westlicher oder zonaler ordre public bezeichnete interlokale Vorbehaltsklausel aber bedeutsamer. Allerdings muß berücksichtigt werden, daß Urteile von Gerichten der ehemaligen DDR als deutsche Urteile gelten und die Anerkennung solcher Urteile sich deswegen nicht nach § 328 ZPO richtet.[234] Da aber sowohl Staatsgewalt als auch Gerichtsbarkeit der beiden deutschen Staaten verschieden waren, bedarf es einer Anerkennung der Urteile der DDR in der Bundesrepublik Deutschland.[235] Zwar ist streitig, ob und wenn ja inwiefern im interlokalen Prozeßrecht die Grundsätze des internationalen Prozeßrechts anwendbar sind. Einigkeit besteht aber darin, daß die ordre public-Klausel zumindest analog anzuwenden ist.[236] Hieran hat sich durch die Wiedervereinigung nichts geändert. Art. 18 S. 2 des Einigungsvertrages vom 31.8.1990 regelt, daß die Überprüfung der Vereinbarkeit von DDR-Urteilen mit rechtsstaatlichen Mitteln vorbehalten bleibt. So bedeutsam dieser auch politisch gefärbte interlokale ordre public in Deutschland war, er verliert nach der Wiedervereinigung zunehmend an Bedeutung. Materiell richtet sich der interlokale ordre public nach den allgemeinen Grundsätzen.

---

233 Ausführlicher, insbesondere auch zur Rechtsprechung in den USA: Dölle, Landesreferate 1950, S. 397, 411 (dort insbesondere Fn. 48). Auf den ordre public innerhalb der USA, also im Verhältnis der einzelnen Bundesstaaten zueinander, wird hier nicht weiter eingegangen.

234 § 328 ZPO gilt nur für die Anerkennung ausländischer Urteile; vgl. MünchKomm-Gottwald, ZPO, § 328, Rn. 43, 158; Stein/Jonas-Schumann, ZPO, § 328, Rn. 301.

235 Nach Art. 18 des Einigungsvertrages vom 31.8.1990 bleiben Entscheidungen der Gerichte der ehemaligen DDR wirksam.

236 Vgl. BGH (Urt. v. 5.5.1982) BGHZ 84/17 = IPRax 1983/ 33 = NJW 1982/1947 = RIW 1982/592; BGH (Urt. v. 9.5.1956) BGHZ 20/323, 335 f. = DB 1956/643 = DVBl. 1956/762 = FamRZ 1956/1436 = JZ 1956/496 (mit Anm. Beitzke) = LM § 328 Nr. 2 (mit Anm. Ascher) = NJW 1956/1436; s. auch Martiny, Handbuch des IZVR, Band III/1, Rn. 61, 1161; MünchKomm-Gottwald, ZPO, § 328, Rn. 158; Stein/Jonas-Schumann, ZPO, § 328, Rn. 303 ff., 305, 311.

6. Der politische ordre public

Der Begriff des politischen ordre public wird als solcher kaum verwendet. Es widerspräche dem Verständnis vom odre public als objektiver Schranke gegenüber fremdem Recht und fremden Entscheidungen, würde man ihm ausdrücklich eine subjektive (politische) Motivation zusprechen.

Allerdings läßt sich nicht bestreiten, daß auch politische Überlegungen bei der Bestimmung von Inhalt und Grenzen der Vorbehaltsklausel eine nicht zu unterschätzende Rolle spielen. Überdeutlich wurde dies in der „Kalifornien-Entscheidung" des Reichsgerichts vom 26.3.1909[237], die vornehmlich auf politischen Überlegungen beruht.[238] Sowohl die Vorgehensweise des kalifornischen Gesetzgebers[239], als auch die Reaktion des deutschen Reichsgerichts darauf sind mit dem heutigen Verständnis von Anerkennung und Vollstreckbarerklärung ausländischer Urteile nicht in Einklang zu bringen.

Eine Berücksichtigung politischer Interessen darf nur in maßvollem Umfang in die Überprüfung der Anerkennungsfähigkeit fremder Urteile einfließen, sie muß zumindest immer auch durch weitere Argumente gestützt werden.

Im anglo-amerikanischen Recht wird public policy insofern anders verstanden. Die Vorbehaltsklausel ist dort als Ausfluß der Staatsraison konzipiert. Politische Interessen des Forumstaates sind ebenso zu berücksichtigen, wie diejenigen von befreundeten ausländischen Staaten. Die public policy hat also neben dem Aspekt der bloßen Rechtsanwendung auch eine konkret politische Intention.[240]

Diese Auslegung des ordre public im anglo-amerikanischen Recht kann jedoch nicht auf Deutschland übertragen werden.

7. Zusammenfassung

Zusammenfassend bleibt anzumerken, daß die verschiedenen Ausformungen des ordre public ineinandergreifen. So ist es z.B. undenkbar, den interlokalen ordre public zu beschreiben, ohne politisch motivierte Aspekte zu berücksichtigen. Ebenso beinhaltet der nationale Teil der Vorbehaltsklausel Gedanken, die international einzuordnende Überlegungen widerspiegeln.

---

237 RGZ 70/434 ff. = JW 1909/279 ff.; s. auch Kisskalt, LZ 1907/689 ff.; Feller, JW 1931/112 ff.; Süß, in: FS Rosenberg, S. 229, 239; Wittmaack, NiemeyersZ 22 (1912), S. 1 ff.

238 Ausführlich hierzu, insbesondere zum Sachverhalt in Teil 1, Ziffer II. 1. c) (S. 35 f.).

239 Zur Kritik an dem kalifornischen Gelegenheitsgesetz vgl. Kisskalt, LZ 1907/689 ff.; s. auch Feller, JW 1931/112 ff.; Süß, in: FS Rosenberg, S. 229, 239; Wittmaack, NiemeyersZ 22 (1912), S. 1 ff.

240 Vgl. Dietzi, S. 6; Freisler, S. 1 ff.; Schütz, S. 7.

III. Aufgabe, Funktion bzw. Wirkungsweise und Prüfungsobjekt des ordre public

Der Begriff ordre public findet sich sowohl im IPR, dort in Art. 6 EGBGB, als auch im IZVR, in § 328 I Ziffer 4 ZPO. G. Roth[241] spricht hinsichtlich des Verhältnisses beider Regelungen in Bezug auf Art. 30 EGBGB a.F. - nunmehr Art. 6 EGBGB n.F. - vom „großen Bruder" des ordre public-Vorbehaltes gegenüber fremden gerichtlichen Entscheidungen.

Die vorliegende Arbeit setzt sich insbesondere mit dem anerkennungsrechtlichen[242] ordre public-Vorbehalt des § 328 I Ziffer 4 ZPO, also dem „kleinen Bruder", auseinander. Bevor auf dessen Unterschiede zum kollisionsrechtlichen ordre public des Art. 6 EGBGB eingegangen wird, empfiehlt es sich - schon im Hinblick auf die angesprochene „Familienzusammengehörigkeit" - eine grundsätzliche Klärung des Begriffs ordre public vorzunehmen. Es geht hierbei um Fragen, die gemeinhin unter den Stichworten Aufgabe und Funktion des ordre public diskutiert werden.

Bereits vorab muß darauf hingewiesen werden, daß diese Begriffe eine jeweils eigenständig Bedeutung haben, auch wenn sie von verschiedenen Autoren unterschiedlich verstanden und auch vermengt werden. Nur wenn diese berücksichtigt wird, besteht die Möglichkeit, die Generalklausel des ordre public begrifflich einzugrenzen. Eine saubere sprachliche Differenzierung ist für den Versuch einer Definition des ordre public zwingend.

1. Aufgabe und Funktion des Vorbehalts des ordre public im allgemeinen

a) Der Grundgedanke des Vorbehaltes des ordre public

Sowohl der kollisionsrechtliche als auch der anerkennungsrechtliche ordre public sollen die materiellen und die formellen Grundwertungen der eigenen Rechtsordnung gegen die im Rahmen der Anwendung von Kollisisonsnormen oder der Anerkennung und Vollstreckung ausländischer Entscheidungen grundsätzlich zugelassenen Auswirkungen fremden Rechts sichern.

Diese Aufgabe des ordre public ergibt sich aus dem Selbstverständnis des eigenen Rechts. Während früher Tendenzen einer Selbstgefälligkeit im Souveränitätsdenken der Staaten die Anwendung fremden Rechts oder die Anerkennung fremder Entscheidungen häufig verhinderte,[243] kann man nunmehr allgemein von einer anerkennungsfreundlichen Haltung Deutschlands gegenüber ausländischem Recht oder fremden Urteilen auszugehen. Allerdings findet diese Anerkennungsfreundlichkeit dort ihre Grenzen, wo die Kerngedanken des eige-

241 S. 21.

242 Im folgenden werden zunächst nur die Begriffe anerkennungsrechtlicher ordre public (§ 328 I Ziffer 4 ZPO) und kollisionsrechtlicher ordre public (Art. 6 EGBGB) verwendet. Die konsequente Einhaltung dieser Begriffe gilt es zu beachten. Weitere Ausformungen, insbesondere verfahrensrechtlicher - , materiell-rechtlicher -, materieller - und andere Begriffe sollen erst später analysiert werden.

243 Vgl. hierzu bereits Teil 1, Ziffer II. 2. (S. 38 ff.).

nen Rechts eine Anwendung oder Anerkennung fremden Rechts oder fremder Urteile nicht zulassen. Die Werteordnung des deutschen Rechts fordert Abwehrmaßnahmen, wenn sie in den ihr zugrundeliegenden Grundwerten so stark erschüttert wurde, daß man meint, dies nicht mehr hinnehmen zu können. Das Abwehrmittel ist der Vorbehalt des ordre public. Mit seiner Hilfe wird ein Verstoß gegen die öffentliche Ordnung[244] abgewendet. Entweder wird die Anwendung der entsprechenden Norm des ausländischen materiellen Rechts unterbunden,[245] oder die Anerkennung des ausländischen Urteils wird - zumindest partiell - verhindert.[246]

Ein ordre public-Vorbehalt findet sich in wohl allen Rechtsordnungen, auch in jeder bilateralen Vereinbarung, insbesondere in Art. 27 Nr. 1 EuGVÜ.[247]

Auch das US-amerikanische Recht kennt einen ordre public. Er orientiert sich daran, ob der dem Urteil zugrundeliegende Anspruch im Einzelfall im Widerspruch zu fundamentalen Grundsätzen der Gerechtigkeit, den vorherrschenden Begriffen über die guten Sitten und tief verwurzelten Anschauungen über das öffentliche Wohl steht.[248]

b) Aufgabe und Funktion des Vorbehalts des ordre public

Um die Aufgabe der Vorbehaltsklausel, die Abwehr vermeintlich nicht hinnehmbaren ausländischen Rechts bzw. nicht hinnehmbarer ausländischer Entscheidungen, zu konkretisieren, unterscheidet Geimer[249] die ordre public-Prüfung in zwei wesentliche Aufgabenbereiche. Aufgabe des ordre public sei einerseits die Wahrung grundlegender Forderungen der materialen Gerechtigkeit und andererseits die Durchsetzung fundamentaler staatlicher Machtinteressen[250]. Diese doppelte Zielrichtung sei sämtlichen (autonomen und völkervertraglichen) Vorbehaltsklauseln gemeinsam. Geimer spricht in diesem Zusammenhang von einer Doppelfunktion des ordre public.

Die von Geimer verwendeten Begriffe Aufgabe und Zielrichtung können synonym verstanden werden. Es geht um den dem ordre public zugeordneten Aspekt der Problemlösung, den Zweck der Norm. Durch den Einsatz der Vorbehaltsklausel sollen insbesondere die bei-

---

244 Gemeint ist hier der ordre public i.S.d. IZVR, nicht zu verwechseln mit dem Begriff der öffentlichen Ordnung i.S.d. Polizeirechts, der sich auf das gesellschaftliche Zusammenleben innerhalb eines Staates bezieht; vgl. hierzu z.B. Berner/Köhler, Bayerisches Polizeiaufgabengesetz, Art 2 Rn. 4 ff. (Bayern!). Da die normativen Bezugspunkte jeweils klar differenziert werden können (hier: Internationales Zivil- und Zivilverfahrensrechts, dort: Polizeirecht), ist die äußerliche Ähnlichkeit in der Terminologie hinzunehmen, es bedarf keiner Umbenennung. Im Bereich des Internationalen Zivil- und Zivilverfahrensrechts wird klarstellend und auch historisch bedingt der Begriff ordre public vorgezogen. Vgl. Marx, S. 3.

245 Vgl. Art. 6 EGBGB.

246 Vgl. § 328 I Ziff. 4 ZPO.

247 Vgl. Ansay, in: FS Wengler, Band II, S. 67, 76; Martiny, Handbuch des IZVR, Band III/1, Rn. 963, 974, 989, Waehler, Handbuch des IZVR, Band III/2, Kapitel III, Rn. 228 ff. Zu Art. 27 Nr. 1 EuGVÜ vgl. Martiny, Handbuch des IZVR, Band III/2, Kapitel II, Rn. 90 ff.

248 Vgl. Martiny, Handbuch des IZVR, Band III/1, Rn. 966; Peterson, RabelsZ 33 (1969), S. 543, 562.

249 Vgl. Geimer/Schütze, Internationale Urteilsanerkennung, Band I/2, S. 1482 (dort insbesondere Fn. 54).

250 Auf die Bedeutung der Interessenlage bei der Anerkennung ausländischer Entscheidungen wurde bereits eingegangen, vgl. Teil 1, Ziffer II. 1. (S. 33 ff.).

den von Geimer genannten Aufgaben planmäßig verfolgt werden. Der hierzu übergeordnete Begriff ist bei Geimer die Funktion des ordre public. Mit der angesprochenen Doppelfunktion meint er sowohl Aufgabe als auch Zielrichtung.

Diese Doppelaufgabe muß eng verstanden werden, die doppelte Zielrichtung darf nur in Ausnahmefällen zum Zuge kommen. Die Durchsetzung deutschen Kollisionsrechts oder zwingender Vorschriften des formellen oder materiellen Rechts selbst ist nicht gewollt und darf auf keinen Fall unter Zuhilfenahme der ordre public-Klausel stattfinden. Die Aufgabe des ordre public wäre mißverstanden, wollte man die eigene Rechtsordnung über die der anderen Staaten erheben.

Andere Autoren[251] sehen in Aufgabe und Funktion des ordre public verschiedene, voneinander zu trennende Bereiche. Mit Aufgabe meinen sie grundsätzlich den Zweck der Vorbehaltsklausel. Dagegen verstehen sie die Funktion des ordre public-Vorbehaltes als dessen Regelungsgehalt. Die Funktion des ordre public differenzieren sie in einen positiven, also dem eigenen Recht zur Anwendung verhelfenden, und einen negativen, das fremde Recht abwehrenden Bereich. Der bei der Analyse von Geimer zuletzt angesprochene Aspekt der Einschränkung der Durchsetzung des eigenen Rechts entspricht hier der positiven Funktion des ordre public, die gegenüber der negativen Funktion zurücktritt.

Diese Differenzierung entspricht der allgemein üblichen Unterscheidung von Zweck und Funktion.

Bei der Auseinandersetzung mit der Aufgabe und der Funktion des Vorbehalts des ordre public muß also von zumindest unterschiedlichen begrifflichen Differenzierungen ausgegangen werden.

Terminologischen Unstimmigkeiten soll hier jedoch nicht weiter nachgegangen werden. Es geht vielmehr um die sachliche Frage der Eingrenzung des ordre public. In diesem Zusammenhang muß berücksichtigt werden, daß es sich bei der ordre public-Klausel um eine allerletzte Schranke der deutschen autonomen Rechtsordnung vor unerwünschten Einflüssen fremder Rechtsordnungen handelt. Sie wird auch als Notanker[252], Notbremse[253] oder Notbehelf[254] bezeichnet und übt eine Filterfunktion[255] gegenüber fremden Rechtsordnungen aus.[256] Keine Rechtsordnung kann es sich leisten, auf die Schutzfunktion des ordre public zu ver-

---

251 Z.B. Aubin, in: Landesreferate 1966, S. 99, 102 (dort insbesondere Fn. 19); Dölle, in: Landesreferate 1950, S. 397, 398; Forde, 29 Int. & Comp. L. Q. 259 (1980); Geimer/Schütze, Internationale Urteilsanerkennung, Band I/2, S. 1577 f. (jeweils noch zu Art 30 EGBGB a.F.); Martiny, Handbuch des IZVR, Band III/1, Rn. 976, 977; MünchKomm-Sonnenberger, BGB, Band 7, Art. 6 EGBGB, Rn. 7 f., 16; Palandt-Heldrich, BGB, Art. 6 EGBGB, Rn. 3; Reithmann/Martiny, Internationales Vertragsrecht, Rn. 274; G. Roth, S. 21, 25, 70; ders., NJW 1967/134, 135 (jeweils zu Art. 30 EGBGB a.F. = Art. 6 EGBGB n.F.); Simitis, in: Vorschläge und Gutachten zur Reform des deutschen internationalen Personen- Familien- und Erbrechts, S. 267, 273 f.; Wuppermann, S. 26.

252 Jayme, StAZ 1980/301, 305.

253 Linke, IZPR, Rn. 421; ebenso Schack, IZVR, Rn. 861.

254 Martiny, Handbuch des IZVR, Band III/1, Rn. 975.

255 Geimer/Schütze, Internationale Urteilsanerkennung, Band I/2, S. 1578.

256 Weitere phantasiereiche Begriffe sind nachzulesen bei Simitis, in: Vorschläge und Gutachten zur Reform des deutschen internationalen Personen- Familien- und Erbrechts, S. 267.

zichten. Martiny[257] weist darauf hin, daß der Vorwurf der ordre public-Widrigkeit in der deutschen Praxis regelmäßig schnell erhoben werde, daß er aber selten durchgreife. Bei der ordre public-Klausel handelt es sich eben um einen Ausnahmevorbehalt!

2. Die Funktion bzw. Wirkungsweise des Vorbehalts des ordre public im besonderen - grundsätzlich negativ und/oder positiv?

Neben der Funktion im allgemeinen hat der ordre public auch eine Funktion im besonderen, er wirkt negativ und/oder positiv.

Der Begriff Funktion des ordre public wurde bereits in einem allgemeinen Zusammenhang verwendet (s.o.). Um Mißverständnissen vorzubeugen erscheint es sinnvoll, für die weitere Untersuchung einen exakteren Begriff für die Funktion im besonderen zu wählen. Zur besseren Umschreibung bietet sich der Begriff Wirkungsweise an. Bei der Wirkungsweise der ordre public-Klausel handelt es sich um die von allgemeinem Definitionsballast und pauschalen Umschreibungen befreite, das fremde Recht abwehrende bzw. das eigene Recht beachtende und gegebenenfalls durchsetzende konkrete Funktion desselben. Diese neu determinierte Umschreibung hat den Vorteil, daß terminologische Differenzen nicht noch verstärkt werden, sondern klärend der Begriff negative und/oder positive Funktion auf seinen wirklichen praktischen Gehalt, die Wirkungsweise beschränkt wird.

Diese Begriffswahl ist im übrigen auch in Bezug auf die bei der Anerkennung ausländischer Entscheidungen vorherrschend vertretene Wirkungserstreckungstheorie sprachlich konsequent.[258]

a) Die Wirkungsweise des ordre public im Kollisionsrecht des IPR

Dem kollisionsrechtlichen Vorbehalt des ordre public können grundsätzlich unterschiedliche Wirkungsweisen zukommen. Seine Anwendung kann zur

- Nichtanwendung fremden Rechts, also zu dessen Abwehr führen (Stichwort: negative Wirkungsweise),
- eine Ergänzung der entstandenen Rechtslücke durch eigenes bzw. fremdes Recht bewirken (Stichwort: Anpassung), oder
- die Anwendung des eigenen Rechts, der lex fori als Ersatzrecht durchsetzen (Stichwort: positive Wirkungsweise oder Sonderanknüpfung).[259]

---

257 In: Handbuch des IZVR, Band III/1, Rn. 975.

258 Vgl. hierzu bereits Teil 1, Ziffer II. 3. (S. 42, 43 f.).

259 Ausführlicher hierzu Geimer/Schütze, Internationale Urteilsanerkennung, Band I/2, S. 1579 (dort insbesondere Fn. 7).

Für den Vorbehalt des ordre public sind vornehmlich die negative und die positive Wirkungsweise von Interesse. Denn diese beiden grenzen die miteinander verwobenen, aber doch völlig unterschiedlichen Auswirkungen der Vorbehaltsklausel voneinander ab. Im folgenden sollen nur diese beiden Hauptaspekte der obigen Differenzierung untersucht werden.[260]

(1) Die negative Wirkungsweise des kollisionsrechtlichen ordre public

Im kollisionsrechtlichen Bereich des IPR hat der ordre public nach herrschender Meinung einzig eine negative, abwehrende nicht aber eine positive Wirkungsweise.[261]

Die negative Wirkungsweise ist offenkundig, sie ergibt sich bereits aus dem Wortlaut der Norm. Wenn die Anwendung von Rechtsnormen eines anderen Staates zu einem Ergebnis führen würde, das mit den wesentlichen Grundsätzen des deutschen Rechts offensichtlich unvereinbar wäre, ist der fremde Rechtssatz nicht anzuwenden.

Die Kollisionsnormen des EGBGB nehmen Bezug auf das maßgebliche Recht grundsätzlich ohne Rücksicht auf dessen materiellrechtlichen Inhalt. Der kollisionsrechtliche ordre public schafft hier ein notwendiges Korrektiv, indem er die Berücksichtigung materieller Interessen zuläßt.[262] Die Vorbehaltsklausel kann aber nur in den Fällen eingreifen, in denen nach den Regeln des internen Kollisionsrechts ausländisches Recht grundsätzlich anwendbar wäre. Die Kollisionsregeln des IPR erklären ausländische Rechtssätze allgemein im Inland für anwendbar. Diese grundsätzliche Anwendbarkeit wird durch den ordre public-Vorbehalt im Inland wiederum eingeschränkt. Art. 6 EGBGB durchbricht somit das System der kollisionsrechtlichen Anknüpfung. Der Vorbehalt des ordre public kann hierbei selbst nicht als kollisionsrechtlicher Anknüpfungstatbestand angesehen werden, sondern er übernimmt die Kontrolle derselben. Er korrigiert die grundsätzlich zulässige Anwendung fremden Rechts in den Fällen, in denen es einer Abwehr desselben bedarf. Ihm kommt entscheidend eine negative Wirkungsweise zu.[263]

---

260 Ausführlich zur Anpassung des fremden an das eigene Recht: Geimer/Schütze, Internationale Urteilsanerkennung, Band I/2, S. 1579 (dort insbesondere Fn. 7).

261 Str.! Wie hier: Aubin, in: Landesreferate, 1966, S. 99, 102 (dort insbesondere Fn. 19); Dölle, in: Landesreferate, 1950, S. 397, 398; Geimer, IZPR, Rn. 24; Geimer/Schütze, Internationale Urteilsanerkennung, Band I/2, S. 1577 f. (jeweils zu Art 30 EGBGB a.F.); MünchKomm-Sonnenberger, BGB, Band 7, Art. 6 EGBGB, Rn. 7 f., 16; Palandt-Heldrich, BGB, Art. 6 EGBGB, Rn. 3; Reithmann/Martiny, Internationales Vertragsrecht, Rn. 274; ausführlich, insbesondere auch zur historischen Entwicklung: G. Roth, S. 21, 25, 70; ders., NJW 1967/134, 135 (jeweils zu Art. 30 EGBGB a.F.); Wuppermann, S. 26.
A.A. Forde, 29 Int. & Comp. L. Q. 259 (1980); Martiny, Handbuch des IZVR, Band III/1, Rn. 976, 977 (knapp); Simitis, Vorschläge und Gutachten zur Reform des deutschen internationalen Personen- Familien- und Erbrechts, S. 267, 273 f.; Wengler, JZ 1979/175, 176.

262 Triebel/Peglow, ZIP 1987, 613, 617.

263 Vgl. die Nachweise in Fn. 261; Geimer spricht von einer Filterfunktion, die der kollisionsrechtliche ordre public ausübt; vgl. ders., in Geimer/Schütze, Internationale Urteilsanerkennung, Band I/2, S. 1578.

(2) Die positive Wirkungsweise des kollisionsrechtlichen ordre public bzw. das Problem der ausschließlichen Geltung inländischer Normen

Neben der negativen Wirkungsweise wird von verschiedenen Autoren auch eine positive Wirkungsweise des kollisionsrechtlichen ordre public angenommen.[264] Diese soll nach der obigen Definition wegen des Vorbehalts des ordre public den als zwingend angesehenen Normen des internen Rechts zur Anwendung verhelfen, obwohl eigentlich das ausländische Recht anzuwenden wäre. Das grundsätzlich anwendbare ausländische Recht dürfe nicht lediglich ausgeschaltet werden, sondern es müsse zusätzlich zu einer Ersetzung desselben durch interne zwingende Rechtsregeln, d.h. einer Anwendung der lex fori kommen. Der kollisionsrechtliche ordre public sei danach selbständige Ermächtigungsgrundlage für die unmittelbare und ausnahmslose Anwendung inländischer Sachnormen.[265]

Gegen die positive Wirkungsweise des ordre public spricht, daß sie in Widerspruch zu der eigentlich zu regelnden Anwendung fremden Rechts selbst steht. Es erscheint zumindest fraglich, ob der ordre public-Klausel Wirkungen zuzuordnen sind, die solch weitreichende Folgen haben. Eine positive Wirkungsweise des ordre public entfernt sich zu weit von der eigentlichen Aufgabe des ordre public. Je anerkennungsfreundlicher die eigene Haltung ist, d.h. je bereitwilliger ausländisches Recht anerkannt werden soll, desto weniger darf diese eine positive Wirkungsweise besitzen. Andernfalls wird das ausländische Recht unzulässig zurückgedrängt. Das soll aber durch die in Art. 6 EGBGB normierte Möglichkeit der Anwendung fremden Rechts gerade verhindert werden. Der Begriff der positiven Wirkungsweise des ordre public steht also in Widerspruch zur Internationalität des Kollisionsrechts.[266]

Weiterhin steht die positive Wirkungsweise in Widerspruch zum eindeutigen Gesetzeswortlaut. Art. 6 EGBGB spricht einzig davon, daß Rechtsnormen fremder Staaten nicht anzuwenden seien, sofern deren Anwendung zu einem für inakzeptabel gehaltenen Ergebnis

---

264 Vgl. die Zusammenstellung bei Epe, S. 125 ff.; vgl. weiterhin Forde, 29 Int. & Comp. L. Q. 259 (1980); Martiny, Handbuch des IZVR, Band III/1, Rn. 976, 977; Simitis, in: Vorschläge und Gutachten zur Reform des deutschen internationalen Personen-, Familien- und Erbrechts, S. 267, 273 f.; Wengler, JZ 1979/175, 176; Wuppermann bezeichnet die positive Funktion als „selten“ im IPR, (vgl. dort S. 26 f.). Eine ausführliche Darstellung oder Analyse der positiven Wirkungsweise oder gar Beispielsfälle hierzu fehlen grundsätzlich. Eine deutliche Betonung der positiven Wirkungsweise - allerdings ebenfalls ohne differenzierte Analyse der Problematik - findet sich auch bei BGH (Urt. v. 12.6.1978) NJW 1979/488 ff.; s. auch Wengler, JZ 1979/175 ff.
Gegen eine positive Wirkungsweise sprechen sich aus: Aubin, in: Landesreferate, 1966, S. 99, 102 (dort insbesondere Fn. 19); Dölle, in: Landesreferate, 1950, S. 397, 398; Geimer/Schütze, Internationale Urteilsanerkennung, Band I/2, S. 1577 f. (jeweils zu Art 30 EGBGB a.F.); MünchKomm-Sonnenberger, BGB, Band 7, Art. 6 EGBGB, Rn. 7 f., 16; Palandt-Heldrich, BGB, Art. 6 EGBGB, Rn. 3; Reithmann/Martiny, Internationales Vertragsrecht, Rn. 274; ausführlich, insbesondere auch zur historischen Entwicklung: G. Roth, S. 21, 25, 70; ders., NJW 1967/134, 135 (jeweils zu Art. 30 EGBGB a.F.).

265 Zur geschichtlichen Entwicklung dieser auf Savigny zurückgehenden Konzeption vgl. Kornblum, KTS 29 (1968), S. 143, 146 ff. Der Gedanke der positiven Wirkungsweise geht zurück auf die romanische Theorie von den lois d'ordre public international; vgl. Triebel/Peglow, ZIP 1987/613, 618 (dort insbesondere Fn. 45). Hierzu später ausführlicher.

266 Vgl. Simitis, in: Vorschläge und Gutachten zur Reform des deutschen internationalen Personen-, Familien- und Erbrechts, S. 267, 274.

führt. Die Anwendung interner Rechtsnormen ist dort nicht geregelt, eine Verweisung auf deutsche Sachnormen erfolgt gerade nicht.

Die Vorstellung von der positiven Wirkungsweise beruht auf einem methodologischen Fehler. Bei der Überprüfung, ob ein ordre public-Verstoß vorliegt, soll ein Vergleich des Ergebnisses (!) der Anwendung des fremden Rechts mit dem des internen Rechts stattfinden. Nach dem Wortlaut des Gesetzes ist einzig die konkrete Rechtsfolge Prüfungsgegenstand. Die Unvereinbarkeit des ausländischen Rechtssatzes selbst mit dem internen Recht ist hier gerade nicht relevant. Die positive Wirkungsweise stellt aber darauf ab, ob eine konkrete Sachnorm im fremden Recht enthalten ist, die nach internem Verständnis dem ordre public zugeordnet werden müßte.[267]

Zusammenfassend wird man davon ausgehen müssen, daß eine unmittelbare und originäre positive Wirkungsweise der ordre public-Klausel abzulehnen ist.

Dennoch ist es denkbar und erscheint möglich, daß es Fälle gibt, in denen Normen des internen Rechts - oder zumindest Kerngedanken davon - als so wichtig angesehen werden, daß deren unmittelbare Anwendung in Betracht gezogen werden muß und sich insbesondere auch gegenüber fremden Rechtsordnungen durchsetzt. In diesen Fällen müßte es zur Anwendung von Vorschriften der eigenen lex fori kommen, obwohl die allgemeinen Regeln des IPR auf eine ausländische Rechtsordnung verweisen.

Diese Durchsetzung inländischer Rechtssätze kann sich grundsätzlich aus zwei gedanklichen Ansätzen ergeben. Entweder setzt sich der interne Rechtssatz zwingend gegenüber fremden Normen durch und kommt unmittelbar zur Anwendung (ausschließliche Geltung der inländischen Norm). Oder der ausländische Rechtsatz wird von internen Vorschriften ausgeschlossen und es kommt - mangels anderweitiger ausländischer Regelungen - zu einer Anwendung des eigenen Rechts (Ausschließung ausländischen Rechts).

Konkret geht es bei der Frage der positiven Wirkungsweise um den Bereich der ausschließlichen Geltung inländischer Normen. Ist dies der Fall, stellt sich aber die Frage, ob diese zwingende Geltung als positive Wirkungsweise des ordre public zu verstehen ist, oder ob sie nicht etwas völlig anderes darstellt. Möglicherweise handelt es sich hier eher um besondere, außerhalb der eigentlichen Wirkungsweise der ordre public-Klausel anzusiedelnde Anknüpfungsaspekte. Diese müßten dogmatisch gesehen von der positiven Wirkungsweise streng unterschieden werden.

Die zwingende Anwendung bestimmter Normen der lex fori kann entweder auf die Lehre von den lois d'ordre public international oder auf eine spezielle Anknüpfung, die sog. Sonderanknüpfung international zwingender Eingriffsnormen des internen Rechts zurückgeführt werden.

Bei den lois d'ordre public international[268] handelt es sich um Rechtsnormen innerhalb der eigenen Rechtsordnung, die als so entscheidend angesehen werden, daß sie neben der Abwehr

267 Vgl. Triebel/Peglow, ZIP 1987/613, 618.

268 Der Begriff basiert auf der romanischen Theorie von den lois d'ordre public international - im Gegensatz zu den lois d'ordre public interne; vgl. Geimer/Schütze, Internationale Urteilsanerkennung, Band I/2, S. 1577 f. (dort insbesondere Fn. 4); G. Roth, NJW 1967/134, 135; Siehr, RabelsZ 36 (1972), S. 93, 102.

des fremden Rechts auch eine Durchsetzung des eigenen Rechts fordern. Gesprochen wird auch von positiven Gesetzen[269], Prohibitivgesetzen[270] oder von Schutzgesetzen[271]. Bei diesen zwingend anwendbaren Normen der lex fori handelt es sich um Regelungen, denen international unbedingte Geltung zukommt. Sie sind meist öffentlichrechtlicher oder wirtschaftsrechtlicher Natur. Sie verdrängen das ausländische Recht ultimativ und beanspruchen darüber hinaus eigene Anwendung. Die zwingende Anwendung solcher Normen ist nicht positiv fixiert, sie ist im Wege der Auslegung zu ermitteln.[272] Ausschlaggebend ist der Zweck der Norm, insbesondere der Schutz der internen Rechtsordnung.

Das Verhältnis zwischen diesen zwingenden Normen und dem ordre public ist umstritten.[273] Beide regeln Teile des sensiblen Bereichs der Anwendung bzw. Nichtanwendung fremden Rechts. Zwischen den Polen der Übereinstimmung und des Widerspruchs von Normen verschiedener Rechtsordnungen entfalten beide ihre Wirkungen, ohne daß sie sich klar voneinander abgrenzen lassen.

Regelmäßig handelt es sich aber bei den lois d'ordre public um selbständige Regelungen, die von der eigentlichen Vorbehaltsklausel nicht erfaßt werden. Sie sind von ihr zwar nicht unabhängig, aber zumindest losgelöst und beanspruchen eigenständig Geltung. Würde man deren positive Auswirkungen, d.h. deren zwingende Anwendung dem kollisionsrechtlichen ordre public zurechnen, so käme es zu einer Vermengung der verschiedenen Durchsetzungs- bzw. Anwendungsgrundlagen. Der ordre public gemäß Art. 6 EGBGB und streng positive Gesetze sind voneinander zu trennen.

Dem kollisionsrechtlichen ordre public selbst kommt keine unmittelbar positive Wirkungsweise zu.

Die Anwendung einzelner zwingend anwendbarer Sätze der lex fori kann sich aber auch aus einer Sonderanknüpfung derselben ergeben.[274] Danach erfolgt eine Übertragung spezieller deutscher Eingriffsnormen in das ausländische Recht. Im Rahmen einer Art territorialer Anknüpfung werden interne Regelungen angewendet, obwohl kollisionsrechtlich ausländisches Recht anzuwenden ist. Die internen Regelungen setzen sich nicht über das ausländische Recht hinweg, sondern das ausländische Recht bleibt maßgeblich. Es wird allerdings um die zwingenden Vorschriften der lex fori erweitert. Hierbei geht es aber gar nicht um die zwingende Anwendung internen Rechts, die mögliche positive Wirkungsweise, sondern um die Anwendung kollisionsrechtlich anzuwendenden Auslandsrechts. Der Grund für die Anwendung der als unbedingt zu beachtenden Normen des internen Rechts ist nicht der kollisionsrechtliche

---

Die französische Terminologie wird im folgenden beibehalten. Zu den verschiedenen Ausformungen des ordre public s.u.

269 Vgl. insbesondere Martiny, Handbuch des IZVR, Band III/1, Rn. 977, 1005.

270 Vgl. G. Roth, NJW 1967/134, 135.

271 Vgl. Dölle, in: Landesreferate, 1950, S. 397, 406.

272 Vgl. G. Roth, NJW 1967/134, 136.

273 Zur Darstellung der beiden hauptsächlich vertretenen (kollisionsrechtlich bzw. ergebnisorientierten) Lösungsansätze vgl. Martiny, Handbuch des IZVR, Band III/1, Rn. 1005 ff. (zum IZVR).

274 Ausführlich: Epe, S. 89 ff.; Geimer/Schütze, Internationale Urteilsanerkennung, Band I/2, S. 1579 ff.; Wengler, JZ 1979/175, 176.

ordre public, sondern die auf das Inland verweisende Grenznorm selbst, die eine Sonderanknüpfung regelt. Ein Rückgriff auf die positive Wirkungsweise des ordre public ist gar nicht erforderlich und würde auch der Lehre von der Sonderanknüpfung zwingender Normen widersprechen.[275]

Dies zeigt sich insbesondere am Zusammenspiel von Art. 34 EGBGB und Art. 6 EGBGB: Art. 34 EGBGB normiert die Sonderanknüpfung zwingend anzuwendender deutscher Gesetze für den Bereich des Kollisionsrechts bezüglich vertraglicher Schuldverhältnisse. Konkret geht es um die Sonderanknüpfung zwingender Vorschriften von wirtschafts- und sozialpolitischer Relevanz.[276] Die Anwendung dieser zwingenden Normen des Kollisionsrechts ist aber am entsprechenden Platz im IPR unmittelbar selbst normiert. Ein Rückgriff auf Art. 6 EGBGB ist nicht erforderlich, geschweige denn erstrebenswert. Die konkret geregelte Sonderanknüpfung spezieller, für zwingend anwendbar gehaltener Regeln der lex fori, darf nicht mit der Regelung des ordre public-Vorbehaltes vermengt werden.[277] Die kollisionsrechtliche Spezialregelung hat Vorrang vor der allgemeineren Vorbehaltsklausel.[278] Art 6 EGBGB kommt nur subsidiär zur Anwendung, wenn zwingende Regelungen im internen Recht nicht vorhanden sind.[279]

Jayme[280] stellt zutreffend fest, die Neuregelung des IPR habe dazu geführt, daß einzelne Fragen des ordre public durch Spezialnormen positiv geregelt wurden. Die Lehre vom positiven ordre public sei somit weitgehend in der Sonderanknüpfung zwingenden Schuldrechts aufgegangen.

Sonnenberger[281] weist darauf hin, daß die Differenzierung in negative und positive Funktion irreführend sei, da einzige wirkliche Funktion des Art. 6 EGBGB die Wahrung des ordre public im inhaltlichen Sinn gegenüber ausländischem Recht sei, das vom inländischen zu stark abweiche. Bei den verschiedenen denkbaren Möglichkeiten, entweder fremdes Recht auszuschließen, oder die entstandene Lücke durch Anpassung oder gar durch Anwendung von Ersatzrecht zu füllen, handele es sich aber nicht um die negative und/oder positive Funktion des ordre public, sondern einzig um Rechtsfolgen bei der Anwendung des ordre public-Vorbehaltes.

Diese Ansicht ist richtig, wenn man den Begriff Funktion mit Aufgabe gleichsetzt, also eng definiert. Geht man aber - wie hier - davon aus, daß der Begriff Funktion gleichbedeutend

---

275 Vgl. Triebel/Peglow, ZIP 1987/613, 619. Offengelassen bei: Martiny, Handbuch des IZVR, Band III/1, Rn. 977 (a.E.), 1005.

276 Vgl. hierzu Palandt-Heldrich, BGB, Art. 34 EGBGB, Rn. 1, 3. S. auch von Hoffmann, IPRax 1989/261, 263.

277 Vgl. MünchKomm-Martiny, BGB, Band 7, Art. 34 EGBGB, Rn. 31; ihm folgend: Marx, S. 16; Zekoll, S. 23 ff. (zum Verhältnis von Art. 12 EGBGB a.F. zu Art. 30 EGBGB a.F. - nunmehr Art. 34 EGBGB n.F. und Art. 6 EGBGB n.F.); s. auch Becker, 60 RabelsZ (1996), S. 691, 692 f, 703 f.

278 Vgl. MünchKomm-Martiny, BGB, Band 7, Art. 34 EGBGB, Rn. 96; ihm folgend: Marx, S. 16; Zekoll, S. 24.

279 Ebenso Reithmann/Martiny, Internationales Vertragsrecht, Rn. 274.

280 Methoden der Konkretisierung des ordre public im Internationalen Privatrecht, S. 19 ff., 32.

281 In MünchKomm, BGB, Band 7, Art. 6 EGBGB, Rn. 16.

mit Wirkungsweise ist und vom Begriff Aufgabe zu trennen ist (s.o.), dann sind die Rechtsfolgen der Anwendung der Vorbehaltsklausel Teil der Wirkungsweise des ordre public.

(3) Zusammenfassung

Die positive Wirkungsweise des kollisionsrechtlichen ordre public bedeutet, daß sich die konkrete Norm des internen Rechts, mit der die ausländische Norm in Widerspruch steht, positiv durchsetzt. Es käme zu einer Anwendung zwingender Rechtssätze des eigenen Rechts im technischen Sinne.

Bei einer Überprüfung anhand der Vorbehaltsklausel ist aber streng zu differenzieren: Allein eine Kontrolle der Vereinbarkeit der fremden Norm mit wesentlichen Grundsätzen des deutschen Rechts, insbesondere den Grundrechten, also eine Überprüfung anhand der ordre public-Klausel des Art. 6 EGBGB, bedeutet noch keine unmittelbare Anwendung dieser internen Regelungen selbst. Bei der Überprüfung eines Sachverhaltes anhand des Vorbehalts des ordre public kommt es zu einem Vergleich des ausländischen mit dem vergleichbaren oder nach eigenem Recht anwendbaren inländischen Rechtssatz. Diese Überprüfung kann ablehnend oder eben nicht ablehnend ausfallen. Die Abwehr der fremden Norm bedeutet aber nicht schon eine positive Anwendung des eigenen Rechtssatzes, der den konkreten Fall nach inländischem Recht regeln würde. Die Vorbehaltsklausel stellt lediglich ein Korrektiv dar.

Rechtsfolge bei der Überprüfung der fremden Norm anhand der Vorbehaltsklausel des eigenen Rechts ist jeweils nur die nach internem Verständnis für erforderlich gehaltene Korrektur der grundsätzlich zulässigen Anwendung fremden Rechts im Einzelfall. Die Anwendung von Ersatzrecht ist hier nicht zwingend.

Sie kann, muß aber nicht weitere Folge des ordre public-Vorbehaltes sein. Die Durchsetzung des eigenen zwingenden Rechts basiert grundsätzlich nicht auf der ordre public-Klausel. Es besteht ein Unterschied darin, ob man selbst eigene Rechtssätze unmittelbar anwendet, oder ob man von Dritten angewandte Rechtssätze auf ihre Vereinbarkeit mit internen Rechtsnormen hin überprüft.

Technisch gesehen kommt es bei einer Überprüfung anhand der Vorbehaltsklausel zwar zu einer Anwendung der lex fori. Aber das interne Recht setzt sich nicht unmittelbar über das ausländische hinweg, sondern die Abwehr des ausländischen Rechtssatzes beginnt dort, wo die Grenze der Zumutbarkeit und dessen was für zulässig gehalten wird endet. Die Anwendung des eigenen Rechts selbst erfolgt allenfalls mittelbar. Die sich tangierenden Rechtsbereiche stehen deshalb neben-, nicht unter- oder übereinander.

Systematisch stellt sich das Verhältnis zwischen kollisionsrechtlichem ordre public, zwingend anwendbaren streng positiven Gesetzen und Sonderanknüpfungsregeln folgendermaßen dar:

Die Anwendung der als unbedingt zu beachtend angesehenen Normen des internen Rechts basiert nicht auf dem kollisionsrechtlichen ordre public. Die auf das Inland verweisende Grenznorm selbst regelt die Sonderanknüpfung. Der Vorbehalt des ordre public greift erst in dem Bereich des für nicht zwingend anwendbar gehaltenen internen Rechts. Denn erst für diesen Bereich ist die Möglichkeit der Anwendung ausländischen Rechts gegeben, die wiederum durch die ordre public-Klausel eingeschränkt werden kann (s.o.).

Zusammenfassend muß davon ausgegangen werden, daß im deutschen Recht dem kollisionsrechtlichen ordre public des Art. 6 EGBGB entscheidend nur eine negative Wirkungsweise zukommt.[282] Die positive Wirkungsweise ist nur mittelbare Auswirkung verschiedener anderer Anwendungsaspekte des Kollisionsrechts.

b) Die Wirkungsweise des ordre public im internationalen Zivilverfahrensrecht

Die Wirkungsweise des ordre public läßt sich auch hier in zwei verschiedene Bereiche gliedern, sie kann negativ und/oder positiv sein:

(1) Die negative Wirkungsweise des anerkennungsrechtlichen ordre public

Der anerkennungsrechtliche Vorbehalt des ordre public wehrt Einflüsse ausländischer Entscheidungen ab, die nach deutschem Verständnis als unvereinbar mit den Anforderungen an den Zweck eines deutschen Gesetzes und die guten Sitten angesehen werden.[283] Die Intention des ordre public-Vorbehaltes ist hierbei die Abwehr der widersprechenden ausländischen Entscheidung, sofern diese zwingend geboten erscheint. Der anerkennungsrechtliche ordre public hat vornehmlich eine negative Wirkungsweise.[284]

(2) Die positive Wirkungsweise des anerkennungsrechtlichen ordre public

Auch beim anerkennungsrechtlichen ordre public ist eine positive Wirkungsweise denkbar.[285] Das eigene Recht kommt bei der Überprüfung der Anerkennungsfähigkeit fremder Entscheidungen anhand der Vorbehaltsklausel des § 328 I Ziffer 4 ZPO zwar nicht unmittelbar zur Anwendung. Aber eine mittelbare Anwendung der zwingenden Vorschriften der eigenen Rechtsordnung ist im Rahmen der Überprüfung fremder Urteile möglich. Wiederum ist auf die Unklarheiten beim Zusammenspiel von ordre public, zwingenden Normen des eigenen Rechts und der Sonderanknüpfung hinzuweisen (s.o.). Die Vorbehaltsklausel des § 328 I Zif-

---

282 Ebenso Geimer/Schütze, Internationale Urteilsanerkennung, Band I/2, S. 1577 f.; so auch Martiny, obwohl er grundsätzlich eine positive Funktion zugesteht; vgl. ders., in: Handbuch des IZVR, Band III/1, Rn. 977.

283 So die frühere, inzwischen als zu eng empfundene Definition des ordre public-Rahmens durch das RG; vgl. Martiny, Handbuch des IZVR, Band III/1, Rn. 995 ff. S. nunmehr BGH (B. v. 17.9.1968) BGHZ 50/370, 375 f. = FamRZ 1968/642 (mit Anm. Bosch) = IPRspr 1968-69 Nr. 127 b = JZ 1969/299 (mit Anm. Heldrich) = NJW 1969/369 ff. = StAZ 1969/10 (mit Anm. Simitis) - zur Legitimation von italienischen „Ehebruchskindern"; vgl. hierzu auch die „Autostrada-del-Sole-Entscheidung" des BGH (B. v. 22.6.1983) BGHZ 88/17 ff. = IPRax 1984/202 ff. (mit Anm. G. Roth, IPRax 1984/183) = JuS 1984/387 ff. (mit Anm. Holoch) = JZ 1983/903 ff. (mit Anm. Kropholler) = LM § 249 BGB Nr. 69 = NJW 1984/586 ff. = VersR 1983/874 ff. = WM 1983/914 ff. = ZIP 1983/1129 ff.

284 Vgl. Krusch, S. 282; Martiny, Handbuch des IZVR, Band III/1, Rn. 978 (a.E.); G. Roth, S. 64, 66, 70; Wuppermann, S. 27.

285 Vgl. Martiny, Handbuch des IZVR, Band III/1, Rn. 977, 978.

fer 4 ZPO regelt konkret nur die Abwehr fremden Rechts, nicht aber die Durchsetzung zwingender Vorschriften des eigenen Rechts.

Eine Durchsetzung zwingender Vorschriften der lex fori ist zwar auch im Bereich der Anerkennung ausländischer Entscheidungen möglich. Sie basiert aber nicht auf dem anerkennungsrechtlichen ordre public, sondern auf selbständigen Anknüpfungsaspekten. So ist z.B. das Erfordernis der internationalen Zuständigkeit des ausländischen Gerichts kein unmittelbarer Teil des ordre public selbst, sondern muß als eigenständiger Prüfungsgesichtspunkt gemäß § 328 I Ziffer 1 ZPO angesehen werden. Für den eigentlichen ordre public-Vorbehalt des § 328 I Ziffer 4 ZPO bliebt hier kein Raum mehr.

Die unmittelbare und für die Praxis relevante Folge der Überprüfung anhand der Vorbehaltsklausel des ordre public ist nur die Anerkennung der fremden Entscheidung oder deren Versagung. Diese Kontrolle der ausländischen Entscheidung darf nicht mit einer eigenen Sachentscheidung gleichgesetzt werden. Die Anerkennung einer ausländischen Entscheidung ist etwas anders als die eigentliche Sachentscheidung selbst.[286] Die im Rahmen der Frage der Anerkennungsfähigkeit zu beantwortende Qualifikation der ausländischen Entscheidung zielt nicht auf „richtig“ oder „falsch“, sondern auf „vereinbar“ oder „unvereinbar“ mit den Regeln des internen Rechts.[287]

Die Versagung der Anerkennung einer fremden Entscheidung ist faktisch deren Abwehr. Dies bedeutet aber - wie bereits ausgeführt - in erster Linie und unmittelbar nur eine negative Wirkungsweise. Auch wenn die unmittelbare Anwendung des eigenen Rechts eine positive Wirkungsweise darstellt, so ist Konsequenz bei der Anwendung der anerkennungsrechtlichen ordre public-Klausel immer die Anerkennung oder Nichtanerkennung fremder Entscheidungen, also eine negative Wirkungsweise. Die positive Wirkungsweise kann allenfalls mittelbarer Zwischenschritt im Rahmen der eigentlichen Überprüfung sein.

Laut Wuppermann[288] spielt die Differenzierung in positive und/oder negative Funktion für den anerkennungsrechtlichen ordre public keine Rolle, es gehe immer nur um die Abwehr der Anerkennung, gleich auf welchen Grund sie gestützt sei.

Diese Aussage ist insofern richtig, als beim anerkennungsrechtlichen ordre public vornehmlich der negativen Wirkungsweise hervortritt und die positive Wirkungsweise hier nur mittelbar zur Geltung kommt (s.o.). Wenn allerdings die positiven Wirkungen der Vorbehaltsklausel einmal durchgreifen, so hat dies weitreichende Konsequenzen. Dies verkennt Wuppermann. Es ist ein Unterschied, ob das ausländische Urteil insgesamt oder teilweise abgewehrt, oder ob die fremde Entscheidung zumindest partiell durch die Anwendung eigener Regelungen des internen Rechts anerkannt wird. Im letzteren Fall erlangt das ausländische Erkenntnis eben doch noch Geltung im Inland, wenn auch inhaltlich verändert oder angepaßt.

---

286 Vgl. G. Roth, S. 106.

287 Vgl. G. Roth, S. 103, 106.

288 S. 27.

(3) Zusammenfassung

Auch dem anerkennungsrechtlichen ordre public des § 328 I Ziffer 4 ZPO kommt regelmäßig nur eine negative Wirkungsweise zu. Die Durchsetzung fremden Rechts ist zwar denkbar und möglich. Sie erfolgt aber nicht unmittelbar bei der Anerkennung ausländischer Entscheidungen. Die positive Wirkungsweise ist immer nur mittelbare Auswirkung oder ein Teilaspekt der die fremde Entscheidung abwehrenden Wirkungsweise der anerkennungsrechtlichen Vorbehaltsklausel.

Bei der Überprüfung ausländischer Entscheidungen anhand des anerkennungsrechtlichen ordre public gemäß § 328 I Ziffer 4 ZPO kann praktisches Ergebnis immer nur die Anerkennung (Akzeptanz) oder Nichtanerkennung (Abwehr) sein. Die Nichtanerkennung einer fremden Entscheidung bedeutet nicht die Durchsetzung eigenen Rechts, sondern die Anwendung der für unverzichtbar angesehenen Kerngedanken des eigenen Rechts anhand der anerkennungsrechtlichen ordre public-Klausel selbst.

3. Das Prüfungsobjekt des ordre public-Vorbehaltes im allgemeinen

Bevor der eigentliche Inhalt und somit der Prüfungsmaßstab des ordre public untersucht werden kann, muß auf dessen Prüfungsobjekt eingegangen werden. Erst wenn Aufgabe und Funktion der konkreten ordre public-Prüfung geklärt sind, kann der Regelungsumfang beschrieben und gegebenenfalls eingegrenzt werden.

Gegenstand der Überprüfung ist die Anwendung des fremden Rechts. Mit dieser vagen Aussage ist jedoch nicht allzuviel gewonnen. Wegen der unterschiedlichen Ansatzpunkte von kollisionsrechtlichem und anerkennungsrechtlichem ordre public ist auch bei der Beschreibung des Prüfungsobjektes des ordre public nach diesen beiden Ausformungen der Vorbehaltsklausel zu unterscheiden.

a) Das Prüfungsobjekt des kollisionsrechtlichen ordre public im IPR

Das Prüfungsobjekt des kollisionsrechtlichen ordre public ist nicht der Inhalt des fremden Rechts selbst, sondern das Ergebnis der Anwendung desselben. Der Wortlaut des Art. 6 EGBGB ist insofern eindeutig. Die Folgen der Anwendung des ausländischen Rechtssatzes müssen im jeweiligen Einzelfall überprüft werden. Der Anerkennungsrichter hat darüber zu entscheiden, ob die Anwendung des fremden Rechts in der Sache selbst mit den als unverzichtbar angesehenen Grundwerten der eigenen Rechtsordnung vereinbar ist. Wenn dies der Fall ist, dann wendet er das fremde Recht unmittelbar selbst an.

Eine weitere Erörterung dieser Frage kann hier unterbleiben, denn die Arbeit befaßt sich mit dem anerkennungsrechtlichen ordre public.[289]

b) Das Prüfungsobjekt des anerkennungsrechtlichen ordre public im IZVR

Prüfungsobjekt des anerkennungsrechtlichen ordre public ist das Urteil eines ausländischen Gerichts (vgl. § 328 ZPO).

G. Roth[290] stellt zutreffend fest, daß gerichtliche Entscheidungen regelmäßig das Ergebnis mehrerer sukzessiver Vorgänge sind: Die Subsumtion des Sachverhalts unter den Tatbestand der konkreten Norm und deren individuelle Rechtsfolge ergeben das zur Anerkennung stehende fremde Urteil. Deswegen stellt sich die Frage, welche Aspekte des zur Anerkennung stehenden Urteils überprüft werden dürfen und müssen. Muß der Anerkennungsrichter sowohl den dem ausländischen Urteil zugrundeliegenden objektiven Rechtssatz, als auch die durch den Erstrichter vorgenommene Rechtsanwendung und den daraus resultierenden Rechtsfolgenausspruch überprüfen, oder ist ihm nur eine partielle Kontrolle des Ergebnisses erlaubt?

Sowohl die Überprüfung der vom ausländischen Gericht angewandten Rechtssätze selbst, als auch die Kontrolle der Subsumtionstätigkeit des Erstrichters können nicht gewollt sein, denn den Anerkennungsrichter interessiert nur das Ergebnis des konkreten Urteils, also dessen Rechtsfolgenausspruch. Ausführlichere Nachprüfungen wären für die Frage der Anerkennungsfähigkeit des individuellen Einzelfalles unergiebig. Eine vollständige Überprüfung des Urteils in tatsächlicher und rechtlicher Hinsicht käme im übrigen einer révision au fond gleich.[291] Im Ergebnis bedeutet dies, daß der dem fremden Urteil zugrundeliegende Sachverhalt vom inländischen Richter nicht erneut überprüft werden darf. Der Anerkennungsrichter ist im Rahmen der ordre public-Kontrolle an die dem Urteil zugrundeliegenden Tatsachen gebunden.[292] Mit neuem Tatsachenvortrag sind die Parteien bei der Überprüfung der Anerkennungsfähigkeit präkludiert, entsprechende Fehler hätten bereits im Urteilsstaat selbst geltend gemacht werden müssen.[293] Die dem Urteil zugrundeliegenden objektiven Rechtssätze des Urteilsstaates bedürfen ebenfalls keiner Kontrolle.[294] Der Anerkennungsrichter hat sich lediglich für den Rechtsfolgenausspruch des zu überprüfenden Urteils zu interessieren.

---

289 Ausführlicher G. Roth, S. 54 ff.; ders., NJW 1967/134, 137 ff.

290 S. 56.

291 S. hierzu bereits Teil 1, Ziffer II. 2. (S. 38 f.); Vgl. auch BGH (Urt. v. 4.6.1992) BGHZ 118/312, 320 = IPRax 1993/310, 313 = LM 2/93 zu § 328 ZPO, Bl. 328 f. = NJW 1992/3096, 3098 = WM 1992/1451, 1455 = ZIP 1992/1256, 1260 = ZZP 106 (1993), S. 79, 86, jeweils unter Punkt A. III. 3. a) (nicht abgedruckt in CR 1993/274 ff., EuZW 1992/705 ff., EWiR 1993/827, JZ 1993/261 ff., MDR 1992/1181 ff., PHI 1992/174 f. und RIW 1993/132 ff.); OLG Düsseldorf (Urt. v. 28.5.1991) RIW 1991/594, 595 = RuS 1991/339, 340 = VersR 1991/1161, 1162 (Vorinstanz zu BGH in dieser Fn.); Geimer, IZPR, Rn. 2910; Geimer/Schütze, Internationale Urteilsanerkennung, Band I/2, S. 1465; Linke, IZPR, Rn. 331; Martiny, Handbuch des IZVR, Band III/1, Rn. 319 ff.; Nagel, IZPR, Rn. 1040; Schack, IZVR, Rn. 786, 867 ff., 909; Schütze, Anerkennung und Vollstreckung, S. 27; Stein/Jonas-Schumann, ZPO, § 328, Rn. 21; Zöller-Geimer, ZPO, § 328, Rn. 151.

292 Zur Bindungswirkung im Rahmen der Überprüfung der Gerichtsbarkeit und der internationalen Zuständigkeit vgl. Geimer, Zur Prüfung der Gerichtsbarkeit, S. 93, 139, 155.

293 Vgl. zum Ganzen auch Geimer, NJW 1974/ 418, 420; Roth, S. 60; s. auch Teil 1, Ziffer II. 2. (S. 38 f.).

294 Ebenso G. Roth, S. 56 ff.

Diese Ansicht steht im übrigen in Einklang mit der oben vertretenen Ansicht, daß die Anerkennung fremder Urteile Wirkungserstreckung bedeutet.[295] Nur die Akzeptanz der Wirkungen des Ersturteils - und damit lediglich die in diesem ausgesprochenen Rechtsfolgen - stehen bei der Anerkennung ausländischer Entscheidungen im Inland in Frage.

Weiterhin ist zu beachten, daß der Anerkennungsrichter bei der Überprüfung nach § 328 I Ziffer 4 ZPO nicht in der Sache selbst entscheidet, sondern nur die Vereinbarkeit des fremden Urteils mit den als unverzichtbar angesehenen Grundwerten des eigenen Rechts, insbesondere den Grundrechten, überprüft. Schon die Fragestellung ist also von der des IPR zu unterscheiden. Dort entscheidet der inländische Richter über die Anwendung ausländischen Rechts in der Sache selbst, er wendet das fremde Recht gegebenenfalls unmittelbar an. Hier geht es um die Akzeptanz der Wirkungen des im Ausland ergangenen Urteils.

Im Rahmen der Überprüfung der Anerkennungsfähigkeit muß also der Rechtsfolgenausspruch des fremden Urteils an der ordre public-Klausel des § 328 I Ziffer 4 ZPO gemessen werden. Das fremde Urteil darf aber nur im Rahmen einer „umfassenden Überprüfung mit eingeschränkter Ablehnungsmöglichkeit“[296] untersucht werden. Eine solche Überprüfung beschränkt sich inhaltlich zunächst auf Tenor und Gründe des ausländischen Urteils.

Gelegentlich ergibt sich die ordre public-Widrigkeit des ausländischen Urteils bereits aus dessen Tenor selbst. Zu denken ist hier insbesondere an eine Verurteilung zur Vornahme einer im Anerkennungsland als strafbar angesehenen Handlung.[297]

Häufiger ist der Fall, daß der Tenor selbst neutral ist oder nicht dem Bestimmtheitsgebot nach deutschem Recht entspricht und somit ein Rückgriff auf die Gründe oder auf das dem Rechtsstreit zugrundeliegende Rechtsverhältnis erforderlich ist.[298] Insbesondere bei Zahlungsurteilen, die sich auf die Verurteilung zur Zahlung einer Geldsumme beschränken, kann der Anerkennungsrichter nur unter Zuhilfenahme der Gründe aus dem Ersturteil oder auch dem Sachverhalt selbst eine Entscheidung treffen. Sind die Urteilsgründe nicht bekannt, so hat die Analyse des die Gerichtsverhandlung wiedergebenden Protokolls zu erfolgen.[299] Diese Vorgehensweise ist keine révision au fond. Der Anerkennungsrichter betritt vielmehr den schmalen Grat zwischen zulässiger und erforderlicher „umfassender Überprüfung mit einge-

---

295 Vgl. Teil 1, Ziffer II. 3. (S. 43 f.).

296 S. hierzu bereits Teil 1, Ziffer II. 2. (S. 38 f.).

297 Paradebeispiele für diese Fälle sind die auch in der Praxis fremder Länder eher seltene Verurteilung zur Eingehung einer Ehe (vgl. § 1297 I BGB und § 888 II ZPO) oder zur Begehung einer im Inland strafbaren Handlung, z.B. der Begleichung einer Spielschuld aus Glücksspiel; vgl. auch BGH (Urt. v. 11.10.1956) BGHZ 22/24 ff. = IPRspr. 1956-57 Nr. 191 = NJW 1957/61 ff. = WM 1956/1504 ff. = ZZP 70 (1957), S. 107 ff. (zum Verstoß eines dänischen Urteils gegen deutsches Devisenrecht); weitere Nachweise bei Geimer/Schütze, Internationale Urteilsanerkennung, Band I/2, S. 1595.

298 Vgl. Geimer/Schütze, Internationale Urteilsanerkennung, Band I/2, S. 1595; MünchKomm-Gottwald, ZPO, § 328, Rn. 84; H. Roth, IPRax 1989/14 ff.; Stein/Jonas-Schumann, ZPO, § 328, Rn. 224.

299 Vgl. BGH (Urt. v. 4.6.1992) BGHZ 118/312, 313 f. = CR 1993/274 = EuZW 1992/705, 706 = IPRax 1993/310, 311 = JZ 1993/261 = LM 2/93 zu § 328 ZPO, Bl. 326 f. = MDR 1992/1181, 1182 = NJW 1992/3096, 3097 = VersR 1992/1281 f. = WM 1992/1451, 1452 = ZIP 1992/1256, 1257 = ZZP 106 (1993), S. 79, 80, jeweils im Sachverhalt erläutert (insofern unvollständig wiedergegeben in EWiR 1993/827, PHI 1992/174 f. und RIW 1993/132 ff.).

schränkter Ablehnungsmöglichkeit“ und verbotener révision au fond auf dem schon ein kleiner Fehltritt in den „Abgrund“ führen kann.

IV. Inhalt und Prüfungsmaßstab des ordre public und besondere Aspekte zu deren Eingrenzung

A. Inhalt und Prüfungsmaßstab des ordre public

Bisher kann als gesicherte und allgemeingültige Aussage lediglich festgehalten werden, daß sowohl der kollisionsrechtliche, als auch der anerkennungsrechtliche ordre public einen Ausnahmetatbestand mit grundsätzlich negativer Wirkungsweise darstellen. Damit ist noch nicht viel über den Inhalt der Vorbehaltsklausel selbst gesagt. Um die Vorbehaltsklausel im Rechtsverkehr anwenden zu können, bedarf es einer Auseinandersetzung mit deren Prüfungsmaßstab. Erst wenn der Inhalt des ordre public umschrieben werden kann, ist ein praktikabler Einsatz der Norm im Rechtsverkehr mit dem Ausland möglich. Es geht um eine allgemeingültige und dennoch aussagekräftige Analyse des Prüfungsmaßstabs des ordre public.

Bei dem Vorbehalt des ordre public handelt es sich um eine Generalklausel, deren Inhalt der Auslegung bedarf. Hierzu muß auf das nationale Recht zurückgegriffen werden. Große Bedeutung kommt auch der Rechtsprechung zu.[300]

Im folgenden sollen verschiedene Aspekte zur Eingrenzung und Bestimmung des Inhalts der Vorbehaltsklausel beleuchtet werden.

1. Allgemeines zu Inhalt und Prüfungsmaßstab des ordre public im IPR und im IZVR

Zunächst stellt sich die Frage, ob der anerkennungsrechtliche ordre public des § 328 I Ziffer 4 ZPO seinem großen Bruder (s.o.), dem kollisionsrechtlichen ordre public des Art. 6 EGBGB, so ähnlich ist, daß sein Inhalt anhand vorhandener Erkenntnisse zu Art. 6 EGBGB erörtert werden kann.[301]

Für eine Vergleichbarkeit der jeweiligen Prüfungsmaßstäbe spricht der nach der Neufassung des Art. 6 EGBGB und der damit einhergehenden Änderung des § 328 I Ziffer 4 ZPO der fast identische Wortlaut der beiden Normen. Weiterhin ist beiden ordre public-Klauseln gemein, daß es sich um Ausnahmetatbestände handelt, die nur in besonderen Fällen zur Anwendung

---

300 Ebenso Simitis, in: Vorschläge und Gutachten zur Reform des deutschen internationalen Personen-, Familien- und Erbrechts, S. 267, 289.

301 Für eine Vergleichbarkeit sprechen sich z.B. aus: Baumbach/Lauterbach/Albers/Hartmann, ZPO, § 328, Rn. 30; Stein/Jonas-Schumann, ZPO, § 328, Rn. 221; dagegen: Geimer/Schütze, Internationale Urteilsanerkennung, Band I/2, S. 1583 (dort insbesondere Fn. 17). Eine umfassende Darstellung des Streitstandes findet sich bereits bei G. Roth, S. 33 ff.

kommen dürfen. Schließlich haben beide Vorbehaltsklauseln unmittelbar eine negative Wirkungsweise.

Gegen eine Vergleichbarkeit der Prüfungsmaßstäbe spricht, daß die jeweilige Prüfungssituation bei der Anwendung der verschiedenen Vorbehaltsklauseln unterschiedlich ist. Das Prüfungsobjekt ist jeweils ein anderes:

Bei der Anwendung des kollisionsrechtlichen ordre public entscheidet der inländische Richter selbst über einen bestimmten Sachverhalt. Er ermittelt das anzuwendende ausländische Recht und entscheidet die Sache mit Hilfe der fremden Normen innerhalb eines inländischen Verfahrens. Die Rechtsfindung erfolgt intern mit Hilfe ausländischer materieller Rechtsnormen.

Dagegen liegt bei der Anwendung des anerkennungsrechtlichen ordre public eine fremde Entscheidung bereits vor. Der inländische Richter entscheidet hier nicht selbst den Fall, sondern er überprüft die Vereinbarkeit der vorhandenen Entscheidung mit den als unverzichtbar angesehenen Grundsätzen der eigenen Rechtsordnung.[302]

Der anerkennungsrechtliche ordre public erfaßt inhaltlich neben dem Bereich des materiellen Rechts auch verfahrensrechtliche Aspekte.

Aus den verschiedenen Prüfungsobjekten ergeben sich weitere Unterschiede bei den jeweiligen Prüfungsmaßstäben. Die Überprüfung anhand des anerkennungsrechtlichen ordre public erfaßt zusätzlich das Problem der Nichtberücksichtigung inländischer Rechtshängigkeit und die Frage der entgegenstehenden Rechtskraft einer bereits in der selben Sache ergangenen inländischen Entscheidung. Diese beiden Sonderprobleme haben im Rahmen des kollisionsrechtlichen ordre public keine Bedeutung, sie treten dort gar nicht auf.

Weiterhin besteht ein struktureller Unterschied zwischen der internationalprivatrechtlichen und der internationalverfahrensrechtlichen ordre public-Klausel. Die Vorbehaltsklauseln unterscheiden sich funktionell innerhalb ihrer Prüfungsmaßstäbe durch die individuell ausgestaltete Grenzziehung bei deren Anwendung.

Konkret handelt es sich um die abgeschwächte Wirkung (effet atténué) der Vorbehaltsklausel des § 328 I Ziffer 4 ZPO bei der Prüfung der Akzeptanz fremder Entscheidungen gegenüber Art. 6 EGBGB.[303] Bei der Prüfung der Anerkennungsfähigkeit ausländischer Ent-

302 Vgl. zur Frage der Vereinbarkeit des Ausschlusses einer Partei aus einem britischen Unterhaltsverfahren wegen contempt of court, d.h. wegen eines Verstoßes gegen eine gerichtliche interim-order, mit dem deutschen ordre public insbesondere BGH (Urt. v. 18.10.1967) BGHZ 48/327 = JZ 1968/594 (mit Anm. Geimer, JZ 1969/12 ff. und Wengler, JZ 1968/596 ff.) = LM § 328 ZPO Nr. 182 = NJW 1968/354 = ZZP 82 (1969), S. 149 (mit Anm. G. Roth), bestätigt durch Beschluß des BVerfG vom 28.3.1968 - 2 BvR 740/67; s. den Nachweis bei BGH (Urt. v. 4.6.1992) BGHZ 118/312, 320 f. = IPRax 1993/310, 313 = LM 2/93 zu § 328 ZPO, Bl. 328 = NJW 1992/3096, 3098 = WM 1992/1451, 1455 = ZIP 1992/1256, 1261 = ZZP 106 (1993), S. 79, 86, jeweils unter Punkt A. III. 3. b) (nicht abgedruckt in CR 1993/174 ff., EuZW 1992/705 ff., EWiR 1993/827, JZ 1993/261 ff., MDR 1992/1181 ff., PHI 1992/174 f. und RIW 1993/132 ff.); Vgl. auch Geimer, JuS 1965/475, 478; ders., Zur Prüfung der Gerichtsbarkeit, S. 42; G. Roth, S. 34; Schütze, DIZPR, S. 143.

303 S. Bungert, ZIP 1992/1707, 1711; Geimer, IZPR, Rn. 27; Geimer/Schütze, Internationale Urteilsanerkennung, Band I/2, S. 1583, 1588 f. (dort insbesondere Fn. 38); Jayme, StAZ 1980/301, 307 (zum Thema Adoption); Linke, IZPR, Rn. 420; Martiny, Handbuch des IZVR, Band III/1, Rn. 1014; differenzierend:

scheidungen ist eine höhere Toleranzschwelle anzusetzen. Sie ergibt sich in erster Linie aus dem völkergewohnheitsrechtlich bedingten Respekt gegenüber fremden Rechtsordnungen und der im Urteilsland gegebenen Rechtskraft des zur Anerkennung stehenden Urteils (Stichwort: res judicata-Wirkung der ausländischen Entscheidung). Die fremde Entscheidung selbst unterliegt keinem so strengen Prüfungsmaßstab, wie das fremde Recht, das im Inland angewendet werden soll.

Aus einem anderen Blickwinkel erklärt sich dies folgendermaßen: Dem ausländischen Urteil, insbesondere den dortigen Verfahrensanforderungen und dem ausländischen Richter wird ein gewisses Maß an Vertrauen entgegengebracht. Der Grundsatz des Verbots der révision au fond läßt aber eine Ausnahme zu: die Überprüfung anhand des anerkennungsrechtlichen ordre public. Da diese Ausnahme aber nur in ganz beschränktem Rahmen möglich ist, muß von einer abgeschwächten Wirkung des ordre public ausgegangen werden. Die im Rahmen des anerkennungsrechtlichen ordre public-Vorbehaltes stattfindende „umfassende Überprüfung mit eingeschränkter Ablehnungsmöglichkeit" der fremden Entscheidung erfordert mehr Toleranz gegenüber der fremden Entscheidung, als die Überprüfung der Anwendung des fremden Rechts durch den inländischen Richter selbst. Dies bedeutet auch, daß in Fällen, in denen die Anwendung der ausländischen Rechtsnorm durch den internen Richter am Vorbehalt des Art. 6 EGBGB scheitert, die Anerkennung einer ausländischen Entscheidung, die aufgrund derselben fremden Rechtsnorm ergangen ist, nicht grundsätzlich ebenfalls auszuschließen ist.

Der effet atténué des anerkennungsrechtlichen ordre public ist aber nicht Teil der inhaltlichen Unterscheidung der Vorbehaltsklauseln des IPR und des IZVR. Es handelt sich vielmehr um eine Grenze bei der Anwendung des Prüfungsmaßstabes. Die inhaltliche Ausformung des ordre public ist im IZVR enger begrenzt, als im IPR. Geimer[304] spricht insofern von einem engeren Anwendungsfeld des anerkennungsrechtlichen ordre public-Vorbehaltes gegenüber dem des internationalen Privatrechts.

Aufgrund des Sachzusammenhanges ist es aber erforderlich, den effet atténué des anerkennungsrechtlichen ordre public hier, im Rahmen des Prüfungsmaßstabes der Vorbehaltsklauseln zu erörtern.

Zusammenfassend ergibt sich, daß die Prüfungsmaßstäbe des kollisionsrechtlichen und des anerkennungsrechtlichen ordre public vergleichbar sind, sofern keine exakte Aussage über den Inhalt und die Grenzen der parallelen Vorbehaltsklausel erfolgt. Soll jedoch eine Konkretisierung des Inhalts und der Grenzen erfolgen, so müssen die genannten Unterschiede streng beachtet und berücksichtigt werden. Für die Ausfüllung des Prüfungsmaßstabes des anerkennungsrechtlichen ordre public-Vorbehaltes des § 328 I Ziffer 4 ZPO ist ein Rückgriff auf den

---

Völker, S. 49 ff.; s. auch Zekoll, S. 35; Zöller-Geimer, ZPO, § 328, Rn. 152 (a.E.); einschränkend: G. Roth, S. 34 (dort insbes. Fn. 8).

304 In: Geimer/Schütze, Internationale Urteilsanerkennung, Band I/2, S. 1583. Dagegen spricht Geimer in: IZPR, Rn. 23 ff., von einem „weiteren Anwendungsfeld" des anerkennungsrechtlichen ordre public, vermischt hier aber selbst die von ihm in Geimer/Schütze, Internationale Urteilsanerkennung, Band I/2, S. 1583 gewählte Differenzierung zwischen „Anwendungsfeld" und „Anwendungsbereich"; vgl. ders., IZPR, Rn. 26.

Inhalt des kollisionsrechtlichen ordre public-Vorbehaltes des Art. 6 EGBGB nur begrenzt möglich.

Als konkrete Aussage kann lediglich festgehalten werden, daß der Prüfungsmaßstab der jeweiligen Vorbehaltsklausel durch die wesentlichen Grundsätze des deutschen Rechts, insbesondere die Grundrechte eingegrenzt wird.

Im folgenden soll der anerkennungsrechtliche ordre public anhand verschiedener Prüfungsgesichtspunkte konkretisiert werden. Hierbei ist zu berücksichtigen, daß die genannten Aspekte häufig nebeneinander vorliegen, sich gelegentlich auch überschneiden. Eine klare Trennung ist nicht möglich. Die Analyse des Inhalts des ordre public erfordert den Blick vom Allgemeinen auf das Spezielle.

2. Der Zweck eines deutschen Gesetzes als Auslegungskriterium für den Inhalt des ordre public

Nach der früheren Gesetzesfassung[305] scheiterte die Anwendung ausländischen Rechts ebenso wie die Anerkennung ausländischer Urteile bei einem Verstoß gegen den „Zweck eines deutschen Gesetzes".

Die aktuellen Ausformungen der ordre public-Klausel nennen den Zweck eines deutschen Gesetzes nicht mehr konkret als Prüfungskriterium. Dennoch muß der Gesetzeszweck für die Bestimmung des Inhalts der Norm herangezogen werden. Denn bei der Neufassung des IPR und der damit einhergehenden Änderung des IZVR wurde sowohl der Begriff „Zweck eines deutschen Gesetzes", als auch die Bezeichnung „gute Sitten" unter den Oberbegriff „wesentliche Grundsätze des deutschen Rechts" zusammengefaßt.[306] Die beiden in der ursprünglichen Gesetzesfassung enthaltenen Klauseln gehen im Sinngehalt der aktuellen Gesetzesausformung auf.

Durch die Vorbehaltsklausel wird die eigene Rechtsordnung grundsätzlich vor Einflüssen geschützt, die als nicht mehr hinnehmbar angesehen werden. Entscheidend kommt es auf die wesentlichen Grundsätze des deutschen Rechts an. Diese lassen sich zumindest auch über den Zweck eines Gesetzes konkretisieren.

Die Rechtsprechung hat die Generalklausel des ordre public lange Zeit anhand des Gesetzeszweckes analysiert:

Das Reichsgericht[307] nahm einen Verstoß gegen den Zweck eines deutsche Gesetzes an, wenn „der Unterschied zwischen den staatspolitischen und sozialen Anschauungen (...) so erheblich ist, daß die Anwendung ausländischen Rechts direkt die Grundlagen des deutschen

---

305 Art. 30 EGBGB a.F. bzw. Art. 328 I Ziffer 4 ZPO a.F.; s. hierzu bereits Teil 2, Ziffer I (S. 66 ff.).

306 Vgl. BT-Drucks. 10/504, S. 42 ff., 88 f.; s. auch Jayme, Methoden der Konkretisierung des ordre public im Internationalen Privatrecht, S. 67 ff. (Anhang); Pirrung, S. 123 ff. (124), 209.

307 Vgl. RGZ 60/296, 300; RGZ 119/259, 262; RGZ 138/214, 216; RGZ 169/240, 245 - jeweils zu Art. 30 EGBGB a.F. (= Art. 6 EGBGB n.F.).

staatlichen oder wirtschaftlichen Lebens angreifen würde".[308] Gefordert wurde ein massiver und unmittelbarer Angriff auf die Grundlagen des staatlichen und wirtschaftlichen Lebens aus bestimmten staatspolitischen, sozialen, kulturellen, rechtlichen, ethischen oder wirtschaftlichen Anschauungen des inländischen Zusammenlebens.[309] Der Anwendungsbereich der Vorbehaltsklauseln war somit beschränkt auf Gesetze, mit denen grundlegende Ziele verfolgt wurden. Nicht ausreichend waren reine Zweckmäßigkeitserwägungen.[310] Diese Formulierung wurde von der Rechtsprechung bis 1968 allgemein angewandt.[311]

Gegen sie wurde jedoch Kritik erhoben. Einerseits wurde die Formel als zu eng und lediglich die Staatsautorität schützend kritisiert.[312] Andererseits erschien sie als zu weit, unbestimmt und ohne inhaltliche Beschränkung.[313]

Der BGH[314] geht nunmehr davon aus, daß ein ordre public-Verstoß vorliegt, wenn „die Anerkennung (...) zu einem Ergebnis führt, das mit den Grundwerten oder sonst offensichtlich mit wesentlichen Grundsätzen des deutschen Rechts unvereinbar ist". Das Schutzgut der Vorbehaltsklausel wird also hin zur materialen Gerechtigkeit ausgelegt.

Weiterhin wird ein ordre public-Verstoß nicht mehr nur abstrakt, sondern auch konkret - bezogen auf den Einzelfall - überprüft. Wuppermann[315] spricht insofern von einer „Doppelsiebfunktion" bei der Überprüfung anhand der Vorbehaltsklausel. Dieser Ansicht hat sich auch die Rechtsprechung angeschlossen.[316]

Die vorgenannten Definitionen und ihre Auslegung fanden bei der Neufassung des IPR und der entsprechenden Anpassung des IZVR Berücksichtigung.[317]

Sowohl für den kollisionsrechtlichen, als auch für den anerkennungsrechtlichen ordre public kommt es inhaltlich entscheidend darauf an, ob das Ergebnis der Anwendung des ausländi-

---

308 Unscharf insofern Triebel/Peglow, ZIP 1987/613, 616, die diese Definition allgemein der Verletzung des ordre public zuschreiben und nicht zwischen dem Verstoß gegen den Zweck eines deutschen Gesetzes und den guten Sitten unterscheiden.

309 Vgl. hierzu Stein/Jonas-Schumann, ZPO, § 328, Rn. 224 mit umfassenden Hinweisen zur Rechtsprechung.

310 Vgl. zum Ganzen Martiny, Handbuch des IZVR, Band III/1, Rn. 995; Zöller-Geimer, ZPO, § 328, Rn. 152.

311 Vgl. die umfassenden Nachweise bei Martiny, Handbuch des IZVR, Band III/1, Rn. 995 (dort insbesondere Fn. 2908); s. z.B. auch BayObLG JZ 1968/70 ff.

312 Vgl. Dölle, in: Landesreferate, 1950, S. 397, 407; weitere Nachweise bei Martiny, Handbuch des IZVR, Band III/1, Rn. 995 (dort insbesondere Fn. 2904); s. auch Stein/Jonas-Schumann, ZPO, § 328, Rn. 224.

313 Vgl. Wuppermann, S. 56, 57.

314 Seit BGH (B. v. 17.9.1968) BGHZ 50/370, 375 f. = FamRZ 1968/642 (mit Anm. Bosch) = IPRspr 1968-69 Nr. 127 b = JZ 1969/299 (mit Anm. Heldrich) = NJW 1969/369 ff. = StAZ 1969/10 (mit Anm. Simitis) - zur Legitimation von italienischen „Ehebruchskindern"; weitere Nachweise bei Martiny, Handbuch des IZVR, Band III/1, Rn. 996 (dort insbesondere Fn. 2910); s. auch: BGH (Urt. v. 4.6.1992) BGHZ 118/312, 320 = IPRax 1993/310, 313 = LM 2/93 zu § 328 ZPO, Bl. 328 = MDR 1992/1181, 1182 = NJW 1992/3096, 3098 = WM 1992/1451, 1455 = ZIP 1992/1256, 1260, = ZZP 106 (1993), S. 79, 86, jeweils unter Punkt A. III. 3. b) (nicht abgedruckt in CR 1993/274 ff., EuZW 1992/705 ff., EWiR 1993/827, JZ 1993/261 ff., PHI 1992/174 f. und RIW 1993/132 ff.) - zum anerkennungsrechtlichen ordre public gemäß § 328 I Ziffer 4 ZPO.

315 S. 57.

316 Vgl. die Nachweise bei Wuppermann, S. 58 (dort insbesondere Fn. 20).

317 Zur Reform des IPR und IZVR s. bereits Teil 2, Ziffer I. (S. 66 ff.).

schen Gesetzes vom Standpunkt des deutschen ordre public aus zu mißbilligen ist. Ein Verstoß lediglich gegen Normen des positiven Rechts reicht nicht aus. Ein Verstoß gegen den ordre public ist vielmehr nur dann gegeben, wenn das Ergebnis des ausländische Verfahrens mit den der konkreten positiven Regelung des deutschen Rechts zugrundeliegenden Grundwerten und deren Zweck für absolut unvereinbar gehalten wird.[318] Dem Anerkennungsstaat kann es insofern nicht nur gleichgültig sein, welche staatspolitischen Anschauungen der fremde Urteilsstaat für richtig hält,[319] sondern dies hat den Anerkennungsstaat gar nicht zu interessieren. Von Bedeutung ist einzig die Frage, ob das privatrechtliche Ergebnis der fremden (nicht zwingend anderen) Denkweise, also die ausländische Entscheidung, im Inland - mehr oder weniger eingeschränkt - zugelassen werden soll.

In der Praxis ist der Richter verpflichtet, bei der Überprüfung der Anerkennungsfähigkeit einer fremden Entscheidung den Zweck eines entsprechenden inländischen Gesetzes zu beachten. Er muß auf verfassungsrechtliche Grundgedanken zurückzugreifen. Der Blickwinkel des Anerkennungsrichters wird über die nationale Rechtsordnung hinaus erweitert und internationalen Anforderungen angepaßt. Grund hierfür ist, daß der sensible Bereich der Konfrontation verschiedener Rechtsordnungen im internationalen Privat- und Verfahrensrecht in seinen Grenzen bestimmt werden muß. Es werden auch Fragen der Rechtsvergleichung tangiert. Bei der Überprüfung fremder Entscheidungen anhand des ordre public können nicht lediglich nationale Interpretationen des eigenen oder gar des fremden Rechts durchgesetzt werden. Vielmehr erfordert der Blick über die Grenzen der eigenen Rechtsordnung auch die Auseinandersetzung mit den hinter ihr stehenden Grundwerten und Absichten. Der Zweck eines Gesetzes ist bei der Auslegung des Prüfungsmaßstabes der Vorbehaltsklausel also unverzichtbar.

Gewissermaßen zur Abrundung muß auch der Einfluß der Relativität der Vorbehaltsklausel[320] auf den Zweck des Gesetzes als Auslegungskriterium des ordre public angesprochen werden:

Selbst wenn der Zweck eines Gesetzes zunächst durch den Gesetzgeber fixiert ist, so muß dennoch davon ausgegangen werden, daß politische, wirtschaftliche, soziale und auch kulturelle Veränderungen die Auslegung des in Frage stehenden Gesetzes beeinflussen und so auf das fragliche Auslegungskriterium zurückwirken.

Erneut kann als Beispiel der Anspruch auf Kranzgeld (§ 1300 BGB) genannt werden.[321] Bis vor wenigen Jahren waren Klagen auf Kranzgeld nicht selten und häufig auch erfolgreich. Die frühere Ansicht, die die Versagung des Kranzgeldes als Verstoß gegen den kollisionsrechtli-

---

318 BGH (Urt. v. 18.10.1967) BGHZ 48/327 = JZ 1968/594 (mit Anm. mit Anm. Geimer, JZ 1969/12 ff. und Wengler, JZ 1968/596 ff.) = LM § 328 ZPO, Nr. 18 L = NJW 1968/354 = ZZP 82 (1969), S. 149 (mit Anm. G. Roth); bestätigt durch Beschluß des BVerfG vom 28.3.1968 - 2 BvR 740/67; s. den Nachweis bei BGH (Urt. v. 4.6.1992) BGHZ 118/312, 321 = IPRax 1993/310, 313 = LM 2/93 zu § 328 ZPO, Bl. 328 = NJW 1992/3096, 3098 = WM 1992/1451, 1455 = ZIP 1992/1256, 1261 = ZZP 106 (1993), S. 79, 86, jeweils unter Punkt A. III. 3. b) (nicht abgedruckt in CR 1993/274 ff., EuZW 1992/705 ff., EWiR 1993/827, JZ 1993/261 ff., MDR 1992/1181 ff., PHI 1992/174 f. und RIW 1993/132 ff.).

319 So Martiny, Handbuch des IZVR, Band III/1, Rn. 996.

320 S. hierzu bereits Teil 1, Ziffer II. 6. b) (2) (S. 61 ff.).

321 S. Teil 1, Ziffer II. 6. b) (2) (S. 61).

chen ordre public ansah,[322] ist nunmehr aufgegeben.[323] Zwischenzeitlich sind kaum mehr Fälle bekannt, in denen ein Anspruch auf Kranzgeld erfolgreich geltend gemacht wurde. Der Zweck der Vorschrift ist hier zwar der gleiche geblieben, gesellschaftliche Entwicklungen, insbesondere eine liberalere Einstellung zur Sexualität, haben ihn aber im Laufe der Zeit in Frage gestellt und den Anspruch als solchen überholt.[324]

3. Die guten Sitten als Auslegungskriterium für den Inhalt des ordre public

Neben dem Zweck eines deutschen Gesetzes sind auch die guten Sitten unter den in der aktuellen Gesetzesfassung normierten Oberbegriff der wesentlichen Grundsätze des deutschen Rechts einzuordnen.[325]

Der Begriff der guten Sitten im IZVR entspricht dem der internen deutschen Rechtsordnung. Er unterscheidet sich nicht von dessen Ausformung in den §§ 138, 826 BGB.[326] Insbesondere moralische Aspekte sind zu berücksichtigen. Entscheidend kommt es auf das Anstandsgefühl aller billig und gerecht Denkenden an.[327] Auch grobe Verletzungen von Treu und Glauben (§ 242 BGB) können als Sittenverstoß ausgelegt werden.[328] Das BVerfG[329] spricht insofern von einem für den ordre public-Verstoß erforderlichen „Unwerturteil".[330]

Die Sittenwidrigkeit der zur Anerkennung stehenden ausländischen Entscheidung kann sich entweder aus deren Inhalt, aus deren Zustandekommen selbst, oder aus dem mit ihr verfolgten Zweck ergeben.

Ein inhaltlicher Verstoß gegen die guten Sitten liegt z.B. vor bei einer Verurteilung zur Zahlung von Spielschulden aus Glücksspiel.[331] Teilweise wird auch die Vereinbarung eines Erfolgshonorars für den Rechtsanwalt als Verstoß gegen den Inhalt des ordre public angesehen.[332] Sie widerspreche den Grundwerten des deutschen Gebührenrechts vor Gericht und der

---

322 Vgl. BGHZ 28/385 ff.

323 Seit BGH (Urt. v. 24.4.1974) BGHZ 62/282 ff.; vgl. auch Jayme, Methoden der Konkretisierung des ordre public im Internationalen Privatrecht, S. 49; Palandt-Heldrich, BGB, Art. 6 EGBGB, Rn. 19; s. auch G. Roth, NJW 1967/134, 136.

324 Zu den in diesem Zusammenhang vergleichbaren US-amerikanischen Anti-Heart-Balm-Statutes vgl. Prosser and Keeton, S. 929 f.

325 Vgl. BT-Drucks. 10/504, S. 42 ff., 88 f.; s. auch Jayme, Methoden der Konkretisierung des ordre public im Internationalen Privatrecht, S. 67 ff. (Anhang); Pirrung, S. 123 ff. (124), 209.

326 Vgl. Habscheid, FamRZ 1981/1142, 1143; Martiny, Handbuch des IZVR, Band III/1, Rn. 998 f.; Stein/Jonas-Schumann, ZPO, Rn. 224. Schack meint, die ursprüngliche Gesetzesfassung hätte die Gedankenverbindung zu den §§ 138, 826 BGB übereilt hervorgerufen, dem trete nunmehr der aktuelle Wortlaut des Gesetzes entgegen; vgl. ders., IZVR, Rn. 861.

327 Vgl. Palandt-Heinrichs, BGB, § 138, Rn. 2.

328 Vgl. Martiny, Handbuch des IZVR, Band III/1, Rn. 998, mit Verweis auf RG (Urt. v. 25.5.1926) RGZ 114/171, 172 = IPRspr 1926-27 Nr. 6.

329 BVerfGE 31/58, 75 = NJW 1971/1509 ff. = RabelsZ 36 (1972), S. 45 ff. = IPRspr 1971/39 ff. (Spanier-Beschluß).

330 Vgl. zum Ganzen auch Wuppermann, S. 53 ff.

331 Ebenso MünchKomm-Gottwald, ZPO, § 328, Rn. 88.

332 Für eine Sittenwidrigkeit: BGH (Urt. v. 15.12.1960) BGHZ 34/64, 70 ff. = LM § 93 RAGebO Nr. 4 L = NJW 1963/313 = VersR 1961/140, 142; BGH (Urt. v. 28.2.1963) NJW 1963/1147; BGH (Urt. v.

BRAGO. Der BGH weist aber in seiner „Kalifornien-Entscheidung“[333] zu Recht darauf hin, daß eine differenzierte Betrachtungsweise erforderlich ist. Von Bedeutung ist hier insbesondere das Maß der Inlandsbeziehung des Sachverhaltes der fremden Entscheidung.[334]

Von einem sittenwidrigen Zustandekommen des fremden Urteils ist auszugehen, wenn z.B. mit falschen (unlauteren) Zeugen[335] kollusiv zusammengearbeitet wurde, das Urteil auf einem Meineid[336] beruht, oder arglistig das später gebrochene Versprechen abgegeben wurde, von dem ausländischen Urteil keinen Gebrauch zu machen[337].

Allerdings kann nicht davon ausgegangen werden, daß jede fremde Entscheidung sittenwidrig ist, deren zugrundeliegender Sachverhalt nach internem Recht gegen das „Anstandsgefühl aller billig und gerecht Denkenden“ verstoßen würde. Zwar müssen die internen Vorschriften, hier konkret die Sittenwidrigkeit der ausländischen Entscheidung, um so strenger geprüft werden, je enger die Inlandsbeziehung des zur Anerkennung stehenden Sachverhaltes ist.[338] Aber bei lediglich geringem oder fehlendem Inlandsbezug des zur Anerkennung stehenden Falles ist die Hürde der Vorbehaltsklausel höher anzusetzen. Auch hier ist der effet atténué des anerkennungsrechtlichen ordre public zu beachten.

Weiterhin ist zu berücksichtigen, daß der Begriff der Sittenwidrigkeit selbst ein unbestimmter Rechtsbegriff ist. Er ist auslegungsbedürftig und unterliegt Wandlungen. Er läßt sich wegen seiner konkretisierungsbedürftigen Bezugnahme auf überkommene Moralvorstellungen nur schwer definieren, ist kaum faßbar.

Die Auslegung des Vorbehalts des ordre public anhand der Sittenwidrigkeit der fremden Entscheidung ist von einer zweifachen Unklarheit belastet. Der eine unbestimmte Rechtsbegriff (ordre public) soll durch den anderen unbestimmten Rechtsbegriff (Sittenwidrigkeit) konkretisiert werden. Dies ist nur in engen Grenzen möglich. In der praktischen Anwendung ist deshalb Vorsicht geboten und es muß der konkrete Einzelfall in seinen individuellen Besonderheiten berücksichtigt werden.

31.10.1991) LM § 134 BGB Nr. 135 = NJW 1992/681 = WM 1992/279; KG IPRspr 1962-63, S. 653 ff., 657 (Nr. 202); weitere Nachweise bei Wuppermann, S. 54 (dort insbesondere Fn. 4; s. aber auch Fn. 7). Differenzierend: BGH (Urt. v. 15.11.1956) BGHZ 22/162 ff. = LM Art. 30 EGBGB Nr. 3 L = NJW 1957/184 f. (mit ausführlicher und umfassender Darstellung des damaligen Sach- und Streitstandes); BGH (Urt. v. 28.10.1965) BGHZ 44/183 ff. = NJW 1966/296 ff. und auch BGH (Urt. v. 4.6.1992) BGHZ 118/312, 332 ff. = EuZW 1992/705, 706 = IPRax 1993/310, 316 = JZ 1993/261, 262 = LM 2/93 zu § 328 ZPO, Bl. 332 f. = MDR 1992/1181, 1183 = NJW 1992/3096, 3101 = RIW 1993/132, 135 = WM 1992/1451, 1459 = ZIP 1992/1256, 1264 = ZZP 106 (1993), S. 79, 92 ff., jeweils unter Punkt A. IV. 5. (nicht abgedruckt bei CR 1993/274 ff., EWiR 1993/827, PHI 1992/174 f.).

333 BGH (Urt. v. 28.10.1965) BGHZ 44/183 ff. = NJW 1966/296 ff. und auch BGH (Urt. v. 4.6.1992) BGHZ 118/312, 332 ff. = EuZW 1992/705, 706 = IPRax 1993/310, 316 = JZ 1993/261, 262 = LM 2/93 zu § 328 ZPO, Bl. 332 f. = MDR 1992/1181, 1183 = NJW 1992/3096, 3101 = RIW 1993/132, 135 = WM 1992/1451, 1459 = ZIP 1992/1256, 1264 = ZZP 106 (1993), S. 79, 92 ff., jeweils unter Punkt A. IV. 5. (nicht abgedruckt bei CR 1993/274 ff., EWiR 1993/827, PHI 1992/174 f.).

334 Vgl. hierzu bereits Teil 1, Ziffer II. 6. b) (1) (S. 58 f.).

335 Vgl. RG JW 1926/1148.

336 Vgl. RG RGZ 46/75.

337 Vgl. RG RGZ 36/249.

338 Vgl. Scheucher, ZfRV 1 (1960), S. 15, 39 (für das österreichische Recht).

Moralische Aspekte dürfen auf keinen Fall alleine zu einer abschließenden Beurteilung des Falles führen, sie können allenfalls zusätzliche Wertungsgesichtspunkte bieten. Diese Schwierigkeiten deutet Koch[339] bereits an, wenn er in Bezug auf die „Kalifornien-Entscheidung" des BGH vom 4.6.1992 die Frage in den Raum stellt, ob eine drastische Sanktion des Beklagten in den USA wegen der von ihm verwirklichten sexuellen Delikte im Inland aus moralischen Überlegungen auch nach deutschem Verständnis möglicherweise willkommener war, als es z.B. die haftungsrechtliche Sanktion eines Produzenten wegen eines Produktfehlers gewesen wäre, dessen Verursacher moralisch gesehen möglicherweise eher Schutz verdient hätte.

Der Begriff der Sittenwidrigkeit birgt noch ein letztes, im internationalen Rechtsverkehr nicht zu verkennendes Problem. Bereits dem Wort selbst haftet eine negative Färbung an. Der Vorwurf, das fremde Recht bzw. die ausländische Entscheidung verstoße gegen die guten Sitten, wiegt schwer. Simitis[340] stellt zutreffend fest, daß es vollauf genüge, das ausländische Recht und darauf basierende Entscheidungen gegebenenfalls zurückzuweisen. Es müsse nicht auch noch disqualifiziert werden.

Aufgabe des ordre public ist es, die eigene Rechtsordnung vor den als unzumutbar angesehenen Einflüssen von außen zu schützen. Dies darf nicht dazu führen, sich zum ethischen und moralischen Sittenwächter im internationalen Recht zu erheben.

Dem Begriff der Sittenwidrigkeit kommt neben den sonstigen Schranken keine wirklich eigenständige Bedeutung zu. Im Ergebnis sollte wegen der Unklarheiten und der subjektiven Färbung auf dieses Auslegungskriterium verzichtet werden.

4. Die öffentliche Ordnung als Auslegungskriterium für den Inhalt des ordre public

Als weiterer Begriff zur Eingrenzung des Inhalts der Vorbehaltsklausel wird die „öffentliche Ordnung" genannt.[341]

Problematisch hieran ist, daß öffentliche Ordnung und odre public sprachlich dieselbe Bedeutung haben. Man würde das französische Wort durch das deutsche Pendant ersetzen, ohne in der Sache voranzukommen.[342] Deswegen soll hier nicht näher auf mögliche Definitionen oder Ausgestaltungen des Begriffes der öffentlichen Ordnung eingegangen werden. Es erscheint wenig sinnvoll, von zwei gleichbedeutenden Begriffen einen als Oberbegriff zu definieren.

Außerdem wird der Begriff der öffentlichen Ordnung im deutschen Recht vornehmlich im Bereich von Sicherheit und Ordnung, konkret im Polizeirecht verwendet. Es trägt nicht zur Klärung des Inhalts des ordre public bei, Begriffe verschiedener Rechtsgebiete zu vermischen.

---

339 NJW 1992/3073, 3075 (a.E.) - Anm. zur Kalifornien Entscheidung, BGH (Urt. v. 4.6.1992).

340 In: Vorschläge und Gutachten, S. 267, 287 (zum kollisionsrechtlichen Vorbehalt des Art. 30 EGBGB a.F.).

341 Vgl. Wuppermann, S. 59 ff.

342 Ebenso Martiny, Handbuch des IZVR, Band III/1, Rn. 1069.

Im internationalen Recht sollte es bei der Verwendung des dort üblichen französischen Ausdrucks bleiben.

5. Die wesentlichen Grundsätze des deutschen Rechts, insbesondere die Grundrechte als inhaltliches Kriterium zur Auslegung des ordre public

a) Der Gesetzeswortlaut von Art. 6 EGBGB und § 328 I Ziffer 4 ZPO

Neben den in den früheren Ausformungen der ordre public-Klausel enthaltenen Auslegungskriterien, dem Zweck eines Gesetzes und den guten Sitten, bietet der aktuelle Gesetzeswortlaut der Vorbehaltsklauseln weitere Anhaltspunkte zur Umschreibung des Inhalts.

Die Anwendung einer fremden Norm ist nach Art. 6 EGBGB und die Anerkennung einer fremden Entscheidung ist nach § 328 I Ziffer 4 ZPO ausgeschlossen, wenn ihre Anwendung zu einem Ergebnis führt, das mit wesentlichen Grundsätzen des deutschen Rechts offensichtlich unvereinbar ist. Fremdes Recht ist insbesondere dann nicht anzuwenden, wenn dies mit den Grundrechten unvereinbar ist.

Der Begriff des wesentlichen deutschen Rechtsgrundsatzes ist umfassender zu verstehen, als derjenige der Grundrechte. Dies ergibt sich aus dem Wortlaut, daß die Grundrechte „insbesondere" zu beachten sind, also als Sonder- oder Unterfall der „wesentlichen Grundsätze" definiert werden.

b) Die wesentlichen Grundsätze des deutschen Rechts

Bei den wesentlichen Grundsätzen des deutschen Rechts handelt es sich um die gesetzlichen Grundlagen des deutschen staatlichen, rechtlichen und wirtschaftlichen Lebens. Gemeint sind die Grundwerte der deutschen Rechtsordnung. Als nicht ausreichend gilt hier der Verstoß gegen Normen des positiven Rechts oder gegen Grundsätze, die sich im internen Recht als wichtig herauskristallisiert haben, jedoch nicht von fundamentaler Bedeutung sind. Es geht um die tragenden Gedanken des deutschen Rechtssystems.[343]

Diese nicht sehr ergiebigen Umschreibungen haben schon oben nur bedingt weitergeholfen, als es um den Versuch ging, den Zweck eines deutschen Gesetzes als Auslegungskriterium des Inhalts des ordre public zu umschreiben.[344] Hier kann nur auf die dortigen Ausführungen zurückgegriffen werden. Dieser Rückgriff ist zulässig, da zwischen dem Zweck eines deutschen Gesetzes und den Grundwerten der deutschen Rechtsordnung ein enger Zusam-

---

343 Vgl. BGH (B. v. 9.5.1990) NJW 1990/2198 = NJW RR 1991/2111 = ZZP 103 (1990), S. 471 (mit Anm. Geimer); OLG Saarbrücken NJW 1988/3100 (zu Art. 27 EuGVÜ); s. auch Baumbach/Lauterbach/Albers/Hartmann, ZPO, § 328, Rn. 31 („Fundamente"); Habscheid, FamRZ 1981/1142, 1144; G. Roth, S. 89.

344 S. 98 ff.

menhang besteht.[345] Sowohl im Zweck, als auch im entsprechend dahinterstehenden Grundwert der entsprechenden Norm des deutschen Rechts spiegeln sich Absicht, Ziel und Streben des Gesetzgebers wider. Der Zweck eines Gesetzes ist immer auch Teil der dem Gesetz zugrundeliegenden Werte.

Problematisch ist weiterhin, daß sich nicht klar bestimmen läßt, wann ein Grundsatz des deutschen Rechts als wesentlich anzusehen ist. Bei der Neufassung der Vorbehaltsklauseln wurde insofern lediglich auf die Handhabung der vorhergehenden Gesetzesfassung (insbesondere Art. 30 EGBGB a.F.) verwiesen,[346] die jedoch kaum Aussagekraft hat.[347]

Mit der Beschränkung auf die wesentlichen Grundsätze der deutschen Rechtsordnung wird zum Ausdruck gebracht, daß hier nur besonders bedeutsame Aspekte des deutschen Rechts relevant sind. So ist z.B. das Kindswohl als tragendes Prinzip im Familienrecht und somit als wesentlicher Grundsatz der deutschen Rechtsordnung anerkannt.[348] Dagegen liegt nicht immer ein ordre public-Verstoß vor, wenn eine ausländische Entscheidung z.B. Devisenbestimmungen der jeweils beteiligten Länder beeinträchtigt.[349]

Zu beachten ist, daß grundsätzlich nicht bestimmte Verfahrenssätze des deutschen Rechts den Gegenstand der ordre public-Prüfung ausmachen, sondern daß die hinter dem positiven Verfahrensrecht stehenden wesentlichen Verfahrensmaximen den Inhalt des ordre public konkretisieren.[350] Der Vorbehalt des ordre public kommt nur in den Ausnahmefällen in Betracht, in denen das ausländische Verfahren gegen grundlegende Forderungen der im Inland geltenden prozessualen Gerechtigkeit verstößt, die hier für unverzichtbar gehalten werden.[351] Als wesentlich sind also die Grundsätze des deutschen Rechts anzusehen, die in jedem Fall berücksichtigt werden müssen. Welcher Grundsatz konkret als wesentlich angesehen wird, muß letztlich der jeweiligen Einzelfallentscheidung überlassen werden.

Zusammenfassend ergibt sich, daß mit dem Begriff der wesentlichen Grundsätze des deutschen Rechts, grundlegende Aspekte der internen materialen Gerechtigkeit gemeint sind.

---

345 Insbesondere in der Kommentierung werden die beiden Auslegungskriterien vermengt bzw. gemeinsam abgehandelt; vgl. z.B. MünchKomm-Sonnenberger, BGB, Band 7, Art. 6 EGBGB, Rn. 50 ff. (zwar zum kollisionsrechtlichen ordre public, aber sehr ausführlich).

346 Vgl. BT-Drucks. 10/504, S. 43 und BR-Drucks. 222/83, S. 43; s. auch Jayme, Methoden der Konkretisierung des ordre public im Internationalen Privatrecht, S. 67 ff. (Anhang); MünchKomm-Sonnenberger, BGB, Band 7, Art. 6 EGBGB, Rn. 53.

347 Vgl. MünchKomm-Sonnenberger, BGB, Band 7, Art. 6 EGBGB, Rn. 53 (dort insbesondere Fn. 140)

348 Vgl. OLG Düsseldorf (B. v. 4.12.1981) FamRZ 1982/534 ff. Auch wenn die vorliegende Arbeit das Familienrecht ausdrücklich ausklammert (vgl. Einleitung) bietet sich das genannte Beispiel hier an, da schon der Begriff Kindswohl selbst auslegungsbedürftig ist und im internen Recht unmittelbar einen einzuhaltenden Grundsatz darstellt, nicht lediglich eine hinter einer gesetzlichen Regelung stehende Maxime ausdrückt; vgl. Palandt-Diedrichsen, BGB, § 1671, Rn. 11 ff.

349 Vgl. BGH (B. v. 9.5.1990) NJW 1990/2198 = NJW RR 1991/2111 = ZZP 103 (1990), S. 471 (mit Anm. Geimer); dort ging es um die Anerkennung und Vollstreckbarerklärung eines tschechoslowakischen Unterhaltsurteils, das auf deutsche Währung lautete, um dem eigenen Land sog. harte Westwährung zukommen zu lassen.

350 Ausführlich hierzu Zöller-Geimer, ZPO, § 328, Rn. 155. Zum Sonderfall der Dispositionsmaxime (Art. 2 I GG) vgl. Stiefel/Stürner, VersR 1987/829 f.

351 Vgl. Geimer, ZZP 103 (1990), S. 477, 483 f.; ders., IPRax 1992/5, 13 f.; Zöller-Geimer, ZPO, § 328, Rn. 155.

Wert- und Gerechtigkeitsvorstellungen, die im deutschen Recht als absolut wesentlich angesehen werden, müssen beachtet werden.

c) Die Grundrechte

Schon vor der Neuregelung des IPR und der damit einhergehenden Änderung des IZVR wurde die Anwendung fremden Rechts und die Anerkennung fremder Entscheidungen an den Grundrechten gemessen.[352] Nunmehr heben sowohl Art. 6 S. 2 EGBGB, als auch § 328 I Ziffer 4 Hs. 2 ZPO ausdrücklich hervor, daß die Grundrechte als Unterfall der wesentlichen Grundsätze des deutschen Rechts Geltung beanspruchen. Diese prägen die Werteordnung des deutschen Rechts. Der Verweis auf die Grundrechte schlägt eine Brücke zum Verfassungsrecht, das den Kernbestand der inländischen Rechtsordnung deutlicher umschreibt. Es entfaltet über die nationalen Grenzen hinweg auch Wirkung nach außen. Der den Grundrechten immanente allgemeine Schutzgedanke wirkt über den internen Rechtsverkehr hinaus auch für Fälle mit Auslandsberührung.

Der im Gesetz verankerte Verweis auf die Grundrechte ist im übrigen die einzige inhaltliche Konkretisierung, die der Vorbehalt des ordre public ausdrücklich erfährt.

Hartmann[353] beschränkt den Hinweis auf die Grundrechte als Prüfungsmaßstab einzig auf die Art. 1 – 19 GG. Das weitere im Grundgesetz enthaltene Gedankengut, die objektive Wertordnung der Verfassung[354] und z.B. auch der Anspruch auf rechtliches Gehör gemäß Art. 103 I GG kämen seiner Ansicht nach über den übergeordneten Aspekt der wesentlichen Grundsätze des deutschen Rechts zum tragen.

Schon dogmatisch gesehen trifft dies nicht zu. Neben dem Grundrechtskatalog des ersten Abschnitts des Grundgesetzes bieten z.B. auch die Art. 103 und 104 GG präzisierte Abwehr- oder Freiheitsrechte. Andererseits darf man nicht soweit gehen, über eine extensive Auslegung von Art. 2 I GG den gesamten Grundrechtskatalog des GG in den Prüfungsmaßstab des ordre public aufzunehmen. Dies würde die Suche nach konkreten Anhaltspunkten bei der Auslegung des ordre public erschweren, da Unklarheiten und Vermischungen in einem Bereich zu befürchten wären, in dem dogmatische Differenzierung geboten ist und auch möglich erscheint.

Es ist fraglich, ob eine strenge Trennung zwischen den Grundrechten und den wesentlichen Grundsätzen des deutschen Rechts hilfreich ist. Auch der Grundrechtskatalog der Art. 1 – 19 GG enthält übergeordnete Verfassungsgrundsätze, er bildet z.B. den wesentlichen Kern der

---

352 Seit BVerfGE 31/58 ff. = IPRspr 1971/39 ff. = NJW 1971/1509 ff. = RabelsZ 36 (1972), S. 45 ff. (Spanier-Beschluß) höchstrichterlich fixiert. S. hierzu auch Henrich, RabelsZ 36 (1972), S. 2 ff.

353 In Baumbach/Lauterbach/Albers/Hartmann, ZPO, § 328, Rn. 33 (konkret nur zum hier vornehmlich interessierenden anerkennungsrechtlichen ordre public, wohl auch übertragbar auf den kollisionsrechtlichen -) mit Verweis auf AG Hamburg-Altona, FamRZ 1992/83.

354 Vgl. BVerfGE 7/205 ff.; 39/41; 49/141.

freiheitlich-demokratischen Grundordnung[355]. Neben den unmittelbaren Grundrechten verkörpert er zusätzlich eine objektive Wertordnung und bietet institutionelle Gewährleistungen und Garantien[356]. Die Überprüfung der Anwendung fremder Gesetze bzw. der Anerkennung fremder Entscheidungen wird durch die von Hartmann vorgeschlagene strenge Unterscheidung nicht vereinfacht. Eine zusätzliche Auseinandersetzung mit dem Problem, ob unmittelbar normierte Grundrechte oder „nur" die hinter ihnen stehenden Grundwerte betroffen sind, bringt in der Sache selbst, also der Bestimmung des Inhalts und Prüfungsmaßstabs des ordre public, nichts.

Bei der Bestimmung des Inhalts der Vorbehaltsklausel ist immer auch eine wertende Betrachtung der Gesamtumstände erforderlich. Diese verlangt aber grundsätzlich ein gewisses Maß an pauschaler Beurteilung. Es ist deshalb nicht zweckmäßig, auf eine Differenzierung abzustellen, die in der Sache selbst nicht weiterhilft.

Fremde Gesetze oder fremde Entscheidungen sind - ebenso wie einfache Normen des internen Rechts - sowohl anhand der Grundrechte selbst als auch anhand der objektiven Werteordnung des Grundgesetzes zu interpretieren. Eine Grenzziehung zwischen diesen beiden Prüfungsaspekten ist weder sinnvoll, noch zweckmäßig.

Einzugehen ist noch auf das oben bereits angesprochene verfassungsrechtliche Prozeßgrundrecht des rechtlichen Gehörs gemäß Art. 103 I GG:

Der BGH[357] hat mit Urteil vom 18.10.1967 entschieden, daß der im internen Recht unmittelbar[358] anzuwendende Anspruch auf rechtliches Gehör bei der Frage der Anerkennung ausländischer Entscheidungen als nur mittelbar zu berücksichtigender tragender Rechtsgrundsatz des deutschen Verfahrensrechts gelte, der zum deutschen ordre public gehört. Für eine solche Einordnung des Anspruchs auf rechtliches Gehör spricht, daß dieser Grundsatz schon vorkonstitutionell den deutschen gerichtlichen Verfahrensordnungen, insbesondere der 1877 erlassenen ZPO, zugrunde lag und erst später - am 23.5.1949 - in Art. 103 I GG normiert wurde. Als wesentlicher Bestandteil des Rechtsstaatsprinzips war der Anspruch auf rechtliches Gehör somit bereits lange bevor er im Grundgesetz fixiert wurde ein wesentlicher Grundsatz der deutschen Rechtsordnung.

---

355 Vgl. BVerfGE 31/73.

356 Z.B. das anhand Art. 14 GG entwickelte Institut „Eigentum"; vgl. BVerfGE 24/389.

357 BGH (Urt. v. 18.10.1967) BGHZ 48/327 = JZ 1968/594 (mit Anm. mit Anm. Geimer, JZ 1969/12 ff. und Wengler, JZ 1968/596 ff.) = LM § 328 ZPO Nr. 18 L = NJW 1968/354 = ZZP 82 (1968), S. 149 (mit Anm. G. Roth), bestätigt durch Beschluß des BVerfG v. 28.3.1968 - 2 BvR 740/67; vgl. den Nachweis bei BGH (Urt. v. 4.6.1992) BGHZ 118/312, 321 = IPRax 1993/310, 313 = LM 2/93 zu § 328 ZPO, Bl. 328 f. = NJW 1992/3096, 3098 = WM 1992/1451, 1455 = ZIP 1992/1256, 1261 = ZZP 106 (1993), S. 79, 86 f., jeweils unter Punkt A. III. 3. b) (nicht abgedruckt in CR 1993/274 ff., EuWZ 1993/705 ff., EWiR 1993/827, JZ 1993/261 ff., MDR 1992/1181 ff., PHI 1992/174 f. und RIW 1993/132 ff.). In der Sache selbst ging es dort um einen im englischen einstweiligen Unterhaltsverfahren gegen den Beklagten ausgesprochenen Ausschluß vom weiteren Verfahren wegen Mißachtung einer gerichtlichen Anordnung (contempt of court).

358 Vgl. Seifert/Hömig, GG, Art. 103, Rn. 2 ff.; s. auch Baur, in: FS Guldener, S. 1, 2 (dort Fn. 5).

Inzwischen wird der Anspruch auf rechtliches Gehör bei der Frage der Anerkennungsfähigkeit ausländischer Entscheidungen überwiegend ohne Abstriche berücksichtigt. Er wird allgemein und umfassend durchgesetzt. Art. 103 I GG kommt nunmehr also unmittelbar zur Anwendung, es wird nicht lediglich dessen Kerngehalt beachtet. Der Aspekt des ordre public atténué mindert die Wirkung des Grundrechts hier nicht.[359]

Grundsätzlich sind aber - wie bereits gesagt - Gegenstand der ordre public-Klausel nicht bestimmte Verfahrenssätze des deutschen Rechts, sondern die hinter dem positiven Verfahrensrecht stehenden grundlegenden Verfahrensmaximen.[360] Der Vorbehalt des ordre public greift nur in den Ausnahmefällen ein, in denen das ausländische Verfahren gegen grundlegende Forderungen der im Inland geltenden materialen und auch prozessualen Gerechtigkeit (fair trial) verstößt, die für unverzichtbar gehalten werden.[361] Ist dies der Fall, so finden sie ihren Niederschlag in Art. 2 I GG.

Zusammenfassend ergibt sich, daß mit dem Begriff der wesentlichen Grundsätze der deutschen Rechtsordnung, insbesondere den Grundrechten Aspekte der materialen und prozessualen Gerechtigkeit gemeint sind. Wesentlich sind Wert- und Gerechtigkeitsvorstellungen, die im deutschen Recht als absolut unverzichtbar angesehen werden. Über diese allgemeinen Grundsätze hinaus sind schwerlich konkrete Aussagen möglich. Es ist Aufgabe des zuständigen Anerkennungsrichters, diese These auszufüllen und in der Praxis umzusetzen.

B. Die maßgeblichen in der Literatur unternommenen Versuche, Inhalt und Prüfungsmaßstab des ordre public zu beschreiben

1. G. Roths Versuch der Eingrenzung des Vorbehalts des ordre public anhand der Natur der Sache

G. Roth[362] hat den Versuch unternommen, die Vorbehaltsklausel des ordre public von unnötigem Ballast zu befreien und klarer zu gestalten. Er unterscheidet zwischen Anerkennungserfordernissen, die sich aus der „Natur der Sache" ergeben und dem eigentlichen Vorbehalt des ordre public. Aus dem Wesen der Anerkennung selbst - also nicht der Vorbehaltsklausel zu-

359 Vgl. BGH (Urt. v. 18.1.1990) IPRax 1991/246 = RIW 1990/494 - allerdings zur Anerkennung ausländischer Schiedssprüche; s. hierzu P. Schlosser, IPRax 1991/218; s. auch Baur, in: FS Guldener, S. 1 f.; Geimer, IPRax 1992/5, 13 f. (dort insbesondere Fn. 111b); Zöller-Geimer, ZPO, § 328, Rn. 13 (a.E. - mit fehlerhaftem Hinweis auf Geimer in IPRax 1991, Heft 6; korrekt IPRax 1992/5 ff., bereits benannt) und Rn. 153, 155. Zu § 328 a.F. ZPO, der in Ziffer 2 lediglich Deutschen ein Recht auf Gehör gewährte, und die damit zusammenhängende Problematik der Einordnung von Art. 103 I GG unter § 328 I Ziffer 4 ZPO vgl. Geimer, JuS 1965/475, 478; Martiny, Handbuch des IZVR, Band III/1, Rn. 175, 835 f., 1096 ff.

360 Ausführlich hierzu Zöller-Geimer, ZPO, § 328, Rn. 155. Zum Sonderfall der Dispositionsmaxime (Art. 2 I GG) vgl. Stiefel/Stürner, VersR 1987/829 f.

361 Vgl. Geimer, ZZP 103 (1990), S. 477, 483 f.; ders., IPRax 1992/5, 13 f.; s. auch Zöller-Geimer, ZPO, § 328, Rn. 155.

362 S. 40 ff. (zur Anerkennung ausländischer Urteile), 157 ff. (zur Anerkennung ausländischer Schiedssprüche).

geordnet, sondern als selbstverständliche Voraussetzung der Anerkennung - ergäben sich folgende, an die fremde Entscheidung zu stellende, positive (!) Anforderungen:[363]

- Das ausländische Urteil muß in einem justizförmigen Verfahren ergangen sein. Hierzu gehören insbesondere die Unparteilichkeit des Gerichts, die Waffengleichheit der Parteien, der Anspruch auf rechtliches Gehör, die ordnungsgemäße Ladung, die Prozeßvertretung der Parteien und eine ausreichende Begründung des Urteils.[364]

- Die inländische Gerichtsbarkeit darf nicht umgangen worden sein (Stichwort: forum shopping).[365]

- Die anzuerkennende Rechtsfolge der fremden Entscheidung muß sich in das inländische System einfügen.[366]

Von diesen, sich aus der „Natur der Sache" ergebenden Anerkennungsvoraussetzungen müsse der eigentliche ordre public unterschieden werden. Es gelte, den ordre public von Kriterien, die auf andere Weise präzise faßbar seien, zu befreien und die Vorbehaltsklausel auf ihren Kern zurückzuführen. Beim ordre public selbst handele es sich einzig um eine inhaltliche Nachprüfung der fremden Entscheidung anhand materieller Gerechtigkeitsüberlegungen.

Die von G. Roth vorgenommene Differenzierung anhand der „Natur der Sache" ist allgemein auf Ablehnung gestoßen.[367]

Die Forderung nach einem justizförmigen Verfahren läßt sich nicht ohne weiteres aus der eigentlichen ordre public-Prüfung auszugliedern. Die prozessualen Grundsätze der Unabhängigkeit des Gerichts[368], der Waffengleichheit der Parteien, des Anspruch auf rechtliches Gehör, der ordnungsgemäßen Ladung und Prozeßvertretung und die Begründung des Urteils können nicht als „naturgegeben" vorausgesetzt werden. Auch sie sind von Ausnahmen durchbrochen und bedürfen einer wertenden Auslegung.[369] Eine Ausgliederung aus der Vorbehaltsklausel erscheint nicht sinnvoll.

Das Kriterium der „Einfügung der anzuerkennenden Rechtsfolge in das System des Anerkennungsstaates" birgt unüberbrückbare Schwierigkeiten. Es ist nicht nachvollziehbar, einerseits im Rahmen der „Natur der Sache" - also vorweggenommen - zu überprüfen, ob die im ausländischen Urteil ausgesprochene Rechtsfolge auch im Anerkennungsstaat hätte ausgesprochen werden können, und andererseits den in dieser Entscheidung liegenden Gerechtig-

363 Vgl. G. Roth, S. 41.

364 Ausführlich G. Roth, S. 46, 157 ff.

365 Vgl. G. Roth, S. 47 f., 157 ff.; s. auch Becker, 60 RabelsZ (1996), S. 691, 732 f.

366 Ausführlich G. Roth, S. 48 ff., 157 ff.

367 Vgl. Birk, ZZP 81 (1968), S. 314 ff.; Decker, S. 249 (dort Fn. 3); Geimer/Schütze, Internationale Urteilsanerkennung, Band I/2, S. 1469 (dort Fn. 18 - a.E.); Neuhaus, RabelsZ 33 (1969), S. 163 ff.; Stein/Jonas-Schumann, ZPO, § 328, Rn. 231 (dort Fn. 136).

368 Der Begriff Unabhängigkeit des Gerichts erfaßt weitere Aspekte als der von G. Roth verwendete Begriff der Unparteilichkeit des Gerichts, er erscheint umfassender.

369 Vgl. auch Neuhaus, RabelsZ 33 (1969), S. 163, 164.

keitswert aber dem ordre public zuzuordnen, also erst später gesondert zu überprüfen. G. Roth hebt die von ihm entwickelte Differenzierung wieder auf und durchbricht sein eigenes System der Prüfung. Weiterhin ist fraglich, wie konkret die Einfügung der fremden Entscheidung in das inländische System sein muß. Auch hier ist eine wertende Antwort erforderlich. Wertungsgesichtspunkte sind aber gerade der entscheidende Aspekt zur Bestimmung des ordre public selbst.[370] Sie lassen sich nicht von ihm abgrenzen.

Grundsätzlich ist G. Roths Idee, den Begriff des ordre public auf seinen Kern zurückzuführen, sinnvoll. G. Roth befreit die eigentliche ordre public-Prüfung aber von Kriterien, die neben Gerechtigkeitserwägungen auch bestimmte staatspolitische, soziale, kulturelle, rechtliche, ethische oder auch wirtschaftliche Anschauungen des inländischen Zusammenlebens betreffen. Die hier in Frage stehende öffentliche Ordnung kann nicht auf lediglich materielle Gerechtigkeitsvorstellungen oder ethische Werte reduziert werden. Dies engt den Begriff des ordre public unnötig ein. Weiterhin sind formale Probleme bei der Zuordnung der einzelnen Aspekte zur „Natur der Sache" oder eben zum ordre public unumgänglich, eine klare Differenzierung erscheint schwerlich möglich. Die von G. Roth „vor die Klammer der Vorbehaltsklausel" gezogenen Anerkennungsvoraussetzungen existieren nicht um ihrer selbst willen, sondern sie sind Ausfluß der Vorstellungen von öffentlicher Ordnung im Anerkennungsstaat. Sie gehören unmittelbar zum ordre public.

Will man wie G. Roth die Anerkennungsvoraussetzungen aus der eigentlichen ordre public-Prüfung ausklammern, so erscheint es sinnvoller, das Anerkennungsverfahren als Vorwirkung des ordre public selbst zu verstehen.[371] Bei der Prüfung der fraglichen Anerkennungsvoraussetzungen handelt es sich dann nicht um einen selbständigen Aspekt der „Natur der Sache", sondern um einen Teilbereich der eigentlichen ordre public-Prüfung. Der Kern des ordre public ist so von Prüfungsgesichtspunkten entlastet, die ihm nicht unmittelbar zugerechnet werden sollten, die aber auch nicht unabhängig von der Vorbehaltsklausel im Raum stehen. Entscheidend ist, daß der ordre public sich nur aufgrund einer umfassenden Betrachtungsweise verstehen läßt.

2. Die Konkretisierung des Inhalts des ordre public anhand topischer Erwägungen

Auch verschiedene andere in der Literatur vorgeschlagene Präzisierungsversuche überzeugen nur teilweise. So hat Baur versucht, mittels einzelner präziser Thesen praktisch brauchbare Grundsätze für die Konkretisierung des ordre public zu entwickeln.

370 Vgl. auch Birk, ZZP 81 (1968), S. 314, 315, der als problematisches Beispiel bezüglich der Einfügung in das System des Anerkennungsstaates die italienische separazione dei coniugi (Trennung von Tisch und Bett) nennt, deren Einfügung in das inländische System eine Wertungsfrage sei.

371 Vgl. Birk, ZZP 81 (1968), S. 314, 316.

a) Baurs drei topische Thesen zur Eingrenzung des verfahrensrechtlichen ordre public

Baur[372] hat den Versuch unternommen, sich dem Phänomen ordre public anhand topischer Überlegungen zu nähern. Er hat sich hierbei auf den verfahrensrechtlichen oder prozessualen ordre public[373] beschränkt und für diesen drei Thesen entwickelt:

Seine erste These betrifft die Konstellation, daß eine bestimmte verfahrensrechtliche Norm im ausländischen und inländischen Verfahrensrecht inhaltlich identisch als zwingendes Recht fixiert ist und ein Verstoß des ausländischen Richters gegen diese zwingende Norm vorliegt. Sie lautet:

> „Sind Verfahrensnormen in dem inländischen und dem ausländischen Prozeßgesetz übereinstimmen und zwingend geregelt und hat der ausländische Richter gegen eine solche Verfahrensnorm verstoßen, so greift die Berufung auf den ordre public ein, wenn die ausländische Entscheidung durch diesen Verfahrensverstoß beeinflußt ist oder beeinflußt sein kann."[374]

Diese These ist jedoch für die Konkretisierung des ordre public wenig hilfreich. Der Vergleich zwischen inländischem und ausländischem Verfahrensrecht relativiert den Inhalt der Vorbehaltsklausel. Einzig der kleinste gemeinsame Nenner der verschiedenen Verfahrensordnungen verbleibt zur Konkretisierung. Eine weitere inhaltlicher Eingrenzung erfolgt nicht.

Auch ist der Ansatz der ersten These Baurs verfehlt: Der Anerkennungsrichter müßte das fremde Prozeßrecht auf zum eigenen Recht vergleichbare zwingende Normen untersuchen und einen Verstoß hiergegen feststellen. Die Einhaltung der ausländischen Verfahrensregeln nach dem dortigen Recht ist aber gerade nicht zu prüfen (Verbot der révision au fond). Einzig das Ergebnis der Anwendung des fremden Rechts wird am ordre public gemessen.[375]

Als verwertbare Aussage bleibt lediglich die Forderung nach einem Verstoß gegen zwingendes Recht. Diese war aber schon vorher bekannt. Baurs erste These bringt keine zusätzliche Rechtssicherheit gegenüber den bisher bekannten Konkretisierungen, sie ist abzulehnen.[376]

Baurs zweite These geht davon aus, daß der ausländische Richter gegen zwingende Verfahrensregeln seiner eigenen Rechtsordnung verstößt. Die Berufung auf einen ordre public-Verstoß sei ausgeschlossen, wenn das Verfahrensrecht des Anerkennungsstaates eine solche zwingende Regel nicht kenne. Eine Ausnahme gelte für eine Mißachtung zwingenden eigenen Verfassungsrechts durch den ausländischen Richter:

---

372 In: FS Guldener, S. 1 ff., 12 ff.

373 Der verfahrensrechtliche ordre public (auch prozessualer ordre public genannt) wehrt Verstöße gegen grundlegende Verfahrensregeln ab, er wahrt die unverzichtbaren Erfordernisse der verfahrensrechtlichen Gerechtigkeit.

374 Baur, in: FS Guldener, S. 1, 15.

375 Vgl. Geimer, NJW 1974/418, 419.

376 Ebenso Geimer, NJW 1974/418, 419; Marx, S. 85.

> „Hat der ausländische Richter gegen zwingendes einheimisches Verfahrensrecht verstoßen, entspricht diesem Recht aber keine zwingende inländische Verfahrensnorm, so ist die Berufung auf den ordre public ausgeschlossen, es sei denn, daß jener Verstoß gegen zwingende inländische Verfassungsgrundsätze verstößt."[377]

Wiederum stellt Baur nicht auf das Ergebnis der Anwendung fremden Rechts ab, sondern fordert eine Überprüfung der fremden Rechtsordnung selbst. Weiterhin ist die von Baur vorgenommene Differenzierung zwischen zwingendem Verfahrensrecht und zwingendem Verfassungsrecht für die Bestimmung des Inhalts oder des Prüfungsmaßstabes des ordre public unerheblich. Dies zeigt sich insbesondere am Wortlaut des § 328 I Ziffer 4 ZPO, der wesentliche Grundsätze der eigenen Rechtsordnung und Grundrechte verbindet.[378]

Baurs dritter These liegt schließlich der Sachverhalt zugrunde, daß ausländisches und inländisches Verfahrensrecht divergieren. Er plädiert in diesem Fall für einen Vergleich der tragenden inländischen Verfahrensgrundsätze mit den Grundsätzen, die in Verfahrensordnungen anderer Kulturstaaten als wesentlich und unabdingbar angesehen werden. Anhaltspunkte hierfür böten internationale Erklärungen und Übereinkommen. Baur selbst nennt die MRK[379] und auf europäischer Ebene die EMRK[380]. Daneben kommen auch der von den Vereinten Nationen ausgearbeitete Zivilpakt[381] und der Sozialpakt[382] in Betracht.[383] Die These selbst lautet:

> „Divergieren die für das ausländische und inländische Gericht verbindlichen Verfahrensgesetze und bedeutet das Verfahren des ausländischen Gerichts einen Verstoß gegen die inländische Norm, so greift die Berufung auf den ordre public Platz, wenn es sich um eine inländische Verfahrensnorm handelt, deren Einhaltung deutlich als unverzichtbar zu erkennen ist. Dies ist insbesondere dann der Fall, wenn die Verfahrensnorm verfassungsrechtlich sanktioniert ist und ihre Anerkennung in internationalen Deklarationen und Konventionen gefunden hat."[384]

Baur geht zutreffend davon aus, daß wegen der internationalen Rechtsverflechtungen und der gebotenen gegenseitigen Rücksichtnahme nicht lediglich das interne Recht des Anerkennungslandes herangezogen werden darf, sondern daß auch international anerkannte Maßstäbe

---

377 Baur, in: FS Guldener, S. 1, 16.

378 Ebenso Marx, S. 85, allerdings mit Verweis auf § 1044 II Ziffer 2 ZPO.

379 S. hierzu bereits Teil 2, Ziffer II. 4. b) (S. 73).

380 S. hierzu bereits Teil 2, Ziffer II. 4. b) (S. 73).

381 Auch: Zivilpakt oder IPbürgR. S. hierzu bereits Teil 2, Ziffer II. 4. b) (S. 74).

382 Auch: Sozialpakt; s. hierzu bereits Teil 2 Ziffer II. 4. b) (S. 74).

383 Darüber hinaus können Anhaltspunkte für eine Konkretisierung auch in internationalen Verhaltensrichtlinien und -kodizes gefunden werden; vgl. hierzu Horn, RabelsZ 44 (1980), S. 423 ff.; Meessen, NJW 1981/1131 f. (ausführlicher hierzu später).

384 Baur, in: FS Guldener, S. 1, 19 f.

berücksichtigt werden müssen.[385] Die dritte These Baurs ermöglicht einen im internationalen Recht dringend erforderlichen Blick über die Grenzen der eigenen Rechtsordnung hinaus.

Ein Vergleich mit der oben angesprochenen Allgemeinen Erklärung der Menschenrechte (MRK) und der EMRK konkretisiert folgende übereinstimmende Prinzipien[386]:

- Anspruch auf wirksamen Rechtsschutz (Art. 8, 10, 12 S. 2 MRK).
- Anspruch auf Unabhängigkeit und Unparteilichkeit des Gericht (Art. 10 MRK; Art.6 EMRK).
- Anspruch auf rechtliches Gehör (Art. 10 MRK; Art. 6 EMRK).
- Verbot der Diskriminierung(Art. 10 i.V.m. Art. 2 MRK; Art. 6 i.V.m. Art. 14 EMRK).
- Grundsatz der Öffentlichkeit(Art. 10 MRK; Art. 6 EMRK).
- Grundsatz des fair trial (Art. 10 MRK; Art. 6 III EMRK).
- Verbot der Prozeßverschleppung (Art. 6 I MRK).

Problematisch ist in diesem Zusammenhang aber, daß einzelne Aspekte des ordre public, z.B. der Grundsatz des fair trial oder der des wirksamen Rechtsschutzes, ebenso wie die Vorbehaltsklausel selbst, Generalklauseln darstellen.[387] Es stellt sich die Frage, ob hier wirklich eine Bestimmung des Inhalts oder Prüfungsumfangs der Vorbehaltsklausel erfolgt. Der Versuch einer Konkretisierung ist hier genau genommen die Ausformulierung derjenigen allgemeinen Grundsätze, auf die der inländische Richter bei der Prüfung der Anerkennungsfähigkeit ohnehin zurückgreifen würde und die er inhaltlich zu bestimmen hätte.

Die Idee Baurs, den (verfahrensrechtlichen) ordre public anhand internationaler Standards einzugrenzen, ist sinnvoll. Problematisch ist aber, daß diese Konkretisierung entweder zu allgemein gehalten sein muß, wenn sie Internationalität beanspruchen soll, oder zu umfassend und ausführlich wird, wenn sie die wesentlichen individuellen ordre public-Verstöße erfassen soll. Wiederum läßt sich nur ein kleinster gemeinsamer Nenner finden, der die wesentlichen Grundsätze beinhaltet, die sämtliche Kulturstaaten[388] intern berücksichtigen und international akzeptieren. Ob dies ausreicht, um als echte Bestimmung von Inhalt und Prüfungsmaßstab des ordre public gelten zu können, ist fraglich. Die genannten international gültigen Prinzipien sind lediglich einzelne - wiederum allgemein gehaltene - Überlegungen, die Anhaltspunkte bei einer Konkretisierung des ordre public bieten. Sie können selbst aber nicht als ausreichende Bestimmung des Inhalts und Prüfungsumfangs der Vorbehaltsklausel angesehen werden.

Abschließend bleibt festzuhalten, daß die dritte These Baurs in jedem Fall zwar Anhaltspunkte für zu prüfende Aspekte bietet, allerdings ebenfalls so allgemein gehalten ist, daß nicht wirklich von einer Konkretisierung des Inhalts der Vorbehaltsklausel gesprochen werden

385 Vgl. Baur, in: FS Guldener, S. 1, 19 f.

386 Vgl. Baur, in: FS Guldener, S. 1, 19 f.

387 Vgl. Marx, S. 88.

388 Nach Baur ist auf die Verfahrensordnungen der Kulturstaaten zurückzugreifen. Vgl. ders., in: FS Guldener, S. 1, 18 f. Welcher Staat die Voraussetzungen zum Kulturstaat erfüllt ist relativ - auch insofern wäre eine Konkretisierung erforderlich.

kann. Erst die Präzisierung durch die genannten Prinzipien und allgemeingültigen wesentlichen Grundsätze der Rechtsordnungen bietet die Möglichkeit, konkretere Anhaltspunkte zur Bestimmung des Inhalts und Prüfungsumfanges des ordre public zu formulieren. Es erscheint jedoch unmöglich, sämtliche bedeutsamen Prinzipien aufzulisten. Eine Konkretisierung der Vorbehaltsklausel durch eine Vielzahl von ausformulierten Grundsätzen würde zwar den Inhalt des ordre public fixieren, jedoch auch eine Unzahl von einzelnen Thesen bedingen. Dies ginge zu Lasten der Anwendbarkeit des ordre public in der Praxis.

Die Thesen Baurs sind zu allgemein gehalten, die von ihm erarbeiteten Prinzipien dagegen zu speziell.

b) Zusammenfassung und Ergebnis

Topik bedeutet die Sammlung und Herausstellung maßgeblicher Gesichtspunkte und Argumente zu einem übergeordneten Thema.[389] In welchem Umfang dies geschieht, ist von Fall zu Fall unterschiedlich zu entscheiden.

Je ausführlicher und umfassender im vorliegenden Fall Thesen konkretisiert werden, um so deutlicher läßt sich die Vorbehaltsklausel präzisieren, aber um so statischer wird sie in ihrer Anwendungsmöglichkeit.[390] Der ordre public muß als Generalklausel flexibel bleiben. Nur so ist gewährleistet, daß sein Inhalt sowohl rechtliche Änderungen in Legislative, Exekutive und Judikative zugänglich ist, als auch politische, wirtschaftliche, soziale und kulturelle Veränderungen berücksichtigt.[391] Der ordre public ist als Generalklausel formuliert und muß als solche bestehen bleiben. Er muß der Rechtsprechung Freiräume bei der aktuellen Ausgestaltung lassen. Ansonsten wäre seine Funktion als ultimative Schranke der deutschen Rechtsordnung, als Notanker[392], Notbremse[393], Notbehelf[394] oder Schutzschild verfehlt. Er wäre überflüssig.

Die Konkretisierung der Vorbehaltsklausel kann immer nur im Versuchsstadium verhaftet bleiben. Anstatt eine Vielzahl von Thesen zu erarbeiten, die doch immer nur einen Teilaspekt des ordre public berücksichtigen, erscheint es sinnvoller, die bereits genannten Kriterien, den Zweck eines deutschen Gesetzes, die gute Sitten und die wesentlichen Grundsätze des deutschen Rechts, insbesondere die Grundrechte als Auslegungskriterium für den Inhalt des ordre public heranzuziehen und durch die genannten Schranken (Inlandsbeziehung, Einzelfallprüfung und Gegenwartsbeziehung) einzugrenzen. Hierbei ist eine umfassende Betrachtung aller Aspekte erforderlich. Entscheidend ist weniger dessen Formulierung, als vielmehr der Umgang mit dem ordre public.

389 Vgl. Engisch, S. 195.
390 Vgl. Matscher, JBl. 1960/265, 277; Martiny, Handbuch des IZVR, Band III/1, Rn. 1175.
391 Ähnlich Martiny, Handbuch des IZVR, Band III/1, Rn. 1175; Marx, S. 88.
392 Jayme, StAZ 1980/301, 305.
393 Vgl. Linke, IZPR, Rn. 421; Marx, S. 88, 89; Schack, IZVR, Rn. 861.
394 Vgl. Martiny, Handbuch des IZVR, Band III/1, Rn. 975.

3. Die methodische Erfassung des ordre public - Konkretisierung und Begrenzung von Inhalt und Prüfungsumfang anhand internationaler Kontrollmaßstäbe

Noch ist es nicht gelungen, den ordre public methodisch zu erfassen und somit für eine Anwendung in der Praxis vorhersehbar zu machen. Möglicherweise findet sich ein Weg, die Vorgehensweise bei der Konkretisierung von Inhalt und Prüfungsmaßstab des ordre public zu vereinheitlichen. Eine solche Methode zur Konkretisierung des Verfahrens der Überprüfung der Vereinbarkeit fremden Rechts bzw. ausländischer Entscheidungen mit dem internen ordre public könnte insbesondere durch rechtsvergleichende Überlegungen an Gestalt gewinnen.

a) Jaymes Versuch der Konkretisierung des kollisionsrechtlichen ordre public durch ein Prüfungsschema

Jayme[395] hat anhand einer Entscheidung des BGH[396] für den kollisionsrechtlichen ordre public des IPR eine Methode entwickelt, die die Basis für die Konkretisierung des ordre public allgemein bilden könnte. Er geht davon aus, daß der ordre public wandelbar sei und sich auf die gegenwärtigen Grundanschauungen im internen deutschen Recht beziehe. Die einzelnen, vom BGH konkretisierten Prüfungsgesichtspunkte faßt er zu sieben[397] bzw. fünf[398] allgemeingültigen Thesen zusammen, anhand derer der kollisionsrechtliche ordre public sich methodisch bestimmen lasse. Die Thesen lauten zusammengefaßt:

- Zunächst ist zu ermitteln, welchen Sinn und Zweck der anzuwendende ausländische Rechtssatz hat und wie er im ausländischen Recht ausgelegt wird.

- Dann ist zu prüfen, ob der ausländische Rechtssatz im Ausland rechtspolitisch erschüttert ist. Es ist also zu untersuchen, ob der fragliche Rechtssatz im Ursprungsland selbst als unbefriedigend angesehen und möglicherweise als reformbedüftig empfunden wird. Je mehr dies der Fall ist, um so eher greift die Schranke des ordre public ein.

- Zur Bestimmung des Prüfungsmaßstabs erfolgt die Bildung neuer und/oder die Heranziehung bereits vorhandener Kontrollmaßstäbe. Sie werden anhand rechtsvergleichender Grundlagen gebildet. Auch internationale Standards können Anwendung finden.[399]

---

395 In: StAZ 1980/301 ff. (knapp) und in: Methoden der Konkretisierung des ordre public im Internationalen Privatrecht, S. 41 ff. (ausführlich).

396 (Urt. v. 17.9.1968) BGHZ 50/370 ff. = FamRZ 1968/642 ff. = JZ 1969/269 ff. = LM Art. 22 EGBGB Nr. 2 L = NJW 1969/369 ff. (Zur Unzulässigkeit einer ausländischen Gesetzesbestimmung im Inland, die ein im Ehebruch gezeugtes Kind nicht legitimiert).

397 In: StAZ 1980/301, 307.

398 In: Methoden der Konkretisierung des ordre public im Internationalen Privatrecht, S. 65.

399 Vgl. hierzu Aubin, in: Landesreferate, 1966, S. 99 ff.; Horn, RabelsZ 44 (1980), S. 423 ff.; s. auch Meessen, NJW 1981/1131 ff.

- An dieser Kontrollmaßstäbe werden die anzuwendende ausländische Norm und das möglicherweise vorhandene inländische Pendant gemessen.[400] Entscheidend ist hier nicht die Abweichung der jeweiligen Vorschrift vom festgelegten Standard, sondern deren Übereinstimmung. Je weniger der ausländische Rechtssatz diesen Prüfungsmaßstäben entspricht, um so eher greift der Vorbehalt des ordre public ein. Umgekehrtes gilt für die interne Parallelvorschrift.

- Weiterhin ist immer der konkrete Einzelfall zu überprüfen.

- Schließlich ist eine hinreichende Inlandsbeziehung des Falles erforderlich.

Für die Konkretisierung des kollisionsrechtlichen ordre public ist diese Methode sinnvoll. Durch die konsequente Einhaltung des Prüfungsschemas ist gewährleistet, daß zumindest in formeller Hinsicht eine Vereinheitlichung bei der Bestimmung des ordre public erreicht wird. Außerdem ermöglicht der Einsatz internationaler Kontrollmaßstäbe die problematische Bestimmung von Inhalt und Prüfungsumfang der Vorbehaltsklausel an übergeordneten, international gültigen Werten zu messen, die auch intern Geltung beanspruchen. Zu nennen sind hier insbesondere die Allgemeine Erklärung der Menschenrechte, die EMRK und die Zivil- und Sozialpakte.

b) Die Übertragung von Jaymes Prüfungsschema auf den anerkennungsrechtlichen ordre public

Möglicherweise läßt sich das von Jayme vorgeschlagene Prüfungsschema auf die Konkretisierung des anerkennungsrechtlichen ordre public des IZVR übertragen.

Die Frage der Anerkennungsfähigkeit ausländischer Entscheidungen orientiert sich an einer „umfassenden Überprüfung mit eingeschränkter Ablehnungsmöglichkeit“[401]. Die Schranke des anerkennungsrechtlichen ordre public ist niedriger anzusetzen als bei der kollisionsrechtlichen Parallelvorschrift (effet atténué). Dies darf aber nicht dazu führen, daß internationale Standards mit Hilfe des nationalen ordre public durchgesetzt werden. Die interne Vorbehaltsklausel mißt sich stets nur an Grundwerten der eigenen Rechtsordnung. Diese werden zwar zunehmend auch durch internationale Kontrollmaßstäbe und Standards bestimmt. Dennoch ist hier streng zwischen internem und internationalem Recht zu unterscheiden.

Das von Jayme entwickelte Prüfungsschema ist formell stimmig. Allerdings birgt es materielle Unklarheiten. Fraglich ist, was internationale Standards und internationale Kontrollmaßstäbe sind und ob diese wirklich erst gebildet werden müssen, oder ob sie nicht bereits vorhanden sind. Es wird nicht klar, ob Jayme insofern zusätzliche Gesichtspunkte in die Prüfung einfließen lassen will. Möglicherweise sollen weitere, anhand rechtsvergleichender Überlegungen gebildete Aspekte den Prüfungsrahmen erweitern. Dennoch bietet sich die von Jayme

400 Ausführlich hierzu Aubin, in: Landesreferate, 1966, S. 99, 109 f.

401 Vgl. hierzu bereits Teil 1, Ziffer II. 2. (S. 38, 39 ff.).

vorgeschlagene Vorgehensweise zur Bestimmung des ordre public auch im Rahmen der Überprüfung der Anerkennungsfähigkeit fremder Entscheidungen an. Sie ermöglicht eine getrennte Betrachtung der verschiedenen entscheidungserheblichen Gesichtspunkte. Im übrigen müssen die von Jayme genannten Konventionen in jedem Fall berücksichtigt werden, sie stellen geltendes Recht dar und sind zumindest als teilweise positivierte, jedenfalls anerkannte Grundsätze des Völkerrechts zu berücksichtigen. Insofern läßt sich insbesondere berücksichtigen, wie fremd der ausländische Rechtssatz dem eigenen Rechtsverständnis ist und welche Auswirkungen dies auf die Anerkennungsfähigkeit hat.[402] Grundsätzlich verwirklicht der Aufbau von Jayme die Forderung nach einem individuellen Prüfungschema für den ordre public besser als die bisher diskutierten Ansätze.

Zusammenfassend wird das oben bereits angesprochene[403] allgemeine dreistufige System der Anerkennung ausländischer Entscheidungen aufgrund der Prüfungsgesichtspunkte von Jayme für Fälle der Anerkennungsfähigkeit ausländischer Entscheidungen in folgende weitere Unterpunkte konkretisiert:

- Ist das der fremden Entscheidung zugrundeliegende Recht dem inländischen Recht nicht völlig fremd, steht diesem aber in seiner Ausformung nicht unbedingt nah, so erfolgt eine kritische Überprüfung der Anerkennungsfähigkeit. Die Kontrolle des ausländischen Urteils ist um so strenger, je fremder das ausländische Recht im Verhältnis zur internen Rechtsordnung ist. Von besonderer Bedeutung ist hier die Frage, ob die der Entscheidung zugrundeliegenden Rechtsinstitute oder -sätze im Urteilsland selbst umstritten sind. Je stärker dies der Fall ist, um so weniger kann die darauf basierende Entscheidung im Inland auf Anerkennung hoffen.

- Steht das der fremden Entscheidung zugrundeliegende Rechtsinstitut oder der entsprechende Rechtssatz dem internen Recht nah, ist im Urteilsland aber nicht unumstritten, so erfolgt zwar eine Überprüfung. Diese beruht aber auf einem milderen Prüfungsmaßstab als bei der vorhergehend beschriebenen Konstellation.

4. Konkrete Schranken zur Eingrenzung von Inhalt und Prüfungsmaßstab des ordre public

Eine inhaltliche Beschränkung des Prüfungsmaßstabs ist nur schwer möglich. Es hat sich gezeigt, daß einzelne konkrete Überlegungen jeweils nur Teile des ordre public erfassen. Um

402 Ob bzw. wie fremd ein ausländischer Rechtsatz der eigenen Rechtsordnung ist, war insbesondere bei BGH (Urt. v. 21.1.1991) NJW 1991/1418 ff. = NJW RR 1991/1211 ff. von Bedeutung: Dort ging es um die Anerkennung eines im Ausland (Venezuela) wirksam begründeten Schiffspfandrechts, das weder im Register eingetragen war, noch einen bestimmten Rang hatte. Beides wäre zur Begründung eines Anspruches nach der deutschen Rechtsordnung erforderliche gewesen. Im Ergebnis verstieß diese dem deutschen Recht fremde Begründung eines Pfandrechts nicht gegen den kollisionsrechtlichen ordre public des Art. 30 EGBGB (nunmehr Art. 6 EGBGB). Zu beachten ist, daß es dort sogar um die Anwendung fremden Rechts im Inland ging, nicht lediglich um die Anerkennung einer fremden Entscheidung.

403 Vgl. Teil 1, Ziffer II. 2. (S. 42 ff.).

dem Inhalt und dem Prüfungsmaßstab der Vorbehaltsklausel des ordre public schärfere Konturen verleihen zu können, erscheint eine Beschränkung sinnvoll. Voraussetzung für die deshalb erforderlichen Schranken ist aber, daß sie objektive Anhaltspunkte beinhalten. Es darf nicht die Umschreibung eines unbestimmten Rechtsbegriffes durch einen anderen unbestimmten Begriff erfolgen (s.o.). Ein exzessiver Rückgriff auf die Vorbehaltsklausel ließe sich von vornherein verhindern und die Zahl der Fälle, für die die Vorbehaltsklausel herzuziehen wäre, ist eingegrenzt.

Konkret bieten sich hier drei objektive Schranken des Prüfungsmaßstabs des ordre public an: Sowohl die Forderung nach einer Inlandsbeziehung des im ausländischen Recht angesiedelten Falles, als auch die Forderungen nach einer Einzelfallüberprüfung und auch die Gegenwartsbeziehung des zur Entscheidung stehenden Falles helfen, einen übermäßigen Rückgriff auf die Vorbehaltsklausel einzuschränken.

a) Die Inlandsbeziehung des anzuerkennenden Falles als Kriterium zur Eingrenzung des Prüfungsmaßstabes des ordre public

Im Rahmen der allgemeinen Ausführungen zur Anerkennung und Vollstreckbarerklärung ausländischer Entscheidungen wurde bereits auf die Bedeutung der Inlandsbeziehung des anzuerkennenden Sachverhaltes für die Anerkennungsfähigkeit fremder Entscheidungen hingewiesen.[404] Von Bedeutung waren dort allerdings einzig die formellen Voraussetzung der Anerkennung, insbesondere das Sonderproblem des Inlandsbezuges und seiner Relevanz für den Zeitpunkt der Anerkennung. Hier nun geht es um die materielle Überprüfung des Inhalts des Vorbehalts des ordre public. Es stellt sich die Frage, ob der Aspekt der Inlandsbeziehung des zur Anerkennung stehenden Sachverhaltes geeignet ist, den Prüfungsumfang des ordre public objektiv einzugrenzen.

Bereits vorab ist darauf hinzuweisen, daß es sich bei dem Inlandsbezug um einen unbestimmten Begriff handelt, dessen Ausformung Risiken birgt.[405]

Im kollisionsrechtlichen Fall der Anwendung fremden Rechts im Inland ist im Rahmen der ordre public-Prüfung gemäß Art. 6 EGBGB grundsätzlich eine Inlandsbeziehung des Sachverhaltes erforderlich. Sie wird auch Binnenbeziehung oder Inlandsberührung genannt.[406]

Auch für den Fall der Anerkennung ausländischer Entscheidungen im Inland ist im Rahmen der ordre public-Prüfung gemäß § 328 I Ziffer 4 ZPO eine Inlandsbeziehung Voraussetzung. Diese kann in einen prozessualen und in einen materiellen Teilbereich untergliedert werden:

Eine prozessuale Inlandsbeziehung besteht immer bereits dann, wenn in Deutschland wegen der Anerkennung einer fremden Entscheidung auf das jeweilige ausländische Ergebnis zu-

---

404 Vgl. Teil 1, Ziffer II. 6. b) (1) (S. 58 ff.).

405 Vgl. hierzu bereits Teil 1, Ziffer II. 6. b) (1) (S. 58 ff.).

406 Ausführlich: MünchKomm-Sonnenberger, BGB, Band 7, Art. 6 EGBGB, Rn. 72 ff.; Spickhoff, S. 97 ff.

rückgegriffen wird.[407] Ein solcher Rückgriff ist für die inländische Entscheidung über ein ausländisches Urteil allerdings immer erforderlich. Denn nur so kann dessen Anerkennungsfähigkeit geprüft werden. Die prozessuale Inlandsbeziehung ist somit nicht geeignet, den ordre public sinnvoll einzugrenzen. Sie ist zwar Grundvoraussetzung für die Anerkennung ausländischer Entscheidungen, ist aber zu allgemein gehalten, als daß ihr Aussagekraft zukommen könnte.

Die materielle Inlandsbeziehung bestimmt sich durch die persönlichen Beziehungen der Beteiligten zum Inland und durch territoriale Kontakte des zugrundeliegenden Sachverhaltes. Von entscheidender Bedeutung sind z.B. die Staatsangehörigkeit der Parteien[408], deren Wohn- oder Unternehmenssitz, deren gewöhnlicher Aufenthalt oder auch die Belegenheit von für den Sachverhalt bedeutsamen Vermögensgegenständen.[409] Weitere Gesichtspunkte ergeben sich aus dem jeweiligen Einzelfall. Diese Aspekte basieren auf objektiv feststellbaren Tatsachen, sie sind ein sinnvolles Kriterium zur Konkretisierung der Inlandsbeziehung des Falles.

Allein das Vorliegen einer materiellen Inlandsbeziehung des Falles genügt aber noch nicht, um die Anerkennung der darauf basierenden ausländischen Entscheidung auszusprechen. Im Rahmen eines abgestuften Prüfungsmaßstabes kommt es entscheidend auch auf Ausmaß und Bedeutung der Inlandsbeziehung des Falles an. Wegen der Relativität der Vorbehaltsklausel[410] ist die Hürde des ordre public um so niedriger anzusetzen, je stärker die Inlandsbeziehung ist. Dies kann soweit führen, daß die ausländische Entscheidung, selbst wenn sie mit wesentlichen Grundsätzen der deutschen Rechtsordnung oder zwingenden inländischen Rechtsnormen kaum mehr für vereinbar gehalten wird, dennoch anzuerkennen und insbesondere auch zu vollstrecken ist, wenn der zugrundeliegende Sachverhalt vollständig im Ausland angesiedelt ist und der ausländischen Rechtsordnung unterliegt. Für den Anerkennungsrichter ist im Rahmen von § 328 I Ziffer 4 ZPO einzig von Bedeutung, ob das Ergebnis der Anerkennung und Vollstreckung des ausländischen Urteilsspruches für das Inland als noch tragbar anzusehen ist.[411]

In der „Kalifornien-Entscheidung" des BGH vom 4.6.1992[412] sprach das zur Anerkennung stehende US-amerikanische Urteil einem US-amerikanischen Staatsangehörigen Schadensersatz und Schmerzensgeld gegen einen Deutsch-Amerikaner zu. Hintergrund waren sexuelle Verfehlungen des Beklagten am minderjährigen Kläger. Tatort der anspruchsbegründenden Handlungen war Stockton, Kalifornien (USA). Ein Inlandsbezug zu Deutschland ergab sich

---

407 Vgl. Martiny, Handbuch des IZVR, Band III/1, Rn. 1027; Wengler, JZ 1968/594.

408 Art. 5 I S. 2 EGBGB, der die vorrangige Berücksichtigung der deutschen Staatsangehörigkeit zwingend vorschreibt, gilt im Anerkennungsrecht nicht. Ausführlich hierzu später.

409 Vgl. Bungert, ZIP 1993/815, 816; Martiny, Handbuch des IZVR, Band III/1, Rn. 1028.

410 Vgl. hierzu bereits Teil 1, Ziffer II. 6. b) (2) (S. 61 ff.).

411 Vgl. zum Ganzen: Geimer, IZPR, Rn. 2967; Martiny, Handbuch des IZVR, Band III/1, Rn. 181, 1014, 1028 f., 1077; Schack, IZVR, Rn. 867; Wuppermann, S. 28 ff., S. 31 ff.; Zöller-Geimer, ZPO, § 328, Rn. 167; für das Schweizer Recht: Drolshammer-Schärer, SJZ 1986/309, 312; Zivilgericht Basel (Urt. v. 1.2.1989), JurMitt 1991/31, 34; Hauser, in: FS Keller, S. 589 ff.

412 Zum Sachverhalt s. Teil 1, Ziffer II. 1. b) (S. 35 f.).

zunächst allenfalls aus der doppelten Staatsangehörigkeit des Beklagten.[413] Nach Abschluß des Strafverfahrens, aber noch während das zivilgerichtliche Verfahren in den USA fortdauerte, verstärkte sich dieser Inlandsbezug. Der Beklagten siedelte nach Deutschland über um so der US-amerikanischen Strafvollstreckung und auch der Durchsetzung der zivilrechtlichen Ansprüche zu entgehen. Ob das im Inland belegene Schuldnervermögen, in das die Vollstrekkung vom BGH schließlich zumindest teilweise zugelassen wurde, bereits vor der Verurteilung in den USA vorhanden war, oder erst mit der Übersiedlung und dem damit einhergehenden Entzug des Vermögens des Beklagten aus den USA gebildet wurde, ergibt sich aus dem Sachverhalt nicht.

Der BGH hat in diesem Fall den Inlandsbezug als materielles Kriterium der ordre public-Prüfung herangezogen. Wegen des geringen Bezuges des Falles zum Inland wurden die Anforderungen an die Prüfung des ordre public niedrig angesetzt.

Allerdings prüft der BGH die Inlandsbeziehung des Falles nicht im Rahmen der eigentlichen inhaltlichen Bestimmung des ordre public als eigenen Gesichtspunkt. Vielmehr stellt er innerhalb einer allgemeinen Verhältnismäßigkeitsüberprüfung anhand der auch im Anerkennungs- und Vollstreckbarkeitsverfahren zu beachtenden Grundrechte auf die Abwägungsbelange der Binnenbeziehung ab. Erst bei der von ihm vorgenommenen wertenden Betrachtung, ob die Höhe des im ausländischen Urteil zuerkannten Schadensersatzbetrages[414] als zum inländischen Recht verhältnismäßig angesehen werden kann, erfolgt eine Prüfung der Inlandsbeziehung. Anstatt aber die Inlandsbeziehung als objektives Kriterium der Vorbehaltsklausel gesondert zu prüfen beachtet der BGH sie hier - sozusagen systemübergreifend - innerhalb subjektiver Überlegungen.

Der BGH relativiert durch seine Vorgehensweise die eigentlich mögliche Objektivität der Inlandsbeziehung und mißt ihr einen vorrangig wertenden und auch subjektiv geprägten Charakter bei. Diese Vorgehensweise ist abzulehnen. Die Inlandskontakte von Kläger und Beklagtem und die Berücksichtigung von Anzahl und Gewichtung derselben ermöglichen es, den Vorbehalt des ordre public objektiv anhand der Inlandsbeziehung des Falles zu konkretisieren. Es ist kein Grund ersichtlich, auf subjektive Kriterien auszuweichen. Eine solche Vorgehensweise birgt im Übrigen das Risiko, aus dem Vorbehalt des ordre public eine Inländerschutzklausel zu machen.[415]

Die in diesem Zusammenhang vom BGH vorgenommene Betonung, daß der Kläger als Opfer nach den in seiner (!) Heimat maßgeblichen Anschauungen und Lebensumständen Wiedergutmachung und Genugtuung erlangen müsse, ist mißverständlich. Schließlich handelte es sich dabei auch um die frühere Heimat des Beklagten. In der Sache selbst nimmt der BGH die

---

413 BGH (Urt. v. 4.6.1992) BGHZ 118/312 ff. = CR 1993/274 ff. = EuZW 1992/705 ff. = EWiR 1993/827 (mit Anm. Geimer) = IPRax 1993/310 ff. (mit Anm. Koch/Zekoll, IPRax 1993/288 ff.) = JZ 1993/261 ff. (mit Anm. Deutsch) = LM 2/93 zu § 328 ZPO (mit Anm. Kronke) = MDR 1992/1181 ff. = NJW 1992/3096 ff. (mit Anm. Koch, NJW 1992/3073 ff.) = NJW RR 1993/152 (nur Leitsätze) = PHI 1992/174 ff. = RIW 1993/132 ff. (mit Anm. Schütze) = VersR 1992/1281 ff. = WM 1992/1451 ff. = ZIP 1992/1256 ff. (mit Anm. Bungert, ZIP 1992/1707 ff.) = ZZP 106 (1993), S. 79 ff. (mit Anm. Schack).

414 Konkret bei der Frage der Anerkennungsfähigkeit von punitive damages.

415 Ebenso Bungert, ZIP 1993/815, 816.

Gewichtung der Interessen aber zu Recht zugunsten des US-amerikanischen Klägers vor.

Zusammenfassend ergibt sich, daß die Inlandsbeziehung bei der Überprüfung des ausländischen Urteils anhand des ordre public von großer praktischer Bedeutung ist. Umfang und Gewicht des Inlandsbezuges prägen zugleich auch die für die Verhältnismäßigkeit maßgebenden Wertungen. Systematisch muß allerdings zwischen beiden Begriffen klar unterschieden werden.

Der Rückgriff auf den Inlandsbezug ist die Umsetzung des heutigen modernen Verständnisses von Freundlichkeit und Fairneß gegenüber fremden Staaten und des Respekts vor fremden Rechtsordnungen (comitas gentium).

Der Inlandsbezug gewinnt als grundlegendes Kriterium zur Differenzierung im internationalen Recht zunehmend an Bedeutung.

Im US-amerikanischen Recht wird der Inlandsbezug des Falles als Abgrenzungskriterium insbesondere herangezogen im Rahmen des contacts weighing und des interest balancing bei der Begründung der Zuständigkeit im internationalen und interlokalen, aber auch im völkerrechtlichen und zum Teil im kollisionsrechtlichen Bereich.[416]

Diese Entwicklung manifestiert im deutschen Recht insbesondere die Rechtsprechung des BGH. Er hat zunächst im Rahmen der internationalen Zuständigkeit deutscher Gerichte einen „hinreichenden Inlandsbezug" gefordert,[417] die daran zu stellenden konkreten Anforderungen allerdings nicht genauer dargelegt. An diese Rechtsprechung knüpft der BGH in seiner „Kalifornien-Entscheidung" vom 4.6.1992 an und gibt Hinweise, wie der Inlandsbezug in die wertende Betrachtung bei der Anerkennung ausländischer Entscheidungen praktisch einzufließen hat. Für das deutsche Recht bedeutet dies die Einführung des in den USA seit Langem üblichen minimum contacts-Test.[418]

b) Die Einzelfallprüfung als Kriterium zur Eingrenzung des Prüfungsmaßstabes des ordre public

Im Rahmen der ordre public-Prüfung kommt es entscheidend auf das konkrete Ergebnis der Anwendung ausländischen Rechts im Inland und die daraus resultierende fremde Entscheidung an (s.o.). Sowohl bei Art. 6 EGBGB, als auch bei § 328 I Ziffer 4 ZPO wendet sich die Vorbehaltsklausel entsprechend ihrem Wortlaut nicht pauschal gegen das fremde Recht selbst. Nur das jeweils individuelle Resultat der Rechtsanwendung – entweder im Inland oder im Ausland - wird auf seine Vereinbarkeit mit wesentlichen Grundsätzen des deutschen Rechts,

416 Ausführlich hierzu: Junker, S. 398 ff.

417 Vgl. BGH (Urt. v. 2.7.1991), IPRax 1992/160 ff. = NJW 1991/3092; BGH (Urt. v. 3.12.1992) IPRax 1994/204, mit Anm. Basedow, IPRax 1994/183 ff. und Anm. Geimer, IPRax 1994/187; OLG München (Urt. v. 7.10.1992) IPRax 1993/237 ff.; s. auch Fricke, NJW 1992/3066 ff.; Geimer, NJW 1991/3072 ff.; kritisch: Grothe, RabelsZ 105 (1994), S. 686, 707, 711 ff.; ders., in: Herausforderungen, S. 209, 224; Lücke, ZZP 105 (1992), S. 321 ff.; Mark/Ziegenhain, NJW 1992/3062; Schack, JZ 1992/54 ff.; Schütze DWiR 1991/239 ff.

418 S. auch Teil 3, Ziffer I. 1. (S. 144 ff.). Kritisch zur Verwendung des Schlagworts „minimum contacts", das dringend einer Konkretisierung bedürfe: Juenger, 28 U. C. Davis L. Rev. 1027, 1031 f. (1995).

insbesondere den Grundrechten überprüft. Diese Ergebniskontrolle bedeutet eine Einzelfallprüfung.[419]

c) Die Gegenwartsbeziehung des zur Entscheidung stehenden Falles als Kriterium zur Eingrenzung des Prüfungsmaßstabes des ordre public

Für die Konkretisierung des ordre public ist auch ein zeitliches Element, die Gegenwartsbeziehung oder Gegenwartsberührung des zur Entscheidung stehenden Falles von Bedeutung. Je länger die dem zur Anerkennung anstehenden Urteil zugrundeliegende Entscheidung des ausländischen Richters zurückliegt, je schwächer also die zeitliche Gegenwartsbeziehung ist, um so zurückhaltender ist die Vorbehaltsklausel anzuwenden.[420] Diese zeitliche Relativität[421] der Vorbehaltsklausel berücksichtigt insbesondere Wandlungen in Verständnis und Ausformung der wesentlichen Grundwerte des deutschen Rechts. Eine konkrete Aussage über einen möglicherweise einzuhaltenden zeitlichen Rahmen ist nicht möglich.

Die Gegenwartsbeziehung ist trotz der Schnellebigkeit der Gesellschaft als Teilaspekt neben den bereits genannten Umständen des konkreten Einzelfalles und der Inlandsbeziehung zur Einschränkung des Vorbehalts des ordre public objektiv geeignet.

d) Zusammenfassung

Der Grundgedanke und der Prüfungsmaßstab des ordre public lassen sich anhand von drei objektivierbaren Einzelaspekten eingrenzen: Neben dem Inlandsbezug des Falles sind die Einzelfallprüfung und auch die Gegenwartsbeziehung des Falles geeignet, den Vorbehalt des ordre public zu konkretisieren.

Diese Schranken sind in ihrer Auslegung nicht an unbestimmte Rechtsbegriffe gebunden und unterliegen keiner Relativität aus sich selbst heraus[422]. Um sie auszufüllen muß nicht auf auslegungsbedürftige Begriffe oder Wertungen zurückgegriffen werden.

Inlandsbezug, Einzelfallprüfung und Gegenwartsbeziehung stellen somit objektive Schranken dar, die den Vorbehalt des ordre public in Inhalt und Prüfungsumfang einschränken. Diese Beschränkung erfolgt vor der eigentlichen Überprüfung der Anerkennungsfähigkeit anhand des ordre public. Eine Beachtung dieser Anwendungsvoraussetzungen[423] bietet die Möglichkeit, die ansonsten unbestimmte Vorbehaltsklausel des ordre public einzuschränken.

---

419 Vgl. Martiny, Handbuch des IZVR, Band III/1, Rn. 1025 f.; MünchKomm-Gottwald, ZPO, § 328, Rn. 86; Rosenberg/Schwab/Gottwald, Zivilprozeßrecht, S. 944; Stein/Jonas-Schumann, ZPO, § 328, Rn. 221, 226, 230.

420 Vgl. Meise, S. 201 ff.; MünchKomm-Sonnenberger, BGB, Band 7, Art. 6, Rn. 79 - jeweils vorrangig zum kollisionsrechtlichen ordre public, allerdings auf den anerkennungsrechtlichen ordre public übertragbar.

421 Vgl. hierzu bereits Teil 1, Ziffer II. 6. b) (2) (S. 61 ff.).

422 Für die Gegenwartsbeziehung trifft diese Aussage nur bedingt zu, mögliche zeitliche Grenzen sind selbstverständlich relativ.

423 Martiny, Handbuch des IZVR, Band III/1, Rn. 1025 ff.

Es handelt sich hierbei um Teilaspekte einer Einschränkung des Vorbehalts des ordre public anhand objektiver Kriterien. Von entscheidender Bedeutung ist nach wie vor eine umfassende Gesamtschau des jeweils zur Entscheidung stehenden Einzelfalles.

5. Das Erfordernis einer wertenden Betrachtung zur Ausfüllung und Eingrenzung von Inhalt und Prüfungsmaßstab des ordre public

Die eben vorgenommene Einschränkung von Inhalt und Prüfungsmaßstab anhand einzelner konkreter Schranken kann den ordre public lediglich teilweise eingrenzen. Allgemein läßt sich der Inhalt des ordre public nicht durch individuelle Einzelregelungen oder konkrete Normen bestimmen. Auch festgelegte Kasuistik wird der Vorbehaltsklausel nicht gerecht. Bei der Bestimmung von Inhalt und Prüfungsumfang des ordre public muß vielmehr auf die Basis der Rechtsordnung. auf die hinter ihr stehenden Werte als deren elementare Bestandteile zurückgegriffen werden.

Rechtsinstitute oder Rechtssätze verkörpern Werte oder Wertbegriffe des Rechts. Sie werden anhand dieser entwickelt und von diesen geprägt. Die Überprüfung des fremden Rechts bzw. der ausländischen Entscheidung anhand des Vorbehalts des ordre public bedeutet immer ein Werturteil über deren Akzeptanz im internen Rechtssystem.[424] Der Inhalt des ordre public wird entscheidend von einem wertenden Moment bestimmt.[425]

Eine philosophische Auseinandersetzung mit dem Begriff des „Wertes im Recht" soll unterbleiben.[426] A priori wird davon ausgegangen, daß Wertungen zumindest die ethisch-moralische Basis der Rechtsordnung darstellen, die bei der Bestimmung von Inhalt und Prüfungsmaßstab des ordre public entscheidend ist. Vorrangig ist vielmehr die Suche nach den fraglichen Werten selbst. Konkret geht es um möglicherweise verwertbare objektive oder subjektive Werte, die den Vorbehalt des ordre public zu einer greifbaren und praktisch anwendbaren Klausel machen. Denn eine große Gefahr besteht nach wie vor darin, den ordre public unverhältnismäßig auszuweiten um das nationale Recht durchsetzen zu können.

Der Kernbestand inländischen Rechts wird entscheidend vom Verfassungsrecht umschrieben. Es dient der inhaltlichen Ausfüllung der für die Auslegung des Inhalts des ordre public erforderlichen Wertungen. Für die Bestimmung von Inhalt und Prüfungsumfang des ordre public sind aber zusätzlich auch moralische Überlegungen, Gerechtigkeitsvorstellungen und auch staatspolitische Interessen von entscheidender Bedeutung. Als Wertungen zur Ausfüllung des

---

424 Dies zeigt nicht zuletzt auch die Wortwahl des BVerfG im Spanier-Beschluß. Das Gericht führt dort aus, daß ein eventueller ordre public-Verstoß von einem „Unwerturteil" abhänge; vgl. BVerfGE 31/58, 75 = NJW 1971/1509 ff. = RabelsZ 36 (1972), S. 45 ff. = IPRspr 1971/39 ff.

425 Allgemein zur wertbezogenen Ausfüllung unbestimmter Rechtsbegriffe: Engisch, S. 106, 109 ff., 123 ff.; konkret zum Vorbehalt des ordre public vgl. Aubin, in: Landesreferate, 1966, S. 99, 124 (dort insbesondere Fn. 82); G. Roth, S. 69, 73, 87 ff., 175 ff.; ders., NJW 1967/134; ders., ZZP 82 (1969), S. 152, 155.

426 Ausführlich hierzu G. Roth, S.79 ff.

Inhalts der Vorbehaltsklausel kommen insbesondere Überlegungen zur materiellprivatrechtlichen und materiellverfahrensrechtlichen Gerechtigkeit und Sittlichkeit in Frage.[427]

Die Vorbehaltsklausel ist ultima ratio. Gegen sie wird verstoßen, wenn Normen tangiert sind, die aufgrund bestimmter staatspolitischer, sozialer, wirtschaftlicher oder kultureller Anschauungen erlassen wurden, die als wesentlich angesehen werden. Der Verstoß muß die Grundlagen des staatlichen oder wirtschaftlichen Lebens berühren. G. Roth[428] geht allerdings zu weit, wenn er meint, der deutsche ordre public umfasse nicht bestimmte Rechtsnormen, sondern prinzipiell nur rechtsethische Grundwerte.

Sämtliche auch in den vorhergehenden Gliederungspunkten angesprochenen Aspekte lassen sich nicht klar voneinander trennen. Eine exakte Differenzierung des Prüfungsmaßstabes des ordre public ist nicht möglich.

Grundgedanke und Prüfungsumfang des ordre public werden durch verschiedenste, jeweils wandelbare, Aspekte bestimmt. Hierdurch ist gewährleistet, daß die Vorbehaltsklausel politischen, wirtschaftlichen, sozialen und auch kulturellen Tendenzen, also gesellschaftlichen Wandlungen folgen kann. Geänderte Wertvorstellungen ändern den Inhalt des ordre public, ohne daß es einer grundlegenden Änderung oder Neudefinition der Vorbehaltsklausel bedarf. Martiny[429] stellt richtig fest, daß es nicht so sehr darauf ankomme, wie man den ordre public formuliere, sondern vielmehr, wie man ihn handhabe.

V. Das systematische Verhältnis zwischen anerkennungsrechtlichem ordre public und internationalprivatrechtlichen Kollisionsnormen

Im Rahmen der Auseinandersetzung mit der grundsätzlich unterschiedlichen Bedeutung des ordre public im IPR und im IZVR wurde bereits angesprochen, daß das Verhältnis der beiden Vorbehaltsklauseln zu den eigentlichen Kollisionsnormen des IPR unterschiedlich zu beurteilen ist. Der Anerkennungsrichter setzt bei der Anwendung des anerkennungsrechtlichen ordre public auch international zwingendes Recht durch. Hier werden also auch Normen erfaßt, die der inländische Richter, hätte er selbst eine Entscheidung in der Sache treffen müssen, unmittelbar angewendet hätte, ohne auf den kollisionsrechtlichen ordre public zurückzugreifen. Der ordre public des IZVR erfaßt also mittelbar auch die Grundgedanken von Normen, die im Kollisionsrecht kraft ihres Geltungsanspruches selbst unmittelbar Berücksichtigung finden.

Im folgenden soll das Verhältnis der Kollisionsnormen des IPR insbesondere zum anerkennungsrechtlichen ordre public des IZVR analysiert werden.

---

427 Vgl. Martiny, Handbuch des IZVR, Band III/1, Rn. 992.

428 S. 87 ff, 175 ff.

429 In: Handbuch des IZVR, Band III/1, Rn 1075 a.E.

1. Das Verhältnis zwischen anerkennungsrechtlichem ordre public und Art. 5 EGBGB

Im IPR präzisiert Art. 5 I EGBGB das Personalstatut. Er nimmt Bezug auf die jeweilige Kollisionsnorm. Grundsätzlich wird insofern vom Staatsangehörigkeitsprinzip ausgegangen.[430] Gemäß Art. 5 I S. 2 EGBGB geht bei Personen mit zwei- oder mehrfacher Staatsangehörigkeit (sog. Doppelstaatern) die deutsche Staatsangehörigkeit auch dann vor, wenn sonstige Anknüpfungstatsachen[431] die ausländische Rechtsordnung als sachnäher und somit maßgeblich qualifizieren würden. Das Staatsangehörigkeitsprinzip ist als Anknüpfungspunkt stabiler und weniger der Manipulation der Beteiligten unterworfen, als dies Wohnsitz oder gewöhnlicher Aufenthalt wären. Aus deutscher Sicht sind Rechtsklarheit und Praktikabilität vorrangig zur Sachnähe der fremden Rechtsordnung.[432]

Die Anwendung von Art. 5 EGBGB hätte im IZVR jedoch Folgen, die vom eigentlichen Sinn und Zweck der Norm so gravierend abweichen, daß sie dort nicht zur Geltung kommen kann. Insbesondere das im IZVR grundlegende Tatortprinzip[433] wäre durch Art. 5 I S. 2 EGBGB ausgeschaltet, sobald einer der Beteiligten zusätzlich zu einer anderen die deutsche Staatsangehörigkeit besäße. Auch bei einer deliktischen Haftung im Rahmen eines bestehenden Vertragsverhältnisses wäre es unsinnig, im Rahmen der Anerkennung einer ausländischen Entscheidung auf Art. 5 I S. 2 EGBGB zurückzugreifen und deutsches Recht anzuwenden. Sinnvoller ist hier eine akzessorische Anknüpfung an das jeweils zugrundeliegende, gegebenenfalls ausländische Vertragsstatut. Nur so erreicht man eine einheitliche Beurteilung sämtlicher Ansprüche aus einem Lebenssachverhalt. Im Übrigen zeigt auch die Formulierung des Gesetzestextes ausdrücklich, daß Art. 5 EGBGB nur für das IPR gilt.[434]

Art. 5 EGBGB findet im IZVR keine Anwendung. Auch eine mittelbare Wirkung der Grundgedanken des Art. 5 EGBGB über den anerkennungsrechtlichen ordre public entfällt. Art. 5 EGBGB regelt einzig das für den deutschen Richter maßgebliche materielle Recht des IPR.[435]

Im IZVR, insbesondere bei der Anerkennung ausländischer Entscheidungen, ist zur Begründung der Zuständigkeit allgemein jede von mehreren Staatsangehörigkeiten eines Betei-

---

430 Im anglo-amerikanischen Rechtskreis erfolgt im Gegensatz dazu vorrangig eine Anknüpfung an den Wohnsitz (domicile) oder den gewöhnlichen Aufenthalt. Vgl. Palandt-Heldrich, BGB, Art. 5 EGBGB, Rn. 1.

431 Hier kommen insbesondere in Betracht: gewöhnlicher Aufenthalt, Belegenheit von Vermögen, Stärke der Bindung an den fremden Staat - sog. effektive Staatsangehörigkeit etc.

432 Ausführlich hierzu vgl. BT-Drucks 10/504, S. 30 f.; s. auch Pirrung, S. 106 ff.

433 Tatort kann hier sowohl der Handlungs-, als auch der Erfolgsort sein (Ubiquitätsregel).

434 Vgl. BT-Drucks. 10/504, S. 41; s. auch Pirrung, S. 121.

435 Vgl. BGH (Urt. v. 4.6.1992) BGHZ 118/312, 327 f. = IPRax 1993/310, 314 = LM 2/93 zu § 328 ZPO, Bl. 330 f. = MDR 1992/1181, 1183 = NJW 1992/ 3096, 3100 = RIW 1993/132, 133 f. = WM 1992/1451, 1458 = ZIP 1992/1256, 1263 = ZZP 106 (1993), S. 79, 90, jeweils unter Punkt A. IV. 3. a) aa) mit Hinweis auf die amtliche Begründung der Bundesregierung in: BT-Drucks. 10/504, S. 40 und auch BR-Drucks. 222/83, S. 40 (nicht abgedruckt bei CR 1993/274 ff., EuWZ 1992/705 ff., EWiR 1993/827, JZ 1993/261 ff., PHI 1992/174 ff.). S. auch Basedow, NJW 1986/2971, 2974; MünchKomm-Sonnenberger, BGB, Band 7, Art. 5 EGBGB, Rn. 12; Palandt-Heldrich, BGB, Art. 5 EGBGB, Rn. 5.

ligten ausreichend. Sie stehen gleichberechtigt nebeneinander, auf eine Effektivitätsprüfung kommt es nicht an.

2. Das Verhältnis zwischen anerkennungsrechtlichem ordre public und Art. 34 EGBGB

Im IPR regelt Art. 34 EGBGB die Sonderanknüpfung zwingender Vorschriften von wirtschafts- und sozialpolitischer Relevanz.[436] Die Anwendung dieser zwingenden Normen des Kollisionsrechts ist im IPR unmittelbar selbst normiert. Ein Rückgriff auf den kollisionsrechtlichen ordre public ist somit nicht erforderlich, geschweige denn erstrebenswert. Dies gilt erst recht für die anerkennungsrechtliche Vorbehaltsklausel.

Die konkret geregelte Sonderanknüpfung spezieller, für zwingend anwendbar gehaltener Regeln der lex fori darf nicht mit den Regelungen des ordre public-Vorbehaltes vermengt werden.[437] Art. 6 EGBGB kommt nur subsidiär zur Anwendung, wenn zwingende Regelungen im internen Recht nicht vorhanden sind.[438] Dies muß ebenso für § 328 I Ziffer 4 ZPO gelten. Die kollisionsrechtliche Spezialregelung des Art. 34 EGBGB hat Vorrang vor den allgemeineren Vorbehaltsklauseln.[439]

3. Das Verhältnis zwischen anerkennungsrechtlichem ordre public und Art. 38 EGBGB

Im Rechtsverkehr mit den USA ist weiterhin das Verhältnis zwischen der die deliktsrechtliche Haftung beschränkenden Kollisionsnorm des Art. 38 EGBGB und dem ordre public von Bedeutung. Insbesondere wegen der aus deutscher Sicht extrem hohen Schadensersatzsummen, die in den USA zugesprochen werden, aber auch mangels staatsvertraglicher Regelung zwischen den beiden Ländern,[440] kommt der Frage der Anwendbarkeit von Art. 38 EGBGB große praktische Bedeutung zu.

De lege ferenda wird ein Verzicht auf die Exklusivnorm des Art. 38 EGBGB angestrebt.[441] Dies erscheint insbesondere im EG-internen Kollisionsrecht wegen des absoluten Diskrimi-

---

436 Vgl. Palandt-Heldrich, BGB, Art. 34 EGBGB, Rn. 1, 3.

437 Vgl. MünchKomm-Martiny, BGB, Band 7, Art. 34 EGBGB, Rn. 31; ihm folgend: Marx, S. 16; s. auch Zekoll, S. 23 ff. (zum Verhältnis von Art. 12 EGBGB a.F. zu Art. 30 EGBGB a.F. - nunmehr Art. 34 EGBGB n.F. und Art. 6 EGBGB n.F.).

438 Ebenso Reithmann in: Reithmann/Martiny, Internationales Vertragsrecht, Rn. 274.

439 Vgl. MünchKomm-Martiny, BGB, Band 7, Art. 34 EGBGB, Rn. 96; ihm folgend: Marx, S. 16; s. auch Zekoll, S. 24.

440 Vgl. Teil 1, Ziffer I. 2. (S. 30 ff.).

441 Vgl. den Referentenentwurf eines Gesetzes zur Ergänzung des Internationalen Privatrechts für außervertragliche Schuldverhältnisse und Sachen - Stand: 15.5.1984; Text abgedruckt bei: MünchKomm-Kreuzer, BGB, Band 7, vor Art. 38 EGBGB, Rn. 6; vgl. auch Basedow, NJW 1986/2971, 2972; Burst, S. 97; Neuhaus/Kropholler, RabelsZ 44 (1980), S. 326, 327; Schack, VersR 1984/422; Spickhoff, VersR 1985/124 ff.; Zekoll, 37 Am. J. Comp. L. 301, 314 (1989).

nierungsverbots von Art. 7 I EWG-Vertrag auch erforderlich.[442] Wann eine Gesetzesreform stattfinden wird ist zeitlich jedoch noch nicht abzusehen.

a) Der Regelungsgehalt von Art. 38 EGBGB und dessen Verhältnis zum kollisionsrechtlichen ordre public des Art. 6 EGBGB

Art. 38 EGBGB beschränkt die inländische Haftung eines deutschen Schädigers für eine im Ausland begangene unerlaubte Handlung die nach ausländischem Recht zu beurteilen ist auf das nach deutschem Recht vorgesehene Höchstmaß.

Der Regelung unterfallen alle Sachverhalte der Gefährdungs- und Verschuldenshaftung. Für die Anwendung von Art. 38 EGBGB ist unerheblich, ob der deutsche Schädiger als Täter, Mittäter, Gehilfe und auch, ob er als Geschäftsherr oder Halter einer Sache in Anspruch genommen wird. Art. 38 EGBGB schützt natürliche ebenso wie juristische Personen.

Ansprüche, die aus deutscher Sicht als überhöht oder unbegründet gelten, werden von dem das ausländische Recht anwendenden internen Richter gemäß Art. 38 EGBGB reduziert oder abgelehnt.[443] Die Vorschrift schützt den im Ausland unerlaubt schädigenden Inländer, berücksichtigt also vornehmlich die Interessen des inländischen Schädigers und nicht diejenigen des ausländischen Klägers.

Die Rechtsfolgen einer Tat sind grundsätzlich nach dem Recht des Tatorts zu beurteilen. Tatort kann hier sowohl der Handlungs-, als auch der Erfolgsort sein (Ubiquitätsregel). Fallen Handlungs- und Erfolgsort auseinander, so wird das für den Geschädigten günstigere Deliktstatut angewendet (Ubiquitätsregel, verstanden als Günstigkeitsprinzip).[444] Staatsverträge oder Rechtswahlvereinbarungen gehen allerdings vor.

Für die Beurteilung der Haftungsbeschränkung nach Art. 38 EGBGB ist ein umfassender Rechtsvergleich zwischen dem Ergebnis der Anwendung des maßgeblichen ausländischen Deliktsstatuts und dem nach internem Recht zu erzielenden Ergebnis erforderlich.

Eine Beschränkung auf lediglich deliktische Vorschriften des deutschen Rechts[445] würde zwar systematische Aspekte und die Interessen der ausländischen Klägerseite berücksichtigen. Sie stünde aber im Widerspruch zum Wortlaut der Norm, der von „deutschen Gesetzen" spricht. Weiterhin würde eine solche Einschränkung eine ungerechtfertigte Sonderstellung der deliktsrechtlichen Vorschriften begründen. Denn diese würden über Art. 38 EGBGB beachtet. Dagegen könnten nichtdeliktische Regelungen allenfalls nachrangig im Rahmen von Art. 6 EGBGB eine mögliche Schrankenwirkung gegenüber dem fremden Recht entfalten, sofern

---

442 Str.! Eine Zusammenstellung der Meinungen zum Streitstand findet sich bei Bungert, ZIP 1992/1707, 1711 f. (dort insbesondere Fn. 65). Zum Problem der fragwürdigen Differenzierung der Geltung von Art. 38 EGBGB im Verhältnis Deutschland und EG bzw. Drittstaaten vgl. insbesondere Stiefel/Stürner, VersR 1987/829, 833.

443 Kritisch hierzu Dörner, Jura 1990/57, 61.

444 Vgl. MünchKomm-Kreuzer, BGB, Band 7, Art. 38 EGBGB, Rn. 40 ff.; Palandt-Heldrich, BGB, Art. 38 EGBGB, Rn. 2 ff.; von Westphalen, RIW/AWD 1981/141; Zekoll, S. 19 ff. (zu Art. 12 EGBGB a.F., nunmehr Art. 38 EGBGB).

445 So z.B. Birk, S. 248, 266 f.; Zekoll, S. 26 f.

Art. 6 EGBGB insofern zur Geltung käme. Eine Einschränkung des Haftungsumfangs auf lediglich deliktische Normen des autonomen Rechts ist aber abzulehnen. Es ist nicht einzusehen, warum der Schutz des deutschen Schädigers einzig durch internes Deliktsrecht privilegiert werden soll. Die Haftungsvorschriften des Deliktsrechts müssen als Teil des gesamten deutschen Rechtssystems verstanden werden. Insbesondere Ansprüche aus Vertragsverletzungen und ungerechtfertigter Bereicherung oder auch Verjährungsvorschriften müssen gleichrangig beachtet werden. Es wäre inkonsequent, grundsätzlichen Bedenken gegenüber der Regelung des Art. 38 EGBGB lediglich durch eine einschränkende Auslegung des Regelungsumfangs der Norm zu begegnen. Eher sollte völlig auf die Norm verzichtet werden. Hierfür spricht insbesondere auch, daß die Regelung kaum vereinbar ist mit einem der wichtigsten Grundgedanken sämtlicher Kollisionsnormen, der internationalprivatrechtlichen Gerechtigkeit. Wenn man Art. 38 EGBGB aber beibehält und zum Schutz des deutschen Schädigers einsetzt, dann sind für den Vergleich des zur Anwendung berufenen ausländischen Deliktstatuts mit dem internen Recht konsequenterweise sämtliche Bestimmungen der deutschen Rechtsordnung heranzuziehen.[446]

Art. 38 EGBGB wird als rechtspolitisch verfehlt angesehen.[447] Auf diese Bedenken, insbesondere die Frage der Vereinbarkeit der Norm mit Art. 7 EWG-Vertrag, soll hier nicht weiter eingegangen werden.[448] Für das Problem der Anerkennung und Vollstreckbarerklärung ausländischer, insbesondere US-amerikanischer Urteile in Deutschland stellt sich vielmehr die Frage, ob der sogar als „Fossil aus einer untergegangenen Epoche des deutschen IPR“[449] bezeichnete Art. 38 EGBGB vorrangig vor der kollisionsrechtlichen Vorbehaltsklausel des Art. 6 EGBGB anzuwenden ist oder lediglich den deutschen deliktischen Schädiger schützt, also aus dem Komplex des Vorbehalts des ordre public auszugliedern ist und unabhängig davon Wirkung entfaltet. Schließlich ist zu untersuchen, ob Art. 38 EGBGB auch im Rahmen der anerkennungsrechtlichen Vorbehaltsklausel des § 328 I Ziffer 4 ZPO Anwendung finden kann und wenn ja, in welchen Umfang.

---

446 Vgl. auch Burst, S. 104; MünchKomm-Kreuzer, BGB, Band 7, Art. 38 EGBGB, Rn. 315; Palandt-Heldrich, BGB, Art. 38 EGBGB, Rn. 28; Schack, VersR 1984/422; Stiefel/Stürner, VersR 1987/829, 832; von Westphalen, RIW/AWD 1981/141. A.A. Dörner, Jura 1990/57, 61.

447 Vgl. Burst, S. 104 f.; MünchKomm-Sonnenberger, BGB, Band 7, Art. 6 EGBGB, Rn. 24; MünchKomm-Kreuzer, BGB, Band 7, Art. 38 EGBGB, Rn. 306; Spickhoff, VersR 1985/124, 125. Differenzierter: Schack, VersR 1984/422; Stiefel/Stürner, VersR 1987/829, 832 f. (insbesondere unter Berücksichtigung wirtschaftlicher Überlegungen und versicherungstechnischer Aspekte); von Westphalen, RIW/AWD 1981/141, 143.

448 Vgl. hierzu: Bungert, ZIP 1992/1707, 1711 f. (dort insbesondere Fn. 64 und 65); Meise, S. 266 f.; MünchKomm-Kreuzer, BGB, Band 7, Art. 38 EGBGB, Rn. 304 bzw. 306; Palandt-Heldrich, BGB, Art. 38 EGBGB, Rn. 28;

449 Palandt-Heldrich, BGB, vor Art. 38 EGBGB, Rn 1; s. auch Ferid, Internationales Privatrecht, Rn. 6 - 182.

b) Das Verhältnis von Art. 38 EGBGB zum kollisionsrechtlichen ordre public des Art. 6 EGBGB

Die Regelung des Art. 38 EGBGB gilt, ebenso wie Art. 6 EGBGB grundsätzlich nur für das IPR, also für den Fall der Anwendung fremden materiellen Rechts durch den deutschen Richter. Beide Vorschriften richten sich nur gegen materiellrechtliche Abweichungen des fremden Rechts gegenüber der inländischen Rechtsordnung.

Schon innerhalb des IPR ist die dogmatische Einordnung von Art. 38 EGBGB zweifelhaft.

Gesetzessystematische Überlegungen deuten darauf hin, daß Art. 38 EGBGB eine besondere Vorbehaltsklausel darstellt, die dem allgemeinen ordre public des Art. 6 EGBGB vorgeht.[450]

Aus teleologischer Sicht handelt es sich aber eher um eine kollisionsrechtliche Inländerschutzklausel, die in erster Linie der Wahrung subjektiver Parteiinteressen des deutschen Schädigers dient.[451] Hierfür spricht, daß der Schädiger auf den Schutz des Art. 38 EGBGB verzichten kann.[452] Im Gegensatz dazu beinhalten die eigentlichen Vorbehaltsklauseln aber die als unverzichtbar angesehenen Grundgedanken der internen Rechtsordnung, die absolute Geltung beanspruchen, also gerade nicht dispositiv sind.

Auch der Wortlaut von Art. 38 EGBGB formuliert eindeutig eine schlichte Schutzklausel.

Würde man die Vorschrift als besondere Vorbehaltsklausel ansehen, so würde dies bedeuten, daß der Schutz des inländischen Schädigers als besonderer Aspekt des allgemein gehaltenen ordre public des Art. 6 EGBGB hervorgehoben würde. Inhalt des ordre public sind aber grundsätzlich nur die wesentlichen Grundgedanken der deutschen Rechtsordnung, insbesondere die Grundrechte. Der Gedanke, daß ein deutscher Schädiger für eine von ihm im Ausland begangene unerlaubte Handlung nicht über den nach deutschem Haftungsrecht vorgegebenen Höchstbetrag hinaus haften soll, kann in der heutigen Zeit nicht mehr ernsthaft als Teil der für unverzichtbar gehaltenen Grundwerte des deutschen Rechts angesehen werden. Weder die Sittenordnung, noch dringende, für unverzichtbar gehaltene wirtschaftliche, staatspolitische oder auch kulturelle Belange fordern eine Begünstigung des deutschen Schädigers. Eine Grenze ist allenfalls in den Fällen denkbar, in denen ein deutscher Schädiger zur Zahlung eines Betrages verurteilt wurde, die ihn für den Rest seines Lebens an das Existenzminimum drängen würde. Insofern wäre zu prüfen, ob eine solche Einschränkung des Schuldners nicht gegen das auch ihm zustehende Recht auf Menschenwürde i.S.d. Art. 2 I GG verstoßen wür-

---

450 Dieser Ansicht folgt die herrschende Meinung in Rechtsprechung und Literatur: vgl. BGH (Urt. v. 4.6.1992) BGHZ 118/312, 329 = IPRax 1993/310, 314 f. = LM 2/93 zu § 328 ZPO, Bl. 330 f. = MDR 1992/1181, 1183 = NJW 1992/3096, 3100 = RIW 1993/132,134 = WM 1992/1451, 1458 = ZIP 1992/1256, 1263, jeweils unter Punkt A. IV. 3. a) bb) (nicht abgedruckt bei CR 1993/274 ff., EuZW 1992/705 ff., EWiR 1993/827, JZ 1993/261 ff., PHI 1992/174 ff.); s. auch die Nachweise bei Bungert, ZIP 1992/1707, 1712 f. (dort Fn. 69); MünchKomm-Kreuzer, BGB, Band 7, Art. 38 EGBGB, Rn. 303, 319; Palandt-Heldrich, BGB, Art. 38 EGBGB, Rn. 28; Schack, VersR 1984/422; Schütze, RIW 1993/140, 141; Stiefel/Stürner, VersR 1987/829, 832; von Westphalen, RIW/AWD 1981/141; Wuppermann, S. 10.

451 Vgl. Bungert, ZIP 1992/1707, 1712 f. (dort insbesondere Fn. 68, 81 - mit ausführlichen Literaturhinweisen); s. auch Dörner, Jura 1990/57, 60 f.; wohl auch Gesler, S. 43; Meise, S. 266; Neuhaus, S. 384 ff.

452 Vgl. Dörner, Jura 1990/57, 60 f.; MünchKomm-Kreuzer, BGB, Band 7, Art. 38 EGBGB, Rn. 305.

de. Diese Überlegungen sind nach Inkrafttreten der Insolvenzordnung 1999 zwischenzeitlich eher theoretischer Natur.

Im Übrigen widerspricht auch die Anwendung von Art. 38 EGBGB dem Verständnis einer besonderen ordre public-Klausel. Denn für die Beurteilung der kollisionsrechtlichen Haftungsbeschränkung des Art. 38 EGBGB ist ein minutiöser[453] Rechtsvergleich zwischen dem Ergebnis der Anwendung des maßgeblichen ausländischen Deliktsstatuts und dem nach internem Recht erzielbaren Ergebnis erforderlich. Dabei wird konkret auf einzelne schutzwürdige Normen des deutschen Rechts eingegangen. Im Gegensatz dazu stellt der Vorbehalt des ordre public aber auf die hinter diesen Normen stehenden Grundwerte der deutschen Rechtsordnung ab. Diese Grundgedanken wiederum sind innerhalb einer Überprüfung anhand von Art. 38 EGBGB allenfalls subsidiär zu berücksichtigen. Denn dort werden bereits die speziellen Regelungen des internen Rechts als konkrete Schranken gegenüber dem fremden Recht angesehen und nicht erst die hinter ihnen stehenden Grundwerte. Art. 38 EGBGB erhebt einzelne Regelungen des internen Rechts zu konkreten Schranken gegenüber im Ausland geltend gemachten deliktischen Ansprüchen. Es sprechen also auch strukturelle Unterschiede gegen eine Einordnung von Art. 38 EGBGB als lex specialis zum kollisionsrechtlichen ordre public des Art. 6 EGBGB.

Art. 38 EGBGB steht in seiner Ausformung einzigartig da. In keinem anderen deutschen Gesetz, insbesondere auch nicht im Grundgesetz, findet sich ein ähnlich subjektiv ausgestalteter Schutzgedanke zugunsten eines Schädigers. Die Vorschrift kann nicht als besondere Ausformung des kollisionsrechtlichen ordre public angesehen werden. Vielmehr handelt es sich um eine interne Schutzklausel des inländischen deliktischen Schädigers, die diesem subjektiven Schutz bietet.

c) Das Verhältnis zwischen Art. 38 EGBGB und dem anerkennungsrechtlichen ordre public gemäß § 328 I Ziffer 4 ZPO

Anders als im Kollisionsrecht verhält es sich möglicherweise im Bereich der Anerkennung ausländischer Entscheidungen.[454] Der Hauptunterschied zum Kollisionsrecht ist, daß es hier nicht um die Anwendung fremden Rechts durch den internen Richter, also um eine eigene Sachentscheidung geht, sondern daß die Überprüfung der Vereinbarkeit des Ergebnisses einer fremden, bereits ergangenen Entscheidung mit den wesentlichen Grundsätzen der deutschen Rechtsordnung erfolgt. Das Verhältnis zwischen Art. 38 EGBGB und § 328 I Ziffer 4 ZPO muß deswegen gesondert untersucht werden.

Die Anwendbarkeit von Art. 38 EGBGB im Rahmen des § 328 I Ziffer 4 ZPO ist strittig.[455]

---

453 Bungert, ZIP 1992/1707, 1713.

454 Vgl. hierzu auch Völker, S. 173 ff.

455 Für eine Anwendung sprechen sich insbesondere aus: Hoechst, VersR 1983/13, 15 f.; ders., S. 122; MünchKomm-Kreuzer, BGB, Band 7, Art. 38 EGBGB, Rn. 318 (nicht für den Bereich des EuGVÜ); Schack, VersR 1984/422, 423 ff.; ders., IZVR, Rn. 869; Schütze, in: FS Nagel, S. 392, 400; ders.,

Für eine konkrete Anwendung spricht insbesondere die dadurch zu erzielende Rechtssicherheit. Die Vorschrift hat nur so eine effektive Durchsetzungswirkung. Die Beteiligten eines Prozesses mit internationaler Sachverhaltsanbindung können die Chancen und Risiken der Verfahrensfortführung bei Anwendung der deliktischen Schutznorm im deutschen Vollstreckungsstaat vorhersehen und ihr Verhalten danach ausrichten.

Autostrada del Sole-Fall

Der BGH[456] hat 1983 für den Geltungsbereich des EuGVÜ[457] entschieden, daß Art. 12 EGBGB a.F. (nunmehr Art. 38 EGBGB) auf kollisionsrechtliche Fälle zu beschränken sei. Bei der Anerkennung ausländischer Entscheidungen nach den Art. 25 ff. EuGVÜ, insbesondere im Rahmen des ordre public gemäß Art. 27 Nr. 1 EuGVÜ sei die anerkennungsrechtliche „Vorbehaltsklausel“[458] des Art. 12 EGBGB a.F. (nunmehr Art. 38 EGBGB) nicht anzuwenden.

Im damals zu entscheidenden Fall hatte die auf einer Urlaubsfahrt auf der Autostrada del Sole in Italien schwer verletzte deutsche Antragstellerin gegen die ebenfalls deutschen Antragsgegner, den Halter und Fahrer des unfallverursachenden Wagens und deren Haftpflichtversicherer, ihre Schadensersatzansprüche zunächst vor dem deutschen Wohnsitzgericht der Schädiger in Frankfurt a. M. geltend machen wollen. Sowohl das dortige LG, als auch das zuständige OLG versagten das im Zusammenhang mit der Klageerhebung beantragte Armenrecht (nunmehr PKH gemäß §§ 114 ff. ZPO) mangels hinreichender Aussicht auf Erfolg. Anschließend klagte die Geschädigte am Unfallort in Italien. Das dortige Gericht wandte entsprechend der Tatortanknüpfung italienisches Sachrecht an.[459] Die Klägerin erhielt ca. 300.000 DM Schadenersatz und Schmerzensgeld zugesprochen, eine im Verhältnis zu vergleichbaren Sachverhalten in Deutschland relativ hohe, zum damaligen Zeitpunkt in Deutschland wohl nicht zu erzielende Summe.

Die Entscheidung des BGH befaßte sich mit der Anerkennung und Vollstreckbarerklärung dieses italienischen Urteils. Der BGH führt aus, daß es dem deutschen Geschädigten durch den Beitritt Deutschlands zum EuGVÜ freigestellt sei, seine Ansprüche vor dem Gericht des Wohnsitzes oder dem des Tatortes zu verfolgen. Dies regele ausdrücklich Art. 5 Nr. 3 EuGVÜ. Entscheide sich der Anspruchsteller für das Gericht des (ausländischen) Tatortes, so

Deutsch-amerikanische Urteilsanerkennung, S. 170; ders., RIW 1993/139, 140; von Westphalen, PHI 1988/18, 21. Offen läßt die Frage Ebenroth, JZ 1988/18, 27, der allerdings eine Anerkennung fremder Urteile nur insoweit zulassen will, als diese die Grenzen des internen Recht in Betragshöhe und Kreis der Deliktsschuldner nicht überschreiten. Dieser Ansatz ist verfehlt, er geht von einer verbotenen révision au fond aus.

456 Vgl. die „Autostrada del Sole-Entscheidung“ des BGH (B. v. 22.6.1983) BGHZ 88/17 ff. = IPRax 1984/202 ff. (mit Anm. G. Roth, IPRax 1984/183) = JuS 1984/387 ff. (mit Anm. Holoch) = JZ 1983/903 ff. (mit Anm. Kropholler) = LM § 249 BGB Nr. 69 = NJW 1984/586 ff. = VersR 1983/874 ff. = WM 1983/914 ff. = ZIP 1983/1129 ff.

457 EWG-Übereinkommen über die gerichtliche Zuständigkeit und die Vollstreckung gerichtlicher Entscheidungen in Zivil- und Handelssachen vom 27.9.1968 (BGBl. 1972 II, S. 774) i. d. F. vom 25.10.1982 (BGBl. 1988 II, S. 453); abgedruckt und kommentiert z.B. bei Kropholler, Europäisches Zivilprozeßrecht.

458 Daß es sich gerade nicht um eine solche handelt, wurde eben dargelegt.

459 Nach deutschem Kollisionsrecht hätte wegen des gemeinsamen Personalstatuts deutsches Recht zur Anwendung kommen müssen.

komme eine sachliche Nachprüfung der Gesetzmäßigkeit der dortigen Entscheidung im Rahmen der Prüfung der Anerkennung der dort ergangenen Entscheidung nicht in Betracht. Auch im EuGVÜ gelte das Verbot der révision au fond (vgl. Art. 29 EuGVÜ). Die Freiheit der Wahl des Gerichtsortes könne nicht dadurch eingeschränkt werden, daß die am ausländischen Tatort zulässigerweise eingeklagte Summe dem inländischen anerkennungsrechtlichen ordre public zum Opfer falle. Der Regelungsgehalt des deutschen Rechts, insbesondere die deliktsrechtliche Haftungsbeschränkung des Art. 12 EGBGB a.F. (nunmehr Art. 38 EGBGB) könne hier nicht - quasi durch die Hintertüre - durchgesetzt werden. Andernfalls würde das in der Europäischen Union allgemein akzeptierte Recht praktisch intern wieder aufgehoben und subjektiven Schutzinteressen des inländischen Schädigers zum Opfer fallen. Die Vorbehaltsklausel des ordre public komme im Anerkennungsrecht grundsätzlich nur in abgeschwächter Form zur Geltung, ein ordre public-Verstoß liege im entschiedenen Fall nicht vor.

Gegen diese Entscheidung ist vereinzelt Kritik erhoben worden. Insbesondere Schack[460] sieht in ihr eine Ermutigung zum forum shopping. Unterschiedliche Ausformungen der jeweiligen Haftungs- und insbesondere Deliktsrechte der Länder verschiedener zulässiger Gerichtsstände könnten geschickt ausgenutzt werden und zu wirtschaftlich gravierend divergierenden Ergebnissen führen. Der Anspruchsteller würde dazu verleitet, das erkennende Gericht nach der Höhe der zu erwartenden Schadensersatz- und Schmerzensgeldbeträge auszusuchen. Der Anspruchsgegner könne dagegen versuchen, den Prozeß mit Hilfe einer negativen Feststellungsklage an den ihm günstigeren Zuständigkeitsort zu binden. Schack verkennt aber, daß das EuGVÜ in Art. 5 ausdrücklich die Wahl zwischen verschiedenen Gerichtsständen ermöglicht. Neben dem grundsätzlich zulässigen Wohnsitzgericht erlaubt Art. 5 Nr. 3 EuGVÜ ausdrücklich die Klageerhebung vor dem Gericht des Tatortes. Der BGH zieht hier den einzig zulässigen Schluß aus dem gesetzlich vorgegebenen System des EuGVÜ, das geltendes Recht darstellt. Schack gibt im Rahmen seiner Kritik allerdings auch selbst zu, im Grunde eher die fehlende internationale Vereinheitlichung zwischen Kollisionsrecht und materiellem Deliktsrecht rügen zu wollen.[461] Sein Versuch, grundsätzliche Differenzen mit Hilfe von Art. 12 EGBGB a.F. (nunmehr Art. 38 EGBGB) zu Gunsten des inländischen Schädigers einzuschränken, ist aber nicht nachvollziehbar. Das Argument, berechtigte Interessen des Schädigers nicht aus den Augen zu verlieren, gilt es zwar zu berücksichtigen. Im Gegenzug müssen aber auch die Interessen des Opfers beachtet werden. Diese orientieren sich ebenfalls an der Höhe des Anspruches, sind naturgemäß allerdings konträr zu denen des Schädigers. Im übrigen stellt sich die Frage, welche Interessen des Schädigers als berechtigt anzusehen sind und welche allenfalls nachrangig in den Abwägungsprozeß einfließen. Die Antwort kann allenfalls subjektiv ausfallen.

Als Korrektiv zugunsten des Schädigers bietet sich anstatt von Art. 38 EGBGB eher der innerhalb der Überprüfung anhand des ordre public systemimmanent anzusiedelnde Aspekt der

---

460 VersR 1983/422, 423.

461 VersR 1983/422, 423 und 425.

Inlandsbeziehung[462] des Falles an. Auf die rechtspolitisch verfehlte und höchst fragliche Regelung des Art. 38 EGBGB aus dem Kollisionsrecht sollte nicht zurückgegriffen werden. Das derzeit unschlüssige international-deliktsrechtliche System darf nicht durch die selbst strittige Regelung des Art. 38 EGBGB eingeschränkt werden, sondern allenfalls durch Kriterien, die innerhalb des ordre public anzusiedeln sind.

Für die Anerkennung fremder Entscheidungen nach autonomem Recht gemäß den §§ 722, 723 und 328 ZPO hat der BGH in seiner „Kalifornien-Entscheidung" vom 4.6.1992 nunmehr ebenfalls festgelegt, daß Art. 38 EGBGB dort nicht anzuwenden ist. Die Höhe des Schadensersatzes bei deliktischer Haftung wird hier ebenfalls nicht durch Art. 38 EGBGB beschränkt.[463]

Auch wenn der BGH davon ausgeht, daß Art. 38 EGBGB als besondere Ausformung des ordre public zu verstehen ist (s.o.), so ist die Entscheidung dennoch folgerichtig und schlüssig: Es geht hier nur um die Vereinbarkeit der ausländischen Entscheidung mit den wesentlichen Grundgedanken der deutschen Rechtsordnung, insbesondere den Grundrechten. Die anerkennungsrechtliche Regelung des § 328 I Ziffer 4 ZPO ist insofern flexibler als deren kollisionsrechtliche Parallele. Ersterer kommt eine abgeschwächte Wirkung zu (effet atténué). Eine konkrete Überprüfung der ausländischen Entscheidung anhand von Art. 38 EGBGB wäre eine sachliche Kontrolle der Entscheidung selbst und somit eine verbotene révision au fond.[464]

Gegen eine Anwendbarkeit von Art. 38 EGBGB im Rahmen des anerkennungsrechtlichen ordre public spricht auch die Neuregelung des IPR und die damit einhergehende Neufassung des IZVR, die ansonsten Unstimmigkeiten hervorrufen würde. § 328 I Ziffer 4 ZPO ist bei seiner Neufassung 1986 als eigenständige und abschließende Sonderregelung formuliert worden, die sich gerade nicht an Art. 38 EGBGB, sondern an Art. 27 Nr. 1 EuGVÜ orientiert. Sie wurde diesem angeglichen.

Auch die Neuregelung des § 328 I Ziffer 3 ZPO zeigt, daß im Rahmen der Anerkennung fremder Entscheidungen Abweichungen von deutschen kollisionsrechtlichen Normen hinzunehmen sind. Danach kann nun die Anerkennung eines ausländischen Urteils nicht mehr davon abhängig gemacht werden, daß das ausländische Gericht bestimmte Vorschriften des deutschen internationalen Familienrechts berücksichtigt.[465]

---

462 S. hierzu bereits Teil 1, Ziffer II. 6. b) (1) (S. 58 ff.).

463 Vgl. BGH (Urt. v. 4.6.1992) BGHZ 118/312, 328 = IPRax 1993/310, 314 f. = LM 2/93 zu § 328 ZPO, Bl. 330 = MDR 1992/1181, 1183 = NJW 1992/3096, 3100 = RIW 1993/132, 134 = WM 1992/1451, 1458 = ZIP 1992/1256, 1263 = ZZP 106 (1993), S. 79, 90, jeweils unter Punkt A. IV. 3. a) bb) (nicht abgedruckt bei CR 1993/274 ff., EuZW 1992/705 ff., EWiR 1993/827, JZ 1993/261 ff., PHI 1992/174 ff.).

464 Vgl. hierzu auch LG Berlin (Urt. v. 13.6.1989) DB 1989/2120 ff. = RIW 1989/988 ff.; s. auch Böhmer, NJW 1990/3049, 3051; Gottwald, ZZP 103 (1990), S. 257, 283; Beucher/Sandage, 23 Vand. J. Transnat'l L. 967, 987 (1991); Heidenberger, RIW 1990/804 ff.; Martiny, Handbuch des IZVR, Band III/1, Rn. 1045; MünchKomm-Kreuzer, BGB, Band 7, Art. 38, Rn. 88; Rosengarten, S. 155; Zekoll, S. 30; ders., Am. J. Comp. L. 301, 316 (1989); ders., RIW 1990/302, 303 (Anm. zu LG Berlin in dieser Fn.).

465 Kritisch zu diesem Argument Bungert, ZIP 1992/1707, 1713 (dort insbesondere Fn. 79).

Bei der Neufassung von § 328 I Ziffer 2 ZPO wurde der ursprünglich stärker normierte Inländerschutz zurückgedrängt. Nunmehr dürfen sich im Inland sowohl Deutsche, als auch Ausländer auf Zustellungsfehler im erststaatlichen Urteilsverfahren berufen.

Allgemein zeigt sich, daß der starre Schutz der Interessen des inländischen Schuldners durch ursprünglich konkrete gesetzliche Formulierungen durch die Neuregelung von IPR und IZVR eingeschränkt wurde. Der BGH äußert, daß die flexible Regelung des § 328 I Ziffer 4 ZPO insofern den Besonderheiten des Anerkennungsverfahrens besser gerecht werde, als insbesondere Art. 38 EGBGB.[466]

Die widerstreitenden Interessen der Parteien bei der Frage der Anerkennungsfähigkeit einer ausländischen Entscheidung lassen sich besser anhand der Inlandbeziehung des zur Anerkennung stehenden Sachverhaltes abwägen. Der Aspekt des Inlandsbezuges ist dem Inhalt des anerkennungsrechtlichen ordre public zuzuordnen. Konkrete Schutzgedanken können dann nicht mehr einzelnen gesetzlichen Regelungen entnommen werden, sondern hier gewinnt die allgemein gehaltenere ordre public-Klausel an Bedeutung. Subjektive Individualinteressen werden zu Gunsten übergeordneter Wertungsgesichtspunkte zurückgedrängt.

Zusammenfassend kommt der BGH zu dem Ergebnis, daß Art. 38 EGBGB kein Anerkennungshindernis innerhalb der Überprüfung ausländischer Entscheidungen anhand von § 328 I Ziffer 4 ZPO darstellt.[467] Dieser Ansicht ist zuzustimmen.

Bei Kenntnis der „Autostrada del Sole-Entscheidung" des BGH[468] war dieses Ergebnis vorhersehbar. Eine Differenzierung zwischen den Anwendungsbereichen von EuGVÜ und autonomem Recht hätte sich aufgrund rechtspolitischer Überlegungen verboten. Eine unterschiedliche Behandlung von Mitgliedsstaaten der Europäischen Union und Drittstaaten, insbesondere eine ablehnende Haltung gegenüber besonders kritisch beäugten Urteilen aus den USA wäre eine sachlich nicht zu rechtfertigende Diskriminierung. Ein strengerer Maßstab bei der Beschränkung der deliktischen Haftung im Rahmen der Anerkennung fremder Entscheidungen nach autonomem Recht widerspräche auch der in der freien Marktwirtschaft vertretenen These vom freiem Welthandel. Wer die Vorteile fremder Märkte nutzt und auf ihnen verdient, kann die damit verbundenen Nachteile nicht völlig abwehren. Er muß die Rückwirkungen des Rechts dieser fremden Märkte auf sein eigenes Territorium zulassen.[469] Andernfalls käme es

466 Vgl. BGH (Urt. v. 4.6.1992) BGHZ 118/312, 328 = IPRax 1993/310, 314 f. = LM 2/93 zu § 328 ZPO, Bl. 330 = MDR 1992/1181, 1183 = NJW 1992/3096, 3100 = RIW 1993/132, 134 = WM 1992/1451, 1458 = ZIP 1992/1256, 1263 = ZZP 106 (1993), S. 79, 90, jeweils unter Punkt A. IV. 3. a) bb) (nicht abgedruckt bei CR 1993/274 ff., EuZW 1992/705 ff., EWiR 1993/827, JZ 1993/261 ff., PHI 1992/174 ff.).

467 Vgl. LG Berlin (Urt. v. 13.6.1989) DB 1989/2120 ff. = RIW 1989/988, 989; OLG Düsseldorf (Urt. v. 28.5.1991) RIW 1991/554, 556 = RuS 1991/339, 340 = VersR 1991/1161, 1162 (= Vorinstanz zu BGH, Urt. v. 4.6.1992); s. auch Burst, S. 109; Heidenberger, RIW 1990/804 ff.; Linke, Rn. 422; Martiny, Handbuch des IZVR, Band III/1, Rn. 1945; ders., 35 Am. J. Comp. L. 721, 746 (1987); MünchKomm-Gottwald, ZPO, § 328, Rn. 88; Palandt-Heldrich, BGB, Art. 38 EGBGB, Rn. 28; Stiefel/Stürner, VersR 1987/829, 832 f.; Zekoll, S. 27 ff.; ders., 37 Am. J. Comp. L. 301, 314 (1989); ders., RIW 1990/302, 303; ders., 30 Colum. J. Transnat'l L. 641, 650 f. (1992); Zöller-Geimer, ZPO, § 328, Rn. 168.

468 S.o., BGH (B. v. 22.6.1983) BGHZ 88/17 ff. = IPRax 1984/202 ff. (mit Anm. G. Roth, IPRax 1984/183) = JuS 1984/387 ff. (mit Anm. Holoch) = JZ 1983/903 ff. (mit Anm. Kropholler) = LM § 249 BGB Nr. 69 = NJW 1984/586 ff. = VersR 1983/874 ff. = WM 1983/914 ff. = ZIP 1983/1129 ff.

469 Wo die Grenzen hierfür anzusetzen sind, wird noch zu zeigen sein.

zu Wettbewerbsverzerrungen mit Hilfe von schlichtem Rechtsprotektionismus.[470] Dies stünde in Widerspruch zu Integrationsbestrebungen und dem Wunsch und der Forderung nach ungehindertem internationalem Rechts- und Wirtschaftsverkehr.

Den Schutzschild vor als nicht hinnehmbar angesehenen fremden Einflüssen kann nicht die starre Inländerschutzklausel des Art. 38 EGBGB bilden. Ihn muß der Vorbehalt des ordre public gemäß § 328 I Ziffer 4 ZPO selbst gewährleisten.

d) Begünstigt die Nichtanwendbarkeit von Art. 38 EGBGB im Anerkennungsverfahren forum shopping?

Offen ist noch die Frage, ob die Nichtanwendbarkeit von Art. 38 EGBGB tatsächlich forum shopping begünstigt.[471]

Unter forum shopping versteht man das systematische Ausnutzen der in verschiedenen Staaten parallel existierenden und in Betracht kommenden internationalen Zuständigkeitsregeln um bestimmter rechtlicher oder tatsächlicher, insbesondere wirtschaftlicher Vorteile willen.[472] Paradebeispiel für das forum shopping eines deutschen Klägers ist der bereits oben genannte, der „Autostrada del Sole-Entscheidung" des BGH zugrundeliegende Sachverhalt.[473]

Der Vorwurf, die ablehnende Haltung gegenüber Art. 38 EGBGB lade zu „fröhlichem forum shopping" ein, ist ungerechtfertigt.[474] Gemäß § 328 I Ziffer 1 ZPO werden ausländische Urteile nicht anerkannt, wenn die Gerichte des Staates, dem das ausländische Gericht angehört, nach den deutschen Gesetzen nicht zuständig gewesen wären. Die internationale Anerkennungszuständigkeit richtet sich also nach der spiegelbildlichen Anwendung der Regelungen zur internationalen Zuständigkeit.[475] Diese wiederum basieren auch auf den internen Regeln, richten sich bei unerlaubten Handlungen z.B. nach dem Gerichtsstand des Tatortes gemäß § 32 ZPO.[476] Das deutsche Recht bietet somit selbst schon die Möglichkeit, den Schädiger vor dem Gericht des deutschen Tatortes zu verklagen. Dies muß gleichermaßen für eine ausländische Tatortregel gelten. Wenn aber der ausländische Tatortgerichtsstand zulässig ist, dann muß folglich auch akzeptiert werden, daß das ausländische Deliktsrecht angewandt wird und gegebenenfalls höherer Schadensersatz als nach internem deutschem Recht zugesprochen

---

470 Vgl. Stiefel/Stürner, VersR 1987/829, 833.

471 So zumindest Schack, VersR 1983/422, 423 ff.

472 Geimer, IZPR, Rn. 1095 ff.; Kropholler, IPR, Rn. 501; Schack, VersR 1983/422, 423 ff.; ders., IZVR, Rn. 220 ff.; ders., 58 RabelsZ (1994), S. 40, 47; Schütze, in: FS Nagel, S. 392 ff.

473 S. Teil 2, Ziffer VI. 3. b) (S. 131 ff.); BGH (B. v. 22.6.1983) BGHZ 88/17 ff. = IPRax 1984/202 ff. (mit Anm. G. Roth, IPRax 1984/183) = JuS 1984/387 ff. (mit Anm. Holoch) = JZ 1983/903 ff. (mit Anm. Kropholler) = LM § 249 BGB Nr. 69 = NJW 1984/586 ff. = VersR 1983/874 ff. = WM 1983/914 ff. = ZIP 1983/1129 ff.

474 So aber Schütze, RIW 1993/140.

475 Anders im EuGVÜ. Zur mittelbaren Wirkung von Art. 38 EGBGB im Rahmen des anerkennungsrechtlichen ordre public sogleich.

476 Vgl. Martiny, Handbuch des IZVR, Band III/1, Rn. 686; Sieg, IPRax 1996/77; von Westphalen, WM 1979/542, 547. S. auch OLG München (Urt. v. 17.11.1994) RIW 1995/1026 f.

wird. Wie bereits gesagt wäre es systemwidrig, hier Art. 38 EGBGB anzuwenden und die Haftung des deutschen Schädigers wieder zu begrenzen.[477]

Beim forum shopping handelt es sich also genau genommen um die allenfalls rechtspolitisch unerwünschte Ausnutzung kollisionsrechtlicher Divergenzen.[478] Das Gesetz selbst ermöglicht aber eine aktive Einflußnahme der Parteien auf den Gerichtsstand. Die Empörung vieler Europäer gegen eine souverän gehandhabtes forum shopping in den USA ist unangebracht.[479] Schließlich bewegen sie sich nicht nur auf diesem Markt, sie profitieren auch in ganz erheblichem Maße davon. Wenn das System dann zu ihren Lasten ausgenutzt wird, so ist dies Teil des freien Welthandels, der zu akzeptieren ist. Das derzeit unschlüssige international-deliktsrechtliche System darf hier nicht durch Art. 38 EGBGB eingeschränkt werden, sondern allenfalls durch Kriterien, die innerhalb des ordre public selbst anzusiedeln sind.

Darüber hinaus ist folgendes zu beachten: Selbst wenn dem Begriff forum shopping eine negative Färbung anhaftet, so ist es dennoch die Pflicht des Anwaltes, seinem Mandanten den wirtschaftlich erfolg- und prozeßtaktisch chancenreichsten Gerichtsstand aufzuzeigen und zu empfehlen.

e) Die mittelbare Wirkung von Art. 38 EGBGB im Rahmen des anerkennungsrechtlichen ordre public und der Inlandsbezug des Falles als Abgrenzungskriterium

Zwar ist davon auszugehen, daß weder nach dem EuGVÜ, noch bei Anwendung des autonomen Rechts Art. 38 EGBGB unmittelbar seine Schutzwirkung zugunsten des inländischen Schädigers entfaltet. Aber der in Art. 38 EGBGB konkret verankerte subjektive Inländerschutz kommt im Rahmen der ordre public-Prüfung in abgeschwächter Form und mittelbar zur Geltung.

Hierbei spielen zwei Faktoren eine besondere Rolle: Einerseits kommt es für die Frage der Anerkennung einer ausländischen Entscheidung auf die Inlandsbeziehung des konkreten Falles an, andererseits muß aber auch das Ausmaß der Abweichung der fremden Entscheidung vom inländischen Recht berücksichtigt werden. Konkret geht es hier um den Grundsatz der Verhältnismäßigkeit, der bei der Anerkennung fremder Entscheidungen und auch bei der Vollstreckung im Inland zu beachten ist.

Hinter der Inländerschutzklausel des Art. 38 EGBGB steht neben dem allgemeinen Wertungsgedanken, Haftpflichtansprüche im Inland vorhersehbar und somit berechenbar zu machen und auf ein gemeinverträgliches Maß zu beschränken auch die Überlegung, überhöhte Schadensersatzbeträge daran zu messen, ob sie im Vergleich zu deutschen Vorstellungen ver-

---

477 Vgl. zum Ganzen Juenger, RabelsZ 46 (1981), S. 708 ff.; Löber, IPRax 1986/283 ff.; Rosengarten, S. 154 f.; Schack, IZVR, Rn. 220 ff.; ders., 58 RabelsZ (1994), S. 40, 47; G. Roth, IPRax 1984/183 ff.; Siehr, 25 ZfRV (1984), S. 124 ff.; Zekoll, S. 31 (dort insbesondere Fn. 94 mit Verweis auf S. 28, Fn. 71).

478 Vgl. G. Roth, IPRax 1984/183, 184; Siehr, 25 ZfRV (1984), S. 124, 142.

479 Ebenso Juenger, RabelsZ 46 (1982), S. 708, 715.

hältnismäßig sind. Um diese als wesentlich empfundenen Gesichtspunkte in die Prüfung der Anerkennungsfähigkeit einfließen zu lassen, greift der BGH[480] in seiner „Kalifornien-Entscheidung" auf verschiedene Aspekte zurück, die einerseits Art. 38 EGBGB inhaltlich ausformen, andererseits aber auch den Inhalt des ordre public selbst konkretisieren. Besondere Bedeutung kommt hierbei insbesondere dem Grad der Inlandsbeziehung des Einzelfalles zu. Dieser wird durch Tatort, Staatsangehörigkeit oder auch Wohnsitz der Parteien bestimmt. Je enger die Bindungen an den ausländischen Urteilsstaat sind, um so konkreter müssen die einzelnen Aspekte beachtet werden. In der „Kalifornien-Entscheidung" vom 4.6.1992 berücksichtigt der BGH ausdrücklich, daß abgesehen von der doppelten Staatsangehörigkeit des Beklagten der Bezug zu Deutschland erst durch die Übersiedlung des Schuldners nach dessen Verurteilung in Kalifornien (USA) hergestellt wurde. Wenn, wie im dortigen Fall, beide Parteien US-amerikanische Staatsbürger sind, der Tatort ausschließlich in den USA belegen ist und weiterhin der Verurteilte zur Zeit der Tat und des Beginns der Rechtshängigkeit des US-amerikanischen Schadensersatzprozesses seinen dauernden Wohnsitz in den USA hatte, dann ist der Bezug zum inländischen Anerkennungsstaat trotz einer doppelten Staatsbürgerschaft dermaßen gering, daß im Rahmen der vorzunehmenden Verhältnismäßigkeitsprüfung die ausländischen Maßstäbe weitestgehend zu respektieren sind.[481] Weiterhin ist davon auszugehen, daß der deutsche Schädiger sich im vorliegenden Fall sehr wohl bewußt gewesen sein muß, daß seine sexuellen Übergriffe auf den minderjährigen Kläger auch in den USA eine Straftat darstellten. Die Schadensersatzforderung als Sanktion für seine Verfehlungen war für ihn vorhersehbar. Im vorliegenden Fall kommt somit ein - nunmehr über den anerkennungsrechtlichen ordre public begründeter - Schutz des deutschen Schädigers vor in Deutschland als überhöht angesehenen ausländischen deliktischen Haftpflichtforderungen nicht in Betracht. Allgemeine inländische Interessen können nicht als so gewichtig angesehen werden, daß sie eine Anerkennung des US-amerikanischen Urteils weiter einschränken.

Zu berücksichtigen ist, daß diese Abwägung nicht auf einer Anwendung von Art. 38 EGBGB beruht. Sie muß als Teil der Verhältnismäßigkeitsüberprüfung im Rahmen des Vorbehalts des ordre public verstanden werden.

Schack[482] kritisiert, daß der BGH in der „Kalifornien-Entscheidung" vom 4.6.1992 für die Frage der Inlandsbeziehung auf den Zeitpunkt des Urteilserlasses in den USA abstellt. Damals hätten zwar kaum entscheidungserhebliche Bindungen an das Inland, also Deutschland bestanden. Im Rahmen der Prüfung der Anerkennungsfähigkeit gemäß § 328 I Ziffer 4 ZPO komme es aber allein auf das Ergebnis (!) der Anerkennung der fremden Entscheidung im Inland an. Der BGH hätte also streng genommen die aktuelle Situation beachten müssen, den

480 Vgl. BGH (Urt. v. 4.6.1992) BGHZ 118/312, 330 = IPRax 1993/310, 314 f. = LM 2/93 zu § 328 ZPO, Bl. 330 = MDR 1992/1181, 1183 = NJW 1992/3096, 3101 = RIW 1993/132, 134 = WM 1992/1451, 1458 = ZIP 1992/1256, 1263 = ZZP 106 (1993), S. 79, 90, jeweils unter Punkt A. IV. 3. a) bb) (nicht abgedruckt bei CR 1993/274 ff., EuZW 1992/705 ff., EWiR 1993/827, JZ 1993/261 ff., PHI 1992/174 ff.).

481 BGH (Urt. v. 4.6.1992) BGHZ 118/312, 349 f. = IPRax 1993/310, 320 = JZ 1993/261, 266 = LM 2/93 zu § 328 ZPO, Bl. 338 f. = MDR 1992/1181, 1184 = NJW 1992/3096, 3105 f. = WM 1992/1451, 1465 = ZIP 1992/1256, 1270 = ZZP 106 (1993), S. 79, 102, jeweils unter Punkt B. I. 2. (nicht abgedruckt bei CR 1993/274 ff., EuZW 1992/705 ff., EWiR 1993/827, PHI 1992/174 f., RIW 1993/132 ff.).

482 ZZP 106 (1993), S. 105, 111.

Inlandsbezug zum Zeitpunkt seiner eigenen Entscheidung heranziehen müssen. Laut Schack sei fälschlich nicht berücksichtigt worden, daß der deutsche Schädiger nunmehr seinen Wohnsitz im Inland habe. Daß die Vollstreckung im Inland aber ganz erheblich in die jetzige Lebensgrundlage des Schuldners eingreife, stehe außer Zweifel.

Diese Erwägung ist in sich zwar konsequent Ihr Ansatz ist aber systematisch falsch. Schack versteht den Begriff der Inlandsbeziehung hier nicht als materielles Auslegungskriterium des Inhalts des ordre public, sondern als formellen Prüfungsaspekt der Vorbehaltsklausel selbst. Er geht davon aus, daß der Inlandsbezug des Falles ein selbständiger Prüfungspunkt bei der Überprüfung der Anerkennungsfähigkeit einer fremden Entscheidung ist. Es ist zwar richtig, daß für die Frage der Anerkennungsfähigkeit einer fremden Entscheidung die aktuelle Ausformung des ordre public heranzuziehen ist. Aber bei der Frage des Inlandbezuges handelt es sich um ein materielles Kriterium, das herausgearbeitet wurde, um innerhalb der Prüfung der Anerkennungsfähigkeit ausländischer Entscheidungen die Verhältnismäßigkeitsüberprüfung zu konkretisieren. Die inhaltliche Ausgestaltung des ordre public kann immer nur anhand einzelfallrelevanter Gesichtspunkte erfolgen, zu denen insbesondere der Inlandsbezug des im Ausland entschiedenen Falles zum damaligen (!) Zeitpunkt gehört. Es geht hier nicht um den Inlandsbezug der Anerkennungsentscheidung selbst, sondern um denjenigen des Sachverhaltes, der zur Anerkennung steht. Und dieser ist im vorliegenden Fall als äußerst gering anzusehen.

Die „Kalifornien-Entscheidung" des BGH zeigt auch, daß dem Risiko des forum shopping mit der Schranke des anerkennungsrechtlichen ordre public ausreichend begegnet werden kann. Die in den USA zugesprochene Summe reduzierte sich im Anerkennungsverfahren vor dem deutschen Gericht deutlich. Durch die mittelbare Anwendung der Wertungsgesichtspunkte einer Verhältnismäßigkeitsprüfung über § 328 I Ziffer 4 ZPO gelingt es auch, die starre Anknüpfung an die Staatsangehörigkeit gemäß Art. 38 EGBGB zu vermeiden und dennoch die für wesentlich erachteten Aspekte des individuellen Schutzes sowohl des Schädigers, als auch des Geschädigten in die Überprüfung einfließen zu lassen.

Im Ergebnis ist festzustellen, daß Art. 38 EGBGB im Anerkennungsrecht zwar nicht unmittelbar angewandt wird. Dennoch entfaltet der in der Norm entahltene Grundgedanke bei der Überprüfung der Anerkennungsfähigkeit ausländischer Entscheidungen eine mittelbare Wirkung. Art. 38 EGBGB wird richtigerweise in § 328 I Ziffer 4 ZPO „hineingelesen". Die in Art. 38 EGBGB zum Ausdruck gebrachten Erfordernisse und Schutzinteressen können mit Hilfe des anerkennungsrechtlichen ordre public gemäß § 328 I Ziffer 4 ZPO in ausreichendem Maße in den Abwägungsprozeß der Entscheidung über die Anerkennungsfähigkeit einfließen. In welchem Umfang sie zu berücksichtigen sind, richtet sich nach dem jeweiligen Einzelfall. Der anerkennungsrechtliche ordre public ist ausreichend flexibel ausgestaltet, um individuelle Besonderheiten zu berücksichtigen.

VI. Zusammenfassung

Was sich bereits zu Beginn der Überlegungen abgezeichnete, hat sich erneut bestätigt: Der Begriff ordre public ist einer vernünftigen und knappen Definition nicht zugänglich. Der Inhalt der Vorbehaltsklausel wird durch eine Vielzahl verschiedener Einzelaspekte konkretisiert. Neben individuellen Interessen kommen auch übergreifende Überlegungen zum Tragen. Nur eine Berücksichtigung aller Aspekte ergibt ein sinnvolles und brauchbares Gesamtbild des Rechtsinstitutes ordre public.

Entscheidend zu berücksichtigen ist, daß die Zeiten von nationalem Chauvinismus und Rechtsprotektionismus vorbei sind. Sie müssen es auch sein.

TEIL 3

DIE ROLLE DES ORDRE PUBLIC BEI DER ANERKENNUNG UND VOLLSTRECKBARERKLÄRUNG US-AMERIKANISCHER ENTSCHEIDUNGEN IN DEUTSCHLAND

Nachdem die vorangegangenen Überlegungen vornehmlich von einer allgemein gehaltenen, eher theoretischen Auseinandersetzung mit dem Begriff ordre public geprägt sind, wird im folgenden untersucht, welche Rolle dieses Rechtsinstitut bei der Anerkennung und Vollstreckbarerklärung US-amerikanischer Entscheidungen spielt. Einzelne Überprüfungsaspekte bietet vor allem die „Kalifornien-Entscheidung" des BGH vom 4.6.1992[483]. Nicht zuletzt wegen seiner ausführlichen Stellungnahme zu verschiedenen Problemen im Rechtsverkehr mit den USA wird diese Entscheidung bereits als zukünftiger Leitfaden bei der Frage der Vollstreckung US-amerikanischer Urteile in Deutschland angesehen.[484] Aber es gibt weitere, dort nicht behandelte neuralgische Punkte im deutsch-amerikanischen Rechtsverkehr, die dazu geführt haben, von einem Justizkonflikt[485] zwischen Deutschland und den USA zu sprechen. Auch diese sollen im folgenden analysiert werden.

---

483 BGH (Urt. v. 4.6.1992) BGHZ 118/312 ff. = CR 1993/274 ff. = EuZW 1992/705 ff. = EWiR 1993/827 (mit Anm. Geimer) = IPRax 1993/310 ff. (mit Anm. Koch/Zekoll, IPRax 1993/288 ff.) = JZ 1993/261 ff. (mit Anm. Deutsch) = LM 2/93 zu § 328 ZPO (mit Anm. Kronke) = MDR 1992/1181 ff. = NJW 1992/3096 ff. (mit Anm. Koch, NJW 1992/3073 ff.) = PHI 1992/174 ff. = RIW 1993/132 ff. (mit Anm. Schütze) = VersR 1992/1281 ff. = WM 1992/1451 ff. = ZIP 1992/1256 ff. (mit Anm. Bungert, ZIP 1992/1707 ff.) = ZZP 106 (1993), S. 79 ff. (mit Anm. Schack). S. auch: Behr, 13 J. L. & Comm. 211 - 232 (1994); Bungert, 27 Int'l Law 1075 - 1090 (1993); Fiebig, 22 Ga. J. Int'l & Comp. L. 635 - 657 (1992); Fischer, 68 St. John's L. Rev. 199 - 215 (1994); Hay, 40 Am. J. Comp. L. 729 - 750 (1992); Nettesheim/Stahl, 28 Tex. Int'l L. J. 415 - 425 (1993); Zekoll, 30 Colum. J. of Transnat'l L. 641 - 659 (1992); eine englische Übersetzung der Entscheidung selbst findet sich in 32 I. L. M. 1320 (1992). Zum Sachverhalt s. bereits Teil 1, Ziffer II. 1. b) (S. 36 f.).

484 Vgl. Zekoll, 30 Colum. J. Transnat'l L. 641, 643 (1992).

485 Der Begriff wurde wohl erstmals von P. Schlosser verwendet; vgl. ders., Justizkonflikt, S. 1, 42. S. auch Baum, in: Herausforderungen, S. 185, 187; Böhmer, NJW 1990/3049 ff.; Habscheid, Justizkonflikt; Hay/Rassmusen-Bonne, DAJV-Newsletter 1992/33 ff.; Heldrich, in: Herausforderungen, S. 1; Junker, IPRax 1986/197 ff.; Leipold, S. 5, 9 ff.

I. Mögliche Verstöße gegen den verfahrensrechtlichen ordre public

1. Die Gerichtsgewalt und die Zuständigkeit US-amerikanischer Gerichte und deren Anerkennungsfähigkeit in Deutschland

Einer der Prüfungspunkte, auf die bei der Frage der Anerkennungsfähigkeit US-amerikanischer Urteile in Deutschland eingegangen werden muß, ist die Zuständigkeit des Gerichts des Urteilsstaates.

a) Die konzeptionell unterschiedliche Regelung der internationalen Zuständigkeit in Deutschland und in den USA

Die Anerkennung ausländischer Entscheidungen in Deutschland ist nur dann möglich, wenn das jeweils entscheidende Gericht des Urteilsstaates bei einer fiktiven Anwendung deutschen Rechts international zuständig gewesen wäre. Die Zuständigkeitsregeln der deutschen ZPO sind spiegelbildlich anzuwenden.[486] Dies ist in § 328 I Ziffer 1 ZPO geregelt, der eine konkrete Anwendung des allgemeinen ordre public gemäß § 328 I Ziffer 4 ZPO darstellt. Ein Rückgriff auf die ordre public-Klausel des § 328 I Ziffer 4 ZPO ist wegen der spezielleren Regelung nicht erforderlich, wäre unzulässig.

Zwischen den deutschen und den US-amerikanischen Zuständigkeitsregeln bestehen konzeptionelle Unterschiede, die es zu berücksichtigen gilt.[487]

Im deutschen Zivilverfahrensrecht knüpft die internationale Zuständigkeit der Gerichte grundsätzlich an deren örtliche Zuständigkeit an. Wenn ein deutsches Gericht nach den §§ 12 ff. ZPO örtlich zuständig ist, indiziert dies regelmäßig die internationale Zuständigkeit dieses Gerichts. Man spricht von der Doppelfunktionalität der deutschen Gerichtsstandsregelungen.[488]

Das US-amerikanische Recht unterteilt die Gerichtsgewalt dagegen in zwei grundsätzliche Bereiche, einerseits die internationale und innerstaatliche[489] Entscheidungszuständigkeit (ter-

---

486 Vgl. Baumbach/Lauterbach/Albers/Hartmann, ZPO, § 328, Rn 16; rechtsvergleichend hierzu Geimer, BerDtGesVR 33 (1994), S. 213, 228 (dort insbesondere Fn. 61); s. auch Gottwald, IPRax 1995/75; Sieg, IPRax 1996/77 ff.

487 Kritisch zu den Entwicklungen der US-amerikanischen jurisdiction, insbesondere durch die Rechtsprechung des Supreme Court of the United States Juenger, 28 U. C. Davis L. Rev. 1027 – 1045 (1995). Zu den Zuständigkeitsvereinbarungen im US-amerikanischen Recht s. Ochsenfeld, RIW 195/633 ff.

488 Ständige Rspr. seit BGH (Urt. v. 14.6.1965) BGHZ 44/46, 47 f. = JZ 1966/237 (mit Anm. Neuhaus) = NJW 1965/1665; vgl. aus jüngerer Zeit BGH (Urt. v. 2.7.1991) BGHZ 115/90 ff. = IPRax 1992/160 ff. = NJW 1991/3092 ff.; s. auch Grothe, RabelsZ 58 (1994), S. 686, 707 f.; ders., in: Herausforderungen, S. 209, 219; Hoffmann, IPRax 1982/217, 218; Martiny, Handbuch des IZVR, Band III/1, Rn. 659; Schröder, S. 84; Stein/Jonas-Schumann, ZPO, Einl. Rn. 755 f. Auch der Begriff des deutschen Systems der Zuständigkeitsanknüpfung wird verwendet.

489 Probleme der innerstaatlichen Entscheidungszuständigkeit ergeben sich in den USA aus der Existenz zweier unabhängiger Gerichtssysteme, einerseits den Bundesgerichten und andererseits den einzelstaatli-

ritorial und subject matter jurisdiction) und andererseits die örtliche Zuständigkeit (venue).[490] Beide sind streng voneinander zu trennen.[491] Anknüpfend an diese prinzipielle Unterscheidung zwischen Personal- und Territorialhoheit unterscheidet das anglo-amerikanische Recht Fragen der jurisdiction im wesentlichen in drei Unterpunkte: jurisdiction in personam[492], jurisdiction in rem[493] und jurisdiction quasi in rem[494].

In Deutschland wird die Frage der Gerichtszuständigkeit dem Verfahrensrecht zugeordnet, sie ist Teil des Prozeßrechts.[495] Dagegen ist die territoriale Zuständigkeit oder Gerichtshoheit in den USA eher eine Frage des Verfassungsrechts, sie wird insbesondere anhand materiellrechtlicher Aspekte des US-amerikanischen constitutional law, konkret der due process clause (US-Constitution, Amendment V, XIV), beurteilt.[496]

Bei der Überprüfung der Anerkennungsfähigkeit US-amerikanischer Urteile in Deutschland genügt es für die Frage der Zuständigkeit des Forumgerichts nicht, die Akzeptanz der ausländischen Entscheidung lediglich anhand der Grundgedanken der deutschen Zuständigkeitsregelungen zu untersuchen. Hier müssen auch übergeordnete - verfassungsrechtliche - Überlegungen berücksichtigt werden, z.B. die Rechtsstaatlichkeit der Zuständigkeitsentscheidung. Die Regelung des § 328 I Ziffer 1 ZPO muß also weit verstanden werden, sie erfaßt auch Aspekte des ordre public.

Diese konzeptionell unterschiedliche Betrachtungsweise der internationalen Forumzuständigkeit in Deutschland und den USA führt dazu, daß bei der Prüfung der Anerkennungsfähigkeit

---

chen Gerichten. Zum Teil überschneiden sich die Zuständigkeitsregeln. Vgl. Schack, Einführung in das US-amerikanische Zivilprozeßrecht, S. 18 ff.

490 Allgemein zur Zuständigkeit nach US-amerikanischem Recht: Lange/Black, Rn. 7, 9 ff.; Schack, Einführung in das US-amerikanische Zivilprozeßrecht, S. 18 ff.; rechtsvergleichend: Schlesinger/Baade/Damaska/Herzog, S. 380 ff.

491 Vgl. Heldrich, S. 98 ff.; Junker, IPRax 1986/197, 199.

492 Hiermit wird das Prinzip der Zustellungszuständigkeit umschrieben. Anknüpfungspunkt ist unter anderem die Anwesenheit des Beklagten im Gerichtsstaat. Entscheidend kommt es inzwischen aber auf gewisse minimum contacts zum Gerichtsstand an. Vgl. zum Ganzen: Juenger, 28 U. C. Davis L. Rev. 1027 – 1045 (1995); Kurth, S. 50 f.; Lange/Black, Rn. 9 f.; Schack, Einführung in das US-amerikanische Zivilprozeßrecht, S. 23, 25; Schurtmann/Walter, S. 37 f.

493 Sie entspricht der Belegenheitszuständigkeit im kontinentaleuropäischen Recht. Hier wird üblicherweise um die dingliche Berechtigung an einem Gegenstand gestritten. Allerdings ist „res“ nicht zwingend gleichzusetzen mit Sache, auch eine Ehe kann - um jurisdiction in Ehesachen zu begründen – „verdinglicht“ werden. Vgl. Hay, IPRax 1988/265, 267; s. auch Junker, IPRax 1986/196, 199; Lange/Black, Rn. 9 (dort insbesondere Fn. 10); Schack, Einführung in das US-amerikanische Zivilprozeßrecht, S. 23, 24 f.; Schurtmann/Walter, S. 39.

494 Sie übernimmt im wesentlichen die Funktion des deutschen Vermögensgerichtsstandes gemäß § 23 ZPO, die Entscheidungszustänigkeit ist jedoch auf im Gerichtsstand belegene beschlagnahmte Vermögen des Schuldners begrenzt. Fehlt die jurisdiction in personam, so kann der Kläger durch Beschlagnahme von Beklagtenvermögen im Forumstaat eine jurisdiction quasi in rem für seine schuldrechtlichen Ansprüche begründen. Vgl. Junker, IPRax 1986/196, 199 f.; Lange/Black, Rn. 9 f. (dort insbesondere Fn. 10); kritisch: Schack, Einführung in das US-amerikanische Zivilprozeßrecht, S. 25; s. auch Schröder, S. 391 ff.; Schurtmann/Walter, S. 39 f.

495 Vgl. Junker, IPRax 1986/197, 199; Schröder, S. 84.

496 Vgl. Junker, IPRax 1986/197, 199.

fremder internationaler Zuständigkeitsregeln auch Aspekte des ordre public in § 328 I Ziffer 1 ZPO einfließen. Besonders deutlich zeigt sich dies bei der Frage nach dem Inlandsbezug des zur Anerkennung stehenden Falles. Einerseits wird die Inlandsbeziehung des Sachverhaltes bei der Frage der internationalen Zuständigkeit berücksichtigt,[497] was faktisch die Einführung eines minimum contacts-Tests in Deutschland bedeutet. Andererseits konkretisiert sie den ordre public inhaltlich. Eine strenge Zuordnung des Inlandsbezuges entweder zur internationalen Zuständigkeit, oder zum ordre public ist nicht möglich. Die Überlegungen greifen ineinander. Deswegen soll im folgenden auch auf die Frage der Vereinbarkeit der internationalen Zuständigkeit mit dem ordre public selbst eingegangen werden. Entscheidend hierbei ist eine umfassende Interessenabwägung.

b) Kritik an den US-amerikanischen Regelungen aus deutscher Sicht - long arm statutes, transient jurisdiction und Zuständigkeitsdurchgriff

US-amerikanische Gerichte bejahen ihre Entscheidungszuständigkeit in Fällen, die aus deutscher Sicht als zu weit gefaßt anmuten. Sind die entscheidenden Zuständigkeitsmerkmale nach deutschem Verständnis weder aufgrund ihrer persönlichen, noch aufgrund von sachlichen oder sonstigen Beziehungen zum Forumstaat geeignet, zuständigkeitsbegründend zu wirken, so spricht man gemeinhin von exorbitanten Gerichtsständen.[498] Insbesondere für diese Fälle stellt sich die Frage, ob darauf basierende Entscheidungen US-amerikanischer Gerichte in Deutschland anerkennungsfähig sind.

Vornehmlich drei Punkte der US-amerikanischen Zuständigkeitsregelungen stehen in der deutschen Kritik: Die long arm statutes, die transient rules und die Möglichkeit des Zuständigkeitsdurchgriffes.[499]

In der Praxis werden zu dem gesamten Themenkomplex immer wieder folgende spektakuläre Fälle genannt:

Die gerichtliche Zuständigkeit kann nach US-amerikanischer Rechtsprechung bereits durch die Zwischenlandung mit einem Flugzeug im Forumstaat begründet werden.[500] In dem dieser Entscheidung zugrundeliegenden Fall war dem Beklagten die Klageschrift bei einer Zwi-

---

497 BGH (Urt. v. 2.7.1991) BGHZ 115/90 ff. = IPRax 1992/160 ff. = NJW 1991/3092 ff. S. hierzu bereits Teil 1, Ziffer II. 6. b) (1) (S. 58 f.). In diesem Zusammenhang ist auch die Frage der vorbehaltlosen Einlassung vor dem ausländischen Urteilsgericht von Bedeutung; vgl. hierzu BGH (Urt. v. 3.12.1992) IPRax 1994/204, mit grds. kritischer Anm. Basedow, IPRax 1994/183 ff. und Anm. Geimer, IPRax 1994/187. Vgl. zum minimum-contacts-test auch Juenger, 28 U. C. Davis L. Rev. 1027 – 1045 (1995); Rippert, RIW 1993/626, 627; Schack, Minimum Contacts, S. 1 ff.

498 Vgl. Grothe, RabelsZ 58 (1994), S. 686, 688; ders., in: Herausforderungen, S. 209; Hay/Rassmusen-Bonne, DAJV-Newsletter 3/92, S. 33; Junker, IPRax 1986/197, 199 f.; Schack, Einführung in das US-amerikanische Zivilprozeßrecht, S. 25 f.; Schurtmann/Walter, S. 38 f.; Stürner, in: Habscheid, Justizkonflikt, S. 3, 20 (a.E.).

499 Anders differenziert Grothe, RabelsZ 58 (1994), S. 686, 692 ff.; ders., in: Herausforderungen, S. 209, 212.

500 Vgl. Heldrich, S. 100.

schenlandung persönlich zugestellt worden.[501] Dies wirkte zuständigkeitsbegründend hinsichtlich des Ortes des Flughafens, das dort geltende Recht fand Anwendung.

Nach deutschem Verständnis noch weniger nachvollziehbar wird die Auslegung der US-amerikanischen Regelung der territorialen Zuständigkeit, wenn es für die Begründung der Forumzuständigkeit genügen soll, den fraglichen Staat nur zu überfliegen.[502] Hier war die Klageschrift dem Beklagten während des Überfliegens des fraglichen Staates persönlich übergeben worden.[503] Der Luftraum über dem Bundesstaat wird nach US-amerikanischem Verständnis insofern dem Staatsgebiet zugerechnet.

World-Wide Volkswagen Corp. vs. Woodson
Schon eher nachvollziehbar ist die auch zeitlich aktuellere Entscheidung World-Wide Volkswagen Corp. vs. Woodson[504] von 1980: Ein Ehepaar aus New York City hatte dort einen Wagen gekauft. Bei der Übersiedelung nach Arizona verunglückten sie mit dem Wagen in Oklahoma. Aus taktischen Gründen wurden neben dem Hersteller des Wagens, der AUDI AG, Ingolstadt auch der US-Importeur, die Volkswagen of America Inc., sowie der Zwischenhändler für die Ostküste, die World Wide Volkswagen Corp., und der New Yorker Einzelhändler, die Seaway Volkswagen Inc., vor einem Oklahoma State Court als Tatortgericht verklagt. Nur so konnten die Kläger erreichen, daß ihr Fall durch eine jury in Oklahoma entschieden wurde.[505] Die geltendgemachten Ansprüche gründeten auf einem angeblichen Konstruktionsfehler am Wagen. Die Sache kam vor den Supreme Court of the United States. Dieser knüpfte für die Beantwortung der Frage der Zuständigkeit des Untergerichts an den stream of commerce-Test an. Wer - wie Einzel- und Zwischenhändler - lediglich einen regionalen Markt beliefere, müsse sich auch nur innerhalb dieses Bereichs verantworten. Wer dagegen den nationalen Markt im Blickfeld habe, der nutze die benefits and protections eben dieses Gesamtmarktes und müsse umfassend und überall für sein Produkt einstehen. Die Klage gegen World Wide Volkswagen Corp. und Seaway Volkswagen Inc. wurde abgewiesen, da das Verbringen des Wagens durch die Kläger nach Oklahoma keine minimum contacts dieser beiden Beklagten zum Forumstaat begründe. Hersteller und Importeur hatten die Zuständigkeit nicht bestritten. Offen läßt die Entscheidung allerdings, ob bei ausländischen Beklagten ein zuständigkeitsfreundlicherer Maßstab anzusetzen ist, als bei bloß auswärtigen Beklagten.[506] Da ausländische Hersteller und Importeure grundsätzlich die Chancen des gesamten

---

501 Insofern wird auch von „tag jurisdiction" gesprochen (to tag along – nachlaufen), kritisch hierzu Juenger, 28 U. C. Davis L. Rev. 1027, 1029 f. (1995).

502 Grace v. McArthur, 170 F.Supp. 442, 443 (E. D. Ark., 1959); vgl. hierzu Bernstein, in: FS Ferid, S. 75, 77; Grothe, RabelsZ 58 (1994), S. 686, 699; ders., in: Herausforderungen, S. 209, 214; Hay, JZ 1977/697, 698; Heldrich, in: Herausforderungen, S. 1, 7; Junker, IPRax 1986/197, 199 (dort insbesondere Fn. 52, 53); Stürner, in: Habscheid, Justizkonflikt, S. 3, 20.

503 Zur „tag jurisdiction" vgl. Fn. 501.

504 444 U.S. 286, 62 L. Ed. 2d 490, 100 S.Ct. 559 (1980). Vgl. hierzu Grothe, RabelsZ 58 (1994), S. 686, 698; ders., in: Herausforderungen, S. 209, 214; Junker, IPRax 1986/197, 201; Schack, Einführung in das US-amerikanische Zivilprozeßrecht, S. 28 f.

505 Ausführlich zum Sachverhalt Schack, Einführung in das US-amerikanische Zivilprozeßrecht, S. 28 f. Ausführlich zum jury trial später.

506 Vgl. Junker, IPRax 1986/197, 201.

US-amerikanischen Marktes nutzen, unterfallen sie eher der US-amerikanischen jurisdiction, als nationale Händler in den USA, die meist nur einem regionalen Bereich der Absatzkette zuzuordnen sind.[507]

Helicopteros Nationales de Colombia S.A. vs. Hall

In einem weiteren Fall[508] klagten die US-amerikanischen Hinterbliebenen nach einem Hubschrauberabsturz während eines Arbeitseinsatzes im Urwald von Peru zunächst erfolgreich in Texas gegen die texanischen Arbeitgeber, den texanischen Hubschrauberproduzenten und die Eigner und Betreiber des Hubschraubers, die Kolumbianische Gesellschaft Helicopteros Nationales de Colombia, die über die kolumbianische Fluglinie Avianca mit der US-amerikanischen Pan American World Airlines gesellschaftlich verwoben war, also ebenfalls contacts zu Texas besaß.[509] Der Supreme Court of the United States versagte trotz dieser Verflechtungen die jurisdiction des texanischen Gerichts und berücksichtigte auch nicht, daß Vertragsverhandlungen, Geldzahlungen, Haftpflichtversicherung und weitere Vereinbarungen sämtlicher Beklagten untereinander einen starken Bezug zu den USA, insbesondere Texas begründeten. Die erforderlichen minimum contacts[510] seien hier nicht gegeben, es fehle an einer fortlaufenden und planvollen Tätigkeit im Forumstaat. Auch sei der Klagegrund nicht aus dem Erwerbsvorgang entsprungen. Die Klage wurde abgewiesen. Sowohl die Entscheidung selbst, als auch das wirtschaftliche Ergebnis sorgten für heftige Kritik in der US-amerikanischen Literatur.[511] Der Hauptvorwurf lautete, daß die Hinterbliebenen, ihrer Ernährer erst frisch beraubt, einem finanzstarken Unternehmen mit internationalen Kontakten geopfert worden seien.[512] Die rechtliche Begründung der Entscheidung mag das Risiko einer Schlechterstellung ausländischer gegenüber einheimischen Unternehmen zunächst reduziert haben. Die Kritik an dem Urteil könnte aber ebenso dazu führen, daß bei künftigen Entscheidungen wirtschaftliche Überlegungen anders gewichtet und soziale Aspekte in den Vordergrund gerückt werden. Zunächst hat der Supreme Court of the United States das Risiko einer Schlechterstellung ausländischer Beklagter aber gebannt.

Piper Aircraft & Co. vs. Reyno

Im Zusammenhang mit der Frage exorbitanter Zuständigkeitsregeln in den USA immer wieder genannt wird auch die Entscheidung Piper Aircraft & Co. vs. Reyno von 1981.[513] Eine Piper war im schottischen Hochland abgestürzt, der Pilot und die Insassen waren umgekom-

507 Vgl. Schack, Einführung in das US-amerikanische Zivilprozeßrecht, S. 29 (dort insbesondere Fn. 215, mit Beispielen).

508 Helicopteros Nationales de Colombia S.A. vs. Hall, 466 U.S. 408, 80 L. Ed. 2d 404, 104 S.Ct. 1868 (1984).

509 Ausführlich zum Sachverhalt: Junker, IPRax 1986/197, 201.

510 Kritisch zur Frage, welche minimum contacts in der Praxis grundsätzlich erforderlich sind Juenger, 28 U. C. Davis L. Rev. 1027, 1031 f. (1995).

511 Vgl. die Nachweise bei Grothe, RabelsZ 58 (1994), S. 686, 699 (dort insbesondere Fn. 71); ders., in: Herausforderungen, S. 209, 214 (dort insbesondere Fn. 38); Junker, IPRax 1986/197, 201 (dort insbesondere Fn. 92).

512 Zitiert nach Junker, IPRax 1986/197, 201.

513 454 U.S. 235 (1981).

men. Frau Reyno, eine Sekretärin des klägervertretenden Anwalts, ließ sich zunächst in Kalifornien nieder, dort zur Nachlaßverwalterin der Opfer bestellen und klagte dann vor dem Superior Court of California gegen die Piper Aircraft & Co. Diese hatte ihren Sitz in Pennsylvania, wo auch das Flugzeug hergestellt worden war. Der Klägervertreter rechnete sich in Kalifornien die größten Erfolgschancen für die Klage und eine möglichst hohe Schadensersatzzahlung aus. Anspruchsgrundlage im US-amerikanischen Prozeß war wrongful death, die widerrechtliche Tötung im Sinne einer unerlaubten Handlung. Ein solcher, nach US-amerikanischem Recht verschuldensunabhängiger, Haftungsgrund ist dem schottischen Recht unbekannt und eventuell zu erzielende Schadensersatzsummen fallen dort auch deutlich geringer aus als in den USA.[514] Die Sache wurde zunächst im Rahmen eines von Piper beantragten removal[515] an das Bundesdistriktgericht für den Central District of California verwiesen und von dort, gestützt auf forum non conveniens[516], an das Bundesdistriktgericht für den Middle District of Pennsylvania weitergeleitet. Dort wurde die Klage ebenfalls wegen forum non conveniens abgewiesen, da der Fall vorrangig Bezüge zu Schottland habe. Sowohl die Erben, als auch der Pilot waren Schotten und relevantes Beweismaterial nebst Zeugen befand sich in Großbritannien. Der Supreme Court of the United States merkt im Rahmen der Überprüfung des Urteils an, daß der Sitz des Herstellers keine jurisdiction US-amerikanischer Gerichte begründe, wenn starke Kontakte zum Ausland, hier Großbritannien, bestünden.[517] Außerdem gesteht er offen ein, daß der Zustrom ausländischer Klagen gegen US-amerikanische Hersteller gedrosselt werden solle.[518] Im Übrigen komme der Wahl des Gerichtsstandes durch einen Ausländer in den USA ein deutlich geringeres Gewicht zu als derjenigen eines einheimischen Klägers.[519]

In re Union Carbide Corp. Gas Plant Desaster at Bhopal

Mit ähnlicher Begründung wurden die Klagen der Geschädigten nach dem verheerenden Chemieunfall 1984 in Bhopal, Indien, gegen die im Verhältnis zur indischen Firma finanzkräftigere US-amerikanische Muttergesellschaft des indischen Tochterunternehmens, die Union Carbide Co. mit Sitz in New York, abgewiesen.[520] Trotz Hinweises der Kläger auf die Mängel im indischen Recht und die Schwierigkeiten bei dessen Durchsetzung lehnte das US-

---

514 S. Heldrich, in: Herausforderungen, S. 1, 7 f.; Lange/Black, Rn. 36; Schack, Einführung in das US-amerikanische Zivilprozeßrecht, S. 34 f.

515 28 USC § 1441 (b); vgl. auch Schack, Einführung in das US-amerikanische Zivilprozeßrecht, S. 21 f..

516 Vor den Bundesgerichten und den meisten Einzelstaaten steht es im Ermessen des Richters, seine Zuständigkeit in Fällen abzulehnen, in denen er sie für ungeeignet hält. Vgl. Schack, Einführung in das US-amerikanische Zivilprozeßrecht, S. 33 ff. Ausführlicher hierzu später.

517 454 U.S. 235, 260 f. (1981).

518 454 U.S. 235, 251 f. (1981).

519 454 U.S. 235, 255 f. (1981).

520 634 F. Supp. 842 (S.D.N.Y. 1986), im wesentlichen bestätigt durch U.S. Court of App. 2d cir., 809 F. 2d 195; vgl. Heldrich, in: Herausforderungen, S. 1, 8 (dort insbesondere Fn. 29).
Als noch offen war, ob US-amerikanische Gerichte für diesen Fall zuständig sein würden, versäumte es dennoch eine Vielzahl US-amerikanischer Anwälte nicht, potentielle Opfer aufzusuchen. Auch sprachen sie - hoffnungsvoll (?!) - vom „wohlmöglich größten Prozeßerfolg US-amerikanischer Anwälte in der Geschichte des amerikanischen Rechtssystems"; vgl. Volz, VersR 1987/229, 233.

amerikanische Gericht die Klage wegen forum non conveniens[521] ab. Die indische Nation sei eine Weltmacht, die durchaus in der Lage sei, einen solchen Schadensfall gerecht abzuurteilen. Eine Einmischung käme einem Rückfall in die Zeiten des Imperialismus gleich.[522]

(1) Zu den long arm statutes

Viele US-amerikanische Einzelstaaten haben long arm statutes erlassen, in denen im Verhältnis zur deutschen Regelung der Zuständigkeit extrem weite Zuständigkeitsgründe kodifiziert sind.[523] Diese long-arm-jurisdiction muß mit der due process clause (US-Constitution, Amendment V, XIV) vereinbar sein.[524] In der US-amerikanischen Verfassung fehlt jedoch eine Definition des Gebots des due process of law. Für die Ausgestaltung muß auf das US-amerikanische case law zurückgegriffen werden. Der Supreme Court of the United States konkretisierte seine frühere Grundsatzentscheidung International Shoe Co. vs. Washington[525] im Jahre 1977 in Shaffer vs. Heitner[526] dahingehend, daß gewisse minimum contacts des Beklagten zum Forumstaat vorliegen müßten. Allerdings versäumte es der Supreme Court of the United States, dieses Schlagwort zu konkretisieren. Wiederum war lediglich ein unbestimmter Rechtsbegriff vorhanden.[527] Diese minimum contacts werden nunmehr aufgeschlüsselt in einerseits erforderliche general contacts. Bei natürlichen Personen sind dies z.B. der Lebensmittelpunkt (domicile) oder der gewöhnliche Aufenthalt (residence), bei Unternehmen deren wirtschaftliche Betätigung (doing business)[528]. Andererseits bedarf es aber auch gewisser specific contacts, d.h. konkreter Kontakte des Sachverhaltes selbst zum Forumstaat. Diese minimum contacts dürfen nicht nur als neutrale oder objektive Anknüpfungsmomente verstanden werden, sie müssen die Klage auch fair and reasonable erscheinen lassen.[529]

---

521 Vor den Bundesgerichten und den meisten Einzelstaaten steht es im Ermessen des Richters, seine Zuständigkeit in Fällen abzulehnen, in denen er sie für ungeeignet hält. Ausführlicher hierzu s.u.

522 634 F. Supp. 842, 867 (S.D.N.Y. 1986).

523 Ausführlich zu den long arm statutes: Schack, Einführung in das US-amerikanische Zivilprozeßrecht, S. 25 ff.; zusätzlich die geschichtliche Entwicklung darstellend: Hay, JZ 1977/697, 698; Junker, IPRax 1986/197, 199 ff.; Otto, S. 29 ff.; knapper: Schütze, WM 1979/1174; ders., in: FS Nagel, S. 392, 398 f.; ders., Deutsch-amerikanische Urteilsanerkennung, S. 166; von Westphalen, WM 1979/542, 547; Zekoll, S. 28.

524 Nach US-amerikanischem Verständnis kommt es hier gerade nicht auf eine Vereinbarkeit mit der full faith and credit clause an, sondern die Rechtsstaatlichkeit, also die due process clause ist entscheidend; ausführlich Juenger 28 U. C. Davis L. Rev. 1027, 1045 (1995).

525 326 U.S. 310, 90 L. Ed. 95, 66 S.Ct. 154 (1945).

526 433 U.S. 186 (1977).

527 Das Schlagwort wurde damals von Chief Justice Stone geprägt. Kritisch hierzu Juenger, 28 U. C. Davis L. Rev. 1027, 1031 f. (1995).

528 Zur besonderen Problematik dieser „doing business-Voraussetzung" vgl. Grothe, RabelsZ 58 (1994), S. 686, 696 ff.; ders., in: Herausforderungen, S. 209, 212 f.; Schack, Einführung in das US-amerikanische Zivilprozeßrecht, S. 27; P. Schlosser, Justizkonflikt, S. 23.

529 Vgl. International Shoe Co. vs. Washington, 326 U.S. 310, 316 (1945).

Diese sehr umfassenden[530] Regelungen der jurisdiction werden durch die Doktrin des forum non conveniens eingeschränkt. Vor den Bundesgerichten und den meisten Einzelstaaten steht es im Ermessen des Richters, seine Zuständigkeit in Fällen abzulehnen, in denen er sie für ungeeignet hält. Eine Bindung an den gesetzlichen Richter, wie in Deutschland in Art. 101 I S. 2 GG normiert, gibt es in den USA in dieser Form nicht. Im internationalen Rechtsverkehr kann der Rechtsstreit wegen forum non conveniens - gegebenenfalls unter Auflagen und Bedingungen[531] - ausgesetzt oder sogar abgewiesen werden. Voraussetzung hierfür ist, daß das angegangene Gericht seriously inconvenient ist und ein alternatives Forum zur Verfügung steht. Mögliche Abwägungskriterien bieten z.B. der Wohnsitz und die Staatsangehörigkeit der Parteien, die Nähe von Parteien und Zeugen zum Forum, die Belegenheit des Beweismaterials und auch der Tatort selbst.[532]

(2) Zur transient jurisdiction

Verschiedene Staaten wenden auch sogenannte transient rules an,[533] die eine nur vorübergehende Anwesenheit des Beklagten im Forumstaat, im Extremfall das Überfliegen des Forumstaates genügen lassen,[534] um die Zuständigkeit zu begründen. Diese tag jurisdiction ist aber bereits in den USA massiver Kritik ausgesetzt.[535]

(3) Zum Zuständigkeitsdurchgriff

Weiterhin besteht in den USA die Möglichkeit eines Zuständigkeitsdurchgriffes (piercing of the corporate veil).[536] Unter bestimmten Voraussetzungen genügen zur Begründung der inter-

530 Ob sie wirklich - wie Schack meint - zu weit geraten sind, ist Auslegungssache; vgl. ders., Einführung in das US-amerikanische Zivilprozeßrecht, S. 33.

531 Vgl. In re Union Carbide Corp. Gas Plant Desaster at Bhopal, 634 FSupp. 842, 857 (S.D.N.Y. 1986); ausführlich Schack, Einführung in das US-amerikanische Zivilprozeßrecht, S. 34 (dort insbesondere Fn. 247).

532 Vgl. zum Ganzen: Böhmer, NJW 1990/3049, 3051 f.; Heldrich, in: Herausforderungen, S. 1, 7; Huber, RIW 1993/977, 978; Kurth, S. 133 f.; Lange/Black, Rn. 36; Löber, IPRax 186/283, 284; Schack, Einführung in das US-amerikanische Zivilprozeßrecht, S. 32 ff.; Schurtmann/Walter, S. 41.

533 Vgl. Grothe, RabelsZ 58 (1994), S. 686, 699 f.; ders., in: Herausforderungen, S. 209, 215; Hay/Rasmussen-Bonne, DAJV-Newsletter 3/92, S. 33; Heldrich, in: Herausforderungen, S. 1, 6 f. - jeweils mit Hinweis auf Burnham vs. Superior Court of California, 495 U.S. 604, 109 L. Ed. 2d 631, 110 S.Ct. 2105 (1990). Dort erklärt der Supreme Court of the United States die transient rule noch 1990 für verfassungskonform. S. auch Bernstein, in: FS Ferid, S. 75. 76 f.; Schütze, in: FS Nagel, S. 392, 398; ders., Deutsch-amerikanische Urteilsanerkennung, S. 166 f.; Stürner, in: Habscheid, Justizkonflikt, S. 3, 20. Ausführlich zu Burnham vs. Superior Court of California: Grothe, RabelsZ 58 (1994), S. 686, 700 f.; ders., in: Herausforderungen, S. 209, 215 f.; Peterson, IPRax 1991/267 ff. A.A. P. Schlosser, der meint, daß diese Regeln seit Shaffer vs. Heitner, 433 U.S. 186 (1977) nicht mehr anwendbar seien; vgl. ders., Justizkonflikt, S. 23 (dort insbesondere Fn. 68). Dafür, daß sich dies in der heutigen Praxis anders verhält, vgl. Burnham vs. Superior Court of California, 495 U.S. 604, 109 L. Ed. 2d 631, 110 S.Ct. 2105 (1990).

534 Vgl. Grace vs. McArthur, 170 F.Supp. 442 (E.D.Ark. 1959). Ausführlich S. 145.

535 Ausführlich Juenger, 28 U. C. Davis L. Rev. 1027 – 1045 (1995):

536 Vgl. Grothe, RabelsZ 58 (1994), S. 686, 701 f., 722 f.; ders., in: Herausforderungen, S. 209, 217 ff.; Hay/Rasmussen-Bonne, DAJV-Newsletter 3/92, S. 33, 34; Otto, S. 2 ff., 50 ff., 125 ff.; Schütze, Deutsch-amerikanische Urteilsanerkennung, S. 167; Toepke, in: FS Stiefel, 1987, S. 785 ff.; Welp, S. 1 ff.

nationalen Zuständigkeit Kapitalverflechtungen ausländischer Unternehmen mit im Forumstaat der USA tätigen Tochtergesellschaften. Wichtige Kriterien sind hier die Eigenständigkeit der Tochter gegenüber der Mutter oder auch das seitens der Tochter übernommene Geschäftsrisiko. Schütze[537] spricht hier von einer Quasi-Sippenhaftung.

(4) Zusammenfassung

Zusammenfassend stellt sich das Problem der exorbitanten Gerichtszuständigkeit[538] in den USA folgendermaßen dar:

Gegenüber ausländischen Beklagten in den USA wird zwar sehr schnell jurisdiction bejaht. Ausländische Kläger, die vom US-amerikanischen Recht profitieren wollen, müssen dagegen die Abweisung ihrer Klage vor dortigen Gerichten wegen forum non conveniens befürchten.[539] Bereits die US-amerikanischen Zuständigkeitsregelungen stellen also eine nicht zu unterschätzende prozessuale Gefahrenquelle dar. Wirtschaftlich gesehen bedeutet dies einen Protektionismus US-amerikanischer Unternehmen durch die dortigen Gerichte. Besonders deutlich wird dies, wenn selbst der allgemeine Gerichtsstand eines Unternehmens als nicht ausreichend angesehen wird, um dort jurisdiction zu begründen.[540]

Für die weitere Untersuchung soll aber nicht die geschickte Vorgehensweise möglicher deutscher Kläger vor US-amerikanischen Gerichten von Bedeutung sein. Vielmehr sollen die in den USA gegen nichtamerikanische Beklagte ergangenen und noch ergehenden Urteile, die auf einer exorbitanten Gerichtszuständigkeit basieren, auf ihre Anerkennungsfähigkeit in Deutschland untersucht werden. Denn solange ein deutscher Beklagter nicht mit einer Anerkennung und Vollstreckbarerklärung des gegen ihn ergangenen US-amerikanischen Urteils in Deutschland rechnen muß, geht für ihn zumindest im Inland keine allzu große Gefahr von long-arm-jurisdiction, transient jurisdiction und möglichen Zuständigkeitsdurchgriffen des US-amerikanischen Rechts aus.

c) Die Anerkennungsfähigkeit der auf US-amerikanischen Zuständigkeitsregelungen beruhenden Urteile in Deutschland

US-amerikanische Urteile können in Deutschland nur anerkannt werden, wenn die US-amerikanische Zuständigkeitsregel eine Entsprechung im deutschen Recht hat oder zumindest eine andere deutsche Norm die Zuständigkeit des ausländischen Gerichts begründen würde (vgl. § 328 I Ziffer 1 ZPO). Die Überprüfung der Anerkennungsfähigkeit fremder Urteile in

---

537 In: FS Nagel, S. 392, 399; ebenso in: Deutsch-amerikanische Urteilsanerkennung, S. 167.

538 Weitere Beispiele finden sich bei von Hülsen/Brüning-Brinkmann, RIW 1985/187, 189.

539 Vgl. Heldrich, in: Herausforderungen, S. 1, 8; weitere Beispiele nennt Stürner, in: Habscheid, Justizkonflikt, S. 3, 19 f.

540 Vgl. Piper Aircraft Co. vs. Reyno, 454 U.S. 235 (1981). Hier wurde sogar der Gerichtsstand des Tatortes (Herstellung des Flugzeuges) nicht anerkannt. Vgl. Schack, Einführung in das US-amerikanische Zivilprozeßrecht, S. 34 f.

Deutschland richtet sich nach dem Spiegelbildprinzip (mirror image test)[541], sie erfolgt grundsätzlich anhand einer hypothetischen Anwendung deutscher autonomer Zuständigkeitsnormen.[542] Eine sachliche Überprüfung der Entscheidung des Gerichts des Urteilsstaates durch das Anerkennungsgericht ist hierbei verboten.

(1) Zu den long arm statutes

Die Anerkennung US-amerikanischer Urteilen in Deutschland, die ihre Zuständigkeit aufgrund der long arm statutes begründen, scheitert nicht zwingend an § 328 I Ziffer 1 ZPO.[543]

Dies zeigen beispielsweise Klagen aus unerlaubter Handlung. Für sie richtet sich in den USA die Zuständigkeit des Gerichts entsprechend den dort anzuwendenden long arm statutes nach dem Tatort, entweder dem Handlungs- oder dem Erfolgsort. Gleiches gilt für das hypothetisch anzuwendende deutsche Zivilverfahrensrecht. Gemäß § 32 ZPO ist auch in Deutschland der Tatort zuständigkeitsbegründend. Der Kläger hat auch hier ein Wahlrecht zwischen Handlungs- und Erfolgsort. Die Zuständigkeit des US-amerikanischen Gerichts ergibt sich für Klagen aus unerlaubter Handlung in den USA also gleichermaßen nach US-amerikanischem und deutschem Recht aus dem Tatortprinzip. Ein Verstoß gegen § 328 I Ziffer 1 ZPO liegt somit nicht vor.[544]

Auch der in den USA vorherrschende Gedanke, daß der Marktzutritt, also bewußter und gewollter Handel im Einzugsbereich des Forumgerichts, für ein Unternehmen zuständigkeitsbegründend wirkt,[545] ist der deutschen Rechtsordnung nicht völlig fremd. Z.B. ermöglicht § 21 ZPO die Klageerhebung am Ort der Niederlassung der Firma. Ob man dies als die Kehrseite des Marktzutrittsprivilegs ansieht, oder auf Fairneßerwartungen gegenüber dem beklagten Unternehmen stützt, kann dahingestellt sein.[546] Entscheidend ist vielmehr, daß auch für diese Fälle die US-amerikanische Regelung ein Pendant im deutschen Recht findet. Hier liegt ebenfalls kein Verstoß gegen § 328 I Ziffer 1 ZPO vor.

Ausdrücklich nicht zur Überprüfung steht insofern ein aus deutscher Sicht möglicherweise nicht nachvollziehbar begründeter Inlandsbezug vor US-amerikanischen Gerichten oder dessen Ablehnung. Wegen des Verbots der révision au fond darf keine materielle Kontrolle der

---

541 Vgl. Behr, 13 J. L. & Comm. 211, 219 (1994). Auch mirror image principle genannt, s. Martiny, 35 Am. J. Comp. L. 721, 734 (1987).

542 Ausnahmen vom Grundsatz der Spiegelbildlichkeit, wie z.B. § 606 a II ZPO oder die rügelose Einlassung vor dem Gericht des Urteilsstaates (§ 39 ZPO), sollen hier außer Acht bleiben. Vgl. zum Ganzen: BGH (Urt. v. 3.12.1992) IPRax 1994/204 mit kritischer Anm. Basedow, IPRax 1994/183 ff. und Anm. Geimer, IPRax 1994/187; s. auch Martiny, Handbuch des IZVR, Band III/1, Rn. 644 ff.; Schack, IZVR, Rn. 831; Schütze, DIZPR, S. 139.

543 A.A. Schütze, WM 1979/1174; ders., in: FS Nagel, S. 392, 398; ders. Deutsch-amerikanische Urteilsanerkennung, S. 165 f.

544 Vgl. z.B. Martiny, Handbuch des IZVR, Band III/1, Rn. 686; von Westphalen, WM 1979/542, 547; Zekoll, S. 28 (dort insbesondere Fn. 71).

545 S.o. - World Wide Volkswagen Corp. vs. Woodson, 444 U.S. 286, 62 L. Ed. 2d 490, 100 S.Ct. 559 (1980).

546 Vgl. hierzu Geimer, NJW 1991/3072, 3074; s. auch Grothe, RabelsZ 58 (1994), S. 686, 697; ders., in: Herausforderungen, S. 209, 213.

ausländischen Entscheidung selbst erfolgen. Es kommt einzig auf die spiegelbildliche Anwendung der deutschen Zuständigkeitsregelungen an.

(2) Zur transient jurisdiction

Fraglich dagegen ist, ob bei einer Zuständigkeitsbegründung nach transient rules eine Anerkennung gemäß § 328 I Ziffer 1 ZPO möglich ist.[547] Nach US-amerikanischem Recht begründet bereits ein kurzfristiger oder zufälliger Aufenthalt im Forumstaat die dortige Zuständigkeit. Im deutschen Zivilverfahrensrecht gibt es keine Parallele hierzu. Zwar gehen sowohl der allgemeine Gerichtsstand des Wohnsitzes gemäß § 13 ZPO, als auch der besondere Gerichtsstand des Aufenthaltsortes gemäß § 20 ZPO vom gleichen Ansatz aus und knüpfen an den Aufenthalt des Beklagten an. Sie fordern aber eine gewisse Dauer, also die Manifestation des Aufenthalts. Eine bloß vorübergehende Anwesenheit am Gerichtsort genügt nach deutschem Recht nicht zur Begründung einer eventuellen Zuständigkeit. Auch der Gerichtsstand des § 16 ZPO[548] begnügt sich nicht mit dem schlichten Aufenthalt des Beklagten am Gerichtsort, sondern fordert zusätzlich, daß die Partei weiterhin sowohl im In-, als auch im Ausland wohnsitzlos ist.

Bei den transient rules handelt es sich um exorbitante Gerichtsstandsregelungen. Einer darauf basierenden Zuständigkeit US-amerikanischer Gerichte muß die Anerkennung in Deutschland gemäß § 328 I Ziffer 1 ZPO versagt bleiben. Andernfalls würden die Interessen der Beklagtenseite nicht ausreichend berücksichtigt. Grothe[549] weist zu Recht darauf hin, daß für transient jurisdiction nur zu Postkutschenzeiten ein gewisses Verständnis aufgebracht werden konnte, als auch nur vorübergehende Aufenthalte notgedrungen mehrere Tage dauerten. Heute dagegen hat sich der territoriale Bezug dieser Regelung aufgelöst, eine darauf basierende Zuständigkeit des ausländischen Forumgerichts widerspricht der Regelung des § 328 I Ziffer 1 ZPO.[550]

(3) Zum Zuständigkeitsdurchgriff

Die Anerkennungsfähigkeit der auf einem Durchgriff basierenden Zuständigkeit in den USA kann im Rahmen der spiegelbildlichen Anwendung der deutschen Zuständigkeitsregelungen auf zwei konkrete Regelungen gestützt werden.

Ist die im Urteilsstaat tätige Tochtergesellschaft eine Niederlassung der Muttergesellschaft, dann kann nach deutschem Recht unter Rechtsscheinsgesichtspunkten der besondere Ge-

---

547 Ablehnend: Schütze, WM 1979/1174; ders., in: FS Nagel, S. 392, 398; ders., Deutsch-amerikanische Urteilsanerkennung, S. 165 f.

548 Sog. Vagabundengerichtsstand.

549 In: RabelsZ 58 (1994), S. 686, 699; ders., in: Herausforderungen, S. 209, 215.

550 Zur inkonsequenten Handhabung der transient jurisdiction in den USA selbst vgl. Grothe, RabelsZ 58 (1994), S. 686, 699; ders., in: Herausforderungen, S. 209, 215.

richtsstand der Niederlassung gemäß § 21 ZPO eingreifen.[551] Der klassische Fall des Zuständigkeitsdurchgriffes durch die unselbständige Tochter auf die Muttergesellschaft kann also nicht als exorbitant angesehen werden.

Ist kein Zusammenhang zwischen Klagegrund gegen die Mutter und Geschäftstätigkeit der Tochter gegeben, so kann die Zuständigkeit im Urteilsstaat nach deutschem Recht hypothetisch nur auf den besonderen Vermögensgerichtsstand des § 23 ZPO gestützt werden.[552] Voraussetzung hierfür ist aber, daß die Gesellschaftsanteile der Mutter an der Tochter im Urteilsstaat belegen sind.[553] Übt die Mutter keine tatsächliche Kontrolle über die Tochter aus, ist letztere also als unabhängiges und selbständiges Unternehmen anzusehen, dann richtet sich die US-amerikanische Zuständigkeit nach den Grundsätzen des doing business entsprechend World-Wide Volkswagen Corp. vs. Woodson[554] (s.o.). Die Anerkennungszuständigkeit gemäß § 328 I Ziffer 1 ZPO ergibt sich dann spiegelbildlich aus § 32 ZPO. Marktpräsenz und Gerichtspflichtigkeit korrelieren auch nach deutschem Recht.

(4) Zusammenfassung

Das deutsche und das US-amerikanische Zuständigkeitsrecht sind konzeptionell unterschiedlich ausgestaltet. Allerdings finden sich im deutschen Recht Zuständigkeitsregelungen, die mit denen des US-amerikanischen Rechts vergleichbar sind. Dies liegt vor allem an den in beiden Rechtsordnungen vorhandenen weitgefaßten Entscheidungszuständigkeiten. Nach dem Spiegelbildprinzip gemäß § 328 I Ziffer 1 ZPO sind mehr internationale Zuständigkeitsregelungen des US-amerikanischen Rechtssystems anzuerkennen, als es zunächst schien.[555]

Diese anerkennungsfreundliche Sicht wird wesentlich eingeschränkt durch eine Entscheidung des BGH vom 25.11.1993[556].

Die Klägerin mit Sitz im Staat Washington, USA stellte Computerteile her, die über die inzwischen in Konkurs gegangene Firma der Beklagten als unabhängige Vertragshändlerin in

---

551 Vgl. BGH (Urt. v. 13.7.1987) NJW 1987/3081; s. auch Grothe, RabelsZ 58 (1994), S. 686, 722 f.; ders., in: Herausforderungen, S. 209, 228 f.; umfassend: Otto, S. 137 ff.

552 Ausführlich zu § 23 ZPO selbst, insbesondere zur Kritik an der Regelung und der Rechtsprechung: Grothe, RabelsZ 58 (1994), S. 686, 708 ff., 717 ff.; ders., in: Herausforderungen, S. 209, 219 ff., 225 ff., insbesondere mit Hinweis auf BGH (Urt. v. 2.7.1991) BGHZ 115/90 ff. = IPRax 1992/160 ff. = NJW 1991/3092 ff.; s. auch BGH (Urt. v. 3.12.1992) IPRax 1994/204 mit kritischer Anm. Basedow, IPRax 1994/183 ff. und Anm. Geimer, IPRax 1994/187.

553 ausführlich hierzu: Grothe, RabelsZ 58 (1994), S. 686, 723 (dort insbesondere Fn. 193); ders., in: Herausforderungen, S. 209, 229 (dort insbesondere Fn. 109).

554 444 U.S. 286, 62 L. Ed. 2d 490, 100 S.Ct. 559 (1980). Vgl. hierzu Grothe, RabelsZ 58 (1994), S. 686, 698; ders., in: Herausforderungen, S. 209, 214; Junker, IPRax 1986/197, 201; Schack, Einführung in das US-amerikanische Zivilprozeßrecht, S. 28 f.

555 Auch europäische Nachbarländer sind in der Lage, exorbitante Zuständigkeitsregelungen zu konstruieren: Ein österreichisches Gericht hat im Jahre 1968 gegen den französischen Skistar J. C. Killy die Zuständigkeit aufgrund einer im Gerichtsbereich hinterlassenen Unterhose des Beklagten bejaht - bezeichnenderweise in einer Vaterschaftsklage (!); vgl. Schlesinger/Baade/Damaska/Herzog, S. 395 (dort insbesondere Fn. 87 a).

556 BGH (Urt. v. 25.11.1993) EuZW 1994/283 ff. = IPRax 1995/101 ff. (mit Anm. Gottwald, IPRax 1995/75 ff.) = NJW 1994/1413 ff = RIW 1994/331 ff. (mit Anm. Jakob).

Deutschland vertrieben worden waren. Nachdem die Firma der Beklagten in Zahlungsverzug geriet erhob die Klägerin entsprechend der vertraglichen Vereinbarung Klage vor dem Superior Court of the State of Washington for King County. Sie verklagte den Geschäftsführer und den Prokuristen ihrer Vertragspartnerin. Die Beklagten beantragten im US-amerikanischen Verfahren die Klageabweisung wegen fehlender Schlüssigkeit der Klage (failure to state a claim), fehlender internationaler Zuständigkeit des Gerichts (lack of personal jurisdiction) und exorbitanten Gerichtsstands (forum non conveniens). Der Abweisungsantrag wurde unter anderem mit der Begründung zurückgewiesen, es seien keine Tatsachen vorgetragen worden, die die Zuständigkeit des Gerichts in Zweifel zögen. Im folgenden wurde die persönliche Gerichtsbarkeit der Beklagten festgestellt. Diese beteiligten sich nicht weiter am dortigen Verfahren. Nachdem das Gericht von einer Säumnis der Beklagten ausging wurden sie zu Schadensersatzzahlungen verurteilt. Die Klägerin begehrte die Vollstreckbarerklärung des US-amerikanischen Urteils in Deutschland.

Der BGH fordert in seiner Entscheidung eine selbständige Prüfung der internationalen Anerkennungszuständigkeit gemäß § 328 I Ziffer 1 ZPO. Dies gelte insbesondere auch, wenn die sie begründenden Tatsachen zugleich die Klageforderung inhaltlich stützen. Der Grundsatz, daß bei doppelrelevanten Tatsachen eine konkrete Prüfung erst im Rahmen der Begründetheit der Klage erfolge,[557] gelte hier nicht fort.

Außerdem erklärt der BGH im Rahmen des Anerkennungsverfahrens vor deutschen Gerichten neues Vorbringen zur Frage der Zuständigkeit für beachtlich. Gründe hierfür seien mangelnder Einklang der verschiedenen nationalen Prozeßordnungen und der Schutz des Beklagten. Die Prozeßordnungen der verschiedenen Länder seien außerhalb des Geltungsbereiches zwischenstaatlicher Verträge zu unterschiedlich, als daß eine unbesehene Anerkennung der Zuständigkeit des Urteilsgerichts in Frage komme. Weiterhin könne die schlüssige Behauptung doppelrelevanter Tatsachen im Rahmen der Zuständigkeitskontrolle nicht genügen, da ansonsten ein deutscher Beklagter gezwungen sei, sich vor dem ausländischen Urteilsgericht trotz dortiger objektiver Unzuständigkeit zu verteidigen. Denn nur so könne er die Anerkennung und Vollstreckbarerklärung des ausländischen Urteils im Inland abwehren. Im Übrigen bestehe bei Nichtbeachtung doppelrelevanter Tatsachen im Rahmen der Prüfung der Zuständigkeit gemäß § 328 I Ziffer 1 ZPO für den Kläger mit Hilfe von einseitigen oder verfälschten Behauptungen zur Frage der Zuständigkeit des Urteilsgerichts die potentielle Möglichkeit zum forum shopping zu seinen Gunsten. Dies müsse verhindert werden.

Diese Entscheidung bedeutet eine nach Ansicht des BGH hinzunehmende[558] Einschränkung des Verbots der révision au fond. Das Gebot der Prüfung der internationalen Gerichtszuständigkeit gemäß § 328 I Ziffer 1 ZPO stehe gleichwertig neben dem Verbot, die Gesetzmäßigkeit der ausländischen Entscheidung zu überprüfen (§ 723 I ZPO).[559] Der BGH manifestiert hier für den Bereich der Anerkennung internationaler Zuständigkeitsentscheidungen

557 Vgl. Stein/Jonas-Schumann, ZPO, § 1, Rn. 20 k und § 32, Rn. 16; s. auch Zöller-Vollkommer, ZPO, § 12, Rn. 14.

558 BGH (Urt. v. 25.11.1993) EuZW 1994/283 = IPRax 1995/101 ff. = NJW 1994/1413, 1414 = RIW 1994/331, 333.

559 Im Ergebnis ebenso BGHZ 52/30, 37; s. auch Schütze, DIZPR, S. 161.

gemäß § 328 I Ziffer 1 ZPO das oben ausgearbeitete „System der umfassenden Überprüfung mit eingeschränkter Ablehnungsmöglichkeit" und faßt die Grenzen einer zulässigen Kontrolle weit.[560]

Grundsätzlich kann aber gesagt werden, daß die Akzeptanz der US-amerikanischen Zuständigkeitsregeln in Deutschland hoch ist. Dies liegt nicht zuletzt an der Angleichung der Entscheidungskriterien in den beiden Ländern. Von besonderer Bedeutung ist hierbei die in jüngerer Zeit feststellbare verstärkte Gewichtung des Inlandsbezuges als Entscheidungskriterium auch in Deutschland.[561]

2. Die Zustellung US-amerikanischer Schriftstücke als Problem der Anerkennungsfähigkeit US-amerikanischer Urteile in Deutschland

Auch die Zustellung US-amerikanischer klageeinleitender Schriftstücke kann Probleme bei der Anerkennungsfähigkeit der daraufhin in den USA ergehenden Urteile in Deutschland bereiten.

a) Die Zustellung prozeßeinleitender Schriftstücke in den USA

Eine umfassende Reform des US-amerikanischen Zivilprozeßrechts der Bundesgerichte hat seit 1.12.1993 verschiedene Neuerungen bei der Zustellung prozeßeinleitender Schriftstücke gebracht.[562] In den USA bestehen seither vornehmlich folgende Möglichkeiten, Klageschrift (complaint) und Ladung (summons) zuzustellen:

Gegenüber natürlichen Personen genügt die persönliche Übergabe der klageeinleitenden Schriftstücke. Ausreichend hierfür ist auch eine nur kurzfristige Anwesenheit in den USA oder im Transitbereich eines US-amerikanischen Flughafens.[563]

Bei der Zustellung gegenüber juristischen Personen bestehen insbesondere folgende Alternativen: Entweder die Klage wird einem in den USA anwesenden Geschäftsführer des zu verklagenden Unternehmens persönlich überreicht (s.o.), oder die Zustellung erfolgt – sofern vorhanden - an ein 100-prozentiges Tochterunternehmen der ausländischen Muttergesellschaft.[564] Auch eine öffentliche Zustellung der Klage kommt in Betracht.[565] Der Supreme Court of the United States entschied 1988 in Schlunk vs. Volkswagen AG, daß die Zustellung einer US-amerikanischen Klage an das in den USA ansäßige Tochterunternehmen ausreiche,

560 Ausführlich hierzu Teil 1, Ziffer II. 2 (S. 38 ff.).

561 Ausführlich hierzu Teil 1 Ziffer II. 6. b) (1) (S. 58 ff.) und Teil 2 Ziffer IV. B. 4. a) (S. 118 ff.).

562 Vgl. Reimann, IPRax 1994/152 ff. (dort insbesondere Fn. 10).

563 Ausführlicher hierzu Stiefel/Bungert, ZIP 1994/1905, 1909; s. auch Wiehe, S. 72.

564 Vgl. Junker, JZ 1989/121, 122; Otto, S. 83 ff., 89 ff.

565 Hierbei kommt es entscheidend auf das jeweilige Recht des Bundesstaates an der als Forum dient.

um auch prozessuale Bindungswirkungen für die deutsche Muttergesellschaft zu bewirken.[566] Diese Rechtslage hat sich durch die Reform des Zivilprozeßrechts in den USA 1993 nicht geändert.[567] Inzwischen geht aber auch der Supreme Court of the United States davon aus, daß eine Zustellung klageeinleitender Schriftstücke gegenüber einem Tochterunternehmen im Inland nicht genüge, sondern daß auch an die ausländische Muttergesellschaft selbst zugestellt werden müsse.[568] Dadurch lasse sich das Risiko einer späteren Versagung der Anerkennungsfähigkeit des US-amerikanischen Urteils im Anerkennungsland wegen der dort unzureichenden Zustellung der klageeinleitenden Schriftstücke verhindern.[569]

Nach einer wirksamen Zustellung prozeßeinleitender Schriftstücke in den USA kann auch in Abwesenheit des Beklagten verhandelt werden und ein Versäumnisurteil ergehen, die due process clause (US-Constitution, Amendment XIV) wurde eingehalten.[570]

Früher kam der Zustellung eine weitere Bedeutung zu. Durch sie konnte eine eventuell noch fehlende Zuständigkeit begründet werden.[571] Seit dem Jahre 1993 wird zwischen Zustellung (service) und Zuständigkeit (jurisdiction) differenziert. Diese Neuregelung hat Klarheit geschaffen.[572]

b) Die Zustellung US-amerikanischer prozeßeinleitender Schriftstücke in Deutschland und die Anerkennungsfähigkeit der daraufhin ergehenden US-amerikanischen Urteile in Deutschland

In jüngerer Zeit sind einige Urteile deutscher Gerichte zur Frage der Zustellung US-amerikanischer Urteile in Deutschland ergangen.[573] Diese werden im folgenden untersucht:

---

566 Schlunk vs. Volkswagen AG, 486 U. S. 694 = 108 S.Ct. 2104 (1988) = 100 LEd. 2d 722 (1988), 503 N.E.2d 1045, 1053 (Ill. App., June 17th 1986 - Vorinstanz); s. hierzu Junker, JZ 1989/121, 122 ff.; ders., in: Herausforderungen, S. 103, 117 f.; Koch, IPRax 1989/313 ff.; Otto, S. 110 f.

567 Vgl. Reimann, IPRax 1994/152 ff. (dort insbesondere Fn. 10).

568 Vgl. Koch/Zekoll, IPRax 1993/288, 289 in Sachen Dr. Ira Gore Jr. vs. BMW of North America et al vor dem Circuit Court of Jefferson County, Alabama. Der Rechtsstreit wurde bezüglich der Frage der Zustellung ausländischer Schriftstücke in Deutschland fortgeführt vor dem OLG München (B. v. 15.7.1992) EuZW 1992/616 = EWiR 1992/1209 (mit Anm. Otte) = NJW 1992/3113 = WM 1992/1465 = ZIP 1992/1271. Eine ausführliche Analyse des Falles folgt, s.u. Teil 3, Ziffer II. 2. a) (4), (S. 237 ff.).

569 Vgl. zum Ganzen: Wiehe, S. 72 ff.

570 So geschehen in dem der „Kalifornien-Entscheidung" des BGH (Urt. v. 4.6.1992) zugrundeliegenden Entscheidung in den USA.

571 Rule 4 (c) der F.R.Civ.P. (alte Fassung); s. auch Koch/Diedrich, ZIP 1994/1830; zum neuen Recht: Schack, Einführung in das US-amerikanische Zivilprozeßrecht, S. 36.

572 Rule 4 (c) der F.R.Civ.P. (neue Fassung); vgl. Schack, Einführung in das US-amerikanische Zivilprozeßrecht, S. 36 f.; zur Reform s. auch Reimann, IPRax 1994/152 ff. (dort insbesondere Fn. 10).

573 Vgl. BVerfG (B. v. 7.12.1994) BVerfGE 91/335 ff. = EuZW 1995/218 ff. (mit Anm. Kronke) = IPRax 1996/112 ff. (mit Anm. Tomuschal, IPRax 1996/83 ff.) = JZ 1995/716 ff. (mit Anm. Stadler) = NJW 1995/649 ff. = RIW 1995/320 ff. (mit Anm. Morisse, RIW 1995/370 ff.) = WM 1995/216 ff.; s. auch BVerfG (B. v. 3.8.1994) - ergangen im einstweiligen Verfügungsverfahren zu vorgenanntem Hauptsache-Beschluß des BVerfG - NJW 1994/3281 ff. = ZIP 1994/1353 (mit Anm. Juenger/Reimann); KG Berlin (Vorinstanz zu BVerfG, B. v. 3.8.1994), abgedruckt im Sachverhalt von BVerfG NJW 1994/3281 = ZIP

(1) Allgemeines

Gemäß § 328 I Ziffer 2 ZPO ist die Anerkennung eines fremden Urteils ausgeschlossen, wenn dem Beklagten das verfahrenseinleitende Schriftstück nicht ordnungsmäßig oder nicht so rechtzeitig zugestellt worden ist, daß er sich verteidigen konnte. Die Vorschrift garantiert keine förmliche Zustellung. Sofern der Beklagte das zuzustellende Schriftstück tatsächlich erhält, gelten Zustellungsmängel in entsprechender Anwendung von § 187 ZPO als geheilt.[574] In § 328 I Ziffer 2 ZPO konkretisiert sich das Gebot des rechtlichen Gehörs (Art. 103 I GG). Es handelt sich um einen besonders hervorgehobenen Fall des verfahrensrechtlichen ordre public,[575] beschränkt auf die dort ausdrücklich geregelten Fälle der Zustellung verfahrenseinleitender Schriftstücke und die Einlassung des Beklagten. Sämtliche anderen Verfahrensfragen werden auf der Grundlage des ordre public im Rahmen von § 328 I Ziffer 4 ZPO überprüft.[576]

Die USA und Deutschland sind Vertragsstaaten des Haager Übereinkommens vom 15.11.1965 über die Zustellung gerichtlicher und außergerichtlicher Schriftstücke im Ausland in Zivil- und Handelssachen (HZÜ)[577] und des Haager Übereinkommens vom 18.3.1970 über die Beweisaufnahme im Ausland in Zivil- und Handelssachen (HBÜ)[578]. Die Zustellung US-amerikanischer klageeinleitender Schriftstücke im Ausland erfolgt somit nach dem HZÜ. Dies regelt inzwischen auch die neugefaßte Rule 4 der F.R.Civ.P.

Trotz dieser gemeinsamen Grundlagen kommt es in Deutschland und den USA aber zu divergierenden Ergebnissen bei der Anwendung und Auslegung des HZÜ.[579]

Lange Zeit umstritten war vor allem die Anerkennung der Zustellung und Zustellbarkeit US-amerikanischer Schadensersatzklagen in Deutschland, die punitive, multiple oder treble da-

---

1994/1353, 1354; OLG München (B. v. 9.5.1989) IPRax 1990/175 ff. (mit Anm. Stürner/Stadler, IPRax 1990/157 ff.) = NJW 1989/3102 ff. (mit Anm. Greger) = RIW 1989/483 ff.; OLG München (B. v. 15.7.1992) EuZW 1992/616 = EWiR 1992/1209 (mit Anm. Otte) = NJW 1992/3113 = WM 1992/1465 = ZIP 1992/1271; OLG Düsseldorf (B. v. 19.2.1992) EuZW 1992/776 = NJW 1992/3110 = RIW 1992/846 ff.; OLG Frankfurt a.M. (B. v. 21.3.1991) RIW 1991/417 ff.; Zivilgericht Basel (Urt. v. 1.2.1989) Basler JurMitt 1991/31, 32 f. (für das schweizer Recht).

574 Vgl. Martiny, Handbuch des IZVR, Band III/1; Rn. 849; MünchKomm-Gottwald, ZPO, § 328 Rn. 71; Stiefel/Bungert, ZIP 1994/1905, 1908 f.; Zöller-Geimer, ZPO, § 328 Rn. 135.

575 Deswegen erfolgt hier eine Auseinandersetzung auch mit dieser Vorschrift.

576 Vgl. Geimer, JuS 1965/475, 478 (dort insbesondere Fn. 28). Martiny, Handbuch des IZVR, Band III/1, Rn. 1023; Dies verkennen Stiefel/Bungert, die das Problem des rechtlichen Gehörs bei der Zustellung ausländischer Urteile unter § 328 I Ziffer 4 ZPO subsumieren, vgl. dies. ZIP 1994/1905, 1909 f.

577 BGBl. 1977 II, S. 1452, zwischen Deutschland und den USA in Kraft seit dem 26.6.1979 (BGBl. 1979 II, S. 779; BGBl. 1980 II, S. 907); vgl. Jayme/Hausmann, Nr. 102 (Fn. 1); Junker, JZ 1989/121 ff.; Schack, IZVR, Rn. 605; Grundsätzlich zur Frage der Anerkennung ausländischer Entscheidungen nach den Haager Übereinkommen s. Coester-Waltjen, 57 RabelsZ (1993), S. 263 ff.

578 BGBl. 1977 II, S. 1452, 1472. In Kraft in Deutschland seit 26.6.1979 (BGBl. II, 780), in den USA seit 7.10.1972 (BGBl. 1980 II, 1290); vgl. Greger, ZRP 1988/164 ff.; Junker, JZ 1989/121 ff.; Schack, Einführung in den US-amerikanischen Zivilprozeß, S. 53 (dort insbesondere Fn. 396); ders., IZVR, Rn. 725; Trittmann, S. 125 ff.; Grundsätzlich zur Frage der Anerkennung ausländischer Entscheidungen nach den Haager Übereinkommen s. Coester-Waltjen, 57 RabelsZ (1993), S. 263 ff.

579 Vgl. Junker, JZ 1989/121 ff.; Heldrich, in: Herausforderungen, S. 1, 9 f.

mages (mehrfacher oder dreifacher Strafschadensersatz)[580] enthalten. Fraglich war insbesondere, ob solche Klagen dem Zivil- und Handelsrecht zuzuordnen sind, also überhaupt unter den Anwendungsbereich des HZÜ fallen, oder ob sie wegen ihres Strafcharakters dem Strafrecht unterliegen. Die herrschende Meinung geht inzwischen davon aus, daß es sich bei punitive damages um ein dem Zivilrecht zuzuordnendes Rechtsinstitut handelt.[581]

Basierend auf dieser Ansicht stellt sich die Frage, ob die Zustellung von entsprechenden US-amerikanischen Klagen mit der Begründung abgelehnt werden darf, daß punitive damages mit dem deutschen ordre public unvereinbar seien.[582]

Die Zustellung US-amerikanischer Klagen unterliegt dem ordre public-Vorbehalt des Art. 13 I HZÜ. Art. 8 und 10 HZÜ sehen eine vereinfachte Zustellung durch konsularische Vertreter, die Post oder unmittelbar durch Justizbeamte des Bestimmungsstaates vor. Diese Regelungen sind in Deutschland jedoch nicht anwendbar, da in § 6 des deutschen Ausführungsgesetzes zum HZÜ Widerspruch gegen die Bestimmungen der Art. 8 und 10 HZÜ eingelegt wurde.[583]

In der Literatur ist umstritten, ob Art. 13 HZÜ entsprechend seinem Wortlaut einzig die Möglichkeit bietet, Zustellungen nur dann zu untersagen, wenn Hoheitsrechte oder die Sicherheit des ersuchten Staates gefährdet sind, oder ob Art. 13 HZÜ darüber hinaus einen Sonderfall des ordre public darstellt, der auch zu einer Ablehnung von Ersuchen berechtigt, bei

---

580 Hierzu und zur Anerkennungsfähigkeit von US-amerikanischen RICO-Urteilen s. insbesondere Stiefel/Bungert, ZIP 1994/1905 ff.

581 Vgl. BGH (Urt. v. 4.6.1992) BGHZ 118/312, 334 ff. = CR 1993/274, 275 f. = EuZW 1992/705, 707 f. = IPRax 1993/310, 316 f. = JZ 1993/261, 263 f. = LM 2/93 zu § 328 ZPO, Bl. 333 ff. = NJW 1992/3096, 3102 f. = PHI 1992/174 (dort nur verkürzt dargestellt) = RIW 1993/132, 136 = WM 1992/1451, 1460 f. = ZIP 1992/1256, 1265 f. = ZZP 106 (1993), S. 79, 94 ff. - jeweils unter Punkt A. V. 1. und 2. (nicht abgedruckt bei EWiR 1993/827; MDR 1992/1181 ff.); s. auch OLG München (B. v. 9.5.1989) IPRax 1990/175 ff. (mit insofern zustimmender Anm. von Stürner/Stadler, IPRax 1990/157 ff.) = NJW 1989/3102 ff. (mit insofern zustimmender Anm. von Greger) = RIW 1989/483 ff.; bestätigt durch OLG München (B. v. 15.7.1992) EuZW 1992/616 = EWiR 1992/1209 (mit Anm. Otte) = NJW 1992/3113 = WM 1992/1465 = ZIP 1992/1271; OLG Düsseldorf (B. v. 19.2.1992) EuZW 1992/776 = NJW 1992/3110 = RIW 1992/846 ff.; wohl auch OLG Frankfurt a.M. (B. v. 21.3.1991) RIW 1991/417, 418 (obwohl in der dort zugestellten Klage ausdrücklich die punitive damages ausgeblendet waren); wohl auch BVerfG (B. v. 3.8.1994) NJW 1994/3281 ff. = ZIP 1994/1353 ff. (mit Anm. Juenger/Reimann); Zivilgericht Basel (Urt. v. 1.2.1989) Basler JurMitt 1991/31, 32 f. (für das schweizer Recht).
S. auch Böhmer, NJW 1990/3049, 3051; Bungert, ZIP 1992/1707 ff.; Deutsch, JZ 1993/265 ff.; Drolshammer/Schärer, SJZ 1986/309, 310 (für das schweizer Recht); Geimer, IZPR, Rn. 2157, 2974; Hay/Rasmussen-Bonne, DAJV-Newsletter 3/92, S. 33, 35; Heldrich, in: Herausforderungen, S. 1, 10; Koch, NJW 1992/3073 ff.; Koch/Zekoll IPRax 1993/ 288 ff.; Lenz, S. 140; Linke, IZPR, Rn. 374 (a.E.); Schack, IZVR, Rn. 605, 818; ders., ZZP 106 (1993), S. 104 ff.; Schütze, RIW 1993/132, 136; Siehr, RIW 1991/705, 708; Stadler, JZ 1995/718, 719; Stiefel/Stürner, VersR 1987/829, 837; von Westphalen, RIW/AWD 1981/141, 143; Zekoll, S. 151; ders., 37 Am. J. Comp. L. 301, 324 f. (1989); Zöller-Geimer, ZPO, § 328, Rn. 77, 88.
A.A.: Hollmann, RIW 1982/784, 786; von Hülsen, RIW 1982/537, 550; Kauffmann-Kohler, WUR 35 (1983), S. 211, 243 f. (für das schweizer Recht); Martiny, 35 Am. J. Comp. L. 721, 748 (1987); Schütze, in: FS Nagel, S. 392, 394, 397; ders., WM 1986/633, 635; Wölki, RIW 1985/530, 538.
Eine ausführliche Analyse der Problematik erfolgt später, wenn konkret auf punitive damages eingegangen wird.

582 So wohl Stiefel, RIW/AWD 1979/509, 514.

583 Vgl. Lange/Black, Rn. 31; Schack, IZVR, Rn. 608; ders., Einführung in das US-amerikanische Zivilprozeßrecht, S. 38; Wölki, RIW 1985/530, 532.

denen das dahinterstehende Verfahren gegen grundlegende Prinzipien der deutschen Rechtsordnung verstößt.[584] Art. 13 I HZÜ regelt, daß die Erledigung eines Zustellungsauftrages nach dem HZÜ nur abgelehnt werden kann, wenn der ersuchte Staat die Zustellung „für geeignet hält, seine Hoheitsrechte oder seine Sicherheit zu gefährden". Schon der Wortlaut macht deutlich, daß die Abwägungskriterien bei Art. 13 HZÜ andere sind, als beim ordre public-Vorbehalt entsprechend Art. 6 EGBGB oder § 328 I Ziffer 4 ZPO.[585] Grammatisch ist Art. 13 HZÜ eng auszulegen. Aber auch systematische und rechtspolitische Überlegungen sprechen gegen eine weite und umfassende Schutzwirkung von Art. 13 I HZÜ. Ziel des HZÜ ist die Vereinfachung und Beschleunigung der internationalen Rechtshilfe. Aber das HZÜ regelt einzig die Zustellung von Schriftstücken (vgl. Art. 1 HZÜ). In diesem Stadium des sich anbahnenden und erst entwickelnden Prozesses wäre es verfrüht, eine umfassende materielle Überprüfung der geltendgemachten Ansprüche anhand des ordre public zuzulassen. Eine umfassende Überprüfung der US-amerikanischen Klageschrift mit eingeschränkter Ablehnungsmöglichkeit ist in diesem Stadium des Prozesses nicht möglich. Denn im Gegensatz zum deutschen Pendant ist eine US-amerikanische Klageschrift kurz gehalten und umreißt den Streitgegenstand meist nur grob (vgl. Rule 8a F.R.Civ.P.). Eine vor deutschen Gerichten übliche Schlüssigkeitsprüfung der Klage erfolgt vor US-amerikanischen Gerichten nicht.[586] Außerdem ist zu bedenken, daß die Höhe eines geltendgemachten Schadensersatzanspruches, insbesondere von punitive damages, im Ermessen der jury steht und zum Zeitpunkt der Klageerhebung noch völlig ungewiß ist. Angaben in einer US-amerikanischen Klage zur Höhe der geltendgemachten Ansprüche sind - sofern überhaupt vorhanden - unverbindlich.

Außerdem ist für die Überprüfung der Zustellbarkeit ausländischer Urteile anhand des ordre public auf das Ergebnis der Zustellung in Deutschland abzustellen. Die Zustellung einer US-amerikanischen Klage in Deutschland an den dort ansässigen Beklagten bewirkt aber lediglich eine Anhängigkeit dieser Klage in den USA vor dem dort zuständigen Gericht auch gegen den deutschen Beklagten. Weitere prozessuale Wirkungen sind damit nicht unmittelbar verbunden. Auch die später möglicherweise relevante Frage nach der Anerkennung des ausländischen Urteils in Deutschland wird durch die Zustellung nicht präjudiziert. Ein ordre public-Verstoß ist somit bei der Zustellung US-amerikanischer Klagen in Deutschland an inländische Beklagte nicht ersichtlich.[587]

---

584 Für eine wörtliche Interpretation und somit enge Auslegung z.B. Juenger/Reimann, NJW 1994/3274; Koch/Diedrich, ZIP 1994/1830, 1831. Für eine restriktive Auslegung i.S. lediglich eines ordre public interne z.B. Pfeil-Kammerer, S. 62 f., 215, 224 f. Für eine weite Auslegung i.S. eines ordre public international z.B. P. Schlosser, ZZP 94 (1981), S. 369, 381 (für die identische Regelung des Art. 12 b des HBÜ); s. zum Ganzen auch Geimer, IZPR, Rn. 2159; Heldrich, in: Herausforderungen, S. 1, 9 f.; Stadler, JZ 1995/718, 719 f.

585 Ausführlich, insbesondere auch zu den allein authentischen Versionen des HZÜ in englischer und französischer Sprache: Koch/Diedrich, ZIP 1994/1830, 1831.

586 Vgl. Schack, Einführung in das US-amerikanische Zivilprozeßrecht, S. 40; Stürner/Stadler, IPRax 1990/157, 159; s. auch Lorenz, ZZP 111 (1998), S. 35, 45, der eine kritische Auseinandersetzung mit der in Deutschland erforderlichen Substantiierungspflicht vornimmt.

587 Vgl. hierzu OLG München (B. v. 15.7.1992) IPRax 1993/309 ff. (mit Anm. Koch/Zekoll, IPRax 1993/288 ff.) = EWiR 1992/1209 f. (mit Anm. Otte) = NJW 1992/3113 ff. = RIW 1992/70 ff. = WM 1992/1465 ff. = ZIP 1992/1271 f.; s. auch OLG München (B. v. 9.5.1989) IPRax 1990/175 (mit Anm. Stürner/Stadler, IPRax 1990/157 ff.) = NJW 1989/3102 ff. (mit Anm. Greger) = RIW 1989/483 ff.; OLG

Für eine enge Auslegung des Art. 13 I HZÜ spricht auch, daß selbst die fehlende internationale Zuständigkeit des Ausgangsgerichts nicht zu einer Ablehnung der Zustellung des verfahrenseinleitenden Schriftstückes führen soll (vgl. Art. 13 II HZÜ i.V.m. § 328 I Ziffer 1 ZPO).[588] Eine konkrete Überprüfung findet auch hier erst im Rahmen der eigentlichen Kontrolle der Anerkennungsfähigkeit der fremden Entscheidung statt.

Bei der Frage der Zustellbarkeit US-amerikanischer Klagen in Deutschland muß streng zwischen der Rechtshilfe im internationalen Rechtsverkehr nach dem HZÜ und der Frage der Anerkennungsfähigkeit und Vollstreckbarerklärung ausländischer Entscheidungen nach § 328 I Ziffer 4 ZPO unterschieden werden. Art. 13 I HZÜ enthält nur einen abgeschwächten und eng begrenzten ordre public, der nur in besonders schwerwiegenden Fällen zur Anwendung kommt, in denen bereits die Erledigung eines Zustellungsersuchens zu massiven Beeinträchtigungen der Wertungsgrundlagen der Rechtsordnung des ersuchten Staates führen würde.[589] Die Zustellung einer Klage kann nicht davon abhängig gemacht werden, daß Anlaß, Berechtigung oder Hintergrund der Klage selbst zu prüfen sind.[590]

(2) Die Entscheidungen des BVerfG zur Zustellung US-amerikanischer prozeßeinleitender Schriftstücke in Deutschland vom 3.8.1994 und 7.12.1994

Eine massive Einschränkung haben diese internationalzivilverfahrensrechtlichen Überlegungen durch den Beschluß des BVerfG vom 3.8.1994 erfahren.[591]

Im dortigen Fall ging es um eine einstweilige Anordnung zur Untersagung der Zustellung einer US-amerikanischen, vornehmlich wegen Vertragsverletzungen erhobenen, zusätzlich aber auch punitive damages fordernden Klage an ein deutsches Unternehmen mit Sitz in Berlin und einer nach US-amerikanischem Recht ausgestalteten Tochtergesellschaft in Pittsburgh, Pennsylvania (USA). Die Zustellung der Klage in den USA war nur gegenüber der Tochter-

---

Frankfurt a.M. (B. v. 21.3.1991) RIW 1991/417 ff.; OLG Düsseldorf (B. v. 19.2.1992) EuZW 1992/776 ff. = NJW 1992/3110 ff. = RIW 1992/846 ff.

588 Vgl. Stadler, JZ 1995/718,730.

589 Vgl. OLG München (B. v. 9.5.1989) IPRax 1990/175 ff. (mit Anm. Stürner/Stadler, IPRax 1990/157 ff.) = NJW 1989/3102 ff. (mit Anm. Greger) = RIW 1989/483 ff.; OLG Frankfurt a.M. (B. v. 21.3.1991) RIW 1991/417 ff.; OLG Düsseldorf (B. v. 19.2.1992) EuZW 1992/776 L = NJW 1992/3110 ff. = RIW 1992/846 ff.; OLG München (B. v. 15.7.1992) EuZW 1992/616 = EWiR 1992/1207 (mit Anm. Otte) = NJW 1992/3113 = WM 1992/1465 = ZIP 1992/1271 f.; ebenso: KG Berlin (Vorinstanz zu BVerfG, B. v. 3.8.1994), abgedruckt im Sachverhalt von BVerfG NJW 1994/3281 = ZIP 1994/1353, 1354; s. auch Geimer, IZPR, Rn. 2157; Heldrich, in: Herausforderungen, S. 1, 10 f.; Schack, IZVR, Rn. 605; A.A. wohl Stadler, JZ 1995/718, 720.

590 Koch/Zekoll, IPRax 1992/288 ff., überschreiben ihre Besprechung der Entscheidungen des OLG München (B. v. 15.7.1992) und des BGH (Urt. v. 4.6.1992) mit dem aussagekräftigen Untertitel „Der Unterschied zwischen Zustellung einer Klage und Anerkennung eines Urteils".

591 BVerfGE 91/140 ff. = IPRax 1996/112 ff. (mit Anm. Tomuschat, IPRax 1996/83 ff.) = JZ 1995/716 ff. (mit Anm. Stadler) = NJW 1994/3281 ff. (mit kritischer Anm. Juenger/Reimann, NJW 1994/3274 ff.) = RIW 1994/1353 ff. (mit Anm. Morisse, RIW 1995/370 ff.) = ZIP 1994/1353 ff. (mit kritischer Anm. Koch/Diedrich, ZIP 1994/1830 ff.); s. auch Bungert EWiR 1994/1111; Heidenberger, RIW 1995/705 ff.; Holoch, JuS 1995/172 ff.

gesellschaft erfolgreich. Der deutschen Muttergesellschaft sollte die Klage nach dem HZÜ mit Hilfe der zuständigen Stellen in Berlin zugestellt werden.[592] Hiergegen wandte sich die deutsche Beklagte zunächst erfolglos und legte dann Verfassungsbeschwerde ein. Dem Antrag auf Erlaß einer einstweiligen Regelungsanordnung zur Verhinderung der Zustellung der US-amerikanischen Klage in Deutschland wurde vom BVerfG mit Beschluß vom 3.8.1994 stattgegeben. Die Zustellung der Klage wurde vorläufig ausgesetzt. Die Abwägung des BVerfG wird vor allem von zwei Argumenten geleitet: Einerseits werde durch den Erlaß einer einstweiligen Anordnung die Zustellung der Klage zunächst lediglich zeitlich verzögert. Rechtsnachteile der US-amerikanischen Klägerin seien nicht ersichtlich, da eine baldige Entscheidung in der Hauptsache vorgesehen sei. Andererseits könne die Versagung der Anerkennung und Vollstreckbarerklärung des in den USA ergehenden Urteils in Deutschland die Beschwerdeführerin des einstweiligen Anordnungsverfahrens nicht vor einer Vollstreckung in ihr in den USA belegenes Vermögen bewahren.

Auch wenn die Entscheidung nur im summarischen Verfahren erging, so zeigt sich doch, daß subjektiver Inländerschutz und Wirtschaftsprotektionismus im internationalen Recht immer noch gebräuchliche Abwägungskriterien darstellen. Gerade die „lediglich zeitliche Verzögerung" kann bei der Realisierung der klägerischen Ansprüche von entscheidender Bedeutung sein. Zu oft wird auch verkannt, daß inländische Firmen sich freiwillig im Ausland betätigen und die Vorteile des dortigen Marktes weidlich nutzen. Warum sollen sie dann nicht auch für die möglichen Nachteile einstehen, die sich aus der fremden Rechtsordnung ergeben können? Auch muß erneut darauf hingewiesen werden, daß die Höhe möglicherweise zuzuerkennender punitive damages zum Zeitpunkt der Klagezustellung noch gar nicht feststeht. Der Ausgang des Verfahrens selbst ist bei der Zustellung der Klageschrift noch völlig offen. Lediglich die theoretische Möglichkeit einer Verurteilung kann nicht ausreichen, um einen Verstoß gegen den anerkennungsrechtlichen ordre public anzunehmen. Eine Gefährdung der deutschen Rechtsordnung ist aufgrund dieses Sachverhaltes jedenfalls nicht ersichtlich.

Das BVerfG verkennt, daß es bei der Frage der Zustellbarkeit von auf punitive damages lautenden Klagen einzig um den abgeschwächten ordre public des Art. 13 I HZÜ geht, nicht jedoch um den des § 328 I Ziffer 4 ZPO. Entsprechend dem Wortlaut des Art. 13 I HZÜ ist Voraussetzung für die Ablehnung der Zustellung, daß deutsche Hoheitsrechte oder die Sicherheit Deutschlands gefährdet wären, sofern man dem Zustellungsersuchen nachkäme. Von einer solchen Gefahr kann aber nicht ernsthaft ausgegangen werden, wenn die bloße Möglichkeit besteht, daß ein deutsches Unternehmen im Ausland zu einer im Inland unbekannten oder nur teilweise anerkannten Form des Schadensersatzes verurteilt wird.

---

592 Zwar hält die US-amerikanische Rechtsprechung eine Zustellung an das in den USA ansäßige Tochterunternehmen für ausreichend um auch gegenüber dem Mutterunternehmen vorgehen zu können. Vgl. Schlunk vs. Volkswagen AG, 486 U. S. 694 = 108 S.Ct. 2104 (1988) = 100 LEd. 2d 722 (1988), 503 N.E.2d 1045, 1053 (Ill. App., June 17th 1986 - Vorinstanz); s. hierzu Junker, JZ 1989/121, 122 ff.; ders., in: Herausforderungen, S. 103, 117 f.; Koch, IPRax 1989/313 ff.; Otto, S. 110 f. Um eine spätere Versagung der Anerkennungsfähigkeit zu verhindern ging die US-amerikanische Klägerin bereits im Anfangsstadium des Prozesses den auch nach deutschem Recht anerkannten Weg der Zustellung nach dem HZÜ.

Juenger/Reimann[593] fragen zu Recht, ob es wirklich Aufgabe des deutschen Verfassungsrechts sein soll, das US-amerikanische Vermögen einer in den USA tätigen Partei vor dem Zugriff des US-amerikanischen Gerichtsvollziehers auf US-amerikanischem Boden aufgrund eines US-amerikanischen Urteils zu schützen.[594]

Die vorläufige Untersagung der Zustellung der US-amerikanischen Klage stellt faktisch die Verletzung staatsvertraglich übernommener Verpflichtungen dar.[595]

Vier Monate nach der Entscheidung des BVerfG im einstweiligen Verfügungsverfahren folgte die Hauptsacheentscheidung.[596] Mit Beschluß vom 7.12.1994 wurde die Zustellung von Klagen nach dem HZÜ, die auch auf punitive damages lauten, nun doch für vereinbar mit der Verfassung erklärt (vgl. Art. 93 I Ziffer 4 a GG, § 13 Nr. 8 a BVerfGG). Das BVerfG verneint einen Verstoß gegen Art. 2 I GG i.V.m. dem Rechtsstaatsprinzip. Das HZÜ vereinfache und beschleunige die Abwicklung der Zustellung von Schriftstücken in den Vertragsstaaten und verbessere somit die internationale Rechtshilfe.

Gleiches muß allgemein für die Stellung der fremden Partei im ausländischen Prozeß gelten. Grundsätzlich besteht für den deutschen Beklagten bei Einleitung eines US-amerikanischen Zivilprozesses nur die Möglichkeit (!), von der ausländischen Klage Kenntnis zu erlangen. Das HZÜ dagegen schreibt die Kenntnisnahme von der ausländischen Klage als Prozeßvoraussetzung vor. Die Zustellung darf nur durch die dafür vorgesehenen Stellen erfolgen.[597] Weiterhin muß nach dem HZÜ eine Übersetzung der ausländischen Klageschrift in deutsche Sprache vorliegen.[598] Der Grundsatz des rechtlichen Gehörs findet im HZÜ also verstärkt Berücksichtigung.[599]

Das BVerfG führt in seinem Beschluß vom 7.12.1994 aus, daß die Frage, ob die Zustellung einer auch auf punitive damages lautenden US-amerikanischen Klage einen Eingriff in die allgemeine Handlungsfreiheit darstelle, offen bleiben könne. Da das Übereinkommen wichtigen Belangen des Allgemeinwohls diene, seien Eingriffe in die allgemeine Handlungsfreiheit Einzelner zumindest in gewissem Umfang gerechtfertigt. Auch der Grundsatz der Verhältnismäßigkeit sei nicht verletzt. Eine konkrete Überprüfung der Zustellung ausländischer Klagen anhand des ordre public des § 328 I Ziffer 4 ZPO würde deren Zustellung verzögern und dazu führen, inländische Rechtsvorstellungen auf das Ausland zu projizieren. Der internationale Rechtshilfeverkehr würde unzumutbar beeinträchtigt. Weiterhin sei - nunmehr auch sei-

593 NJW 1994/3274, 3275.

594 Verneinend Behrens, S. 41, 79 f,: zur Diskussion s. auch Geimer, ZfRV 1992/321 ff., 401 ff., 408 f.; Stadler, JZ 1995/718, 721.

595 Ebenso, in der Formulierung aber vorsichtiger: Juenger/Reimann, NJW 1994/3274.

596 Vgl. BVerfG (B. v. 7.12.1994) BVerfGE 91/335 ff. = EuZW 1995/218 ff. (mit Anm. Kronke) = IPRax 1996/112 ff. (mit Anm. Tomuschat, IPRax 1996/83 ff.) = JZ 1995/716 ff. (mit Anm. Stadler) = NJW 1995/649 ff. = RIW 1995/320 ff. (mit Anm. Morisse, RIW 1995/370 ff.) = WM 1995/216 ff.

597 Vgl. Art. 2, 3 HZÜ i.V.m. § 1 des Ausführungsgesetzes zum HZÜ v. 22.12.1977 (BGBl. I, S. 3105) (AusfG) bzw. Art. 8, 10 HZÜ i.V.m. § 6 AusfG.

598 Vgl. § 208 ZPO i.V.m. Art. 5 III HZÜ; s. auch § 3 des Ausführungsgesetzes zum HZÜ v. 22.12.1977 (BGBl. I, S. 3105), § 184 GVG.

599 Eine in den USA mögliche Zustellung der Klage durch lediglich eingeschriebenen Brief ist nach dem HZÜ im internationalen Rechtshilfeverkehr somit nicht zulässig.

tens des BVerfG anerkannt - zu berücksichtigen, daß der Ausgang des Prozesses selbst bei der Frage der Zustellung ja noch völlig offen sei.[600]

Im Gegenzug zu der nicht nachvollziehbaren Entscheidung im einstweiligen Verfügungsverfahren geht das BVerfG im Hauptsacheverfahren sogar soweit, dem ausländischen Kläger die bereits erprobte[601] Möglichkeit aufzuzeigen, wie dieser durch Umgehung der Konsequenzen der in Deutschland ablehnenden Haltung gegenüber punitive damages seine Klage trotzdem in jedem Fall wirksam zustellen lassen kann. Er müsse seine Klage ohne den Klagepunkt punitive damages, also beschränkt auf z.B. compensatory damages, zustellen lassen und die Klage nachträglich um die umstrittenen punitive damages erweitern. Denn eine spätere Klageerweiterung bedürfe keiner erneuten Auslandszustellung nach dem HZÜ.[602]

In der Hauptsacheentscheidung wird nun also auch vom BVerfG der Unterschied zwischen innerstaatlichem Recht und internationalen Abkommen erkannt, konsequent umgesetzt und berücksichtigt, daß es verschiedene Ausformungen des ordre public gibt. Die Hoffnung von Juenger/Reimann[603], daß das BVerfG die Frage der Zustellung US-amerikanischer Klagen auf punitive damages nicht nur endgültig, sondern auch positiv entscheiden werde, hat sich erfüllt. Die Aufregung um die Möglichkeit eines Wiederauflebens des Justizkonfliktes zwischen Deutschland und den USA erwies sich als „Sturm im Wasserglas“[604].

(3) Exkurs: Geltung und Reichweite der Grundrechte im internationalen Rechtsverkehr

In seinem Beschluß im einstweiligen Verfügungsverfahren vom 3.8.1994 hat das BVerfG die Frage aufgeworfen, ob die Grundrechte in das internationale Verfahrensrecht einwirken und wie stark sie dieses beeinflussen.[605] In der Hauptsacheentscheidung vom 7.12.1994 ist das BVerfG eine Antwort auf diese Frage jedoch schuldig geblieben.[606]

Das BVerfG hatte im einstweiligen Verfügungsverfahren maßgeblich darauf abgestellt, daß die anerkennungsrechtlichen Vorschriften allenfalls einen Schutz des in Deutschland belege-

600 Dieses Argument war im Beschluß des BVerfG vom 3.8.1994 (einstweilige Anordnung) nicht einmal andeutungsweise berücksichtigt worden.

601 Vgl. OLG Frankfurt a.M. (B. v. 21.3.1991) RIW 1991/417 f.; OLG Düsseldorf (B. v. 19.2.1992) EuZW 1992/776 L = NJW 1992/3110 ff. = RIW 1992/846 ff.

602 Vgl. BVerfG (B. v. 7.12.1994) BVerfGE 91/335 ff. = EuZW 1995/218 ff. (mit Anm. Kronke) = IPRax 1996/112 ff. (mit Anm. Tomuschat, IPRax 1996/83 ff.) = JZ 1995/716 ff. (mit Anm. Stadler) = NJW 1995/649 ff. = RIW 1995/320 ff. (mit Anm. Morisse, RIW 1995/370 ff.) = WM 1995/216 ff.; s. hierzu auch Geimer, EWiR 1995/162 f.; Hoeren, WIB 1995/306 f.; Holoch, JuS 1995/454 ff.; ausführlich: Juenger/Reimann NJW 1994/3274, 3275; Stadler JZ 1995/718, 719.

603 NJW 1994/ 3274, 3275 (a.E.).

604 Stadler, JZ 1995/718.

605 Vgl. BVerfG (B. v. 3.8.1994) JZ 1995/716 ff. = NJW 1994/3281 ff. = RIW 1994/1353 ff. = ZIP 1994/1353 ff.

606 Vgl. Bungert, EWiR 1994/1111; Geimer, ZfRV 1992/321, 401; ders., BerDtGesVR 33 (1994), S. 213 ff.; Koch/Diedrich, ZIP 1994/1830,1832.

nen und hier grundrechtlich geschützten Vermögens der Beschwerdeführerin ermöglichen, nicht aber auch für in den USA belegenes Vermögen gelten. Der Grundrechtsschutz gehe nicht so weit, daß auch diese Rechtsgüter erfaßt würden. Damit ist das BVerfG seiner Linie treu geblieben, den Schutzbereich der deutschen Grundrechte bei Auslandssachverhalten nicht klar zu definieren,[607] sondern entscheidend auf den Einzelfall abzustellen.[608]

Das Kollisionsrecht als einfaches Recht muß sich an den nationalen Grundrechten messen lassen.[609] Dies ergibt sich im Anerkennungsrecht u.a. aus dem Wortlaut der Vorbehaltsklauseln des Art. 6 EGBGB und des § 328 I Ziffer 4 ZPO. Danach konkretisieren die Grundrechte den wesentlichen Bestandteil oder Kernbereich sowohl des kollisionsrechtlichen als auch des anerkennungsrechtlichen ordre public. Die Anerkennung einer ausländischen Entscheidung über das IZVR darf nicht zu Grundrechtsverletzungen führen.[610]

Gleiches gilt für die Anwendung von Art. 13 HZÜ. Auch wenn die Formulierungen von Art. 6 EGBGB und § 328 I Ziffer 4 ZPO nicht unmittelbar auf Rechtshilfeabkommen - im vorliegenden Fall das HZÜ - übertragen werden können, so gilt dennoch der Gedanke fort, daß der Kernbereich auch des internationalen Verfahrensrechts durch die nationalen Grundrechte konkretisiert wird.[611] Eine autonome, einzig an internationalen Kodizes orientierte Auslegung von Art. 13 HZÜ würde nicht die nationale Anbindung internationaler Abkommen berücksichtigen. Sowohl das ausländische Verfahren, als auch die dortige Urteilsfindung unterliegen der beschränkten Überprüfung anhand der inländischen Verfassung. Dies betrifft neben der Unparteilichkeit des Gerichts und den allgemeinen Mindeststandards an ein faires Verfahren insbesondere auch die Wahrung des rechtlichen Gehörs. Das rechtliche Gehör des Beklagten wird aber u.a. durch eine nach internem Recht verfassungsrechtlich unbedenkliche Verfahrenseinleitung gewahrt.

In der Sache selbst rechtfertigen diese Überlegungen keine andere Beurteilung der Entscheidung des BVerfG vom 7.12.1994. Die Zustellung einer US-amerikanischen Klage kann nicht daran scheitern, daß mit ihr auch punitive damages eingeklagt werden. Hierbei spielt es keine Rolle, daß die Zustellung nach Art. 13 HZÜ erfolgt.

---

607 Vgl. Geimer, ZfRV 1992/321 ff., 401 ff, 408.

608 Vgl. hierzu bereits den Spanier-Beschluß des BVerfG BVerfGE 31/58, 71 ff. = IPRspr 1971/39 ff. = NJW 1971/1509 ff. = RabelsZ 36 (1972), S. 45 ff.

609 Vgl. BVerfGE 31/58, 71 ff. = IPRspr 1971/39 ff. = NJW 1971/1509 ff. = RabelsZ 36 (1972), S. 45 ff. („Spanier-Beschluß"). Die Entscheidung erging zwar zum kollisionsrechtlichen ordre public des Art. 30 EGBGB (nunmehr Art. 6 EGBGB), muß aber ebenso für den anerkennungsrechtlichen ordre public des § 328 I Ziffer 4 ZPO gelten.

610 Vgl. Geimer, ZfRV 1992/321 ff., 401 ff., 405 ff.; Koch/Diedrich ZIP 1994/1830, 1832 f. Nichts anderes gilt natürlich für die Anwendung einer ausländischen Rechtsnorm über das deutsche IPR.

611 Art. 3 II S. 1 EGBGB ist hier gerade nicht anzuwenden. Die Vorschrift gilt nur im Kollisionsrecht, nicht aber für Regelungen der Rechtshilfe. Ausführlich hierzu Geimer, ZfRV 1992/312 und 401; ders., BerDtGesVR 33 (1994), S. 213; a.A. Koch/Diedrich, ZIP 1994/1830, 1832.

c) Zusammenfassung und Annex

Die Zustellung von prozeßeinleitenden Schriftstücken eines US-amerikanischen Prozesses in Deutschland richtet sich nach dem HZÜ. Das Übereinkommen regelt allerdings nicht, in welchen Fällen überhaupt eine Zustellung im Ausland zu erfolgen hat. Es konkretisiert nur die Form der Zustellung. Alles weitere bleibt dem internen Recht des Forumstaates vorbehalten. Ob in einem US-amerikanischen Prozeß die klageeinleitenden Schriftstücke auch im Ausland zugestellt werden müssen, richtet sich einzig nach US-amerikanischem Recht.[612]

Der Betroffene kann im US-amerikanischen Prozeß selbst frühzeitig die Weichen stellen und das dortige Verfahren beeinflussen. Möglichkeiten hierfür ergeben sich z.B. aus der Rüge der Unzuständigkeit des US-amerikanischen Forumgerichts[613] oder der Geltendmachung anderer Prozeßhindernisse. Auch die Chancen einer aktiven Einflußnahme bei den pretrial discoveries[614] oder bei der Besetzung der jury[615] dürfen nicht verkannt werden.[616] Läßt ein deutscher Beklagter sich aufgrund einer (vermeintlich) fehlerhaften Zustellung auf den US-amerikanischen Prozeß gar nicht erst ein, so begibt er sich dieser Möglichkeiten und muß mit einem in den USA sofort rechtskräftigen und vollstreckbaren Versäumnisurteil gegen sich rechnen. Für den Fall einer Verurteilung in den USA und einer daran anschließenden Anerkennung der ausländischen Entscheidung in Deutschland hätte der deutsche Beklagte mit der Rüge der fehlerhaften Zustellung der prozeßeinleitenden Schriftstücke somit lediglich einen Pyrrhussieg errungen.[617] Gleiches gilt für den Fall, daß eine Vollstreckung in möglicherweise im Ausland vorhandenes Vermögen des deutschen Beklagten erfolgt. Im Übrigen wird durch die Zustellungsrüge der US-amerikanische Prozeß meist nur verzögert, selten aber beendet.[618]

---

612 Vgl. Junker, JZ 1989/121, 122 f. (mit Hinweis auf die Denkschrift der Bundesregierung zum HZÜ); P. Schlosser, JR 1987/157, 160; ders. ZZP 101 (1988), S. 327, 332.

613 Der US-amerikanische Richter ist grundsätzlich nicht verpflichtet, die Zuständigkeit von Amts wegen zu prüfen. Zu den Schwierigkeiten einer korrekten Rüge, insbesondere der verheerenden Wirkung einer zu umfassenden oder zu knapp gehaltenen Rüge der Unzuständigkeit vor US-amerikanischen Gerichten: Junker, JZ 1989/121, 124.

614 Ausführlich hierzu später.

615 Ausführlich hierzu später.

616 Vgl. Juenger/Reimann, NJW 1994/3274, 3275.

617 Vgl. zum Ganzen von Westphalen, WM 1979/542, 547.

618 Zum Problem der Verjährungsunterbrechung durch Klageerhebung in den USA vgl. Junker, JZ 1989/121, 124 f.

3. Probleme der Prozeßführungsbefugnis des US-amerikanischen Klägers bei der Anerkennung US-amerikanischer Urteile in Deutschland

a) Die Verwendung eines Pseudonyms zur Parteibezeichnung und die Anerkennungsfähigkeit eines daraufhin ergangenen US-amerikanischen Urteils in Deutschland

Auch aus der Prozeßführungsbefugnis des Klägers können sich Probleme bei der Anerkennung darauf basierender Entscheidungen in Deutschland ergeben.

Im US-amerikanischen Ausgangsverfahren zur „Kalifornien-Entscheidung" des BGH vom 4.6.1992[619] hatte der Kläger in Kalifornien unter dem Pseudonym „John Doe"[620] geklagt. Grund für die Geheimhaltung seiner Identität war der Persönlichkeitsschutz des Klägers. Der Beklagte konnte sich im Verfahren vor dem Superior Court of the State of California in and for the County of San Joaquin dennoch verteidigen. Die Klage enthielt ausreichend Einzelangaben über den Kläger und den der Klage zugrundeliegenden Sachverhalt. Der Streitgegenstand war konkretisiert.[621] Es ging um Ansprüche des Klägers auf Zahlung von Ersatz für materielle und immaterielle Schäden sowie um punitive damages wegen sexueller Handlungen (gemeinsames Onanieren in fünf Fällen), die der Beklagte in seinem Haus zwischen Februar und August 1982 mit bzw. am minderjährigen Kläger angeblich vorgenommen haben soll. Der Beklagte konnte aus diesen Angaben auf die Person des Klägers schließen.

Im Rahmen des Exequaturverfahrens in Deutschland hatte der Kläger seine Identität wohl preisgegeben,[622] so daß die Frage der Zulässigkeit der Klageerhebung unter einem Pseudonym vom BGH in anerkennungsrechtlicher Hinsicht nicht entschieden werden mußte.

Selbst wenn im US-amerikanischen Verfahren ein Pseudonym verwendet wurde, so muß die dortige Entscheidung nicht zwingend dem im deutschen Zivilprozeßrecht geltenden Bestimmtheitsgebot genügen um hier anerkannt werden zu können.

Die Bezeichnung einer Partei mit einem Pseudonym, z.B. mit dem Decknamen John Doe, genügt der für die nach deutschem Verständnis erforderliche Bestimmtheit bei der Zwangsvollstreckung nicht.[623] Sie kann aber durch Auslegung des erststaatlichen Urteils erreicht werden. Allerdings unterliegt eine solche Auslegung strengen Grenzen. Das Urteil darf in-

619 Abgedruckt z.B. in BGHZ 118/312 ff. = EuZW 1992/705 ff. = EWiR 1993/827 (mit Anm. Geimer) = IPRax 1993/310 ff. (mit Anm. Koch/Zekoll, IPRax 1993/288 ff.) = JZ 1993/261 ff. (mit Anm. Deutsch) = LM 2/93 zu § 328 ZPO (mit Anm. Kronke) = MDR 1992/1181 ff. = NJW 1992/3096 ff. (mit Anm. Koch, NJW 1992/3073 ff.) = PHI 1992/174 ff. = RIW 1993/132 ff. (mit Anm. Schütze) = WM 1992/1451 ff. = ZIP 1992/1256 ff. (mit Anm. Bungert, ZIP 1992/1707 ff.) = ZZP 106 (1993), S. 79 ff. (mit Anm. Schack).

620 Feminin: Jane Doe. Hierbei handelt es sich um das in US-amerikanischen Prozessen üblicherweise verwendete Pseudonym für Parteien, die ein schutzwürdiges Interesse an der Geheimhaltung ihrer Identität haben. Vgl. Koch/Zekoll, IPRax 1992/288, 289.

621 Vgl. den Hinweis bei BGH (Urt. v. 4.6.1992) abgedruckt in BGHZ 118/312, 317 = IPRax 1993/310, 311 f. = LM 2/93 zu § 328 ZPO, Bl. 326, 327 = NJW 1992/3096, 3097 = WM 1992/1451, 1453 = ZIP 1992/1256, 1258 f. = ZZP 106 (1993), S. 79, 82 f.

622 Vgl. Koch/Zekoll, IPRax 1992/288, 289.

623 Vgl. die allgemeinen Voraussetzungen der Zwangsvollstreckung gemäß § 750 ZPO.

haltlich weder geändert, noch ergänzt werden.[624] Es darf lediglich sichergestellt werden, daß eine Vollstreckung formell möglich wird. Die Parteibezeichnung im Rubrum eines Titels ist einer solchen Konkretisierung zugänglich. Denn entscheidend kommt es auf die vom deutschen Gericht erteilte Vollstreckungsklausel an. Ein Titel muß, um vollstreckt werden zu können, dem Bestimmtheitsgebot genügen. Ohne konkrete Angaben kann der Gerichtsvollzieher vor Ort nicht tätig werden.

Ist es nicht möglich, mittels Auslegung der ausländischen Entscheidung die Vollstreckbarkeitsklausel ausreichend zu konkretisieren, so ist nicht die inzident zu prüfende Anerkennungsfähigkeit der US-amerikanischen Entscheidung, wohl aber die Vollstreckbarkeit des Titels aus formellen Gründen zu versagen.[625]

Die Erhebung einer Klage unter einem Pseudonym verstößt nicht gegen den verfahrensrechtlichen ordre public. Ein daraufhin ergangenes US-amerikanisches Urteil ist in Deutschland anzuerkennen.

b) Probleme der Rechtsnachfolge und deren Auswirkungen auf die Anerkennungsfähigkeit US-amerikanischer Urteile in Deutschland

In dem der „Kalifornien-Entscheidung“ des BGH vom 4.6.1992 zugrundeliegenden Fall hatte der US-amerikanische Kläger im Verlauf des deutschen Berufungsverfahrens vor dem OLG Düsseldorf die Klageforderung an seinen US-amerikanischen Parteivertreter als Treuhänder abgetreten. Er hatte aber die Erlaubnis zur Einziehung der Forderung behalten. Der Anwalt hatte die Abtretung angenommen, und war mit der Einziehung der Forderung durch den Kläger einverstanden. Diese Vorgehensweise sollte gewährleisten, daß der Kläger vor angeblichen Beeinflussungsversuchen des Beklagten geschützt ist.[626]

Es stellt sich die Frage, ob ein solcher Rechtsinhaberwechsel während des Prozesses die Anerkennung eines US-amerikanischen Urteils hindern kann. Grundsätzlich sollen willkürlich herbeigeführte Änderungen der Prozeßparteien zwar vermieden werden. Sie haben aber keine Auswirkung auf den Prozeß selbst (vgl. § 265 II ZPO).[627]

In der „Kalifornien-Entscheidung“ des BGH bedurfte es keiner an sich erforderlichen Umstellung des Klageantrages auf Leistung an den neuen Gläubiger. Dies gilt sowohl nach deut-

---

624 Verbot der révision au fond (s.o.).

625 Vgl. zum Ganzen OLG Hamburg (B. v. 18.6.1993) RIW 1994/424 ff.; s. auch Geimer, Anerkennung ausländischer Entscheidungen, S. 168.

626 Vgl. die Darstellung des Sachverhalts durch die Vorinstanz: OLG Düsseldorf (Urt. v. 28.5.1991) RIW 1991/594 f. = RuS 1991/339 ff. = VersR 1991/1161 ff.; s. auch BGH (Urt. v. 4.6.1992) ausführlich abgedruckt z.B. in NJW 1992/3096, 3097.

627 Die Zulässigkeit des Wechsels in der Prozeßführungsbefugnis richtet sich nach der lex fori. Vgl. Stein/Jonas-Leipold, ZPO, § 722 ZPO; Geimer, IZPR, Rn. 2235 ff.; a.A. Grunsky, ZZP 89 (1976), S. 241, 257 f.

schem, als auch nach richtigerweise anzuwendendem US-amerikanischem Recht (s. Art. 33 I EGBGB). Der ursprüngliche Kläger blieb real party in interest.[628]

Bei konsequenter Einhaltung der kollisionsrechtlichen Differenzierung ergibt sich, daß im vorliegenden Fall kein Verstoß gegen den verfahrensrechtlichen ordre public ersichtlich ist. Die Anerkennung der entsprechenden US-amerikanischen Entscheidung ist nicht gehindert.

4. Die Beteiligung Dritter am Ausgangsprozeß - Streitverkündung (vouching in) und Drittklage (third-party-complaints) im US-amerikanischen Prozeß als Probleme der Anerkennungsfähigkeit US-amerikanischer Urteile in Deutschland

Auch die Beteiligung Dritter am Ausgangsprozeß im Urteilsland kann Schwierigkeiten bei der Anerkennung US-amerikanischer Urteile in Deutschland bergen. Die Beteiligung Dritter am Verfahren erfolgt im US-amerikanischen Recht regelmäßig durch Streitverkündung (vouching in) oder eine Drittklage (third-party-complaint).[629]

a) Die Anerkennungsfähigkeit US-amerikanischer Urteile, die aufgrund eines vouching in im US-amerikanischen Ausgangsverfahren ergangen sind

Beim vouching in, auch tender oder notice of defense genannt, handelt es sich funktional um ein der deutschen Streitverkündung gemäß den §§ 72 ff. ZPO gleichzusetzendes Rechtsinstitut.

Für das vouching in gibt es im US-amerikanischen Recht keine allgemeingültige Regelung. Grundsätzlich bestehen für diese fünf Voraussetzungen: Der in den Prozeß einzubeziehende Dritte ist über seine Beteiligung am Verfahren zu informieren. Dies hat rechtzeitig zu geschehen. Es muß ein Zusammenhang zwischen Klage und Rückgriff auf den Dritten dargelegt werden. Der am Prozeß zu Beteiligende darf nicht Partei im eigentlichen Prozeß sein. Schließlich wird teilweise verlangt, daß der Dritte auf die Folgen der Untätigkeit hingewiesen wird. In einzelnen Bundesstaaten wird hierfür Schriftform gefordert.

Der Dritte wird durch das vouching in nicht Partei des Verfahrens, er kann allerdings förmlich intervenieren und wird dann zur dritten Verfahrenspartei. Rechtsfolge des vouching in ist die Bindung des Beteiligten an die Urteilsfeststellungen, gleichgültig wie er sich während des Verfahrens verhalten hat.[630]

---

628 Vgl. Koch/Zekoll, IPRax 1993/288, 289; Koch, JZ 1984/809, 811. Der BGH hatte hier lediglich ausgeführt, daß die Revision kein anderslautendes US-amerikanisches Recht zur Einziehungsermächtigung vorgetragen hätte; vgl. BGH (Urt. v. 4.6.1992) BGHZ 118/312, 315 = IPRax 1993/310, 311 = LM 2/93 zu § 328 ZPO, Bl. 326 f. = MDR 1992/1181 = NJW 1992/3096, 3097 = WM 1992/1451, 1452 = ZIP 1992/1256, 1257 = ZZP 106 (1993), S. 79, 80 f.

629 Ausführlich: Bernstein, in: FS Ferid, S. 75, 84 ff.; Götze, S. 21 ff.; Graupner, S. 1 ff.; Mansel, in: Herausforderungen, S. 63 ff.; Schröder, S. 577 ff.; Schütze, in: FS Nagel, S. 392, 399; ders., Deutsch-amerikanische Urteilsanerkennung, S. 167; Schurtmann/Walter, S. 44.

630 Vgl. Goetze, S. 21 ff.; Mansel, in: Herausforderungen, S. 63, 64 ff.

Voraussetzung für die Anerkennungsfähigkeit des vouching in ist, daß es wirksam vorgenommen wurde. Dies ist vom Gericht des Anerkennungsstaates zu überprüfen. Ähnlich wie bei einem reinen Inlandsfall erfolgt die Prüfung der ordnungsgemäßen Streitverkündung auch hier erst im Folgeprozeß. Es müssen sämtliche Anerkennungsvoraussetzungen gemäß § 328 ZPO sowohl im Hinblick auf das Ersturteil selbst, als auch bezüglich des vouching in gegeben sein.[631] Hierbei ist zu berücksichtigen, daß sowohl das vouching in nach US-amerikanischem, als auch die Streitverkündung nach deutschem Recht umfangreiche Übereinstimmungen aufweisen.[632]

Das vouching in könnte wegen der Verletzung des rechtlichen Gehörs gemäß Art. 103 I GG gegen den deutschen ordre public verstoßen. Die Benachrichtigung des deutschen Beklagten vom vouching in kann nach US-amerikanischem Recht per einfacher Post oder per Boten vorgenommen werden (notice). Eine persönliche Zustellung (personal service oder service of process) ist nicht erforderlich. Da die Mitteilung durch den Kläger oder dessen Anwalt als Privatperson erfolgt und nicht seitens einer Behörde oder eines Gerichts der USA, ist hierfür das HZÜ nicht zwingend anzuwenden. Es bedarf keiner Amtszustellung. Die deutsche Souveränität ist dadurch nicht verletzt.[633] Die einfache Mitteilung des vouching in durch lediglich eine Nachricht (simply a notice) hindert die Anerkennung einer daraufhin ergangenen Entscheidung in Deutschland nicht, denn durch diese Vorgehensweise sind weder die Beweisfunktion, noch die Warnfunktion als die beiden tragenden Stützen der Förmlichkeit im deutschen Zustellungsrecht so gravierend in ihren Grundfesten verletzt, daß die Anerkennung einer darauf basierenden US-amerikanischen Entscheidung zu versagen wäre.

Gegen die Anerkennung eines US-amerikanischen Urteils könnte jedoch sprechen, daß aus ihm praktisch nicht ersichtlich ist, ob ein vouching in stattgefunden hat. Zwar wird dieses im Urteil nicht gesondert genannt, aber die Streitverkündung nach deutschem Verfahrensrecht in der im Vorprozeß ergehenden Entscheidung wird ebenfalls nicht zwingend vermerkt. Aufgrund der gleichen Situation im deutschen und im US-amerikanischen Recht ist von der Anerkennungsfähigkeit einer nach vouching in ergangenen US-amerikanischen Entscheidung auszugehen.[634]

Ob insofern das Problem der Zustellung per einfacher Post bei § 328 I Ziffer 2 ZPO, oder bei § 328 I Ziffer 4 ZPO[635] einzuordnen ist, kann hier dahinstehen. Inhaltlich ergibt sich dadurch keine unterschiedliche Bewertung. Es handelt sich um ein und die selbe Sachfrage. Im Übrigen wurde bereits darauf hingewiesen, daß auch bei Fragen der Anerkennungsfähigkeit der Zustellung Aspekte des ordre public zu berücksichtigen sind (s.o.).

---

631 Ausführlich Goetze, S. 144 ff.

632 Vgl. Goetze, S. 134.

633 Ausführlich: Koch, ZVglRWiss 85 (1986), S. 11, 49 f.; ders., in: Justizkonflikt, S. 123, 125 f.; Mansel, in: Herausforderungen, S. 63, 77 ff., 82 f. (jeweils dogmatisch begründet). A.A. Goetze, S. 149 ff. (mit teleologischem Ansatz).

634 Vgl. Mansel, in: Herausforderungen, S. 63, 79.

635 So Geimer, in: Zöller-Geimer, ZPO, § 328, Rn. 145 a. Er begründet dies damit, daß § 328 I Ziffer 2 ZPO ausschließlich auf den Beklagten selbst anzuwenden sei.

b) Die Anerkennungsfähigkeit US-amerikanischer Urteile, die aufgrund einer third party complaint im US-amerikanischen Ausgangsverfahren ergangen sind

Bei der third party complaint, auch third party practice oder impleader genannt, handelt es sich um eine echte Drittklage. Regelungen hierzu finden sich in den meisten einzelstaatlichen Gesetzen der USA und auch im dortigen Bundesrecht[636].

Voraussetzungen der third party complaint sind, daß der Beklagte geltend macht, er habe einen Regreßanspruch gegen einen Dritten, und daß gegenüber dem Dritten sowohl internationale, als auch interlokale Zuständigkeit gegeben sind. Weiterhin wird zumindest nach Bundesrecht gefordert, daß die third party complaint in Form einer Klage geltend gemacht wird, die vom Gericht zugelassen werden muß. Der am Prozeß zu beteiligende Dritte wird reguläre Partei des Verfahrens. Er kann sich gegen sämtliche anhängigen Ansprüche selbst verteidigen.[637]

Die third-party-complaint ist einer unmittelbaren Klageerhebung gegenüber dem Dritten faktisch gleichzusetzen.[638] Haupt- und Regreßklage werden einheitlich verhandelt und abgeurteilt.[639] Die Drittklage endet mit einem Urteil gegenüber dem Regreßschuldner, das gegebenenfalls gegen diesen vollstreckt werden kann. Somit ist § 328 ZPO unmittelbar anwendbar.[640] Die third party complaint ist innerhalb des US-amerikanischen Zivilverfahrens als echte Drittklage gegenüber dem vouching in das prozeßrechtlich wirkungsvollere Mittel.

Im Rahmen der Überprüfung der Anerkennungsfähigkeit eines third party judgements könnte eingewandt werden, daß es dem deutschen Recht fremd sei und deswegen als ordre public-widrig nicht anerkannt werden könne. Der deutsche Gesetzgeber hatte sich 1877 bewußt gegen die allgemeine Einführung einer Drittklage entschieden, allerdings mit fragwürdigen und nicht nachvollziehbaren Argumenten.[641] Im vorliegenden Fall geht es aber auch gar nicht um die Übernahme der Drittklage in das deutsche Recht selbst, sondern um die Anerkennungsfähigkeit von US-amerikanischen Entscheidungen in Deutschland, die auf diesem Rechtsinstitut beruhen. Bei der Anerkennung einer ausländischen Entscheidung sind im Rahmen des ordre public größere Abweichungen vom eigenen Recht zu akzeptieren, als bei der unmittelbaren Anwendung des ausländischen Rechts selbst (effet atténué des ordre public).[642] Entscheidend kommt es hier nicht darauf an, ob das zugrundeliegende Rechtsinstitut dem deutschen Recht

636 Rule 14 der F.R.Civ.P.

637 Vgl. zum Ganzen: Goetze, S. 82 ff.; Mansel, in: Herausforderungen, S. 63, 67 ff.

638 Vgl. Goetze, S. 168 ff.; Mansel, in: Herausforderungen, S. 83 ff. A.A. Bernstein, in: FS Ferid, S. 75, 86; Geimer, NJW 1970/387; ders., ZZP 85 (1976), S. 196; Geimer/Schütze, Internationale Urteilsanerkennung, Band I/2, S. 1506 f.

639 Ausführlich: Goetze, S. 117 f.

640 Vgl. Goetze, S. 171 f.

641 Ausführlich, auch zur historischen Situation: Goetze, S. 176 ff. Er belegt schlüssig, daß Grund für die Ablehnung der Drittklage bei Ausarbeitung der ZPO 1877 wohl eher politische Ressentiments gegenüber Frankreich waren, wo ein solches Rechtsinstitut propagiert wurde.

642 Vgl. BGH (Urt. v. 18.10.1967) BGHZ 48/327, 332 (contempt of court); s. auch Linke, IZPR, Rn. 420 f.; Martiny, Handbuch des IZVR, Band III/1, Rn. 1014; Schack, IZVR, Rn. 867; Schütze, DIZPR, S. 143. S. hierzu bereits Teil 2, Ziffer IV. A. 1. (S. 96 ff.).

fremd ist, sondern daß ein ordnungsgemäß zustandegekommenes Urteil zur Anerkennung steht.

Zusammenfassend kann nicht davon ausgegangen werden, daß die third-party-complaint so gravierend von deutschen Rechtsvorstellungen abweicht, daß ein Verstoß gegen den ordre public anzunehmen sei. Darauf basierende US-amerikanische Urteile sind in Deutschland anzuerkennen.

5. US-amerikanische class action-Urteile und deren Anerkennungsfähigkeit in Deutschland

a) Die class action nach US-amerikanischem Recht

Bei der US-amerikanischen class action handelt es sich um eine besondere Klageart, bei der eine große Gruppe von geschädigten Personen, genannt class members, von einer bestimmten Anzahl von Klägern, den class representatives, bei der gerichtlichen Geltendmachung der jedem der Betroffenen zustehenden Ansprüche repräsentiert wird.[643] Die geltendgemachten Ansprüche müssen auf einem gegenüber allen Beteiligten im wesentlichen gleichartigen tatsächlichen und rechtlichen Sachverhalt beruhen.[644] Die Rechtskraft des Urteils einer class action erstreckt sich grundsätzlich auf sämtliche Ansprüche der class members, es sei denn, diese haben sich nach vorangehender Information über die class action vorab ausdrücklich gegen eine solche Klage entschieden und nicht an ihr teilgenommen.[645] Die class members erhalten von dem erstrittenen Betrag eine anteilige Quote. Die Bevorzugung Einzelner ist ausgeschlossen. Für jeden class member muß ein Streitwert von mindestens 10.000 US-Dollar erreicht sein. Gesetzlich geregelt ist die class action sowohl in verschiedenen einzelstaatlichen Regelungen, als auch im US-amerikanischen Bundesrecht. Gerichtsbarkeit, sachliche und örtliche Zuständigkeit und die Zustellung der Klage richten sich nach den allgemein anwendbaren bundesrechtlichen Vorschriften. Nach der Rule 23 lit. a (1) - (4) der F.R.Civ.P. sind auf Klägerseite für eine solche Gruppenklage vier weitere Voraussetzungen erforderlich:

- Die geschädigte Personengruppe muß so umfangreich sein, daß eine Streitgenossenschaft unpraktisch oder untunlich wäre (numerosity).

- Dem Streit muß eine in den wesentlichen Kernpunkten gemeinsame Rechts- und/oder Sachfrage zugrunde liegen (commonality).

643 Gottwald spricht insofern von einem Fall der gesetzlichen Prozeßführungsbefugnis; vgl. ders., ZZP 91 (1978), S. 1, 9. Allerdings geht es Gottwald nicht um die Frage der Anerkennungsfähigkeit der class action in Deutschland, sondern um die Einführung dieses Rechtsinstituts in den deutschen Zivilprozeß.

644 Ausnahmsweise hat ein US-amerikanisches Gericht die class action nur für einzelne Streitpunkte zugelassen, ansonsten aber Einzelverfahren für erforderlich gehalten. Vgl. Payton vs. Abbott Laboratories 83 F.R.D. 382.

645 Beim Austritt aus der class spricht man von „opt out after a request of exclusion“, kurz „opt out“.

- Die geltendgemachten Ansprüche und Einwendungen der tatsächlich klagenden class representatives müssen repräsentativ für die der restlichen Geschädigten class members sein (typicality).

- Die Kläger müssen die Interessen der gesamten Gruppe von Geschädigten fair und angemessen vertreten (fair and adequate representativeness).

Weiterhin müßte bei Nichtzulassung der class action das Risiko sich widersprechender Entscheidungen gegeben sein und die class action muß nach prozeßökonomischen Gesichtspunkten die geeignetste Klageart sein (vgl. auch Rule 23 lit. b der F.R.Civ.P.).

Über die Zulassung der class action entscheidet der Richter.[646] Danach müssen alle identifizierbaren Betroffenen einzeln über die Klage informiert werden.[647] Vergleiche dürfen nur nach vorheriger Information aller class members geschlossen werden. Zudem ist Voraussetzung, daß das Gericht den Vergleichsvorschlag überprüft und gebilligt hat.[648]

Eine class action ist also immer dann sinnvoll, wenn eine Privatklage zulässig wäre, der Zweck eines verletzten Schutzgesetzes aber nicht voll durch Einzelklagen erreicht werden könnte. Dies ist der Fall bei Unterlassungsansprüchen mit Breitenwirkung aber auch bei Schadensersatzklagen die entweder für den einzelnen Kläger (wirtschaftlich) nicht sinnvoll oder für den Beklagten wegen der Vielzahl der zu erwartenden Klagen nicht zumutbar sind. In der US-amerikanischen Praxis richten sich class actions vor allem gegen Bürgerrechtsverstöße oder Unterlassungs- und Schadensersatzansprüche in Antitrust-, Produkthaftungs-, Umweltschutz-, Wettbewerbs-, Wertpapier- oder Verbraucherschutzangelegenheiten. Bei Ansprüchen aus Massenunfällen überwiegt nach Ansicht der US-amerikanischen Gerichte dagegen regelmäßig das Einzelinteresse der Geschädigten.[649]

Wegen der Vielzahl von Beteiligten und der meist hohen Summen, um die gestritten wird, handelt es sich bei class actions oft um spektakuläre Fälle:

---

646 Ein versagender Beschluß ist nicht selbständig anfechtbar. Vgl. Coopers & Lybrand vs. Livesay, 437 US 463, 469 ff. (1978); s. auch Schack, Einführung in das US-amerikanische Zivilprozeßrecht, S. 70 (dort Fn. 541) und S. 79 (dort Fn. 619).

647 Selbst wenn hierfür über zwei Millionen Einzelbriefe verschickt werden müssen; vgl. Eisen vs. Carlisle & Jaquelin, 417 US 156, 173 ff. (1974). Üblicherweise erfolgt die Information unter Zuhilfenahme der Medien. S. auch Schack, Einführung in das US-amerikanische Zivilprozeßrecht, S. 80.

648 Ausführlich zur vergleichsweisen Beilegung von class actions: Spiegel, 62 U. Cin. L. Rev. 1565 - 1579 (1994). Hirte/Otte nennen einen Fall in dem einem classmember gegen die beklagte Bank of Boston ein Anspruch auf rückständige Zinsen in Höhe von 2,19 US-Dollar zugesprochen worden seien, er dafür aber mit Anwaltskosten in Höhe von 91,33 US-Dollar belastet worden sei. Vgl. dies., VersR 1997/153, 158. Wie es zu einer solchen Entscheidung kommen kann ist nicht nachvollziehbar, muß wohl in Mängeln der richterlichen Überprüfung gesehen werden. Hirte/Otte weisen im unmittelbar folgenden Kontext auch auf US-amerikanische Reformvorschläge hin, die eine Fairneßkontrolle planen. Eine solche Kontrolle findet in der Praxis bereits statt.

649 Vgl. zum Ganzen: Bungert, ZIP 1993/815, 824; Coyle, 81 ABA Journal 66 - 72 (March 1995); Gottwald, ZZP 91 (1978), S. 1, 3 ff. (ausführlich auch zur historischen Entwicklung); Homburger/Kötz, S. 9 ff., 78 ff.; Lange/Black, Rn. 20; R. Mann, NJW 1994/1187 ff.; Mark, EuZW 1994/238 ff.; Schack, Einführung in das US-amerikanische Zivilprozeßrecht, S. 79 ff.; Schurtmann/Walter, S. 90 ff.; Stiefel/Stürner, VersR 1987/829 f.; Witzsch, JZ 1975/277 ff. Die Rechtsprechung hat zu diesem Problem - soweit ersichtlich - bisher nicht Stellung genommen.

In re Agent Orange Product Liability
Im „Agent Orange-Fall" ging es um die Geltendmachung von Schadensersatzansprüchen aufgrund der mißbräuchlichen und gesundheitsschädlichen Anwendung des dioxinhaltigen Entlaubungsmittels Agent Orange im Vietnamkrieg zwischen 1964 und 1975. Ein Vergleich der sieben beklagten Chemieunternehmen mit ca. 20.000 klagenden US-amerikanischen Kriegsveteranen sieht vor, daß 180 Millionen US-Dollar Schadensersatz und Schmerzensgeld gezahlt werden. Der Streit scheint beigelegt. Ob die Anhörung der class members erfolgreich abgeschlossen werden konnte, ist nicht bekannt.[650]

In re Merill Dow Pharmaceutical Product Liability (Benedectine)
Eine weitere aufsehenerregende class action richtete sich gegen Merill Dow Pharmaceutical, den Hersteller des Beruhigungsmittels Benedectine.[651] Das Medikament wurde ab 1975 etwa 30 Millionen Schwangere gegen morgendliche Übelkeit verschrieben. Obwohl bekannt geworden war, daß es zu Gesundheitsschädigungen an den Föten kommen konnte wurde das Mittel erst 1983 vom Markt genommen.[652] Zwischen den Parteien kam ein Vergleich in Höhe von 120 Millionen US-Dollar zustande. Weitere Individualklagen wurden ausdrücklich vom Gericht ausgeschlossen. Dieser Vergleich wird ebenfalls erst nach Anhörung der Betroffenen durch gerichtliche Entscheidung wirksam. Auch hier ist nicht bekannt, ob eine solche Anhörung bereits stattgefunden hat.

In re F. E. Marcos Human Rights Litigation
Die höchste bisher in den USA erhobene class action richtet sich gegen die Menschenrechtsverletzungen des früheren philippinischen Präsidenten F. E. Marcos.[653] Nach dessen Absetzung 1986 wurde 1991 vor dem District Court of Hawaii Klage gegen ihn erhoben. Es ging um die zivilrechtliche Aufarbeitung der unter dem Regime Marcos begangenen Folterungen und Morden an Regimegegnern und -kritikern oder auch Unbeteiligten und deren Hinterbliebenen. Das Verfahren war unterteilt in drei Phasen: Am 24.9.1992 entschied eine jury auf Hawaii, daß das Privatvermögen - inzwischen der Nachlaß - von F. E. Marcos für die von ihm begangenen Verletzungen der Menschenrechte hafte, der Anspruch also dem Grunde nach bestehe. Am 23.2.1994 sprach in einem weiteren Schritt eine zweite jury den klagenden representatives der class exemplary damages in Höhe von 1,2 Milliarden US-Dollar zu. Über die Frage der compensatory damages sollte im Laufe des Jahres 1995 entschieden werden. Ob eine Entscheidung erging, ist nicht bekannt und konnte trotz intensiver Recherche nicht erruiert werden. Die auf den ersten Blick sehr hohen Summen können und dürfen nicht als exzessiv angesehen werden. Nach Aussage des Klägervertreters beläuft sich das in den Jahren der Diktatur angehäufte Vermögen von F. E. Marcos auf über 1,4 Milliarden US-Dollar. Davon

650 Vgl. In re Agent Orange Product Liability Litigation, 506 F Supp 762, 789 f. (D.C. New York, 1980); s. auch von Hülsen/Brüning-Brinkmann, RIW 1985/187, 192; Rosengarten, S. 89 (dort Fn. 344 f.); Stiefel/Stürner, VersR 1987/829, 830 (dort Fn. 10).

651 Zum Sachverhalt vgl. z.B. von Hülsen/Brüning-Brinkmann, RIW 1985/187, 192.

652 Zu dem vergleichbaren Sachverhalt in Deutschland in Sachen Contergan s.u.

653 Möglich war die Klageerhebung vor einem US-amerikanischen Gericht aufgrund des federal alien torts statute, Teil der US-amerikanischen Bundesgesetze seit 1789.

sollen allein ca. 400 Millionen US-Dollar in der Schweiz deponiert und über eine Milliarde US-Dollar auf den Philippinen angelegt sein.[654]

In re Silicone Gel Breast Implant Products Liability Litigation
Eine weitere class action wurde 1994 durch den wohl höchsten weltweit geschlossenen Vergleich über 4,25 Milliarden US-Dollar abgewendet. Es ging um gesundheitsschädliche Silikon-Brustimplantate die bei den Trägerinnen zu verschiedenen Leiden bis hin zu Defekten im Immunsystem geführt hatten. Die Einigung der Geschädigten mit den beteiligten Herstellerfirmen, unter anderem der Dow Corning Corp., der Bristol-Myers Squibb Corp. und der Baxter International Inc. fand im September 1994 die Billigung des Gerichts.[655] Allerdings stellte sich heraus, daß die Anzahl der Anspruchstellerinnen weit höher war, als erwartet und eine Vielzahl von Frauen eine gütliche Einigung ablehnte.[656] Nachdem verschiedene Versicherungsunternehmen ihre Eintrittspflicht verweigerten[657] stellte die Dow Corning Corp., ein Gemeinschaftsunternehmen der Dow Chemical Co. und der Corning, Inc., Konkursantrag. Sämtliche Einzelklagen wurden ausgesetzt, die Produktion der Firma geht – wenn auch im Bereich der Silikonprodukte reduziert – weiter. Die Dow Corning Corp. hat nun die Möglichkeit zur Reorganisation ihrer Zahlungsverpflichtungen.[658]

Die genannten class actions haben zwar keinen unmittelbaren Bezug zu Deutschland, sie zeigen aber, wo das entscheidende Problem bei der Beantwortung der Frage der Anerkennungsfähigkeit von auf diesem Rechtsinstitut basierenden Urteilen in Deutschland liegt. Die zu zahlenden Summen erreichen Dimensionen, die das Vorstellungsvermögen nicht nur deutscher Gerichte übersteigen. Dies gilt nicht nur in wirtschaftlicher Hinsicht,[659] sondern ebenso in Bezug auf die Anzahl der Beteiligten und die damit verbundenen Schwierigkeiten bei der Durchführung eines solchen Verfahrens.

---

654 In re Ferdinand E. Marcos Human Rights Litigation, MDL 840 (D. Hawaii); s. auch The National Law Journal, Special Supplement, February 6th, 1995, page C6.

655 Dieser Vergleich kommt auch deutschen geschädigten Frauen zugute, er gilt weltweit. Vgl. In re Silicone Gel Breast Implant Products Liability Litigation, MDL 926 (N. D. Ala.), s. auch The National Law Journal, Special Supplement, February 6th, 1995, page C15.

656 Vgl. z.B. Augsburger Allgemeine Zeitung vom 20.8.1997: „Konzern haftet für Silikon-Implantate". Dort wird über eine in New Orleans entschiedene class action von 1.800 Frauen berichtet. Die jury habe entschieden, daß die Dow Chemical Co. als Muttergesellschaft für die entstandenen Schäden hafte.

657 Die Dow Corning Corp. hat ein Regreßverfahren gegen 73 Versicherungsunternehmen angestrengt. Ein Teil der Versicherer erkannte die Forderungen an, die Übrigen wurden zwischenzeitlich dem Grunde nach zur Zahlung verurteilt. Allerdings ist davon auszugehen, daß die Versicherer das Urteil anfechten werden; vgl. Anonymus, PHI 1997/70; s. auch Whitlo, PHI 1997/58 ff.

658 Ausführlich, insbesondere zum Konkursverfahren in den USA und zur unterschiedlichen Behandlung der Dow Chemical Co. und der Corning, Inc., Whitlo, PHI 1997/58 ff.; s. auch Anonymus, PHI 1997/70.

659 Die extrem hohen Summen, zu denen US-amerikanische Gerichte verurteilen, sind kein spezielles Problem der class action. Sie werden auch in Prozessen von Einzelpersonen zugesprochen. Eine Analyse des Schadensersatzumfangs erfolgt gesondert (s.u.). Gleiches gilt für die Frage der Anerkennungsfähigkeit von (hohen) Erfolgshonoraren US-amerikanischer Rechtsanwälte.

In re Dalkon Shield IUD Product Liability Litigation
Um gerade keine class action handelte es sich in folgendem Fall. Insbesondere anhand dieses Falles läßt sich die Idee der US-amerikanischen class action gut darstellen:

Das US-amerikanische Unternehmen A. H. Robbins hatte fehlerhafte empfängnisverhütende Spiralen (Dalkon Shield) produziert und vertrieben. Bei vielen Anwenderinnen kam es zu Schwangerschaften, bei einigen sogar zu Gesundheitsschädigungen bis hin zur dauernden Sterilisation. Es wurden mehr als 14.000 Klagen erhoben. Bis 1985 hatte das Unternehmen in nur sieben Fällen bereits punitive damages in Höhe von 13 Millionen US-Dollar gezahlt. In der Folgezeit wurden mehr als 9.000 Vergleiche geschlossen. Das Unternehmen brach wirtschaftlich zusammen und stellte Konkursantrag.[660]

Die Ziele der class action sind vornehmlich Verfahrensökonomie durch Vermeidung vieler Einzelprozesse, Rechtssicherheit durch Vermeidung sich widersprechender Entscheidungen und die Möglichkeit der Rechtsdurchsetzung auch für Einzelpersonen, denen das System wegen der finanziellen Anforderungen (Gerichtskosten, Anwaltskosten etc.) eine Einzelklage auf Schadensersatz schwer oder gar nicht erlauben würde.[661] Hierbei berücksichtigt die class action sowohl die Interessen der beklagten Firmen, als auch die der privaten Einzelkläger: Gerade wenn es um die Verurteilung zu punitive damages geht, ermöglicht die class action eine Gesamtlösung und kann verhindern, daß der oder die Beklagte durch in der Summe insgesamt höhere Einzelansprüche wirtschaftlich ruiniert würde.[662] Im Gegenzug verhindert sie eine Bevorzugung der ersten (schnellsten?) Kläger gegenüber späteren Anspruchstellern. Die class action führt also zu einer Verträglichkeitskontrolle bei der Schadensbemessung. Genügen die Möglichkeiten, die die class action den Parteien bietet, nicht, um eine gütliche Einigung herbeizuführen, so bleibt dem Schuldner allenfalls der Weg zum Konkursrichter.[663]

In den USA rechtfertigen prozessuale Zweckmäßigkeitserwägungen die Durchbrechung des ansonsten auch dort geltenden Prinzips, daß jede zivilrechtliche Klage ein individuelles

---

660 Vgl. in re Northern District of California, Dalkon Shield IUD Product Liability Litigation, 526 F Supp 887 (D.C. California, 1981), aufgehoben durch 693 F2d 847 (9th Cir., 1982), s. auch 103 S.Ct. 817 (1983); s. auch Committee on Product Liability, 45 Rec. A. B. City N.Y. 776, 783 ff. (1990); Hoenig, S. 61 ff.; Rosengarten, S. 84 und 89 f.; Wheeler, 40 Ala. L. Rev. 919, 921, 944 ff. (1989); Whitlo, PHI 1997/58 ff.

661 Vgl. Lange/Black, Rn. 20; Rosengarten, S. 88.

662 S.o. in Sachen Dalkon Shield. Der Meinung, es handele sich um eine legalisierte Form der Erpressung von Wirtschaftsunternehmen kann nicht gefolgt werden; vgl. hierzu aber die Nachweise bei Gottwald, ZZP 91 (1978), S. 1 (dort insbesondere Fn. 3). Einerseits hilft die class action - wie bereits dargelegt - bei der Gesamtabwicklung einer Vielzahl gleichgerichteter Schadensersatzansprüche und andererseits können im Rahmen dieser Klageart die Interessen des Wirtschaftsunternehmens eher berücksichtigt werden, als bei den jeweiligen Einzelklagen, bei denen eine „kleine" Einzelperson einem „großen" Unternehmen gegenübersteht. Zu nennen wäre hier z.B. der Fall Moseley vs. General Motors Corp., wo einem einzelnen Kläger wegen eines fehlerhaft installierten Tanks bei einer Vielzahl von Autos - nur weil er der erste (schnellste?) Anspruchsteller war - in erster Instanz punitive damages in Höhe von 101 Millionen US-Dollar zugesprochen worden waren. Vgl. The National Law Journal, Special Supplement, February 6th, 1995, page C14. Ausführlich hierzu später.

663 Ausführlich Whitlo, PHI 1997/58 ff.

Rechtsschutzinteresse des Einzelnen verlangt.[664] Die Dispositionsmaxime gilt dann nur beschränkt.

Problematisch an den class action scheint aus deutscher Sicht weniger die Kumulation der einzelnen Ansprüche zu einer Gruppenklage, als vielmehr die Höhe der zuerkannten Schadensersatzbeträge.[665] Letztere ist aber gerade kein spezielles Problem der class action, sondern vielmehr ein allgemeines Problem US-amerikanischer Schadensersatz- und Schmerzensgeldverfahren, das ebenso bei Einzelklagen auftritt. Die Frage der Anerkennungsfähigkeit exzessiv hoher Schadensersatz- und Schmerzensgeldbeträge ist unabhängig von der Frage der Anerkennungsfähigkeit von class action-Urteilen zu untersuchen.

b) Gibt es eine class action in Deutschland?

Das deutsche Zivilprozeßrecht kennt für einfache Streitgenossen keinen kollektiven Rechtsschutz in Bezug auf subjektive Rechte.[666]

Außergerichtlich hat es dagegen auch in Deutschland kollektive Schadensersatz- und Schmerzensgeldregelungen in Form von Vergleichen gegeben.

Zu nennen ist hier insbesondere der „Contergan-Fall“[667]: Die Firma Chemie-Grünenthal hatte in den sechziger Jahren ein Thalidomid enthaltendes, nach eigenen Aussagen speziell für Schwangere geeignetes Schlafmittel vertrieben. Als Folge der Einnahme von Contergan kam es - ähnlich wie im Fall Benedectine (s.o.) - zu Schädigungen der Föten.[668] Auch hier wurde das Mittel nicht unverzüglich nach Bekanntwerden erster Verdachtsmomente vom Markt genommen, sondern zunächst ohne Warnhinweise weiter vertrieben. Nachdem der Sachverhalt bekannt wurde, kam es zu Ermittlungs- und Strafverfahren gegen die Verantwortlichen der Firmenleitung. Durch Einrichtung einer Stiftung und Zahlung einer Summe von 110 Millionen DM einschließlich Zinsen kam die Chemie-Grünenthal einer zivilgerichtlichen Verurteilung zuvor. Diese außergerichtliche Einigung geschah weitaus schneller und die Opfer wurden deutlich umfassender befriedigt, als dies durch einen oder auch mehrere Zivilprozesse vor deutschen Gerichten zum damaligen Zeitpunkt möglich gewesen wäre.[669]

---

664 Vgl. Witzsch, JZ 1975/277, 278.

665 Vgl. Stiefel/Stürner, VersR 1987/829.

666 Etwas anderes gilt allerdings für die Wahrung objektiver Rechte, insbesondere bei Unterlassungsansprüchen (s. §§ 13, 21 AGBG, 13 UWG oder 35 II GWB). Vgl. Gottwald, ZZP 91 (1978), S. 1, 2, 17; Schack, Einführung in das US-amerikanische Zivilprozeßrecht, S. 81; Stiefel/Stürner, VersR 1987/829, 830. Um diese geht es im vorliegenden Fall aber gerade nicht.

667 Zum Sachverhalt s. insbesondere LG Aachen (B. v. 18.12.1970) JZ 1971/507 ff.

668 Von der Chemie-Grünenthal wurde bestritten, daß Contergan unmittelbar zu Schädigungen der Föten führe. Das Medikament verhindere vielmehr den natürlichen Abgang von bereits vorgeschädigten Föten, so daß es zu einer signifikanten Häufung von Geburten geschädigter Kinder komme, die ansonsten auf natürliche Art und Weise abgegangen wären.

669 Ebenso das für das Strafverfahren zuständige LG Aachen (B. v. 18.12.1970) in den Gründen des Beschlusses, abgedruckt in JZ 1971/507, 521.

Der Gedanke der kollektiven Abgeltung subjektiver Ansprüche hat also auch bereits in Deutschland zu ökonomisch sinnvollen Regelungen geführt, bisher allerdings „nur" im außergerichtlichen Bereich.

c) Die Anerkennungsfähigkeit des auf einer class action beruhenden Urteils in Deutschland

Deutsche Gerichte haben - soweit ersichtlich - bisher nicht zur Anerkennungsfähigkeit US-amerikanischer class action-Urteile Stellung genommen. Einzig das OLG Frankfurt a. M.[670] mußte sich mit der Frage auseinandersetzen, ob die Zustellung einer US-amerikanischen class action in Deutschland zulässig ist.[671]

Bei der Prüfung der Anerkennungsfähigkeit US-amerikanischer class action-Urteile ist insbesondere fraglich, ob die Garantie der freien Entfaltung der Persönlichkeit (Art. 2 I GG) und der Grundsatz des rechtlichen Gehörs (Art. 103 I GG) gegenüber den Mitgliedern der class nicht so wesentlich beeinträchtigt werden, daß eine Anerkennung in Deutschland zu versagen ist.

Hierbei müssen drei Problemfelder genauer untersucht werden. Anerkennungshindernd könnte sich sowohl die fehlende Benachrichtigung der inaktiven class member über Klageerhebung und Fortgang des Verfahrens auswirken, als auch die Frage der Vertretung der class durch einzelne representatives. Schließlich könnte die Rechtskrafterstreckung eines für und gegen sämtliche class member wirkenden Urteils oder Vergleichs Probleme bei der Anerkennung bereiten.

(1) Die Einschränkung der Dispositionsmaxime (Art. 2 I GG) als mögliches Anerkennungshindernis von US-amerikanischen class action-Urteilen in Deutschland

Sämtliche Mitglieder der class müssen über die Klageerhebung und den Fortgang des Verfahrens unterrichtet werden (s.o.). Sollte ein Geschädigter dennoch keine Kenntnis vom Prozeß haben und ohne sein Wissen in das gerichtliche Verfahren einbezogen worden sein, so könnte hierin ein Verstoß gegen die, ebenso positiv wie negativ wirkende allgemeine Handlungsfreiheit (Art. 2 I GG) liegen.[672] Der Geschädigte wird in seinem Recht beeinträchtigt, frei zu entscheiden, ob er die ihm möglicherweise zustehenden Ansprüche geltend machen möchte oder nicht.

Allerdings wird die im US-amerikanischen class action-Verfahren erstrittene Schadensersatzsumme in einem Treuhandfond verwaltet und nicht unmittelbar an die Geschädigten ausgekehrt.[673] Man könnte nun argumentieren, daß es dem einzelnen, möglicherweise aus Un-

---

670 (B. v. 21.3.1991) RIW 1991/417 ff.; s. hierzu Mark, RIW 1994/238 ff.

671 Zur Frage der Zustellung US-amerikanischer Klagen in Deutschland s. Teil 3, Ziffer I. 2. (S. 155 ff.).

672 Zur Dispositionsmaxime im deutschen Verfahrensrecht s. z.B. Stürner, in: FS Baur, S. 647, 650 ff.

673 Vgl. R. Mann, NJW 1994/1187, 1189.

kenntnis nicht aus der class ausgetretenen, Geschädigten frei stehe, seine Ansprüche gegenüber den Verwaltern dieses Fonds bekanntzugeben. Es geht jedoch nicht lediglich um die wirtschaftliche Durchsetzung von möglichen Ansprüchen, sondern die Dispositionsfreiheit schützt bereits die freie Entscheidung darüber, Ansprüche überhaupt anzumelden oder gar gerichtlich geltend zu machen.

Daneben schützt die Dispositionsmaxime einen zweiten Bereich. Zusätzlich zur Handlungsfreiheit des Geschädigten wird von ihr auch der Schädiger selbst geschützt. Zwischen den beiden Beteiligten besteht ein subjektives Rechtsverhältnis. Grundsätzlich schützt die Dispositionsmaxime auch den Schuldner vor übermäßiger Beanspruchung durch Dritte. Es stellt sich die Frage, ob der anerkennungsrechtliche ordre public einen im Rahmen der class action fremdorganisierten Eingriff in dieses relative Schuldverhältnis zwischen Geschädigtem und Schädiger zuläßt, oder ob dies abzulehnen ist mit der Folge, daß eine darauf basierende US-amerikanische Entscheidung nicht anerkannt werden darf.

Bei der Beantwortung dieser Frage muß berücksichtigt werden, daß die class action neben der Rationalisierung der Verfahren auch Rechtssicherheit und insbesondere einen gewissen Schutz des Beklagten bewirkt. Der Beklagte wird durch die Einschränkung der Dispositionsfreiheit der Kläger in den USA faktisch besser gestellt.[674] Er steht nicht einer unüberschaubaren Vielzahl von einzelnen Klägern und Klagen gegenüber. Seine Interessen können im Rahmen der Gesamtlösung, die eine class action anstrebt, besser berücksichtigt werden. Insbesondere punitive damages werden nicht mehrfach bei jeder Einzelklage zugesprochen, sondern werden einmal umfassend berücksichtigt.[675] Eine mögliche Bevormundung des einzelnen Rechtsinhabers tritt hier gegenüber den weiteren zu berücksichtigenden Interessen zurück. Aufgrund dieser Überlegungen sind anerkennungshindernde Gründe nicht ersichtlich.[676] Die class action selbst bedeutet noch nicht eine quasiadministrative Überwachung der Schulderfüllung. Es geht vielmehr nur um den gebündelten Ausgleich einer Vielzahl von Ansprüchen, die aus ökonomischen, sozialen und rechtlichen Erwägungen heraus sinnvollerweise zusammengefaßt werden.[677] Daran ist aber auch das deutsche Recht interessiert.

Zwar ist im deutschen Zivilverfahrensrecht eine Popularklage unzulässig. Aber dies kann nicht als Gegenargument gegen die Anerkennungsfähigkeit von class action-Urteilen herangezogen werden. Denn bei der Prüfung der Anerkennung ausländischer Entscheidungen anhand § 328 I Ziffer 4 ZPO kommt es einzig auf das Ergebnis der Anerkennung an und nicht auf das zugrundeliegende ausländische Rechtsinstitut.

Der Vorbehalt des ordre public bedeutet nicht lediglich starre Rechtsanwendung, sondern erfordert immer auch eine wertende Betrachtungsweise. Auch die Interessen der Beteiligten sind zu berücksichtigen. Es würde zu weit gehen, die Anerkennung von US-amerikanischen

674 Vgl. Stiefel/Stürner, VersR 1987/829.

675 Insbesondere dieser Aspekt war der Merill Dow Pharmaceutical in Sachen Benedectine zum Verhängnis geworden. An der Vielzahl der Einzelansprüche war das Unternehmen wirtschaftlich zugrunde gegangen (s.o.).

676 S. auch Stiefel/Stürner, VersR 1987/829.

677 Es darf nicht vergessen werden, daß die Handlungsfreiheit der Sozialbindung unterliegt! Der Einzelne muß gesetzliche Schranken hinnehmen, die sowohl soziales Zusammenleben als auch Gemeinwohl (die verfassungsmäßige Ordnung) fördern und ihm zuzumuten sind.

class action-Urteilen in Deutschland nur aufgrund der Überlegung zu versagen, daß es sich um eine class action an sich handelt. Das Ergebnis einer class action, die umfassende Abgeltung von Schadensersatzansprüchen einer Vielzahl von Geschädigten, ist vereinbar mit den wesentlichen Grundsätzen des deutschen Rechts.

Auch die Vertretung der class durch representatives schränkt das Recht der einzelnen member auf freie Entfaltung ihrer Persönlichkeit nicht so wesentlich ein, daß eine Anerkennung des ausländischen class action-Urteils in Deutschland gehindert ist.

Das US-amerikanische Recht stellt strenge Anforderungen an den representative der class. Er muß selbst in typischer Weise verletzt oder betroffen sein und seine Prozeßführung unterliegt der ständigen Kontrolle durch das Gericht. Interessengegensätze innerhalb der Gruppe oder Sonderinteressen Einzelner können bis zum rechtskräftigen Abschluß des Verfahrens in den USA zur Auflösung oder zumindest zur Neuorganisation der Gruppe führen.[678] Zusätzlich ist die Handlungsfreiheit des Klägeranwaltes eingeschränkt. Seine Prozeßführung unterliegt der ständigen gerichtlichen Überprüfung. So ist der Abschluß eines Vergleiches nur mit Zustimmung des Gerichts möglich (s.o.). Und auch bei einer Klagerücknahme kann das Gericht aktiv Einfluß auf den Verfahrensfortgang nehmen.

Die Stellung des stellvertretenden Klägers einer class action ist im deutschen Recht am ehesten mit der eines gesetzlichen Prozeßstandschafters oder eines Prozeßpflegers vergleichbar.[679] Im deutschen Zivilrecht ist eine Interessenvertretung z.B. bei der Geltendmachung von Ansprüchen durch Verbraucherverbände als Vertreter der Verbraucher möglich (vgl. § 13 I, II Ziffer 1, 2, 3 AGBG, § 13 I, II Ziffer 2, 3, 4 UWG).[680] Voraussetzung für die Klagebefugnis ist hier jedoch, daß der Verband allgemeine Verbraucherinteressen wahrnimmt und nicht lediglich Individualinteressen seiner Mitglieder nachgeht.[681] Im deutschen Zivilrecht wird die Befugnis zur Repräsentation demnach, im Gegensatz zum US-amerikanischen Zivilrecht, nicht anhand quantitativer sondern eher anhand qualitativer Kriterien gemessen. Trotz dieses Unterschiedes muß festgehalten werden, daß auch im deutschen Recht die Möglichkeit der Repräsentation einer Gruppe bekannt und zulässig ist und bei Interessengleichheit oder bei Bejahung des öffentlichen Interesses Rechte Dritter mit Wirkung für und gegen alle Beteiligten geltend gemacht werden können, ohne daß sämtliche Betroffenen informiert wurden oder am Verfahren aktiv teilnehmen.

Gleiches gilt für die Möglichkeiten der Einflußnahme des Gerichts auf Parteihandlungen. Auch im deutschen Zivilrecht sind verschiedene Verfügungen an die Zustimmung des Gerichts gebunden. So sind z.B. bestimmte Rechtsgeschäfte des Vormunds von der Genehmigung des Vormundschaftsgerichts abhängig um zu gewährleisten, daß die Interessen des Mündels gewahrt werden (vgl. §§ 1821, 1822 BGB). Im Insolvenzrecht ist der Abschluß eines

---

678 Vgl. Gottwald, ZZP 91 (1978), S. 1, 10 ff.

679 Vgl. Gottwald, ZZP 91 (1978), S. 1, 12.

680 Auch im deutschen Verwaltungsrecht ist die Vertretung einer Vielzahl von Anspruchstellern durch einen Repräsentanten bekannt. § 17 VwVfG regelt, daß bei gleichförmigen Eingaben von mehr als 50 Personen ein Vertreter bestimmt wird. Gleiche gilt für das verwaltungsgerichtliche Verfahren (vgl. § 67 a VwGO).

681 Für § 13 II AGBG vgl. z.B. Palandt-Heinrichs, BGB, § 13 AGBG, Rn. 12 ff.

Zwangsvergleiches von der Überprüfung und Genehmigung des Konkursgerichts abhängig (vgl. §§ 16 ff., 78 ff. VglO oder §§ 176, 184 KO).[682]

Zusammenfassend ergibt sich, daß durch die Beschränkung der Verfügungsbefugnis der Parteien die Dispositionsmaxime nicht so wesentlich beeinträchtigt ist, daß darin ein Hinderungsgrund für die Anerkennung US-amerikanischer class action-Urteile in Deutschland gesehen werden könnte.

(2) Die Beschränkung des rechtlichen Gehörs (Art. 103 I GG) als mögliches Anerkennungshindernis von US-amerikanischen class action-Urteilen in Deutschland

Die US-amerikanische class action verstößt auch nicht gegen die Garantie des rechtlichen Gehörs gemäß Art. 103 I GG. Zwar steht der Anspruch auf rechtliches Gehör vor Gericht allen Streitbeteiligten zu. Aber dies bedeutet nicht, daß eine Vertretung in der Sache gegen Art. 103 I GG verstößt.

Die Gewährung von rechtlichem Gehör soll den Streitbeteiligten ermöglichen, sich vor Erlaß einer gerichtlichen Entscheidung tatsächlich und rechtlich zur Sache zu äußern, Ausführungen zu machen und Anträge zu stellen. Jedoch besteht nicht unbedingt ein Anspruch auf Gehör in mündlicher Verhandlung oder auf persönliches Gehör vor Gericht (z.B. im Anwaltsprozeß). Der Entscheidung darf nur Prozeßstoff zugrundegelegt werden, zu dem die Parteien Stellung nehmen konnten.[683] Unzulässig wäre die stellvertretende Geltendmachung von Ansprüchen also erst, wenn die vertretenen Gruppenmitglieder an der selbständigen Wahrnehmung ihrer Interessen gehindert wären. Dies sind sie aber gerade nicht. Die class member können aus der Gruppe austreten und ihre Rechte unabhängig von der class selbständig geltend machen oder über ihren representative weitere Aspekte in den Prozeß einfließen lassen.[684] Trotz der Beschränkungen der Vertreterbefugnisse ist ein sachlich angemessener Interessenschutz der class und deren member in ausreichendem Maß gewährleistet.

Die Anerkennungsfähigkeit einer US-amerikanischen class action scheitert somit nicht an der Einschränkung des rechtlichen Gehörs der Streitbeteiligten.

(3) Die Ausweitung der Rechtskrafterstreckung als mögliches Anerkennungshindernis von US-amerikanischen class action-Urteilen in Deutschland

Problematisch für die Frage der Anerkennungsfähigkeit US-amerikanischer class action-Urteile in Deutschland könnte sein, daß die Entscheidung gegenüber dem gesamten betroffenen Personenkreis in Rechtskraft erwächst.

Für den Geschädigten ist die Geltendmachung von individuellen Ansprüchen präkludiert, obwohl der einzelne Anspruchsinhaber möglicherweise gar keine Kenntnis von der prozes-

682 Auf die Novellierung des Insolvenzrechts kann hier nicht eingegangen werden.

683 Vgl. BVerfG in ständiger Rechtsprechung; aus neuerer Zeit: BVerfGE 54/140, 142.

684 Vgl. Gottwald, ZZP 91 (1978), S. 1, 14 f.

sualen Durchsetzung seiner Ansprüche hatte und deswegen auch keinen Einfluß auf die Wahrnehmung seiner Rechte nehmen konnte. Zwar schreibt das US-amerikanische Recht vor, daß sämtliche potentiell Beteiligten oder Betroffenen in bestmöglicher Weise über das Verfahren und dessen Ausgang zu informieren sind (s.o.).

Fraglich ist aber, ob dies genügt. Hier ist eine differenzierte Betrachtung der Situation der Betroffenen erforderlich:

- Hatte der nicht informierte Geschädigte gar keine Kenntnis davon, daß ihm überhaupt Ansprüche gegen einen Schädiger zustehen, oder daß eine class action seine Ansprüche erfaßt, so kann sich seine Situation durch den erstrittenen Titel nur verbessern, auch wenn er an die Entscheidung in der Sache gebunden ist. Obsiegt die class, so hat er einen rechtskräftigen Anspruch. Unterliegt die class, so weiß er zumindest, daß die selbständige Geltendmachung der vermeintlichen Ansprüche wenig Sinn hat. Hierdurch spart er Kosten. Die Rechte der Betroffenen wurden im Rahmen der class action ausreichend berücksichtigt. Die Dispositionsmaxime ist nicht so gravierend eingeschränkt, daß die Anerkennung einer class action-Entscheidung gehindert ist. Der Betroffene kann seine Forderungen gegenüber dem Treuhandfond beziffern und wird entsprechend der ihm zustehenden Quote befriedigt (s.o.).

- Hatte der Geschädigte Kenntnis von der class action und ist er dennoch nicht aus der class ausgetreten, so kann auf die Ausführungen zur auch in Deutschland im Rahmen der Frage der Anerkennungsfähigkeit ausländischer Entscheidungen hinnehmbaren Einschränkung der Dispositionsmaxime zurückgegriffen werden.[685] Die Rechte der Betroffenen sind jedoch nicht so gravierend beeinträchtigt und werden insbesondere auch durch die Kontrolle des Gerichts selbst zumindest so stark geschützt, daß die Anerkennung eines class action-Urteils in Deutschland nicht gehindert ist.

Auch zum Schutz des Beklagten ist eine einheitliche Abgeltung kollektiver Schadensersatzansprüche erforderlich. Eine Bindung der Gruppenmitglieder ist unabdingbar. Gesamtschaden und Kostenrisiko lassen sich für den Schädiger nur abschätzen, wenn eine Bindung der Parteien an ein mögliches Urteil eintritt und das Verfahren dadurch endgültig erledigt wird.

Die förmliche Rechtskrafterstreckung auf alle Beteiligten ist faktisch nur von geringer praktischer Bedeutung. Schon die Situation der Betroffenen selbst bietet kaum Anhaltspunkte, eine Rechtskrafterstreckung auch auf den in Unkenntnis am Verfahren beteiligten Geschädigten als unvereinbar mit den deutschen Gesetzen, insbesondere den Grundrechten, anzusehen.

Weiterhin muß berücksichtigt werden, daß die Prozeßsituation bei der class action nicht mit der eines einfachen Zweiparteienprozesses vergleichbar ist. Es stehen sich nicht lediglich Kläger und Beklagter gegenüber die um konkrete Einzelansprüche ringen. Sondern es geht vielmehr um die umfassende Abgeltung einer Vielzahl von gleichgerichteten Einzelansprüchen, gebündelt durch die besondere Verfahrensart der class action. Die Interessen der Partei-

685 S.o. Teil 3, Ziffer I. 5. c) (1) (S. 177 ff.).

en werden so effizienter verfolgt. Die US-amerikanische class action bewirkt hierbei eine Aufwertung des Verbraucherschutzes unter Berücksichtigung der Interessen des Schädigers. Auch dieser Aspekt rechtfertigt es, eine Ausweitung der Rechtskrafterstreckung über das in Deutschland übliche Maß hinzunehmen.

Im Übrigen erfolgt eine Beschränkung der Rechtskrafterstreckung der class action durch die bereits angesprochene Einschränkung der Dispositionsmaxime. Sollte sich herausstellen, daß die Vertretung der class durch den representative unzureichend war und möglicherweise die Interessen der Beteiligten nicht gewahrt wurden, so entfällt die Rechtskraftbindung der Gruppe an das erstrittene Urteil wegen eines Verstoßes gegen die due process clause (US-Constitution, Amendment V, XIV) kraft Gesetzes.[686] Denn dann verstößt die Entscheidung gegen den Anspruch auf ein Mindestmaß an Rechtsstaatlichkeit des Verfahrens - und dies bereits im eigenen Land.

Für die Anerkennungsfähigkeit von class action-Urteile spricht weiter, daß auch das deutsche Recht die zum Teil allerdings begrenzte Möglichkeit der Rechtskrafterstreckung auf am Verfahren selbst nicht Beteiligte kennt.

Ist in einem Urteil zu Lasten des Verwenders festgestellt, daß eine von ihm angewandte AGB-Klausel unwirksam ist, so gilt diese Feststellung auch zu Gunsten eines am vorangegangenen Verfahren nicht beteiligten Kunden, sofern dieser sich auf das Urteil beruft (vgl. § 21 AGBG). Diese besondere Einredeform wurde im deutschen Recht gewählt, um eine unmittelbare Rechtskrafterstreckung zu Lasten des am Erstprozeß nicht beteiligten Verbrauchers zu verhindern. Denn diese wäre mit Art. 103 I GG nicht vereinbar.[687] Es zeigt sich, daß auch das deutsche Recht Ausnahmen von der Begrenzung der Rechtskraft kennt, hier konkret die Ausweitung des Wirkungsumfanges eines Urteils im Bereich des Verbraucherschutzes.

Umfassender ist die Rechtskrafterstreckung im deutschen Recht bei Abschluß eines Zwangsvergleichs im Vergleichs- oder Konkursverfahren geregelt. Wird ein solcher Vergleich rechtskräftig, so wirkt er für und gegen sämtliche Gläubiger, gleichgültig, ob sie Kenntnis vom Verfahren hatten, daran teilgenommen haben, oder gegen den Vergleich gestimmt haben. Ihnen allen bleibt lediglich ein Anrecht auf die Vergleichsquote während weitergehende Ansprüche grundsätzlich ausgeschlossen sind (vgl. § 82 VglO, § 193 KO).

Eine erweiterte Rechtskraftbindung ist dem deutschen Recht also nicht unbekannt, insbesondere wenn überwiegende Interessen einer Partei oder das öffentliche Interesse dies fordern. Um nichts anderes geht es aber bei der Rechtskrafterstreckung der US-amerikanischen class action.

Zusammenfassend ergibt sich, daß die Rechtskrafterstreckung eines US-amerikanischen class action-Urteils auf am Verfahren selbst nicht beteiligte Geschädigte den Grundgedanken des deutschen Rechts, insbesondere den Grundrechten, nicht in so starkem Maße widerspricht,

---

686 Vgl. Gottwald, ZZP 91 (1978), S. 1, 15;

687 Vgl. MünchKomm-Gerlach, BGB, Band 1, § 21 AGBG, Rn. 5; Palandt-Heinrichs, BGB, § 21 AGBG, Rn. 1 f.

daß die Anerkennung eines auf einer solchen Klage basierenden Urteils in Deutschland versagt werden müßte.

(4) Die Durchbrechung des Strafmonopols des Staates und die dem Richter auferlegte Fürsorgepflicht gegenüber den Parteien als mögliche Anerkennungshindernisse bei US-amerikanischen class action-Urteilen in Deutschland

Anerkennungshindernd könnte sich bei class action-Urteilen möglicherweise auswirken, daß mit Hilfe einer zivilrechtlichen Schadensersatzklage private Strafverfolgung ermöglicht wird oder auch, daß der Richter durch eine übermäßige Fürsorgepflicht gegenüber den Parteien, insbesondere den class members unzulässig gebunden ist.

Neben dem Ausgleich subjektiver zivilrechtlicher Ansprüche ermöglicht die class action insbesondere auch die Sanktionierung des Fehlverhaltens des Schädigers. Sie wirkt abschreckend gegenüber weiteren gleichgerichteten Rechtsverstößen. Fraglich ist, ob hierdurch unzulässig in das Strafmonopol des Staates eingegriffen wird, diese Wirkungen der class action also den Grundgedanken des deutschen Rechts zuwiderlaufen.

Konkret geht es um die Verurteilung des Schädigers in den USA zu punitive damages. Aber die „Bestrafung“ des Schädigers durch die Verurteilung zur Zahlung von „Strafschadensersatz“ ist nicht lediglich ein Problem der class action. Denn auch im Rahmen von Einzelklagen werden in den USA punitive damages zugesprochen. Die Frage der Anerkennungsfähigkeit von Urteilen, die punitive damages zuerkennen muß systematisch gesondert untersucht werden. Innerhalb dieser gesondert zu untersuchenden Anerkennungsfähigkeit von US-amerikanischen Verurteilung zu punitive damages ist dann ein weiterer Aspekt zu berücksichtigen: Bei den in US-amerikanischen Verfahren ausgesprochenen punitive damages-Summen handelt es sich regelmäßig um hohe Beträge, die über einen ausgleichenden Betrag (compensatory damages) hinaus Gewinnabschöpfungs-, Bestrafungs- und auch Abschrekkungsfunktion haben.[688] Während bei einer Einzelklage die gesamte erstrittene Summe dem individuellen Kläger zugesprochen wird, erhält sie bei der class action die class und jeder member wird entsprechend der ihm zustehenden Quote abgefunden. Hierbei handelt es sich jedoch nicht um eine spezifisches Problem der Anerkennungsfähigkeit von class action-Urteilen, sondern um die Frage der Anerkennungsfähigkeit von US-amerikanischen punitive damages-Urteilen in Deutschland.

Auch die Fürsorgepflicht des US-amerikanischen Richters im class action-Prozeß hindert nicht die Anerkennungsfähigkeit eines darauf basierenden Urteils. Zwar widersprechen die verfahrensleitenden und fürsorgenden Pflichten, die der US-amerikanische Richter insbesondere gegenüber den am Verfahren nicht unmittelbar Beteiligten hat, den im deutschen Zivilprozeß herrschenden Grundsatz des Parteiprozesses. Aber dies geschieht in einem aus deutscher Sicht hinnehmbaren Umfang.

---

688 Ausführlich hierzu später; vgl. Teil 3, Ziffer II. 2. (S. 229 ff.).

Im deutschen Zivilverfahrensrecht gilt zwar die Parteimaxime. An ihr wird jedoch nicht starr festgehalten. Sie wird durchbrochen durch eine Vielzahl von Möglichkeiten der Einflußnahme des Gerichts bis hin zur Ermittlung von Amts wegen. Auch das deutsche Zivilprozeßrecht kennt Fälle der aktiven Fürsorge für passive Beteiligte, z.B. die gerichtliche Überwachung des gegenüber einer Vielzahl von Gläubigern tätigen Konkursverwalters (§ 83 KO) oder des für allerdings nur ein Mündel tätigen Vormundes (§§ 1796, 1799, 1810 ff. BGB). Unabhängig davon ist auch im deutschen Zivilverfahrensrecht die vergleichsweise Beilegung des anhängigen Rechtsstreits vorgesehen und geboten (§ 279 I ZPO).

Das Ergebnis der verfahrensleitenden und fürsorgenden Aufgaben des US-amerikanischen Richters steht weit weniger in Widerspruch zu der aktiven Rolle des deutschen Richters, als zu dem in den USA selbst deutlicher vorherrschenden Grundsatz des reinen Parteibetriebes und der dort vorgesehenen strikten Neutralität des US-amerikanischen Richters.[689]

Die Anerkennungsfähigkeit eines US-amerikanischen class action-Urteils in Deutschland ist deshalb auch durch die Fürsorgepflicht des dortigen Richters nicht gehindert.

(5) Zusammenfassung und Ergebnis

Zusammenfassend ergibt sich, daß US-amerikanischen class action-Urteilen in Deutschland die Anerkennung nicht versagt werden darf.[690] Zwar erfolgt im Rahmen des besonderen Verfahrens bei einer class action sowohl eine Einschränkung der Dispositionsmaxime als auch des grundgesetzlich geschützten Anspruches auf rechtliches Gehör. Zudem überschreitet die Erstreckung der Rechtskraft eines solchen Urteils das in Deutschland übliche Maß und die Fürsorgepflicht des US-amerikanischen Richters geht zum Teil weiter als vom deutschen Recht vorgesehen. Aber dies alles geschieht nach strengen Regeln und unterliegt der gerichtlichen Kontrolle. Diese Abweichungen und Einschränkungen divergieren aber nicht so stark von in Deutschland gewohnten und gebräuchlichen Rechtsgedanken, daß ihr Ergebnis nicht hinnehmbar wäre. Anerkennungshindernisse können sich allenfalls aus dem allgemeinen Verfahren oder der materiellen Entscheidung selbst ergeben.[691]

---

689 Ebenso Gottwald, ZZP 91 (1978), S. 1, 24.

690 Ebenso Stiefel/Stürner, VersR 1987/829, 830. A.A. R. Mann, NJW 1994/1187, 1189.

691 Dies verkennt Mark, der das Problem der Anerkennungsfähigkeit von US-amerikanischen punitive damages-Urteilen lediglich als Teil der Frage der Anerkennungsfähigkeit von US-amerikanischen class action-Urteilen ansieht, vgl. ders. EuZW 1994/238, 241.

6. Die Beweisaufnahme im US-amerikanischen Zivilprozeß und deren Anerkennungsfähigkeit in Deutschland - pretrial discoveries

Zwei Problembereiche: Die Durchführung von pretrial discoveries in Deutschland im Rahmen der Rechtshilfe und die Anerkennung US-amerikanischer auf pretrial discoveries beruhender Urteile

US-amerikanische Zivilprozesse sind im Ausland auch wegen einer Besonderheit der dortigen Beweisaufnahme, den pretrial discoveries, berüchtigt und gefürchtet.[692] Insofern sind zwei Aspekte besonderers zu berücksichtigen: Einerseits ergeben sich Probleme bei der Durchführung von pretrial discovery-Verfahren im Ausland, hier konkret in Deutschland selbst und es stellt sich die Frage, ob diese im Rahmen der Rechtshilfe zulässig sind.[693] Andererseits ist aber auch zu untersuchen, ob US-amerikanischen Urteilen die Anerkennungsfähigkeit in Deutschland zu versagen ist, weil sie auf pretrial discovery-Maßnahmen im Urteilsstaat, also den USA selbst, beruhen.[694]

a) Die Beweisaufnahme in US-amerikanischen Zivilprozeß - pretrial discoveries

Den pretrial discoveries kommt im US-amerikanischen Zivilprozeß eine für den Ausgang des Verfahrens entscheidende Bedeutung zu. In den USA haben prozeßeinleitende Schriftsätze grundsätzlich nur eine geringe Aussagekraft, sie sind regelmäßig nur kurz und allgemein gehalten.[695] Alles weitere ergibt sich meist im Rahmen der Beweisaufnahme, den pretrial discoveries. Denn nach Abschluß dieser Beweisaufnahme kommt es in den USA in weniger als 10 % der rechtshängigen Fälle zu einer Hauptverhandlung.[696] Die weitaus größte Anzahl US-amerikanischer Zivilverfahren endet während oder unmittelbar nach dem pretrial discovery-Verfahren durch den Abschluß von Vergleichen.

Inhaltlich geregelt sind die pretrial discoveries in den Rules 26 bis 37 der F.R.Civ.P. und in verschiedenen Local oder auch Court Rules.[697] In den F.R.Civ.P. sind sechs Methoden der discovery geregelt. Es bestehen die Möglichkeiten[698] der

692 Daß die pretrial discoveries auch Vorteile bieten zeigt - insbesondere für den Fall der Beweisaufnahme in den USA bei einem Verfahren vor deutschen Gerichten – Roggenbuck, IPRax 1997/76 ff.

693 Die Beantwortung dieser Frage wird vom Gegenstand der Arbeit genau genommen nicht erfaßt. Dennoch soll - gewissermaßen zur Abrundung - eine kurze Stellungnahme erfolgen.

694 Ausführlich Lorenz, ZZP 111 (1998), S. 35, 44 ff.; s. auch Henry, GRUR Int 1983/82 ff.

695 Junker nennt als eindrückliches Beispiel einer US-amerikanischen Klageschrift folgenden Text: „You have hurt me and I want some of your money“; vgl. ders., Discovery, S. 37; s. auch Lorenz, ZZP 111 (1998), S. 35, 45, 46 f.

696 Vgl. Junker, S. 37; ders., in: Herausforderungen, S. 103, 104.

697 Zur historischen Entwicklung des discovery-Verfahrens s. insbesondere Junker, S. 48 ff.; ders., in: Herausforderungen, S. 103, 106 f.

698 Ausführlich hierzu Hare/Kretschmar, in: Produkthaftungshandbuch, § 119 ff.; Junker, S. 145 ff.; Lorenz., ZZP 111 (1998), S. 35, 47 ff.; s. auch Maxeiner, RIW 1990/440, 443; Rippert, RIW 1993/626, 628 f.

- mündlichen oder schriftlichen Vernehmung der Gegenpartei oder Dritter (deposition)[699],
- Vorlage schriftlicher Fragebögen an die Gegenpartei, die regelmäßig unter Eid beantwortet werden müssen (written interogatorries)[700],
- Vorlage von Urkunden und Sachen (production of documents or things)[701],
- Ortsbesichtigungen (permission to enter upon land or other property)[702],
- medizinischen Untersuchungen (physical and mental examination)[703]

und der

- Aufforderung zum Geständnis (request for admission)[704].

Diese verschiedenen Mittel der Beweiserhebung können alternativ und auch kumulativ genutzt werden. Grundsätzlich genügt eine entsprechende Aufforderung durch die gegnerische Partei, im Rahmen der verschiedenen pretrial-Möglichkeiten Auskunft zu geben.[705]

Pretrial discoveries finden im US-amerikanischen Zivilprozeß zeitlich nach den ersten Schriftsatzwechseln (pleadings), aber noch vor der eigentlichen Hauptverhandlung (trial) statt. In der Praxis ist diese umfassende Aufklärung des Sachverhaltes meist sehr zeit- und kostenintensiv.

Das US-amerikanische Zivilverfahren ist Parteiprozeß.[706] Die pretrial discoveries unterliegen weitestgehend der eigenverantwortlichen Herrschaft der Parteien (adversary system). Die Beteiligten sind zu redlicher Zusammenarbeit verpflichtet, sie müssen zu Beginn des Verfahrens zwingend eine Zusammenkunft abhalten und das weitere Procedere bindend festlegen. Es besteht auch die Möglichkeit, die unterschiedlichen discovery-Maßnahmen quantitativ einzuschränken. Verschiedene Gesetze sehen eine zahlenmäßige Beschränkung insbesondere der depositions oder der interrogatories vor, eine abweichende Regelung ist jedoch einvernehmlich möglich.

Das Gericht selbst kann grundsätzlich nicht aus eigener Initiative discovery-Maßnahmen anordnen. Eine Möglichkeit zur lenkenden Einflußnahme bieten allenfalls die pretrial conferences. In ihnen wird das weitere Vorgehen besprochen. Sie dienen der Eingrenzung des

---

(insbesondere zur Anwendung in der Praxis); Schack, Einführung in das US-amerikanische Zivilprozeßrecht, S. 46 ff.

699 Rules 30, 31 der F.R.Civ.P. Vgl. hierzu Junker, S. 149 ff.; Rippert, RIW 1993/626, 628.

700 Rule 33 der F.R.Civ.P. An Dritte dürfen diese Fragenkataloge nicht gerichtet werden; vgl. Junker, S. 175 ff.; Rippert, RIW 1993/626, 628.

701 Rule 34 der F.R.Civ.P. Vgl. hierzu Junker, S. 165 ff.; Rippert, RIW 1993/626, 629.

702 Rule 34 der F.R.Civ.P. Vgl. hierzu Junker, S. 173 ff.; Rippert, RIW 1993/626, 629.

703 Einzig für diese Form der Beweisermittlung ist ein gerichtlicher Beschluß erforderlich. S. Rule 35 der F.R.Civ.P. Vgl. hierzu Junker, S. 183 ff.; Rippert, RIW 1993/626, 629; Schack, Einführung in das US-amerikanische Zivilprozeßrecht, S. 44, 48.

704 Rule 36 der F.R.Civ.P.; hierbei geht es vor allem um die Eingrenzung des streitigen Sachverhaltes durch das Zugeständnis, daß gewisse Sachverhaltsbereiche unstreitig sind; vgl. Junker, S. 186 ff.; Rippert, RIW 1993/626, 628 f.

705 Lediglich für die medizinische Untersuchung ist eine richterliche Anordnung erforderlich; vgl. Junker, in: Herausforderungen, S. 103, 106.

706 Vgl. Heldrich, in: Herausforderungen, S. 1, 11; Schack, Einführung in das US-amerikanische Zivilprozeßrecht, S. 44; Weinschenk, RIW/AWD 1973/131, 132.

Streitstoffes und sollen das Verfahren beschleunigen.[707] Der Richter kann auf Antrag einer Partei bestimmte Schutzmaßnahmen (protective orders)[708] gegen übermäßige Ausforschung verfügen. Bei unzureichender Mitwirkung einer Partei kann er auch Sanktionen[709] verhängen.

Um Mißbrauchsmöglichkeiten der discovery-Maßnahmen zu beschränken wurden die F.R.Civ.P. 1983 ergänzt. Seither übernimmt der Anwalt mit seiner Unterschrift unter das discovery-Begehren die Gewähr dafür, daß die geforderte Maßnahme tatsächlich fundiert, rechtlich abgesichert und nicht mißbräuchlich ist.[710] Dadurch sollte es den Richtern erleichtert werden, Sanktionen gegen übermäßige und zum Teil sinnlose Ausforschung auszusprechen.

Dennoch sind die Parteien sind zu umfassender Auskunft verpflichtet. Diese Verpflichtung beginnt bereits bei der Prüfung der Zuständigkeit durch das angerufene Gericht. Die beklagte Partei muß die ihr selbst genauer bekannten minimum contacts zum forum offenlegen.[711] Die Auskunftspflicht endet bei der Vorlage von Unterlagen, die den mit der Klage geltendgemachten Anspruch materiellrechtlich überhaupt erst begründen. Durch die Reform des US-amerikanischen Zivilprozeßrechts 1993 wurde diese Auskunftspflicht zwar in ihrer Anzahl beschränkt, grundsätzlich aber verschärft.[712] Jede Partei muß die der gegnerischen Partei günstigen Tatsachen nicht nur mitteilen, sofern sie ihr bekannt sind, sondern auch selbst ermitteln. Diese Ermittlungspflicht wirkt konsequent fort. Sobald neue Beweismittel auftauchen, die für den Gegner von Bedeutung sein könnten, sind diese unaufgefordert an ihn weiterzuleiten.[713] Häufig werden Fragebögen gewechselt, bei denen es sich oft um regelrechte Kataloge handelt. Fishing expeditions sind üblich und werden selten vom Gericht eingeschränkt.[714] Das ermittelte Beweismaterial ist der Öffentlichkeit grundsätzlich zugänglich.[715]

In der Praxis haben die Einführung der pre trial conferences und die Verhältnismäßigkeitskontrolle wenig gebracht. Mißbräuche in den pretrial discoveries sind nach wie vor üblich.[716] Regelmäßig wird umfassend auch Unwesentliches ermittelt. Denn einerseits dürfen im späte-

---

707 Vgl. Lange/Black, Rn. 68; Junker, S. 98; 104 ff., 143 f.; 178; ders., in: Herausforderungen, S. 103, 107; Rippert, RIW 1993/626, 630.

708 Rule 26 (c) der F.R.Civ.P.; vgl. hierzu Haug, Barrister Magazine 15 ff. (1994); Lange/Black, Rn. 65; Schack, Einführung in das US-amerikanische Zivilprozeßrecht, S. 48 f.

709 Vgl. Rule 37 der F.R.Civ.P.; vgl. hierzu Lange/Black, Rn. 67; Reimann, IPRax 1994/152, 154; Schack, Einführung in das US-amerikanische Zivilprozeßrecht, S. 49 f.

710 Vgl. Rule 26 (g) der F.R.Civ.P.

711 Das US-amerikanische Gericht ist berechtigt, bereits über die zuständigkeitsbegründenden Tatsachen selbst Beweis zu erheben (jurisdiction to order pretrial discovery to determine jurisdiction). Bei Mißachtung der gerichtlichen Anordnungen drohen Geld- oder sogar Haftstrafe wegen contempt of court. Vgl. Junker, IPRax 1986/197, 207 f.

712 Vgl. hierzu insbesondere Reimann, IPRax 1994/152 ff.; s. auch Lorenz, ZZP 111 (1998) S. 35, 51 ff.

713 Vgl. Lorenz, ZZP 111 (1998) S. 35, 54 ff.; Reimann, IPRax 1994/152, 153.

714 Vgl. hierzu Lange/Black, Rn. 53; Heldrich, in: Herausforderungen, S. 1, 12; Junker, S. 119 f.; ders., in: Herausforderungen, S. 103; Lorenz, ZZP 111 (1998) S. 35, 47 ff.; Reimann, IPRax 1994/152 ff.; P. Schlosser, ZZP 101 (1988), S. 327, 329.

715 Vgl. Lange/Black, Rn. 56. Ausnahmen sind nur durch Parteivereinbarung oder gerichtliche Schutzverfügung möglich. Hierbei ist zu berücksichtigen, daß die Möglichkeit der Veröffentlichung von Unterlagen des Beklagten häufig als Druckmittel gegen diesen verwendet wird.

716 Vgl. Junker, in: Herausforderungen, S. 103, 107.

ren trial keine neuen Beweise eingeführt werden und andererseits ermitteln die Anwälte in Sorge vor eventuellen Haftpflichtprozessen wegen unzureichender Sachverhaltsaufklärung lieber zu viel, als zu wenig.[717] Außerdem sind sie in der Anzahl ihrer discovery-Maßnahmen beschränkt.[718]

Die umfassende Wahrheitsermittlung dient nach US-amerikanischem Verständnis der Gerechtigkeit am besten. Sie ist das beherrschende Ziel des pretrial-Verfahrens.

Allerdings bewirkt die Auskunftspflicht eine nicht zu unterschätzende Belästigung der betroffenen Partei (nuisance value). Häufig nötigt sie zu Vergleichsabschlüssen. Es kommt vor, daß der Prozeß mehr oder weniger einvernehmlich beendet wird, um nicht (geheime) Geschäftspapiere offenlegen zu müssen. Zu berücksichtigen ist hierbei auch, daß der Beklagte - anders als der Kläger - nicht die Möglichkeit hat, ein Erfolgshonorar mit seinem Anwalt zu vereinbaren. Nach der American Rule of Costs[719] muß er regelmäßig die Kosten einer umfassenden und teuren pretrial discoveries tragen. Dies gilt selbst bei einem späterem Obsiegen in der Sache. Somit zwingen auch finanzielle Aspekt zum Abschluß von Vergleichen.[720] Bezeichnenderweise orientieren sich dann die Vergleichssummen regelmäßig nicht an der eingeklagten oder eigentlich zu erwartenden Forderung, sondern sie richten sich - sofern diese höher sind - nach den zu veranschlagenden Kosten einer weiteren Rechtsverfolgung.

Aus der Rechtsprechung sind verschiedene spektakuläre Fälle bekannt. Einige davon werden im folgenden genannt:

Insurance Corp. of Ireland, Ltd. vs. Compagnie de Bauxites de Guinee

In einem Fall erstreckte sich die Mitwirkungspflicht ausländischer Parteien im US-amerikanischen pretrial discovery-Verfahren z.B. auf die Vorlage von über vier Millionen Versicherungspolicen.[721] Die Beklagte mußte sämtliche Unterlagen im Original auf ihre Kosten vorlegen.

---

717 Vgl. Schack, Einführung in das US-amerikanische Zivilprozeßrecht, S. 45.

718 Vgl. Lorenz, ZZP 111 (1998) S. 35, 51 f.

719 Vgl. - insbesondere auch zu den spezialgesetzlichen Ausnahmen - Schack, Einführung in das US-amerikanische Zivilprozeßrecht, S. 9 ff.; ausführlich hierzu später.

720 Natürlich kommt es auch vor, daß aus generalpräventiven Überlegungen Prozesse zu Ende geführt werden. Nachahmer auf Seiten der Kläger sollen abgeschreckt werden. Aber selbst Unternehmen wie die AUDI AG, Ingolstadt, denken in solchen Fällen wirtschaftlich und zahlen eine Vergleichssumme, um nicht einen mehrfachen Betrag dieser Summe für die weitere Rechtsverfolgung ausgeben zu müssen. Im Fall Rose vs. Volkswagen of North America, dem US-amerikanischen Hauptimporteur der Fahrzeuge der AUDI AG, wegen des Vorwurfes des Selbstbeschleunigens der Fahrzeuge standen einer letztlich gezahlten Vergleichssumme in Höhe von ca. 50.000 US-Dollar weitere - vom Gegner nicht zu erstattende - Prozeßkosten für die nächste Instanz in Höhe von ca. 1 Million US-Dollar gegenüber. Trotz aussichtsreicher Erfolgschancen für die nächste Instanz hat die Beklagte einen Vergleich vorgezogen. Mitgeteilt von Herrn Dr. Ulmer, Chefsyndikus der AUDI AG, Ingolstadt, in einem Gespräch am 7.4.1994 in Ingolstadt. S. auch Schütze WM 1979/1174, 1176; Stiefel/Stürner, VersR 1987/829, 831.

721 Insurance Corp. of Ireland, Ltd. vs. Compagnie de Bauxites de Guinee, 456 US 694, 699 (1982); vgl. hierzu Heldrich, in: Herausforderungen, S. 1, 12; Schack, IPRax 1984/168, 169; ders., Einführung in das US-amerikanische Zivilprozeßrecht, S. 45.

Zenith Radio Corp. vs. Matsushita Electric Industrial Co., Ltd.
Auch ist es vorgekommen, daß die Beklagte 35 Millionen Blatt Papier einschließlich persönlicher Aufzeichnungen vorlegen sollte.[722]

In re Puerto Rico Electric Power Authority
In einem weiteren Fall mußten tausende von Dokumenten in japanischer Sprache nicht nur vorgelegt, sondern auch auf Kosten der Beklagten übersetzt werden.[723] Die Pflicht zur Übersetzung wurde vom zuständigen Instanzgericht zwar durch einen writ of mandamus and prohibition aufgehoben.[724] Bis zu dieser Entscheidung waren aber bereits Kosten allein für die Übersetzung in Höhe von 250.000 US-Dollar angefallen, die der beklagten Partei nicht erstattet wurden.[725]

Auch deutsche Unternehmen sind durch pretrial discovery-Maßnahmen in ihrer Handlungsfreiheit beeinträchtigt worden. Hier sind insbesondere folgende Fälle zu nennen:

Volkswagen AG vs. Superior Court, Alameda County
Die Volkswagen AG, Wolfsburg, sollte nach dem Beschluß eines kalifornischen Staatsgerichtes den Vertretern des Antragstellers während der üblichen Arbeitszeiten an fünf aufeinanderfolgenden Tagen Zugang zum Betriebsgelände in Wolfsburg, insbesondere zur technischen Bibliothek und zur Planungsabteilung gewähren und ihnen dort auch ermöglichen, Aufzeichnungen, Fotografien und Kopien zu fertigen.[726] Die Entscheidung wurde zwar aufgehoben, da zunächst der Weg über das HBÜ gegangen werden sollte.[727]

In re Grand Jury 81/82
Eine Filiale der Deutsche Bank AG wurde von einem Distriktsgericht in Michigan im Rahmen eines strafrechtlichen Untersuchungsverfahrens gegen einen deutschen Hersteller von Dieselmotoren in den USA, der Kunde der Bank war, durch eine einstweilige Verfügung dazu verpflichtet, umfassend Auskunft über Geschäftskonten und Verbindungen zum Kunden, ei-

---

722 Zenith Radio Corp. vs. Matsushita Electric Industrial Co., Ltd., 529 F.Supp. 866, 874 (E.D. Pa. 1981); vgl. Heldrich, in: Herausforderungen, S. 1, 12; Schack, Einführung in das US-amerikanische Zivilprozeßrecht, S. 45; P. Schlosser, Justizkonflikt, S. 13 f.

723 In re Puerto Rico Electric Power Authority, 687 F.2d 501, 505 ff. (1st Cir. 1982); s. auch Stapleton vs. Kawasaki Heavy Industries, 69 F.R.D. 489, 490 (N.D. Ga. 1975); vgl. Heldrich, in: Herausforderungen, S. 1, 12; Junker, in: Herausforderungen, S. 103, 108; Schack, Einführung in das US-amerikanische Zivilprozeßrecht, S. 46.

724 S. 28 USC § 1651 (a), F.R.App.P. 21 (a). Hierbei handelt es sich um eine Klage unmittelbar gegen den verfügenden Richter wegen eines gravierenden Falles des Ermessensmißbrauches. Vgl. Schack, Einführung in das US-amerikanische Zivilprozeßrecht, S. 46, 70 f. (dort insbesondere Fn. 543). Zu den Rechtsbehelfen im pretrial discovery-Verfahren allgemein s. Junker, S. 198 ff.

725 Diese Kostenlast begründete ein U.S. District Court mit dem Argument, daß eine Teilnahme am US-amerikanischen Markt das absehbare Risiko eines Prozesses vor US-amerikanischen Gerichten in sich berge, vor denen nunmal englisch verhandelt werde. Bei den Übersetzungskosten handele es sich um „angemessene Kosten einer außenwirtschaftlichen Tätigkeit"; vgl. Stapleton vs. Kawasaki Heavy Industries, 69 F.R.D. 489, 490 (N.D. Ga. 1975); s. auch Junker, in: Herausforderungen, S. 103, 108.

726 Volkswagen AG vs. Superior Court, Alameda County, 123 Cal. App. 3d 840, 847 - 848, 176 Cal. Rptr. 874, 878 (1981).

727 Hierzu kam es jedoch nicht mehr; s. insbesondere P. Schlosser, Justizkonflikt, S. 8 f.

nem selbständig tätigen Unternehmen des Krupp Konzerns, zu geben und Unterlagen vorzulegen.[728] Der Bankkunde erwirkte in Deutschland eine einstweilige Verfügung gegen die Bank, die es dieser aufgrund des Bankgeheimnisses untersagte, die geforderten Auskünfte zu geben.[729] Sowohl das US-amerikanische als auch das deutsche Gericht hielten an ihrer jeweiligen Entscheidung fest und bestätigten diese, wobei das US-amerikanische Gericht der Deutschen Bank zusätzlich ein Ordnungsgeld in Höhe von 50.000 US-Dollar pro Tag nebst progressiver Erhöhung nach jeweils zehn Tagen der Zuwiderhandlung angeordnete. Die in den Gründen sowohl des US-amerikanischen als auch des deutschen Gerichts geäußerte Forderung, der jeweils andere solle nachgeben, führten zu keinem Ergebnis. Die Sache wurde buchstäblich in letzter Minute aufgrund der Vernunft der Parteien gütlich beigelegt.[730]
Bereits die Nennung von nur zwei Fällen mit deutschem Engagement zeigt, daß auch an deutsche Verfahrensbeteiligte im Rahmen des US-amerikanischen pretrial discovery-Verfahrens nicht nur ungewöhnlich umfangreiche, sondern aus deutscher Sicht kaum nachvollziehbare Anforderungen gestellt werden.[731] Es stellt sich die Frage, ob die umfassenden Möglichkeiten der durch die Parteien gesteuerten Beweisaufnahme in US-amerikanischen Verfahren in Deutschland akzeptiert werden können.

Durch die Reform des discovery-Verfahrens im Jahre 1993 kam es zu einem Paradigmenwechsel[732] im US-amerikanischen Beweisrecht. Herrschte zunächst das „adversarial system" vor, so ist nunmehr von einer Zusammenarbeit der Parteien „in good faith" auszugehen.[733] Ob sich hierdurch tatsächlich in der Praxis etwas ändern wird bleibt abzuwarten.

Bevor man sich mit der Frage der Anerkennungsfähigkeit US-amerikanischer Urteile auseinandersetzt, die aufgrund von pretrial discoveries zustandegekommen sind, ist ein Blick auf die Möglichkeiten der Beweisaufnahme im deutschen Verfahrensrecht unumgänglich.

b) Die Beweisaufnahme im deutschen und im US-amerikanischen Zivilprozeß - konzeptionelle Unterschiede

Im deutschen Zivilprozeßrecht findet die Beweisaufnahme in weit engerem Rahmen als vor US-amerikanischen Gerichten statt. Die Beweisaufnahme ist Aufgabe des erkennenden Gerichts und wird innerhalb der Hauptverhandlung durchgeführt. Sie erfolgt in Ausübung der dem Gericht obliegenden hoheitlichen Gewalt und ist an einen richterlichen Beschluß gebunden. Jede Partei muß bei der Beweisaufnahme die ihr günstigen Tatsachen regelmäßig selbst

728 In re Grand Jury 81/82, 550 F.Supp. 24 (W.D. Mich. 1982); s. auch P. Schlosser, Justizkonflikt, S. 10 f.

729 LG Kiel (Urt. v. 30.6.1982) IPRax 1984/146 ff. (mit Anm. Bosch, IPRax 1984/146 ff.) = RIW 1983/206 ff. (mit Anm. Stiefel/Petzinger, RIW 1983/244 ff.); s. auch Schack, Einführung in das US-amerikanische Zivilprozeßrecht, S. 56 f.; P. Schlosser, Justizkonflikt, S. 10 f.

730 Vgl. hierzu Bosch, IPRax 1984/127, 129; s. auch P. Schlosser, Justizkonflikt, S. 11, der treffend einen Vergleich zu Brechts kaukasischem Kreidekreis zieht.

731 P. Schlosser findet dies „wahrhaft erregend"; vgl. ders., Justizkonflikt, S. 13. S. auch Heldrich, in: Herausforderungen, S. 1, 12.

732 Lorenz, ZZP 111 (1998) S. 35, 54 f.

733 Lorenz, ZZP 111 (1998) S. 35, 54 f.

darlegen und beweisen. Eine Beweislastverschiebung bis hin zu einer Beweislastumkehr findet nur ausnahmsweise statt.[734] Eine allgemeine prozessuale Aufklärungspflicht existiert in Deutschland nicht.[735] Eine Pflicht zur Vorlage von Urkunden ist im deutschen Zivilprozeßrecht nur sehr restritiktiv geregelt, die Nennung weiterer, der Gegenseite günstiger, Beweismittel ist gar nicht normiert.[736]

Zusammenfassend läßt sich feststellen, daß zwischen Deutschland und den USA ein wesentlicher konzeptioneller Unterschied im Verfahren der Beweisaufnahme besteht. Während in Deutschland die Parteimaxime in der Praxis in den Hintergrund rückt und die Amtsermittlung durch die Vorgehensweise der Richter faktisch eine immer größere Rolle spielt, herrscht in den USA der klassische der eigenverantwortlichen Initiative der Parteien unterliegende Parteiprozeß vor. Das Gericht greift dort nur gelegentlich auf Antrag einer Partei lenkend in die Beweisaufnahme ein. Das Regel-Ausnahme-Verhältnis der in Deutschland üblichen Darlegungs- und Beweislast kehrt sich im US-amerikanischen Zivilverfahren aus Gründen der umfassenden Wahrheitsermittlung um.[737]

Fraglich ist, wie sich dieser konzeptionell unterschiedliche Ansatz auf die Anerkennung US-amerikanischer Urteile auswirkt, die auf einem pretrial discovery-Verfahren beruhen. Steht die aufgrund von pretrial discovery-Maßnahmen gewonnene Beweisaufnahme im Ergebnis in Widerspruch zu wesentlichen Grundsätzen des deutschen Rechts, insbesondere den Grundrechten?

c) Exkurs: Deutsche Rechtshilfe bei US-amerikanischen pretrial discovery-Verfahren

Zur Beantwortung der eben gestellten Frage soll zunächst im Rahmen eines Exkurses auf Fragen der deutschen Rechtshilfe bei US-amerikanischen pretrial discoveries eingegangen werden. Sie gehören zwar nicht unmittelbar zum Themenkomplex der Anerkennungsfähigkeit US-amerikanischer Urteile in Deutschland. Dennoch ist eine Auseinandersetzung mit der US-amerikanischen Beweisaufnahme im Ausland hier unumgänglich. Die umfangreiche Literatur[738] und die ergangenen Entscheidungen deutscher Gerichte[739] zur Durchführung von pretri-

---

734 Vgl. Böhmer, PHI 1992/72, 73 ff.; Heldrich, in: Herausforderungen, S. 1, 11 f.

735 Ausführlich hierzu Lorenz, ZZP 111 (1998) S. 35, 57 ff.

736 Lorenz, ZZP 111 (1998) S. 35, 59 f.

737 Ebenso bereits Junker, IPRax 1986/197, 207.

738 Vgl. hierzu Beckmann, IPRax 1990/201 ff.; Böhmer, NJW 1990/3049 ff.; Greger, ZRP 1988/164 ff.; Habscheid, Justizkonflikt; Heck, ZVglRWiss 84 (1985), S. 208 ff.; Heidenberger, RIW 1985/437 ff.; Heldrich, in: Herausforderungen, S. 1, 12 ff.; von Hülsen, RIW 1982/225 ff.; ders., RIW 1982/537 ff.; Junker, S. 207 ff.; ders., RIW 1987/1 ff.; ders., JZ 1989/121, 125 ff.; ders., in: Herausforderungen, S. 103, 109 ff.; Koch, IPRax 1985/245 ff.; Leipold, S. 41, 48 ff.; Lowenfeld, IPRax 1984/51 ff.; Martens, RIW 1981/725 ff.; Paulus, ZZP 104 (1991), S. 379 ff.; Pfeil-Kammerer, S. 171 ff.; Rippert, RIW 1993/626, 630 ff.; Schack, Einführung in das US-amerikanische Zivilprozeßrecht, S. 50 ff. (dort insbesondere Fn. 383); P. Schlosser, ZZP 94 (1981), S. 362 ff.; ders., Justizkonflikt, S. 1 ff.; Schütze, WM 1986/633 ff.; Stiefel, RIW/AWD 1979/509 ff.; Stiefel/Petzinger, RIW 1983/242 ff.; Stürner, JZ 1981/521 ff.; ders., ZVglRWiss 81 (1982), S. 159 ff.; von Westphalen, PHI 1988/18 ff.

al discoveries in Deutschland bieten die Möglichkeit, Schlüsse für die eigentliche Frage der Anerkennungsfähigkeit ausländischer Entscheidungen in Deutschland abzuleiten.[740]

Die Rechtshilfe bei der Beweisaufnahme im Ausland ist im Verhältnis der USA zu Deutschland im Haager Übereinkommen vom 18.3.1970 über die Beweisaufnahme im Ausland in Handels- oder Zivilsachen (HBÜ)[741] geregelt.

Ursprünglich hatte man gemeint, durch das HBÜ die aus deutscher Sicht exzessiven pretrial discovery-Maßnahmen zumindest auf die USA und eine dort stattfindende Beweisaufnahme beschränken zu können.[742] Grund hierfür war insbesondere der in Art. 23 HBÜ optional vorgesehene Vorbehalt, Rechtshilfeersuchen eines Vertragsstaates nicht zu erledigen, die ein Verfahren zum Gegenstand haben, das in den Ländern des Common Law unter der Bezeichnung „pretrial discovery of documents" bekannt sei. Deutschland hat in § 14 des Ausführungsgesetzes zum HZÜ und HBÜ[743] geregelt, daß Verfahren nach Art. 23 HBÜ im Inland grundsätzlich nicht erledigt werden. Die in Art. 14 II des Ausführungsgesetzes in Form einer besonderen ordre public-Klausel geregelte ausnahmsweise Zulassung von pretrial discovery-Maßnahmen in Deutschland berücksichtigt insbesondere völkerrechtliche Gedanken der comity[744]. Von praktischer Bedeutung ist dieser Zusatz kaum.

Über Art. 23 HBÜ wurde heftig diskutiert.[745] Das Zustandekommen der Regelung ist wahrhaft unvorstellbar. Junker[746] schildert die Verwirrung der Delegierten der elften Haager Konferenz 1970 eindrücklich. Die an der Abstimmung beteiligten Ländervertreter waren erst unmittelbar vor der entscheidenden Abstimmung mit dem Rechtsinstitut der pretrial discovery regelrecht konfrontiert worden. Es bestand keine Möglichkeit, die von den Delegierten im Nachhinein eingestandenen Fehlinterpretationen zu korrigieren.

An US-amerikanischer Literatur sind insbesondere zu nennen: Gerber, 34 Am. J. Comp. L. 745 -788 (1986); Shemanski, 17 Int'l Lawyer 465 - 487 (1983).

739 Vgl. OLG München (B. v. 31.10.1980) OLGZ 1981/232 ff. = IPRax 1982/150 ff. (mit Anm. Nagel, IPRax 1983/138 ff.) = IPRspr. 1980 Nr. 161 a = JZ 1981/538 ff. (mit Anm. Stürner, JZ 1981/521 ff.) = RIW/AWD 1981/554 f. = ZZP 94 (1981), S. 462 ff.; OLG München (B. v. 27.11.1980) OLGZ 1981/235 ff. = IPRspr. 1980 Nr. 161 b = JZ 1981/540 ff.; s. in diesem Zusammenhang auch LG München I (B. v. 10.6.1981) IPRax 1982/28 (mit Anm. Jayme) = IPRspr. 1981 Nr. 181 b = RIW/AWD 1981/850 f. = ZZP 95 (1982), S. 362 ff. (mit Anm. Schlosser); AG München (B. v. 9.6.1981) IPRax 1982/28 f. = RIW/AWD 1981/850 f. S. zum Ganzen auch Junker, S. 250 ff.; LG Kiel (Urt. v. 30.6.1982) IPRax 1984/146 ff. (mit Anm. Bosch, IPRax 1984/146 ff.) = RIW 1983/206 ff. (mit Anm. Stiefel/Petzinger, RIW 1983/242 ff.). S. in diesem Zusammenhang auch die in England ergangene Entscheidung in Sachen Westinghouse; ausführlich hierzu Junker, S. 239 ff.

740 Zum umgekehrten Fall der pretrial discoveries in den USA bei einem Verfahren vor deutschen Gerichten s. Roggenbuck, IPRax 1997/76 ff.

741 BGBl. 1977 II, S. 1452, 1472. In Kraft in Deutschland seit 26.6.1979 (BGBl. II, S. 780), in den USA seit 7.10.1972 (BGBl. 1980 II, S. 1290).

742 Ausführlich hierzu Junker, S. 207, 212 ff.

743 Ausführungsgesetz zum Haager Übereinkommen vom 18.3.1970 über die Beweisaufnahme im Ausland in Zivil- oder Handelssachen vom 22.12.1977 (BGBl. 1987 II, S. 307); abgedruckt bei Jayme/Hausmann, Nr. 103 a.

744 Vgl. bereits Teil 1, Ziffer I. 1. (S. 27 f.).

745 Vgl. Junker, S. 284 ff.

746 Discovery, S. 287 ff.; s. auch P. Schlosser, ZZP 101 (1988), S. 327, 330 f.

Art. 23 HBÜ stellt einen „fatalen gesetzgeberischen Mißgriff"[747] dar. Die Norm ist in sich nicht stimmig. Der pretrial discovery-Vorbehalt in Art. 23 HBÜ erfaßt bei wortgetreuer Auslegung nur die Vorlage von im Ausland befindlichen Urkunden (documents). Er ist insofern einerseits zu weit: Auch einzelne, ganz konkret bezeichnete Urkunden, die tatsächlich streitentscheidend sind, können von US-amerikanischen Gerichten im Rahmen der Rechtshilfe nach Art. 23 HBÜ in Deutschland nicht herausverlangt werden.[748] Andererseits ist die Regelung aber auch zu eng: Rechtshilfeersuchen US-amerikanischer Gerichte, die z.B. eine Ortsbesichtigung oder Zeugeneinvernahme begehren, fallen nicht unter Art. 23 HBÜ.[749] Einem darauf gerichteten Begehren müßte nachgegangen werden.

Die deutsche Bundesregierung meinte, den deutschen Betroffenen auch für die letztgenannten Bereiche der pretrial discoveries Schutz bieten zu müssen. In verschiedenen amicus curiae briefs an den Supreme Court of the United States vertrat sie die Ansicht, daß ein Zugriff auf sämtliche in Deutschland belegenen Beweismittel von den USA aus nur über das HBÜ zu erreichen seien. Dort regele dann Art. 23 HBÜ, daß Urkunden gar nicht vorzulegen seien.[750]

Auch das OLG München[751] vertritt diesen streng formalen Standpunkt, erlaubt aber im Rahmen der Rechtshilfe trotz der Geltung von Art. 23 HBÜ Zeugeneinvernahmen, die insbesondere den Inhalt von nicht vorlagefähigen Urkunden betreffen.

Im vorliegenden Fall ging es um eine Klage wegen der Verletzung von Patentrechten in den USA mit US-amerikanischen Beteiligten. Die Beklagte beantragte im dortigen Verfahren von der am Verfahren selbst nicht beteiligten Siemens AG, München die Vorlage verschiedener Urkunden und die Einvernahme mehrerer Mitarbeiter als Zeugen. Das vom US-amerikanischen Richter im Rahmen der Rechtshilfe ersuchte Bayerische Staatsministerium der Justiz versagte unter Berufung auf Art. 23 HBÜ die Vorlage von Urkunden, gab aber dem Ersuchen auf Zeugeneinvernahme statt.

Das OLG München bestätigte diese Justizverwaltungsakte[752]. Da die Hauptverhandlung im US-amerikanischen Prozeß erst für einen späteren Zeitpunkt bestimmt war, handele es sich bei der Vorlage von Urkunden um ein unzulässiges pretrial discovery. Die Zeugeneinvernahmen dagegen seien zulässig. Einerseits fordere Art. 3 HBÜ ein inhaltlich konkretisiertes Ersuchen und vermeide so eine unerträgliche Ausforschung. Andererseits seien die Interessen der

---

747 P. Schlosser, ZZP 101 (1988), S. 327, 329; kritisch auch Schack, Einführung in das US-amerikanische Zivilprozeßrecht, S. 54 f.

748 Vgl. Stürner, JZ 1981/521, 522.

749 Vgl. P. Schlosser, ZZP 94 (1981), S. 369, 371.

750 Vgl. Schack, Einführung in das US-amerikanische Zivilprozeßrecht, S. 52 f (dort insbesondere Fn. 392, 397; P. Schlosser, ZZP 101 (1988), S. 327, 329.

751 „Siemens-Fall", auch „corning glass-Fall" genannt, s. OLG München (B. v. 31.10.1980) OLGZ 1981/232 ff. = IPRax 1982/150 (mit Anm. Nagel, IPRax 1982/138 ff.) = JZ 1981/538 ff. (mit Anm. Stürner, JZ 1981/521 ff.) = RIW/AWD 1981/554 ff. = ZZP 94 (1981), S. 462 ff. (mit Anm. Schlosser, ZZP 94 (1981), S. 369 ff.); s. hierzu auch von Hülsen, RIW 1982/537, 544 ff.; Junker, RIW 1987/1 ff.; F. A. Mann, JZ 1981/840 ff.; Mentz, RIW/AWD 1981/73 ff.; Schack, Einführung in das US-amerikanische Zivilprozeßrecht, S. 53.

752 Vgl. Art. 23 EGGVG.

Zeugen selbst durch mögliche Zeugnisverweigerungsrechte im Inland ausreichend berücksichtigt (Meistbegünstigungsregel des Art. 11 HBÜ).[753]

Junker[754] orientiert sich dagegen nicht am Wortlaut von Art. 23 HBÜ. Er erstreckt das Übereinkommen auf sämtliche in Frage kommenden Beweismittel. Blockiert würden lediglich diejenigen Rechtshilfeersuchen, die ungenügend spezifiziert oder unzureichend substantiiert seien (vgl. Art. 3 HBÜ). Art. 23 HBÜ sei nach dessen Sinn und Zweck auszulegen.

Der Ansicht Junkers ist zu folgen. Nur so kann die einseitig gefaßte Regelung des Art. 23 HBÜ korrigiert werden. Aufgrund der von Junker ausführlich dargelegten Vorkommnisse bei der elften Haager Konferenz 1970 und der dortigen Beratungen kann nicht allein auf den damals fehlinterpretierten Wortlaut der Regelung zurückgegriffen werden. Einzig durch eine teleologische Auslegung lassen sich Wertungswidersprüche bei der Anwendung von Art. 23 HBÜ vermeiden.[755] Die inhaltlichen Grenzen der Rechtshilfe richten sich nach Art. 3 HBÜ der die Spezifizierung und Substantiierung der Beweisersuchen bestimmt.

Das OLG München verkennt, daß die erbetene Beweiserhebung im US-amerikanischen Zivilprozeß vor der eigentlichen Hauptverhandlung stattzufinden hat. Während des trials ist sie nicht mehr zulässig. Die wortgetreue Auslegung von Art. 23 HBÜ läßt sich mit diesen unterschiedlichen Verfahrensabläufen nicht in Einklang bringen.

Die Praxis der deutschen Rechtshilfe bei US-amerikanischen pretrial discovery-Verfahren kann als zurückhaltend, jedoch nicht abweisend beschrieben werden.

Zwar sind viele der US-amerikanischen Möglichkeiten einer umfassenden Wahrheitsermittlung im Rahmen der pretrial discovery-Verfahren dem deutschen Zivilverfahrensrecht unbekannt. Dies ist aber kein Grund, extraterritoriale Beweisaufnahmen in Deutschland zu verhindern. Das US-amerikanische Recht berücksichtigt die Belange der Beteiligten und auch des betroffenen Staates umfassender, als dies nach deutschem Verfahrensrecht möglich ist. Dem US-amerikanischen Gericht ist durch den balance of interest test[756] ein großer Ermessensspielraum eingeräumt, discovery orders sowohl zu Gunsten als auch zu Lasten ausländischer Verfahrensbeteiligter zu erlassen.

Die Grenzen einer eventuellen US-amerikanischen Beweisaufnahme in Deutschland normiert Art. 3 HBÜ, der eine Substantiierung und Spezifizierung der einzelnen Beweise fordert. Hierdurch ist der Gefahr der Ausforschung ausreichend begegnet.

---

753 Im vorliegenden Fall berief sich der Zeuge später erfolgreich auf ein ihm zustehendes Zeugnisverweigerungsrecht gemäß § 384 Ziffer 3 ZPO; s. LG München I (B. v. 10.6.1981), IPRax 1982/28 (mit Anm. Jayme) = IPRspr. 1981 Nr. 181 b = RIW/AWD 1981/850 f. = ZZP 95 (1982), S. 362 (mit Anm. Schlosser).

754 Discovery, S. 288 ff., 296, 297; er berücksichtigt insbesondere die unvorstellbare Entstehungsgeschichte des Art. 23 HBÜ. Zum gleichen Ergebnis kommt – wenn auch auf anderem Weg - bereits Stürner, JZ 1981/521 ff.

755 Ebenso Beckmann, IPRax 1990/201 ff.; Paulus, ZZP 104 (12991), S. 397, 411; P. Schlosser, ZZP 101 (1988), S. 327, 331 a.E. (unter Aufgabe seiner früheren gegenteiligen Auffassung).

756 Ausführlich hierzu Junker, S. 398 ff.

Zusammenfassend ergibt sich, daß es im Rahmen der Rechtshilfe keinen generellen Vorbehalt gegen pretrial discovery-Maßnahmen US-amerikanischer Gerichte in Deutschland gibt. Pretrial discoveries sind nach dem HBÜ grundsätzlich zulässig. Ein Verstoß gegen den Vorbehalt des ordre public liegt nur ausnahmsweise vor, wenn das Ersuchen nicht ausreichend konkretisiert ist oder die Grundrechte des Auskunftsverpflichteten so wesentlich verletzt sind, daß dies nicht hingenommen werden kann.

d) Die Anerkennungsfähigkeit US-amerikanischer auf pretrial discoveries beruhender Urteile in Deutschland

Nach diesem Exkurs stellt sich nun die Frage, wie es sich mit der Anerkennung ausländischer Entscheidungen in Deutschland verhält, die aufgrund von pretrial discovery-Verfahren zustande gekommen sind.

(1) Allgemeines

Das US-amerikanische pretrial discovery-Verfahren räumt den Parteien umfangreiche Befugnisse zur Tatsachenermittlung ein. Diese Befugnisse werden im deutschen Zivilprozeß größtenteils vom Gericht selbst wahrgenommen. Die Beweisaufnahme dient aber in beiden Verfahrensordnungen dem gleichen Ziel, der Wahrheitsermittlung des Sachverhaltes.

Bei der US-amerikanischen Beweisaufnahme wird die Sachverhaltsermittlung von den Parteien selbst betrieben und diese entscheiden über die Relevanz der beweisbaren oder zu beweisenden Tatsachen. Die mündliche Verhandlung wird durch die Parteien umfassend vorbereitet. Im deutschen Verfahren bieten die Parteien die ihnen wirklich oder vermeintlich zur Verfügung stehenden Beweise an und das Gericht entscheidet über deren Bedeutsamkeit. Nicht selten ergibt sich diese erst in der Hauptverhandlung selbst.

Grundsätzlich ist also die in den USA vor der eigentlichen Hauptverhandlung stattfindende Beweisaufnahme, das pretrial discovery, nicht so wesentlich unterschiedlich zur deutschen Beweisaufnahme in der Hauptverhandlung, daß eine Anerkennung zu versagen wäre. Der Hauptunterschied besteht darin, daß das pretrial discovery-Verfahren zur Beweisaufnahme nach deutschem Zivilverfahrensrecht zeitlich vorverlegt ist.

Eine Vielzahl von Verfahren endet in den USA während oder unmittelbar nach Durchführung des pretrial discovery-Verfahrens durch einen Vergleich der Parteien.[757] Diese Vergleichsquote vor der mündlichen Verhandlung darf jedoch nicht überbewertet werden. Auch im deutschen Zivilprozeß erledigen sich viele Verfahren durch Vergleiche. Zwar findet eine gütliche Einigung in Deutschland häufig erst im Rahmen der mündlichen Hauptverhandlung statt. Dies liegt aber nicht zuletzt an der zeitlichen Verschiebung der Beweisaufnahme. Erst nachdem das Gericht in den Sach- und Streitstand eingeführt hat, eine Beweisaufnahme stattgefunden hat

757 Vgl. Junker, S. 110; Lorenz, ZZP 111 (1998) S. 35 ff.; Schack, Einführung in das US-amerikanische Zivilprozeßrecht, S. 59 f.

und sich in diesem Zusammenhang die Einschätzung des Richters vom Ausgang des Verfahrens zumindest andeutet, wenn nicht sogar klar und deutlich mitgeteilt wird, läßt sich das Prozeßrisiko der Parteien realistisch einschätzen. Oft kann der deutsche Anwalt seiner Partei erst dann guten Gewissens zum Abschluß eines Vergleiches raten.[758] Diese Einschätzung kann sein US-amerikanischer Kollege bereits vor der dortigen Hauptverhandlung treffen, er hat die Zeugenaussagen schwarz auf weiß vorliegen und kennt die Beweissituation bereits.

Auch das Kostenrisiko des US-amerikanischen pretrial discovery-Verfahrens steht einer Anerkennung einer daraufhin ergangenen Entscheidung in Deutschland nicht entgegen. Zwar werden die durch die Beweisaufnahme entstehenden Kosten nicht erstattet (s.o.). Aber die deutsche Kostenregelung (§§ 91 ff. ZPO) kann nicht als so wesentlicher Grundsatz des deutschen Rechts angesehen werden, daß angenommen werden könnte, sie schützen Deutsche gegen eine möglicherweise strengere Regelung im Ausland.[759]

Auch der Grundsatz der Waffengleichheit ist beim pretrial discovery-Verfahren nicht verletzt. Die Möglichkeit der Wahrheitserforschung steht beiden Parteien gleichermaßen zu und kann sowohl belastende als auch entlastende Ergebnisse bringen.

Schließlich ist zu bedenken, daß im Rahmen der deutschen Rechtshilfe nach dem HBÜ pretrial discoveries erlaubt sind (s.o.). Was aber bei der Rechtshilfe statthaft ist, kann bei der Anerkennung darauf basierender Urteile nicht ohne weiteres abgelehnt werden. Innerhalb der Rechtshilfe findet die Beweisaufnahme im Ausland statt, mögliche Verstöße gegen den ordre public wirken sich unmittelbar dort aus. Gegenüber den auf pretrial discovery-Verfahren beruhenden US-amerikanischen Urteilen dagegen wirkt der ordre public lediglich abgeschwächt (effet atténué). Wenn aber der unmittelbare Eingriff in die deutsche Rechtsordnung, das pretrial discovery-Verfahren im Rahmen der Rechtshilfe in Deutschland erlaubt ist, dann kann das Ergebnis einer solchen im Ausland vorgenommenen Beweisaufnahme nicht ordre public-widrig sein.

Zusammenfassend ergibt sich, daß das US-amerikanische Verfahren der pretrial discovery grundsätzlich nicht so wesentlich von deutschen Grundsätzen abweicht, daß die Anerkennung einer darauf beruhenden Entscheidung in Deutschland zu versagen wäre.[760]

---

758 Sicherlich gibt es Fälle, in denen der Anwalt neben der (regelmäßig lukrativen) Vergleichsgebühr gemäß § 23 BRAGO auf eine zusätzliche Beweisgebühr gemäß § 31 I Ziffer 3 BRAGO spekuliert. Üblicherweise erfährt er aber den Inhalt der konkreten Zeugenaussagen - auch der von ihm selbst benannten Zeugen - erstmals im Prozeß und kann sich erst dann ein Bild vom Ausgang des Verfahrens machen.

759 Ausführlicher hierzu später im Rahmen der Frage der Anerkennungsfähigkeit von US-amerikanischen Entscheidungen aufgrund der dortigen Kostenregeln. Vgl. Teil 3 Ziffer I. 9. (S. 208 ff).

760 Vgl. BGH (Urt. v. 4.6.1992) BGHZ 118/312, 323 f. = CR 1993/274 f. = EWiR 1993/827 = IPRax 1992/310, 313 f. = LM 2/93 zu § 328 ZPO, Bl. 329 = MDR 1992/1181 f. = NJW 1992/3096, 3099 = RIW 1993/132 f. = WM 1992/1451, 1456 f. = ZIP 1992/1256, 1261 f. = ZZP 106 (1993), S. 79, 87 f., jeweils unter Punkt A. III. 4. a) (nicht abgedruckt bei EuZW 1992/705 ff.; JZ 1993/261 ff.). Ebenso Gottwald, ZZP 103 (1990), S. 257, 283; Heidenberger RIW 1990/804, 807; Hoechst, S. 121; Martiny, Handbuch des IZVR, Band III/1, Rn. 1109; Schack, IZVR, Rn. 865; Schütze, in: FS Stiefel, S. 697, 703; Stiefel/Stürner, VersR 1987/829, 830 f.; Stürner, ZVglRWiss 81 (1982), S. 159, 200; Veltins, DB 1987/2396, 2398; von

(2) Das Problem der Ausforschung im US-amerikanischen pretrial discovery-Verfahren

Problematisch ist aber, daß im US-amerikanischen Zivilverfahrensrecht das pretrial discovery-Verfahren zur Ausforschung des Gegners mißbraucht werden kann und wird. Es finden fishing expeditions statt, die nicht selten dazu dienen, den geltendgemachten Anspruch überhaupt erst zu begründen.

Weiterhin könnte ein Verstoß gegen den „nemo tenetur"-Grundsatz gesehen werden, daß nach deutschem Verständnis niemand die Waffen gegen sich selbst liefern muß.

Die in den USA übliche Ausforschung des Gegners ist nach deutschem Zivilverfahrensrecht unzulässig. Informations- oder Auskunftspflichten sind hier nicht konkret geregelt. Eine Ausforschung wie im US-amerikanischen pretrial discovery-Verfahren gibt es in Deutschland nicht. Keine Partei ist verpflichtet, die Waffen oder auch die Munition gegen sich selbst zu liefern.[761]

Allerdings kennt auch das deutsche materielle Recht umfangreiche Informations- und Auskunftspflichten der Parteien. Verschiedene über das materielle Zivilrecht verteilte Normen gewähren dem Gläubiger einen Anspruch auf Auskunft gegenüber dem Schuldner. Meist ist erst die so erlangte Information Grundlage eines weiteren Vorgehens. Das Grundmuster der deutschen materiellen Auskunftspflicht regelt § 666 BGB: Der Beauftragte ist zu Auskunft und Rechenschaft verpflichtet. Hierauf nehmen z.B. die Regelungen über die Geschäftsführung des Vorstandes eines Vereins (§ 27 III BGB) ebenso Bezug, wie die Regelungen über die Geschäftsbesorgung (§ 675 BGB), die Geschäftsführung ohne Auftrag (§ 681 BGB), oder über die Pflichten eines geschäftsführenden Gesellschafters (§ 713 BGB).[762] Über die gesetzlichen Regelungen hinaus wird gewohnheitsrechtlich[763] ein Auskunftsanspruch auch zugestanden, wenn der Berechtigte in entschuldbarer Weise über Bestehen oder Umfang seines Rechts im Ungewissen ist und der Verpflichtete die zur Beseitigung der Ungewißheit erforderliche Auskunft unschwer geben kann. Begründet wird dieser Auskunftsanspruch mit dem Grundsatz von Treu und Glauben.[764]

Westphalen, PHI 1988/18, 20; Zekoll, US-amerikanisches Produkthaftpflichtrecht, S. 137 ff, 148 ff.; ders., RIW 1990/302, 305.

761 Vgl. Schütze, in: FS Stiefel, S. 697, 702 f.; s. auch OLG Düsseldorf (Urt. v. 28.5.1991), RIW 1991/594, 595 = RuS 1991/339 ff. = VersR 1991/1161, 1162.

762 Weitere Auskunftspflichten regeln z.B. § 402 BGB für den Zedenten einer Forderung, § 444 BGB für den Verkäufer einer Sache über die die Sache betreffenden rechtlichen Verhältnisse, § 2027 BGB für den Erben gegenüber dem Erbschaftsbesitzer und § 2314 BGB für den Pflichtteilsberechtigten gegenüber dem Erben. S. zum Ganzen: Palandt-Heinrichs, BGB, § 261, Rn. 5; Köhler, NJW 1992/1480 ff. (insbesondere zum Wettbewerbsrecht).

763 Vgl. Köhler, NJW 1992/1480.

764 RGZ 108/1, 7; BGHZ 10/387; BGHZ 81/24; BGHZ 95/279, 288 (ständige Rechtsprechung).

Diese materiellrechtlichen Auskunftsansprüche gegenüber dem Verpflichteten lassen sich über eine Stufenklage in den Prozeß einführen. Dort gilt es dann, den Darlegungs- und Beweislastregeln Folge zu leisten, die mal den Kläger, mal den Beklagten treffen.[765]

Während das deutsche Recht ein differenziertes System der Informations- und Auskunftspflicht entwickelt hat und diese Verästelungen im Beweisrecht vor Gericht fortführt, verfolgt das US-amerikanische pretrial discovery-Verfahren eine extensive Offenheit. In Deutschland wird streng unterschieden, wem zu welchem Zeitpunkt welches Recht und welche Pflicht zusteht. In den USA dagegen wird umfassend der Sachverhalt ermittelt, gleichgültig, wer nun Berechtigter oder Verpflichteter ist.

Dieser Unterschied führt aber nicht dazu, die pretrial discovery-Maßnahmen des US-amerikanischen Zivilverfahrens als grundsätzlich unvereinbar mit dem deutschen verfahrensrechtlichen ordre public zu erklären. Denn auch das deutsche materielle Zivilrecht kennt Informations- und Auskunftspflichten, die an die Stelle der US-amerikanischen Verfahrensregelung treten und ähnliche Wirkungen wie diese entfalten. Bei der Frage der Anerkennungsfähigkeit ausländischer Entscheidungen sind nicht lediglich einzelne verfahrensrechtliche oder materiellrechtliche Grundsätze zu berücksichtigen.[766] Es kommt vielmehr auf eine Gesamtschau an.

Zusammenfassend ergibt sich, daß US-amerikanischen Urteilen, die aufgrund einer Beweisaufnahme ergangen sind, die pretrial discovery-Maßnahmen zum Gegenstand haben, in Deutschland die Anerkennung nur zu versagen ist, wenn das konkrete Ergebnis des pretrial discovery-Verfahrens mit den wesentlichen Grundsätzen des deutschen Rechts offensichtlich unvereinbar ist. Dies ist nur dann der Fall, wenn konkrete Anhaltspunkte dafür vorliegen, daß im US-amerikanischen Zivilprozeß im Rahmen der dort stattfindenden pretrial discoveries eine umfassende Ausforschung der gegnerischen Partei durchgeführt wurde, die die dem deutschen Zivilverfahren bekannten Auskunftsrechte und -ansprüche so wesentlich übersteigt, daß sie nicht mehr hingenommen werden kann. Der dem Gericht obliegenden Wahrheitsermittlung kommt hierbei besondere Bedeutung zu. Ob ein solcher Mißbrauch vorliegt, ist Frage des Einzelfalles.[767]

---

765 Ausführlicher hierzu Paulus, ZZP 104 (1991), S. 397, 404 ff., 409 f.; Stürner, Die Aufklärungspflicht der Parteien des Zivilprozesses, S. 1 ff.

766 A.A. Schütze, Deutsch-amerikanische Urteilsanerkennung, S. 169.

767 Vgl. BGH (Urt. v. 4.6.1992) BGHZ 118/312, 323 f. = CR 1993/274 f. = EWiR 1993/827 = IPRax 1992/310, 313 f. = LM 2/93 zu § 328 ZPO Bl. 329 = MDR 1992/1181 f. = NJW 1992/3096, 3099 = RIW 1993/132 f. = WM 1992/1451, 1456 f. = ZIP 1992/1256, 1261 f. = ZZP 106 (1993), S. 79, 87 f., jeweils unter Punkt A. III. 4. a) (nicht abgedruckt bei EuZW 1992/705 ff.; JZ 1993/261 ff.). Ebenso Gottwald, ZZP 103 (1990), S. 257, 283; Heidenberger RIW 1990/804, 807; Hoechst, S. 121; Hök, S. 283 ff.; Martiny, Handbuch des IZVR, Band III/1, Rn. 1109; Schack, IZVR, Rn. 865; Schütze, in: FS Stiefel, 1987, S. 697, 703; Stiefel/Stürner, VersR 1987/829, 830 f.; Stürner, ZVglRWiss 81 (1982), S. 159, 200; Veltins, DB 1987/2396, 2398; von Westphalen, PHI 1988/18, 20; Zekoll, US-amerikanisches Produkthaftpflichtrecht, S. 137 ff, 148 ff.; ders., 37 Am. J. Comp. L. 301, 333 (1989); ders., RIW 1990/302, 305.

7. Die Erforderlichkeit von Urteilsgründen für die Anerkennungsfähigkeit US-amerikanischer Urteile in Deutschland

a) Allgemeines

US-amerikanische Urteile sind regelmäßig nicht mit Gründen versehen. Es stellt sich die Frage, ob dies die Anerkennungsfähigkeit US-amerikanischer Entscheidungen in Deutschland hindert

Grundsätzlich kommt es nicht darauf an, ob das US-amerikanische Recht eine Verpflichtung kennt, Urteile zu begründen. Denn eine solche Begründungspflicht zählt in Deutschland nicht zu den zwingenden Justizgarantien, ohne die eine Anerkennung versagt werden müßte.[768] Auch bei deutschen Urteilen können Tatbestand und Gründe fehlen, insbesondere wenn die Parteien darauf verzichten (§ 313 a I ZPO), oder wenn ein Anerkenntnis-, Versäumnis- oder Verzichtsurteil ergeht (§ 313 b I ZPO).

Eine Ausnahme gilt für den Fall, daß das US-amerikanische Urteil nach dortigem Recht mangels Gründen bereits nichtig ist. Dann ist die Anerkennung in Deutschland zu versagen.

b) Die Entscheidung des LG Berlin vom 13.6.1989

Das LG Berlin[769] hat in einem Urteil vom 13.6.1989 die Anerkennung eines US-amerikanischen Urteils unter anderem deswegen versagt, weil schriftliche Entscheidungsgründe fehlten.

In einem Produkthaftungsfall hatte die US-amerikanische Klägerin bei der Bedienung einer von der deutschen Beklagten gelieferten Maschine am 8.10.1975 einen Unfall erlitten. Dabei hatte sie ihr Handgelenk für einen Zeitraum von 20 bis 40 Minuten in die Maschine eingeklemmt. Das Handgelenk war geschwollen, die Klägerin wurde zunächst ambulant behandelt und am gleichen Tag aus dem Krankenhaus entlassen. Fünf Wochen später wurde wegen eines Carpaltunnel-Syndroms ein chirurgischer Eingriff vorgenommen. Die Geschädigte konnte erst neun Monate später an ihren Arbeitsplatz zurückkehren. Sie verklagte sowohl die US-amerikanische Vertriebs- als auch die deutsche Herstellerfirma der Maschine. Sie machte Ansprüche wegen eines Konstruktionsfehlers (negligent design) und wegen der kraft Rechtsprechung unterstellten Gewährleistung der Gebrauchstauglichkeit (breach of warranty of merchantability) geltend. Die US-amerikanische jury befand die deutsche Herstellerin wegen fahrlässigen Handelns zu 95 % für schuldig, die Klägerin mußte sich ein Mitverschulden von 5 % anrechnen lassen. Mit erstinstanzlichem Urteil des Superior Court of Middlessex, Massachusetts vom 15.1.1985[770] wurde die deutschen Herstellerin zur Zahlung von 275.000 US-

---

768 Vgl. Geimer/Schütze, Band I/2, S. 1596 ff.; Martiny, Handbuch des IZVR, Band III/1, Rn. 1114; G. Roth, S. 171.

769 Urteil vom 13.6.1989, abgedruckt in DB 1989/2120 ff. = RIW 1989/988, 989 (mit zustimmender Anm. Heidenberger, RIW 1990/804 ff. und ablehnender Anm. Zekoll, RIW 1990/302 ff.).

770 Solimene vs. Grauel & Co. KG, 507 N.E. 2d 662 (Mass. 1987).

Dollar Schadensersatz und Verdienstausfall nebst Zins und Zinseszins verurteilt. Die Revision der Beklagten wurde vom Supreme Judical Court of Massachusetts am 4.5.1987 verworfen. Der geschuldete Betrag belief sich zu diesem Zeitpunkt auf 660.298 US-Dollar.[771]

Die Beklagte begehrte die Vollstreckbarerklärung des US-amerikanischen Urteils in Deutschland. Das zuständige LG Berlin versagte die Vollstreckbarerklärung. Das US-amerikanische Urteil erster Instanz verstoße gegen den ordre public, unter anderem weise es keinerlei Urteilsgründe auf. Das Urteil zweiter Instanz gehe zwar auf verschiedene Einwendungen der Beklagten ein, eine allgemeine Darstellung der Abwägungskriterien fehle jedoch und auch zur Höhe des geltendgemachten Schadens sei nichts gesagt. Dies begründe zwar für sich genommen noch keinen Verstoß gegen den ordre public. Die sich daraus ergebenden Unklarheiten müßten aber zu Lasten der Klägerin gehen.

Das LG Berlin traf seine Entscheidung ohne Prüfung aller zur Verfügung stehender Informationen über die US-amerikanische Urteilsfindung. Insbesondere erfolgte keine Einsichtnahme in die dort gefertigten Protokolle. Hier ist ein strenger Maßstab anzusetzen. US-amerikanische Urteile ergehen insbesondere bei Beteiligung einer jury häufig ohne Begründung. Im Gegensatz zu Deutschland werden die Feststellungen in der mündlichen Hauptverhandlung aber wörtlich protokolliert. Die Protokolle stehen den Parteien jederzeit zur Einsicht zur Verfügung. Bevor also wegen vermeintlicher Unklarheiten aufgrund des Fehlens einer Urteilsbegründung ein Verstoß gegen den ordre public angenommen werden kann, müssen zunächst sämtliche anderen Möglichkeiten ausgeschöpft werden, die Urteilsfindung nachzuvollziehen. Im Fall des LG Berlin hätten also die US-amerikanischen Protokolle der Ausgangsentscheidung eingesehen werden müssen. Erst wenn nach dieser umfassenden Überprüfung mit eingeschränkter Ablehnungsmöglichkeit weiterhin Zweifel an der Anerkennungsfähigkeit eines fremden Urteils bestehen kann diese versagt werden.[772].

Heidenberger[773] weist im vorliegenden Fall nach, daß die jury laut Protokoll der US-amerikanischen Hauptverhandlung nicht erkennen lasse, wie sie zu dem Urteilsergebnis komme und somit die Entscheidung des LG Berlin im Ergebnis richtig sei. Dennoch hat es das LG Berlin in seinem Urteil vom 13.6.1989 versäumt, dies zu prüfen und darzulegen. Die Entscheidung des LG Berlin ist in seiner Begründung zumindest hinsichtlich der Frage des Fehlens von Urteilsgründen falsch.

Das LG Berlin führt in seiner Entscheidung weiter aus, daß im US-amerikanischen Ausgangsverfahren ein konkreter Fehler des deutschen Produzenten nicht nachgewiesen worden sei. Das US-amerikanische Gericht habe lediglich auf die negative Abweichung der fraglichen Maschine von der allgemeinen Verbrauchererwartung abgestellt. Bereits der Anschein der Kausalität des so beschriebenen Fehlers sei als ausreichend für die Haftung angesehen wor-

771 Zum Sachverhalt vgl. auch Heidenberger, RIW 1990/804 f.

772 Vgl. hierzu Teil 1, Ziffer II. 2. (S. 38 ff.).

773 RIW 1990/804, 807.

den.[774] Dies genügt nach Ansicht des LG Berlin nicht den an ein fremdes Urteil zu stellenden Anforderungen an die Begründetheit der dort zugesprochenen Ansprüche.

Sechs Monate nach dieser Entscheidung trat in Deutschland das neue Produkthaftungsgesetz[775] in Kraft. Gemäß § 3 ProdHaftG kommt es nunmehr entsprechend der US-amerikanischen Regelung auch in Deutschland für die Fehlerhaftigkeit einer Sache auf die objektiven Sicherheitserwartungen des Benutzers an und nicht auf den Nachweis eines konkreten Fehlers.

Zu einer Korrektur des Urteils des LG Berlin kam es nicht, die Parteien verglichen sich in der Berufungsinstanz.[776]

c) Zusammenfassung

Dem LG Berlin ist darin zuzustimmen, daß die Anerkennung einer US-amerikanischen Entscheidung grundsätzlich nicht am Fehlen von Urteilsgründen scheitert. Allerdings muß das deutsche Anerkennungsgericht bei Unklarheiten in dem zur Anerkennung stehenden Urteil sämtliche Möglichkeiten ausschöpfen, den Sachverhalt umfassend aufzuklären.

8. Das US-amerikanische jury-Verfahren und dessen Anerkennungsfähigkeit in Deutschland

Bedenken gegen die Anerkennungsfähigkeit US-amerikanischer Urteile können sich auch daraus ergeben, daß diese aufgrund eines jury-Verfahrens ergehen.[777]

Hierbei ist zu differenzieren: Einerseits stellt sich die Frage, ob bereits die Übertragung der Entscheidung auf Laienrichter einen Verstoß gegen den ordre public begründet. Andererseits ist zu prüfen, ob die Entscheidung der jury, insbesondere wenn sie die Verurteilung zu exzessiv hohen Schadensersatzbeträgen betrifft, gegen den ordre public verstößt. Zunächst geht es einzig um die Beteiligung einer jury am Verfahren. Geprüft wird die Frage eines Verstoßes gegen den verfahrensrechtlichen ordre public bei Einschaltung von Laienrichtern. Erst im Rahmen der Anerkennungsfähigkeit von punitive damages in Deutschland wird auf die Anerkennungsfähigkeit exzessiv hoher Schadensersatz- und Schmerzensgeldbeträge in Deutschland eingegangen. Hierbei handelt es sich um eine Frage des materiellrechtlichen ordre pu-

---

774 LG Berlin (Urt. v. 13.6.1989) DB 1989/2120 = RIW 1989/988, 989.

775 ProdHaftG vom 15.12.1989 (BGBl. 1989 I, S. 2198).

776 Mitteilung des damaligen Präsidenten des LG Berlin; zitiert von Heidenberger, RIW 1991/599.

777 LG Berlin (Urt. v. 13.6.1989) DB 1989/2120 ff. = RIW 1989/988 ff.; s. hierzu insbesondere Heidenberger, RIW 1990/804 ff. (mit ausführlicher Darstellung des Sachverhaltes); Zekoll, RIW 1990/302 ff. (mit Hinweis auf das Ersturteil Solimene vs. B. Grauel & Co. KG, 507 NE2d 662 (Mass., 1987)); s. auch Rosengarten, S. 140 (dort ist allerdings die Fundstelle falsch zitiert). Die Kritik des LG Berlin richtet sich vornehmlich gegen die fehlende Begründung des US-amerikanischen Urteils. Diese ist aber regelmäßige Folge des US-amerikanischen jury trials erster Instanz (ausführlich hierzu im Folgenden).

blic, sie muß unabhängig davon beantwortet werden, ob eine jury die Entscheidung nach deutschem Verständnis treffen darf.[778]

a) Die US-amerikanische jury in Zivilsachen

Viele aufsehenerregende US-amerikanische Zivilprozesse finden vor einer jury statt. Das Verfahren wird von den Parteien betrieben, die Entscheidung trifft die jury. Maxeiner[779] vergleicht den US-amerikanischen Zivilprozeß mit einem Schauspiel, bei dem die jury das Publikum darstelle. Ursprünglich als Gegengewicht zum englischen Berufsrichter gedacht, wird die jury heute als wesentliche demokratische Errungenschaft des US-amerikanischen Justizsystems verstanden.[780] Die Justiz ist Teil der Demokratie, die jury stellt das entsprechende Parlament innerhalb der Justiz dar.

Vor US-amerikanischen Bundesgerichten ist in Fragen des common law[781] bei Streitwerten ab 20 US-Dollar der Einsatz einer jury vorgesehen (US-Constitution, Amendment VII). Für die Gerichte der einzelnen Bundesstaaten gelten individuelle, meist ähnliche Regelungen.[782] Die Parteien können auf den Einsatz einer jury einvernehmlich verzichten (waiver). Tun sie dies nicht, so müssen sie durch einen fristgebundenen Antrag ihr Recht auf ein jury-Verfahren beanspruchen (demand for jury trial; vgl. Rules 38 (b), (d) F.R.Civ.P.). Der Richter kann auch von sich aus eine jury berufen (Rule 39 (c) F.R.Civ.P.). Der Verzicht auf den Einsatz einer jury kommt insbesondere in Wirtschafts- und Kartellrechtsstreitigkeiten in Betracht, wenn Laienrichter insbesondere wegen der ihnen fehlenden Akten- und Sachkenntnis völlig überfordert wären. Dagegen kommt es in Haftpflichtfällen, vornehmlich Produkthaftungssachen, regelmäßig zur Verhandlung vor einer jury. Dann wird zwischen den Parteien um das Mitleid mit dem armen Opfer aus dem Volk gerungen, das einem wirtschaftlich potenten Unternehmen gegenübersteht.

Die Geschworenen entscheiden über die ihnen vorgelegten Tatfragen (questions of fact). Hierzu gehören insbesondere die Beurteilung der Glaubwürdigkeit von Zeugen, die Anwendung von Fahrlässigkeitsmaßstäben, also Sorgfaltspflichtverletzungen, und die Frage der Höhe des Schadensersatzes (z.B. bei punitive damages) oder des Schmerzensgeldes (damages for pain and suffering).[783] Der das Verfahren leitende Berufsrichter gibt der jury konkrete Hin-

---

778 S. unten, S. 229 f.

779 RIW 1990/440, 444.

780 Vgl. Grossfeld, RabelsZ 39 (1975), S. 5, 20; Schack, Einführung in das US-amerikanische Zivilprozeßrecht, S. 62; Zekoll, S. 101.

781 Unter common law versteht man gemeingin das gesamte US-amerikanische Zivilrecht (Fallrecht) exklusive equity law (z.B. Unterlassungsklagen oder Familiensachen).

782 Vgl. Zekoll, S. 80.

783 Vgl. Zekoll, S. 82 f. Im „Ford Pinto-Fall“ (Grimshaw vs. Ford Motor Co.) hatte die jury insbesondere über Sorgfaltspflichtverletzungen der Mitarbeiter der beklagten Ford Motor Co. zu urteilen. Um Entwicklungskosten zu sparen und neue Richtlinien zum Sicherheitsstandard von Fahrzeugen abzuwarten hatte die Ford Motor Co. es bewußt unterlassen, die bekanntermaßen risikobehaftete Plazierung des Tanks zu ändern. Obwohl es in Versuchsreihen (Crash-Tests) mehrfach zu Explosionen gekommen war

weise (instructions) sowohl zum Haftungsgrund als auch zu Abwägungskriterien bezüglich der Höhe der geltendgemachten Ansprüche.[784] Eine Begründung der Entscheidung der jury ist nicht erforderlich (general verdict).[785] Der Richter kann die Entscheidungsfindung der jury aber durch gezielte Fragen konkretisieren (special verdict).

Der vorsitzende Richter leitet den von den Parteien betriebenen Prozeß und greift lediglich zur Verhinderung massiver Verstöße gegen die Verfahrensordnung in die Verhandlung ein.[786] Er selbst entscheidet Rechtsfragen (question of law). Er beurteilt insbesondere die Zulässigkeit und Schlüssigkeit der Klage (judgement on the pleadings bzw. summary judgement).

Die von der jury zugesprochenen Schadensersatzsummen dürfen vom Rechtsmittelgericht einzig daraufhin überprüft werden, ob sie völlig unverhältnismäßig sind (grossly excessive), oder ob ein Ermessensmißbrauch vorliegt. Ist dies der Fall, so kann der Betrag in einem remittitur-Verfahren reduziert werden. Wenn eine der Parteien damit nicht einverstanden ist, findet ein neues Verfahren vor einer anderen jury statt. Auf Antrag kann in manchen Fällen auch unmittelbar eine neue Verhandlung angeordnet werden. In eng begrenzten Ausnahmefällen kann das Gericht unter gewissen Voraussetzungen ohne Berücksichtigung des jury-Spruches eine eigene Entscheidung treffen (judgement notwithstanding the verdict).[787]

Die jury besteht traditionell aus zwölf Mitgliedern (jurors), einzelstaatliche Regelungen lassen aus Effizienz- und Kostengründen gelegentlich auch sechs Geschworene zu.[788] Es handelt sich um Bürger des Gerichtssprengels die aus Wählerlisten rekrutiert werden. Der Zusammensetzung der jury kommt große Bedeutung zu. Bereits bei der Auswahl der Geschworenen versuchen die Parteien durch Anhörung und zeitaufwendige Befragung der Kandidaten (voir dire) entscheidenden Einfluß auf den Ausgang des Prozesses zu nehmen.[789] Geschworene

---

wurde der Wagen ohne Änderungen weiter produziert und verkauft. Bei einem Auffahrunfall hatte der 13jährige Kläger massive Verbrennungen davongetragen, seine Mutter war umgekommen. S. Grimshaw vs. Ford Motor Co., 119 Cal. App. 3d 757, 174 Cal. Rptr. 348 (1981). Ausführlich zum Sachverhalt, zur Entscheidungsfindung der jury und zu deren Überprüfung durch das Rechtsmittelgericht Teil 3, Ziffer II. 2. a) (4) (S. 234 f.); s. auch Coester-Waltjen, in: Herausforderungen, S. 15 f.; Heesch, JZ 1978/247; Lenz, S. 35 f.; Rosengarten, S. 60 ff.

Unklar ist die Kompetenzzuweisung bei der Frage der Beurteilung des vorhandenen Beweismaterials (circumstancial evidence). Vgl. hierzu Zekoll, S. 82.

784 Bei der Zuerkennung von punitive damages wird die jury häufig über Funktion und materiellrechtliche Voraussetzungen belehrt und angewiesen, das Urteil zu begründen und die Schadensersatzbeträge konkret nach compensatory damages, actual damages und punitive damages zu differenzieren. Verschiedene Einzelstaaten haben bereits sog. model-instructions entwickelt, die konkrete Anleitungen beinhalten. Ausführlich hierzu: Perczek, 27 Suffolk U. L. Rev. 825 - 904 (1993) mit Reformvorschlägen zur Ausformung und Konkretisierung der instructions (S. 866 ff.); s. auch Rosengarten, S. 59 f.

785 Vgl. hierzu bereits Teil 3, Ziffer I. 7. (S. 199 ff.).

786 Vgl. zum Ganzen Grossfeld, RabelsZ 39 (1975), S. 5, 19 ff.; Heidenberger, RIW 1990/804, 807; Rosengarten, S. 55 ff.; Schack, Einführung in das US-amerikanische Zivilprozeßrecht, S. 62 ff.; Vorpeil, RIW 1992/851, 852; Zekoll, S. 80 ff.

787 Vgl. zum Ganzen: Grossfeld, RabelsZ 39 (1975), S. 5, 21 f.; Heidenberger, RIW 1982/872 ff.; Rosengarten, S. 57 ff.; Zekoll, S. 84.

788 Vgl. Schack, Einführung in das US-amerikanische Zivilprozeßrecht, S. 63; Weinschenk, RIW/AWD 1973/131, 133.

789 Von Bedeutung sind z.B. die Zusammensetzung nach Frauen und Männern, das Alter der jurors und deren rassische Herkunft, aber auch die Voreingenommenheit gegenüber der jeweils anderen Partei und die Beeinflussung durch Medienberichterstattung sind zu berücksichtigen. Vgl. Böhmer, NJW 1990/3049,

können von den Parteien z.B. wegen Befangenheit abgelehnt werden, drei Geschworene auch ohne Begründung (28 USC § 1870).[790]

Inzwischen ist in vielen Bundesstaaten für die Entscheidung der jury eine qualifizierte Mehrheit ausreichend. Das früher vorherrschende Prinzip der Einstimmigkeit der Entscheidung wurde aus Effizienzgründen aufgegeben. Auch sollte der abweichenden Meinung eines einzelnen jury-Mitgliedes die Macht der Blockade der Entscheidung (hung jury) genommen werden. Vor den Bundesgerichten ist nach wie vor eine einstimmige Entscheidung erforderlich.[791]

b) Unterschiede in der Person und der Stellung des US-amerikanischen und des deutschen Richters

Für die Beantwortung der Frage der Anerkennungsfähigkeit von US-amerikanischen jury-Urteilen in Deutschland muß nicht nur das US-amerikanische jury-System untersucht werden. Vielmehr sind auch die unterschiedliche Position und das differierende Verständnis vom deutschen und US-amerikanischen Richter von Bedeutung.

(1) Der das US-amerikanische Verfahren leitende Berufsrichter

Zunächst geht es um den das Verfahren leitenden Richter selbst. Das Bild des Richters in der deutschen Justiz wird geprägt vom klassischen Laufbahnrichter. Regelmäßig ist er von Beginn seiner beruflichen Karriere an als verbeamteter Richter tätig.[792]

In den USA ist dies anders. Dort rekrutieren sich die Berufsrichter vornehmlich aus der Anwaltschaft, gelegentlich aus der staatlichen Verwaltung oder auch aus der Professorenschaft. Die dortigen Berufsrichter haben meist eine juristische Karriere hinter sich und nehmen ihr Amt erst in höherem Alter an. Sie sind entweder gewählt oder ernannt. Richter der einzelnen Bundesstaaten werden zeitlich begrenzt, Bundesrichter auf Lebenszeit eingesetzt.[793] Regelmäßig ist die politische Einstellung des Kandidaten von großer Bedeutung. Faktisch finden

---

3050; Heidenberger, RIW 1982/872, 875 f.; ders., RIW 1990/804, 808 (dort insbesondere Fn. 27); s. auch The National Law Journal Special Supplement, February 6th, 1995, Seite C17 (mit einer Vielzahl von Beispielen). Ausführlich zu den inzwischen verfeinerten Methoden der Auswahl der jurors, insbesondere unter Berücksichtigung psychologischer Aspekte: Zekoll, S. 95 ff., 101.
Spätestens seit dem aufsehenerregenden Strafverfahren gegen O. J. Simpson vor einer vornehmlich mit Schwarzen besetzten jury und dem folgenden Zivilverfahren vor einer vornehmlich mit Weißen besetzten jury dürfte das US-amerikanische jury-Verfahren zumindest in seinen Grundzügen weltweit bekannt sein.

790 Zum Verfahren nach Auswahl der jury ausführlich Schack, Einführung in das US-amerikanische Zivilprozeßrecht, S. 63 ff.

791 Vgl. Zekoll, S. 81.

792 Allenfalls (befristete) Wechsel zur Staatsanwaltschaft unterbrechen diese Laufbahn, sind aber regelmäßig geeignet, sie zu fördern. Die Ausnahme des Laienrichters im Zivilrecht wird später erörtert.

793 In Deutschland sind Berufsrichter immer auf Lebenszeit zu ernennen (§ 28 DRiG). Vgl. zum Ganzen: Grossfeld, RabelsZ 39 (1975), S. 5, 18 f.; Schurtmann/Walter, S. 30 f.

die politischen Mehrheitsverhältnisse eine Rückkoppelung in der Justiz, konkret der Besetzung der Gerichte.

Auch die Position des US-amerikanischen Richters ist anderes zu deuten als in Deutschland. Der US-amerikanische Richter ist einerseits nur Schiedsrichter in einem vornehmlich von den Anwälten der Parteien bestimmten Verfahren (adversary system).[794] Andererseits erlaubt ihm aber das System, im Fallrecht des common law zu entscheiden. Er hat insbesondere die Möglichkeit, über Einzelfallgerechtigkeit hinaus neue Rechtsgrundsätze zu entwickeln und durchzusetzen. Rechtspolitische Veränderungen lassen sich durch die Rechtsprechung unmittelbarer bewirken und flexibel durchsetzen.[795] Aufgrund dieser Anamnese versteht sich der US-amerikanische Richter im Gegensatz zu seinem deutschen Kollegen in weit stärkerem Maße als social engineer. Nicht selten leiten US-amerikanische Richter durch ihr Urteil bewußt weitreichende rechtspolitische Veränderungen ein.

Der berufssoziologische Hintergrund des US-amerikanischen Berufsrichters ist sicher mitursächlich für die Unterschiede zum deutschen Verfahren. Dennoch ist die Aufgabe sowohl des US-amerikanischen als auch des deutschen Richters die gleiche. Für beide geht es darum, innerhalb geordneter rechtsstaatlicher Bahnen Recht zu sprechen.[796]

Daß die jeweils anwendbaren Rechtssysteme von Grund auf verschieden sind, kann nicht dem Richter selbst angelastet werden. Es mag zwar mit dem deutschen Verständnis von Unabhängigkeit und Unparteilichkeit des Richters nicht völlig in Einklang stehen, wenn der US-amerikanische Kollege üblicherweise soziale und rechtspolitische Argumente betont. Dennoch ist die Divergenz im Richterbild nicht so unerträglich, daß ein Verstoß gegen den verfahrensrechtlichen ordre public ersichtlich wäre.

(2) Die US-amerikanische jury - Laienrichter aus dem Volk

Auch die in der jury eingesetzten Laienrichter ändern diese Einschätzung nicht. Es wurde bereits dargelegt, daß das US-amerikanische Gerichtsverfahren ein Abbild der Gesellschaft ist, in dem der jury die Aufgabe eines demokratischen Parlamentes zukommt.

Jury-Verfahren finden in den USA statistisch gesehen relativ selten statt. Meist handelt es sich aber um aufsehenerregende Fälle,[797] die aufgrund ihrer Medienwirksamkeit den Eindruck erwecken, in den USA würden nur Laienrichter entscheiden.

---

794 Dies entspricht grundsätzlich dem im deutschen Zivilrecht vorherrschenden Parteiprozeß.

795 Vgl. Zekoll, S. 104 f.

796 Maxeiner meint, hier Unterschiede feststellen zu können. Aufgabe des deutschen Zivilprozesses sei die Feststellung einer konkreten Rechtslage in einem richtigen Urteil, während der US-amerikanische Prozeß als bescheideneres Ziel lediglich die Schlichtung, also Streitbeilegung verfolge (vgl. ders. RIW 1990/440). Diese Differenzierung ist zu dogmatisch und orientiert sich vornehmlich an historischen Kommentierungen in Deutschland. In der Sache selbst geht es in beiden Ländern um die (effiziente) Streitbeilegung. Die Praxis vor deutschen Gerichten beweist dies täglich.

797 Die sicherlich spektakulärsten Beispiele der jüngeren Zeit sind die Straf- und Zivilverfahren gegen O. J. Simpson.

Laienrichter sind auch dem deutschen Zivilrecht nicht unbekannt. Z.B. sind die Beisitzer der Kammern für Handelssachen an den Landgerichten Laienrichter.[798] Allerdings findet die Beteiligung von Laienrichtern im deutschen Zivilverfahren in weit geringerem Umfang statt als in den USA.

Weiterhin ist zu berücksichtigen, daß nicht nur das US-amerikanische Zivilverfahren den Einsatz einer jury vorsieht. Auch im dortigen Strafverfahren urteilen Laienrichter. Parallelen hierzu sind in Deutschland erkennbar bei der Besetzung der Schöffengerichte[799] oder auch den Strafkammern am Landgericht[800]. Interessant ist, daß in bestimmten Fällen auch in Deutschland - zumindest bis 1924 - Geschworene ohne Beteiligung des Berufsrichters über Schuld oder Unschuld des Angeklagten entschieden.

Das jury-System ist dem deutschen Recht also keineswegs fremd. Allein aus Person und Stellung der einzelnen jury-Mitglieder läßt sich kein Verstoß gegen den verfahrensrechtlichen ordre public konstruieren.

c) Die Hauptkritikpunkte am US-amerikanischen jury-Verfahren

Die Kritiker rügen am US-amerikanischen jury-Verfahren insbesondere, daß es schwerfällig und umständlich sei. Die Verfahren würden extrem lang dauern und auch sehr teuer seien. Weiterhin eigne sich das Verfahren nicht für komplizierte Sachverhalte und die an die jury erteilten instructions böten eine nur ungenügende Leitlinie für die Geschworenen. Diese seien bei der Beurteilung komplexer Sachverhalte überfordert. Hauptkritikpunkt ist, daß die jury es geradezu provoziere, daß der Anwalt mit Emotionen arbeite und daß die jury sich gegen die psychologisch versierten Tricks der geschulten Anwälte nicht behaupten könne. Regelmäßig würde der Anspruchsteller als Opfer, zumindest als armer und einsamer Kämpfer gegenüber einem geradezu übermächtigen Wirtschaftsunternehmen dargestellt.[801] So plazieren z.B. geschickt agierende Klägeranwälte Verbrennungsopfer im Gerichtssaal, um das Mitleid der jury für den eigenen gleichgelagerten Fall zu provozieren.[802] Oder der jury werden wiederholt spektakuläre Filmaufnahmen vorgespielt, die Auffahrtests des Fahrzeugproduzenten zeigen und auf denen festgehalten ist, daß die fehlerhafte Konstruktion der Tankanordnung regelmäßig zur Explosion des Fahrzeugs führt.[803]

Als weitere Kritikpunkte wird auf das Fehlen schriftlicher Urteilsgründe bei jury-Entscheidungen (general verdict) und den zu großen Ermessensspielraum der jury bei der

798 Vgl. §§ 71, 105, 109 GVG, 44 ff. DRiG.

799 Vgl. § 29 GVG.

800 Vgl. § 76 II GVG.

801 Vgl. zum Ganzen Grossfeld, RabelsZ 39 (1975), S. 5, 20; Heidenberger, RIW 1982/872, 873; Perczek, Suffolk U. L. Rev. 825 - 904, 866 ff. (1993); Rosengarten, S. 55 f., 141 f.; Zekoll, S. 101. Zum Vorgehen der Anwälte vgl. insbesondere Zekoll, S. 94 ff.

802 Vgl. Lenz, S. 9.

803 So geschehen im „Ford Pinto-Fall“: Grimshaw vs. Ford Motor Co., 119 Cal. App. 3d 757, 174 Cal. Rptr. 348 (1981). Ausführlich hierzu unten (S. 234 f.).

Beurteilung von Schadensersatz- und Schmerzensgeldsummen verwiesen. Die juries würden bei ihrer Entscheidungsfindung unverhältnismäßig hohe Summen aussprechen und sich von der Finanzkraft der beklagten Unternehmen beeinflussen lassen (deep pocket-Syndrom).

Diese Aspekte werden zur besseren Differenzierung und Übersichtlichkeit als gesonderte Punkte selbständig behandelt.[804]

d) Die Vorteile des US-amerikanischen jury-Verfahrens

Das jury-Verfahren hat aber auch Vorteile. Es ist in seiner Rechtsanwendung flexibel und es ermöglicht, starre gesetzliche Regelungen den sich ändernden Verhältnissen anzupassen. Sowohl das common law-System selbst, als auch die hohe Mobilität und Flexibilität der US-amerikanischen Gesellschaft können nur mit einem Puffer funktionieren, der eine elastische Rechtsanwendung ermöglicht. Die aus dem Volk rekrutierte jury ist hierzu in weit größerem Maße in der Lage, als ein Einzelrichter. Sie ist ein demokratisch gewähltes Abbild der Gesellschaft. Der Einzelrichter dagegen muß einer gesellschaftlichen Gruppe zugeordnet werden.

Weiterhin ist zu berücksichtigen, daß das jury-Verfahren in ein umfassendes Kontrollsystem eingebunden ist das Schutzmechanismen vor inakzeptablen Entscheidungen bereithält.

Zunächst nehmen die Parteien schon bei der Auswahl der jury-Mitglieder großen Einfluß. Es muß davon ausgegangen werden, daß die jury letztlich paritätisch besetzt ist. Weiterhin stehen den Klägeranwälten ebenso versierte Beklagtenanwälte gegenüber. Sollte hier ein Ungleichgewicht auftreten, so ist dies zumindest nicht dem jury-System anzulasten. Schließlich gewährleisten die instructions durch den Berufsrichter ein gewisses Maß an Rechtssicherheit. Schließlich bieten verschiedene zulässige Rechtsmittel die Möglichkeit der Überprüfung der jury-Entscheidung durch Instanzgerichte. Allerdings geht der Supreme Court of the United States davon aus, daß diese ordnende Einschränkung des jury-Ermessens noch erweiterungsbedürftig sei.[805]

Zusammenfassend ergibt sich, daß die im US-amerikanischen System selbst verankerten Kontrollmaßnahmen ihre Aufgabe bereits im Urteilsstaat erfüllen. Es ist nicht erforderlich, daß das Anerkennungsland, hier Deutschland, weitere Überprüfungen vornimmt.

e) Die Anerkennungsfähigkeit eines von einer US-amerikanischen jury ausgesprochenen Urteils in Deutschland

Auch das deutsche Recht kennt Berufs- und Laienrichter. Es weist diesen allerdings teilweise andere Aufgaben zu, als das US-amerikanische System. Fraglich ist, wie die unterschiedliche

---

804 Zur Erforderlichkeit von schriftlichen Urteilsgründen siehe bereits oben, Teil 3, Ziffer I. 7. (S. 199 ff.). Zur Höhe der ausgesprochenen Summen - einem Aspekt des materiellrechtlichen ordre public - siehe unten, Teil 3, Ziffer II. 2. (S. 229 ff.).

805 Vgl. Pacific Mutual Life Insurance Co. vs. Haslip, 111 S.Ct. 1032, 1037 (dort Fn. 1), 1044 (1994); s. auch Fleming, S. 125; Rosengarten, S. 59, 67.

Ausgestaltung der Position des Richters sich auf die Anerkennung US-amerikanischer Urteile in Deutschland auswirkt.

Es ist allgemein anerkannt, daß ein zum deutschen Verfahren verschiedenes System der Gerichtsverfassung grundsätzlich keinen ordre public-Verstoß begründet, es sei denn der Verstoß ist so gravierend, daß er nicht hingenommen werden kann.[806]

Eine Versagung der Anerkennung US-amerikanischer Urteile in Deutschland aufgrund der Person und der Stellung des Richters kommt somit einzig aus Gründen in Betracht, die in der Person des jeweiligen Richters selbst liegen und so massiv sind daß die deutsche Rechtsordnung sie nicht hinnehmen kann. Zu denken wäre an den Vorwurf der Bestechlichkeit des Richters oder der Rechtsbeugung durch ihn.[807] Die Anerkennung eines US-amerikanischen Urteils in Deutschland ist somit erst gehindert, wenn dem einzelnen Laien- oder Berufsrichter ein massiver individueller Vorwurf nachgewiesen werden kann.

Zu berücksichtigen ist hierbei, daß sowohl in den USA als auch in Deutschland der Richter, gleichgültig ob Laien- oder Berufsrichter, nicht weisungsgebunden ist. Er ist einzig seinem Gewissen unterstellt.[808] Die richterliche Unabhängigkeit ist somit in beiden Ländern[809] gewahrt.

Allein aufgrund der Tatsache, daß in den USA eine jury entscheidet, kann und darf die Anerkennungsfähigkeit und Vollstreckbarkeit einer US-amerikanischen Entscheidung in Deutschland nicht versagt werden.

9. Die US-amerikanischen Regeln der Kostentragung und des Kostenausgleichs und deren Anerkennungsfähigkeit in Deutschland

Rechtsverfolgung ist regelmäßig mit Kosten und Gebühren verbunden. Dies gilt auch in den USA. Neben den eigentlichen Gerichtskosten fallen üblicherweise Anwaltsgebühren und weitere Kosten des Verfahrens an. Die Entscheidung über den Ausgang eines Prozesses muß somit auch die Verteilung der den Parteien obliegenden Zahlungspflichten in Bezug auf diese Kosten und Gebühren erfassen.

Bei der Auseinandersetzung mit der Anerkennungsfähigkeit US-amerikanischer Kostenentscheidungen in Deutschland müssen verschiedene Punkte geprüft werden: Zunächst ist zu berücksichtigen, daß das US-amerikanische Recht eine andere Verteilung der Kosten vorsieht als das deutsche Zivilprozeßrecht (American Rule of Costs). Weiterhin ist zu untersuchen, wie im US-amerikanischen Zivilverfahren Anwaltshonorare berechnet und erstattet werden.

806 Vgl. Baur, in: FS Guldener, S. 5, 16; Martiny, Handbuch des IZVR, Band III/1, Rn. 1095; Rosengarten, S. 140.

807 Vgl. auch Martiny, Handbuch des IZVR, Band III/1, Rn. 1095; Zekoll, S. 104 ff.

808 Vgl. Baur, in: FS Guldener, 1973, S. 1, 16 f.

809 Für Deutschland vgl. Art. 97 I GG, § 1 GVG, s. auch §§ 1, 25 ff. (Berufsrichter), §§ 1, 45 DRiG (Laienrichter).

Schließlich stellt sich die Frage, ob diese Regelungen mit dem verfahrensrechtlichen ordre public in Deutschland vereinbar sind.

a) Die Gerichtskosten in den USA und deren Erstattbarkeit - die American Rule of Costs

Die Gerichtskosten sind in den USA traditionell niedrig. Der Zugang zu den Gerichten soll nicht durch finanzielle Hürden erschwert werden.

Allerdings gilt im US-amerikanischen Zivilprozeß die American Rule of Costs[810]. Sie sieht vor, daß die obsiegende von der unterliegenden Partei grundsätzlich keine Kostenerstattung verlangen kann.[811] Jede Partei trägt die bei ihr anfallenden Kosten regelmäßig selbst.

Von der American Rule gibt es spezialgesetzliche Ausnahmen.[812] Verschiedene Positionen der Gerichtskosten im engeren Sinn können erstattet werden. Hierzu gehören insbesondere die üblicherweise geringen Gerichtsgebühren bei Klageerhebung (filing fee), die Zustellungskosten, Terminsgebühren, Gebühren der Gerichts- und Vollstreckungsbeamten, Kosten der Durchführung von Beweisaufnahmen einschließlich deren Protokollierung[813], Auslagenerstattung für Zeugen und Sachverständige und weitere Kosten, die in einem engen und unittelbaren Zusammenhang mit der Prozeßführung stehen. Weiterhin werden hiervon die sogenannten docket fees erfaßt, geringe Anwaltsgebühren für das Auftreten vor Gericht.[814] Regelmäßig handelt es sich hierbei aber nur um einen geringen Teil der insgesamt anfallenden Kosten. Der größte Teil der Kosten und Gebühren wird nicht erstattet.

---

810 Im folgenden: American Rule. S. auch Fleming, S. 130; Grossfeld, RabelsZ 39 (1975), S. 5, 25; Hommelsheim, S. 1 ff.; Jestaedt, RIW 1986/95 f.; Lange/Black, Rn. 87 (a.E.), 114 ff.; Maxeiner, RIW 1990/440, 445; Rosengarten, S. 50; Schack, Einführung in das US-amerikanische Zivilprozeßrecht, S. 8 f.; Schütze, WM 1979/1174, 1176; Schurtmann/Walter, S. 35; Stiefel/Stürner, VersR 1987/829, 831; Volz, VersR 1987/229 ff.; Weinschenk, RIW/AWD 1973/131, 133; ders., RIW 1990/435 ff.; Zekoll, S. 114 f., 124 ff.; ders., 30 Colum. J. Transnat'l L. 641, 649 (1992).

811 Als leading case zur American Rule in der US-amerikanischen Rechtsprechung wird regelmäßig genannt: Aleyska Pipeline Service Co. vs. Wilderness Society, 421 US 240, 247, 270 f. (1975). Dort wurde die Erstattbarkeit von knapp 4.500 Arbeitsstunden der klägerischen Anwälte ausdrücklich abgelehnt. S. auch Arcambel vs. Wiseman, 3 Sall. 106 (1796); diese Entscheidung von 1796 wird auch heute noch zustimmend zitiert; vgl. Aleyska Pipeline Service Co. vs. Wilderness Society, 421 US 240, 250 (1975); Roadway Express Inc. vs. Piper, 447 U.S. 753, 759 (1980).

812 Vgl. Hirte/Otte, VersR 1997/18; Hommelsheim, S. 35 ff.; Jestaedt, RIW 1986/95, 96 f.; Schack, Einführung in das US-amerikanische Zivilprozeßrecht, S. 9 (dort insbesondere Fn. 70). Die meisten Ausnahmen begünstigen allerdings den Kläger; vgl. Schack, Einführung in das US-amerikanische Zivilprozeßrecht, S. 10 (dort insbesondere Fn. 71).

813 Wegen der wörtlichen Protokollierung von Zeugenaussagen ergeben sich aus dieser Position schnell hohe Summen. Vgl. Schack, Einführung in das US-amerikanische Zivilprozeßrecht, S. 8.

814 Bei den genannten Positionen handelt es sich um die costs i.S.v. 28 USC § 1920; s. auch Rule 54 (d) der F.R.Civ.P.; vgl. Hommelsheim, S. 2 (dort insbesondere Fn. 10); Lange/Black, Rn. 114 ff.; Schack, Einführung in das US-amerikanische Zivilprozeßrecht, S. 10.

Im März 1995 verabschiedete das US-amerikanische Repräsentantenhaus einen Gesetzentwurf zur Reform des Produkthaftungsrechts.[815] Er sah unter anderem vor, daß der Verlierer des Prozesses die Verfahrenskosten zu tragen habe. Im Mai 1995 wurde vom US-amerikanischen Senat ein deutlich abgemilderter Reformentwurf beschlossen (Product Liability Fairness Act of 1995).[816] Er sieht keine neue Kostenverteilung vor, die American Rule gilt somit fort.

Durch die American Rule soll der Zugang zu den Gerichten offen gehalten werden. Der Rechtsweg soll nicht wegen finanzieller Hürden erschwert oder verhindert werden. Der um sein Recht kämpfende Kläger dürfe durch ein eventuelles Kostenrisiko nicht vor der Inanspruchnahme der Gerichte abgeschreckt werden. Komme es zu einer Entscheidung, so soll die unterlegene Partei des Prozesses nicht durch die Überbürdung der Kosten zusätzlich gestraft werden. Der Ausgang eines Prozesses sei häufig nicht vorhersehbar. Deswegen könne der unterliegenden Partei im Nachhinein kein Vorwurf daraus gemacht werden, daß sie den Prozeß verursacht habe. Die Kosten müßten unabhängig vom Ausgang des Verfahrens verteilt werden. Außerdem belaste die Berechnung der der obsiegenden Partei zustehenden Kosten die Gerichte in unvertretbarem Maße. Schließlich könnte die Unabhängigkeit des vor Gericht auftretenden Anwaltes leiden, wenn der Richter auch über die Höhe von dessen Gebühren entscheiden müsse.[817]

Im US-amerikanischen Zivilverfahren kommt es für die Verteilung der Kosten nicht darauf an, wer sie veranlaßt hat.[818] Wegen des allgemein niedrigen Kostenrisikos auf Seiten des Klägers werden regelmäßig völlig überhöhte Forderungen geltend gemacht. Diese reduzieren sich bei Abschluß eines Vergleiches drastisch.

Das deutsche Zivilrecht geht hier einen anderen Weg. Die §§ 91 ff. ZPO sehen vor, daß die Kosten und Gebühren des Prozesses entsprechend der Quote des Obsiegens oder Unterliegens verteilt werden. Es gilt das Veranlassungsprinzip.[819]

Unterschieden werden muß von dieser allgemeinen Kostentragungspflicht die im US-amerikanischen Recht bestehende Möglichkeit, das Fehlverhalten einer Partei oder auch eines Anwaltes zu sanktionieren, indem ihr oder ihm die entsprechend angefallenen Kosten auferlegt werden.[820] Diese Regelungen haben nichts mit der allgemeinen Kostentragungspflicht im

---

815 Allgemein zum US-amerikanischen Produkthaftpflichtrecht s. insbesondere Debusschere/Kretschmar, in: Produkthaftungshandbuch, § 104, Rn. 1 ff.

816 Vgl. Hirte/Otte, VersR 1997/18.

817 Vgl. zum Ganzen Gottwald, RabelsZ 39 (1975), S. 5, 25; Hommelsheim, S. 67 ff., 94 ff.; Jestaedt, RIW 1986/95, 96.

818 Anders das deutsche System der §§ 91 ff. ZPO, hierzu später.

819 Vgl. z.B. Baumbach/Lauterbach/Albers/Hartmann, ZPO, Übers. vor § 90, Rn. 27 f.

820 Z.B. regelt 28 USC § 1927, daß der Anwalt, der Kosten „unreasonable and vexatiously" in die Höhe treibt, diese selber tragen muß, Rule 37 der F.R.Civ.P. erlaubt es, die mangelnde Mitwirkung bei der discovery zu bestrafen und F.R.Civ.P. 11 (unter Anwälten kurz als „Rule 11" bezeichnet) sanktioniert leichtfertiges Vorgehen der Anwälte im Prozeß. Insbesondere ungeprüfte Behauptungen in Klagen und Anträ-

US-amerikanischen Prozeß zu tun. Sie sind vielmehr Ausdruck individueller Einflußnahmemöglichkeiten des Richters auf das Verhalten der Prozeßbeteiligten.

b) Das Anwaltshonorar in den USA und dessen Erstattbarkeit

Im US-amerikanischen Zivilrecht werden Anwaltshonorare unabhängig vom Streitwert berechnet. US-amerikanische Anwälte berechnen ihre Gebühren und Auslagen regelmäßig nach frei ausgehandelten Honorarvereinbarungen. Selbst Mindestgebühren sind nicht vorgesehen, der Supreme Court of the United States hat entschieden, daß diese verbotenen Kartellabsprachen gleichkämen.[821] Grundsätzlich bestehen in den USA zwei Möglichkeiten, die Honorare der Parteivertreter zu berechnen: Entweder es werden Stundensätze[822] vereinbart, oder der Anwalt erhält ein Erfolgshonorar. Auslagen werden entsprechend den in Deutschland bekannten Regeln der BRAGO gesondert berechnet. [823]

Anders als in Deutschland[824] ist die Vereinbarung von Erfolgshonoraren (contingency fees) in den USA zulässig. Der Anwalt erhält einen prozentualen Anteil des durch das Urteil oder den Vergleich erstrittenen Betrages. Der dem Anwalt zustehende Anteil im Erfolgsfall bewegt sich, je nach den Erfolgsaussichten und der Schwierigkeit und Bedeutung des Falles, zwischen 20 % und 75 %. Er liegt regelmäßig bei einem Drittel der Gesamtsumme.[825] Bei der Vertretung mehrerer Auftraggeber erhält der Anwalt den vereinbarten Anteil grundsätzlich von jedem Mandanten.[826] Unterliegt die Partei, so erhält ihr Anwalt nichts. Den Gerichten steht in gewissem Umfang ein Kontrollrecht über diese Vereinbarungen zu.[827]

Die Vereinbarung von Erfolgshonoraren bedeutet eine wichtige Beschränkung des Prozeßverhaltens in den USA.[828] Der Anwalt erhält sein Honorar nur für den Fall des Obsiegens. Er

---

gen können hier mit Kosten belegt werden. Vgl. zum Ganzen Jestaedt, RIW 1986/95 ff.; Schack, Einführung in das US-amerikanische Zivilprozeßrecht, S. 10 f.

821 Vgl. Hommelsheim, S. 132; Lange/Black, Rn. 114 ff., 116 f.; Schack, Einführung in das US-amerikanische Zivilprozeßrecht, S. 8 f.

822 Je nach Spezialisierung und Stand des Anwaltes oder auch Umfang und Schwierigkeit der Sache belaufen sich die Stundensätze auf 100 US-Dollar für juniors und bis über 600 US-Dollar für seniors.

823 Vgl. §§ 25 ff. BRAGO.

824 Vgl. § 49 b II BRAGO. Die Vereinbarung eines Erfolgshonorars gefährdet nach in Deutschland vorherrschender Ansicht die Position des Anwaltes als unabhängiges Organ der Rechtspflege (vgl. § 1 BRAO) und ist daher sittenwidrig gemäß § 138 BGB. Vgl. Palandt-Heinrichs, BGB, § 138, Rn. 58.

825 Vgl. Schütze, in: FS Nagel, S. 392, 396; ders., RIW 1993/139, 140 (dort Fn. 8). Enger: Lange/Black, Rn. 117 (25 - 50 %); Sabella, VersR 1990/1186, 1191; Schack, IZVR, Rn. 580 b (25 - 50 %); ders., Einführung in das US-amerikanische Zivilprozeßrecht, S. 8 f. (25 - 50 %); Volz, VersR 1987/229, 232 (üblicherweise 33,3 %); Zekoll, S. 117, 120 geht von regelmäßig 33 1/3 % aus. In der „Kalifornien-Entscheidung" des BGH (Urt. v. 4.6.1992) lag das Erfolgshonorar bei 40 %, vgl. Koch, NJW 1992/3073, 3074.

826 Anders § 6 BRAGO, der in der selben Sache eine Erhöhung der Geschäfts- bzw. Prozeßgebühr von lediglich 3/10 pro weiteren Auftraggeber zuläßt und diese Erhöhung auf maximal zwei volle Gebühren beschränkt.

827 Vgl. Volz, VersR 1987/229 f.; Zekoll, S. 120, 122.

828 Es kann nicht davon ausgegangen werden, daß die US-amerikanische Gesellschaft besonders streitsüchtig sei (Stichwort: litigious society); vgl. Rosengarten, S. 167; Zekoll, S. 166 (dort insbesondere Fn. 22).

wird die Erfolgsaussichten eines Prozesses schon aus eigenen Interessen genau prüfen. Nur so kann er verhindern, leer auszugehen, nachdem er mit großem Aufwand ein aussichtsloses Verfahren angestrengt hat. Die Vereinbarung eines Erfolgshonorars für den Anwalt bewirkt somit auch eine Selbstregulierung des Prozeßverhaltens im Vorfeld der gerichtlichen Geltendmachung von Forderungen.[829]

Allerdings ist fraglich, ob die zum Teil hohen Erfolgshonorare wirklich einen Ausgleich für das auf die Anwälte übertragene Kostenrisiko darstellen. Denn einerseits wägen US-amerikanische Anwälte vor Übernahme eines Mandates die Erfolgsaussichten eines Rechtsstreites sehr genau ab und andererseits zeigt die hohe Rate an vergleichsweiser Beilegung von Rechtsstreiten, daß die Anwälte regelmäßig auf ihre Kosten kommen. Wirkliche Honorarausfälle sind selten.[830]

Der Möglichkeit, ein Erfolgshonorar zu vereinbaren, kommt innerhalb des US-amerikanischen Rechtssystems eine besondere Bedeutung zu.[831] Zwar kennt das US-amerikanische Kostenrecht eine Form der legal aid (Prozeßkostenhilfe).[832] Eine Kostenbefreiung gilt jedoch nur für die Gerichtskosten. Die anwaltliche Tätigkeit erfolgt dann pro bono, d.h. unentgeltlich.[833] Somit können wirtschaftlich Schwächergestellte ihre Forderungen oft nur durch die Vereinbarung eines Erfolgshonorars mit einem Anwalt gerichtlich geltend machen.

Die in einem US-amerikanischen Verfahren anfallenden Anwaltskosten sind nach der American Rule grundsätzlich nicht erstattungsfähig.

Schütze[834] spricht insofern von einem Pyrrhussieg der obsiegenden Partei. Zwar habe sie den Prozeß gewonnen, müsse aber ihre Anwaltskosten selbst tragen. Diese Ansicht ist richtig. Der Kläger, der regelmäßig ein Erfolgshonorar vereinbart, muß einen Teil der erstrittenen Summe an seinen Anwalt abführen. Der Beklagte, der kein Erfolgshonorar vereinbaren kann, trägt seine Kosten selbst. Wenn er obsiegt und die Klage abgewiesen wird, dann häufig erst nach einem langwierigen und kostenträchtigen pretrial discovery-Verfahren dessen Kosten ebenfalls nicht erstattet werden (s.o.).

Es gibt zwei Ausnahmen, in denen eine Erstattung der Anwaltskosten dennoch möglich ist: Eine - wenn auch in der Praxis seltene - Ausnahme von der American Rule wird gemacht, wenn die Prozeßführung bösgläubig, schikanös, mutwillig oder zur Einschüchterung des Gegners erfolgte.[835] Ist dies der Fall, dann kann eine Erstattung der Prozeßkosten ausgespro-

829 Ebenso Rosengarten, S. 167 f., der aus dieser Überlegung allerdings in Bezug auf die Anerkennungsfähigkeit der US-amerikanischen Entscheidung über die Kosten einen anderen Schluß zieht; hierzu später ausführlich (s.u.). S. auch Zekoll, S. 116.

830 Vgl. Zekoll, S. 115, 121 f.

831 Vgl. Grossfeld, RabelsZ 39 (1975), S. 5, 25; Rosengarten, S. 167 f.; Stiefel/Petzinger, RIW 1983/242, 244; Zekoll, S. 114 f.

832 Geregelt in 28 USC § 1915. S. auch Schack, Einführung in das US-amerikanische Zivilprozeßrecht, S. 11.

833 Zur kostenlosen Übernahme von Mandaten sind US-amerikanische Anwälte ebenso verpflichtet, wie deren deutsche Kollegen (für letztere vgl. § 49 BRAO).

834 WM 1979/1174, 1176. Ebenso Maxeiner, RIW 1990/440, 445. S. auch Schütze, WM 1983/1078 ff.

835 In bad faith, vexatiously, wantonly, or of oppressive reasons. In Roadway Express, Inc. vs. Piper, 447 U.S. 752 (1980) und in F. D. Rich Co. vs. Industrial Lumber Co., 417 U.S. 116 (1976) wurde dieser Aspekt zwar geprüft, eine Erstattungsfähigkeit der Anwaltskosten aber jeweils abgelehnt. S. auch Aleyska

chen werden. Häufiger kommt in der Praxis dagegen die zweite Möglichkeit vor, daß die juries dem Gedanken der Kostenerstattung dadurch Rechnung tragen, daß sie das dem klägerischen Anwalt zustehende Erfolgshonorar der zu zahlenden Schadensersatz- oder Schmerzensgeldsumme hinzurechnen.[836] Der vom Kläger erstrittene Betrag erhöht sich um das dem Anwalt zustehende Honorar. So soll verhindert werden, daß der Kläger einen Teil der ihm selbst zugesprochenen Schadensersatz- und Schmerzensgeldsummen an seinen Anwalt abgeben muß. Faktisch werden durch diese Vorgehensweise viele Prozesse überhaupt erst ermöglicht, da die Kläger sich das Verfahren ansonsten nicht leisten könnten. Allerdings handelt es sich hierbei um ein von der American Rule nicht vorgesehenes verstecktes packing der Anwaltsgebühren.[837]

Während der Kläger also die Chance hat, im Rahmen des packing seine Kosten und Auslagen erstattet zu bekommen kann der Beklagte auf ein solches packing nicht hoffen. Er kann einzig darum kämpfen, daß die Klage abgewiesen wird. Für den Beklagten, der seine Kosten selbst zu tragen hat und der kein Erfolgshonorar vereinbaren kann,[838] ist es deswegen möglicherweise billiger, eine schnelle einvernehmliche Lösung zu suchen, als nach einem langwierigen Verfahren mit umfangreichen pretrial discovery-Maßnahmen zu obsiegen und dennoch die Kosten für die von ihm angestrengte Beweisaufnahme tragen zu müssen.[839]

c) Kritik an den US-amerikanischen Regeln der Kostentragung

Die American Rule unterliegt auch in den USA heftiger Kritik.[840] Im folgenden werden die wesentlichen Aspekte dargestellt:

Ebenso wie die Nichterstattbarkeit von Auslagen und Gebühren den Zugang zu den Gerichten erleichtern soll, kann sie auch abschreckend wirken. Finanziell schwach gestellte Kläger müssen auf die Vereinbarung eines Erfolgshonorars hoffen, andernfalls können sie sich die Anwälte für einen sicher geglaubten Prozeßsieg nicht leisten.[841]

Das Argument, die unterlegene Partei solle nicht zusätzlich mit den Kosten gestraft werden, ist allenfalls verständlich, wenn man das US-amerikanische Gericht als Schiedsrichter zwischen den Parteien versteht und den Richter als social engineer ansieht. Hier tritt die Ver-

---

Pipeline Service Co. vs. Wilderness Society, 421 US 240, 258 f. (1975). Vgl. auch Jestaedt, RIW 1986/95, 97; Rosengarten, S. 50 f.

836 Vgl. Grossfeld, RabelsZ 39 (1975), S. 5, 25; Rosengarten, S. 51, 173; Volz, VersR 1987/229, 232; White, 42 Baylor L. Rev. 735 - 755 (1990).

837 Ebenso Stiefel/Stürner, VersR 1987/829, 831.

838 Zu den seltenen Ausnahmen, in denen auch für die Abwehr von geltendgemachten Ansprüchen ein Erfolgshonorar für zulässig erklärt wurde vgl. Zekoll, S. 118 (dort insbesondere Fn. 31).

839 Selbst Unternehmen wie die AUDI AG, Ingolstadt, denken in solchen Fällen vornehmlich wirtschaftlich und zahlen eine Vergleichssumme, um nicht einen mehrfachen Betrag für die weitere Rechtsverfolgung ausgeben zu müssen. S. hierzu bereits S. 188 (dort Fn. 717).

840 Vgl. Jestaedt, RIW 1986/95, 96; Maxeiner, RIW 1990/440, 445.

841 Das US-amerikanische Rechtssystem kennt keine Prozeßkostenhilfe. Zwar arbeiten US-amerikanische Anwaltsfirmen in gewissem Umfang gebührenfrei, um auch minderbemittelten Klienten eine Chance zu geben. Aber ein Rechtsanspruch auf diese von privater Seite gewährte Sozialstaatlichkeit besteht nicht.

antwortlichkeit der Parteien für ihr vorgerichtliches Verhalten in den Hintergrund, es kommt gerade nicht auf die Veranlassung der Kosten an.

Die Überlegung, das Urteil könne im Ergebnis nicht mit Sicherheit vorhergesehen werden oder es bestehe gar die Möglichkeit eines Fehlurteils und dies dürfe sich – um dem Anspruchsteller in jedem Fall Rechtsschutz zu gewähren - nicht in der Kostenverteilung fortsetzen, wirkt scheinheilig. Hommelsheim[842] erklärt dies mit den verschiedenen Instanzenzügen im US-amerikanischen Rechtssystem und insbesondere der Besetzung der Gerichte mit gewählten Richtern und insbesondere Laienrichtern. Eine Fehlurteil dürfe nach US-amerikanischem Verständnis nicht auch noch eine negative Kostenfolge ergeben. Wenn aber das US-amerikanische Rechtssystem nicht in seine Rechtsfindung vertraut, sollte es dieses Problem an der Wurzel packen und nicht Teilzugeständnisse bei der Erstattung von Kosten und Gebühren machen. Inkonsequenz ist hier fehl am Platz.

Weiterhin wäre eine Berechnung der Anwaltsgebühren durch das erkennende Gericht durchaus möglich. Selbst wenn das US-amerikanische Recht keine Gebührenordnung für Rechtsanwälte kennt,[843] so könnte dennoch anhand von Aufwandsentschädigungen und pauschalen Stundensätzen eine klare Aussage über die Höhe der zu erstattenden Gebühren getroffen werden. Darüberhinausgehende Forderungen der Anwälte müßten gesondert vom Auftraggeber erstattet werden.

Schließlich entscheidet der US-amerikanische Richter regelmäßig doch inzident über die Anwaltsgebühren. Im Rahmen von Schadensersatz- und Schmerzendgelsprozessen wird das dem Anwalt zustehende Erfolgshonorar häufig dem zuerkannten Betrag hinzugerechnet. Im Rahmen dieses packings trifft der Richter faktisch eine Entscheidung über die Angemessenheit der Gebühren.

Zusammenfassend ergibt sich, daß die Umsetzung der US-amerikanische Kostensystem der American Rule in der Praxis inkonsequent ist. Zwar wird eine Verteilung der Kosten und Gebühren nach dem Veranlassungsprinzip abgelehnt. Über verstecktes packing werden dem Beklagten sozusagen hintenherum aber dennoch regelmäßig die Gebühren des klägerischen Anwaltes aufgebürdet.

Es mag zwar sein, daß durch das offene oder versteckte packing viele Prozesse in den USA erst ermöglicht werden, da sich die Kläger die in den USA regelmäßig sehr teuren Anwälte nicht leisten könnten. Das US-amerikanische System muß sich aber die Frage gefallen lassen, ob es nicht möglich wäre, die Kosten des Klägeranwaltes innerhalb des Schadensersatz- oder Schmerzensgeldbetrages zwischen dem Kläger und seinem Anwalt aufzuteilen, anstatt sie einzig dem Beklagten aufzubürden. Da das Erfolgshonorar immer nur eine Quote der erstrittenen lump sum betrifft, könnte das Prozeßrisiko ebensogut im Rahmen der erstrittenen Gesamtsumme zwischen dem Kläger und seinem Anwalt verteilt werden. Der Kläger würde dann zwar nicht mehr die gesamte Summe erhalten, erhielte aber zumindest einen Teil davon und trüge trotzdem kein Prozeßrisiko, da er im Falle des Unterliegens keine Anwaltskosten zu zahlen hätte. Der Prozeß selbst wäre bei einer solchen Kostenregelung auch für einen „armen"

842 S. 68 ff.
843 Vgl. die Beispiele aus der US-amerikanischen Praxis, genannt bei Jestaedt, RIW 1986/95, 96.

Kläger möglich. Zusätzlich würden aber die Interessen der beklagten Partei berücksichtigt.

Daß eine vollständige Überbürdung der Kosten auf den Beklagten stattfindet, ist allenfalls mit den Sachzwängen des derzeit etablierten US-amerikanischen Systems der Rechtsverfolgung, insbesondere den derzeit noch nicht reformierten Regeln der Kostentragung zu erklären.

Große Teile der US-amerikanischen Anwaltschaft, insbesondere die klägervertretenden litigation lawyers setzen sich nachhaltig für die American Rule ein. Denn sowohl die Kläger, als auch deren Rechtsanwälte profitieren regelmäßig von den Erfolgshonoraren. Eine Pflicht zur Kostenerstattung würde das Prozeßrisiko der US-amerikanischen Kläger dagegen erhöhen. Dies würde die Prozeßfreude reduzieren und zumindest geringere Einkommen der Anwälte bedeuten.[844] Auch die traditionell republikanisch eingestellten Beklagtenanwälte in den USA versuchen – obwohl sie sich derzeit politisch in der Opposition befinden – nicht wirklich ambitioniert, die Rechtslage zu ändern. Auch sie profitieren vom derzeitigen System.

Die Kritik an der American Rule hat zumindest auf Bundesebene Reformen in Gang gesetzt. Im Zusammenhang mit der Frage der Beschränkung von punitive damages[845] wurde der Entwurf des Common Sense Product Liability Legal Reform Act of 1995 erarbeitet. Er wurde vom US-amerikanischen Repräsentantenhaus am 10.3.1995 verabschiedet.[846] Die Grundlagen zur Durchsetzung der Regelung, daß vor US-amerikanischen Bundesgerichten der Unterliegende die Anwaltsgebühren bezahlen muß (loser pays) sind somit normiert. Der weitere Reformen[847] beinhaltende Common Sense Product Liability Legal Reform Act of 1996[848] durchlief den Senat am 21.3.1996 und wurde vom US-amerikanischen Repräsentantenhaus am 29.3.1996 verabschiedet. Allerdings verweigerte Präsident Clinton am 2.5.1996 seine Zustimmung und es gelang dem Repräsentantenhaus am 9.5.1996 nicht, dieses Veto zu überstimmen.[849]

Die Rechtsprechung zur American Rule muß trotz verschiedener Reformvorschläge derzeit als gefestigt angesehen werden. Es ist nicht abzusehen, ob und wann es zu Reformen auf bundesstaatlicher Ebene kommen wird.[850]

d) Vergleich zwischen dem US-amerikanischen und dem deutschen Kostenrecht

Im deutschen Zivilverfahrensrecht erfolgt die Erstattung der Gerichtskosten und Anwaltsgebühren nach dem Veranlassungsprinzip (s.o.). Veranlasser ist nicht der Antragsteller, sondern derjenige, der die Einschaltung der Gerichte durch sein vorangehendes Verhalten provoziert

844 Vgl. Jestaedt, RIW 1986/95, 96; Schack, Einführung in das US-amerikanische Zivilprozeßrecht, S. 8 f.; Schütze, WM 1983/1078 ff.

845 Ausführlich hierzu später.

846 H.R. 10, 104th Cong,. 1st Session (1995). S. auch Hirte/Otte, VersR 1997/18.

847 Insbesondere zu den punitive damages; ausführlich hierzu später.

848 H.R. 956, H.R. 10, 104th Cong., 1st Session (1995).

849 Brand, 18 NILR, 143, 159 (1996); s. auch Zekoll, IPRax 1997/198.

850 Ebenso Jestaedt, RIW 1986/95, 96.

hat. Diese Fortwirkung des eigentlichen Prozeßgewinns auf die Kostenentscheidung entspricht nach deutschem Verständnis auch Zweckmäßigkeitsgedanken.

Ausnahmen von dieser Kostenregelung bestehen insbesondere z.B. im Arbeitsrecht (§ 12 a I S. 1 ArbGG) und im Sozialrecht (§ 193 I SGG). In diesen Fällen erfolgt aus sozialen Erwägungen keine Kostenerstattung, sondern jede Partei trägt die ihr entstandenen Kosten selbst.

Nach deutschem Recht ist der Prozeßerfolg absolut. Er wirkt auf die Folgeentscheidungen, insbesondere die Kostenentscheidung fort. Dagegen ist der Prozeßerfolg im US-amerikanischen Recht relativ,[851] dort kommt es nicht auf das Obsiegen oder Unterliegen in der Hauptsache an.

Das US-amerikanische Kostenrecht weicht stark von den deutschen Regeln ab. Es ist zu diesen konträr, stellt mehr als nur eine Ausnahme hierzu dar.[852]

e) Die Anerkennungsfähigkeit von Urteilen in Deutschland, die auf der US-amerikanischen Regelung der Kostentragung und des dortigen Kostenausgleichs beruhen

Es stellt sich die Frage, ob die Anerkennung eines US-amerikanischen Urteils in Deutschland wegen der zu den USA unterschiedlichen Kosten- und Gebührenverteilung versagt werden kann und muß. Hierbei ist zu unterscheiden. Einerseits ist zu prüfen, ob die American Rule einen Verstoß gegen den deutschen ordre public begründen kann, andererseits muß untersucht werden, ob die Vereinbarung eines Erfolgshonorars für den US-amerikanischen Anwalt mit dem deutschen ordre public vereinbar ist.

Die Frage der Vereinbarkeit der American Rule mit der deutschen Vorbehaltsklausel ist dem verfahrensrechtlichen ordre public zuzuordnen. Es geht um die Frage der Anwendung verfahrensrechtlicher Grundsätze in den USA. Dagegen betrifft die zweite Frage, die Vereinbarkeit eines Erfolgshonorares mit der Vorbehaltsklausel, den materiellrechtlichen ordre public.[853] Zu prüfen ist hier ein möglicher Verstoß des Ergebnisses der Anwendung eines materiellen Rechtssatzes in den USA. Dogmatisch gesehen müßte der Aspekt der Anerkennungsfähigkeit von Erfolgshonoraren in der hier verwandten Gliederung später behandelt werden, wenn Verstöße gegen den materiellrechtlichen ordre public untersucht werden.[854] Um den Sachzusammenhang zu wahren erfolgt jedoch eine Prüfung im Kontext mit der Frage der Anerkennungsfähigkeit von US-amerikanischen Urteilen, die Kosten nach der American Rule verteilen, also im Rahmen der Prüfung von Verstößen gegen den verfahrensrechtlichen ordre public.

---

851 Vgl. Hommelsheim, S. 2 f.

852 Ebenso Hommelsheim, S. 3. A.A. zum Teil die US-amerikanische Sicht, vgl. Hommelsheimer, S. 3 (dort insbesondere Fn. 15).

853 Ebenso Zekoll, S. 119 (dort Fn. 33), S. 123.

854 S. unten Teil 3, Ziffer II. (S. 226 ff.).

(1) Die Anerkennungsfähigkeit US-amerikanischer Urteile, die Kosten und Gebühren nach der American Rule of Costs zusprechen

Gegen die Anerkennungsfähigkeit von Urteilen, die Kosten nach der American Rule verteilen, spricht aus deutscher Sicht, daß die US-amerikanische Regelung Mißbrauch zuläßt und der Erpressung mittels wirtschaftlichen Drucks Tür und Tor geöffnet sind.[855] Dagegen ist es Intention der deutschen Kostenregeln, einen solchen Mißbrauch gerade zu verhindern.

Das US-amerikanische System riskiert, daß einerseits eine Partei den ihr möglicherweise zustehenden Anspruch aus finanziellen Gründen nicht durchsetzen, zumindest dessen Berechtigung nicht überprüfen lassen kann und daß andererseits die Abwehr einer unberechtigt geltend gemachten Forderung mit hohen Kosten verbunden ist. Auch die gerichtliche Geltendmachung niedriger Forderungen wird durch die US-amerikanische Kostenregelung erschwert, wenn nicht sogar unmöglich gemacht. Sie ist in den USA regelmäßig wirtschaftlich widersinnig. Denn hierfür entstehen Kosten die höher als die Hauptforderungen sind und diese Kosten werden nicht erstattet. Faktisch bedeutet dies eine Rechtswegverweigerung.[856]

Auf den ersten Blick könnte hierin ein Verstoß gegen die deutschen Vorstellungen von prozessualer Gerechtigkeit gesehen werden. Allerdings verhindert auch das deutsche Recht nicht, daß Rechtsverfolgung erst ab einem gewissen Betrag sinnvoll ist. Auch in Deutschland kann die gerichtliche Geltendmachung kleiner Forderungen am Kostenrisiko scheitern. Insbesondere möglicherweise erforderliche Sachverständigenkosten können eine niedrige Klageforderung übersteigen und dadurch den Prozeß wirtschaftlich unsinnig machen.

Die deutschen Prozeßkostenregeln schützen jedoch nicht vor der Anwendung strengerer oder zumindest anders angelegter Kostenvorschriften im Ausland. Im übrigen kennt auch das deutsche Recht Fälle der Nichterstattung der für die Rechtsverfolgung notwendigen Kosten, Gebühren und Auslagen (s.o.). Weiterhin ist zu berücksichtigen, daß auch die in Deutschland vorherrschende Verteilung des Kostenrisikos nicht unumstritten ist.[857]

Die US-amerikanischen Regeln der Kostentragung muten aus deutscher Sicht zwar bedenklich an. Darauf beruhende Urteile sind in Deutschland aber als noch hinnehmbar anzuerkennen.[858]

---

855 Vgl. Maxeiner, RIW 1990/440, 445; Schütze WM 1979/1174, 1176; Stiefel/Stürner, VersR 1987/829, 831. S. auch Smith Kline & French Laboratories Ltd. and others vs. Bloch, 1 W. L. R. 730, 733 f. (mit Anm. von Lord Denning).

856 Vgl. Schütze, WM 1983/1078, 1083; ders., RIW 1993/139, 140; Weinschenk, RIW/AWD 1973/131 ff.; ders., RIW 1990/435 ff.; Zekoll, S. 121, 125; ders., 37 Am. J. Comp. L. 301, 322 (1989).

857 Vgl. Baumbach/Lauterbach/Albers/Hartmann, ZPO, Übers. vor § 91, Rn. 28.

858 Im Ergebnis ebenso BGH (Urt. v. 4.6.1992) BGHZ 118/312, 325 = IPRax 1993/320, 314 = LM 2/93 zu § 328 ZPO, Bl. 329 f. = NJW 1992/3096, 3099 f. = RIW 1993/132, 133 = WM 1992/1451, 1457 = ZIP 1992/1256, 1262 = ZZP 106 (1993), S. 79, 88 f., jeweils unter Punkt A. III. 4 b) (nicht abgedruckt bei CR 1993/274 ff.; EuZW 1992/705 ff.; EWiR 1993/827 f.; JZ 1993/261, ff.; MDR 1992/1181 ff.; PHI 1992/174 f.).
S. auch MünchKomm-Gottwald, ZPO, § 328, Rn. 21; Martiny, Handbuch des IZVR, Band III/1, Rn. 1111; Zekoll, 37 Am. J. Comp. L. 301, 322 f. (1989). A.A. ursprünglich Schütze, WM 1979/1174, 1176; ders. inzwischen sehr kritisch, RIW 1993/139, 140.

Schütze[859] stellt richtig fest, daß die eigentlichen Schwierigkeiten auf einer anderen Ebene lägen: Problematisch sei vielmehr, daß nur eine der am Prozeß beteiligten Parteien überhaupt die Möglichkeit habe, die ihr entstandenen Kosten erstattet zu bekommen, während die andere Partei regelrecht auf ihren Kosten sitzen bleibe. Im US-amerikanischen Zivilprozeß sei der Kläger gegenüber dem Beklagten sogar doppelt abgesichert. Er könne sein Kostenrisiko bereits im Vorfeld des Prozesses durch die Vereinbarung eines Erfolgshonorars auf seinen Anwalt übertragen und ihm würden die entstandenen Gebühren und Auslagen im Rahmen des Schadensersatzes erstattet (Stichwort: packing). Erhalte aber der obsiegende Kläger seine Kosten ersetzt und habe der Beklagte seinerseits im Fall der Klageabweisung keine Möglichkeit, die ihm entstandenen Auslagen erstattet zu bekommen, so liege hierin ein Verstoß gegen den Gleichbehandlungsgrundsatz (Art. 3 I GG). Die Waffengleichheit der Parteien vor Gericht sei nicht gewahrt. Im übrigen seien Erfolgshonorare nach deutschem Verständnis nicht anerkennungsfähig.[860]

Die Ansicht Schützes ist richtig. Von besonderer Bedeutung ist außerdem, daß die Privilegierung des US-amerikanischen Klägers durch das dortige Kostenrecht genau genommen nicht vorgesehen ist. Die American Rule regelt, daß eine Erstattung der Kosten nicht erfolgt. Sie ist insofern eindeutig. Erst im Rahmen der US-amerikanischen Rechtsprechung hat sich eine Ungleichbehandlung von Kläger und Beklagtem entwickelt, wobei sich diese Tendenz im US-amerikanischen case law sich durch die Entscheidungen der juries manifestiert. Zwar ist es den Geschworenen grundsätzlich nicht gestattet, im Rahmen der Entscheidung über den Schadensersatz auch die Anwaltskosten zu berücksichtigen.[861] Dennoch findet regelmäßig ein offenes oder verstecktes packing der Anwaltsgebühren statt (s.o.).[862] Anstatt eine klare Kostenentscheidung zu treffen,[863] wird in den USA das Problem der Prozeßkostenlast faktisch in die Entscheidung über den materiellen Anspruch verlagert, konkret bei der Entscheidung über die Höhe des eigentlich geltend gemachten Schadensersatzes abgehandelt und im Rahmen der Zuerkennung von Schadensersatz und Schmerzensgeld abgehandelt. Die Kostenentscheidung wird also innerhalb der Prüfung der Höhe des geltend gemachten Hauptsacheanspruches getroffen.

Das deutsche Kostenrecht geht dagegen von einem anderen Ansatz als sein US-amerikanisches Pendant aus: Entweder es erfolgt grundsätzlich eine Kostenerstattung, oder sie unter-

---

859 RIW 1993/139, 140. Allerdings beschränkt er seine Aussage auf die Anerkennungsfähigkeit von contingency fees. Seine These ist jedoch allgemeingültig für die Anerkennungsfähigkeit von Urteilen die die American Rule anwenden.

860 Ausführlich hierzu später.

861 Einige Gerichte machen hier eine Ausnahme und erlauben den Geschworenen ausdrücklich die Berücksichtigung der Verfahrens- und Anwaltskosten bei der Festsetzung der Höhe der punitive damages. Vgl. Lenz, S. 32 (dort insbesondere Fn. 71).

862 S. auch: Grossfeld, RabelsZ 39 (1975), S. 5, 25; Hoechst, VersR 1983/13, 14; Hommelsheim, S. 142; von Hülsen/Brüning-Brinkmann, RIW 1985/187, 188; Lenz, S. 32 f.; Litwin, 30 ALR 3d, 1443 - 1455 (1979); Rosengarten, S. 51, 173; Stiefel/Stürner, VersR 1987/829, 831; Volz, VersR 1987/229, 232; White, 42 Baylor L. Rev. 735 - 755 (1990) Kritisch zu der Auffassung, daß dieses packing regelmäßig vorkomme: Zekoll, S. 92, 117.

863 Im deutschen Zivilprozeßrecht gilt der Grundsatz der Einheitlichkeit der Kostenentscheidung.

bleibt für beide Parteien. Eine Vermischung dieser beiden Prinzipien ist aus deutscher Sicht nicht akzeptabel.

Zusammenfassend ergibt sich, daß zwar die American Rule in sich stimmig ist und eine korrekte Anwendung dieser Kostenregelung nicht die Anerkennung darauf basierender Urteile in Deutschland hindert.

Kritisch zu untersuchen sind aber diejenigen Fälle, in denen sich das US-amerikanische Gericht, regelmäßig eine jury als Spruchkörper, über die American Rule hinwegsetzt und dem Kläger Kostenerstattung zuspricht während der Beklagte seine Kosten faktisch niemals ausgeglichen bekommen kann. In diesen Fällen ist der Kläger gegenüber dem Beklagten so stark privilegiert, daß ein Verstoß gegen den Grundsatz der Waffengleichheit vor Gericht gegeben ist. Es liegt eine Ungleichbehandlung der Prozeßparteien vor, die den Grundsätzen der deutschen prozessualen Gerechtigkeit widerspricht. Sie kann nicht hingenommen werden. Die einseitige Privilegierung des Klägers stellt im Ergebnis einen Verstoß gegen den verfahrensrechtlichen ordre public dar.[864]

Ob in dem der „Kalifornien-Entscheidung" des BGH vom 4.6.1992 zugrundeliegenden Fall ebenfalls ein packing der Anwaltsgebühren stattgefunden hat, kann nicht mit Sicherheit gesagt werden, aus den vorliegenden Informationen ergibt sich hierzu nichts.

Das OLG Düsseldorf als Vorinstanz zum BGH geht stillschweigend von einem packing der Anwaltsgebühren aus und übernimmt diesen Gedanken in seine eigene Entscheidung.[865] Es rechnet dem nach seiner Ansicht reduziert anerkennungsfähigen Schadensersatz- und Schmerzensgeldbetrag fiktive Anwaltskosten in Höhe von 25 % hinzu.[866] Der BGH stellt dagegen fest, daß für ein packing von Anwaltsgebühren im vorliegenden Fall nichts dargetan sei. Er geht davon aus, daß eine solche Erhöhung des Schadensersatzbetrages zulässig und in Deutschland anerkennungsfähig sei. In der zur Anerkennung anstehenden Ausgangsentscheidung hatte der Superior Court of the State of California in and for the County of San Joaquin im Urteil vom 24.4.1985 angeordnet, daß dem US-amerikanischen Anwalt des Klägers 40 % aller Gelder zustehen, die er im Namen des Klägers vom Beklagten erhalte.[867] Hieraus läßt sich schließen, daß das US-amerikanische Gericht, konkret die dortige jury, in seiner Entscheidung bereits berücksichtigt hat, daß der Kläger letztlich nur einen Anteil der eingeklagten Summe erhalten werde. und das Gericht den zugesprochenen Gesamtbetrag um die fiktiven Anwaltskosten erhöht hat. Indiz hierfür ist insbesondere die Höhe des dem Anwalt zuerkannten Anteils von 40 % der Gesamtforderung.

---

864 Im Ergebnis ebenso: Schütze, RIW 1993/139, 140.

865 Vgl. OLG Düsseldorf (Urt. v. 28.5.1991) RIW 1991/594, 596 = RuS 1991/339 ff. = VersR 1991/1161, 1162.

866 Hierbei beruft es sich auf den von Stiefel/Stürner propagierten Ansatz der angemessenen Reduktion der zuerkannten Beträge; vgl. Stiefel/Stürner, VersR 1987/829 ff.; wiederholt in der modifizierten englischen Fassung des Artikels: Stiefel/Stürner/Stadler, 39 Am. J. Comp. L. 779, 797 (1993).

867 Vgl. die Sachverhaltsdarstellung bei OLG Düsseldorf (Urt. v. 28.5.1991) und BGH (Urt. v. 4.6.1992); ausführlich hierzu S. 36 ff.

Es kann nicht ausgeschlossen werden, daß im vorliegenden Fall ein packing der Anwaltsgebühren stattgefunden hat. Dies hätte zu Lasten der Anerkennungsfähigkeit des Urteils berücksichtigt werden müssen.

Die Systemwidrigkeit bei der Anwendung des US-amerikanischen Kostenrechts erkennt das OLG Düsseldorf[868] in seiner untergerichtlichen Entscheidung zur „Kalifornien-Entscheidung" des BGH[869] nicht. Es setzt sich einzig mit dem materiellrechtlichen ordre public auseinander und prüft, ob US-amerikanischen Anwaltshonoraren die Anerkennung wegen deren exzessiver Höhe versagt werden kann. Letztlich gesteht es dem Kläger ein reduziertes Anwaltshonorar in Höhe von 25 % des zuerkannten Schadensersatz- und Schmerzensgeldanspruches zu.[870] Auf einen möglichen Verstoß gegen den verfahrensrechtlichen ordre public geht das OLG Düsseldorf in diesem Zusammenhang nicht ein.

Der BGH erkennt in seiner „Kalifornien-Entscheidung" vom 4.6.1992[871] zwar das Problem des versteckten packings der Anwaltsgebühren und ordnet es dem verfahrensrechtlichen ordre public zu. Er diskutiert das Problem in seiner Begründung aber nicht konsequent zu Ende. Zwar stellt er richtig fest, daß die American Rule selbst die Anerkennungsfähigkeit US-amerikanischer Urteile nicht hindere und daß hierbei vornehmlich wertende und rechtspolitische Gesichtspunkte eine Rolle spielen. Aber er berücksichtigt nicht die Umsetzung der American Rule in der US-amerikanischen Gerichtspraxis. Vielmehr wendet er sich den Fällen des bewußten Mißbrauchs der US-amerikanischen Kostenregelung zu, in denen Klagen mutwillig erhoben werden und verweist auf die seiner Meinung nach ausreichenden allgemein vorgesehenen Schutzmechanismen gegen einen solchen Mißbrauch.[872] Diese Überlegung des BGH ist richtig. Sie lenkt jedoch ab vom eigentlichen Problem, der Verletzung des Grundsatzes der Waffengleichheit der Parteien im Prozeß. Hierzu äußert sich der BGH nicht.

Schließlich weist der BGH - gewissermaßen zur Abrundung seiner Argumentation - darauf hin, daß das Ergebnis der Entscheidung letztlich nach deutschem Recht ebenso ausgefallen wäre, wie es die vorliegende US-amerikanische Entscheidung getroffen hat. Der dortige Kläger hätte seine Prozeßkosten auch nach deutschem Recht erstattet bekommen (§ 91 ZPO).[873] Vordergründig ist dieses funktional-rechtsvergleichende Argument richtig. Allerdings beschränkt der BGH hier seine Prüfungskompetenz zu stark. Er vergleicht lediglich das US-

---

868 (Urt. v. 28.5.1991), RIW 1991/594, 596 f. = RuS 1991/339 ff. = VersR 1991/1161, 1162. Vorinstanz zur „Kalifornien-Entscheidung" des BGH vom 4.6.1992.

869 Hierzu sogleich.

870 Das US-amerikanische Gericht hatte einen Betrag von 40 % als Erfolgshonorar für angemessen erklärt (s.o.).

871 (Urt. v. 4.6.1992) BGHZ 118/312, 325 = IPRax 1993/320, 314 = LM 2/93 zu § 328 ZPO, Bl. 329 = NJW 1992/3096, 3099 f. = RIW 1993/132, 133 = WM 1992/1451, 1457 = ZIP 1992/1256, 1262 = ZZP 106 (1993), S. 79, 88 f., jeweils unter Punkt A. III. 4 b) (nicht abgedruckt bei CR 1993/274 ff.; EuZW 1992/705 ff.; EWiR 1993/827 f.; JZ 1993/261, ff.; MDR 1992/1181 ff.; PHI 1992/174 f.).

872 Verschiedene US-amerikanische Staaten haben Regelungen getroffen, in Fällen der Klageerhebung in bad faith, vexatiously, wantonly, or of oppressive reasons eine Kostenerstattung zuzulassen um so dem Mißbrauch zu begegnen. Vgl. Stiefel/Stürner, VersR 1987/829, 831 (dort Fn. 31).

873 Koch mißt diesem Aspekt besondere Bedeutung zu; vgl. ders., NJW 1992/3073, 3074. S. auch Kronke, LM 2/93 zu § 328 ZPO, Bl. 339.

amerikanische Ergebnis mit dem fiktiven deutschen Ergebnis in der selben Sache.[874] Dies genügt jedoch nicht. Im Rahmen der zulässigen - aber auch erforderlichen (!) – „umfassenden Überprüfung mit eingeschränkter Ablehnungsmöglichkeit"[875] des fremden Urteils läßt der BGH zu viel Spielraum und beschränkt sich auf ein Minimum der Kontrolle, ohne daß dies nötig oder gar sinnvoll wäre. Es kann hier nicht nur auf das auf den ersten Blick verblüffenderweise gleiche Ergebnis nach US-amerikanischem und deutschem Recht ankommen. Vielmehr ist auch das Zustandekommen der zur Anerkennung stehenden Entscheidung im Rahmen der erlaubten Grenzen zu überprüfen. Innerhalb dieser Überprüfung stellt man fest, daß das Ergebnis zwar gleich ist, die Rechtsanwendung in beiden Ländern aber unterschiedlich: Während in Deutschland das zum Vergleich herangezogene fiktive Ergebnis auf der Anwendung des normierten Verfahrens- und Kostenrechts beruht, ergibt sich das gleiche Ergebnis in den USA erst durch die Mißachtung und Umgehung der American Rule anhand der den Kläger einseitig privilegierenden Rechtsprechung vornehmlich der juries. Es liegt ein Verstoß gegen anerkannte Grundsätze der verfahrensrechtlichen Gerechtigkeit vor. Dies ist nicht hinnehmbar.[876]

Der Vergleich mit dem fiktiven Ergebnis der Kostenentscheidung nach deutschen Recht ist auch aus einem anderen Grund zu einseitig: Wäre die Klage in Kalifornien abgewiesen worden, so wäre die dortige Kostenentscheidung konträr zum entsprechenden deutschen Ergebnis gewesen. Der US-amerikanische Beklagte hätte die ihm entstandenen Kosten - anders als ein deutscher Beklagter - nicht erstattet bekommen. Möglicherweise hat sich der BGH hier vom Wortlaut des § 328 I Ziffer 4 ZPO leiten lassen, der vordergründig auf das Ergebnis der fremden Rechtsanwendung abstellt. Zuzugeben ist allerdings, daß für diesen Fall eine Anerkennung des US-amerikanischen (abweisenden) Urteils in Deutschland kaum zu Debatte gestanden hätte. Dieses Argument nutzt auch Coester-Waltjen[877], die meint, der siegreiche Kläger dürfe nicht über die Versagung der Anerkennung des für ihn günstigen Urteils bestraft werden. Sie verkennt aber, daß es sich um zwei verschiedene Verfahren handelt, einerseits um das am ausländischen Recht zu messende Ausgangsverfahren und andererseits um das am eigenen Recht zu orientierende Anerkennungsverfahren. Die ausländische Entscheidung verliert durch die Versagung der Anerkennung nicht ihre Gültigkeit im Urteilsland.

Der Verstoß gegen den verfahrensrechtlichen ordre public ist hier so massiv, daß die Anerkennungsfähigkeit US-amerikanischer Urteile in Deutschland versagt werden muß. Der Grundsatz der verfahrensrechtlichen Gerechtigkeit muß im deutschen Recht als so wesentlich

874 Den gleichen Fehler begeht im Übrigen Völker, S. 134.

875 Vgl. hierzu Teil 1, Ziffer II. 2. (S. 39 ff.).

876 Schütze spricht die Hoffnung aus, daß der BGH seine Rechtsprechung in Hinblick auf den Gesichtspunkt der Waffengleichheit nochmals überprüft; vgl. ders, RIW 1993/139, 140. Diese Hoffnung ist um so begründeter, als der BGH seine Entscheidung nicht etwa revidieren muß, sondern es „lediglich" einer Konkretisierung der bisherigen Entscheidung bedarf.

877 Dies., in: Herausforderungen, S. 15, 28.

angesehen werden, daß schon der abgeschwächte ordre public atténué des § 328 I Ziffer 4 ZPO verletzt ist.[878]

Auf die Höhe der in den USA angefallenen Prozeßkosten kommt es bei diesen grundsätzlichen Überlegungen nicht an.[879]

Bei der vorgenommenen Überprüfung ist die Grenze zur verbotenen révision au fond[880] nicht überschritten. Zwar darf die Anwendung der Rechtssätze im Urteilsland grundsätzlich nicht überprüft werden. Im vorliegenden Fall geht es jedoch um unverzichtbare Erfordernisse verfahrensrechtlicher Gerechtigkeit, konkret die Frage der Gleichbehandlung und der Waffengleichheit der Parteien im Prozeß. Diese sind vorrangig zu beachten und ausnahmsweise durch den Anerkennungsrichter selbständig zu prüfen.[881]

(2) Die Anerkennungsfähigkeit US-amerikanischer Urteile, die dem Anwalt ein Erfolgshonorar zusprechen - ein Problem des materiellrechtlichen ordre public

Zu untersuchen bleibt die Frage der Anerkennungsfähigkeit US-amerikanischer Urteile in Deutschland, die dem Anwalt im Urteilsland ein Erfolgshonorar zubilligen.

Es wurde bereits darauf hingewiesen, daß zumindest die Frage der Höhe des Erfolgshonorars dogmatisch gesehen dem materiellrechtlichen ordre public zuzuordnen ist (s.o.).[882] Dennoch erfolgt eine Auseinandersetzung im Kontext mit der Frage der Anerkennungsfähigkeit der US-amerikanischen Regelung der Kostentragung und des Kostenausgleichs. So bleibt der Sachzusammenhang erhalten.

In Deutschland selbst verstößt die Vereinbarung eines Erfolgshonorars zwischen Anwalt und Mandanten gegen die Position des Anwaltes als unabhängigem Organ der Rechtspflege (vgl. § 1 BRAO). Sie ist standes-[883] und sittenwidrig, somit nichtig.[884] Der Gedanke prägt die deutschen Gerechtigkeitsvorstellungen jedoch nicht so wesentlich, daß ihm ausnahmslose Geltung

878 Zum effet atténué des verfahrensrechtlichen ordre public vgl. Teil 2, Ziffer III. A. 1. (S. 96 f.).

879 Hierzu sogleich.

880 Ausführlich hierzu Teil 1, Ziffer II. 2. (S. 38 ff.).

881 Zum „System der umfassenden Überprüfung mit eingeschränkter Ablehnungsmöglichkeit" s. Teil 1, Ziffer II. 2. (S. 39 ff.).

882 Ebenso Zekoll, S. 119 (dort Fn. 33), 125.

883 Die Rechtsprechung des BVerfG zum anwaltlichen Standesrecht hat insofern keine Änderung gebracht, vgl. BVerfG (B. v. 14.7.1987) NJW 1988/191 ff.; BGH (Urt. v. 22.3.1990) NJW RR 1990/949 ff.

884 Ständige Rechtsprechung seit BGH (Urt. v. 15.12.1960) BGHZ 34/64, 71 = NJW 1963/313 ff. = VersR 1961/140, 142; s. auch BGH (Urt. v. 28.2.1963) NJW 1963/1147.

zukommen muß.[885] Aus politischen Gründen wurde er bei Wiedergutmachungsfällen durchbrochen.[886]

Bereits mit Urteil vom 15.11.1956[887] hat der BGH entschieden, daß die nach US-amerikanischem Recht geschlossene Vereinbarung eines Erfolgshonorars zwischen einem US-amerikanischen Rechtsanwalt und seinem deutschen Auftraggeber zulässig ist. Entscheidend stellte der BGH schon damals auf den - zu geringen - Inlandsbezug des Falles ab.[888]

In einem Urteil vom 28.10.1965[889] kürzte der BGH das zwischen einem US-amerikanischen Anwalt und seinem deutschen Auftraggeber für die Wahrnehmung von dessen Interessen in Deutschland vereinbarte Erfolgshonorar von 35 % auf 20 %. Der Anwalt besaß eine Zulassung in Deutschland. Er hatte im Rahmen eines Entschädigungsverfahrens erfolgreich Ansprüche der Hinterbliebenen eines von den US-amerikanischen Streitkräften Erschossenen geltend gemacht und forderte nunmehr sein Honorar. Die Honorarvereinbarung unterstand nach Ansicht des BGH US-amerikanischem Recht. Dennoch nahm das Gericht eine Reduzierung des Anspruches vor, da andernfalls durch die vollständige Zahlung des Erfolgshonorars der Versorgungscharakter der erstrittenen Entschädigungsleistung gemäß den §§ 844 II, 1360 ff. und 1610 ff. BGB gefährdet sei. Weiterhin sei die Arbeitsleistung des Anwaltes „nicht bedeutend" gewesen und er selbst sei ein geringes Wagnis eingegangen. Im Übrigen hätte ein deutscher Anwalt in einem solchen Fall Gebühren in Höhe von ca. 5.000 DM geltend machen können während der Kläger fast das siebenfache dieses Betrages fordere. Nach Ansicht des BGH bestehe hier ein nicht hinnehmbares Mißverhältnis zwischen Leistung und Gegenleistung das eine Reduzierung auf einen Gesamtbetrag von ca. 18.000 DM erforderlich mache.[890]

In beiden Entscheidungen ging es jedoch nicht um die Anerkennungsfähigkeit eines fremden Urteils, das dem ausländischen Anwalt ein Erfolgshonorar zuspricht, sondern es ging jeweils um die Anerkennungsfähigkeit eines innerhalb der deutschen Rechtsordnung vereinbarten Erfolgshonorars bei Beteiligung eines ausländischen Anwaltes. In Frage stand die Anwendung fremden Rechts im Inland. Betroffen war jeweils der kollisionsrechtliche ordre public des Art. 30 EGBGB a.F., nunmehr Art. 6 EGBGB.

Zusammenfassend ist davon auszugehen, daß die Vereinbarung eines Erfolgshonorars grundsätzlich keinen Verstoß gegen den kollisionsrechtlichen ordre public begründet.

---

885 BGH (Urt. v. 4.6.1992) BGHZ 118/312, 332 = EuZW 1992/705, 706 = IPRax 1993/310, 316 = JZ 1993/261, 262 = LM 2/93 zu § 328 ZPO, Bl. 332 = MDR 1992/1181, 1182 = NJW 1992/3096, 3101 = RIW 1993/132, 135 = WM 1992/1451, 1459 = ZIP 1992/1256, 1264 = ZZP 106 (1993), S. 79, 92 f., jeweils unter Punkt A. IV. 5. (nicht abgedruckt bei CR 1993/274 ff.; EWiR 1993/827 f.; PHI 1992/174 f.).

886 Ebenso Schütze, RIW 1993/139, 140.

887 BGHZ 22/162 ff. = NJW 1957/184 ff.; s. auch Simitis, in: Vorschläge und Gutachten zur Reform des deutschen internationalen Personen-, Familien- und Erbrechts, S. 267, 279, der allerdings von einer ablehnenden Haltung des BGH ausgeht.

888 Ausführlich zum Inlandbezug des Falles als Abgrenzungskriterium s. Teil 2, Ziffer III. B. 4. a), (S. 58 ff.).

889 BGHZ 44/183 ff. = NJW 1966/296 ff.

890 Vgl. BGH (Urt. v. 28.10.1965) BGHZ 44/183, 189 ff. = NJW 1966/296, 299 f.; s. auch Aubin, in: Landesreferate 1966, S. 99, 124 (dort insbesondere Fn. 84 a); Rosengarten, S. 165; Spickhoff, S. 195.

Diese Ansicht wird vom BGH konsequent fortgeführt und für den Bereich des anerkennungsrechtlichen ordre public erweitert.

In seiner „Kalifornien-Entscheidung“ vom 4.6.1992 stellt der BGH fest, daß es sich bei dem dort zur Anerkennung stehenden Erfolgshonorar um eine im Ausland geschlossene Vereinbarung einer ausländischen Partei mit ihrem ausländischen Rechtsanwalt für die Führung eines Prozesses im Ausland handele.[891] Der BGH stellt entscheidend auf den Inlandbezug des Falles ab. Dieser sei im vorliegenden Fall so gering, daß eine Anerkennung nicht gehindert werde.

Auch die Höhe des im Ausland vereinbarten Erfolgshonorars hindert regelmäßig nicht die Anerkennung des dort ergangenen Urteils in Deutschland.[892]

Das OLG Düsseldorf[893] als Vorinstanz zur „Kalifornien-Entscheidung“ des BGH hatte in Anlehnung an die von Stiefel/Stürner[894] vorgeschlagene Methode eine Reduzierung des Erfolgshonorars vorgenommen. Anstatt des dem klägerischen Anwalt entsprechend der internen Vereinbarung zustehenden Erfolgshonorars in Höhe von 40 % aller eingehenden Gelder sollte in Deutschland nur ein Anteil von 25 % dieses Betrages anerkennungsfähig sein. Lediglich diese Summe sei hinnehmbar. Problematisch bei dieser anteiligen Anerkennung ist, daß das OLG Düsseldorf ohne Nennung von Gründen eine Neubewertung des im Ausland rechtskräftig entschiedenen Sachverhaltes vornimmt. Anstatt sich mit der in den USA zuerkannten Quote von 40 % auseinanderzusetzen und diese gegebenenfalls nachvollziehbar zu reduzieren, wird ohne Begründung ein pauschaler Anteil von 25 % als akzeptabel angesehen. Zwar verweist der auf die von Stiefel/Stürner[895] als anerkennungsfähig genannten Margen von zwischen 10 % und 30 % des Streitwertes. Aber auch hierbei versäumt er es, sich mit der ebenso denkbaren und von Stiefel/Stürner - im unmittelbar vorangehenden Satz der dortigen Ausführungen - in den Raum gestellten Möglichkeit auseinanderzusetzen, den Arbeitsaufwand des Rechtsanwaltes und das Streitrisiko des Einzelfalles zu berücksichtigen. Beide Überlegungen hätten im vorliegenden Fall wohl zu einer Erhöhung des Anwaltshonorares führen müssen.

Aufgabe des Anerkennungsrichters kann es nicht sein, sich über fremde Urteile mit wenigen Worten hinwegzusetzen und eine eigene Entscheidung zu treffen. Das knappe, lediglich

---

891 Vgl. BGH (Urt. v. 4.6.1992) BGHZ 118/312, 332 f. = EuZW 1992/705, 706 = IPRax 1993/310, 316 = JZ 1993/261, 262 = LM 2/93 zu § 328 ZPO, Bl. 332 = MDR 1992/1181, 1183 (dort nur sinngemäß wiedergegeben) = NJW 1992/3096, 3101 = RIW 1993/132, 135 = VersR 1992/1281, 1287 = WM 1992/1451, 1459 = ZIP 1992/1256, 1264 f. = ZZP 106 (1993), S. 79, 92 f., jeweils unter Punkt A. IV. 5. (nicht abgedruckt bei CR 1993/274 ff. = EWiR 1993/827 = PHI 1992/174 ff.).

892 BGH (Urt. v. 4.6.1992) BGHZ 118/312, 332 = EuZW 1992/705, 706 = IPRax 1993/310, 316 = JZ 1993/261, 262 = LM 2/93 zu § 328 ZPO, Bl. 332 = MDR 1992/1181, 1182 = NJW 1992/3096, 3101 = RIW 1993/132, 135 = WM 1992/1451, 1459 = ZIP 1992/1256, 1264 = ZZP 106 (1993), S. 79, 92 f., jeweils unter Punkt A. IV. 5. (nicht abgedruckt bei CR 1993/274 ff.; EWiR 1993/827 f.; PHI 1992/174 f.). A.A. Stiefel/Stürner, VersR 1987/829, 842; wiederholt in der modifizierten englischen Fassung des Artikels: Stiefel/Stürner/Stadler, 39 Am. J. Comp. L. 779, 797 (1993).

893 (Urt. v. 28.5.1991) RIW 1991/594, 596 = RuS 1991/339 ff. = VersR 1991/1161, 1162; Vorinstanz zu BGH (Urt. v. 4.6.1992).

894 VersR 1987/829, 837 ff.; wiederholt in der modifizierten englischen Fassung des Artikels von Stiefel/Stürner/Stadler, 39 Am. J. Comp. L. 779, 797 (1993). Vgl. hierzu bereits Teil 1, Ziffer II. 4. b) (4) (S. 53 ff.).

895 VersR 1987/829, 842.

mit pauschal gehaltenen Sätzen begründete Hinweggehen über ausländische Urteile hat nichts zu tun mit einer „umfassenden Überprüfung mit eingeschränkter Ablehnungsmöglichkeit“[896]. Es stellt faktisch eine völlig neue Entscheidung in der Sache dar. Eine solche Kompetenzüberschreitung ist unzulässig. Rosengarten[897] fragt insofern zurecht, was der Respekt vor der fremden Rechtsordnung nutze, wenn er nur auf dem Papier stehe.

Der BGH korrigiert in seiner „Kalifornien-Entscheidung“ das Urteil des OLG Düsseldorf und berücksichtigt die Besonderheiten des konkreten Einzelfalles angemessen.[898] Er stellt richtig fest, daß das dem US-amerikanischen Anwalt vom Superior Court of the State of California in and for the County of San Joaquin im Urteil vom 24.4.1985 zugesprochene Erfolgshonorar in Höhe von 40 % aller eingehenden Gelder dem nach US-amerikanischen Verhältnissen Üblichen entspreche. Der zugrundeliegende Rechtsstreit sei komplex und wegen der Rechtsverfolgung im Ausland mit besonderen Schwierigkeiten verbunden gewesen. Weiterhin habe sich die Rechtsverfolgung über mehrere Jahre hingezogen und der US-amerikanische Anwalt sei mangels irgendwelcher Vorleistungen seines Mandanten ein hohes finanzielles Risiko eingegangen. Die Höhe des in den USA zugesprochenen Honorars sei somit angemessen.

Das dem US-amerikanischen Anwalt in den USA zugesprochene Erfolgshonorar ist in Deutschland der Höhe nach grundsätzlich anzuerkennen. Die Summe war bereits im US-amerikanischen Urteil verbindlich festgelegt worden. Eine selbständige Festsetzung der Höhe des anzuerkennenden Erfolgshonorars durch den Anerkennungsrichter ist nicht zulässig. Dies käme einer verbotenen révision au fond gleich.

Zusammenfassend ergibt sich, daß die Vereinbarung eines Erfolgshonorars zwischen dem US-amerikanischen Kläger und seinem dortigen Anwalt die Anerkennung eines in den USA ergangenen Urteils in Deutschland nicht hindert.[899] Etwas anderes kann nur gelten, wenn das Erfolgshonorar schon nach US-amerikanischem Recht unangemessen hoch wäre oder wenn ein offenes oder verstecktes packing des Erfolgshonorars stattfand, das den Beklagten so extrem benachteiligt, daß es nicht hinnehmbar ist.[900]

---

896 Vgl. hierzu Teil 1, Ziffer II. 2. (S. 39 ff.).

897 S. 171.

898 Vgl. BGH (Urt. v. 4.6.1992) BGHZ 118/312, 332 = EuZW 1992/705, 706 = IPRax 1993/310, 316 = JZ 1993/261, 262 = LM 2/93 zu § 328 ZPO, Bl. 332 = MDR 1992/1181, 1182 = NJW 1992/3096, 3101 = RIW 1993/132, 135 = WM 1992/1451, 1459 = ZIP 1992/1256, 1264 = ZZP 106 (1993), S. 79, 92 f., jeweils unter Punkt A. IV. 5. (nicht abgedruckt bei CR 1993/274 ff.; EWiR 1993/827 f.; PHI 1992/174 f.). Zur Höhe des Erfolgshonorars allgemein s. Teil 3, Ziffer II. 9. b) (S. 211 ff.).

899 Es steht jeder Rechtsordnung frei, standesrechtliche Beschränkungen der eigenen Anwaltschaft selbst zu bestimmen. Vgl. zum Ganzen auch BGH (Urt. v. 4.6.1992) BGHZ 118/312, 332 = EuZW 1992/705, 706 = IPRax 1993/310, 316 = JZ 1993/261, 262 = LM 2/93 zu § 328 ZPO, Bl. 332 = MDR 1992/1181, 1182 = NJW 1992/3096, 3101 = RIW 1993/132, 135 = WM 1992/1451, 1459 = ZIP 1992/1256, 1264 = ZZP 106 (1993), S. 79, 92 f., jeweils unter Punkt A. IV. 5. (nicht abgedruckt bei CR 1993/274 ff.; EWiR 1993/827 f.; PHI 1992/174 f.). A.A. Martiny, Handbuch des IZVR, Band III/1, Rn. 1111; Stiefel/Stürner, VersR 1987/829, 842; Zekoll, S. 117, 123.

900 Zur Anerkennungsfähigkeit von durch offenes oder verstecktes packing zugesprochenen Anwaltshonoraren s. Teil 3, Ziffer I. 9. e) (2) (S. 218 f.).

II. Mögliche Verstöße gegen den materiellrechtlichen ordre public

Verstöße gegen den materiellrechtlichen ordre public können sich bei der Anerkennung US-amerikanischer Urteile in Deutschland insbesondere im Bereich von Schadensersatz und Schmerzensgeld ergeben. In Anlehnung an die „Kalifornien-Entscheidung“ des BGH vom 4.6.1992 wird im folgenden untersucht, ob fiktive Heilungskosten, damages of pain and suffering oder auch punitive damages in Deutschland anerkennungsfähig sind. Besonderer Berücksichtigung bedarf hierbei die aus deutscher Sicht exzessive Höhe der in den USA zugesprochenen Beträge der punitive damages.[901]

1. Die Erstattung fiktiver Herstellungskosten bei Personenschäden als Schadensersatz in den USA und deren Anerkennungsfähigkeit in Deutschland

Das der „Kalifornien-Entscheidung“ des BGH vom 4.6.1992 zugrundeliegende US-amerikanische Urteil des Superior Court of the State of California in and for the County of San Joaquin vom 24.4.1985 sprach dem Kläger 100.000 US-Dollar für eine zukünftige medizinische Versorgung, konkret eine psychologische Behandlung, zu (future medical expenses). Weiterhin erhielt der Kläger 50.000 US-Dollar für eine im Rahmen dieser Behandlung voraussichtlich erforderliche Unterbringung in einer Klinik zuerkannt (cost of placement). Die Maßnahmen waren aufgrund der Anhörung eines Sachverständigen für objektiv erforderlich gehalten worden.[902] Der Kläger erhielt diese Beträge unabhängig davon zuerkannt, ob er sich tatsächlich für die Behandlung entscheiden würde. Wie er sich verhalten hat, blieb offen.

a) Die Erstattung fiktiver Herstellungskosten bei Sach- und Personenschäden in Deutschland

Ersatz für tatsächlich entstandene Schäden ist sowohl im US-amerikanischen als auch im deutschen Schadensersatzrecht üblich. Schadensersatz als Kompensation für entstandene Schäden ist anzuerkennen.[903]

---

901 Auch die Frage der Vereinbarkeit der Höhe von Erfolgshonoraren US-amerikanischer Anwälte ist dem materiellrechtlichen ordre public zuzuordnen. Hierzu wurde, um den Sachzusammenhang zu erhalten, bereits im Rahmen der Überprüfung von Verstößen gegen den verfahrensrechtlichen ordre public Stellung genommen. Vgl. Teil 3, Ziffer I. 9. b), c), d), e) (2) (S. 211, 213, 215, 222 ff.).

902 Ausführlich dargestellt bei OLG Düsseldorf (Urt. v. 28.5.1991) RIW 1991/594, 596 = VersR 1991/1161, 1162.

903 Für die Zahlung tatsächlich angefallener Heilaufwendungen (past medical damages) vgl. BGH (Urt. v. 4.6.1992) BGHZ 118/312, 327 = IPRax 1993/310, 314 = JZ 1993/261, 262 = LM 2/93 zu § 328 ZPO, Bl. 330 = NJW 1992/3096, 3100 = WM 1992/1451, 1457 = ZIP 1992/1256, 1263 = ZZP 106 (1993), S. 79, 89, jeweils unter Punkt A. IV. 2. (nicht abgedruckt bei CR 1993/274 ff.; EuZW 1992/705 ff.; EWiR 1993/827 f.; MDR 1992/1181 ff.; PHI 1992/174 f.; RIW 1993/132 ff.).

Fraglich dagegen ist, ob auch der Ersatz fiktiver Herstellungskosten des Geschädigten anzuerkennen ist. Hierbei ist zwischen Sach- und Personenschäden zu differenzieren. Verschiedene Gerichte haben sich mit dem Problem bereits beschäftigt:

Bei der Erstattung von Sachschäden gesteht der BGH dem Geschädigten die Dispositionsbefugnis zu, den Schaden zu beheben oder fiktive Reparaturkosten geltend zu machen.[904] Ob der Geschädigte die beschädigte Sache repariere oder wertgemindert weiterbenutze und den finanziellen Ausgleich anderweitig verwende, entscheide er selbst. Dies gehe den Schädiger nichts an.[905]

Für Personenschäden gilt dies laut Urteil des BGH vom 14.1.1986[906] nicht. Dort ging es um den Ersatz fiktiver Operationskosten. Die Klägerin hatte bei einem Verkehrsunfall Verletzungen erlitten, die unter anderem eine Dünndarmoperation erforderlich machten. Der Rechtsstreit ging darum, ob sie die voraussichtlichen Kosten für eine Korrektur der Narben verlangen könne, obwohl sie sich bisher wegen des ungewissen Erfolges noch nicht zu der Operation hatte entschließen können. Auf der Grundlage eines Privatgutachtens hatte die Klägerin die Kosten der fraglichen Operation mit ca. 11.000 DM beziffert und die Zahlung dieses Betrages gefordert. Die Beklagten hatten sich zur Übernahme der tatsächlich anfallenden Kosten bereiterklärt, sie weigerten sich jedoch, den fraglichen Betrag an die Klägerin zu zahlen. Der BGH stellt fest, daß der Ausgleich für letztlich hingenommene oder hinzunehmende körperliche, geistige und seelische Beeinträchtigungen faktisch eine Entschädigung für die fortdauernde Gesundheitsbeeinträchtigung sei. Immaterieller Schaden werde jedoch nur in den gesetzlich vorgesehenen Fällen gewährt (§ 253 BGB). Dieser Schaden könne somit einzig über die Zahlung eines Schmerzensgeldes (§ 847 BGB) ausgeglichen werden. Die Zahlung von fiktiven Herstellungskosten bei Personenschäden wäre eine Umgehung von § 253 BGB. Die Geschädigte dürfe nicht das ihr zustehende Schmerzensgeld unzulässig aufbessern. Herstellungskosten seien im Bereich der Personenschäden zweckgebunden.[907]

In der zum Teil bereits einige Jahre zurückliegenden Rechtsprechung der Instanzgerichte wurden zur Frage der Erstattung fiktiver Herstellungskosten bei Personenschäden verschiedene Auffassungen vertreten. Sowohl das OLG Celle[908] als auch das OLG Stuttgart[909] sprachen dem Verletzten die Kosten einer Narbenkorrektur selbst dann zu, wenn der Eingriff nicht durchgeführt wurde. Dagegen sah das LG Stuttgart[910] die Kosten einer notwendigen aber nicht in Anspruch genommenen Behandlung als nicht erstattungsfähig an.

---

904 Vgl. BGH (Urt. v. 23.3.1976) BGHZ 66/239, 241 = NJW 1976/1396, 1397; BGH (Urt. v. 5.3.1985) NJW 1985/2469 ff. = VersR 1985/593 ff.

905 Vgl. BGH (Urt. v. 14.1.1986) BGHZ 97/14, 17 f. = LM § 249 BGB Nr. 25 = NJW 1986/1538, 1539.

906 BGH (Urt. v. 14.1.1986) BGHZ 97/14 ff. = LM § 249 BGB Nr. 25 = NJW 1986/1538 ff.

907 Vgl. BGH (Urt. v. 14.1.1986) BGHZ 97/14, 18 ff. = LM § 249 BGB Nr. 25 = NJW 1986/1538, 1539.

908 (Urt. v. 27.1.1972), VersR 1972/468 f.

909 (Urt. v. 30.8.1977), VersR 1978/188.

910 (Urt. v. 29.7.1976), NJW 1976/1797.

Auch in der Literatur sind die Meinungen geteilt.[911] Im wesentlichen werden drei Ansichten vertreten. Zum Teil wird ein Anspruch auf Erstattung von Personenschäden auch dann bejaht, wenn der Geschädigte das Geld nicht zur Naturalrestitution verwendet.[912] Andere Autoren fordern für die Erstattung von fiktiven Personenschäden eine enge Bindung dieses Geldanspruches an die tatsächlich erfolgte Restitution. Sie erkennen den Anspruch nur an, wenn die Herstellung erfolgt ist oder gewähren dem Geschädigten einen zweckgebundenen Vorschuß, über den später abzurechnen ist.[913] Eine dritte Meinung versagt die Erstattung fiktiver Herstellungskosten bei Personenschäden.[914]

b) Die Anerkennungsfähigkeit US-amerikanischer Urteile in Deutschland, die fiktive Herstellungskosten bei Personenschäden zusprechen

Die Anerkennung US-amerikanischer Urteile, die fiktive Herstellungskosten bei Personenschäden zusprechen, scheitert nicht zwingend daran, daß in Deutschland ein entsprechender Anspruch versagt wird. Im Rahmen der Überprüfung eines fremden Urteils anhand des ordre public ist unerheblich, ob das ausländische und das deutsche Recht auf widerstreitenden Prinzipien des Schadensersatzes beruhen. Entscheidend ist vielmehr, ob das konkrete Ergebnis der Anwendung des ausländischen Rechts zu mißbilligen ist. Dies ist nicht der Fall. Denn grundsätzlich bekommt auch ein deutscher Kläger die Kosten einer Heilbehandlung erstattet. Und grundsätzlich steht es in seinem Ermessen, die Heilbehandlung vornehmen zu lassen oder nicht. Der Beklagte hat hierauf keinen Einfluß. Der Ersatz von fiktiven Behandlungs- oder Unterbringungskosten im Ausland und dessen Anerkennung in Deutschland erweitert das inländische Haftungsrecht nicht so wesentlich, daß hierin ein Verstoß gegen den materiellrechtlichen ordre public gesehen werden muß.

Hierbei ist ein weiterer Aspekt zu berücksichtigen. Im US-amerikanischen Haftpflichtprozeß sind sämtliche Ansprüche einheitlich als lump sum geltend zu machen. Sie werden umfassend abgehandelt. Das dortige Zivilverfahrensrecht kennt kein Grundurteil. Der Kläger muß - bevor er eine Heilbehandlung begonnen hat - die entsprechenden Kosten hierfür geltend machen. Es handelt sich also regelmäßig um die Geltendmachung fiktiver Kosten. Die spätere Bezifferung des Schadens oder nachträgliche Abrechnung der Kosten ist in den USA nicht möglich, eine weitere Klage, insbesondere eine Feststellungsklage ist nicht zulässig.[915]

---

911 Vgl. die Nachweise bei BGH (Urt. v. 14.1.1986) BGHZ 97/14, 17 = LM § 249 BGB Nr. 25 = NJW 1986/1538, 1539.

912 Deutsch, Haftungsrecht I, 26 V 3; Larenz, Schuldrecht AT, 28 I; Fleischmann, in: 20. Deutscher Verkehrsgerichtstag, 1982, S. 275 f.; Zeuner, in: FS Dietz, S. 120.

913 Vgl. Esser-Schmidt, Schuldrecht AT, 32 I 2; s. auch Honsell-Harrer, JuS 1985/161 ff.; Köhler, in: FS Larenz, S. 363 ff.; Schiemann, S. 282; ders., DAR 1982/309 ff.

914 Vgl. Grunsky, NJW 1983/2465, 2468 f.; MünchKomm-Grunsky, BGB, Band 2, § 249, Rn. 18; Medicus, DAR 1982/352, 356.

915 Zu dieser claim preclusion doctrine vgl. insbesondere BGH (Urt. v. 4.6.1992) BGHZ 118/312, 331 = IPRax 1993/310, 315 = JZ 1993/261, 262 = LM 2/93 zu § 328 ZPO, Bl. 331 = NJW 1992/3096, 3101 = WM 1992/1451, 1459 = ZIP 1992/1256, 1264 = ZZP 106 (1993), S. 79, 92, jeweils unter Punkt A. IV. 3. b) (nicht abgedruckt bei CR 1993/274 ff.; EuZW 1992/705 ff.; EWiR 1993/827 f.; MDR 1992/1181 ff.;

Die unterschiedliche Ausgestaltung des Schadensersatzrechts in Deutschland und den USA und insbesondere die jeweils auf einer anderen Ebene eingeschränkte Möglichkeit der Durchsetzbarkeit der Ansprüche darf bei der Anerkennung fiktiver Heilkosten nicht zu Lasten des Anspuchstellers gehen.

Es widerspricht nicht dem materiellrechtlichen ordre public, einem ausländischen Kläger im Ausland fiktive Behandlungs- und Unterbringungskosten zuzusprechen.[916] Ein entsprechendes ausländisches Urteil das fiktive Herstellungskosten bei Personenschäden beinhaltet ist anzuerkennen.

2. US-amerikanische punitive damages und deren Anerkennungsfähigkeit in Deutschland

Eine der in den letzten Jahren meistdiskutierten Fragen im internationalen Rechtsverkehr ist, ob US-amerikanische Urteile die punitive damages zusprechen in Deutschland anerkennungsfähig sind.[917]

a) Punitive damages im US-amerikanischen Recht

Zusätzlich zum kompensierenden Schadensersatz (compensatory damages) und zum Schmerzensgeld (damages for pain and suffering) können dem Kläger nach dem common law der

PHI 1992/174 f.; RIW 1993/132 ff.). S. auch Bungert, ZIP 1992/1707, 1714; Schack, Einführung in das US-amerikanische Zivilprozeßrecht, S. 78.

916 Vgl. auch Coester-Waltjen, in: Herausforderungen, S. 15, 34.

917 Vgl. Behr, 13 J. L. & Comm. 211 - 232 (1994); Bernstein, in: FS Ferid, 1978, S. 75 ff.; Beucher, RIW 1992/893 ff.; Beucher/Sandage, 23 Vand. J. Transnat'l L. 967 - 791 (1991); Böhmer, NJW 1990/3049; ders., PHI 1992/72 ff.; Brand, 13 J. L. & Comm. 193 (1994); ders., 18 NILR 143 - 186 (1996); Bungert, ZIP 1992/1707 ff.; ders., ZIP 1993/815 ff.; ders., 27 Int'l Law 1075 - 1090 (1993); ders., VersR 1994/15 ff.; Burst, S. 160 ff.; Coester-Waltjen, in: Herausforderungen, S. 15 ff.; s. auch Anonymus, DAJV-Newsletter 3/93, S. 63; Debusschere/Kretschmar, in: Produkthaftungshandbuch, § 117, Rn. 15 ff.; Deutsch, JZ 1993/266 ff.; Drolshammer/Schärer, SJZ 198/309 ff. (zum schweizer Recht); Fiebig, 22 Ga. J. Int'l & Comp. L. 635 - 657 (1992); Fischer, 68 St. John's L. Rev. 199 - 215 (1994); Geimer, EWiR 1992/829 f.; ders., IZPR, Rn. 2157, 2974; Gotanda, 38 Harv. Int. L. J., 61 – 105 (1997); Gottwald, ZZP 203 (1990), S. 255, 283; Hay, 40 Am. J. Comp. L. 729 - 750 (1992); Hay/Rasmussen-Bonne, DAJV-Newsletter 3/92, S. 33 ff.; Heidenberger, RIW 1990/804 ff.; ders., RIW 1991/599 ff.; Heldrich, in: Herausforderungen, S. 1 ff.; Koch, NJW 1992/3073 ff.; Koch/Zekoll, IPRax 1993/288 ff.; Kraus, 17 Tex. Int'l Lit. 195 - 211 (1982); Lenz, S. 1 ff. (zum schweizer Recht); R. Mann, NJW 1994/1187, 1188; Mark, EuZW 1994/238, 241; Martiny, Handbuch des IZVR, Band III/1, Rn. 507; ders., 35 Am. J. Comp. L. 721 - 759 (1987); Nettesheim/Stahl, 28 Tex. Int'l L. J. 415 - 425 (1993); Note, 3 Int'l Litig. Procedure 430 - 438 (1992); Otte, RIW 1990/299 ff.; Rosengarten, S. 1 ff.; ders., NJW 1996/1935 ff.; Schack, IZVR, Rn. 605, 869; ders., ZZP 106 (1993), S. 105 ff.; Schütze, 11 U. Pa. Int'l Bus. 581 - 602 (1990); ders., Deutsch-amerikanische Urteilsanerkennung, S. 162 ff., 171; ders., in: Produkthaftungshandbuch, § 103, Rn. 10 f.; Seibt, DAJV-Newsletter 2/94, S. 40 ff.; Siehr, RIW 1991/705 ff.; Stein, EuZW 1994/18 ff. (zu Fragen der punitive damages in der internationalen Schiedsgerichtsbarkeit); Stiefel/Stürner, VersR 1987/829 ff.; Stiefel/Stürner/Stadler, 39 Am. J. Comp. L. 779 - 802 (1991); Stürner/Stadler, IPRax 1990/157 ff.; Vorpeil, RIW 1991/597 ff. (zum Fall eines Schiedsspruches über punitive damages); ders., RIW 1992/851 ff.; von Westphalen, RIW 1981/141 ff.; Zekoll, 37 Am. J. Comp. L. 301 - 336 (1989); ders., 30 Colum. J. of Transn'l L. 641 - 659 (1992); u.v.m.

meisten Einzelstaaten der USA auch punitive damages[918] als weiterer Geldbetrag zugesprochen werden.[919]

(1) Der Begriff der punitive damages im US-amerikanischen und deutschen Recht

Der Begriff punitive damages wird in Deutschland regelmäßig mit „Strafschadensersatz" übersetzt. Dieser Ausdruck erfaßt jedoch nur einen Teilbereich der Funktionen des Rechtsinstituts punitive damages. Denn einerseits wird mehr als nur der entstandene Schaden ersetzt, die eigentliche Schadensregulierung erfolgt über compensatory damages und andererseits wird ein besonders verwerfliches Verhalten des Schädigers gefordert, das insofern nicht unbedingt strafrechtlich relevant sein muß. Um den Schwierigkeiten zu begegnen, die eine Differenzierung birgt, und um Mißverständnissen vorzubeugen, wird die US-amerikanische Bezeichnung punitive damages beibehalten.[920]

Punitive damages entstammen dem Haftpflichtrecht. Sie können dem Geschädigten sowohl bei deliktischer, als auch bei vertraglicher Haftung des Schädigers zugesprochen werden. Im Vordergrund stehen heute Produkthaftungsfälle, Wettbewerbsverstöße und unerlaubte Handlungen. Aber auch bei Verstößen im Kartellrecht[921] und bei der Anwendung des RICO-Act[922] besteht die Möglichkeit, punitive damages zu verhängen.

Punitive damages sind sowohl nach US-amerikanischem[923], als auch nach deutschem Recht[924] als Zivilsache zu qualifizieren. Hierbei spielt es keine Rolle, ob man die Qualifikation nach

---

918 Als Synonyme werden - mehr oder weniger gebräuchlich - verwendet: added, exemplary, imaginary oder vindictive damages. Häufig wird verallgemeinernd von smart money gesprochen; s. Fuller, 17 W. St. U. L. Rev. 305 - 324 (1990); Lenz, S. 4; Stoll, in: Gutachten für den 45. DJT, 1964, Band I, Teil 1, S. 1, 100 ff.; ders., in: International Encyclopedia of Comparative Law, Vol. XI, Part 2, S. 106 ff.

919 Zur historischen Entwicklung vgl. Blatt/Meyer, PHI 1982/56, 57 f.; Coester-Waltjen, in: Herausforderungen, S. 15, 17 f.; Gotanda, 38 Harv. Int. L. J., 61, 63 ff. (1997); Lenz, S. 13 ff.; Sensibar, 41 Fed'n Ins. & Couns. Q. 375 - 387 (1991). Allgemein s. Bungert, 27 Int'l Law 1075 - 1090 (1993); Burst, S. 68 f.; Coester-Waltjen, in: Herausforderungen, S. 15, 21 f.; Christie, 20 Anglo-Am. L. Rev. 349 - 370 (1991); Comittee on Product Liability, 45 Rec. A. B. City N.Y. 776 - 806 (1990); Daniels/Joanne, 75 Min. L. Rev. 1 - 64 (1990); Fiebig, 22 Ga. Int'l & Comp. L. 635, 640 ff. (1992); Fuller, 17 W. St. U. L. Rev. 305 - 324 (1990); Ghiardi, 39 Fed'n Ins. & Corp. Couns. Q. 189 - 199 (1989); Gross, 61 Def. Couns. J. 403 - 411 (1994); Heidenberger, RIW 1995/705, 706; Hoenig, S. 99 ff., 132 ff., 464 ff., 663 ff., 696 ff., 812 ff., 899 ff.; Litwin, 30 ALR 3d, 1443 - 1455 (1979); K. Mann, 101 Yale L. J. 1795 - 1873 (1992); Nettesheim/Stahl, 28 Tex. Int'l L. J. 415 - 425 (1993); Note, 105 Harv. L. Rev. 1990 - 1920 (1992); Parliman/Shoeman, 20 Empl. Rel. L. J. 177 - 288 (2994); Perczek, 27 Suffolk U. L. Rev. 825 - 904 (1993); Prentice, 7 Rev. Litigation 113 - 165 (1988); Reimann, S. 97 ff.; Schütze, 11 U. Pa. J. Int'l Bus. L. 581 - 602 (1990); H. L. Schwab, 41 Fed'n Ins. & Couns. Q. 57 - 82 (1990); White, 42 Baylor L. Rev. 735 - 755 (1990).

920 Zu den Schwierigkeiten bei der Übersetzung des Begriffes s. auch: Bungert, ZIP 1992/1707, 1715; Drolshammer/Schärer, SJZ 1986/309, 313; Lenz, S. 3; von Westphalen, RIW/AWD 1981/141, 143.

921 Dort § 4 des Clayton Act (15th U.S.C. § 12).

922 Racketeer Influenced and Corrupt Organizations Law, 18 U.S.C.A. § 1961 - 1968 (1984). Ausführlich hierzu Stiefel/Bungert, ZIP 1994/1905 ff. Aktuelles Beispiel ist die nunmehr vergleichsweise geregelte Klage von General Motors/Opel gegen VW wegen mutmaßlicher Wettbewerbsverstöße des Managers I. Lopez.

923 Vgl. U.S. vs. Halper, 109 S.Ct. 1892, 1903 (1989).

der lex fori des Vollstreckungsstaates vornimmt (in Deutschland § 13 GVG), oder eine Doppelqualifikation sowohl nach der lex fori, als auch nach der lex causae des Urteilsstaates fordert.[925]

Um eine Sonderform[926] der punitive damages handelt es sich bei double, treble oder tripple damages. Dort wird der Schadensersatz auf das zwei- oder dreifache des tatsächlich entstandenen Schadens fixiert. Bekanntestes Beispiel für eine solche Beschränkung sind die treble damages im Kartellrecht.[927]

(2) Die Voraussetzungen der punitive damages nach US-amerikanischem Recht

Die Gesetzgebungskompetenz des US-amerikanischen Deliktsrechts liegt grundsätzlich bei den einzelnen Bundesstaaten. Die Voraussetzungen der punitive damages sind somit von Bundesstaat zu Bundesstaat unterschiedlich.[928] Zusammenfassend läßt sich feststellen:

Voraussetzung für die Zuerkennung von punitive damages ist ein unrechtmäßiger Eingriff des Schädigers in Rechtsgüter des Geschädigten. Letzterem muß ein originärer Schadensersatzanspruch zustehen. Allerdings hat der Kläger keinen Rechtsanspruch auf punitive damages, es liegt im Ermessen des Gerichts über Anspruchsgrund und Höhe der zu zahlenden lump sum zu entscheiden. Die Zuerkennung von punitive damages hängt regelmäßig vom Wohlwollen der jury ab.[929]

---

924 Vgl. BGH (Urt. v. 4.6.1992) BGHZ 118/312, 337 = EuZW 1992/705, 707 = EWiR 1993/827 = IPRax 1993/310, 317 = JZ 1993/261, 263 = LM 2/93 zu § 328 ZPO, Bl. 333 f. = NJW 1992/3096, 3102 = PHI 1992/174 = RIW 1993/132, 136 = VersR 1992/1281, 1288 = WM 1992/1451, 1461 = ZIP 1992/1256, 1266 = ZZP 106 (1993), S. 79, 95, jeweils unter Punkt A. V. 2 (nicht abgedruckt bei CR 1993/274 ff. = MDR 1992/1181 ff.). Ebenso die Vorinstanz, OLG Düsseldorf (Urt. v. 28.5.1991) RIW 1991/594, 595 = RuS 1991/339 ff. = VersR 1991/1161, 1162.
S. auch Beucher/Sandage, 23 Vand.J.Transnat'l L. 967, 985 (1991); Böhmer, NJW 1990/3049, 3051; Bungert, ZIP 1992/1707, 1708 f.; Ebke, RIW 1990/145; Geimer, in: Geimer/Schütze, Internationale Urteilsanerkennung, Band I/1, S. 128; Greger, NJW 1989/3103; Junker, S. 255, 261; Peterson, IPRax 1990/187; Reimann, S. 98; Rosengarten, S. 124 ff.; Schack, IZVR, Rn. 818; Siehr, RIW 1991/705, 708; Stiefel/Stürner, VersR 1987/829, 837; Stiefel/Stürner/Stadler, 39 Am. J. Comp. L. 779, 785 f. (1991); Stürner/Stadler, IPRax 1990/157, 158; von Westphalen, RIW 1981/141, 143; Zekoll, 37 Am. J. Comp. L. 301, 324 (1989).
A.A. Hollmann, RIW 1982/784, 786; von Hülsen, RIW 1982/537, 550; Kauffmann-Kohler, WUR 35 (1983), S. 211, 243 f.; Martiny, Handbuch des IZVR, Band III/1, Rn. 507; ders., 35 Am. J. Comp. L. 721, 748 (1987); Schütze, in: FS Nagel, S. 392, 394, 397; Stiefel, RIW/AWD 1979/509, 512 (inzwischen hat Stiefel seine Meinung wohl geändert, s.o. in dieser Fn.); Wölki, RIW 1985/530, 533.

925 Ebenso Rosengarten, S. 124.

926 A.A. Mörsdorf-Schulte, die meint, daß die Rechtsinstitute punitive damages und treble bzw. tripple damages kaum Gemeinsamkeiten hätten; vgl. dies., DAJV-Newsletter 2/93, S. 34. Diese Auslegung ist zu extrem. Auch wenn individuelle Unterschiede bestehen, so ist die Ausgangsbasis der Rechtsinstitute die gleiche. Ebenso Grossfeld, RabelsZ 39 (1975), S. 5, 25.

927 S. § 15 des Clayton Act (15th U.S.C.).

928 Vgl. Blatt/Meyer, PHI 1982/56, 58; Bungert, ZIP 1992/1707, 1715.

929 S. Restatement (Second) of Torts § 908 d (1979); vgl. auch: Hoechst, VersR 1983/13, 14; Lenz, S. 38 ff.; Prosser and Keeton, S.14; Rosengarten, S. 43 f.; Siehr, RIW 1991/705, 707; von Westphalen, RIW 1981/141, 143; .

Weiterhin ist erforderlich, daß den Schädiger erschwerende Haftungsumstände zur Last gelegt werden können. Gefordert wird üblicherweise ein böswilliges, rücksichtsloses oder verwerfliches Verhalten gegenüber den Rechten Dritter. Die Schädigung muß vorsätzlich oder grob fahrlässig erfolgt sein. Auch ein verschuldensunabhängiger Haftungstatbestand kann ausreichen, wenn das subjektive Verhalten des Schädigers entsprechend qualifiziert ist. Voraussetzung ist regelmäßig ein besonders arglistiges, beleidigendes, betrügerisches, böswilliges, rücksichtsloses oder verwerfliches Verhalten.[930] Häufig genügt auch eine bewußt fahrlässige, offenkundige Mißachtung von Sorgfaltspflichten, z.B. von Sicherheitsinteressen der Allgemeinheit.[931]

In Betracht kommt ein solches Verhalten insbesondere bei (versuchter) Körperverletzung (battery), tätlicher Bedrohung (assault), Verleumdung (libel and slander), Besitzstörung (tresspass) oder bei böswilliger Rechtsverfolgung (malicious prosecution).[932] Punitive damages können in Einzelfällen aber auch unabhängig vom Verschulden des Schädigers zugesprochen werden. Insbesondere bei Produkthaftpflichtfällen[933] oder bei der Haftung des Arbeitgebers für Handlungen seines Angestellten kommt es auf ein Verschulden des Anspruchsgegners regelmäßig nicht an.

Umstritten ist, ob auch wegen Vertragsbruchs punitive damages verlangt werden können. Die meisten Gerichte verwehren in diesem Fall die Zuerkennung von punitive damages.[934]

Über den Anspruch auf punitive damages entscheidet regelmäßig eine jury.[935] Die members der jury haben hierbei zwei Aufgaben wahrzunehmen. Zunächst müssen sie die von Bundesstaat zu Bundesstaat unterschiedlichen und gesetzlich nur vage vorgegebenen Voraussetzungen der punitive damages prüfen und für den jeweiligen Einzelfall über die Zuerkennung einer lump sum entscheiden. Danach müssen sie die Höhe der eventuell zuzuerkennenden Summe festlegen.[936]

Die jury hat bei der Festlegung der punitive damages einen großen Ermessensspielraum.[937] Hierin liegt ein erhebliches Risiko für den Beklagten. Denn die Beeinflussung der jury durch geschickt agierende Klägeranwälte ist einer der Schwachpunkte des jury-Verfahrens. Fraglich

930 Umschrieben wird dies in den USA mit der Forderung nach conscious disregard, malice, actual malice, outrageous conduct oder wantonness. Die Formulierung der Gerichte lautet generalisiert reckless, wilful, and wanton misconduct. S. Beucher/Sandage, 23 Vand. J. Transnat'l L., 967, 971 f. (1991); Coester-Waltjen, in: Herausforderungen, S. 15, 19; Siehr, RIW 1991/705, 706 f.; von Westphalen, RIW/AWD 1981/141, 143.

931 Vgl. Hoechst, S. 73; Stiefel/Stürner, VersR 1987/829, 835.

932 Vgl. Bungert. ZIP 1992/1707, 1715. Ausführlich Prosser and Keeton, S. 39 ff. (zu battery), S. 43 ff. (zu assault), S. 785 ff. (zu libel and slander), S. 67 ff. (zu tresspass), S. 870 ff. (zu malicious prosecution).

933 Hier gilt die - verschuldensunabhängige - strict liability. Danach haftet der Verkäufer eines fehlerhaftes Produkts, das den Verbraucher oder auch die Allgemeinheit unangemessen gefährdet, für hierdurch verursachte Personen- und Sachschäden. Strict liability kommt also der Gefährdungshaftung des deutschen Rechts sehr nahe. Ausführlich Prosser and Keeton, S. 534 ff., 690 ff., 692 ff.

934 Vgl. Blatt/Meyer, PHI 1982/56, 57; Coester-Waltjen, in: Herausforderungen, S. 15, 19.

935 Zum jury-trial s. ausführlich Teil 3, Ziffer I. 8. (S. 201 ff.).

936 Ausführlich hierzu später.

937 Zum jury-trial s. Teil 3, Ziffer I. 8. (S. 201 ff.).

ist, ob der jury nicht zu viel Verantwortung übertragen wird, ob sie nicht überfordert wird.[938] Um diese Schwierigkeiten einzuschränken, sind die Entscheidungen der jury durch den verfahrensleitenden Berufsrichter innerhalb gewisser Grenzen korrigierbar.[939]

(3) Die Funktion der punitive damages im US-amerikanischen Recht

Punitive damages haben verschiedene Funktionen. Zum einen dienen sie der Bestrafung des Schädigers wegen dessen rücksichtslosen Verhaltens (punishment). Das US-amerikanische Haftpflichtrecht berücksichtigt hier neben dem eigentlichen Schadensausgleich auch pönale Aspekte. Zum anderen bewirken punitive damages eine Abschreckung vor zukünftig sozialschädlichem Verhalten (deterrence). Dies gilt sowohl im spezial-, als auch im generalpräventiven Bereich.[940] Auch Ausgleichsgedanken spielen eine Rolle. Es geht um den Ausgleich von durch den eigentlichen Schadensersatz nicht erfaßten geldwerten Positionen. Insbesondere die nach der American Rule nicht zu erstattenden Anwaltskosten werden nicht selten über punitive damages ausgeglichen.[941] Schließlich soll dem Kläger auch ein Anreiz geboten werden, seine Rechte gerichtlich durchzusetzen (social exemplary remedy oder inducing private law enforcement). Neben der Genugtuungsfunktion durch die moralische Verurteilung sollen auch Rachegedanken der Opfer gestillt werden. Wirtschaftlich gesehen dienen punitive damages insbesondere der Gewinnabschöpfung des unrechtmäßig erworbenen Profits.

Eine einheitliche Beschreibung der Zwecke des Instituts punitive damages ist nicht möglich. Den verschiedenen Funktionen wird in den jeweiligen Bundesstaaten ein unterschiedliches Gewicht beigemessen. Im Vordergrund stehen häufig Abschreckung und Bestrafung.[942]

(4) Die Höhe der punitive damages im US-amerikanischen Recht - Beispielsfälle und Tendenzen

Die Höhe der punitive damages wird von der jury anhand verschiedener Faktoren im Rahmen einer Gesamtwürdigung aller Umstände festgelegt.

---

938 S. Teil 3, Ziffer I. 8. c) (S. 206 f.).

939 Beispielsfälle hierzu sogleich.

940 Nach dem Restatement (Second) of Torts § 908 (1) (1979) handelt es sich bei punitive damages um "damages, other than compensatory or nominal damages, awarded against a person to punish him for his outrageous conduct and to deter him and others like him from similar conduct in the future".

941 Kritisch zu diesem Systemwiderspruch bereits Teil 3, Ziffer I. 9. b), c) und e) (S. 218 ff.).

942 Vgl. zum Ganzen auch Bungert, ZIP 1992/1707, 1717; Burst, S. 52 ff.; Coester-Waltjen, in: Herausforderungen, S. 15, 17 f.; Ebbing, RIW 1996/993, 995; Hoechst, VersR 1983/13, 17; von Hülsen, RIW 1982/1, 8; Lenz, S. 20 ff.; Owen, 74 Mich. L. Rev. 1258 - 1287 (1976); Prosser and Keeton, S. 9 ff.; Reimann, S. 97 ff.; Rosengarten, S. 47 ff., 181; Stiefel/Stürner, VersR 1987/829, 836; von Westphalen, RIW/AWD 1981/141 ff.; Zekoll, S. 152 f.
S. auch BGH (Urt. v. 4.6.1992) BGHZ 118/312, 334 f. = CR 1993/274, 275 = EuZW 1992/705, 707 f. = IPRax 1993/310, 316 f. = JZ 1993/261, 263 = LM 2/93 zu § 328 ZPO, Bl. 333 f. = MDR 1992/1181, 1183 f. = NJW 1992/3096, 3102 = RIW 1993/132, 136 = VersR 1992/1281, 1287 f. = WM 1992/1451, 1460 = ZIP 1992/1256, 1265 = ZZP 106 (1993), S. 79, 94 f., jeweils unter Punkt A. V. 1 (nicht abgedruckt bei CR 1993/274 ff.; EuZW 1992/705 ff.; EWiR 1993/827 = PHI 1992/174 ff.).

Berücksichtigung finden insbesondere der Grad des dem Täter anzulastenden Verschuldens, dessen Verhalten vor und nach Bekanntwerden der Tat und dessen finanzielle Verhältnisse. Der Umfang des tatsächlich entstandenen Schadens ist nur von nachrangiger Bedeutung, eher wird auf den potentiell möglichen Schaden abgestellt. Oft orientiert sich die Höhe der punitive damages auch am Reinvermögen oder am Werbebudget des Schädigers. Nicht selten wird der potentielle Gewinn, den der Beklagte durch unterlassene Schutzmaßnahmen erzielt hat, für die Berechnung herangezogen. Er wird mit Hilfe der punitive damages abgeschöpft. Schließlich findet regelmäßig ein packing des zwischen dem Kläger und seinem Anwalt vereinbarten Erfolgshonorares statt.[943]

Grundsätzlich muß die Höhe der zuerkannten punitive damages in einem angemessenen Verhältnis zum tatsächlich erlittenen Schaden stehen.[944]

Grimshaw vs. Ford Motor Co („Ford-Pinto-Fall").
In Grimshaw vs. Ford Motor Co., besser bekannt unter dem Namen „Ford-Pinto-Fall",[945] sprach die in erster Instanz berufene jury dem Beklagten compensatory damages in Höhe von 3,5 Millionen US-Dollar und punitive damages in Höhe von 125 Millionen US-Dollar zu.

Der zum Unfallzeitpunkt 13-jährige Kläger, Richard Grimshaw, hatte 1972 einen Auffahrunfall überlebt, bei dem ein anderes Fahrzeug von hinten auf den von seiner Mutter gesteuerten Pick-Up der Marke Ford, Modell Pinto, aufgefahren war. Der Benzintank des Ford Pinto war explodiert und das Fahrzeug vollständig ausgebrannt. Der Kläger selbst hatte schwerste Verbrennungen an 80 % seiner Hautoberfläche erlitten, die unzählige Operationen nach sich zogen. Er verlor Teile mehrerer Finger und eines Ohrs. Seine Mutter erlag ihren Verletzungen.

Die Beweisaufnahme hatte ergeben, daß Ursache für die Explosion eine Fehlkonstruktion des Wagens war. Der Tank war unmittelbar hinter dem Differenzialgehäuse angebracht worden, so daß er bei einem Aufprall von hinten auf dieses gequetscht wurde und zerbarst. Das austretende Benzin ergoß sich in das Wageninnere oder entzündete sich am heißen Auspuff. Im pretrial discovery-Verfahren hatten die Klägeranwälte nachgewiesen, daß diese Fehlkonstruktion der Herstellerin, dr Ford Motor Co., bereits vor dem Schadensereignis bekannt war. Firmeninterne Crashtests hatten gezeigt, daß der Tank fehlerhaft angeordnet war und bereits bei einer Aufprallgeschwindigkeit von lediglich 20 mph (ca. 32 km/h) regelmäßig barst. Dennoch wurde der Wagen ohne Veränderungen in Serie weitergebaut. Die Konstruktionsingenieure der Ford Motor Co. hatten Schutzmaßnahmen vorgeschlagen, die eine zusätzliche Investition von 11 US-Dollar pro Fahrzeug verursacht hätten. Das Management der Ford Motor Co. war sich der Gefahr des falsch angeordneten Tanks zwar bewußt, wollte aber zunächst die für 1977 angekündigte Änderung der erforderlichen Sicherheitsstandards für Kraftfahrzeuge abwarten, um dann den Wagen insgesamt zu überarbeiten. Eine firmeninterne Kosten-Nutzen-

---

943 S. hierzu bereits Teil 3, Ziffer 9. b), c), e) (S. 211 ff.); s. auch Litwin, 30 ALR 3d, 1443 - 1455 (1979).

944 Vgl. zum Ganzen Blatt/Meyer, PHI 1982/56, 58 f.; Burst, S. 57 ff.; Coester-Waltjen, in: Herausforderungen, S. 15, 20; Lenz, S. 57 f.

945 174 Cal. Rptr. 348 (Ct. App. 1981). S. hierzu Coester-Waltjen, in: Herausforderungen, S. 15 f.; Heesch, JZ 1978/247; von Hülsen, RIW 1982/1, 9; Lenz, S. 36 f.; Rosengarten, S. 60 ff.; Schütze, in: FS Nagel, S. 392; Zekoll, S. 68; ders., VersR 1992/1059.

Analyse hatte außerdem ergeben, daß die Änderung des Wagens teurer käme, als eventuelle Schadensersatzzahlungen: Bei einer geschätzten Produktionszahl von 12,5 Millionen Fahrzeugen wären für den Einbau des Aufprallschutzes insgesamt Kosten in Höhe von ca. 137,5 Millionen US-Dollar angefallen. Statistische Berechnungen hatten ergeben, daß ohne diese Investition mit ca. 180 Unfalltoten, etwa der gleichen Anzahl Schwerstverbrannter und ca. 2.100 Fahrzeugbränden zu rechnen sei. Einer Studie der National Highway Traffic Safty Administration entnahmen die Manager der Ford Motor Co., daß pro Unfalltotem mit ca. 200.000 US-Dollar Schadensersatz zu rechnen sei, pro Schwerverletztem ca. 67.000 US-Dollar anzusetzen seien und jedes verbrannte Fahrzeug die Firma durchschnittlich etwa 700 US-Dollar kosten werde. Der insgesamt anzusetzende mögliche Schadensersatz belief sich nach dieser Berechnung auf 49,53 Millionen US-Dollar. Mit dem Weglassen der Schutzvorrichtung hofften die Wirtschaftsmanager des Unternehmens ca. 88 Millionen US-Dollar einsparen zu können. Diese Summe nahm die jury zum Anlaß, im Rahmen der punitive damages zunächst eine Gewinnabschöpfung vorzunehmen und wegen des besonders verwerflichen Verhaltens der Beklagten weiterhin eine Bestrafung durch Erhöhung der Summe auszusprechen.[946] Eine solche Bestrafung sei erforderlich, um die Autoindustrie zu disziplinieren und zum Bau sicherer Autos zu zwingen. Die Summe der punitive damages entsprach etwa dem monatlichen Gewinn der Ford Motor Co. zum damaligen Zeitpunkt.

Die Beklagte beantragte eine erneute Durchführung des Verfahrens (motion for a new trial). Der Antrag wurde zwar zurückgewiesen, aber der erstinstanzliche Richter reduzierte im Rahmen des remittitur-Verfahrens[947] den Betrag der punitive damages auf 3,5 Millionen US-Dollar. Das Appellationsgericht wies eine dagegen eingelegte Berufung zurück und bestätigte das Urteil. Nach Ansicht des Gerichts sei die zu zahlende Summe von 3,5 Millionen US-Dollar weit davon entfernt, unverhältnismäßig zu sein.[948]

Moseley vs. General Motor Corp.

In Moseley vs. General Motor Corp.[949] (GM) wurde die beklagte Fahrzeugherstellerin mit einem ähnlichen Sachverhalt wie Ford im „Ford-Pinto-Fall" (s.o.) konfrontiert. Auch dort ging es um einen angeblich unzulässig riskant plazierten Tank:

---

946 Die zunächst exorbitant wirkende Summe der punitive damages in Höhe von 125 Millionen US-Dollar ist also an nachvollziehbare Überlegungen geknüpft. Ob sie realistisch angesetzt wurde bleibt fraglich, jedenfalls ist sie keineswegs „aus der Luft gegriffen".

947 Vgl. hierzu bereits Teil 3, Ziffer I. 8. a) (S. 203 f.).

948 Vgl. zum Ganzen Coester-Waltjen, in: Herausforderungen, S. 15 f.; Heesch, JZ 1978/247; von Hülsen, RIW 1982/1, 9; Lenz, S. 36 f.; Rosengarten, S. 60 ff.; Schütze, in: FS Nagel, S. 392; Zekoll, S. 68. Ob die Ford Motor Co. grundsätzlich Probleme mit den in ihre Fahrzeuge eingebauten Tanks hatte, ist unklar. Zwar weisen zwei weitere Fälle mit fast identischem Sachverhalt, allerdings anderen Modellen (Ford Mustang, Baujahr 1975 bzw. 1979) und Verurteilungen zu punitive damages in Höhe von 100 Millionen US-Dollar bzw. 8 Millionen US-Dollar auf sich wiederholende Konstruktionsmängel hin. Allerdings läßt sich nicht überprüfen, ob hier nicht geschickte Klägeranwälte die Argumentation aus dem ersten Verfahren für die folgenden Prozesse übernommen haben. Vgl. zu diesen Aspekten von Hülsen/Brüning-Brinkmann, RIW 1985/187 f.

949 Mosley vs. General Motors Corp. 447 S.E. 2d 302 (Ga. App. 1994); s. auch 90-V-6276 State Court, Fulton Co., Ga.; Hirte/Otte, VersR 1996/274, 284; dies., VersR 1997/18, 20; The National Law Journal vom 6.2.1995, S. C14; Mitteilungen in PHI 1993/55 f., 114.

Der Sohn der Kläger war mit seinem Pick-Up der Marke GM tödlich verunglückt, als der seitlich außerhalb des Chassis angebrachte Tank bei einem seitlichen Aufprall eines anderen Fahrzeuges explodierte. Die jury sprach den geschädigten Eltern 1993 eine Entschädigung in Höhe von 105,24 Millionen US-Dollar zu. Die zuerkannten punitive damages beliefen sich auf 101 Millionen US-Dollar. Die Klägeranwälte hatten argumentiert, daß die Beklagte erst durch die Zahlung von punitive damages in Höhe von mehr als 100 Millionen US-Dollar dazu veranlaßt werden könne, den Konstruktionsfehler einzugestehen und die Modellreihe zurückzurufen. Weiterhin sei der Sohn der Kläger bei lebendigem Leib verbrannt. General Motors hat gegen das Urteil Berufung eingelegt. Es wurde wegen der Verwertung unzulässiger Beweise aufgehoben. Die Parteien verglichen sich zu nicht näher bekanntgegebenen Konditionen.[950]

Von fast 130 Parallelfällen gegen GM wurden 120 vergleichsweise mit settlements in unbekannter Höhe beigelegt.

Der Fall entwickelte sich aber auch in einem ganz anderen Bereich spektakulär: Die Berichterstattung über den fraglichen Pick-Up von GM in den Medien bewirkte ein breites Echo in der Öffentlichkeit. Insbesondere die spektakuläre Darstellung von Crash-Tests mit explodierenden Autos des US-amerikanischen Fernsehsenders NBC beeinflußte die Meinung des Publikums stark. Kurze Zeit später mußte NBC gegenüber GM öffentlich einräumen, daß die im Fernsehen gezeigten Tests manipuliert waren. Die Tanks der Versuchswagen waren überfüllt worden. Sie waren außerdem mit fehlerhaften Verschlußkappen ausgestattet worden, die sich beim Aufprall sofort lösten. Zusätzlich waren ferngesteuerte Zünder installiert und ausgelöst worden, um die dargestellte Explosion, wenn nicht überhaupt erst zu bewirken, so zumindest zu verstärken. Und schließlich war die Aufprallgeschwindigkeit der Fahrzeuge zu niedrig wiedergegeben worden. NBC gab zu, daß die Tanks der Wagen bei „normaler" Geschwindigkeit, also korrekter Versuchsanordnung, nicht explodiert waren, dies aber eine Berichterstattung unattraktiv gemacht hätte. Die öffentlich ausgestrahlte Entschuldigung von NBC einen Tag, nachdem GM Klage gegen den Fernsehsender erhoben hatte, führte dazu, daß GM die Klage gegen NBC fallen ließ und NBC wieder begann, für die Fahrzeuge von GM zu werben. Es muß davon ausgegangen werden, daß zwischen den Parteien eine interne Einigung erzielt wurde.[951]

Big O Tire Dealers Inc. vs. Goodyear Tire and Rubber

In Big O Tire Dealers Inc. vs. Goodyear Tire and Rubber[952] wurde von der jury im Rahmen der Bemessung der punitive damages berücksichtigt, daß die Beklagte allein für Werbemaßnahmen bei der Markteinführung eines neuen Reifens in einem Jahr 10 Millionen US-Dollar investiert hatte. Nach Ansicht des Gerichts stellen die dort zugesprochenen punitive damages

---

950 Vgl. Hirte/Otte, VersR 1997/18, 27.

951 Zum Sachverhalt s. The Wall Street Journal vom 9.2.1993; The Chicago Tribune vom 21.2.1993; The Providence Journal Bulletin vom 13.2.1993; The Florida Times Union vom 12.2.1993; The Colorado Spring Gazette Telegraph vom 23.2.1993.

952 408 F.Supp. 2019 (D. Col. 1976).

in Höhe von 16,8 Millionen US-Dollar keine unangemessene Belastung für den weltgrößten Reifenhersteller dar.[953]

Das Ausgangsverfahren in den USA zur „Kalifornien-Entscheidung" des BGH vom 4.6.1992
In dem der „Kalifornien-Entscheidung" des BGH[954] zugrundeliegenden Ausgangsfall des sexuellen Mißbrauchs eines Minderjährigen ist weder aus dem Urteil, noch aus der Verhandlungsniederschrift des Superior Court of the State of California in and for the County of San Joaquin ersichtlich, wie sich die Höhe der zugesprochenen punitive damages (400.000 US-Dollar) errechnet. Da allerdings die Anwaltskosten mit 40 % der zugesprochenen Gesamtsumme veranschlagt wurden, ist davon auszugehen, daß unter Umgehung der American Rule ein Kostenausgleich des Anwaltshonorars stattfand.

BMW of North America Inc. vs. Dr. Ira Gore Jr.
In BMW of North America Inc. vs. Dr. Ira Gore Jr.[955] wurde die selbständige amerikanische Tochtergesellschaft des deutschen Autoherstellers BMW AG, München, die BMW of North America Inc., in erster Instanz zur Zahlung von 4.000 US-Dollar compensatory damages und 4 Millionen US-Dollar punitive damages verurteilt.[956] Die Höhe der punitive damages wurde durch den Richter im Wege des remittitur-Verfahrens[957] auf 2 Millionen US-Dollar reduziert. Der Supreme Court of Alabama befand als bundesstaatliches Revisionsgericht, daß das Untergericht für eine ebenfalls erfolgte Verurteilung des deutschen Herstellers selbst nicht zuständig sei, er hob das Urteil insofern auf.[958] Im übrigen wurde das Urteil bestätigt.[959] Auf Intervention der Beklagten hin widerrief der Supreme Court of the United States mit Datum

953 Vgl. Blatt/Meyer, PHI 1982/56, 59; Coester-Waltjen, in: Herausforderungen, S. 15, 20 f.

954 BGH (Urt. v. 4.6.1992) BGHZ 118/312 ff. = CR 1993/274 ff. = EuZW 1992/705 ff. = EWiR 1993/827 (mit Anm. Geimer) = IPRax 1993/310 ff. (mit Anm. Koch/Zekoll, IPRax 1993/288 ff.) = JZ 1993/261 ff. (mit Anm. Deutsch) = LM 2/93 zu § 328 ZPO (mit Anm. Kronke) = MDR 1992/1181 ff. = NJW 1992/3096 ff. (mit Anm. Koch, NJW 1992/3073 ff.) = NJW RR 1993/152 f. = PHI 1992/174 ff. = RIW 1993/132 ff. (mit Anm. Schütze) = VersR 1992/1281 ff. = WM 1992/1451 ff. = ZIP 1992/1256 ff. (mit Anm. Bungert, ZIP 1992/1707 ff.) = ZZP 106 (1993), S. 79 ff. (mit Anm. Schack). Sachverhalt: S. 35 ff.

955 116 S.Ct. 1589 (1996); s. auch Urteil des Circuit Court of Jefferson County, Alabama vom 12.6.1992; OLG München (B. v. 15.7.1992) NJW 1992/3113 = WM 1992/1465 f. = ZIP 1992/1271 f.; s. auch Anonymus, PHI 1996/99; Baumgartner, JZ 1997/156 ff.; Brand, 18 NILR, 143, 154 f. (1996); Ebbing, RIW 1996/993, 997 ff.; Eisenhart, EuZW 1996/523 ff.; Heidenberger, RIW 1995/1023 f.; ders., RIW 1996/765 ff.; Note 110 Harv. L. Rev. 135, 145 (1996); Zekoll, IPRax 1997/198, 201. Zum neuesten Stand in Sachen BMW of North America vs. Dr. Ira Gore s. S.Ct. of Alabama, released May 9th 1997, zitiert nach 1997 Ala. LEXIS-NEXIS 126.

956 Verklagt waren weiterhin der US-amerikanische BMW-Händler aus Birmingham, Alabama, und die BMW AG, München. Ersterer konnte nachweisen, daß er über den Sachverhalt nicht informiert war, Letzterer war die Klage nicht ordnungsgemäß zugestellt worden. Zur Frage der Zustellung US-amerikanischer Klagen in Deutschland im Rahmen der Rechtshilfe nach dem HZÜ vgl. Teil 3, Ziffer I. 2. b) (S. 156 ff.). S. auch OLG München (B. v. 15.7.1992) NJW 1992/3113 = WM 1992/1465 f. = ZIP 1992/1271 f.; Bungert, ZIP 1992/1707, 1716; Greger, NJW 1992/3103 (allerdings nur zur Zustellung der US-amerikanischen Klage erster Instanz an die deutsche Muttergesellschaft, die BMW AG, München).

957 Vgl. hierzu Teil 3, Ziffer I. 8. a) (S. 203 f.).

958 S. hierzu auch OLG München (B. v. 15.7.1992) NJW 1992/3113 = WM 1992/1465 f. = ZIP 1992/1271 f.

959 646 So. 2d 619, 621 (Ala. 1994).

vom 20.5.1996 das Urteil.[960] Die Sache wurde zur erneuten Entscheidung zurückverwiesen. Der Supreme Court of Alabama hat den Parteien am 9.5.1997 anheim gestellt, die Angelegenheit mit einer Zahlung von 50.000 US-Dollar an den Kläger zu beenden oder um ein völlig neues Verfahren nachzusuchen.

Ein als fabrikneu verkaufter BMW 535i war vor dem Verkauf in den USA an Dach, Motorhaube und Kofferraumdeckel nachlackiert worden, ohne daß Händler oder auch Käufer hiervon in Kenntnis gesetzt worden waren. Grund für die Reparaturarbeiten waren die bei der Lieferung des Fahrzeugs in die USA entstandenen Transportschäden durch sauren Regen.[961] Der Sachverhalt stellte sich erst neun Monate nach dem Kauf des Wagens heraus, als Dr. Gore Jr. das Finish des Wagens von einer Fachfirma überarbeiten ließ.

Eine ähnliche Vorgehensweise des Autoherstellers war in Alabama, USA, in 14 weiteren Fällen bekannt geworden und soll in den USA in den letzten zehn Jahren insgesamt in etwa 1.000 Fällen vorgekommen sein.[962] Diese Zahl nahm die jury als Multiplikator für die Errechnung der Gesamthöhe der punitive damages.

Anhand einer internen Wirtschaftlichkeitsberechnung aus dem Jahr 1983 wurden von BMW of North America Schäden grundsätzlich bis zu einem Betrag von 3 % des Kaufpreises des Wagens nachgebessert und der Wagen als neu verkauft, ansonsten das Fahrzeug regelmäßig als Jahreswagen an Mitarbeiter ausgegeben und später als Gebrauchtwagen verkauft. BMW of North America argumentierte, daß eine Mitteilungspflicht bezüglich eventueller Schäden in Alabama und 24 weiteren Staaten der USA erst ab einer Reparatursumme von über 3 % des Kaufpreises bestehe.[963] Die Reparatur des Wagens von Dr. Gore Jr. hätte sich auf 1,5 % des Kaufpreises belaufen.

Der Supreme Court of the United States hielt im vorliegenden Fall actual und compensatory damages in Höhe von 4.000 US-Dollar für gerechtfertigt. Obwohl die Reparatur des Wagens lediglich 601,37 US-Dollar gekostet hatte, sei der Wert des Wagens im Verhältnis zu einem echten Neuwagen um etwa 10 % gemindert.

Dagegen übersteigt nach Ansicht des Supreme Court of the United States die Höhe von im vorliegenden Fall 2 Millionen US-Dollar für punitive damages die verfassungsmäßig zulässige Höchstgrenze. Die Summe sei nicht nur überhöht, sie sei unverhältnismäßig und exzessiv. Es liege ein Verstoß gegen die due process clause (US-Constitution, Amendment V, XIV) vor, die eine Verurteilung zu einer in hohem Grad exzessiven Strafe verbiete. Der Supreme Court of the United States nennt hierfür in seiner Entscheidung vom 20.5.1996 im wesentlichen drei Gründe, die als Wegweiser für die Untergerichte zu verstehen sind:

---

960 116 S.Ct. 1589 (1996). Eine Kopie des Urteils wurde mir vor der Veröffentlichung dankenswerter Weise von der BMW AG, München bereits am 20.6.1996 zur Verfügung gestellt.

961 Etwas abweichend zum Sachverhalt: Heidenberger, RIW 1995/1023; er geht von einer Delle im Kotflügel aus. S. aber 116 S.Ct. 1589, 1593 (1996) (dort insbesondere Fn. 1).

962 Heidenberger weist darauf hin, daß ein anderer Kläger in Alabama eine identische Klage erhoben hatte, die jury allerdings keine punitive damages zugesprochen habe, vgl. ders., RIW 1995/765.

963 Vgl. Heidenberger, RIW 1995/1023.

- Erstens sei der Grad der Verwerflichkeit nicht als so massiv anzusehen, daß eine so hohe Summe an punitive damages gerechtfertigt sei. Es handele sich im vorliegenden Fall um keinen gravierenden Eingriff in die Sicherheit oder die Leistungsfähigkeit des Fahrzeugs. Weder der Fahrer, noch Dritte seien durch den Schaden gefährdet worden.[964] Der Fehler betreffe lediglich die Schönheit des Wagens und sei immerhin neun Monate nicht erkannt worden.

- Zweitens sei die Höhe der zugesprochenen punitive damages unverhältnismäßig. Bei dem anerkannten Betrag von 2 Millionen US-Dollar handle es sich um das 500-fache des eigentlich anzusetzenden Schadens von maximal 4.000 US-Dollar. Zwar gebe es kein mathematisches Schema zur Berechnung der Verhältnismäßigkeit von punitive damages und ein solches werde auch nicht benötigt. Weiterhin seien durchaus Fälle denkbar, in denen die Höhe der hier zugesprochenen punitive damages realistisch sei. Aber es gelte, ein generelles Maß an Vernunft im Auge zu behalten. Bei einem Verhältnis von „500 zu 1“[965] müsse diese Summe zweifellos ein „mißtrauisches Anheben der richterlichen Augenbraue“[966] hervorrufen. Mangels besonderer Umstände wie z.B. der noch fraglichen Höhe von immateriellem Schadensersatz seien die zugesprochenen punitive damages zu hoch. Auch seien der Beklagten weder irreführende Zusicherungen noch Böswilligkeit oder die Verheimlichung rechtswidriger Motive nachgewiesen worden.[967]

- Drittens stehe die Höhe der punitive damages in keinerlei Relation zu gesetzlich vorgesehenen Strafhöhen für vergleichbares Verhalten. Die höchstmögliche zivilrechtliche Strafe für einen Verstoß gegen die anerkannten Handelsgrundsätze betrage in Alabama 2.000 US-Dollar,[968] in den USA allgemein maximal 10.000 US-Dollar.[969] Selbst wenn von mehrfachen Verstößen auszugehen sei, so wäre eine Bestrafung in Höhe von multimillionen US-Dollar keinesfalls gerechtfertigt. Nach Ansicht des Supreme Court of the United States sei nicht ersichtlich, warum eine maßvollere Bestrafung nicht genügen solle, um das Verhalten der Beklagten zu ändern. Generalpräventive Überlegungen würden eine so hohe Bestrafung durch punitive damages jedenfalls nicht rechtfertigen.

Der Supreme Court of the United States stellt ausdrücklich fest, daß der allgemeine Anspruch, fair über diejenigen Anforderungen unterrichtet zu werden, die die verschiedenen Einzelstaa-

964 Anders in den Fällen Grimshaw vs. Ford Motor Co. und Moseley vs. General Motors Corp. (s.o.).

965 Die jury hatte ursprünglich die Gesamtzahl der bekannten Fälle angesetzt, also ein Verhältnis von „1.000 zu 1“ angenommen (s.o.).

966 116 S.Ct. 1589, 1603 (1996) mit Hinweis auf TXO Productions Corp. vs. Alliance Resources Corp., 113 S.Ct. 2711 (1993); 509 U.S. 443, 482 (dissenting oppinion von Judge J. O'Conner). Zu TXO Productions Corp. vs. Alliance Resources Corp. ausführlich Bungert, VersR 1994/15, 19 ff.; Mörsdorf-Schulte, DAJV-Newsletter 4/93, S. 63 ff.; s. auch Ebke, RIW 1995/64, 65.

967 Vom Supreme Court of the United States wird ausdrücklich darauf hingewiesen, daß keinerlei Beweise dafür vorlagen, daß BMW „in bad faith“ gehandelt habe; vgl. 116 S.Ct. 1589, 1601 (1996).

968 Ala. Code § 8-19-11(b) (1993).

969 116 S.Ct. 1589, 1603 (1996).

ten in Bezug auf die allgemeine Geschäftsführung auferlegen, für die Beklagte nicht dadurch gemindert werde, daß es sich bei BMW um eine große Firma und nicht um eine mittellose Einzelperson handele. Auch ein großes Unternehmen habe Anspruch auf ein faires Verfahren. Es bestehe ein bundesrechtliches Interesse daran, zu verhindern, daß die Teilnahme am nationalen Wirtschaftsleben durch unangemessene Anforderungen einzelner Staaten beschränkt werde. Zwar habe jeder Bundesstaat umfassende Macht, seine Konsumenten zu schützen. Dies dürfe aber nicht dazu führen, die abschreckende Wirkung von punitive damages auszunutzen, um der gesamten Nation interne Regulierungsvorschriften aufzubürden.[970]

Ob diese verfassungsrechtlichen Einwände am besten im Rahmen einer neuen Hauptverhandlung oder durch eine Neuüberprüfung des Urteils Berücksichtigung finden können, müsse der Supreme Court of Alabama entscheiden.

Die Entscheidung des Supreme Court of the United States erging nicht einstimmig, sondern mit der knappen Mehrheit von fünf zu vier Stimmen. Die dissenting oppinion teilt sich in zwei Lager:

Justice Scalia, dem sich Justice Thomas anschließt, rügt in seiner dissenting oppinion[971], daß die Verfassung die Beantwortung der Frage der Höhe von punitive damages nicht dem Supreme Court of the United States übertrage. Die Entscheidung verletze die der jury zugestandene Souveränität. Die Rechtsprechung des Supreme Court of the United States rechtfertige es nicht, dessen Werturteil an die Stelle desjenigen der staatlichen Gerichte und juries zu setzen. Bei den vermeintlichen „Wegweisern", die das Gericht für die Feststellung der Exzessivität nenne, handele es sich in Wahrheit um „eine Strasse ins Nichts"[972]. Diese „kreuz und quer laufenden Platitüden" brächten keine wirklichen Antworten.[973] Justices Scalia und Thomas folgen mit ihrer dissenting oppinion insofern einer konservativen Auslegung der US-amerikanischen Verfassung.

Justice Ginsburg modifiziert die Begründung der dissenting oppinion. Ihm schloß sich Chief Justice Rehnquist an. Beide lassen sich zusätzlich von Zweckmäßigkeitserwägungen leiten und stellen auch darauf ab, daß das Fairneßkonzept des Supreme Court of the United States zu vage sei, als daß es Bestand haben könne. Im übrigen seien in der Entscheidung die Reformentwicklungen bezüglich der punitive damages in den USA nicht ausreichend berücksichtigt. Die bundesstaatlichen Gerichte und auch die Gesetzgeber der Einzelstaaten hätten in letzter Zeit punitive damages mit entweder absoluten Schranken oder prozeßrechtlichen Verschärfungen so weit einschränkt, daß das Eingreifen des Supreme Court of the United States als vorschnell empfunden werden müsse.[974]

Der Supreme Court of Alabama traf am 9.5.1997 seine zweite Entscheidung in Sachen BMW of North America Inc. vs. Dr. Ira Gore Jr. Das Gericht setzt sich intensiv mit den wegweisenden Aussagen (guideposts) der Entscheidung des Supreme Court of the United States ausein-

970 116 S.Ct. 1589, 1604 (1996).

971 116 S.Ct. 1589, 1610 ff. (1996).

972 In truth, the „guideposts" mark a road to nowhere; 116 S.Ct. 1589, 1613 (1996).

973 This criss-crossing platitudes yield no real answers in no real cases; 116 S.Ct. 1589, 1614 (1996).

974 116 S.Ct. 1589, 1614 ff. (1996). Ausführlich hierzu später.

ander und erkennt sie als richtig an. Zunächst wird festgestellt, daß der Supreme Court of the United States in Einklang mit den früheren Entscheidungen des eigenen Gerichts, also des Supreme Court of Alabama, in Sachen Hammond vs. City of Gadsden[975] und Green Oil Co. vs. Hornsby[976] entschieden habe. Auf der Suche nach einer verfassungsgemäßen Entscheidung orientiert sich der Supreme Court of Alabama nunmehr an zwei weiteren von ihm selbst bereits früher getroffenen Entscheidungen mit ähnlichen Sachverhalten: In German Auto, Inc. vs. Tamburello[977] hatte der Kläger einen BMW gekauft, dessen hinterer Stoßfänger oder Kotflügel (fender) wegen einer Beschädigung nachlackiert worden war, ohne daß dies offenbart wurde. Neben compensatory damages in Höhe von 2.350 US-Dollar sprach das Ausgangsgericht dem Kläger 10.815 US-Dollar punitive damages zu. Die Entscheidung war vom Supreme Court of Alabama mit den selben Argumenten bestätigt worden, die der Supreme Court of the United States nunmehr hervorhebt (s.o.). In American Honda Motor Co. vs. Boyd [978] war dem Kläger ebenfalls wegen eines als fabrikneu verkauften, tatsächlich aber nachgearbeiteten Wagens im Rahmen eines general verdict eine Schadensersatzsumme von 65.000 US-Dollar zugesprochen worden. Die genaue Höhe der punitive damages war in diesem Zusammenhang nicht genannt worden. Der Supreme Court of Alabama berücksichtigt hierbei aber ausdrücklich, daß es sich zwar um einen ähnlichen Sachverhalt handele, daß aber die Beklagte in Sachen American Honda Motor Co. vs. Boyd ein überregional tätiges Unternehmen mit großem wirtschaftlichem Radius war während in German Auto, Inc. vs. Tamburello nur ein lokal tätiger Anbieter verklagt worden war. Die Höhe der punitive damages müsse sich am jeweiligen Einzelfall orientieren.

Dieses zweite Urteil wurde in teilweise anderer Besetzung als die Ausgangsentscheidung getroffen. Die Entscheidung des Supreme Court of Alabama wird gestützt von verschiedenen concurring oppinions einiger der beteiligten Richter.[979]

Ob die Parteien den Vorschlag des Supreme Court of Alabama akzeptiert haben und das Verfahren gegen Zahlung einer lump sum in Höhe von insgesamt 50.000 US-Dollar beendet wurde, ist nicht bekannt. Die Firma BMW, München, war trotz mehrfacher Anfragen zu einer Stellungnahme leider nicht bereit.

---

975 493 So. 2d 1374 (Ala. 1986).

976 539 So. 2d 218 (Ala. 1989).

977 565 So. 2d 238 (Ala. 1990).

978 475 So. 2d 835 (Ala. 1985).

979 Nicht an der Entscheidung mitgewirkt hatte Chief Justice Hooper; er hatte sich selbst abgelehnt und erst im Rahmen einer special concurring oppinion seine Zustimmung zu der getroffenen Entscheidung geäußert. Zunächst war davon ausgegangen worden, daß für die Entscheidung mit Sicherheit von Bedeutung sein würde, wie sich die politischen Querelen um die Besetzung des Supreme Court of Alabama lösen. Der trotz seiner gerichtlich bestätigten Abwahl seine Position nicht räumende ehemalige Vorsitzende Richter Hornsby galt als Verfechter der punitive damages, sein republikanischer Gegenspieler, der zumindest von einem Bundesgericht in Mobile, Alabama als rechtmäßig gewählt angesehene Richter Hooper, hatte versprochen, den exzessiven punitive damages in Alabama ein Ende zu bereiten. Vgl. hierzu Heidenberger, RIW 1995/1023, 1024 f.

Zusammenfassung
Die genannten Entscheidungen weisen eine deutliche Tendenz auf: Punitive damages werden zwischenzeitlich in den USA einer wesentlich stärkeren Kontrolle anhand verfassungsrechtlicher Überlegungen unterzogen, als dies noch vor wenigen Jahren der Fall war.[980] Die zugesprochenen Summen verringern sich erheblich.

Dennoch könnten die vor US-amerikanischen Gerichten zugesprochenen Summen vor deutschen Gerichten niemals erreicht werden.

Bereits innerhalb des US-amerikanischen Systems ist aber zu berücksichtigen, daß punitive damages in sehr wenigen Fällen zugesprochen werden. Eine Studie der Cornell University, N.Y. die in Zusammenarbeit mit dem National Center of State Courts erstellt wurde, ergab, daß lediglich 6 % aller erfolgreichen Kläger punitive damages zugesprochen bekommen.[981] Werden punitive damages zugesprochen, so haben sie in der ursprünglichen Höhe kaum Bestand. Eine weitere Studie des US General Accounting Office ergab, daß jede (!) der in fünf US-amerikanischen Bundesstaaten untersuchten Verurteilungen zu punitive damages entweder in der nächsten Instanz reduziert, oder zur erneuten Verhandlung zurückverwiesen wurde.[982] Andere Studien bestätigten, daß zumindest in den meisten Fällen die zugesprochenen punitive damages nach unten angepaßt werden. Außerdem kommt es in weniger als der Hälfte der Fälle tatsächlich zu einer vollständigen Zahlung der im Urteil zugesprochenen punitive damages. In immerhin 40,2 % der untersuchten Fälle wurde trotz einer Verurteilung zu punitive damages nie eine Leistung vom Anspruchsgegner an den Anspruchsteller erbracht.[983]

Weiterhin zu berücksichtigen ist, daß in den USA nur etwa 3 % der Klagen vor Bundesgerichten mit einem Urteil enden. In den meisten Fällen kommt es zu einem Vergleich der Parteien.[984] Ob im Zusammenhang mit den dort getroffenen einvernehmlichen Regelungen Zahlungen geleistet werden, die als punitive damages bezeichnet werden, oder ob eventuelle lump sums sich an den Anwaltshonoraren orientieren und somit vornehmlich eine Kostenübernahme regeln, ist nicht bekannt.

So groß die Publizität und das Interesse der Allgemeinheit bei der erstmaligen Geltendmachung von punitive damages-Klagen sind, so gering sind sie, wenn es um deren drastische Reduzierung oder auch die vergleichsweise Regelung der Angelegenheit mit deutlich niedrigeren Beträgen geht.

---

980 Ausführlich zur Rechtsprechung des Supreme Court of the United States in Sachen punitive damages sogleich.

981 Vgl. Anonymus, PHI 1996/196.

982 Vgl. Brand 18 NILR, 143, 156 (1996).

983 Vgl. Brand, 18 NILR, 143, 156 f. (dort insbesondere Fn. 87).

984 Vgl. Heidenberger, RIW 1997/464 f.

(5) Kritik an den punitive damages und neuere Entwicklung in den USA in Rechtsprechung und Gesetzgebung

Das Rechtsinstitut der punitive damages ist in den USA nicht unumstritten. Die Kritik stützt sich hierbei vornehmlich auf verfassungsrechtliche Bedenken.[985]

Sowohl in der Rechtsprechung, als auch in der Gesetzgebung der einzelnen Bundesstaaten sind Tendenzen erkennbar punitive damages wenn nicht einzuschränken, so zumindest vorhersehbar und angemessen zu gestalten.

Zunächst hatte der Supreme Court of the United States es wiederholt abgelehnt, zur Frage der Verfassungsmäßigkeit von punitive damages Stellung zu beziehen.[986] In den letzten Jahren folgte aber eine Reihe von Entscheidungen zu diesem Thema, die konsequent aufeinander aufbauen und eine Entwicklung manifestieren, die im folgenden aufgezeigt werden soll.

Einer der Kritikpunkte in den USA an den punitive damages ist, daß sie gegen das Verbot der Doppelbestrafung (US-Constitution, Amendment V – „double jeopardy clause“) verstoßen würden. Es käme zu einer Vermischung von Zivil- und Strafrecht. Im Rahmen des Zivilverfahrens werde der Täter strafrechtlich sanktioniert, ohne daß ihm die schützenden Verfahrensgarantien des Strafprozesses gewährt würden. Im Zivilverfahren gelte ein niedrigerer Beweisstandard als im Strafverfahren und der Beklagte habe nicht wie im Strafverfahren das Recht zu schweigen (privilege against self-incrimination). Vielmehr müsse er sich selbst belasten und „ans Messer liefern“.[987] Außerdem komme es zu einer Doppelbestrafung (double jeopardy) des Täters.[988]

Der Supreme Court of the United States hat diese Bedenken in U.S. vs. Halper[989] grundsätzlich verworfen. In der Sache ging es um die zivilgerichtliche Aufarbeitung von betrügerischen Abrechnungen eines Managers im Rahmen medizinischer Versorgungsleistungen bei Medicare, für die er bereits eine strafgerichtliche Verurteilung erhalten und abgesessen hatte.[990] Der Supreme Court of the United States führt aus, daß die Verfassung hier nicht das Verhältnis von Privatpersonen untereinander schütze, sondern dem Über- und Unterordnungsverhältnis zwischen Staat und Bürger gelte.

---

985 Vgl. Baumgartner, JZ 1997/156 ff.; Bungert, 27 Int'l Law 1075 - 1090 (1993); Burst, S. 68 f.; Coester-Waltjen, in: Herausforderungen, S. 15, 21 f.; Christie, 20 Anglo-Am. L. Rev. 349 - 370 (1991); Comittee on Product Liability, 45 Rec. A. B. City N.Y. 776 - 806 (1990); Daniels/Joanne, 75 Min. L. Rev. 1 - 64 (1990); Dobbs, 40 Ala. L. Rev. 831, 836 ff. (1989); Fiebig, 22 Ga. Int'l & Comp. L. 635, 640 ff. (1992); Fuller, 17 W. St. U. L. Rev. 305 - 324 (1990); Hoenig, S. 663 ff.; Jeffries, 72 Va. L. Rev. 139 - 158 (1986); Peterson, IPRax 1990/187 ff.; Prentice, 7 Rev. Litigation 113 - 165 (1988); Prosser and Keeton, S. 11 f.; Reimann, S. 98; Stiefel/Stürner, VersR 1987/829, 836; Zekoll, VersR 1992/1059.

986 Peterson, IPRax 1990/187.

987 Zu den Offenbarungspflichten im pretrial discovery vgl. bereits Teil 3, Ziffer I. 6. (S. 185 ff.).

988 Der BGH betont in seiner „Kalifornien-Entscheidung“ vom 4.6.1992 mehrfach das Strafmonopol des Staates, läßt es im Ergebnis aber offen, ob nach seiner Ansicht die Anerkennungsfähigkeit von punitive damages in Deutschland hieran scheitern würde.

989 109 S.Ct. 1892 (1989). Im vorliegenden Fall wurde ausnahmsweise ein Verstoß angenommen, weil der Staat selbst auf punitive damages geklagt hatte; s. auch Burst, S. 69; Rosengarten, S. 109 ff.

990 Zum Sachverhalt s. Peterson, IPRax 1990/187, 188.

Weiterhin wird bereits in den USA kritisiert, daß die punitive damages einen Verstoß gegen das Übermaßverbot darstellen würden. Zwar verbiete die Verfassung in ihrer excessive fines clause (US-Constitution, Amendment VIII) eine übermäßige Bestrafung. Die juries ließen sich jedoch von der „deep pocket"-Theorie leiten und würden den Beklagten übermäßig hohe Summen zusprechen. Es sei nicht zu übersehen, daß sie der Meinung seien, ein solventer Beklagter könne, insbesondere gegenüber einer armen klagenden Einzelperson, eine hohe Schadensersatz- und Schmerzensgeldsumme verkraften. Dies gelte vor allem für in den USA verklagte Unternehmen.[991]

Der Supreme Court of the United States hat hierzu in Browning-Ferries Industries of Vermont., Inc. vs. Kelco Disposal Inc. Stellung genommen.[992] Die Rechtsmittelführerin, ein Abfallbeseitigungsunternehmen, hatte mit unlauteren Mitteln versucht, ihre ehemalige Monopolstellung gegenüber Konkurrenzunternehmen zurückzuerobern und war wegen Verstößen gegen sowohl Antitrustrecht (Bundesrecht), als auch Deliktsrecht (Landesrecht des Staates Vermont) zu 6 Millionen US-Dollar punitive damages verurteilt worden.[993] Der Supreme Court of the United States entschied mit sieben zu zwei Stimmen,[994] daß das verfassungsrechtliche Verbot überhöhter Bestrafung nur für Kriminalstrafen gelte, nicht aber für punitive damages. Die Begründung stützt sich vornehmlich auf die Entstehungsgeschichte, den Textzusammenhang und den Zweck der Vorschrift.

Auch ein Verstoß der punitive damages gegen die due process clause (US-Constitution, Amendment V, XIV) wird gerügt. Die verfassungsrechtlich verankerten Anforderungen an ein faires und rechtsstaatliches Verfahren seien bei einer Verurteilung zu punitive damages nicht gewahrt.

Hierzu nahm der Supreme Court of the United States in Pacific Mutual Life Insurance Co. vs. Haslip Stellung.[995] Eine Krankenversicherung war in Alabama für die Unterschlagung von Versicherungsprämien, begangen durch einen Mitarbeiter des Versicherungsunternehmens, haftbar gemacht worden. Die Unterschlagungen hatten dazu geführt, daß im Schadensfall mangels Prämienzahlung für die Klägerin kein Versicherungsschutz gegeben war. Die Klägerin, Ms. Haslip, hatte Schadensersatz und punitive damages gefordert und von einer durch instructions konkret angewiesenen jury in Höhe von 840.000 US-Dollar zugesprochen bekommen. Die verhängten punitive damages beliefen sich auf das vierfache der zuerkannten compensatory damages und waren etwa zweihundertfach höher als die tatsächlichen Ausga-

---

991 Vgl. Beucher, RIW 1992/893, 894 f.; Brand, 18 NILR, 143, 150 (1996); Burst, S. 69 f.; Ebke, RIW 1990/149; Fuller, 17 W. St. U. L. Rev. 305 - 324 (1990); Otte, RIW 1990/299 ff.; Peterson, IPRax 1990/187, 188 f.; Rosengarten, S. 111 ff.; H. L. Schwab, 41 Fed'n Ins. & Corp. Couns Q. 57, 64 ff. (1990); Schworer, 10 Hamline J. Pub. & Pol'y 457 – 485 (1995); Stürner/Stadler, IPRax 1990/157, 160.

992 109 S.Ct. 2909 (1989); 492 US 257 (1989).

993 Zum Sachverhalt s. Peterson, IPRax 1990/187, 188 f. Ein ehemaliger Mitarbeiter von Browning-Ferries Ind. hatte ein erfolgreiches Konkurrenzunternehmen (Kelco) aufgebaut und sollte u.a. durch illegale Preissenkungen vom Markt gedrängt werden. Die im Prozeß verwertete Zielvorgabe gegen den Konkurrenten lautete: „Squish him like a bug".

994 Zur vielbeachteten dissenting oppinion von Justice O'Conner, der sich Justice Stevens anschloß, vgl. insbesondere Rosengarten, S. 113 ff.

995 111 S.Ct. 1032 (1991); 499 US 1 (1991).

ben der Patientin für ärztliche Behandlungen. Der Supreme Court of the United States entschied mehrheitlich mit sieben zu eins Stimmen[996], daß kein Verstoß des hier in Frage stehenden Rechts von Alabama gegen die due process clause (US-Constitution, Amendment V, XIV) vorliege. Allerdings deutet der Supreme Court of the United States in dieser Entscheidung bereits an, daß ein unbegrenztes Ermessen der jury bei der Festsetzung von punitive damages als verfassungswidrig angesehen werden müsse, und drückt bereits hier seine Besorgnis über punitive damages aus „that run wild". Konkret mahnt der Supreme Court of the United States die Verhältnismäßigkeit zwischen compensatory und punitive damages an. Richterin O'Conner führte in ihrer dissenting oppinion aus, daß das Verfahren nach dem in Alabama punitive damages zugesprochen werden, nicht den Anforderungen der due process clause entspreche. Die jury entscheide letztlich nach eigenem Gutdünken, eine Kontrolle sei nicht gewährleistet. Die Verfassung dagegen fordere weitere Einschränkungen und Konkretisierungen.[997]

Die US-amerikanischen Gegner der punitive damages hatten erwartet, daß der Supreme Court of the United States in seiner nunmehr konservativen Zusammensetzung die Verurteilung zu punitive damages in Sachen Pacific Mutual Life Insurance Co. vs. Haslip aufheben würde, da sie Ausfluß des modernen und liberalen judical activism sei. Dies geschah jedoch nicht. Der Supreme Court of the United States orientierte sich zwar konservativ, aber er schränkte die punitive damages nicht aufgrund politischer Überlegungen ein. Vielmehr orientierte sich der Supreme Court of the United States an einer strengen Auslegung der US-amerikanischen Verfassung. Bei dem zugrundeliegenden Sachverhalt handelte es sich um einen klassischen Fall des Verschuldens eines Mitarbeiters einer Firma. Möglicherweise wäre die Entscheidung anders ausgefallen, wenn es um eine verschuldensunabhängige Verurteilung zu punitive damages wegen product liability oder medical malpractice gegangen wäre.[998]

Ebenso wie der der „Kalifornien-Entscheidung" des BGH[999] zugrundeliegende Sachverhalt, war auch der vom Supreme Court of the United States zu entscheidende Fall Pacific Mutual Life Insurance Co. vs. Haslip ungeeignet, eine liberale oder gar progressive Rechtsprechung zu provozieren und zu stützen. Während der US-amerikanischen Entscheidung einen Sachverhalt entschied, der wegen seiner „Normalität" keine von Vielen erwartete Ausnahmeent-

---

996 Der erst unmittelbar vor der Entscheidung ernannte Justice Souter hatte an der Urteilsfindung nicht mitgewirkt; vgl. Baumgartner, JZ 1997/156, 159 (dort Fn. 10).

997 Vgl. zum Ganzen Baumgartner, JZ 1997/156, 159; Beucher, RIW 1992/893, 896 ff.; Brand, 18 NILR, 143, 150 f. (1996); Burst, S. 70 f.; Committee on Product Liability, 45 Rec. A. B. City N.Y. 776, 777, 781 (1990); Ebke, RIW 1991/772 ff.; ders., PHI 1991/108; Rosengarten, S. 116 ff.; Vorpeil, RIW 1992/851. Zum Recht von Alabama s. auch Heidenberger, RIW 1995/1023, 1024 f.

998 Vgl. Langner, DAJV-Newsletter 1/93, S. 8 f., der einen Vortrag von Bernstein zusammenfaßt, gehalten im Rahmen einer DAJV-Veranstaltung in Erlangen und Köln im November 1992.

999 BGH (Urt. v. 4.6.1992) BGHZ 118/312 ff. = CR 1993/274 ff. = EuZW 1992/705 ff. = EWiR 1993/827 (mit Anm. Geimer) = IPRax 1993/310 ff. (mit Anm. Koch/Zekoll, IPRax 1993/288 ff.) = JZ 1993/261 ff. (mit Anm. Deutsch) = LM 2/93 zu § 328 ZPO (mit Anm. Kronke) = MDR 1992/1181 ff. = NJW 1992/3096 ff. (mit Anm. Koch, NJW 1992/3073 ff.) = NJW RR 1993/152 f. = PHI 1992/174 ff. = RIW 1993/132 ff. (mit Anm. Schütze) = VersR 1992/1281 ff. = WM 1992/1451 ff. = ZIP 1992/1256 ff. (mit Anm. Bungert, ZIP 1992/1707 ff.) = ZZP 106 (1993), S. 79 ff. (mit Anm. Schack).

scheidung zuließ, verhielt es sich für den BGH in Deutschland genau umgekehrt. Bei der Frage der Anerkennung US-amerikanischer Urteile in Deutschland, die punitive damages zusprechen, war wegen der Besonderheiten des Sachverhaltes keine „Normalität" der Entscheidung zu erwarten. Der dortige Sachverhalt war so außergewöhnlich, daß zumindest fraglich ist, ob die Entscheidung ebenso ausgefallen wäre, wenn es um einen Produkthaftpflichtfall gegangen wäre. Die „Kalifornien-Entscheidung" des BGH muß als Ausnahmeentscheidung angesehen werden. Sie kann aufgrund der genannten Besonderheiten nur in begrenztem Umfang zur Frage der Anerkennungsfähigkeit von punitve damages und allgemeingültig zur Anerkennungsfähigkeit US-amerikanischer Urteile in Deutschland treffen.

Die Frage der Verhältnismäßigkeit von punitive damages hat der Supreme Court of the United States nunmehr in BMW of North America Inc. vs. Dr. Ira Gore Jr.[1000] konkretisiert und umfassend dargelegt (s.o.). Er gibt zu verstehen, daß die Höhe der punitive damages mit einer verfassungsrechtlich nachvollziehbaren Bemessungskontrolle versehen sein muß.

Schließlich wird von den Gegnern der punitive damages auch kritisiert, daß das Rechtsinstitut der punitive damages nicht mehr abschreckend wirke. Das Risiko einer Verurteilung und der daraus resultierenden Zahlungspflicht lasse sich regelmäßig versichern und werde so auf eine Vielzahl von Versicherungsnehmern verteilt. Darüber hianus lasse es sich über den Kaufpreis auf die Allgemeinheit umgelegt.[1001] Die Frage der Versicherbarkeit von punitive damages in den USA läßt sich jedoch nicht einheitlich beantworten. Verschiedene Bundesstaaten verfolgen hier unterschiedliche Ansätze und Meinungen. Grundsätzlich scheinen punitive damages aber versicherbar.[1002]

Zusammenfassend ist festzuhalten daß der Supreme Court of the United States verfassungsrechtliche Bedenken gegen punitive damages in verschiedenen Entscheidungen wiederholt zurückgewiesen hat.[1003] Noch im Juni 1993 hat er einen Verstoß gegen den Verhältnismäßigkeitsgrundsatz (US-Constitution, Amendment XIV) verneint, als punitive damages vom Instanzgericht zugesprochen worden waren, die nach dem Verhältnis von möglichem Gewinn der beklagten Schädigerin unter Berücksichtigung einerseits ihrer Bösgäubigkeit und andererseits der Tatsache, daß umfangreiche Betrügereien gegenüber verschiedenen Dritten vorlagen,

---

1000 116 S.Ct. 1589 (1996); s. auch Urteil des Circuit Court of Jefferson County, Alabama vom 12.6.1992; OLG München (B. v. 15.7.1992) NJW 1992/3113 = WM 1992/1465 f. = ZIP 1992/1271 f.; s. hierzu auch Baumgartner, JZ 1997/156 ff.; Brand, 18 NILR, 143, 154 f. (1996); Heidenberger, RIW 1995/1023 ff.; ders., RIW 1996/765 f.; Note 110 Harv. L. Rev. 135, 145 (1996). Ausführlich hierzu Teil 3, Ziffer II. 2. (S. 237 ff.).

1001 S. Blatt/Meyer, PHI 1982/56, 61 ff.; Coester-Waltjen, in: Herausforderungen, S. 15, 21; Hoechst, VersR 1983/13 ff.; Lenz, S. 66 ff.; Rosengarten, S. 96 ff.; Sabella, VersR 1990/1186 ff. (zum Sonderfall der Arzthaftpflichtversicherung); Stiefel/Stürner, VersR 1987/829, 836.

1002 Vgl. Blatt/Meyer, PHI 1982/56, 62; Burst, S. 64; Rosengarten, S. 101 f.

1003 Zur Frage der Verfassungsmäßigkeit von punitive damages s. auch Geller/Levy, 73 ABA Journal 88 - 91 (1987); Jeffries, 72 Va. L. Rev. 139 - 158 (1986); Peterson, IPRax 1990/187 ff.; Redinger/Bronley, PHI 1987/187; H. L. Schwab, 41 Fed'n Ins. & Corp. Couns Q. 57 - 82 (1990); Schworer, 10 Hamline J. Pub. & Pol'y 457 – 485 (1995).

bemessen worden waren.[1004] Noch zu diesem Zeitpunkt hatte der Supreme Court of the United States keine Bedenken hinsichtlich der Verfassungsmäßigkeit von punitive damages, die sich weniger am Schaden als viel mehr am Gewinn des Schädigers orientierten.

Erstmals in BMW of North America Inc. vs. Dr. Ira Gore Jr.[1005] wurde vom Supreme Court of the United States eine Entscheidung wegen eines Verstoßes gegen die due process clause der US-Constitution (Amendment V, XIV) aufgehoben und zurückverwiesen. Die Entscheidung ist eine konsequente Weiterführung der genannten früheren Urteile. Treffend bezeichnet Justice Scalia die Entscheidung in seiner dissenting oppinion als „jüngstes und in zunehmendem Maße beharrlicher werdendes Manifest dieses Gerichts in Sachen punitive damages, die ins Kraut schießen“.[1006]

Es ist nicht zu übersehen, daß der Supreme Court of the United States mit seinen aktuellen Entscheidungen der ausufernden Tendenz der Untergerichte in den letzten Jahren entgegensteuert und punitive damages auf ein vernünftiges, zumindest akzeptables Maß zurückführt. Dies zeigt auch deutlich die Entwicklung der letzten Jahre bei den oben genannten Fällen, in denen entweder bereits eine reduzierte Summe an punitive damages zugesprochen wurde oder bei denen nachträglich der Betrag vergleichsweise herabgesetzt wurde.

Die Beharrlichkeit, mit der der Supreme Court of the United States trotz der ständigen Kritik sogar aus den eigenen Reihen, nicht nur an seiner restriktiven Meinung festhält, sondern in Sachen BMW of North America Inc. vs. Dr. Ira Gore Jr. erstmals auch eine Verurteilung zu punitive damages aufhob, läßt erahnen, daß punitive damages in den USA in Zukunft in weit geringerem Umfang zugesprochen werden als bisher. Es zeichnet sich ab, daß völlig überzogene und unverhältnismäßig hohe punitive damages der Vergangenheit angehören.[1007]

Parallel zu Änderungen in der Rechtsprechung des Supreme Court of the United States haben auch Reformen in der Gesetzgebung und der Rechtsprechung der Gerichte der US-amerikanischen Bundesstaaten Wirkung gezeigt.

Eine Vielzahl von Einzelstaaten hat seit Ende der 80er Jahre Reform- und Abwehrgesetze erlassen, die verfahrensrechtliche oder auch materiellrechtliche Beschränkungen von punitive damages enthalten. Unterstützt werden diese Bestrebungen durch die Rechtsprechung der

---

1004 TXO Productions Corp. vs. Alliance Resources Corp., S.Ct. No 92-479 vom 28.6.1993; 509 U.S. 433 (1993). S. hierzu Bungert, VersR 1994/15 ff.; Coester-Waltjen in: Herausforderungen, S. 15, 21 (dort insbesondere Fn. 35); s. auch Ebke, RIW 1995/64, 65.

1005 Vgl. S. 237 ff.

1006 116 S.Ct. 1589, 1610 (1996). Ebenso bereits in Pacific Mutual Life Insurance Co. vs. Haslip, 111 S.Ct. 1032, 1043 (1991).

1007 Rosengarten irrte, als er 1992 meinte, es sei wenig wahrscheinlich, daß der Supreme Court of the United States in nächster Zeit eine Entscheidung zur Überprüfung annehme, bei der die Höhe der punitive damages beanstandet werde; vgl. ders., S. 120; ähnliche Zweifel äußerte Heidenberger, RIW 1995/1023 f.; daß der Supreme Court of the United States sich nach so kurzer Zeit erneut intensiv mit der Frage der Höhe von punitive damages auseinandersetzt zeigt, wie wichtig es ihm gewesen sein muß hier Stellung zu nehmen.

Gerichte der Einzelstaaten.[1008] Wurden punitive damages zugesprochen, so wurden sie häufig, wenn nicht sogar regelmäßig durch das übergeordnete Gericht reduziert (s.o.).

In acht Bundesstaaten sind punitive damages zwischenzeitlich gesetzlich oder durch die Rechtsprechung der Obergerichte verboten.[1009] In anderen Bundesstaaten wird eine Verurteilung nur zugelassen, wenn punitive damages gesetzlich vorgesehen sind oder die zugesprochenen compensatory damages nicht adäquat zum Schaden sind. Dies gilt z.B. für Lousiana[1010], Massachusetts[1011], Michigan[1012], Montana[1013] (nur bei Klagen wegen Vertragsverstößen), Nebraska[1014], New Hampshire[1015], South Dakota[1016] und Washington[1017].

Eine Einschränkung erfahren die punitive damages in den USA nunmehr auch dadurch, daß höhere Anforderungen an den vom Kläger zu erbringenden Beweis gestellt werden. Eine Vielzahl von Bundesstaaten fordert für eine Verurteilung zu punitive damages „clear and convincing evidence".[1018] Allgemeine Erfahrungsgrundsätze oder Vermutungen genügen nicht mehr zur Begründung von punitive damages-Ansprüchen. 22 Bundesstaaten regeln dies gesetzlich, in acht weiteren Bundesstaaten muß nach der dortigen obergerichtlichen Rechtsprechung der Kläger die vorsätzlich böse Absicht des Beklagten oder dessen Böswilligkeit (malice) nachweisen. Berücksichtigt man verschiedene weitere Einschränkungen anderer Einzelstaaten, so ergibt sich zusammenfassend, daß etwa 60 % der US-amerikanischen Bundesstaaten den für eine Verurteilung zu punitive damages zu erbringenden Beweisstandard durch gesetzliche oder richterrechtliche Vorgaben deutlich erhöht haben.[1019]

1008 Ausführlich hierzu Brand, 18 NILR, 143, 159 ff. (1996); s. auch die Übersicht im Appendix zur dissenting oppinion von Justice Ginsburg in Sachen BMW of North America Inc. vs. Dr. Ira Gore Jr., 116 S.Ct. 1589, 1618 f.; Burst, S. 72; Peterson, IPRax 1990/187, 190; Rosengarten, S. 108, 120 ff.; Stürner/Stadler, IPRax 1990/157, 158.

1009 Vgl. Brand, 18 NILR, 143, 162 (1996) und die umfassende tabellarische Übersicht im Anhang (dort S. 176 ff.); s. auch die Übersicht im Appendix zur diesseitig oppinion von Justice Ginsburg in Sachen BMW of North America Inc. vs. Dr. Ira Gore Jr., 116 S.Ct. 1589, 1618 f.; Perczek, 27 Suffolk U. L. Rev. 825 - 878 (1993); Coyle, 81 ABA Journal 75 (March 1995).

1010 Vgl. Int'l Harvester Credit Corp. vs. Seale, 518 So. 2d 1039 (La. 1988).

1011 Vgl. USM Corp. vs. Marson Fastener Corp. 467 N.E. 2d 1271 (Mass. 1984).

1012 Vgl. Hayes-Albion vs. Kuberski, 364 N.W. 2d 609 (Mich. 1984).

1013 Mont. Code Ann. § 27-1-220(2) (1995).

1014 Neb. Const. Art. VII, § 5.

1015 N.H. Rev. Stat. Ann. § 507.16 (1995).

1016 S.D. Codified Laws Ann. § 21-1-4 (1987).

1017 Barr vs. Interbay Citizens Bank of Tampa, Florida, 635 P. 2d 441 (1981).

1018 Diese Regelung gilt für Alabama, Alaska, Arizona, California, Conneticut, Florida, Georgia, Hawaii, Illinois, Indiana, Iowa, Kansas, Kentucky, Maine, Maryland, Minnesota, Mississipi, Montana, Nevada, New Jersey, North Dakota, Ohio, Oklahoma, Oregon, Rhode Island, South Carolina, Tennessee, Texas, Utah, Virginia und Wisconsin. Vgl. Brand, 18 NILR, 143, 162 (1996) und die umfassende tabellarische Übersicht im Anhang (dort S. 176 ff.); s. auch die Übersicht im Appendix zur dissenting oppinion von Justice Ginsburg in Sachen BMW of North America Inc. vs. Dr. Ira Gore Jr., 116 S.Ct. 1589, 1618 f.

1019 Ausführlich Brand, 18 NILR, 143, 160 (1996); s. dort auch die umfassende tabellarische Übersicht im doritgen Anhang (S. 176 ff.); s. auch die Übersicht im Appendix zur dissenting oppinion von Justice Ginsburg in Sachen BMW of North America Inc. vs. Dr. Ira Gore Jr., 116 S.Ct. 1589, 1618 f.; Perczek, 27 Suffolk U. L. Rev. 825 - 878 (1993).

Inzwischen normieren auch verschiedene einzelstaatliche Regelungen, daß zumindest ein Teil der dem Kläger zuerkannten punitive damages an den Staat abzuführen ist.[1020]

Die Höhe der punitive damages wurde in mehr als zwölf US-amerikanischen Bundesstaaten beschränkt durch sogenannte monetary caps. Manche Bundesstaaten geben konkrete Summen vor, andere Regelungen sehen eine Mehrfaches (zwei- oder dreifaches) des eigentlichen Kompensationsschadens (compensatory damages) als Obergrenze vor. Verschiedentlich werden die beiden Ansätze verbunden oder vermischt.[1021]

Dieser Trend der Einzelstaaten zur Beschränkung von punitive damages findet sein Pendant auf bundesrechtlicher Ebene. Verschiedene Bundesgesetze oder zumindest Gesetzesentwürfe sehen einen Ausschluß oder zumindest eine Reduzierung von punitive damages vor.[1022] Der Entwurf des „Common Sense Product Liability Legal Reform Act of 1996"[1023] regelt eine Beschränkung der Höhe der punitive damages. Außerdem beschränkt er die Höhe der punitive damages vor Bundesgerichten in Produkthaftungsfällen auf das Zweifache des anfallenden Kompensationsschadens (compensatory damages), maximal 250.000 US-Dollar. Der Geset-

---

1020 So z.B. Colorado (1/3 der zugesprochenen punitive damages erhält der Staat), Florida (35 % erhält der Staat), Georgia (75 % erhält der Staat in Produkthaftpflichtfällen), Indiana (75 % erhält der Staat), Iowa (75 % wenn nicht ausdrücklich dem Kläger zugesprochen), Missouri (50 % nach Anwaltskosten und Auslagen erhält der Staat), New York (20 % erhält der Staat - allerdings 1994 widerrufen), Oregon (50 % nach Anwaltskosten erhält der Staat) und Utah (50 % nach Anwaltskosten erhält der Staat, wenn insgesamt über 20.000 US-Dollar). In Illinois steht es dem verurteilenden Gericht frei, dem Staat einen Anteil der punitive damages zuzusprechen. Ausführlich: Brand, 18 NILR, 143, 159, 161 (1996); s. dort auch die umfassende tabellarische Übersicht im Anhang (S. 176 ff.); s. auch die Übersicht im Appendix zur dissenting oppinion von Justice Ginsburg in Sachen BMW of North America Inc. vs. Dr. Ira Gore Jr., 116 S.Ct. 1589, 1618 f.; Perczek, 27 Suffolk U. L. Rev. 825 - 878 (1993).

1021 Die Höhe der punitive damages wurde z.B. beschränkt in: Alabama (grundsätzlich nicht mehr als 250.000 US-Dollar), Colorado (grundsätzlich entsprechend dem tatsächlich entstandenen Schaden bis zum maximal dreifachen dieses Betrages), Conneticut (in Produkthaftpflichtfällen nicht mehr als das Doppelte des tatsächlichen Schadens), Florida (grundsätzlich nicht mehr als das Dreifache des Kompensationsschadens), Georgia (grundsätzlich nicht mehr als 250.000 US-Dollar, außer in Produkthaftpflichtfällen und bei vorsätzlicher Schädigung), Illinois (dreifacher Betrag des wirtschaftlichen Schadens), Indiana (nicht mehr als das Dreifache des Kompensationsschadens oder 50.000 US-Dollar), Kansas (weniger als das maximale jährliche Einkommen des Schädigers oder 5 Millionen US-Dollar; möglich auch der 1,5-fache Gewinn bei „schlechtem Benehmen" - misconduct - des Schädigers), Nevada (dreifacher Kompensationsschaden wenn dieser über 100.000 US-Dollar; 300.00 US-Dollar, wenn der Kompensationsschaden geringer als 100.000 US-Dollar), New Jersey (fünffacher Kompensationsschaden oder 350.000 US-Dollar - je nach dem, welcher Betrag höher ist), North Dakota (zweifacher Kompensationsschaden oder 250.000 US-Dollar - je nach dem, welcher Betrag höher ist), Oklahoma (bei rücksichtslosem Verhalten - reckless disregard - 100.000 US-Dollar oder der tatsächliche Schaden, je nach dem, welcher Betrag höher ist; bei vorsätzlicher Schädigung - intentional malice - die höchste Summe von entweder 500.000 US-Dollar oder doppeltem tatsächlichem Schaden oder Abschöpfen des finanziellen Vorteils des Beklagten; keine Grenze bei vorsätzlicher sittenwidriger Schädigung die zweifelsfrei lebensbedrohlich war), Texas (der höhere Betrag von entweder materiellem und immateriellem Schaden, jedoch nicht über 750.000 US-Dollar oder 200.000 US-Dollar) und Virginia (350.00 US-Dollar). Vgl. Brand, 18 NILR, 143, 176 ff.; s. auch die Übersicht im Appendix zur dissenting oppinion von Justice Ginsburg in Sachen BMW of North America Inc. vs. Dr. Ira Gore Jr., 116 S.Ct. 1589, 1618 f.

1022 Ausführlich Brand, 18 NILR, 143, 158 ff. (1996); s. auch Zekoll, IPRax 1997/198, 200 f.; zum Common Sense Legal Reform Act of 1995 dem nicht endgültig verabschiedeten vorhergehenden Entwurf, s. auch Rosengarten, S. 102 ff.

1023 H.R. 956, H.R. 10, 104th Cong,. 1st Session (1995).

zesentwurf enthält weiter die Grundlagen zur Durchsetzung einer Kostenübernahme der unterliegenden Partei bezüglich der Anwaltsgebühren vor US-amerikanischen Bundesgerichten.

Der Gesetzesentwurf durchlief am 21.3.1996 den Senat und wurde am 29.3.1996 vom US-amerikanischen Repräsentantenhaus verabschiedet. Allerdings verweigerte Präsident Clinton am 2.5.1996 seine Zustimmung und es gelang dem Repräsentantenhaus am 9.5.1996 nicht dieses Veto zu überstimmen.[1024]

Sowohl die in den USA politisch grundsätzlich demokratisch eingestellten Anwälte auf Seiten der Kläger als auch deren in ihrer politischen Einstellung regelmäßig republikanischen Gegner auf Beklagtenseite sind über diese Situation nicht unglücklich, zeigt sie doch ein gewisses Maß an Engagement, sich mit dem Problem der punitive damages auseinanderzusetzen ohne jedoch das für die Anwälte lukrative System wirklich zu ändern.

Auch wenn der Supreme Court of the United States die Frage der Verfassungsmäßigkeit von punitive damages und insbesondere von deren Höhe nicht abschließend beantwortet hat und auch wenn die zuständigen US-amerikanischen Gesetzgebungsgremien es nicht geschafft haben, klare Regelungen für eine Verurteilung zu punitive damages auf Bundesebene zu erlassen, so zeigen sich in den USA dennoch Reformbestrebungen, die auf eine Einschränkung des Anspruches von punitive damages hinwirken. Das Ende dieser Reformbemühungen ist derzeit noch nicht abzusehen. Initiiert und manifestiert wurden diese Entwicklungen sowohl von den Gerichten der Einzelstaaten, als auch durch deren individuelle Gesetzgebung.

Trotz dieser Entwicklungen wird es noch einige Zeit dauern, bis das „Schreckgespenst" der punitive damages in sämtlichen Bundesstaaten kalkulierbar wird. Die Auseinandersetzung mit der Frage der Anerkennungsfähigkeit von punitive damages in Deutschland ist deshalb nach wie vor aktuell und hat nicht an Brisanz verloren.

b) Punitive damages und das deutsche zivile Haftungsrecht

Um die Frage der Anerkennungsfähigkeit von punitive damages-Urteilen in Deutschland beantworten zu können, muß untersucht werden, ob das deutsche zivile Haftungsrecht vergleichbare Rechtsinstitute zu den punitive damages kennt. Auch wenn dies nicht der Fall sein sollte, so wäre es zumindest denkbar, daß die in den USA mit der Verurteilung zu punitive damages verfolgten Ziele in Deutschland toleriert werden können. Insofern ist zu untersuchen, ob deutsche Gesetze oder Entscheidungen deutscher Gerichte Rechtsgedanken widerspiegeln, die der Intention der US-amerikanischen punitive damages entsprechen.

Das deutsche zivile Haftungsrecht selbst kennt keine punitive damages. Verschiedene Einzelvorschriften aber auch die durch die jüngste höchstrichterliche Rechtsprechung vorgenommene Ausformung einzelner Rechtsinstitute sehen allerdings vor, daß Schadensersatz oder Schmerzensgeld in einer Form zu erstatten ist, die einen Vergleich zu den punitive damages erlaubt und Hinweise darauf gibt, daß das deutsche zivile Haftungsrecht mehr als nur Schadensausgleich betreibt:

1024 Vgl. Brand, 18 NILR, 143, 159 (1996); s. auch Zekoll, IPRax 1997/198.

(1) Mehrfacher Schadensersatz und zivilrechtliche Prävention im Arbeitsrecht bei der Diskriminierung von Arbeitnehmern

Im Arbeitsrecht regelt § 611 a I BGB, daß ein Arbeitgeber seinen Arbeitnehmer nicht wegen dessen Geschlechts diskriminieren darf. Ein Verstoß hiergegen führt zu einem Schadensersatzanspruch des Arbeitnehmers gemäß § 611 a II BGB. Dies gilt sowohl bei der Begründung des Arbeitsverhältnisses, als auch bei dessen Ausgestaltung.[1025]

Der Anspruch richtet sich auf das negative Interesse. Zu ersetzen waren ursprünglich lediglich die dem Arbeitnehmer entstandenen Kosten für seine Bewerbung. Im Zusammenhang mit der Beantwortung der Frage der Übereinstimmung dieser Vorschrift mit der EG-Gleichbehandlungsrichtlinie[1026] äußerte der EuGH mit Urteil vom 10.4.1984[1027], daß die gegenüber dem Arbeitgeber auszusprechende Sanktion eine deutlich abschreckende Wirkung zeigen müsse. Um diesen gemeinschaftsrechtlichen Anforderungen gerecht zu werden, sprach das ArbG Hamm[1028] einer diskriminierten Arbeitnehmerin immateriellen Schadensersatz in Höhe des sechsfachen potentiellen monatlichen Bruttoverdienstes zu. Das BAG[1029] entschied in einem anderen Fall, daß der zu erstattende Betrag sich am einfachen potentiellen monatlichen Bruttoverdienst zu orientieren habe. Inzwischen hat der Gesetzgeber § 611 a II BGB geändert. Nunmehr ist der Anspruch auf immateriellen Schadensersatz normiert, es ist eine angemessene Entschädigung in Geld in Höhe von maximal drei Monatsverdiensten zu zahlen. Der Anspruch ist verschuldensabhängig. Die Abschreckungswirkung des Anspruches ist ausdrücklich anerkannt.[1030]

Auch die Neuregelung von § 611 a BGB wurde dem EuGH zur Überprüfung vorgelegt.[1031] In seinem Urteil vom 22.4.1997 hat der EuGH zur Frage der Vereinbarkeit von § 611 a BGB mit der EG-Gleichbehandlungsrichtlinie[1032] eine differenzierte Meinung vertreten: Die Begrenzung des Schadensersatzes auf drei potentielle Brutto-Monatsgehälter verstoße nicht gegen Gemeinschaftsrecht, wenn zwar eine geschlechtsbezogene Diskriminierung vorliege, der Arbeitgeber aber nachweisen könne, daß der betroffene Arbeitnehmer aufgrund der niedrigeren Qualifikation auch aufgrund objektiver Auswahlkriterien abgelehnt worden wäre. Liege dagegen faktisch eine doppelte Diskriminierung vor, weil der Bewerber wegen seines Geschlechts nicht genommen worden sei, er aber fachlich objektiv qualifizierter als die Mitbewerber gewesen wäre, so verstoße die innerstaatliche gesetzliche Beschränkung des Schadensersatzes auf drei Brutto-Monatsgehälter gegen Gemeinschaftsrecht. Auch eine Begrenzung auf maximal sechs Monatsgehälter für den Fall, daß mehrere Bewerber Schadensersatz-

1025 Einschränkend Rosengarten, S. 189; ders, NJW 1996/1935, 1936.

1026 Richtlinie 76/207/EWG der Rates der EG vom 9.2.1976 zur Verwirklichung des Grundsatzes der Gleichbehandlung von Männern und Frauen hinsichtlich des Zugangs zur Beschäftigung, zur Berufsbildung und zum beruflichen Aufstieg sowie in Bezug auf die Arbeitsbedingungen (ABl-EG, L. 39, 40); dort insbesondere Art. 2 und 3.

1027 Slg. 1984/1891 ff. = DB 1984/1042 ff. = NJW 1984/2021 ff.

1028 (Urt. v. 6.9.1984) DB 1984/2700 f.

1029 BAG (Urt. v. 14.3.1989) NZA 1990/21 ff.

1030 Vgl. Palandt-Putzo, BGB, § 611 a Rn. 17.

1031 Vgl. ArbG Hamburg (B. v. 22.5.1995) DB 1995/1234 f.

1032 Vgl. Fn. 1021.

ansprüche gegen den gleichen Arbeitgeber geltend machen würden, verstoße gegen das Gemeinschaftsrecht. Im übrigen stehe es nicht im Einklang mit der EG-Gleichbehandlungsrichtlinie, den Anspruch vom Verschulden des Arbeitgebers abhängig zu machen.[1033]

Rechtsvergleichend ist festzuhalten, daß auch einige US-amerikanische Gerichte in Fällen der geschlechtsbezogenen Diskriminierung von Arbeitnehmern punitive damages zuerkennen.[1034] Parallelen zwischen Deutschland und den USA sind hier zweifellos vorhanden. Ob und inwiefern das deutsche Recht in Einklang mit dem Gemeinschaftsrecht der EU gebracht wird, bleibt abzuwarten.

(2) Mehrfacher Schadensersatz und zivilrechtliche Prävention im gewerblichen Rechtsschutz

Ein weiteres Beispiel für mehr als nur kompensatorischen Schadensersatz im deutschen Recht bieten der gewerbliche Rechtsschutz und das Urheberrecht. Dort besteht ein deliktsrechtlicher Schadensersatzanspruch für den Fall des unbefugten Eingriffs in fremde Schutz- oder Urheberrechte.
Nach ständiger Rechtsprechung des Reichsgerichts und auch des BGH stehen dem Geschädigten hier zur Berechnung des ihm entstandenen Schadens drei Methoden zur Verfügung:[1035] Er kann entweder den konkret entstandenen Schaden nebst entgangenem Gewinn[1036] geltend machen, oder den vom Verletzer aufgrund des Eingriffs erzielten Gewinn abschöpfen, oder eine angemessene Lizenzgebühr fordern. In einigen Fällen ist auch eine Berechnung anhand des dreifachen tatsächlich entstandenen Schadens normiert.[1037] Wegen der Berechnungs- und Beweisschwierigkeiten bei den beiden erstgenannten Berechnungsmethoden ist von praktischer Bedeutung vornehmlich die Berechnung des Schadens anhand einer Lizenzanalogie.[1038]

Assmann[1039] hat vorgeschlagen, in Anlehnung an die multiple damages des US-amerikanischen Haftungsrechts für die vorgenannten Fälle auch in Deutschland Schadensersatz in mehrfacher Höhe des Schadens einzuführen. Zur Vereinfachung der Schadensberechnung sei die Pauschalierung des Schadens anhand der zu zahlenden Lizenzgebühr sinnvoll. Dies genüge jedoch nicht, um potentielle Schädiger von ihrem Verhalten abzubringen. Denn die einfache Lizenzgebühr sei lediglich der Betrag, den jeder Nutzer für die Verwertung des fraglichen Rechts immer zu zahlen habe. Für den unberechtigten Verwender sei es also einfacher, im Rahmen einer Selbstbedienung den Lizenzverstoß zu begehen und erst im Nachhinein abzurechnen, als sich zunächst mit dem Rechtsinhaber mühsam darauf zu einigen, welche Lizenz-

1033 Vgl. EuGH (Urt. v. 22.4.1997) NJW 1997/1839 ff.
1034 Vgl. Rosengarten, S. 107 ff.; ders., NJW 1996/1935, 1937.
1035 Ausführlich hierzu Assmann, BB 1985/15, 16; s. auch Rosengarten, S. 191 ff.; ders., NJW 1996/1935, 1937.
1036 Vgl. § 252 BGB.
1037 Vgl. §§ 97 I S. 2, 101 I S. 2 UrhG, § 14 a I S. 2, 3 GeschmMG.
1038 Vgl. Assmann, BB 1985/15, 17; Rosengarten, S. 192.
1039 DB 1985/15 ff.

gebühr er zu zahlen habe. Die nachträgliche Schadensberechnung anhand der einfachen Lizenzgebühr stelle deswegen keine wirkliche Sanktion dar. Insofern sei weiter zu berücksichtigen, daß die strafrechtlichen Sanktionsmöglichkeiten wegen des oft schwierigen Nachweises des Vorsatzes bei Verstößen gegen Immaterialgüterrechte ungeeignet seien, eine Verhaltenssteuerung vorzunehmen. Diese Aufgabe müsse das zivile Haftungsrecht übernehmen. Die Androhung von doppeltem oder allgemein mehrfachem Schadensersatz sei hierfür das richtige Mittel.[1040] Assmann sieht die Aufgabe des deutschen Haftungsrechts nicht lediglich darin, nachträglich Wirtschaftsabläufe zu beurteilen und juristisch aufzuarbeiten, sondern fordert - ähnlich der in den USA dem dortigen Wirtschaftsrecht beigemessenen Intention - eine weit größere Lenkungsfunktion des wirtschaftlichen und sozialen Zusammenlebens durch normierte Verhaltenssteuerung.

Festzuhalten bleibt, daß bereits die bestehenden lizenzrechtlichen Regelungen in Deutschland nicht lediglich auf rein ausgleichenden Schadensersatz abzielen, sondern zugleich die Sanktionierung des Lizenzmißbrauchs fordern. Hierbei werden auch präventive Überlegungen einbezogen. Die Gedanken Assmanns unterstreichen diese Situation. Die von Assmann angeregte Umsetzung im deutschen Recht würde eine weitere Annäherung des deutschen an das US-amerikanische Haftungssystem bedeuten.[1041]

(3) Zivilrechtliche Sanktion und Prävention im Gesellschaftsrecht

Im Bereich des Gesellschaftsrechts wird diskutiert, die Haftungstatbestände dahingehend auszuweiten, daß den Verantwortlichen ein größeres Haftungsrisiko obliege.[1042] Die drohende Inanspruchnahme einer Gesellschaft oder auch der haftenden Organe wegen der Verletzung von Sorgfaltspflichten und die daraus resultierenden Schadensersatz- und Schmerzensgeldansprüche seien Anreiz zu ordnungsgemäßem Handeln des Vorstandes und zur Überwachung der Mitarbeiter (vgl. z.B. § 93 AktG). Intention sei hier nicht lediglich die Kompensation des entstandenen Schadens, sondern vielmehr auch die Verhaltenssteuerung durch Prävention.

(4) Zivilrechtliche Sanktion und Prävention im Vertragsrecht

Für das Vertragsrecht schlägt Köndgen[1043] vor, eine Verhaltenssteuerung durch überkompensatorische Sanktionen vorzunehmen. Es genüge nicht, lediglich Schadensersatz zu gewähren. Bei vertraglichen Wettbewerbsverboten seien z.B. über den eigentlichen Schadensersatz hinausgehende Sanktionen besser geeignet, regelgerechtes Verhalten zu provozieren. Ähnlich wie schon von Assmann dargelegt (s.o.), sei der Nachweis des tatsächlichen Schadens oft

---

1040 Assmann, BB 1985/15, 22.

1041 Assmann schließt mit der Überlegung, daß die Umsetzung seines Vorschlages sowohl de lege lata (als Erweiterung der abstrakten Schadensberechnung) als auch de lege ferenda (in den Spezialgesetzen zum Schutz der Immaterialgüterrechte) denkbar sei, vgl. ders., BB 1985/15, 25. Hieran besteht kein Zweifel, fraglich ist jedoch, ob und wann dies geschehen wird.

1042 Ausführlicher Rosengarten, NJW 1996/1935, 1937.

1043 56 RabelsZ (1992), S. 696 ff.; s. auch Rosengarten, NJW 1996/1935, 1937.

schwierig. Dies nutze der potentielle Schädiger bewußt aus. Hier könne effizient nur mit zusätzlichen Sanktionen vorgegangen werden.

(5) Zivilrechtliche Sanktion und Prävention bei der Verurteilung zu Schadensersatz und Schmerzensgeld

Von besonderer Bedeutung im Zusammenhang mit der Vergleichbarkeit des Rechtsinstitutes der punitive damages mit dem deutschen zivilen Haftungsrecht ist die Verurteilung zu Schmerzensgeld in Deutschland.

In der Praxis wird die Höhe des dem Geschädigten zuzusprechenden Schmerzensgeldes regelmäßig geschätzt. Das Ermessen des Richters bei der Festlegung der Höhe des Schmerzensgeldes wird hierbei häufig durch die in Schmerzensgeldtabellen dokumentierte zum Teil auch ältere Rechtsprechungstradition eingegrenzt.[1044] Es fällt leichter, sich an vorhandenen Margen zu orientieren, als von diesen abzuweichen und einem erhöhten Begründungsdruck standzuhalten. Trotz dieser Tendenz sind bei der Bemessung des Schmerzensgeldes auch die Umstände des Einzelfalles zu berücksichtigen. Kriterien hierbei sind regelmäßig das Ausmaß und die Schwere der Verletzung, der Grad der Lebensbeeinträchtigung, der Grad der Schmerzen und der weitere Heilungsverlauf. Eine wichtige Rolle spielen aber auch das Ausmaß des Verschuldens des Schädigers, ein eventuelles Mitverschulden des Geschädigten, die finanziellen Verhältnisse des Schädigers oder auch die Möglichkeit des Rückgriffs auf einen hinter dem Schädiger stehenden Haftpflichtversicherer.

Neben den eben genannten Kriterien werden von der Rechtsprechung in Deutschland bei der Bemessung der Höhe des Schmerzensgeldes aber auch andere, nicht unmittelbar der Tat immanente Aspekte berücksichtigt:

Die Entscheidung des OLG Karlsruhe/Freiburg vom 2.11.1972
Besonderes Gewicht wurde z.B. dem Regulierungsverhalten des Ersatzpflichtigen vom OLG Karlsruhe/Freiburg[1045] in einer Entscheidung von 1972 beigemessen. Das Gericht entschied, daß den Kraftfahrzeughaftpflichtversicherungen zusätzlich zur privaten eine öffentliche Aufgabe übertragen sei. Da es sich um eine Pflichtversicherung handele, sei Teil der Aufgaben der Haftpflichtversicherungen neben der umfassenden Schadensregulierung auch der rechtzeitige und unverzügliche Ausgleich der entstandenen Schäden und des Schmerzensgeldes. Hierzu gehöre unter anderem die Zahlung angemessener Vorschüsse und Abschlagsbeträge, sobald die Einstandspflicht bei „objektiver rechtlicher Betrachtung" geboten erscheine. Ein Verstoß gegen diese Schadensregulierungspflicht unter Verletzung von Treu und Glauben führe dazu, daß die Gerichte nach Gesetz und Verfassung dazu verpflichtet seien, diesem Mißbrauch wirtschaftlicher Macht dadurch entgegenzuwirken, daß sie dem Geschädigten als Genugtuung ein erhöhtes Schmerzensgeld zusprechen. Im zugrundeliegenden Fall hatte die

---

1044 Ebenso Ott/Schäfer, JZ 1990/536, 537.
1045 (Urt. v. 2.11.1972) NJW 1973/851 ff.

Haftpflichtversicherung trotz eines von ihrem Versicherungsnehmer unstreitig allein verschuldeten Verkehrsunfalles mit schwersten Verletzungen des Geschädigten[1046] und trotz dessen mehrfacher Bitten über ein Jahr keinerlei Abschlagszahlungen auf Schadensersatz oder Schmerzensgeld geleistet. Hier gelte es, den Mißbrauch wirtschaftlicher Macht einzudämmen.[1047] Das OLG Karlsruhe/Freiburg äußert in seiner Entscheidung wörtlich, daß es Aufgabe der Rechtsprechung sei, „künftigen Mißbräuchen vorzubeugen" und „die Versicherungen von den erwähnten Mißbräuchen abzuschrecken" [1048].

Die Entscheidung des OLG Nürnberg vom 11.6.1995

Das OLG Nürnberg hat in einer Entscheidung vom 11.6.1995[1049] bei der Bemessung des Schmerzensgeldes das Regulierungsverhalten der Kraftfahrzeughaftpflichtversicherung erhöhend berücksichtigt. Dort hatten die Beklagten im Berufungsverfahren ein „kleinliches Verhalten an den Tag gelegt, wie es der Senat noch nicht erlebt hat"[1050]. Zwar wurden Einwände aus der Vorinstanz nicht weiter aufrechterhalten, allerdings unter dem Anschein einer besonderen Großzügigkeit wiederholt und lediglich auf eine weitere Durchsetzung „verzichtet". Z.B. war von der Beklagten zu 2), dem Versicherungsunternehmen, weiterhin in Frage gestellt worden, ob die Kleidung des vom Erstbeklagten bei dessen Trunkenheitsfahrt ungebremst angefahrenen Klägers durch den Verkehrsunfall vollständig beschädigt und unbrauchbar geworden wäre. Dies, obwohl das in gleicher Fahrtrichtung wie der Unfallverursacher fahrradfahrende Opfer des Unfalles 35 m durch die Luft geschleudert worden war und erst dann auf der Strasse aufschlug.[1051] Konkret ging es um einen eingeklagten Betrag in Höhe von 300 DM. Für den Senat war auch nicht nachvollziehbar, warum die Beklagten die Fahrtkosten der Mutter für Krankenhausbesuche bei ihrem verletzten Sohn nicht anerkannten. Es sei zwar richtig, daß nicht ausgeschlossen werden könne, daß die Mutter unabhängig vom Schadensereignis über eine Monatskarte der lokalen Verkehrsbetriebe verfüge. Hierbei handele es sich aber zivilprozessual nicht um die Behauptung der Beklagten, daß die Mutter ohnehin eine Monatskarte gekauft hätte, sondern lediglich um eine vom Gericht nicht zu berücksichtigende mögliche Rechtsfolge für eine nicht behauptete Tatsache.[1052] Von Bedeutung war

---

1046 Der Geschädigte erlitt eine schwere Gehirnerschütterung und Fleischwunden im Gesicht. Ihm mußte ein Bein vollständig amputiert werden und er schwebte über einen längeren Zeitraum hinweg in Lebensgefahr. Vgl. die Darstellung des Sachverhalts bei OLG Karlsruhe/Freiburg (Urt. v. 2.11.1972) NJW 1973/851 f.; Rosengarten geht „lediglich" von einer Unterschenkelamputation aus, vgl. ders., S. 187.

1047 Ähnlich bereits OLG Celle (Urt. v. 27.1.1972) VersR 1972/468 f.

1048 NJW 1973/851, 853, dort unter Punkt II. 3. a) aa).

1049 11 U 267/95, soweit ersichtlich nicht veröffentlicht, mir liegt eine Ausfertigung des Urteils vor.

1050 S. 23 der Urteilsausfertigung.

1051 Für die Berechnung des Schadensersatzes unerheblich, für das weitere Verständnis des Sachverhaltes jedoch von Bedeutung ist, daß das Opfer ein Schädel-Hirn-Trauma mit Subarachnoidalblutung, unzählige Knochenbrüche und mehrere Platzwunden erlitt, lange Zeit maschinell beatmet werden mußte, drei Monate auf der Intensivstation lag und der Krankenhausaufenthalt sich mit kurzen Unterbrechungen insgesamt etwa eineinhalb Jahre hinzog. Die Folgeschäden sind nicht abzusehen, der Geschädigte leidet an einer Wesensveränderung und ist mit ca. 50 Jahren erwerbsunfähig.

1052 Ob der Senat insofern nicht selbst eine kleinliche Wertung der Einlassungen der Beklagten vornimmt, mag offen bleiben. Ausdrücklich stellt das Gericht in diesem Zusammenhang jedenfalls fest, daß die Berufung nicht angreife, daß es sich bei den Fahrtkosten nicht um eigene Ansprüche des Klägers handele (vgl. S. 26 f. der Urteilsausfertigung).

nach Ansicht des Senates auch, daß bis zur mündlichen Verhandlung in der Berufungsverhandlung von der Haftpflichtversicherung keinerlei weitere Zahlungen geleistet worden waren, obwohl das erstinstanzliche Urteil nur teilweise angefochten worden war, also zumindest ein Teilbetrag hätte gezahlt werden können und müssen.

Unverständlich an der Entscheidung des OLG Nürnberg ist, warum das Gericht zwar auf das Regulierungsverhalten der Beklagten abstellt, in den Entscheidungsgründen selbst aber nicht darauf eingeht, daß trotz des schweren Verschuldens des Unfallverursachers die Haftpflichtversicherung die Regulierung des Schadens schon außergerichtlich immer wieder verzögert hatte und auch einen Vorschuß in Höhe von 55.000 DM auf das zu zahlende Schmerzensgeld erst nach Erhebung einer Vorschußklage gezahlt hatte.[1053] Das Gericht sprach dem Kläger dennoch ein höheres Schmerzensgeld zu, als dieser selbst im Rahmen der Klagebegründung seines unbezifferten Antrages in den Raum gestellt hatte. Anstatt der vom Kläger angedeuteten 120.000 DM erhielt er 130.000 DM zugesprochen. Das Urteil des OLG Nürnberg enthält - anders als das Urteil des OLG Karlsruhe/Freiburg (s.o.) - keinerlei grundsätzliche Erwägungen zur Frage der Erhöhung von Schadensersatz und Schmerzensgeld aus Präventionsgründen. Vielmehr geht es hier um die Genugtuungsfunktion im konkreten Einzelfall. Dennoch verpflichtet auch dieses Urteil zu zügiger Schadensregulierung und hat zumindest mittelbar präventive Auswirkungen auf das Regulierungsverhalten der Haftpflichtversicherer.

Weitere Entscheidungen bei denen die Gerichte dem Regulierungsverhalten der Beklagten unter dem Stichwort „verzögerte Schadensregulierung" Rechnung getragen haben, finden sich in den verschiedenen Schmerzensgeldtabellen.[1054]

Ott/Schäfer[1055] schlagen vor, die Höhe des Schmerzensgeldes anhand des Betrages zu bemessen, den ein potentiell Geschädigter einer Risikogruppe selbst erbringen würde, um das Risiko der entsprechenden Beeinträchtigung durch eine Verletzung auf ein von ihm akzeptiertes Maß zu reduzieren.[1056] Sie zeigen anhand von Beispielen, daß sich dieser „Recourcenaufwand" relativ genau schätzen lasse. Entscheidend sei es, die Gesamtkosten des Schadensfalles zu erfassen. Hierbei müsse auch ein eventuell zu zahlendes Schmerzensgeld berücksichtigt werden, da ansonsten der für die Reduzierung des Haftungsrisikos anzusetzende Gesamtbetrag zu gering ausfallen würde. Das Ziel einer Schmerzensgeldzahlung sei es, Anreize zur Schadensvermeidung zu setzen. Schadensersatz und Schmerzensgeld dienen der Steuerung des Schadensvermeidungsaufwandes.[1057]

Ott/Schäfer diskutieren eine Verhaltenssteuerung des zivilen Haftungsrechts anhand eines sozial-ökonomisch zu berechnenden Schadensvermeidungsaufwandes. Der Ansatz mag zu stark von ökonomischen Überlegungen geprägt sein, um sich in der Praxis durchzusetzen. Er

1053 Vgl. hierzu S. 8 der Urteilsausfertigung (Tatbestand).
1054 Vgl. z.B. Hacks/Ring/Böhms, ADAC Schmerzensgeldtabelle.
1055 JZ 1990/563 ff.
1056 JZ 1990/563, 568.
1057 JZ 1990/563, 573.

zeigt jedoch, daß Präventionsüberlegungen auch im deutschen zivilen Haftungsrecht vermehrt an Bedeutung gewinnen.[1058]

Rechtsvergleichend ist festzustellen, daß auch bei der Zuerkennung von dilatorischem Schadensersatz und Schmerzensgeld Parallelen zu Fällen in den USA zu erkennen sind. Ebenso wie in Deutschland sprechen die dortigen Gerichte wegen des verzögerten oder unredlichen Deckungsgebarens der Versicherer erhöhte Schadensersatz- und Schmerzensgeldsummen zu.[1059] Konkret handelt es sich dort um punitive damages.

(6) Zivilrechtliche Sanktion und Prävention im Bereich des Persönlichkeitsschutzes

Auch im Bereich des Persönlichkeitsschutzes im deutschen zivilen Haftungsrecht ist der Gedanke der Prävention nicht nur bekannt, sondern er findet auch Berücksichtigung bei der Bemessung der Höhe des Schmerzensgeldes.[1060]

Die „Herrenreiter-Entscheidung" des BGH
Bereits 1958 gestand der BGH[1061] in seiner „Herrenreiter-Entscheidung" dem ohne dessen Einverständnis zu Werbezwecken für Potenzmittel Okasa mißbrauchten Kläger einen immateriellen Schadensersatzanspruch aufgrund des ihm zustehenden Persönlichkeitsschutzes zu. Begründet wurde dieser Ehrenschutz damals mit einer Analogie zum Schmerzensgeldanspruch gemäß § 847 BGB.

Die „Ginseng-Entscheidung" des BGH
Im Jahre 1961 äußerte der BGH[1062] in seiner „Ginseng-Entscheidung", daß der zivilrechtliche Persönlichkeitsschutz lückenhaft sei, wenn eine Verletzung keine den ideellen Beeinträchtigungen adäquate Sanktion auslöse.[1063] Im zugrundeliegenden Fall war von der Herstellerin eines Stärkungsmittels in Werbeprospekten der Eindruck erweckt worden, der Kläger habe sich positiv über die unter anderem sexuell stimulierende Wirkung des dem Stärkungsmittel beigemischten Ginseng-Präparates geäußert. Dies geschah ohne die Zustimmung des Klägers, eines Universitätsprofessors für Völker- und Kirchenrecht. Er bekam eine Entschädigung zugesprochen.

[1058] Zur ökonomischen Analyse des Rechts s. Burow, JuS 1993/8 ff.; Schäfer/Ott, S. 1 ff.; Scheibel, RIW 1995/197 ff.; s. insbesondere auch den Streit zwischen Fezer JZ 1986/817 ff. und Ott/Schäfer, JZ 1988/213 ff., wiederum Fezer, JZ 1988/223 ff. und schließlich Kirchgässner, JZ 1991/104 ff.

[1059] Ausführlich Rosengarten, S. 78 ff.

[1060] Zum Spannungsfeld zwischen Ehrenschutz und Meinungsfreiheit vgl. allgemein Kriele, NJW 1994/1897 ff. (sehr kritisch zum 1. Senat des BVerfG) und Soehring, NJW 1994/2926 ff. (sehr kritisch zu Kriele); s. auch Prinz, NJW 1995/817 ff.; ders., NJW 1996/953 ff.; Rosengarten, NJW 1996/1935 ff.; Steffen, NJW 1997/10 ff.

[1061] BGH (Urt. v. 14.2.1958) BGHZ 58/827 ff. = LM § 847 BGB Nr. 12L = NJW 58/827 ff.

[1062] (Urt. v. 19.9.1961) BGHZ 35/363 ff. = LM § 847 BGB Nr. 18 (mit Anm. Hauß) = NJW 1961/2059 ff.

[1063] BGH (Urt. v. 19.9.1961) BGHZ 35/363, 367 = NJW 1961/2059.

Der „Soraya-Beschluß" des BVerfG
Auch das BVerfG hat in seinem „Soraya-Beschluß"[1064] die Sanktions- und Präventionsfunktion des deutschen zivilen Haftungsrechts bestätigt. Allerdings erkläre sich der Anspruch nicht aus einer Analogie zu § 847 BGB[1065], sondern es handele sich um einen aus dem allgemeinen Schutzgedanken der Art. 1 und 2 GG resultierenden eigenen Anspruch auf Schutz und Integrität der Persönlichkeit. Das BVerfG stellt fest, daß unlauterem Gewinnstreben nur dadurch begegnet werden könne, daß man es mit dem Risiko eines spürbaren materiellen Verlustes belaste. Konkret ging es um den Abdruck eines fingierten Interviews der geschiedenen Ehefrau des Schahs von Persien, Prinzessin Soraya, in einer Illustrierten.[1066]

Die Entscheidung „Prinzessin Caroline von Monaco I" des BGH
Die Aussage des BVerfG aus der „Ginseng-Entscheidung" wiederholt der BGH in seinem Urteil in Sachen „Prinzessin Caroline von Monaco I"[1067].

Die Klägerin, Prinzessin Caroline von Monaco, wandte sich gegen die Veröffentlichung eines angeblich von ihr gegebenen Exklusivinterviews in der Illustrierten Bunte. Tatsächlich hatte sie ein Interview verweigert, der abgedruckte Text war frei erfunden. Als Entschädigung für die Persönlichkeitsverletzung hatten das LG Hamburg und das OLG Hamburg der Klägerin neben dem Anspruch auf Widerruf ein Schmerzensgeld in Höhe von 30.000 DM zuerkannt. Der BGH hielt diese Summe für zu niedrig. Bei einer Verletzung des allgemeinen Persönlichkeitsrechts seien die Bedeutung und die Tragweite des Verstoßes ebenso zu berücksichtigen, wie Anlaß und Beweggrund sowie der Grad des Verschuldens des Schädigers. Wenn - wie im vorliegenden Fall - der Verstoß (Abdruck unwahrer Behauptungen) zweimal vorsätzlich und einmal zumindest leichtfertig erfolge, so müsse dies seinen Niederschlag bei der Höhe der Geldentschädigung finden. Erfolge der Rechtsbruch vorsätzlich aus kommerziellen Eigeninteressen, so sei dem aus dem Persönlichkeitsrecht heraus gebotenem Schutzzweck nur genügt, wenn die zu zahlende Entschädigung der Höhe nach ein Gegenstück zu der Gewinnerzielung des Schädigers bilde. Eine über die Grundsätze der ungerechtfertigten Bereicherung (§§ 812 ff. BGB) denkbare Gewinnabschöpfung mochte der BGH allerdings ausdrücklich nicht vornehmen. Auch dürfe die Pressefreiheit aus Art. 5 GG nicht unzulässig eingeschränkt werden.[1068]

Die Sache wurde zur erneuten Festsetzung der Höhe der Entschädigung an das OLG Hamburg zurückverwiesen. Inzwischen wurde ein Entschädigung in Höhe von 180.000 DM zugesprochen. Ob eine höhere Summe möglich gewesen wäre, ist offen, das OLG Hamburg war insofern an die Vorgaben des Klägervertreters gebunden.

1064 (B. v. 14.2.1973) BVerfGE 34/269 ff. = NJW 1973/1221 ff.

1065 So noch BGH (Urt. v. 14.2.1958) BGHZ 26/349 ff. = NJW 1958/827 ff. („Herrenreiter-Entscheidung").

1066 Inzwischen wendet sich vornehmlich der erste Senat des BVerfG gegen die Stärkung des Persönlichkeitsschutzes. Er stellt die Pressefreiheit in den Vordergrund. Dies beleuchtet besonders kritisch Kriele, NJW 1994/1897 ff.

1067 (Urt. v. 15.11.1994) BGHZ 128/1 ff. = NJW 1995/861 ff. = VersR 1995/305 ff.; s. auch Prinz, NJW 1995/817 ff.; Steffen, NJW 1997/10 ff.

1068 Erneut einschränkend: Steffen in seinem „Plädoyer gegen formelhafte Berechnungsmethoden bei der Geldentschädigung", ders., NJW 1997/10 ff.

Der BGH beanstandet in seiner Entscheidung „Caroline von Monaco I" insbesondere, daß das Berufungsgericht der Meinung gewesen sei, der Gedanke der Prävention habe bei der Bemessung der Geldentschädigung außer Acht zu bleiben. Er führt aus, daß die Erzielung von Gewinnen aus der Rechtsverletzung als Bemessungsfaktor in die Entscheidung über die Höhe der Geldentschädigung einzubeziehen sei. Der BGH erkennt erstmals ausdrücklich höchstrichterlich an, daß dem Persönlichkeitsrecht ein Präventionsgedanke immanent sei, der vor Mißbrauch schützen müsse.[1069] Er gesteht dem deutschen zivilen Haftungsrecht neben der Ausgleichs- nunmehr auch eine Präventionsfunktion zu.

Die Entscheidung „Prinzessin Caroline von Monaco II" des BGH

Erneut wiederholt und auch manifestiert hat der BGH diese Aussagen in der Entscheidung „Caroline von Monaco II".[1070]

Dort ging es um das Recht auf Persönlichkeitsschutz und Widerruf beim Abdruck mißverständlicher Schlagzeilen in Zeitschriften. Die in den Illustrierten „Frau Aktuell" und „Neue Welt" abgedruckten Schlagzeilen „Caroline - Tapfer kämpft sie gegen Brustkrebs" und „Hilfe für Millionen Frauen - Caroline - Kampf gegen Brustkrebs" hatten nach Ansicht der Klägerin zumindest den Eindruck erweckt, sie leide selbst an Krebs. Tatsächlich war dies nicht der Fall, sondern sie hatte sich (lediglich) aktiv für die Krebsvorsorge eingesetzt. Der BGH wiederholt seine Thesen aus der Entscheidung „Caroline von Monaco I" und führt weiter aus, daß der Anspruch auf Persönlichkeitsschutz sich nicht auf eine Analogie zu § 847 BGB[1071] gründe, sondern auf dem allgemeinen Schutzauftrag der Art. 1 und 2 GG basiere.[1072] Erneut stellt der BGH fest, daß bei der rücksichtslosen Zwangskommerzialisierung der Interessen der Klägerin auch die Sanktionswirkung der zu zahlenden Entschädigung eine Rolle spiele. Im Vordergrund stehe zwar die Genugtuung des Opfers, aber auch der Gedanke der Prävention sei zu berücksichtigen. Die Höhe der Entschädigung sei nur fühlbar und geeignet, wenn sie ein Gegenstück zum erzielten Gewinn des Schädigers darstelle.

Die „Kalifornien-Entscheidung" des BGH vom 4.6.1992

Im Gegensatz zu den Ausführungen in den Entscheidungen „Caroline von Monaco I und II" steht die „Kalifornien-Entscheidung" des BGH:

Während der BGH in seinen Urteilen vom 15.11.1994[1073] grundlegend auf den Persönlichkeitsschutz und dessen Ausformungen abstellt und eine Entschädigung zuspricht, die sich an der rücksichtslosen Zwangskommerzialisierung der Interessen der Klägerin zumindest zu orientieren habe, erwähnt er diesen Aspekt in seinem (früheren) Urteil vom 4.6.1992[1074] ledig-

---

1069 Ebenso Prinz, NJW 1995/817, 820; Rosengarten, NJW 1996/1935 f.

1070 BGH (Urt. v. 5.12.1995) LM H 5/96 § 823 (AU) BGB Nr. 122 (mit Anm. Deutsch) = NJW 1996/984 ff.; s. auch Prinz, NJW 1996/953 ff.; Steffen, NJW 1997/10 ff.

1071 So noch BGH (Urt. v. 14.2.1958) BGHZ 26/349 ff. = LM § 847 BGB Nr. 12L = NJW 1958/827 ff. („Herrenreiter-Entscheidung").

1072 Ebenso bereits das BVerfG in dessen „Soraya-Beschluß" (s.o.).

1073 „Caroline von Monaco I"; BGHZ 128/1 ff. = NJW 1995/861 ff. = VersR 1995/305 ff.; s. auch Prinz, NJW 1995/817 ff.; Steffen, NJW 1997/10 ff.

1074 „Kalifornien-Entscheidung"; BGH (Urt. v. 4.6.1992) BGHZ 118/312, 338 = CR 1993/274, 276 = EuZW 1992/705, 708 = IPRax 1993/310, 317 = JZ 1993/261, 263 = LM 2/93 zu § 328 ZPO, Bl. 334 f. = NJW

lich in einem Nebensatz, zieht aber keine Konsequenzen aus dieser Überlegung für die Höhe des in Deutschland anzuerkennenden Schadensersatzes und Schmerzensgeldes.[1075] Dort geht das Gericht davon aus, daß die nach US-amerikanischem Verständnis im Interesse der Allgemeinheit gerechtfertigte Bestrafungs- und Abschreckungsfunktion der punitive damages nicht mit derjenigen Genugtuungsfunktion verglichen werden könne, die nach deutschen Grundsätzen im Bereich der Verletzung des allgemeinen Persönlichkeitsrechts zu berücksichtigen sei. In seiner „Kalifornien-Entscheidung" gesteht der BGH dem Schadensersatz- und Schmerzensgeldanspruch bei der Verletzung von Persönlichkeitsrechten im deutschen Zivilrecht lediglich eine Genugtuungsfunktion zu.[1076]

Die „Kalifornien-Entscheidung" des BGH steht nicht nur in Widerspruch zur dann folgenden Rechtsprechung in Sachen „Caroline von Monaco I und II". Der BGH durchbricht mit ihr auch die sich seit 1958 konsequent entwickelnde Tendenz seiner eigenen Rechtsprechung, auch dem deutschen Zivilrecht ein gewisses Maß an Verhaltenssteuerung zuzugestehen und anzuerkennen, daß der Durchsetzung von Schadensersatz- und Schmerzensgeldansprüchen zumindest ein gewisse Maß an Präventionswirkung zukommt. Dies mag am Sachverhalt selbst liegen. Denn in der „Kalifornien-Entscheidung" ging es um die Anerkennungsfähigkeit US-amerikanischer Urteile in Deutschland und der zugrundeliegende Sachverhalt war außergewöhnlich (sexueller Mißbrauch eines Minderjährigen).

Erklären läßt sich dieser Widerspruch zumindest teilweise damit, daß die Urteile in Sachen „Caroline von Monaco I und II" beim BGH vom sechsten Senat in Zivilsachen entschieden wurden, während für die „Kalifornien-Entscheidung" dessen neunter Senat in Zivilsachen zuständig war.

Es bleibt abzuwarten, ob der neunte Zivilsenat des BGH die Möglichkeit erhält, sich erneut zu Fragen der Präventionswirkung und der Verhaltenssteuerung im deutschen zivilen Haftungsrecht zu äußern und wenn ja, ob der diese Chance nutzen wird oder ob gegebenenfalls sogar der Große Senat für Zivilsachen angerufen werden muß.[1077]

1992/3096, 3103 = PHI 1992/174 = RIW 1993/132, 136 = VersR 1992/1281, 1288 f. = WM 1992/1451, 1461 = ZIP 1992/1256, 1266 = ZZP 106 (1993), S. 79, 96, jeweils unter Punkt A. V. 3. a) (nicht abgedruckt bei EWiR 1993/827 = MDR 1992/1181 ff.).

1075 Der neunte Zivilsenat des BGH zitiert in diesem Zusammenhang zwar verschiedene andere Entscheidungen des BGH, z.B. BGHZ 18/149 ff.; BGH (Urt. v. 14.2.1958) BGHZ 26/349 ff. = LM § 847 BGB Nr. 12L = NJW 1958/827 ff. („Herrenreiter-Entscheidung"); BGHZ 39/124 ff. = NJW 1958/827 ff. („Fernsehansagerin-Entscheidung"). Diese gehen jedoch nicht auf die Gedanken der Sanktion und Prävention ein, sondern äußern sich lediglich zur Frage der Genugtuungsfunktion.

1076 BGH (Urt. v. 4.6.1992) BGHZ 118/312, 338 = CR 1993/274, 276 = EuZW 1992/705, 708 = IPRax 1993/310, 317 = JZ 1993/261, 263 = LM 2/93 zu § 328 ZPO, Bl. 334 ff. = NJW 1992/3096, 3103 = PHI 1992/174 = RIW 1993/132, 136 = VersR 1992/1281, 1288 f. = WM 1992/1451, 1461 = ZIP 1992/1256, 1266 = ZZP 106 (1993), S. 79, 96, jeweils unter Punkt A. V. 3. a) (nicht abgedruckt bei EWiR 1993/827 = MDR 1992/1181 ff.). Allgemein zur Genugtuungsfunktion des Schmerzensgeldes s. Kern, AcP 191 (1991), S. 247 ff.

1077 Vgl. §§ 136, 137 GVG.

(7) Zusammenfassung

Zusammenfassend ist festzuhalten, daß das deutsche zivile Haftungsrecht nicht allein vom Kompensationsgedanken beherrscht wird.[1078] Vielmehr ist auch in Deutschland zusätzlich von einer Genugtuungs- und einer Präventionsfunktion des Schadensersatz- und Schmerzensgeldanspruches auszugehen. Nicht nur in den USA werden als Ziele der zivilrechtlichen Schadenswiedergutmachung neben Kompensation auch Genugtuung, Sanktion und Prävention anerkannt. Das deutsche Zivilrecht kennt eine Verhaltenssteuerung durch Abschreckung oder Schaffung von Anreizen ebenso. Auch in Deutschland finden diese Überlegungen Anklang und werden von den Gerichten berücksichtigt und in der Literatur diskutiert.

c) Die Anerkennungsfähigkeit von punitive damages-Urteilen in Deutschland

Es bleibt zu untersuchen, ob das Rechtsinstitut der punitive damages trotz der aufgezeigten Gemeinsamkeiten des US-amerikanischen und des deutschen Haftungsrechts den Grundwerten der deutschen Rechtsordnung, insbesondere den Grundrechten, so wesensfremd ist, daß die Anerkennung eines US-amerikanischen Urteils, das dem Kläger punitive damages zuerkennt, in Deutschland versagt werden muß.

(1) Die deutsche Rechtsprechung

Der BGH geht in seiner „Kalifornien-Entscheidung“[1079] davon aus, daß US-amerikanische Urteile, die dem dortigen Kläger punitive damages zusprechen, in Deutschland regelmäßig nicht für vollstreckbar erklärt werden können. Der BGH führt hierfür insbesondere folgende Überlegungen an:

Die moderne deutsche Zivilrechtsordnung sehe als Rechtsfolge einer unerlaubten Handlung nur den Schadensausgleich vor, nicht aber eine Bereicherung des Geschädigten.[1080] Sanktionen, die der Bestrafung und Abschreckung - also dem Schutz der Rechtsordnung im allgemeinen - dienen, fielen nach deutscher Auffassung grundsätzlich unter das Strafmonopol des Staates.[1081] Komme es zu einer Vermischung von privatrechtlichen und staatlichen An-

---

1078 So aber H. Lange, Schadensersatz, S. 9.

1079 BGH (Urt. v. 4.6.1992) BGHZ 118/312, 338 = CR 1993/274, 276 = EuZW 1992/705, 708 = IPRax 1993/310, 317 = JZ 1993/261, 263 = LM 2/93 zu § 328 ZPO, Bl. 334 ff. = NJW 1992/3096, 3103 = PHI 1992/174 = RIW 1993/132, 136 = VersR 1992/1281, 1288 ff. = WM 1992/1451, 1461 = ZIP 1992/1256, 1266 = ZZP 106 (1993), S. 79, 96, jeweils unter Punkt A. V. 3. und im folgenden unter Punkt 3. e) (nicht abgedruckt bei EWiR 1993/827 = MDR 1992/1181 ff.).

1080 BGH (Urt. v. 4.6.1992) BGHZ 118/312, 338 = CR 1993/274, 276 = EuZW 1992/705, 708 = IPRax 1993/310, 317 = JZ 1993/261, 263 = LM 2/93 zu § 328 ZPO, Bl. 334 f. = NJW 1992/3096, 3103 = PHI 1992/174 = RIW 1993/132, 136 = VersR 1992/1281, 1288 f. = WM 1992/1451, 1461 = ZIP 1992/1256, 1266 = ZZP 106 (1993), S. 79, 96, jeweils unter Punkt A. V. 3. a) (nicht abgedruckt bei EWiR 1993/827 = MDR 1992/1181 ff.).

1081 BGH (Urt. v. 4.6.1992) BGHZ 118/312, 344 = CR 1993/274, 278 = EuZW 1992/705, 710 = IPRax 1993/310, 319 = JZ 1993/261, 265 = LM 2/93 zu § 328 ZPO, Bl. 336 f. = NJW 1992/3096, 3104 = RIW 1993/132, 138 = VersR 1992/1281, 1290 = WM 1992/1451, 1463 = ZIP 1992/1256, 1268 = ZZP 106 (1993), S. 79, 99, jeweils unter Punkt A. V. 3. e) aa) (nicht abgedruckt bei EWiR 1993/827 = MDR

sprüchen, so sei ein Verstoß gegen den auch in der Zivilrechtsordnung Geltung beanspruchenden Verhältnismäßigkeitsgrundsatz nicht auszuschließen. Auch könne die nach US-amerikanischem Verständnis im Interesse der Allgemeinheit gerechtfertigte Bestrafungs- und Abschreckungsfunktion der punitive damages nicht mit der Genugtuungsfunktion verglichen werden, die nach inländischen Grundsätzen im Bereich der Zumessung von Schmerzensgeld nach § 847 BGB und bei der Verletzung des allgemeinen Persönlichkeitsrechts zu berücksichtigen sei.[1082] Da bereits aus diesen Gründen eine Anerkennung des US-amerikanischen Urteils ausgeschlossen sei, komme es auf einen eventuellen Verstoß gegen das Verbot der Mehrfachbestrafung (Art. 103 III GG) nicht mehr an.

Anders könne es sich nach Ansicht des BGH möglicherweise verhalten, wenn mit der Verhängung von punitive damages restliche, nicht besonders abgegoltene oder schlecht nachweisbare wirtschaftliche Nachteile pauschal ausgeglichen würden oder vom Schädiger durch die unerlaubte Handlung erzielte Gewinne abgeschöpft werden sollen.[1083] In diesem Zusammenhang komme eine Abwälzung der Prozeßkosten oder anderer nicht selbständig ersatzfähiger Verzugsschäden auf den Beklagten in Betracht.[1084]

Der BGH wählt dieses Schlupfloch, um die Anerkennung der in den USA angefallenen Prozeßkosten, insbesondere des dortigen Anwaltshonorars in Höhe von 40 % der dort zuerkannten Schadensersatz- und Schmerzensgeldbeträge, aussprechen zu können.

Auf den insofern vom BGH verkannten Wertungswiderspruch zu den deutschen Regelungen der Kostentragung im Zivilprozeß wurde bereits eingegangen.[1085] Die in der US-amerikanischen Rechtsprechungspraxis ausgestaltete Umgehung der American Rule of Costs stellt einen Verstoß gegen den Grundsatz der Waffengleichheit vor Gericht dar. Es liegt eine Ungleichbehandlung der Prozeßparteien vor, die den Grundsätzen der deutschen prozessualen Gerechtigkeit widerspricht und so nicht anerkannt werden kann.

Ebenso wie der BGH in seiner „Kalifornien-Entscheidung“ ist auch die Vorinstanz, das OLG Düsseldorf[1086], der Ansicht, daß US-amerikanische Urteile, die punitive damages zuerkennen,

---

1992/1181 ff. = PHI 1992/174). Darüber hinaus bedeute die Verurteilung zu einem pauschalen „Strafschadensersatz“ einen Verstoß gegen das Verhältnismäßigkeitsprinzip - ausführlich hierzu sogleich.

1082 BGH (Urt. v. 4.6.1992) BGHZ 118/312, 338 = CR 1993/274, 276 = EuZW 1992/705, 708 = IPRax 1993/310, 317 = JZ 1993/261, 263 = LM 2/93 zu § 328 ZPO, Bl. 334 f. = NJW 1992/3096, 3103 = PHI 1992/174 = RIW 1993/132, 136 = VersR 1992/1281, 1288 f. = WM 1992/1451, 1461 = ZIP 1992/1256, 1266 = ZZP 106 (1993), S. 79, 96, jeweils unter Punkt A. V. 3. a) (nicht abgedruckt bei EWiR 1993/827 = MDR 1992/1181 ff.). S. hierzu bereits Ziffer 2 a) (3) (S. 257).

1083 BGH (Urt. v. 4.6.1992) BGHZ 118/312, 340 = CR 1993/274, 277 = EuZW 1992/705, 709 = IPRax 1993/310, 318 = JZ 1993/261, 264 = LM 2/93 zu § 328 ZPO, Bl. 334 f. = NJW 1992/3096, 3103 = RIW 1993/132, 137 = VersR 1992/1281 ff. = WM 1992/1451, 1462 = ZIP 1992/1256, 1267 = ZZP 106 (1993), S. 79, 97, jeweils unter Punkt A. V. 3. b) (nicht abgedruckt bei EWiR 1993/827 = MDR 1992/1181 ff. = PHI 1992/174 ff.). Der BGH nimmt hier Bezug auf eine Entscheidung des Zivilgerichts Basel vom 1.2.1989, Basler JurMitt 1991/31, 36 f. (bestätigt durch das Appellationsgericht mit Entscheid vom 1.12.1989; das Bundesgericht ist auf die Berufung am 12.7.1990 nicht eingetreten), allerdings zu punitive damages des englischen Rechts.

1084 Vgl. hierzu auch Assmann, BB 1985/15, 23; Martiny, Handbuch des IZVR, Band III/1, Rn. 507.

1085 Ausführlich hierzu Teil 3, Ziffer I. 9. e) (1) (S. 216 ff.).

1086 (Urt. v. 28.5.1991) RIW 1991/594 ff. = VersR 1991/1161 ff.

in Deutschland nur sehr eingeschränkt anerkennungsfähig seien. Insbesondere die exzessive Höhe der auch in den USA in der Kritik stehenden zuerkannten Beträge für punitive damages könne nicht hingenommen werden. Umfassender als der BGH stützt das OLG Düsseldorf seine Entscheidung zusätzlich auf das Verbot der Mehrfachbestrafung (Art. 103 III GG) und rügt, daß für eine ausufernde (weitere) Straf- und Abschreckungsfunktion kein Raum sei, zumal der Beklagte wegen seiner Taten zur Zeit der zivilgerichtlichen Verurteilung in den USA bereits strafrechtlich zur Verantwortung gezogen worden war.[1087]

Auch das LG Berlin[1088] hat die Anerkennungsfähigkeit US-amerikanischer punitive damages-Klagen in Deutschland versagt. Hauptkritikpunkt war in diesem Fall allerdings, daß das US-amerikanische Urteil keine Urteilsgründe enthalten habe und sämtliche Unklarheiten zu Lasten der Klägerin gehen müßten.[1089]

Andere deutsche Gerichte haben sich zwar ebenfalls zum deutsch-amerikanischen Rechtsverkehr und den punitive damages im weitesten Sinn geäußert. Dort ging es allerdings nicht um die Anerkennungsfähigkeit US-amerikanischer punitive damages-Urteile in Deutschland, sondern um die Frage der Zustellung US-amerikanischer punitive damages-Klagen in Deutschland nach dem HZÜ.[1090]

Hierzu haben insbesondere das OLG München[1091], das OLG Frankfurt a.M.[1092] und das OLG Düsseldorf[1093] Stellung genommen. Auch das BVerfG hat sich, zunächst im Rahmen des einstweiligen Verfügungsverfahrens[1094] und einige Zeit später in der Hauptsacheentscheidung[1095], mit der Zustellung US-amerikanischer punitive damages-Klagen auseinandergesetzt.

Von diesen Entscheidungen können jedoch keine Rückschlüsse auf die Anerkennungsfähigkeit US-amerikanischer punitive damages-Urteile in Deutschland gezogen werden. Zwischen der Zustellung einer Klage und der Anerkennungsfähigkeit eines Urteils besteht ein so gravierender Unterschied, daß sich eine Bezugnahme verbietet.[1096]

1087 OLG Düsseldorf (Urt. v. 28.5.1991) RIW 1991/594, 596 = VersR 1991/1161, 1162.

1088 (Urt. v. 13.6.1989) DB 1989/2110 ff. = RIW 1989/988 ff.; s. hierzu auch Böhmer, NJW 1990/3049, 3051 (dort Fn. 23); Gottwald, ZZP 103 (1990), S. 257, 283 (kritisch); Heidenberger, RIW 1990/804 ff.; Zekoll, RIW 1990/302 ff.

1089 Vgl. hierzu bereits Teil 3, Ziffer I. 7. (S. 199 f.).

1090 Vgl. hierzu bereits Teil 3, Ziffer I. 2. b) (S. 156 ff.).

1091 OLG München (B. v. 15.7.1992) IPRax 1993/309 ff. (mit Anm. Koch/Zekoll, IPRax 1993/288 ff.) = EWiR 1992/1209 f. (mit Anm. Otte) = NJW 1992/3113 ff. = RIW 1992/70 ff. = WM 1992/1465 ff. = ZIP 1992/1271 f.; s. auch OLG München (B. v. 9.5.1989) IPRax 1990/175 (mit Anm. Stürner/Stadler, IPRax 1990/157 ff.) = NJW 1989/3102 ff. (mit Anm. Greger) = RIW 1989/483 ff.

1092 OLG Frankfurt a.M. (B. v. 21.3.1991) RIW 1991/417 ff.

1093 OLG Düsseldorf (B. v. 19.2.1992) EuZW 1992/776 ff. = NJW 1992/3110 ff. = RIW 1992/846 ff.

1094 BVerfG (B. v. 3.8.1994) JZ 1995/716 ff. (mit Anm. Stadler) = NJW 1994/3281 ff. (mit kritischer Anm. Juenger/Reimann, NJW 1994/3274 ff.) = RIW 1994/1353 ff. = ZIP 1994/1353 ff. (mit kritischer Anm. Koch/Diedrich, ZIP 1994/1830 ff.); s. auch Bungert EWiR 1994/1111. Ausführlich hierzu Teil 3 Ziffer I. 2. b) (2) (S. 160 ff.).

1095 BVerfG (B. v. 7.12.1995) NJW 1995/649 ff. = ZIP 1995/70 ff. Ausführlich hierzu Teil 3 Ziffer I. 2. b) (2) (S. 162 ff.).

1096 Zur Frage der Anerkennungsfähigkeit der Zustellung US-amerikanischer Schriftstücke nach dortigem Recht vgl. bereits Teil 3, Ziffer I. 2. (S. 155 ff.). S. auch Koch/Zekoll, IPRax 1992/288 ff., deren Bespre-

(2) Die Meinungen in der deutschen Literatur

In der deutschen Literatur wird die Frage der Anerkennungsfähigkeit von US-amerikanischen Urteilen, die dem Kläger punitive damages zusprechen, unterschiedlich beantwortet.

Teilweise wird die Anerkennungsfähigkeit von punitive damages als ordre public-widrig abgelehnt.[1097] Grund hierfür seien insbesondere der pönale Charakter der punitive damages und die präventiven Elemente des Rechtsinstitutes, für die es keine Parallele im deutschen Zivilrecht gebe. Auch seien durch die punitive damages das Bestimmtheitsgebot des Art. 103 II GG und das Verbot der Mehrfachbestrafung gemäß Art. 103 III GG verletzt.

Andere Autoren vertreten eine nach verschiedenen Aspekten geordnete differenzierende Ansicht und akzeptieren zumindest eine Teilanerkennung US-amerikanischer punitive damages-Urteile. Sie beschränken die Anerkennungsfähigkeit von punitive damages entweder auf den Teil, der der Kompensation diene, oder sie orientieren die Entscheidung daran, ob das ausgleichende Element des zugesprochenen Schadensersatzes im Vordergrund der Ausgangsentscheidung stehe.[1098]

Der differenzierteste Vorschlag einer Teilanerkennung US-amerikanischer punitive damages-Urteile in Deutschland stammt von Stiefel/Stürner[1099]. Sie entwickeln berechenbare Toleranzgrenzen für die ordre public-Kontrolle US-amerikanischer punitive damages-Urteile im Produkthaftungsrecht und kommen zu dem Ergebnis, daß nur solche Urteile anerkennungsfähig seien, die etwa das doppelte des materiellen und immateriellen Schadensersatzes dessen zusprechen, was im gleichen Fall nach deutschem Recht zu erwarten sei.[1100]

---

chung der Urteile des BGH (Urt. v. 4.6.1992) und des OLG München (B. v. 15.7.1992) den bezeichnenden Untertitel trägt: „Der Unterschied zwischen Zustellung einer Klage und Anerkennung eines Urteils".

1097 Vgl. Drolshammer/Schärer, SJZ 1986/309, 315 (für das schweizer Recht); wohl auch Ebenroth, JZ 1988/18, 27; Greger, NJW 1989/3103, 3104; Hoechst, VersR 1983/13, 17; Hoeren, WIB 1995/306 f.; von Hülsen, RIW 1982/1, 9; Kauffmann-Kohler, WUR 35 (1983), S. 211, 243 f. (für das schweizer Recht); wohl auch Martiny, 35 Am. J. Comp. L. 721, 746, 747 f. (1987); Schütze, in: FS Nagel, S. 393, 397; ders., Deutsch-amerikanische Urteilsanerkennung, S. 171; Stein, EuZW 1994/18, 22; Thümmel, RIW 1988/613, 614; Zekoll, S. 152 ff.; ders., 37 Am. J. Comp. L. 301, 323 ff. (1989); s. auch Wölki, RIW 1985/530, 535.

1098 Vgl. Böhmer, NJW 1990/3049, 3050; Bungert, ZIP 1992/1707, 1718 ff.; ders., ZIP 1993/815, 823; Burst, S. 199 ff.; Coester-Waltjen, in: Herausforderungen, S. 15, 28 ff.; Greger, NJW 1989/3103 f.; Hay/Rasmussen-Bonne, DAJV-Newsletter 3/92, S. 33, 36; von Hippel, RIW/AWD 1971/61, 64 f.; Koch, NJW 1992/3073, 3075; Koch/Zekoll, IPRax 1993/288, 292 (mit der Tendenz, eine umfassende Anerkennung zu akzeptieren); R. Mann, NJW 1994/1187, 1188; Martiny, Handbuch des IZVR, Band III/1, Rn. 507; Rosengarten, S. 198 ff., 207 f.; ders., NJW 1996/1935, 1938; Schack, IZVR, Rn. 869 (restriktiv); Siehr, RIW 1990/705, 707; Stiefel/Bungert, ZIP 1994/1905, 1917 (zur Anerkennungsfähigkeit von treble damages bei US-amerikanischen RICO-Urteilen); Stiefel/Stürner, VersR 1987/829, 838 (ausführlich hierzu bereits Teil 1, Ziffer II. 4. b) (4), S. 46, 53 ff.); Stürner/Stadler, IPRax 1990/157, 158 f.; von Westphalen, RIW/AWD 1981/141 ff.; ders., PHI 1988/18, 21 f.; Zekoll, S. 136 ff.

1099 VersR 1987/829, 837 ff.; s. auch Stiefel/Stürner/Stadler, 39 Am. J. Comp. L. 779, 786 ff. (1991); Stürner/Stadler, IPRax 1990/157, 159.

1100 Ausführlich hierzu und auch zur Kritik an diesem Ansatz s. bereits Teil 1, Ziffer II. 4. b) (4) (S. 49 ff.).

Die gegenüber den USA toleranteste Meinung vertritt Rosengarten.[1101] Seiner Ansicht nach sind punitive damages grundsätzlich anerkennungsfähig. Nur in eng definierten Ausnahmefällen komme ein Verstoß gegen den ordre public in Betracht, z.B. bei der mehrfachen Verurteilung zu punitive damages in den USA ohne Berücksichtigung der entsprechenden Vorverurteilung in der gleichen Sache. Diese Voraussetzung sei dann aber vom Beklagten nachzuweisen.

(3) Eigener Ansatz

US-amerikanische punitive damages-Urteile sind in Deutschland grundsätzlich anerkennungsfähig. Die Gründe hierfür sind vielschichtig. Sie können unter den im folgenden genannten Überschriften zusammengefaßt werden:

Soziologische Überlegungen

Bei der Frage der Anerkennungsfähigkeit US-amerikanischer punitive damages-Urteile ist aus soziologischer Sicht zu berücksichtigen, daß das US-amerikanische und das deutsche Rechtssystem von unterschiedlichen Ansätzen ausgehen, letztlich aber die gleiche Intention haben.

Zwar kennt das deutsche Recht kein den punitive damages unmittelbar vergleichbares Rechtsinstitut. Aber die in den USA den punitive damages zugewiesenen Aufgaben und Zwecke werden in Deutschland zumindest zum großen Teil gleichermaßen durch normative Regelungen verfolgt (s.o.).

Das US-amerikanische Rechtssystem ist von einem stärker marktorientierten Ansatz geprägt als das deutsche System. Weiterhin wird in den USA deutlich mehr Wert auf zivilrechtliche Prävention gelegt. Während in den USA die Selbstregulierung des Marktes im Vordergrund steht,[1102] geht in Deutschland reglementierendes Verhalten vornehmlich vom Staat aus. Zu den wichtigsten Regulativen bei der Beschränkung des Marktverhaltens in den USA zählen - anders als in Deutschland - nicht aufoktroyierte Normen, sondern private Klagen von Verbrauchern. Diese Klagen oder bereits das Risiko, bei einem eventuellen Fehlverhalten mit einer solchen Klage konfrontiert zu werden, zwingen Produzenten oder Anbieter von Produkten zu marktgerechtem Verhalten, insbesondere zur Schadensverhütung. In den USA nimmt der private Kläger somit Aufgaben wahr, die nach dem in Deutschland vorherrschenden Verständnis dem Staat zufallen. In den USA findet eine Regulierung des Marktes stärker durch die Judikative statt, in Deutschland erfolgt sie vornehmlich durch Legislative und Exekutive.

1101 S. 207 f.; ders., NJW 1996/1935, 1938.

1102 Einer der Gründe hierfür ist sicherlich in der historischen Entwicklung, insbesondere dem Kampf nach Freiheit gegenüber einem aufgezwungenen britischen System zu suchen. Allerdings würde es den Rahmen der Arbeit sprengen, hier ausführlichere historische Analysen des US-amerikanisch Rechtssystems anzustellen.

Diese gesellschaftspolitischen Unterschiede dürfen jedoch nicht die Sicht dafür versperren, daß es sowohl in den USA als auch in Deutschland um ein und die selbe Sache geht: um Verhaltenssteuerung im wirtschaftlichen und gesellschaftlichen Zusammenleben. Das Ziel beider Ansätze ist das gleiche.[1103]

Der Ansatz des US-amerikanischen Rechtssystems, Verhaltenssteuerung durch Selbstregulierung vornehmen zu lassen, bedeutet noch keine so gravierende Abweichung von wesentlichen Grundsätzen der deutschen Rechtsordnung, daß hierin ein Verstoß gegen den anerkennungsrechtlichen ordre public gesehen werden könnte.[1104]

Zur Frage des Verstoßes gegen das Strafmonopol des Staates

Die Anerkennungsfähigkeit von US-amerikanischen punitive damages-Klagen scheitert auch nicht an einem vermeintlichen Verstoß gegen das in Deutschland vorherrschende Strafmonpol des Staates.[1105]

Es ist zwar richtig, daß in Deutschland Sanktionen, die der Bestrafung und Abschreckung und somit dem Schutz der Rechtsordnung im Allgemeinen dienen, grundsätzlich unter das Strafmonopol des Staates fallen. Hiervon gibt es jedoch Ausnahmen. In verschiedenen Bereichen werden auch in Deutschland Aufgaben der Repression und Prävention entweder von Einzelnen wahrgenommen oder sie kommen Einzelnen zugute. So ist z.B. die Vereinbarung von Vertragsstrafen zwischen den Parteien möglich oder der Persönlichkeitsschutz erlaubt im Rahmen zivilrechtlicher Rechtsverfolgung präventiven Schutz.[1106] Auch das deutsche zivile Haftungsrecht betreibt Verhaltenssteuerung die darauf basiert, daß der potentielle Schädiger mögliche Schadensersatz- oder Schmerzensgeldzahlungen an Private leisten muß, ohne daß der Staat hiervon profitiert. Dem vom Staat wahrzunehmenden Strafanspruch ist insofern nicht genüge getan. Selbst wenn das deutsche Schadensersatzrecht vom Gedanken der Kompensation geleitet wird und nur in gesetzlich vorgesehenen Ausnahmefällen immateriellen Schadensersatz zuläßt (vgl. § 253 BGB), so dient es dennoch auch der Abschreckung und

---

1103 Rosengarten stellt richtig fest, daß wir es zu tolerieren haben, wenn eine fremde Rechtsordnung zum Zweck der Prävention stärker auf das Zivilrecht vertraut als wir dies tun; vgl. ders., S. 199.

1104 Es wurde bereits aufgezeigt, daß auch im deutschen Recht in nicht unerheblichem Maß Verhaltenssteuerung betrieben wird; vgl. Teil 3, Ziffer II. 2. b) (S. 250 ff.).

1105 A.A. BGH (Urt. v. 4.6.1992) BGHZ 118/312, 344 = CR 1993/274, 278 = EuZW 1992/705, 710 = IPRax 1993/310, 319 = JZ 1993/261, 265 = LM 2/93 zu § 328 ZPO, Bl. 336 ff. = NJW 1992/3096, 3104 = RIW 1993/132, 138 = VersR 1992/1281, 1290 = WM 1992/1451, 1463 = ZIP 1992/1256, 1268 = ZZP 106 (1993), S. 79, 99, jeweils unter Punkt A. V. 3. e) aa) (nicht abgedruckt bei EWiR 1993/827 = MDR 1992/1181 ff. = PHI 1992/174). Nach Ansicht des BGH scheitere die Anerkennungsfähigkeit US-amerikanischer punitive damages-Urteile in Deutschland „grundsätzlich“ an einem Verstoß gegen das Strafmonopol des Staates.

1106 So nun ausdrücklich der BGH (Urt. v. 15.11.1994) BGHZ 128/1 ff. = NJW 1995/861 ff. = VersR 1995/305 ff. (Prinzessin C. von Monaco I); s. auch BGH (Urt. v. 5.12.1995) LM H 5/96 § 823 (AU) BGB Nr. 122 (mit Anm. Deutsch) = NJW 1996/984 f. (Prinzessin C. von Monaco II). S. hierzu auch Prinz, NJW 1995/817, 820; Rosengarten, NJW 1996/1935 f.; Steffen, NJW 1997/10 ff.

zumindest mittelbar der Bestrafung.[1107]

Im Gegenzug ist das US-amerikanische Rechtsinstitut der punitive damages nicht einzig vom Gedanken der Bestrafung des Einzelnen beherrscht. Die in den USA verfolgte Straffunktion der punitive damages hat auch generalpräventiven Charakter und dient der Verhaltenssteuerung, konkret der Abschreckung.

Das Strafmonopol des Staates kennt in Deutschland in verschiedenen Bereichen Ausnahmen, Durchbrechungen des Grundsatzes sind möglich. Zwar ist das Strafmonopol des Staates als wesentlicher Grundsatz der deutschen Rechtsordnung anzusehen, aber an ihm kann nicht so starr festgehalten werden, daß daran die Anerkennung US-amerikanischer punitive damages-Urteile scheitert.

Zur Frage des Verstoßes gegen im deutschen Recht geltende Verfahrensgarantien

Auch die Besonderheiten des deutschen Strafverfahrens und die dort gewährten Verfahrensgarantien für den Beschuldigten hindern die Anerkennung US-amerikanischer punitive damages-Urteile in Deutschland nicht. Durch eine solche Verurteilung sind weder der Grundsatz der Amtsermittlung, noch die erhöhten Beweisanforderungen, noch die verfassungsrechtlich geschützten Rechte des Beschuldigten so gravierend verletzt, daß ein inakzeptabler Verstoß gegen die wesentlichen Grundsätze des deutschen Rechts vorläge.

Bei der Anerkennung US-amerikanischer punitive damages-Urteile ist zu berücksichtigen, daß in den USA insgesamt eine zum deutschen Verfahrensrecht unterschiedliche Aufgabenverteilung vorgenommen wird. Im US-amerikanischen Zivilverfahren ist es ebenso wie im dortigen Strafverfahren nicht Aufgabe des Richters, den Sachverhalt von Amts wegen zu ermitteln. Dies geschieht durch die Staatsanwaltschaft. Der Richter greift allenfalls lenkend in das Verfahren ein. Dies geschieht aber zurückhaltend. Sowohl das US-amerikanische Zivil- als auch das dortige Strafverfahren sind weit stärker von der Parteimaxime beherrscht, als dies in Deutschland der Fall ist. Dies ist hinzunehmen, eine Anerkennung US-amerikanischer punitive damages-Urteile kann daran nicht scheitern.

Auch die zum deutschen Strafverfahren unterschiedlichen Anforderungen an den zu erbringenden Beweis hindern die Anerkennung US-amerikanischer punitive damages-Urteile in Deutschland regelmäßig nicht.

In den meisten Bundesstaaten der USA ist der für eine zivilgerichtliche Verurteilung zu punitive damages zu erbringende Beweis höher anzusetzen, als das im dortigen Zivilverfahren allgemein übliche Maß. Das Beweisrecht der meisten US-amerikanischen Bundesstaaten läßt inzwischen für eine Verurteilung zu punitive damages preponderance of the evidence[1108] nicht

1107 Zum deutschen zivilen Haftungsrecht vgl. Teil 3, Ziffer II. 2. b) (S. 250 ff.). Hoechst irrt, wenn er meint, daß in Deutschland einzig der Staat das Recht habe, generalpräventive Maßnahmen durchzusetzen und Verhaltenssteuerung nur im Wege des Ordnungsrechts erfolgen dürfe; vgl. ders., VersR 1982/13, 17.

1108 Sinngemäß „mit überwiegender Wahrscheinlichkeit bewiesen“. Preponderance of the evidence genügt zur Beweisführung im US-amerikanischen Zivilverfahren noch in Arkansas, Idaho, Louisiana, Michigan,

mehr genügen, sondern fordert clear and convincing evidence[1109], vereinzelt sogar beyond a resonable doubt[1110]. Eine Differenzierung der Beweisstandards findet bereits innerhalb des US-amerikanischen Zivilverfahrensrecht statt. Diese Differenzierung wirkt sich auf die Anerkennungsfähigkeit von punitive damages in Deutschland aus. Aufgrund des höheren Standards scheitert die Anerkennung der entsprechenden Urteile regelmäßig nicht an den nach deutschem Verständnis zu erbringenden Beweisanforderungen. Die im US-amerikanischen Zivilverfahren vorgenommene Differenzierung der Anforderungen an den zu erbringenden Beweis genügt dem in Deutschland vorherrschenden Prinzip, daß sich die Entscheidung des Gerichts an dessen Überzeugung[1111] zu orientieren hat. Grundsätzlich gilt dies auch für die Fälle, in denen zur Beweisführung in den USA bereits preponderance of the evidence genügt.[1112] Selbst wenn der insofern zu erbringende Beweis möglicherweise nicht den Anforderungen entsprechen sollte, die ein deutscher Zivilrichter an den Nachweis der behaupteten Tatsachen stellt,[1113] so ist dies im Rahmen der zivilrechtlichen Verurteilung hinzunehmen.

Bedenken, daß diese Beweisanforderungen nicht dem in Deutschland üblichen Standard für die Verurteilung in Strafsachen genügt, greifen nicht. Punitive damages sind nach deutschem Recht als Zivilsache zu qualifizieren.[1114] Wenn wir akzeptieren, daß eine fremde Rechtsordnung Aufgaben, die wir vornehmlich dem Strafrecht zuordnen, mit zivilrechtlichen Mitteln löst, so müssen wir auch hinnehmen daß diese fremde Rechtsordnung unterschiedli-

Missouri, New Mexico, North Carolina, Pennsylvania, West Virginia und Wyoming. Vgl. die Übersicht im Anhang bei Brand, 18 NILR 143, 176 ff.

1109 Sinngemäß „klar und überzeugend bewiesen". So in Alabama, Alaska, Arizona, California, Conneticut, Florida, Georgia, Hawaii, Illinois, Indiana, Iowa, Kansas, Kentucky, Maine, Maryland, Minnesota, Mississippi, Montana, Nevada, New Jersey, North Dakota, Ohio, Oklahoma, Oregon, Rhode Island, South Carolina, Tennessee, Texas, Utah, Virginia und Wisconsin. Vgl. die Übersicht im Anhang bei Brand, 18 NILR 143, 176 ff.

1110 Sinngemäß „ohne irgendeinen Zweifel bewiesen". So in Colorado. Vgl. die Übersicht im Anhang bei Brand, 18 NILR 143, 176 ff.

1111 Vgl. § 286 ZPO bzw. § 261 StPO.

1112 Dies gilt für Arkansas, Idaho, Louisiana, Michigan, Missouri, New Mexico, North Carolina, Pennsylvania, West Virginia und Wyoming. Vgl. die Übersicht im Anhang bei Brand, 18 NILR 143, 176 ff.

1113 Grundsätzlich ist davon auszugehen, daß die „Überzeugung des Gerichts" (§ 286 ZPO) nichts anderes als eine von Fall zu Fall mehr oder eben etwas weniger sichere Einschätzung des Richters ist, was er für ausreichend nachgewiesen hält.

1114 Vgl. BGH (Urt. v. 4.6.1992) BGHZ 118/312, 337 = EuZW 1992/705, 707 = EWiR 1993/827 = IPRax 1993/310, 317 = JZ 1993/261, 263 = LM 2/93 zu § 328 ZPO, Bl. 333 ff. = NJW 1992/3096, 3102 = PHI 1992/174 = RIW 1993/132, 136 = VersR 1992/1281, 1288 = WM 1992/1451, 1461 = ZIP 1992/1256, 1266 = ZZP 106 (1993), S. 79, 95, jeweils unter Punkt A. V. 2 (nicht abgedruckt bei CR 1993/274 ff. = MDR 1992/1181 ff.). Ebenso die Vorinstanz, OLG Düsseldorf (Urt. v. 28.5.1991) RIW 1991/594, 595 = RuS 1991/339 ff. = VersR 1991/1161, 1162. S. auch Beucher/Sandage, 23 Vand. J.Transnat'l L. 967, 985 (1991); Böhmer, NJW 1990/3049, 3051; Bungert, ZIP 1992/1707, 1708 f.; Ebke, RIW 1990/145; Geimer, in: Geimer/Schütze, Internationale Urteilsanerkennung, Band I/1, S. 128; Greger, NJW 1989/3103; Junker, S. 255, 261; Peterson, IPRax 1990/187; Rosengarten, S. 124 ff.; Schack, IZVR, Rn. 818; Siehr, RIW 1991/705, 708; Stiefel/Stürner, VersR 1987/829, 837; Stiefel/Stürner/Stadler, 39 Am. J. Comp. L. 779, 785 f. (1991); Stürner/Stadler, IPRax 1990/157, 158; von Westphalen, RIW 1981/141, 143; Zekoll, 37 Am. J. Comp. L. 301, 324 (1989). A.A. Hollmann, RIW 1982/784, 786; von Hülsen, RIW 1982/537, 550; Kauffmann-Kohler, WUR 35 (1983), S. 211,243 f.; Martiny, Handbuch des IZVR, Band III/1, Rn. 507; ders., 35 Am. J. Comp. L. 721, 748 (1987); Schütze, in: FS Nagel, S. 392, 394, 397; Stiefel, RIW/AWD 1979/509, 512 (inzwischen hat Stiefel seine Meinung wohl geändert, s.o.); Wölki, RIW 1985/530, 533.

che Beweisanforderungen stellt.[1115] Dies gilt um so mehr, als es sich im vorliegenden Fall der USA um ein sehr differenziertes und mit in Deutschland meist nicht berücksichtigten Nuancen durchsetztes Beweisrecht handelt, das in sich stimmig und nachvollziehbar ist. Etwas anderes kann allenfalls gelten, wenn Anhaltspunkte dafür vorhanden sind, daß das US-amerikanische Gericht sein Ermessen bei der Beweiswürdigung überschritten hat. Zu denken wäre z.B. an folgenden Fall:

Gegen die US-amerikanische Vertreiberfirma von Fahrzeugen der Marke AUDI, die Volkswagen of North America Inc., waren in den USA Ende der 80er und Anfang der 90iger Jahre in ca. 300 Fällen Klagen erhoben worden. Es ging um die vermeintliche Selbstbeschleunigung von mit Automatikgetriebe ausgestatteten Fahrzeugen, die zu massiven Schäden bis hin zu Todesfällen geführt hatten.[1116] In einem dieser Fälle hatte ein vom Gericht verwertetes Sachverständigengutachten nachgewiesen, daß ein technischer Fehler am Fahrzeug selbst nicht vorgelegen habe. Dennoch äußerte die jury in der Begründung ihrer der Klage stattgebenden Entscheidung, daß ein „unidentifizierter Defekt" vorgelegen haben müsse, da keine andere nachvollziehbare Erklärung für das Beschleunigen des Wagens vorhanden sei.[1117] Die jury setzte sich über das Gutachten hinweg. Die Beklagte wurde zu punitive damages in Millionenhöhe verurteilt. Die Aussicht der Beklagten, das Urteil aufheben zu lassen und in zweiter Instanz zu obsiegen wurden allgemein als groß eingeschätzt. Allerdings wären hierfür weitere Anwaltskosten in erheblichem Umfang - geschätzt wurden ca. 1 Millionen US-Dollar - entstanden. Aufgrund wirtschaftlicher Überlegungen entschloß man sich deswegen zu einer vergleichsweisen Regelung und einer deutlich reduzierten Zahlung an die Klägerin in Höhe von 50.000 US-Dollar.[1118]

Solche Einzelfälle hindern eine Anerkennung US-amerikanischer punitive damages-Urteile in Deutschland jedoch nicht. Fehlentscheidungen US-amerikanischer juries sind im Urteilsland zu rügen. Das die Anerkennungsfähigkeit prüfende Gericht in Deutschland darf die vorgenommene Beweiswürdigung nicht überprüfen, es gilt das Verbot der révision au fond.[1119] Entscheidend ist, daß die in den USA geltenden Beweisstandards deutschen Ansprüchen genügen. Ein Verstoß gegen den ordre public ist dann nicht ersichtlich.

Auch ist zu berücksichtigen, daß eine Verurteilung zu punitive damages den Schuldner nicht mit einem Strafmakel belastet. Er ist durch eine solche Verurteilung nicht vorbestraft.

Zusammenfassend ergibt sich, daß die Verurteilung zu punitive damages vor einem US-

---

1115 Vgl. auch Rosengarten, S. 204.

1116 Z.B. hatte in einem Fall eine Mutter mit ihrem Pkw ihr Kind gegen das Garagentor gedrückt und tödlich verletzt. Grund hierfür soll das unbeabsichtigte und von der Mutter nicht zu kontrollierende Beschleunigen des Wagens der Marke AUDI gewesen sein.

1117 Interessant ist in diesem Zusammenhang, daß die Fälle schlagartig nachließen, als der Abstand zwischen Brems- und Gaspedal vergrößert worden war.

1118 Mitgeteilt von Herrn Dr. Ulmer, Chefsyndikus der AUDI AG, Ingolstadt in einem Gespräch am 7.4.1994 in Ingolstadt.

1119 Vgl. Teil 1, Ziffer II. 2. (S. 38 ff.).

amerikanischen Gericht in einem auch nach deutschen Maßstäben fairen Verfahren erfolgt. Ein Verstoß gegen im deutschen Zivilprozeßrecht geltende Verfahrensgarantien ist grundsätzlich nicht ersichtlich.[1120]

Zur Frage des Verstoßes gegen das Verbot der Mehrfachbestrafung gemäß Art. 103 III GG

Problematisch für die Frage der Anerkennung US-amerikanischer punitive damages-Urteile in Deutschland könnten die Fälle sein, in denen es zu einer mehrfachen Verurteilung des Schädigers wegen desselben Sachverhaltes kommt. Möglich ist dies insbesondere bei Produkthaftpflichtfällen, wenn ein erfolgreicher Kläger eine Lawine von Folgeprozessen lostritt. Findige Klägeranwälte treiben dies in den USA soweit, über die US-amerikanischen Medien Kläger zu suchen, die die Klagevoraussetzungen erfüllen. Aktuellstes Beispiel sind die derzeit zunehmenden Klagen gegen Tabakkonzerne wegen der angeblich zu späten Warnung vor der Suchtgefahr von Zigaretten.
Hoechst[1121] und Zekoll[1122] gehen davon aus, daß eine solche mehrfache Verurteilung gegen das in Deutschland verfassungsrechtlich geschützte Verbot der Mehrfachbestrafung (Art. 103 III GG) verstoße.[1123] Allerdings gilt dieser Grundsatz nur im Verhältnis echter Kriminalstrafen zueinander. Art. 103 III GG schützt den Bürger vor dem Staat und bedeutet ein negatives Abwehrrecht gegen staatliche Eingriffe, nicht aber gegen die Geltendmachung privater Ansprüche Dritter. Außerdem ist Art. 103 III GG nur auf die Gerichtsbarkeit Deutschlands anwendbar.[1124] Für die Frage der Anerkennungsfähigkeit mehrfacher US-amerikanischer Verurteilungen zu punitive damages kann Art. 103 III GG somit nicht herangezogen werden.

Klarer lösen läßt sich das Problem der Anerkennungsfähigkeit bei der Frage der Verhältnismäßigkeit von mehrfachen Verurteilungen zu punitive damages:

Sofern das verurteilende Gericht eine bereits vorliegende oder mögliche weitere Verurteilung zur Zahlung von punitive damages berücksichtigt, liegt kein Verstoß gegen den Grundsatz der Verhältnismäßigkeit vor. Die Anerkennung eines solchen Urteils in Deutschland ist regelmäßig nicht gehindert. Problematisch ist einzig, ob das zur Anerkennung stehende US-amerikanische Urteil Aussagen zu solchen Überlegungen enthält oder nicht. Hier obliegt es den Parteien, entsprechendes vorzutragen. Der Höhe der punitive damages kann allenfalls Indizwirkung zukommen, sie läßt z.B. den Schluß zu, ob eine vollständige oder nur teilweise Gewinnabschöpfung vorgenommen wurde.

1120 Auf die Frage der Anerkennungsfähigkeit einer mehrfachen Bestrafung durch die wiederholte Verurteilung zu punitive damages wird gesondert eingegangen (s.u.).

1121 VersR 1983/13, 17.

1122 S. 152 f.; ders., 37. Am. J. Comp. L. 301, 325 (1989).

1123 A.A. Bungert, ZIP 1992/1707, 1718 f. Ausdrücklich offengelassen bei BGH (Urt. v. 4.6.1992) BGHZ 118/312, 345 = CR 1993/274, 278 = EuZW 1992/705, 710 = IPRax 1993/310, 319 = JZ 1993/261, 265 = LM 2/93 zu § 328 ZPO, Bl. 336 f. = NJW 1992/3096, 3104 = RIW 1993/132, 138 = VersR 1992/1281, 1290 = WM 1992/1451, 1463 = ZIP 1992/1256, 1269 = ZZP 106 (1993), S. 79, 100, jeweils unter Punkt A. V. 3. e) cc) (nicht abgedruckt bei EWiR 1993/827 ff. = MDR 1992/1181 ff. = PHI 1992/174 ff.).

1124 BverfG (B. v. 31.3.1987) BVerfGE 75/1, 15 f.

Sollte es aber zu einer oder mehreren weiteren Verurteilungen kommen, die eine zusätzliche Inanspruchnahme des Beklagten über das erforderliche Maß an Abschreckung, Kompensation und Gewinnabschöpfung hinaus bedeutet, und wurde dies von den Ausgangsgerichten im Urteilsstaat nicht berücksichtigt, so liegt darin ein Verstoß gegen den Grundsatz der Verhältnismäßigkeit. Denn der Beklagte müßte mehr leisten, als von der Rechtsordnung ursprünglich vorgesehen. Er wäre über die Maßen gestraft. Die Anerkennung der weiteren Urteile müßte am ordre public scheitern.

Zur Frage des Verstoßes gegen den Bestimmtheitsgrundsatz gemäß Art. 103 II GG

Vereinzelt wird der strafrechtliche Bestimmtheitsgrundsatz gemäß Art. 103 II GG herangezogen um einen Verstoß der punitive damages gegen den deutschen ordre public zu begründen.[1125] Die Bemessung der Höhe der punitive damages sei nicht konkret geregelt, die juries seien an keinerlei Grenzen gebunden. Dies hindere die Anerkennung eines US-amerikanischen punitive damages-Urteils in Deutschland.

Dieser Ansicht kann nicht gefolgt werden. Die Höhe der punitive damages ist inzwischen in den meisten US-amerikanischen Bundesstaaten gesetzlich geregelt. Weiterhin beschränkt die Rechtsprechung des Supreme Court of the United States[1126] die Höhe der punitive damages in zunehmendem Maße. Auch sie schafft Klarheit. Im Übrigen gilt der Bestimmtheitsgrundsatz im Verhältnis vom Bürger zum Staat und bedeutet ein negatives Abwehrrecht gegen staatliche Eingriffe, nicht aber gegen die Geltendmachung privater Ansprüche Dritter. Selbst wenn eine zivilgerichtliche Verurteilung ein pönales Moment enthält, so liegt keine Strafe im Sinne von Art. 103 II GG vor.[1127] Zusammenfassend ergibt sich, daß die Anerkennung US-amerikanischer punitive damages-Urteile in Deutschland nicht an Art. 103 II GG scheitert.

Zur Frage des Verstoßes gegen den Grundsatz der Verhältnismäßigkeit allgemein und zur Höhe der punitive damages

Bei der Prüfung der Anerkennungsfähigkeit US-amerikanischer punitive damages-Urteile ist auch auf die Frage der Verhältnismäßigkeit der Höhe der in den USA zuerkannten punitive damages einzugehen. Der Grundsatz der Verhältnismäßigkeit ergibt sich insofern aus dem Rechtsstaatsprinzip, er manifestiert sich in den Grundrechten und ist Teil objektiven Werteordnung.

1125 Vgl. Hoechst VersR 1983/13, 17; Zekoll, S. 152 f.; ders., 37 Am. J. Comp. L. 302, 325. Ablehnend: Bungert, ZIP 1992/1707, 1718 f.; Seibt, DAJV-Newsletter 2/94, S. 40, 41. Ausdrücklich offengelassen bei BGH (Urt. v. 4.6.1992) BGHZ 118/312, 345 = CR 1993/274, 278 = EuZW 1992/705, 710 = IPRax 1993/310, 319 = JZ 1993/261, 265 = LM 2/93 zu § 328 ZPO, Bl. 336 f. = NJW 1992/3096, 3104 = RIW 1993/132, 138 = VersR 1992/1281, 1290 = WM 1992/1451, 1463 = ZIP 1992/1256, 1269 = ZZP 106 (1993), S. 79, 100, jeweils unter Punkt A. V. 3. e) cc) (nicht abgedruckt bei EWiR 1993/827 = MDR 1992/1181 ff. = PHI 1992/174).

1126 Vgl. zuletzt BMW of North America vs. Dr. Ira Gore Jr., 116 S.Ct. 1589 (1996).

1127 So ausdrücklich das BVerfG (B. v. 14.2.1973) BVerfGE 34/269 ff. = NJW 1973/1221 ff. („Soraya-Beschluß“).

Die Höhe der von US-amerikanischen Gerichten zugesprochenen Summen von punitive damages knüpft regelmäßig an bestimmte, zumindest bestimmbare Schadenspositionen an und steht in Relation zum eingetretenen Schaden. Einschränkende Reformen in der Gesetzgebung der Bundesstaaten der USA und insbesondere auch die Entwicklung der Rechtsprechung des Supreme Court of the United States, zuletzt in seiner Entscheidung in Sachen BMW of North America Inc. vs. Dr. Ira Gore Jr.[1128], haben dies konkretisiert und eine Beschränkung der punitive damages auf ein auch aus deutscher Sicht erträgliches Maß manifestiert.[1129] Die Zeiten völlig überzogener punitive damages sind vorbei. Der vom BGH in seiner „Kalifornien-Entscheidung“[1130] angeführte Aspekt, daß die außerordentlich hohen punitive damages in den USA im Ergebnis mit zu einem raschen Anstieg der gesamtwirtschaftlichen Schadensersatzlast bis an die Grenzen des kalkulierbaren und versicherbaren Risikos geführt habe, ist durch die jüngsten Entwicklungen überholt. Inzwischen bietet das US-amerikanische Rechtssystem selbst ausreichend Möglichkeiten, exzessive punitive damages auf ein vernünftiges Maß zu reduzieren. Eine Kontrolle findet in ausreichendem Maße bereits in den USA selbst statt.

Selbst wenn die Höhe der punitive damages in den USA inzwischen beschränkt ist, so sind die dort zugesprochenen Summen aus deutscher Sicht immer noch relativ hoch und übersteigen das Maß dessen, was ein deutscher Kläger in einem vergleichbaren Verfahren vor deutschen Gerichten jemals erstreiten könnte.

Aber auch dieser Aspekt hindert die Anerkennung US-amerikanischer punitive damages-Klagen in Deutschland nicht. Hintergrund für die aus deutscher Sicht relativ hohen Schadensersatz- und Schmerzensgeldsummen in den USA ist, daß dort ein dem deutschen System vergleichbares soziales Netz fehlt. Während in Deutschland durch ein differenziertes System für soziale Sicherheit des Einzelnen gesorgt ist, erfolgt in den USA eine Absicherung vornehmlich über privaten Schadensausgleich. Um seine Zukunft sichern zu können ist ein US-amerikanischer Geschädigter in den USA regelmäßig auf eine hohe Abfindung angewiesen. Erhält der Geschädigte nicht eine ausreichende Schadensersatz- und Schmerzensgeldsumme, so fällt er in ein soziales Loch.[1131] Die in den USA noch vorherrschende Sozialtheorie geht vom Leitbild des unabhängigen und selbstbestimmten Bürgers aus, der sich und seine Familie regelmäßig selbst versorgt. Der Staat hält sich zurück und greift erst ein, wenn tatsächliche Not dies gebietet. Eine in Deutschland (noch) übliche staatlich organisierte soziale Absicherung der Bürger befindet sich in den USA erst im Aufbau.

1128 Vgl. S. 237 ff.

1129 Ausführlich hierzu Teil 3, Ziffer II. 2. a) (4) (S. 237 ff.).

1130 Vgl. BGH (Urt. v. 4.6.1992) BGHZ 118/312, 344 f. = CR 1993/274, 278 = EuZW 1992/705, 710 = IPRax 1993/310, 319 = JZ 1993/261, 265 = LM 2/93 zu § 328 ZPO, Bl. 336 f. = MDR 1992/1181, 1183 = NJW 1992/3096, 3104= RIW 1993/132, 138 = VersR 1992/1281, 1290 = WM 1992/1451, 1463 = ZIP 1992/1256, 1268 f. = ZZP 106 (1993), S. 79, 100, jeweils unter Punkt A. V. 3. e) bb) (nicht abgedruckt bei EWiR 1993/827 = PHI 1992/174 ff.).

1131 Ausführlich zum US-amerikanischen Sozialsystem Bork, RIW 1982/878 ff. Zum Aspekt der sozialen Absicherung durch hohe Schadensersatz- und Schmerzensgeldbeträge s. auch Deutsch, JZ 1992/266. Anzumerken ist allerdings, daß die von Bork angesprochenen Einschränkungen durch die Regierung Ronald Reagans nunmehr unter der Präsidentschaft von Bill Clinton deutlich reduzieren, z.T. sogar aufgehoben werden. Die soziale Absicherung wird in den USA derzeit wieder forciert.

Bei der Frage der Anerkennung US-amerikanischer punitive damages-Klagen in Deutschland kann es nicht um einen Vergleich des deutschen mit dem US-amerikanischen Sozialsystem gehen. Dennoch ist auch der eben ausgeführte Gedanke zu berücksichtigen.

Schon bisher war die Höhe der in den USA zuerkannten punitive damages nicht geeignet, einen Verstoß gegen den Grundsatz der Verhältnismäßigkeit zu begründen. Dies gilt erst recht für die Zukunft. Das Kontrollsystem in den USA ist ausreichend ausgebildet, um überzogene Summen zu reduzieren. Einwendungen muß der Beklagte bereits im Urteilsland erheben. Es steht uns in Deutschland nicht zu, Urteile eines ausländischen Rechtssystems die nicht zuletzt Ausfluß des dort manifestierten sozialen Gefüges sind, abzulehnen, nur weil uns das System fremd erscheint. Die Überprüfung der Höhe der punitive damages durch ein deutsches Gericht stellt einen Verstoß gegen das Verbot der révision au fond dar.

Zusammenfassung

Zusammenfassend ergibt sich, daß die Anerkennungsfähigkeit von punitive damages in Deutschland nicht am Grundsatz der Verhältnismäßigkeit scheitert. Die vermeintlich exzessive Höhe von punitive damages ist regelmäßig nicht geeignet, einen Verstoß gegen den materiellrechtlichen ordre public zu begründen. Sie hindert nicht die Anerkennungsfähigkeit entsprechender US-amerikanischer Urteile in Deutschland.

Wer im Ausland Geschäfte tätigt und die dortigen Marktvorteile nutzt, muß auch die dortigen Risiken in Kauf nehmen.[1132] Es wäre zwar wünschenswert, lediglich die unternehmerischen Chancen nutzen zu können ohne die damit einhergehenden unternehmerischen Risiken tragen zu müssen. Staatliche Hilfe darf insofern jedoch nicht erwartet werden, sie wäre reiner Rechtsprotektionismus. Eine Einflußnahme auf das international herrschende Marktgleichgewicht kann nur in ganz engem Rahmen stattfinden.

Verurteilungen zu punitive damages unterliegen in den USA inzwischen einem erhöhten Kontrolldruck.[1133] Das „Schreckgespenst" der punitive damages ist durchaus kalkulierbar geworden. Unbestreitbar hat es spektakuläre Ausreißer gegeben, die zu recht international für Aufsehen gesorgt haben. Allerdings sind diese Fälle innerhalb des US-amerikanischen Rechtssystems korrigiert worden. Daß diese Korrekturen nicht ebenso publik wurden wie die Ausgangsverurteilungen selbst, kann nicht dem US-amerikanischen Rechtssystem angelastet werden. Verantwortlich hierfür zeichnen die Medien.

Auch ist zu beachten, daß die jüngste Rechtsprechung in den USA und in Deutschland eine Angleichung - wenn auch nicht der Rechtssysteme selbst, so zumindest der hinter den jeweiligen Rechtsinstituten stehenden Rechtsgedanken - manifestiert. Auf der einen Seite schränkt der Supreme Court of the United States in den USA die Höhe der punitive damages mit Hilfe

1132 Ebenso Rosengarten, S. 199.
1133 Ausführlich Teil 3, Ziffer II. 2. a) (5) (S. 249 ff.).

des Verhältnismäßigkeitsgrundsatzes konsequent ein.[1134] Auf der anderen Seite geht der BGH den umgekehrten Weg und weitet z.B. die immateriellen Ansprüche wegen der Verletzung des Persönlichkeitsrechts aus.[1135]

Man muß zwar davon ausgehen, daß der BGH nicht bereit ist, auch in Deutschland Summen in Höhe der in den USA zugesprochenen punitive damages, geschweige denn punitive damages selbst, zuzuerkennen.[1136] Aber der BGH berücksichtigt bereits jetzt ein eventuell besonders verwerflichees Verhalten des Schädigers anspruchserhöhend. Der BGH spricht insofern von der Anspruchshöhe als dem Gegenstück zum eigentlichen Gewinn des Schädigers und nimmt so eine wirtschaftliche Betrachtung vor, die den US-amerikanischen Grundsätzen der Gewinnabschöpfung zumindest nahe kommt.[1137]

Es bleibt abzuwarten, ob und wann die deutsche Rechtsprechung eine Gewinnabschöpfung anhand der Grundsätze zur ungerechtfertigten Bereicherung zulassen wird. Eine Gewinnabschöpfung beim Schädiger ließe sich sicherlich leichter mit den Grundsätzen der Eingriffskondiktion erklären.[1138] Sollte es je zu einem solchen Ansatz im deutschen Recht kommen, so wäre dies eine weitere Annäherung zu den US-amerikanischen punitive damages.

US-amerikanische Urteile, die dem Kläger punitive damages zusprechen, sind in Deutschland grundsätzlich anerkennungsfähig. Die Anerkennung solcher Urteile scheitert nur dann am materiellen ordre public, wenn eine mehrfache Verurteilung zu punitive damages vorliegt, die bei den jeweils weiteren Verurteilungen keine Berücksichtigung gefunden hat.

III. Zur Frage der Anerkennung US-amerikanischer Urteile in Deutschland bei der Kumulation verschiedener Verstöße gegen den ordre public

Die Prüfung der Anerkennungsfähigkeit US-amerikanischer Urteile in Deutschland erfolgt anhand einzelner Probleme des deutsch-amerikanischen Rechtsverkehrs. Es hat sich gezeigt, daß verschiedene Aspekte US-amerikanischer Urteile in Deutschland zwar als bedenklich eingestuft werden können und auch müssen, daß sie aber nicht zwingend einen Verstoß gegen

1134 Vgl. zuletzt BMW of North America Inc. vs. Dr. Ira Gore Jr., 116 S.Ct. 1589 (1996). Ausführlich hierzu S. 237 ff.

1135 Vgl. zuletzt „Prinzessin Caroline von Monaco I" (Urt. v. 15.11.1994) BGHZ 128/1 ff. = NJW 1995/861 ff. = VersR 1995/305 ff. und „Prinzessin Caroline. von Monaco II" BGH (Urt. v. 5.12.1995) LM H 5/96 § 823 (AU) BGB Nr. 122 (mit Anm. Deutsch) = NJW 1996/984 ff.; s. auch Prinz, NJW 1995/817 ff.; Rosengarten, NJW 1996/1935 ff.; Steffen, NJW 1997/10 ff.

1136 Vgl. zu dieser Überlegung auch Steffen, NJW 1997/10 ff.

1137 Vgl. die beiden Entscheidungen „Prinzessin Caroline von Monaco I", (Urt. v. 15.11.1994) BGHZ 128/1 ff. = NJW 1995/861 ff. = VersR 1995/305 ff. und „Prinzessin Caroline von Monaco II", BGH (Urt. v. 5.12.1995) LM H 5/96 § 823 (AU) BGB Nr. 122 (mit Anm. Deutsch) = NJW 1996/984 ff.; s. auch Prinz, NJW 1995/817 ff.; Rosengarten, NJW 1996/1935 ff.; Steffen, NJW 1997/10 ff.

1138 Diese Überlegung betrifft mögliche Entwicklungen im deutschen Recht selbst, besagt aber nichts über die Anerkennungsfähigkeit US-amerikanischer Urteile in Deutschland. Sie soll deswegen nicht weiter vertieft werden.

den ordre public bedeuten mit der Folge, daß der ausländischen Entscheidung die Anerkennung versagt werden müßte.

Gewissermaßen zur Abrundung stellt sich die Frage, wie die Anerkennung US-amerikanischer Urteile zu beurteilen ist, wenn es zu einer Kumulation mehrerer verschiedener Verstöße gegen den ordre public kommt.

Für den Fall, daß bereits einer der sich ergebenden Verstöße gegen den ordre public die Anerkennung in Deutschland hindern würde, ist die Antwort schnell gefunden. Die Anerkennung des fraglichen Urteils ist zu versagen, mögliche weitere Verstöße stützen diese Entscheidung zusätzlich. Eine Ausnahme hiervon gilt für den Fall, daß die Anerkennung eines Teils des Urteils möglich ist.[1139]

Schwieriger ist die Frage zu beantworten, wenn es darum geht, daß mehrere „teilweise Verstöße" gegen den ordre public vorliegen, die jeweils für sich genommen eine Anerkennung des Urteils in Deutschland nicht hindern würden, weil sie als noch hinzunehmen anzusehen sind. Kann die Kumulation dieser noch als akzeptabel anzusehenden „Verstöße" gegen den ordre public einen „Gesamtverstoß" gegen die Vorbehaltsklausel bewirken mit der Folge, daß die Anerkennung des fraglichen Urteils zu versagen wäre?

Das LG Berlin[1140] geht von einem ordre public-Verstoß aus, wenn verschiedene Aspekte die jeweils für sich genommen keinen offensichtlichen Widerspruch zu fundamentalen Grundsätze der deutschen Rechtsordnung bedeuten, kumuliert werden. In der dortigen Entscheidung begehrte die US-amerikanische Klägerin die Anerkennung eines vom Supreme Judical Court of Massachusetts, USA bestätigtes Urteil des Superior Court of the County of Middleessex vom 25.1.1985. Die US-amerikanische Klägerin hatte bei der Bedienung einer von der deutschen Beklagten hergestellten und gelieferten Maschine einen Unfall erlitten. Sie hatte die deutsche Produzentin des Gerätes in den USA erfolgreich auf Zahlung von 275.000 US-Dollar verklagt und begehrte die Anerkennung des US-amerikanischen Urteils in Deutschland. Das LG Berlin ließ die Anerkennung der US-amerikanischen Entscheidung weder daran scheitern, daß schriftliche Urteilsgründe fehlten, noch daß im US-amerikanischen Urteil Zinseszins zugesprochen wurde, noch daß der Entscheidung in den USA ein pretrial discovery-Verfahren vorausgegangen war. Von Bedeutung war nach Ansicht des erkennenden Gerichts vielmehr, daß unter Berücksichtigung sämtlicher genannter Aspekte „insgesamt ein eindeutiger Verstoß gegen den deutschen ordre public"[1141] vorliege. Eine Begründung für diese An-

1139 Vgl. hierzu Teil 1, Ziffer II. 4. b) (S. 46 ff.).

1140 LG Berlin (Urt. v. 13.6.1989) DB 1989/2120 ff. = RIW 1989/988 ff. S. auch Bungert, ZIP 1992/1707, 1711; Böhmer, NJW 1990/3049, 3051 (dort insbesondere Fn. 23), der davon ausgeht, daß die Entscheidung des LG Berlin unveröffentlicht sei und das eigentliche Problem der Kumulation verschiedener ordre public-Verstöße verkennt; s. auch Gottwald, ZZP 103 (1990), S. 257, 283, der allerdings ebenfalls nicht die Kumulation der ordre public-Verstöße rügt, sondern davon ausgeht, daß die vom LG Berlin zusammengefaßten Verstöße jeweils individuell zur Versagung der Anerkennung geführt hätten; s. auch Heidenberger, RIW 1990/804 ff (ausführlich zum Sachverhalt).

1141 LG Berlin (Urt. v. 13.6.1989) DB 1989/2120, 2121 = RIW 1989/988, 990.

sicht nennt das LG Berlin nicht. Auch was unter einem „eindeutigen Verstoß gegen den deutschen ordre public“ zu verstehen ist, bleibt offen.

Für eine solche Ansicht könnte sprechen, daß der Vorbehalt des ordre public ein Werturteil bedeutet. Die Anerkennungsfähigkeit einer ausländischen Entscheidung hat sich daran zu orientieren, was in Deutschland als noch hinnehmbar angesehen wird. Wenn aber dieses Werturteil bei einer zur Anerkennung stehenden Entscheidung mehrfach zu dem Ergebnis kommt, daß eine Anerkennung gerade noch erlaubt werden kann - und somit muß - so könnte man argumentieren, daß die Summierung dieser noch nicht zwingend offensichtlichen „teilweisen Verstöße“ gegen den ordre public insgesamt zu dem Ergebnis führen muß, daß eine Anerkennung zu versagen ist.

Hiergegen spricht aber, daß der ordre public eine qualitative und nicht etwa eine quantitative Überprüfung der individuellen Anerkennungsfähigkeit einer fremden Entscheidung bedeutet. Die Vermischung verschiedener Einzelaspekte würde zu einer unsauberen Differenzierung verschiedener Aspekte führen. Die Kumulation verschiedener „teilweiser Verstöße“ hätte eine zusätzliche Relativierung des ordre public zur Folge. Dies kann nicht gewollt sein. Es ist schwer genug, klare Grenzen herauszuarbeiten, was in Deutschland als akzeptabel empfunden wird und die Grenzen der Anerkennungsfähigkeit abzustecken. Würde man eine Kumulation von „teilweisen Verstößen“ gegen den ordre public zulassen, so würde das zu treffende Werturteil, ob eine Anerkennung zu akzeptieren oder zu versagen wäre, in doppelter Hinsicht subjektiv ausfallen. Nicht nur die individuelle Entscheidung, was grundsätzlich zu akzeptieren ist, wäre relativ. Auch das Gesamturteil zur Frage der Anerkennungsfähigkeit wäre eine - weitere - relative Entscheidung. Es käme zu einer pauschalierten Aussage ohne wirklichen Inhalt. Ein solches Anerkennungsurteil würde auf zu vielen verschiedenen Variablen basieren. Es hätte keine Aussagekraft mehr darüber, was in Deutschland grundsätzlich für akzeptabel gehalten wird, sondern es würde lediglich widerspiegeln, was der erkennende Richter im Moment seiner Entscheidung subjektiv für hinnehmbar oder für ablehnungsbedürftig hält.

Im Interesse der Rechtsklarheit und der Rechtssicherheit muß eine Kumulation verschiedener „teilweiser Verstöße“ gegen den ordre public abgelehnt werden. Sie genügt nicht, um insgesamt einen Verstoß gegen die Vorbehaltsklausel zu begründen. Die Anerkennungsfähigkeit kann nicht aufgrund der Addition verschiedener „teilweiser Verstöße“ versagt werden.

Mit dem Vorbehalt des ordre public muß behutsam umgegangen werden. Er stellt eine letzte Schranke der eigenen Rechtsordnung gegen fremde Einflüsse dar, die für nicht akzeptabel gehalten werden. Sein Inhalt ist auslegungsbedürftig. Unternimmt man zunächst den Versuch, den Inhalt zu konkretisieren und an nachvollziehbare Regeln zu knüpfen, so wäre es widersinnig, ihn im Nachhinein zu relativieren und der dann berechtigten Kritik preiszugeben, er verkörpere ein mögliches Einfallstor für Rechtsprotektionismus und Selbstschutz des Einzelnen.

ZUSAMMENFASSENDE DARSTELLUNG DER WESENTLICHEN ERGEBNISSE

I. Zum Vorbehalt des anerkennungsrechtlichen ordre public

Es gibt keine sinnvolle und umfassende Definition des Inhalts oder auch des Prüfungsmaßstabes der Vorbehaltsklausel des anerkennungsrechtlichen ordre public. Anhand einzelner Anhaltspunkte und Fälle können allenfalls Merkmale gefunden werden, die den ordre public in gewissem Umfang eingrenzen.

Die einzige inhaltliche Einschränkung, die der Vorbehalt des ordre public ausdrücklich durch den Gesetzgeber erfahren hat ist die erforderliche Vereinbarkeit des Ergebnisses der ausländischen Entscheidung mit den Grundrechten.[1142]

Im Rahmen der Auslegung finden sich darüber hinaus vier grundsätzliche Voraussetzungen, die einen Verstoß gegen den anerkennungsrechtlichen ordre public begründen: Gemäß § 328 I Ziffer 4 ZPO muß ein Verstoß gegen wesentliche Grundsätze der deutschen Rechtsordnung vorliegen. Dieser Verstoß muß offensichtlich sein. Weiterhin muß das konkrete Ergebnis der Anwendung fremden Rechts im Inland als nicht hinnehmbar angesehen werden. Schließlich muß ein hinreichender Inlandsbezug des Sachverhalts zu Deutschland gegeben sein. Diese Kriterien sind jedoch sehr allgemein. Um eine sinnvolle Anwendung zu ermöglichen, bedürfen sie einer weiteren Konkretisierung. Eine solche Präzisierung kann nur anhand des jeweiligen Einzelfalles erfolgen.[1143] Hierbei ist eine umfassende Überprüfung mit eingeschränkter Ablehnungsmöglichkeit der zur Anerkennung stehenden Entscheidung erforderlich.[1144]

Bereits zu Beginn der Untersuchung wurde darauf hingewiesen, daß sämtliche Generalklauseln[1145] keinen konkreten und klar definierbaren Tatbestand haben, sinnvollerweise nicht haben können. Die gilt auch für den anerkennungsrechtlichen ordre public. Sein Inhalt ist wandelbar und in einen dynamischen Prozeß eingebunden.[1146] Sowohl rechtliche Änderungen in Legislative, Exekutive und Judikative, als auch politische, wirtschaftliche, soziale und

---

1142 Auch die „wesentlichen Grundsätze des deutschen Rechts“ bedürfen der Konkretisierung.

1143 zu den Einzelfällen sogleich unter Ziffer II.

1144 Vgl. hierzu bereits Teil 1, Ziffer II. 2. (S. 39 ff.).

1145 Der Begriff wird hier nicht als selbständiges Gegenüber zur kasuistischen Tatbestandsausformung verwendet, sondern als Ober- bzw. Austauschbegriff zu dem des unbestimmten Rechtsbegriffs verwendet. Vgl. hierzu genauer: Engisch, S. 120.

1146 Ausführlich hierzu: Meise, S. 6 f. (dort insbesondere Fn. 1), 11 ff.; vgl. auch Dölle, in: Landesreferate, 1950, S. 397, 409 (insbesondere zur zeitlichen und örtlichen Wandelbarkeit); Epe, S. 130 ff.

kulturelle Tendenzen können die Ausformung und Auslegung des ordre public beeinflussen. Eine klare Abgrenzung der Prüfungsgesichtspunkte ist nicht möglich, sämtliche Auslegungskriterien spielen ineinander hinein.

Eine weitergehende Konkretisierung des anerkennungsrechtlichen ordre public ist unter Berücksichtigung der von Jayme[1147] für den kollisionsrechtlichen ordre public entwickelten Grundsätze möglich. Das allgemein vierstufige System der Anerkennung ausländischer Entscheidungen (s.o.) differenziert sich danach in folgende weitere Unterpunkte:

- Die Kontrolle der ausländischen Entscheidung ist um so strenger, je fremder das ausländische Recht der internen Rechtsordnung ist. Von besonderer Bedeutung ist hier die Frage, ob die der Entscheidung zugrundeliegenden Rechtsinstitute oder -sätze im Urteilsland selbst umstritten sind. Je stärker dies der Fall ist, um so weniger kann die darauf basierende Entscheidung auf Anerkennung im Inland hoffen.

- Steht das der fremden Entscheidung zugrundeliegende Rechtsinstitut oder der entsprechende Rechtssatz dem internen Recht nah, ist im Urteilsland aber nicht unumstritten, so erfolgt zwar eine Überprüfung. Diese beruht aber auf einem milderen Prüfungsmaßstab als bei der vorhergehend beschriebenen Konstellation.

Diese Erweiterung des Prüfungsmaßstabes gewährleistet auch für den anerkennungsrechtlichen ordre public ein erhöhtes Maß an Nachvollziehbarkeit und somit an Rechtssicherheit.

Eine weitere Konkretisierung des anerkennungsrechtlichen ordre public erscheint nicht möglich. Sie wäre allerdings auch nicht sinnvoll. Hier zeigt sich, daß der ordre public als unbestimmter Rechtsbegriff nur offen formuliert sein kann und darf. Die Vorbehaltsklausel muß unpräzise sein und bleiben. Sie erfaßt die Fälle zwischen konkret normiertem Gebot oder Verbot einerseits und rechtlich nicht geregeltem Raum andererseits. Sie füllt den Grenzbereich zwischen statischem Recht und dynamischen Lebenssachverhalten, die ihren Niederschlag in einer ausländischen Entscheidung gefunden haben. Nur durch eine offen formulierte Vorbehaltsklausel kann eine, wenn auch nicht immer gravierende, so doch permanente, Änderung der nationalen und internationalen Situation Berücksichtigung finden. Das allgemein vorherrschende Verständnis im internationalen Rechtsverkehr fordert eine flexible Lösung. Nur so kann der Vorbehalt des ordre public dauerhaft Bestand haben, ohne daß es einer ständigen inhaltlichen Korrektur oder Nachbesserung durch den Gesetzgeber bedarf.

Änderungen des fremden Rechts und somit auch der darauf basierenden Entscheidungen können intern vom deutschen Recht nicht beeinflußt werden. Das Risiko einer starren Bindung an möglicherweise unvorhergesehene Ergebnisse kann aber intern nicht gewollt sein.

Solange sich das fremde zur Überprüfung stehende Recht oder eine darauf basierende Entscheidung im Wandel befinden, muß auch der Prüfungsmaßstab, anhand dessen die Anerken-

[1147] Ausführlich hierzu Teil 2, Ziffer III. B. 3. a) (S. 115 ff.).

nungsfähigkeit überprüft wird, flexibel und somit relativ bleiben. Die gilt um so mehr, als es sich beim ordre public um eine allerletzte Schranke der eigenen Rechtsordnung gegenüber Einflüssen ausländischen Rechts handelt.

Auf subjektiven Kriterien basierende Verbesserungen der eigenen Rechtsposition, z.B. durch Gelegenheitsgesetze[1148], sind abzulehnen. Sie behindern den Sinn und Zweck des internationalen Rechtsverkehrs und sind für eine tolerante Entwicklung des Welthandels kontraproduktiv.

II. Zur Anerkennungsfähigkeit US-amerikanischer Urteile in Deutschland

1. Zur Gerichtsgewalt und Zuständigkeit US-amerikanischer Gerichte (jurisdiction und venue)

Die Akzeptanz der nach US-amerikanischem Recht in dortigen Verfahren bestimmten Zuständigkeiten ist in Deutschland hoch. Dies liegt nicht zuletzt an der Angleichung der Entscheidungskriterien in beiden Ländern. Von besonderer Bedeutung ist die in jüngerer Zeit feststellbare verstärkte Gewichtung des Inlandsbezuges als Entscheidungskriterium auch in Deutschland.

Die Anerkennung US-amerikanischer Urteilen in Deutschland, die ihre Zuständigkeit aufgrund der long arm statutes begründen, scheitert nicht zwingend an § 328 I Ziffer 1 ZPO. Entscheidend ist die spiegelbildliche Anwendung der deutschen Zuständigkeitsregelungen.

Bei den transient rules handelt es sich um exorbitante Gerichtsstandsregelungen. Einer darauf basierenden Zuständigkeit US-amerikanischer Gerichte muß die Anerkennung in Deutschland gemäß § 328 I Ziffer 1 ZPO versagt bleiben.

Die Begründung der Zuständigkeit nach US-amerikanischem Recht aufgrund eines Durchgriffs, z.B. vom Tochter- auf das Mutterunternehmen, ist in Deutschland grundsätzlich anerkennungsfähig. Sie richtet sich nach den spiegelbildlich anzuwendenden deutschen Zuständigkeitsregeln.

2. Zur Zustellung US-amerikanischer prozeßeinleitender Schriftstücke in Deutschland

Die Zustellung der für einen US-amerikanischen Prozeß klageeinleitenden Schriftstücke im Ausland richtet sich nach US-amerikanischem Recht. Die Anerkennungsfähigkeit einer sol-

---

1148 Vgl. hierzu die kurzfristige Gesetzesänderung der Zivilprozeßordnung von Kalifornien (Sec. 1915) im Jahre 1907, um aufgrund der erst danach verbürgten Gegenseitigkeit zwischen Kalifornien und Deutschland Brandentschädigungen nach der Erdbebenkatastrophe von 1906 in Kalifornien gegenüber deutschen Versicherungsunternehmen geltend machen zu können. Bedenken hiergegen äußert schon Kisskalt, LZ 1907/689 ff. Ausführlich hierzu Teil 1, Ziffer II. 1. c) (S. 36 ff.).

chen Zustellung richtet sich nach Art. 13 HZÜ. Sie kann nur versagt werden, wenn bereits die Erledigung eines Zustellungsersuchens zu massiven Beeinträchtigungen der Wertungsgrundlagen der Rechtsordnung des ersuchten Staates führen würde.

Die Zustellung einer ausländischen Klage kann nicht davon abhängig gemacht werden, daß Anlaß, Berechtigung oder Hintergrund der geltendgemachten Ansprüche zu prüfen sind.

3. Zur Prozeßführungsbefugnis im US-amerikanischen Zivilprozeß

Die Erhebung einer Klage unter einem Pseudonym verstößt nicht gegen den verfahrensrechtlichen ordre public des § 328 I Ziff. 4 ZPO. Voraussetzung ist allerdings, daß der Streitgegenstand ausreichend konkretisiert ist und der Beklagte sich aufgrund der vorhandenen Angaben verteidigen kann. Ist dies erfüllt, so ist ein daraufhin ergangenes US-amerikanisches Urteil in Deutschland anzuerkennen.

4. Zur Beteiligung Dritter am US-amerikanischen Ausgangsprozeß (vouching in und third party complaint)

Die Anerkennung eines US-amerikanischen Urteils scheitert nicht am vouching in einer weiteren Partei.

Auch die third-party-complaint weicht nicht so gravierend von deutschen Rechtsvorstellungen ab, daß ein Verstoß gegen den anerkennungsrechtlichen ordre public vorliegt. Darauf basierende US-amerikanische Urteile sind in Deutschland anzuerkennen.

5. Zu US-amerikanischen class action-Urteilen

US-amerikanische class action-Urteile sind in Deutschland anerkennungsfähig. Das besondere Verfahren der class action schränkt zwar die Dispositionsmaxime (Art. 2 I GG) und den grundgesetzlich geschützten Anspruches auf rechtliches Gehör (Art. 103 I GG) ein, und die Erstreckung der Rechtskraft eines solchen Urteils überschreitet das in Deutschland übliche Maß. Weiterhin geht die Fürsorgepflicht des US-amerikanischen Richters zum Teil weiter als vom deutschen Recht vorgesehen. Aber dies alles geschieht in den USA nach strengen Regeln und unterliegt der Kontrolle des Richters. Die Abweichungen und Einschränkungen weichen von in Deutschland gewohnten und gebräuchlichen Rechtsgedanken nicht so wesentlich ab, daß ihr Ergebnis nicht hinnehmbar wäre. Anerkennungshindernisse können sich allenfalls aus dem allgemeinen Verfahren oder der materiellen Entscheidung selbst ergeben.

6. Zum US-amerikanischen pretrial discovery-Verfahren

Die Anerkennungsfähigkeit US-amerikanischer Urteile, die ein pretrial discovery-Verfahren zum Gegenstand haben, ist abzulehnen, wenn konkrete Anhaltspunkte dafür vorliegen, daß im US-amerikanischen Zivilprozeß im Rahmen der dort stattfindenden pretrial discoveries eine umfassende Ausforschung der gegnerischen Partei durchgeführt wurde, die die dem deutschen

Zivilverfahren bekannten Auskunftsrechte und -ansprüche so wesentlich übersteigt, daß sie nicht mehr hingenommen werden kann. Dies ist eine Frage des Einzelfalles.

7. Zur Erforderlichkeit von Urteilsgründen im US-amerikanischen Urteil

Die Anerkennung US-amerikanischer Urteile scheitert grundsätzlich nicht am Fehlen von Urteilsgründen. Das deutsche Anerkennungsgericht muß bei Unklarheiten in dem zur Anerkennung stehenden Urteil sämtliche Möglichkeiten ausschöpfen, den Sachverhalt umfassend aufzuklären.

8. Zum US-amerikanischen jury-Verfahren

Der Erlaß von US-amerikanischen Urteilen durch eine jury hindert die Anerkennung der Entscheidung in Deutschland nicht. Eine Versagung der Anerkennung US-amerikanischer Urteile in Deutschland aufgrund der Person und der Stellung des Richters kommt einzig aus Gründen in Betracht, die in der Person des jeweiligen Richters selbst liegen.

9. Zu den US-amerikanischen Regeln der Kostentragung nach der American Rule und deren Umsetzung in den USA

Die Anwendung der American Rule in einem US-amerikanischen Urteil hindert die Anerkennung des Urteils in Deutschland nicht. Ein Verstoß gegen den ordre public ist nicht ersichtlich.

Etwas anderes gilt, wenn sich das US-amerikanische Gericht über die American Rule hinwegsetzt und dem Kläger eine Kostenerstattung zugesteht während der Beklagte die ihm entstandenen Kosten faktisch niemals ausgeglichen bekommen kann. In diesen Fällen ist der Beklagte gegenüber dem Kläger so stark benachteiligt, daß ein Verstoß gegen den Grundsatz des fair trial vor Gericht gegeben ist. Eine solche einseitige Privilegierung des Klägers bedeutet einen Verstoß gegen den verfahrensrechtlichen ordre public.

Die Vereinbarung eines Erfolgshonorars stellt grundsätzlich keinen Verstoß gegen den ordre public dar. Die Anerkennung eines US-amerikanischen Urteils wäre allenfalls zu versagen, wenn das Erfolgshonorar schon nach US-amerikanischem Recht unangemessen hoch wäre oder wenn ein offenes oder verstecktes packing des Erfolgshonorars stattfand.

10. Zur Erstattung fiktiver Kosten als Schadensersatz im US-amerikanischen Zivilverfahren

Die Anerkennung von in den USA zugesprochenen fiktiven Personenschäden, insbesondere Behandlungs- oder Unterbringungskosten, widerspricht nicht dem materiellrechtlichen ordre public. Ein entsprechendes Urteil ist anzuerkennen.

11. Zu den punitive damages

US-amerikanische punitive damages sind in Deutschland grundsätzlich anerkennungsfähig.

Eine Ausnahme hiervon gilt, wenn eine mehrfache Verurteilung zu punitive damages vorliegt und die einzelne Verurteilung bei den weiteren Verurteilungen keine Berücksichtigung gefunden hat.

Weiterhin scheitert die Anerkennung von punitive damages am materiellen ordre public zumindest für den Teil der lump sum, der das Anwaltshonorar des Klägervertreters abdecken soll. Offenes oder verstecktes packing des Anwaltshonorars verstößt gegen den Grundsatz des fair trial. Die Teilanerkennung des Restbetrages ist zulässig.

12. Zur Kumulation verschiedener Verstöße gegen den anerkennungsrechtlichen ordre public

Die Kumulation verschiedener „milder" Verstöße gegen den anerkennungsrechtlichen ordre public, die jeweils für sich genommen eine Anerkennung des US-amerikanischen Urteils nicht hindern würde kann nicht zu einem „Gesamtverstoß" gegen den ordre public führen mit der Folge, daß die Anerkennung des fraglichen Urteils zu versagen wäre.

III. Zum Urteil des neunten Senats des BGH in Zivilsachen vom 4.6.1992 („Kalifornien-Entscheidung")

Nach allem stellt sich die Frage, ob die „Kalifornien-Entscheidung" des neunten Senats des BGH[1149] in Zivilsachen tatsächlich eine Leitlinie[1150] für die Anerkennung US-amerikanischer Schadensersatz- und Schmerzensgeldurteile in Deutschland darstellt, darstellen kann.

Einerseits mußte der neunte Senat verschiedene von der Literatur seit langem diskutierte Aspekte des deutsch-amerikanischen Rechtsverkehrs unberücksichtigt lassen. Z.B. konnte er sich zur Anerkennungsfähigkeit der Beteiligung Dritter am Ausgangsprozeß (vouching in und third party complaint), oder auch zur Anerkennungsfähigkeit US-amerikanischer class action-Urteile in Deutschland nicht äußern. Der zugrundeliegende Sachverhalt der US-amerikanischen Ausgangsentscheidung erlaubte keine Stellungnahme zu diesen Fragen.

1149 BGH (Urt. v. 4.6.1992) BGHZ 118/312 ff. = CR 1993/274 ff. = EuZW 1992/705 ff. = EWiR 1993/827 (mit Anm. Geimer) = IPRax 1993/310 ff. (mit Anm. Koch/Zekoll, IPRax 1993/288 ff.) = JZ 1993/261 ff. (mit Anm. Deutsch) = LM 2/93 zu § 328 ZPO (mit Anm. Kronke) = MDR 1992/1181 ff. = NJW 1992/3096 ff. (mit Anm. Koch, NJW 1992/3073 ff.) = NJW RR 1993/152 f. = PHI 1992/174 ff. = RIW 1993/132 ff. (mit Anm. Schütze) = VersR 1992/1281 ff. = WM 1992/1451 ff. = ZIP 1992/1256 ff. (mit Anm. Bungert, ZIP 1992/1707 ff.) = ZZP 106 (1993), S. 79 ff. (mit Anm. Schack).

1150 So z.B. Geimer, EWiR 1992/828; sinngemäß auch Kronke, LM 2/93 zu § 328 ZPO, Bl. 338 ff.; Zekoll, 30 Colum. J. Transnat'l L. 641, 643 (1992). Schack spricht von einem „Meilenstein" im Recht der internationalen Urteilsanerkennung, vgl. ders. ZZP 106 (1993), S. 104.

Andererseits hat der neunte Senat verschiedene konkrete Aussagen zur Anerkennungsfähigkeit US-amerikanischer Urteile in Deutschland getroffen, die kritisch zu untersuchen sind.

Der neunte Senat hat Wertungswidersprüche unberücksichtigt gelassen. Er ist z.B. nicht darauf eingegangen, daß das packing von Anwaltshonoraren im Rahmen von punitive damages im Widerspruch zur American Rule of Costs steht und wegen der einseitigen Begünstigung des Klägers (nur dieser kann seine Kosten erstattet bekommen während der Beklagte seine Kosten immer selbst tragen muß) einen Verstoß gegen den Grundsatz des fair trial bedeutet. Mit diesem Problem hätte er sich aber auseinandersetzen dürfen und müssen.

Auch hat der neunte Senat selbst Wertungswidersprüche produziert. Z.B. wendet er sich in Bezug auf den Persönlichkeitsschutz mit seiner „Kalifornien-Entscheidung" gegen die ständige Rechtsprechung der anderen Senate und spricht nur in reduziertem Umfang eine Entschädigung zu. Er wendet sich damit gegen die zwar erst später ergangenen, von ihrer Intention her aber bereits vorher nicht nur absehbaren, sondern in ihrer Tendenz bereits manifestierten Entscheidungen in Sachen „Prinzessin Caroline von Monaco I und II" des sechsten Senates.

Weiterhin ist zu berücksichtigen, daß sich der neunte Senat zu den von ihm aufgegriffenen Punkten sehr fallbezogen geäußert hat und mehrfach auch selbst deutlich auf die Besonderheiten des Sachverhaltes abgestellt hat: Beide Parteien waren US-amerikanische Staatsbürger, der Tatort lag in den USA und der Beklagte hatte seinen Wohnsitz erst im Zuge der in den USA gegen ihn angestrengten Straf- und Zivilverfahren nach Deutschland verlagert. Der Inlandsbezug des Sachverhaltes war gering. Abgesehen davon hat der neunte Senat mehrfach darauf hingewiesen, daß grundsätzlich eine Einzelfallprüfung vorzunehmen sei. Er deutet selbst an, daß für Produkthaftpflichtfälle möglicherweise etwas anderes als das in der „Kalifornien-Entscheidung" Gesagte zu gelten habe. Berücksichtigt man insofern die Rechtsprechung des sechsten Senats in Sachen „Caroline von Monaco I und II", so wäre durchaus denkbar, daß in Produkthaftungsfällen bei der Bemessung von punitive damages in den USA eine Gewinnabschöpfung in Deutschland anerkannt wird.

Aufgrund dieser Überlegungen muß davon ausgegangen werden, daß die „Kalifornien-Entscheidung" des neunten Senats zwar verschiedene Hinweise für die Beantwortung unterschiedlicher Fragen der Anerkennung US-amerikanischer Schadensersatz- und Schmerzensgeldurteile in Deutschland gibt, daß aber noch eine Vielzahl von Fragen offen ist. Auch müssen die vom neunten Senat gegebenen Antworten kritisch überdacht werden. Sie sollten allenfalls zurückhaltend umgesetzt werden, eine Verallgemeinerung kommt lediglich eingeschränkt in Betracht.

Unbeantwortet bleibt die Frage, wann der BGH erneut die Möglichkeit erhält sich so umfassend wie in seiner „Kalifornien-Entscheidung" mit Fragen der Anerkennung US-amerikanischer Schadensersatz- und Schmerzensgeldurteile in Deutschland auseinanderzusetzen.

LITERATURVERZEICHNIS

Anonymus, Aus Aller Welt, USA, PHI 1996/99.

Anonymus, Aus Aller Welt, USA, PHI 1996/196.

Anonymus, Aus Aller Welt, USA, PHI 1997/70 f.

Ansay, Turgul, Variations on the Theme of Enforcement of Foreign Money Judgements, in: Festschrift für Wilhelm Wengler, Band II, Hrsg. J. Tittel u.a., Berlin 1973, S. 67 ff.

Assmann, Heinz-Dieter, Schadensersatz in mehrfacher Höhe des Schadens, BB 1985/15 ff.

Aubin, Bernhard, Die Rechtsvergleichende Konkretisierung von Kontrollmaßstäben des Verfassungsrechts in der deutschen Rechtsprechung, in: Landesreferate zum VIII. Internationalen Kongreß für Rechtsvergleichung in Uppsala, 1966, S. 99 ff.

Baade, Hans W., siehe Schlesinger, Rudolf B.

Barber, Horst, Objektive Schiedsfähigkeit und Ordre Public in der internationalen Schiedsgerichtsbarkeit, Frankfurt a. M. 1994.

Basedow, Jürgen, Das Internationale Zivilprozeßrecht im Visier des Gesetzgebers, StAZ 1983/233 ff.

ders., Die Neuregelung des Internationalen Privat- und Prozeßrechts, NJW 1986/2971 ff.

ders., Haftungsersetzung durch Versicherungsschutz - ein Stück Ordre Public?, IPRax 1994/85 f.

ders., Anm. zu BGH (Urt. v. 3.12.1992) abgedr. in IPRax 1994/204 ff., IPRax 1994/183 ff.

ders., Anm. zu BGH (Urt. v. 3.12.1992) abgedruckt in IPRax 1994/204 f., IPRax 1994/183 ff.

Baum, Harald, Inländische Abwehrklagen gegen US-amerikanische Produkthaftungsklagen, in: Herausforderungen des Internationalen Zivilverfahrensrechts (Hrsg. Heldrich, A. / Kono, T.), S. 185 ff.

Baumann, Peter, Leistungs- und Abänderungsklage bei früherem Auslandsurteil, IPRax 1990/28 ff.

Baumbach, Adolf / Lauterbach, Wolfgang / Albers, Jan / Hartmann, Peter, Zivilprozeßordnung, 54. Auflage, München 1996.
Zitiert: Baumbach/Lauterbach/Albers/Hartmann, ZPO.

Baumgartner, Samuel, Zulässigkeit und Bemessung von Punitive Damages (Anm. zu BMW of North America Inc. v. Dr. Ira Gore, Jr.), JZ 1997/156 ff.

Baur, Fritz, Einige Bemerkungen zum verfahrensrechtlichen Ordre Public, in: Festschrift für Max Guldener, Hrsg. Max Kummer, Hans Ulrich Walder, Zürich, 1973, S. 1 ff.

Becker, Michael, Zwingendes Eingriffsrecht in der Urteilsanerkennung, 60 RabelsZ (1996), S. 691 ff.

Beckmann, Ralph, Das Haager Beweisübereinkommen und seine Bedeutung für die Pre Trial Discovery, IPRax 1990/201 ff.

Behr, Volker, Enforcement of United States Money Judgements in Germany, 13 J. L. & Com. 211 - 232 (1994).

Behrens, Peter, Multinationale Unternehmen im Internationalen Enteignungsrecht der Bundesrepublik Deutschland, Baden-Baden, 1980.

Beitzke, Günther, Rechtsvergleichende Bemerkungen zur Anerkennung und Vollstreckung ausländischer zivilrechtlicher Entscheidungen in Jugoslawien, RabelsZ 30 (1966), S. 642 ff.

Bell, Andrew S., The Why and Wherefore of Transnational Forum Shopping, 69 Aust'l L. J. 124 - 142 (1995).

Berenscheidt, Michael, Anerkennung und Vollstreckung ausländischer Geldurteile in den USA, RIW/AWD 1976/554 ff.

Berner, Georg / Köhler, Gerd M., Polizeiaufgabengesetz - Handkommentar zum Bayerischen Polizeiaufgabengesetz, 1995 (14. Auflage).

Bernstein, Herbert, Prozessuale Risiken im Handel mit den USA, in: Festschrift für Murad Ferid, Hrsg. Andreas Heldrich, Hans Jürgen Sonnenberger, München 1988, S. 75 ff.

Bertheau, Thomas. R., Das New Yorker Abkommen vom 10. Juni 1958 über die Anerkennung und Vollstrekkung ausländischer Schiedssprüche, Zürich, 1965.

Beucher, Klaus, Punitive Damages und Rechtsstaatsprinzip, RIW 1992/893 ff.

Beucher, Klaus / Sandage, John B., United States Punitive Damage Awards in German Courts: The Evolving German Position on Service and Enforcement, 23 Vand. J. Transnat'l L. 967 - 791 (1991).

Birk, Rolf, Buchbesprechung von: Roth, G., Der Vorbehalt des Ordre Public gegenüber fremden gerichtlichen Entscheidungen, ZZP 81 (1968), S. 314 ff.

ders., Schadensersatz und sonstige Restitutionsformen im internationalen Privatrecht, Karlsruhe, 1969.

Black, Stephen F., s. Lange, Dieter G.

Blatt, Richard / Meyer, John, Punitive Damages, PHI 1988/56 ff.

Bleckmann, Albert, Sittenwidrigkeit wegen Verstoßes gegen den Ordre Public International, ZaöRV 34 (1974), S. 112 ff.

ders., Zur Anerkennung ausländischer Verwaltungsakte im europäischen Gemeinschaftsrecht, JZ 1985/1172 ff.

Böckstiegel, Karl-Heinz, s. Bülow, Arthur.

Böhmer, Christof, Spannungen im deutsch-amerikanischen Rechtsverkehr, NJW 1990/3049 ff.
ders., Reform des zivilgerichtlichen Verfahrens und der Punitive Damages in den USA?, PHI 1992/72 ff.
Bork, Reinhard, Sozialleistungen in den USA, RIW 1982/878 ff.
Brand, Ronald A., Enforcement of Foreign Money-Judgements in the United States: In Search of Uniformity and International Acceptance, 67 Notre Dame L. Rev. 253 - 334 (1991).
ders., Enforcement of Judgements in the United States and Europe, 13 J. L. & Comm. 193 (1994).
ders., Punitive Damages and the Recognition of Judgments, 18 NILR, 143 - 186 (1996).
Bronley, James F., s. Redinger, Craig T.
Brüning-Brinkmann, Töns, s. Hülsen, Hans-Viggo von.
Brunn, Johann Heinrich von, Der Europäische Ordre Public, NJW 1962/985 ff.
Bülow, Arthur / Böckstiegel, Karl-Heinz / Linke, Hartmut., Internationaler Rechtsverkehr in Zivil- und Handelssachen, Quellensammlung mit Erläuterungen, Band 1, 2, 3, München, (Loseblattsammlung).
Bungert, Hartwin, s. auch Stiefel Ernst C.
ders., Rechtskrafterstreckung eines österreichischen Einantwortungsbeschlusses, IPRax 1992/225 ff.
ders., Vollstreckbarkeit US-amerikanischer Schadensersatzurteile in exorbitanter Höhe in der Bundesrepublik, ZIP 1992/1707 ff.
ders., Inlandsbezug und Vollstreckbarkeit US-amerikanischer Produkthaftungsurteile, ZIP 1993/815 ff.
ders., Enforcing U.S. Excessive and Punitive Damages Awards in Germany, 27 Int'l Law 1075 - 1090 (1993).
ders., Verhältnismäßigkeitsprinzip und US-amerikanische Punitive Damages, VersR 1994/15 ff.
ders., Anmerkung zu BVerfG (B. v. 3.8.1994), EWiR 1994/1111 f.
Burow, Patrick, Einführung in die ökonomische Analyse des Rechts, JuS 1993/8 ff.;
Burst, Silke, Pönale Momente im ausländischen Privatrecht und deutscher Ordre Public, Frankfurt a. M., 1994.

Christie, George C., Current Trends in the American Law of Punitive Damages, 20 AngloAm L. Rev. 349 - 370 (1991).
Coester-Waltjen, Dagmar, Die Anerkennung gerichtlicher Entscheidungen in den Haager Übereinkommen, 57 RabelsZ (1993), S. 263 ff.
dies., Deutsches internationales Zivilverfahrensrecht und die Punitive Damages nach US-amerikanischem Recht, in: Herausforderungen des Internationalen Zivilverfahrensrechts (Hrsg. Heldrich, A. / Kono, T.), S. 15 ff.
Committee on Product Liability, Multiple Punitive Damages Awards: A Proposal for Meeting the Public Policy Challenge, 45 Rec. A. B. City N. Y. 776 - 806 (1990).
Coyle, Pamela, When Bigger isn't Better, 81 ABA Journal 66 - 72 (March 1995).

Damaska, Mirjan R., s. Schlesinger, Rudolf B.
Daniels, Stephen / Joanne, Martin, Myth and Reality in Punitive Damages, 75 Minn. L. Rev. 1 - 64 (1990).
Debusschere, David / Kretschmar, Ekkehard, Überblick über das Produkthaftungsrecht der vereinigten Staaten von Amerika, in: Produkthaftungshandbuch (Hrsg. v. Westphalen), Band 2, S. 222 ff.
Decker, Peter, Die Anerkennung ausländischer Entscheidungen im Zivilprozeß, Bamberg, 1984.
Denning, Lord, Anmerkung zu Smith Kline & French Laboratories Ltd. and others v. Bloch, 1 W. L. R. 730, 733 (1983).
Deutsch, Erwin, Haftungsrecht, Band 1, Köln, Berlin, Bonn, München, 1976.
ders., Anmerkung zu BGH (Urt. v. 4.6.1992), JZ 1993/266 ff.
Diedrich, Frank, s. Koch, Harald.
Dietzi, Hanspeter, Der Ordre Public im Internationalen Privatrecht in der Praxis des Bundesgerichts, Basel, 1969.
Dobbs, Dan B., s. Prosser, William L.
Dölle, Hans, Der Ordre Public im Internationalen Privatrecht, in: Landesreferate zum III. Internationalen Kongreß für Rechtsvergleichung in London, 1950, S. 397 ff.
Dörner, Heinrich, Internationales Verkehrsunfallrecht, Jura 1990/57 ff.
Drolshammer, Jens / Schärer, Heinz, Die Verletzung des materiellen Ordre Public als Verweigerungsgrund bei der Vollstreckung eines US-amerikanischen „Punitive Damages-Urteils", SJZ 1986/309 ff.

Ebbing, Frank, Strafschadensersatz als Investitionsrisiko – Die Situation nach „BMW Nordamerika", RIW 1996/993 ff.
Ebenroth, Carsten Th., Neuere Entwicklungen im deutschen Internationalen Gesellschaftsrecht, JZ 1988/18 ff.
Ebke, Werner F., Neuere Entwicklungen im US-amerikanischen Handels- und Wirtschaftsrecht, RIW 1990/145 ff.,
ders., Neuere Entwicklungen im US-amerikanischen Handels- und Wirtschaftsrecht, RIW 1991/772 ff.,
ders., Neuere Entwicklungen im US-amerikanischen Handels- und Wirtschaftsrecht, RIW 1993/767 ff.
ders., Neuere Entwicklungen im US-amerikanischen Handels- und Wirtschaftsrecht, RIW 1995/64 ff.

Eisenhart, Frank J., The Dissapointed Doctor and his Wounded BMW, EuZW 1996/523 ff.
Engisch, Karl, Einführung in das Juristische Denken, Stuttgart, 1989 (8. Auflage).
Epe, Axel, Die Funktion des Ordre Public im deutschen Internationalen Privatrecht, Tübingen, 1983.
Esser, Josef / Schmidt, Eike, Schuldrecht Allgemeiner Teil, Teilband 1, Heidelberg, 1995 (8. Auflage).

Feller, A. H., Die Vollstreckbarkeit von Urteilen amerikanischer Gerichte in Deutschland, JW 1931/112 ff.
Ferid, Murad, Internationales Privatrecht, Frankfurt a. M., 1986 (3. Auflage).
Fezer, Aspekte einer Rechtskritik an der economic analysis of law und am property right approach, JZ 1986/817
ders., Nochmals: Kritik an der ökonomischen Analyse des Rechts, JZ 1988/223 ff.
Fiebig, Andre R., The Recognition and Enforcement of Punitive Damage Awards in Germany: Recent Developements, 22 Ga. J. Int'l & Comp. L. 635 - 657 (1992).
Fischer, Gerfried, Recognition and Enforcement of American Tort Judgements in Germany, 68 St. John's L. Rev. 199 - 215 (1994).
Fleming, John G., The American Tort Process, Oxford 1988
Forde, M., The „Ordre Public“ Exception and Adjudicative Jurisdiction Conventions, 29 Int. & Comp. L. Q. 259 (1980).
Freisler, Linda S., Public Policy in den Kollisionsrechten der USA Gestern und Heute, Pfaffenweiler, 1989.
Frick, Mario, Die Anerkennung und Vollstreckung ausländischer Entscheidungen in Zivilsachen im Fürstentum Liechtenstein - unter Berücksichtigung des schweizerischen, österreichischen und deutschen Rechts, St. Gallen, 1992.
Fricke, Martin, Neues vom Vermögensgerichtsstand, NJW 1992/3066 ff.
Fuller, David J., „Smart Money“, 17 W. St. U. L. Rev. 305 - 324 (1990).

Geimer, Reinhold, Zur Prüfung der Gerichtsbarkeit und der internationalen Zuständigkeit bei der Anerkennung ausländischer Urteile, Bielefeld, 1966.
ders., Grundfragen der Anerkennung und Vollstreckung ausländischer Urteile im Inland, JuS 1965/475 ff.
ders., Die Vollstreckbarerklärung ausländischer Urteile, NJW 1965/1413 ff.
ders., Zur Nichtanerkennung ausländischer Urteile wegen nicht ordnungsgemäßen erststaatlichen Verfahrens, JZ 1969/12 ff.
ders., Anm. zu BGH (Urt. v. 15.10.1969), NJW 1970/387 ff.
ders., Nichtanerkennung ausländischer Urteile wegen nicht gehöriger Ladung zum Erstprozeß, NJW 1973/2138
ders., Das Anerkennungsverfahren gemäß Art. 26 II des EWG-Übereinkommens vom 27. September 1968, JZ 1977/145 ff.
ders., Anmerkung zu KG (B. v. 3.3.1987), NJW 1988/649 ff.
ders., Anmerkung zu BayObLG (B. v. 17.12.1987), NJW 1988/2178 ff.
ders., Anmerkung zu BGH (B. v. 9.5.1990), ZZP 103 (1990), S. 477 ff.
ders., Rechtsschutz in Deutschland künftig nur bei Inlandsbezug?, NJW 1991/3072 ff.
ders., Anerkennung und Vollstreckbarerklärung von Ex Parte-Unterhaltsentscheidungen aus EuGVÜ-Vertragsstaaten, IPRax 1992/5 ff.
ders., Verfassung, Völkerrecht und Internationales Zivilverfahrensrecht, ZfRV 1992/321 ff., 401 ff.
ders., Anmerkung zu BGH (Urt. v. 4.6.1992), EWiR 1992/827 f.
ders., Anmerkung zu OLG Frankfurt a. M. (Urt. v. 18.5.1989), EWiR 1992/829 f.
ders., Internationales Zivilprozeßrecht, Köln 1997 (3. Auflage).
Zitiert: IZPR.
ders., Wahrheitspflicht und Kostentragungslast im ausländischen Prozeß aus der deutschen Anerkennungsperspektive, IPRax 1993/292 ff.
ders., Vorbehaltlose Einlassung und Verbürgung der Gegenseitigkeit als Regulative für die internationale Anerkennungszuständigkeit, IPRax 1994/187.
ders., Menschenrechte im Internationalen Zivilverfahrensrecht, BerDtGesVR 33 (1994), S. 213 ff.
ders., Anm. zu BVerfG (B. v. 7.12.1994), EWiR 1995/162 f.
ders. Anerkennung ausländischer Entscheidungen, München 1995.
Zitiert: Anerkennung.
Geimer, Reinhold / Schütze, Rolf A., Internationale Urteilsanerkennung, Band I/2, München, 1984.
Geller, Kenneth S. / Levy, Mark I., The Constitutionality of Punitive Damages, 73 ABA Journal 88 - 91 (1987).
Gesler, Helmuth, § 328 ZPO - Ein Beitrag zur Lehre von der zwingenden Natur der Kollisionsnormen, Mannheim/Berlin/Leipzig, 1933.
Ghiardi James D., Punitive Damages - Legislative Reform, 39 Fed'n Ins. & Corp. Couns. Q. 189 - 199 (1989).
Gotanda John Y., Awarding Punitive Damages in International Commercial Arbitrations in the Wake of Mastrobuono vs. Sherson Lehmann Hutton, Inc., 38 Harv. Int. L. J. 61 – 105 (1997).
Gottwald, Peter, s. auch Rosenberg, Leo.

ders., Class Action auf Leistung von Schadensersatz nach amerikanischem Vorbild im deutschen Zivilprozeß ?, ZZP 91 (1978), S. 1 ff.

ders., Grundfragen zur Anerkennung und Vollstreckung ausländischer Entscheidungen in Zivilsachen, ZZP 103 (1990), S. 257 ff.

ders., Anmerkung zu LG Düsseldorf (B. v. 24.1.1991), FamRZ 1991/581 ff.

ders., Anerkennungszuständigkeit und doppelrelevante Tatsachen, IPRax 1995/75 f.

Götze, Cornelius, Vouchering in und Third-Party Practice, Formen unfreiwilliger Drittbeteiligung im amerikanischen Zivilprozeß und ihre Anerkennung in Deutschland, Berlin, 1994.

Graupner, Rudolf, Zur Entstehungsgeschichte des § 328 ZPO, in Festschrift für Murad Ferid, Hrsg. Andreas Heldrich, Hans Jürgen Sonnenberger, München 1988, S. 183 ff.

Greger, Reinhard, Discovery am Amtsgericht?, ZRP 1988/164 ff.

ders., Anmerkung zu OLG München (B. v. 9.5.1989), NJW 1989/3103 ff.

Grothe, Helmut, „Exorbitante" Gerichtszuständigkeiten im Rechtsverkehr zwischen Deutschland und den USA, RabelsZ 58 (1994), S. 686 ff.
(Eine gekürzte Fassung des Aufsatzes findet sich in der im folgenden genannten Fundstelle).

ders., Exorbitante Gerichtszuständigkeiten - Konfliktquellen im deutsch-amerikanischen Rechts- und Wirtschaftsverkehr, in: Herausforderungen des Internationalen Zivilverfahrensrechts (Hrsg. Heldrich, A. / Kono, T.), S. 209 ff.
(Eine ausführliche Fassung des Aufsatzes findet sich in der vorhergehend genannten Fundstelle).

Gross, Jonathan, Defending „Pattern and Practice" Evidence in Punitive Damages Cases, 61 Def. Couns. J. 403 - 411 (1994).

Grossfeld, Bernhard, Probleme der Rechtsvergleichung im Verhältnis Vereinigte Staaten von Amerika – Deutschland, RabelsZ 39 (1975) S. 5 ff.

Grunsky, Wolfgang, Lex Fori und Verfahrensrecht, ZZP 89 (1976), S. 241 ff.

ders., Der Ersatz fiktiver Kosten bei der Unfallschadensregulierung, NJW 1983/2465 ff.

Habscheid, Walter, Randvermerke im Geburtenbuch auf Grund ausländischer gerichtlicher Entscheidungen, FamRZ 1981/1142 ff.

ders. / Stürner, Rolf (Hrsg.), Der Justizkonflikt mit den Vereinigten Staaten von Amerika, Bielefeld, 1986.
Zitiert: Justizkonflikt.

Hare, Francis H. / Kretschmar, Ekkehard, Das „Discovery"-Verfahren in Produkthaftungsprozessen, in: Produkthaftungshandbuch (Hrsg. v. Westphalen), Band 2, S. 329 ff.

Haug, David M., Protective Orders: A Benefit to All, Barrister Magazine 1994/15 ff.

Hauser, Robert, Zur Vollstreckbarerklärung ausländischer Leistungsurteile in der Schweiz, in: Festschrift für Max Keller, Hrsg. Peter Forstmoser u.a., Zürich 1989, S. 589 ff.

Hausmann, Rainer, s. Jayme, Erik.

Hay, Peter, Die internationale Zuständigkeit amerikanischer Gerichte in Zivil- und Handelssachen, JZ 1977/697 ff.

ders., Die Anwendung US-amerikanischer jurisdiction-Regeln als Verweisungsnorm bei Scheidung von in Deutschland wohnenden Amerikanern, IPRax 1988/265 ff.

ders., The Recognition and Enforcement of American Money-Judgements in Germany - The 1992 Decision of the German Supreme Court, 40 Am. J. Comp. L. 729 - 750 (1992).

Hay, Peter / Rasmussen-Bonne, Hans-Eric, Bemerkungen zum deutsch-amerikanischen „Justizkonflikt", DAJV-Newsletter 3/92, S. 33 ff.

Heck, Axel, Die Haager Konvention über die Beweisaufnahme im Ausland aus der Sicht der amerikanischen Prozeßgerichte sowie der amerikanischen Regierung, ZVglRWiss 84 (1985), S. 208 ff.

Hector, Pascal, Das völkerrechtliche Abwägungsgebot, Berlin, 1992.

Heesch, Peter C., Amerikanisches Gericht verhängt 125 Millionen US-Dollar Strafschadensersatz, JZ 1978/247.

Heidenberger, Peter, Der amerikanische Jury-Prozeß in Produkthaftungsfällen, RIW 1982/872 ff.

ders., Haager Beweisübereinkommen und Urkundenvorlage deutscher Parteien in den USA, RIW 1985/437 ff.

ders., Zur Vollstreckbarerklärung von US-Jury-Urteilen gegen deutsche Hersteller, RIW 1990/804 ff.

ders., Vollstreckbarerklärung von U.S. Jury-Urteilen, RIW 1991/599 ff.

ders., Zustellung amerikanischer Punitive-damages-Klagen weiterhin ein Problem, RIW 1995/705 ff.

ders., US-Supreme Court hört BMW-Fall wegen punitive damages, RIW 1995/1023 ff.

ders., Punitive damages-Urteil gegen BMW aufgehoben, RIW 1996/765 f.

ders., 96,8 % amerikanischer Klagen enden durch Vergleich, RIW 1997/464 ff.

Heldrich, Andreas, Internationale Zuständigkeit und anwendbares Recht, Tübingen, 1969.
Zitiert: Internationale Zuständigkeit.

Heldrich, Andreas / Kono, Toshiyuki (Hrsg.), Herausforderungen des Internationalen Zivilverfahrensrechts, (Japanisch-Deutsch-Schweizerisches Symposium über aktuelle Fragen des Internationalen Zivilverfahrensrechts im Verhältnis zu den USA), Tübingen, 1994.
Zitiert: Herausforderungen.

ders., Aktuelle Probleme des internationalen Zivilprozeßrechts unter besonderer Berücksichtigung des Verhältnisses zu den USA, in: Herausforderungen des Internationalen Zivilverfahrensrechts (Hrsg. Heldrich, A. / Kono, T.), S. 1 ff.

Henrich, Dieter, Die Bedeutung der Grundrechte bei der Anwendung fremden Rechts, RabelsZ 36 (1972), S. 2 f.

Henry, David J., Pretrial Discovery in USA: Exterritorialer Einfluß auf Durchsetzung und Benutzung von gewerblichen Schutzrechten, GRUR Int. 1983/82 ff.

Herzog, Peter E., s. Schlesinger, Rudolf B.

Heymann, Ekkehard. von, Der Ordre Public in der privaten Schiedsgerichtsbarkeit, Bielefeld, 1969.

Hippel, Eike von., Schadensersatzklagen gegen deutsche Produzenten in den Vereinigten Staaten, RIW/AWD 1971/61 ff.

Hirte, Heribert / Otte, Karsten, Die Rechtsprechung im Haftungsrecht in den Vereinigten Staaten von Amerika im Jahre 1995, VersR 1997/18 ff. (Teil 1), 153 ff. (Teil 2).

Hoechst, Peter, Zur Versicherbarkeit von Punitive Damages, VersR 1983/13 ff.

ders., Die US-amerikanische Produzentenhaftung, Köln, 1986.

Hök, Götz-Sebastian Zur Zustellung durch Aufgabe zur Post im internationalen Rechtsverkehr, JurBüro 1989/1217 ff.

Hoenig, Michael, Products Liability: Substantive, Procedural and Policy Issues (A Collection of selected „Product Liability" Columns from the N.Y. Law Journal), New York, 1977 - 1991.

Hoeren, Thomas, Anmerkung zu BVerfG (B. v. 7.12.1994), WiB 1995/306 ff.

Hoffmann, Bernd von, Gegenwartsprobleme internationaler Zuständigkeit, IPRax 1982/217 ff.

ders., Inländische Sachnormen mit zwingend internationalem Anwendungsbereich, IPRax 1989/261 ff.

Holoch, Günter, Keine Verfassungswidrigkeit der Rechtshilfe für Zustellung von punitive-damages-Klagen, JuS 1995/454 ff.

Hollmann, Hermann H., Auslandszustellung in US-amerikanischen Zivil- und Verwaltungssachen, RIW 1982/784 ff.

Homburger, Adolf / Kötz, Hein, Klagen Privater im öffentlichen Interesse, Frankfurt a. M., 1975

Hommelsheim, Edgar, Kostentragung und -ausgleichung im amerikanischen Zivilprozeß, 1990, Bonn, 1990.

Honsell, Heinrich / Harrer, Friedrich, Entwicklungstendenzen im Schadensersatzrecht, JuS 1985/161 ff.

Horn, Norbert, Die Entwicklung des internationalen Wirtschaftsrechts durch Verhaltensrichtlinien, RabelsZ 44 (1988), S. 423 ff.

Huber, Peter, Forum Non Conveniens und EuGVÜ, RIW 1993/977 ff.

Hülsen, Hans-Viggo von, Produkthaftpflicht USA 1981, RIW 1982/1 ff.

ders., Gebrauch und Mißbrauch US-amerikanischer „Pre-Trial Discovery" und die internationale Rechtshilfe, RIW 1982/225 ff.

ders., Kanadische und Europäische Reaktionen auf die US „Pre Trial Discovery", RIW 1982/537 ff.

Hülsen, Hans Viggo von / Brüning-Brinkmann, Töns, Produkthaftung USA 1983/84, RIW 1985/187 ff.

Jaenicke, Günther, Zur Frage des internationalen Ordre Public, in: BerDtGesVR 7 (1967), S. 77 ff.

Jayme, Erik, Wandlungen des Ordre Public im internationalen Wirtschaftsrecht, StAZ 1980/301 ff.

ders., Methoden der Konkretisierung des Ordre Public im Internationalen Privatrecht, Heidelberg, 1989.

Jayme, Erik / Hausmann, Rainer, Internationales Privat- und Verfahrensrecht, München, 1990.

Jeffries, John C., A Comment on the Constitutionality of Punitive Damages, 72 Va. L. Rev. 139 - 158 (1986).

Jestaedt, Thomas, Erstattung von Anwaltskosten im US-prozeß?, RIW 1986/95 ff.

Joanne, Martin, s. Daniels, Stephen.

Juenger, Friedrich K., Der Kampf ums Forum: Forum Shopping, RabelsZ 46 (1982), S. 708 ff.

ders., The Recognition of Money Judgments in Civil and Commercial Matters, 36 Am. J. Comp. L. 1 - 39 (1988).

ders., A Shoe Unfit for Globetrotting, 28 U. C. Davis L. Rev. 1027 – 1045 (1995).

Juenger, Friedrich K. / Reimann, Mathias, Zustellung von Klagen auf Punitive Damages nach dem Haager Zustellungsübereinkommen, NJW 1994/3274 ff.

Junker, Abbo, Der lange Arm amerikanischer Gerichte; Gerichtsgewalt, Zustellung und Jurisdictional Discovery, IPRax 1986/197 ff.

ders., Discovery im deutsch-amerikanischen Rechtsverkehr, Heidelberg, 1987.

ders., Der deutsch-amerikanische Rechtsverkehr in Zivilsachen - Zustellungen und Beweisaufnahmen, JZ 1989/121 ff.

ders., US-amerikanische „Discovery“ als Herausforderung des Internationalen Zivilprozeßrechts, in: Herausforderungen des Internationalen Zivilverfahrensrechts (Hrsg. Heldrich, A. / Kono, T.), S. 163 ff.

Kather, Peter, Der Kodex der Vereinten Nationen über wettbewerbsbeschränkende Geschäftspraktiken, München, 1986.
Kaufmann-Kohler, Gabrielle, Enforcement of United States Judgements in Switzerland, WUR 35 (1983), S. 211.
Keeton, Robert E., s. Prosser, William L.
Keeton, W. Page, s. Prosser, William L.
Kegel, Gerhard, Internationales Privatrecht, München 1985 (5. Auflage).
Kern, Bernd-Rüdiger, Die Genugtuungsfunktion des Schmerzensgeldes - ein pönales Element im Schadensrecht, AcP 191 (1991), S. 247 ff.
Kionka, Edward, Torts in a Nut-Shell, 4 repr., St. Paul, Min., West Publ., 1984.
Kirchgässner, Gebhard, Führt der homo oeconomicus in die Irre?, JZ 1991/104 ff.
Kisskalt, Wilhelm, Die Vollstreckbarkeit kalifornischer Urteile in Deutschland, LZ 1907/689 ff.
Kleinknecht, Theodor / Meyer-Goßner, Lutz, Strafprozeßordnung, Gerichtsverfassungsgesetz, Nebengesetze und ergänzende Bestimmungen, München, 1997 (43. Auflage).
Koch, Harald, Über die Entbehrlichkeit der „gewillkürten Prozeßstandschaft“, JZ 1984/809 ff.
ders., Zur Praxis der Rechtshilfe im amerikanisch-deutschen Prozeßrecht - Ergebnisse einer Umfrage zu den Haager Zustellungs- und Beweisaufnahmeübereinkommen, IPRax 1985/245 ff.
ders., Streitverkündung und Drittklagen im amerikanisch-deutschen Prozeß, ZverglRWiss 85 (1986), S. 11 ff.
ders., Anerkennung und Vollstreckung ausländischer Urteile und ausländischer Schiedssprüche in der Bundesrepublik Deutschland, in: Deutsche Landesberichte zur VIII. Weltkonferenz für Prozeßrecht in Utrecht, 1987, Effiziente Rechtsverfolgung, Hrsg. Peter Gilles, Heidelberg, 1987, S. 161 ff.
ders., Haager Zustellungsübereinkommen oder „Zustellungsdurchgriff“ auf Muttergesellschaften?, IPRax 1989/ 313 ff.
ders., Ausländischer Schadensersatz vor deutschen Gerichten, NJW 1992/3073 ff.
Koch, Harald / Diedrich, Frank, Grundrechte als Maßstab für Zustellungen nach dem Haager Zustellungsübereinkommen?, ZIP 1994/1830 ff.
Koch, Harald / Zekoll, Joachim, Anmerkung zu BGH (Urt. v. 4.6.1992), IPRax 1993/288 ff.
Koenig, Thomas, s. Rustard, Michael
Köhler, Helmut, Abstrakte oder konkrete Berechnung des Geldersatzes nach § 249 Satz 2 BGB, in: Festschrift für Karl Larenz, Hrsg. Claus-Wilhelm Canaris, Uwe Diedrichsen, München, 1983, S. 363 ff.
ders., Der Schadensersatz-, Bereicherungs- und Auskunftsanspruch im Wettbewerbsrecht, NJW 1992/1477 ff.
Kono, Toshiyuki / Heldrich, Andreas (Hrsg.), Herausforderungen des Internationalen Zivilverfahrensrechts, (Japanisch-Deutsch-Schweizerisches Symposium über aktuelle Fragen des Internationalen Zivilverfahrensrechts im Verhältnis zu den USA), Tübingen, 1994.
Kornblum, Udo, Grenzfragen des Ordre Public in der privaten Schiedsgerichtsbarkeit, KTS 29 (1968), S. 143 ff.
ders., „Ordre Public Transnational“, „Ordre Public International“ und „Ordre Public Interne“ im Recht der privaten Schiedsgerichtsbarkeit, in: Festschrift für Heinrich Nagel, Hrsg. Walter Habscheid, Karl Heinz Schwab, Aschendorff / Münster 1987, S. 140 ff.
ders., Das „Gebot überparteilicher Rechtspflege“ und der deutsche schiedsrechtliche Ordre Public, NJW 1987/ 1105 ff.
Kötz, Hein, s. auch Homburger, Adolf.
ders., Public Interest Litigation: A Comparative Survey, in: Mauro Cappelletti (Hrsg.), Access to Justice and the Wellfare State (= Veröffentlichung des europäischen Hochschulinstitutes Badia, Fiesolane, Firenze, Alphen aan den Rijn, Stuttgart, Bruxelles, 1964), S. 85 ff.
Kraus, Hans-Michael, Enforcement of Foreign Money Judgements in the Federal Republic of Germany - Some Aspects of Public Policy, 17 Tex. Int'l Lit. 195 - 211 (1982).
Kretschmar, Ekkehard, s. Debusschere, David und Hare, Francis H.
Kriele, Martin, Ehrenschutz und Meinungsfreiheit, NJW 1994/1897 ff.
Kropholler, Jan, Anmerkung zu BGH (B. v. 22.6.1983), JZ 1983/905 ff.
ders., Internationales Privatrecht, Tübingen, 1990.
ders., Europäisches Zivilprozeßrecht, Heidelberg, 1991 (3. Auflage).
Krusch, Walter, Seite und Einheit, Tübingen, 1962.
Kurth, Jürgen, Inländischer Rechtsschutz gegen Verfahren vor ausländischen Gerichten, Berlin, 1988.

Lange, Dieter / Black, Stephen F., Der Zivilprozeß in den Vereinigten Staaten (Ein praktischer Leitfaden für deutsche Unternehmer), Heidelberg, 1987.
Lange, Dieter / Wiessner, Siegfried, Die Schiedsfähigkeit internationaler Antitrust-Streitigkeiten, RIW 1985/757
Lange, Hermann, Schadensersatz, 2. Auflage, Tübingen, 1990.

Langner, Julian, Amerikanische Haftpflichtpraxis im Streit zwischen Wirtschaft, Anwaltschaft und Verbraucherverbänden, DAJV-Newsletter 1/93, S. 8 ff.
Larenz, Karl, Lehrbuch des Schuldrechts, Band 1, Allgemeiner Teil, München, 1987 (14. Auflage)
Leipold, Dieter, Lex fori, Souveränität, Discovery - Grundfragen des Internationalen Zivilprozeßrechts, Heidelberg 1989.
Lenz, Christian, Amerikanische Punitive Damages vor dem Schweizer Richter, Zürich, 1992.
Levy, Mark I., s. Geller, Kenneth S.
Linke , Hartmut. s. auch Bülow, Arthur.
ders., Internationales Zivilprozeßrecht, Köln, Berlin, Bonn, München 1990.
Litwin, J. L., Attorneys' Fees or other Expenses of Litigation as Element in Measuring Exemplary or Punitive Damages, 30 ALR 3d 1443 - 1455 (1979).
Löber, Burckhardt, Forum Shopping, Forum Non Conveniens oder schlicht: Justizgewährungsanspruch, IPRax 1986/283 ff.
Lorenz, Stephan, Die Neuregelung der pre-trial-Discovery im US-amerikanischen Zivilprozeßrecht – Inspiration für den deutschen und europäischen Zivilprozeß?, ZZP 111 (1998) S. 35 ff.
Lowenfeld, Andreas F., Discovery-Verfahren und internationale Rechtshilfe, IPRax 1984/51 ff.

Mann, Friedrich A., Anmerkung zu OLG München (Urt. v. 27.11.1980), JZ 1981/840.
Mann, Kenneth, Punitive Civil Sanctions: The Middleground Between Criminal and Civil Law, 101 Yale l. Y. 1785 - 1873 (1992).
Mann, Roger, Die Anerkennungsfähigkeit von US-amerikanischen „Class-Action"-Urteilen, NJW 1994/1187 ff.
Mansel, Heinz-Peter, Streitverkündung (Vouchering in) und Drittklage (Third Party Complaint) im US-Zivilprozeß und die Urteilsanerkennung in Deutschland, in: Herausforderungen des Internationalen Zivilverfahrensrechts (Hrsg. Heldrich, A. / Kono, T.), S. 63 ff.
Mark, Jürgen, Amerikanische Class Action und deutsches Zivilprozeßrecht, EuZW 1994/238 ff.
ders. / Ziegenhain, Hans-Jörg, Der Gerichtsstand des Vermögens im Spannungsfeld zwischen Völkerrecht und deutschem internationalen Prozeßrecht, NJW 1992/3062 ff.
Martens, Dirk-Reiner, Erfahrungen mit Rechtshilfeersuchen aus den USA nach dem Haager Beweisaufnahme-Übereinkommen, RIW/AWD 1981/725 ff.
Martiny, Dieter, Handbuch des Internationalen Zivilverfahrensrechts, Band III/1, III/2 (Hrsg. Max-Planck-Institut für Ausländisches und Internationales Privatrecht, Hamburg), Tübingen, 1984.
ders., Recognition and Enforcement of Foreign Money Judgments in the Federal Republic of Germany, 35 Am. J. Comp. L. 721 - 759 (1987).
Martiny, Dieter / Reithmann, Christoph, Internationales Vertragsrecht, Köln, 1988.
Marx, Ludger, Der verfahrensrechtliche Ordre Public bei der Anerkennung und Vollstreckung ausländischer Schiedssprüche in Deutschland, Frankfurt a. M., 1994.
Matscher, Franz, Der neue österreichisch-deutsche Vertrag über die Anerkennung und Vollstreckung von gerichtlichen Entscheidungen im Lichte der allgemeinen Lehren des internationalen Zivilprozeßrechts, JBl. 1960/265 ff.
ders., Zur Entwicklung der Rechtsbeziehungen mit der Schweiz auf dem Gebiet des Privat- und Prozeßrechts, JBl. 1962/356 ff.
ders., Zur Theorie der Anerkennung ausländischer Urteile nach österreichischem Recht, in: Festschrift für Hans Schima, Hrsg. Hans W. Fasching, Winfried Kralik, Wien 1969, S. 265 ff.
ders., Einige Probleme der internationalen Urteilsanerkennung und -vollstreckung, ZZP 86 (1973), S. 404 ff.
ders., Zur Teilanerkennung und zur Teilvollstreckung ausländischer Urteile, in: Festschrift für Otto Reimer, Hrsg. Stiftungs- und Förderungsgesellschaft der Paris-Lodron-Universität Salzburg, Salzburg / München 1976, S. 33 ff.
ders., Vollstreckung im Auslandsverkehr von vorläufig vollstreckbaren Entscheidungen und von Maßnahmen des provisorischen Rechtsschutzes, ZZP 95 (1982), S. 170 ff.
Maxeiner, James, Die Gefahr der Übertragung deutschen Rechtsdenkens auf den US-amerikanischen Zivilprozeß, RIW 1990/440 ff.
Medicus, Dieter, Gründe und Grenzen des Ersatzes „fiktiver Schäden", DAR 1982/352 ff.
Meessen, Karl M., Internationale Verhaltenskodizes und Sittenwidrigkeitsklauseln, NJW 1981/1131 ff.
Mehren, Arthur Taylor von, Recognition of United States Judgements Abroad and Foreign Judgments in the United States, 57 RabelsZ (1993), S. 449 ff
Meise, Helmut, Zur Relativität der Vorbehaltsklausel im internationalen und interlokalen Privatrecht, Hamburg, 1966.
Mentz, Alexander, Das „Pre-Trial Discovery" Verfahren im US-amerikanischen Zivilprozeßrecht, RIW 1981/73
Merz, Die Rechtsprechung des Bundesgerichtshofs zur Vollstreckung ausländischer Urteile in Zivil- und Handelssachen, WM 1977/214 ff.

Middelton, Martha, A Changing Landscape, 81 ABA Journal 56 – 61 (August 1995).
Mörsdorf-Schulte, Juliana, Buchbesprechung zu: Lenz, Christian, Amerikanische Punitive Damages vor dem Schweizer Richter, DAJV-Newsletter 2/93, S. 34 ff.
Morisse, Heiko, Die Zustellung US-amerikanischer Punitive-Damages-Klagen in Deutschland, RIW 1995/370 ff.
Moser, Berthold, Die europäische Menschenrechtskonvention als Quelle des internationalen Privatrechts, ÖJZ 29 (1974), S. 650 ff.
Müller, Klaus, Zum Begriff der „Anerkennung" von Urteilen in § 328 ZPO, ZZP 79 (1966), S. 199 ff.
Münchner Kommentar zum Bürgerlichen Gesetzbuch, Hrsg. Kurt Rebmann, Franz Jürgen Säcker, Band 2, Schuldrecht Allgemeiner Teil (§§ 241 – 432 BGB), München, 1994 (3. Auflage).
Zitiert: MünchKomm-Verfasser, BGB, Band 2.
Münchner Kommentar zum Bürgerlichen Gesetzbuch, Hrsg. Kurt Rebmann, Franz Jürgen Säcker, Band 7, EGBGB und IPR, München, 1990 (2. Auflage).
Zitiert: MünchKomm-Verfasser, BGB, Band 7.
Münchner Kommentar zur Zivilprozeßordnung, Hrsg. Kurt Rebmann, Franz Jürgen Säcker, Band 1 (§§ 1 – 354 ZPO), München, 1992.
Zitiert: MünchKomm-Verfasser, ZPO.

Nagel, Heinrich, Internationales Zivilprozeßrecht, Münster 1991.
Nagel, Heinrich, Zur Begrenzung des internationalen Prozeßrechts durch das Völkerrecht, ZZP 75 (1962), S. 408
Nettesheim, Patrick J. / Stahl, Henning, Bundesgerichtshof Rejects Enforcement of United States Punitive Damages Award, 28 Tex. Int'l L. J. 415 - 425 (1993).
Neuhaus, Paul H., Die Grundbegriffe des Internationalen Privatrechts, Tübingen, 1976.
Neuhaus, Paul H., Buchbesprechung zu Roth, G., Der Vorbehalt des Ordre Public gegenüber fremden gerichtlichen Entscheidungen, RabelsZ 33 (1969), S. 163 ff.
Neuhaus, Paul H. / Kropholler, Jan, Entwurf eines Gesetzes über Internationales Privat- und Verfahrensrecht (IPR-Gesetz), RabelsZ 44 (1980), S. 326 ff.
Nichols, Alfred G. jr., Comment, Punitive Damages in Mississippi – A Brief Survey, 37 Miss. L. J. 131, 138 (1965).
Note, Re the Enforcement of a US-judgement (Case 20.0.314/88), 3 Int'l Litig. Procedure 430 - 438 (1992).
Note, An Economic Analysis of the Plaintiff's Windfall from Punitive Damage Litigation, 105 Harv. L. Rev. 1900 - 1920 (1992).
Note, The Supreme Court - Leading Cases, Punitive Damages, Grossly Excessive Awards, 110 Harv. L. Rev. 135, 145 (1996).

Ochsenfeld, Frank, Zuständigkeitsvereinbarungen im amerikanischen Zivilprozeß, RIW 1995/633 ff.
Ott, Claus / Schäfer, Hans-Bernd, Die ökonomische Analyse des Rechts – Irrweg oder Chance wissenschaftlicher Rechtserkenntnis?, JZ 1988/213 ff.,
dies., Schmerzensgeld bei Körperverletzungen, Eine ökonomische Analyse, JZ 1990/563 ff.
Otte, Karsten, s. auch Hirte, Heribert.
ders., Punitive Damages - keine Begrenzung durch US-amerikanisches Verfassungsgericht, RIW 1990/299 ff.
Otto, Mathias, Der prozessuale Durchgriff, München, 1993.
Owen, David G., s. auch Prosser, William L.
ders., Punitive Damages in Products Liability Litigation, 74 Mich. L. Rev. 1258 - 1287 (1976).

Palandt, Bürgerliches Gesetzbuch, Kommentar, begründet von Otto Palandt, München, 1997 (56. Auflage).
Zitiert: Palandt-Verfasser, BGB.
Parliman, Gregory C. / Shoeman, Rosalie J., Punitive Damages: A Discussion of Judical and Legislative Responses to Exessive Jury Awards, 20 Empl. Rel. L. J. 177 - 188 (1994).
Paulus, Christoph, Discovery, Deutsches Recht und das Haager Beweisübereinkommen, ZZP 104 (91), S. 397 ff.
Peglow, Michael, s. Triebel, Volker.
Perczek, Jacqueline, On Efficiency, Punishment, Deterrence and Fairness: A Survey of Punitive Damages Law and a Proposed Jury Instruction, 27 Suffolk U. L. Rev. 825 - 904 (1993).
Peterson, Courtland H., Die Anerkennung und Vollstreckung ausländischer Urteile in den Vereinigten Staaten von Amerika, RabelsZ 33 (1969), S. 543 ff.
ders., United States Supreme Court on the Constitutionality of Punitive Damages, IPRax 1990/187 ff.
ders., US Supreme Court upholds use of transnational jurisdiction, IPRax 1991/267 ff.
Pfeil-Kammerer, Christa, Deutsch-amerikanischer Rechtshilfeverkehr in Zivilsachen, Tübingen, 1987.
Pirrung, Jörg, Internationales Privat- und Verfahrensrecht nach dem Inkrafttreten der Neuregelung des IPR, Köln, 1987.

Prentice, Robert A., Reforming Punitive Damages: The Judical Bargaining Concept, 7 Rev. Litigation 113 - 165 (1988).
Prinz, Matthias, Der Schutz der Persönlichkeitsrechte vor Verletzungen durch die Medien, NJW 1995/817 ff.
ders., Geldentschädigung bei Persönlichkeitsrechtsverletzungen durch Medien, NJW 1996/953 ff.
Prosser, William L. / Keeton, W. Page / Dobbs, Dan B. / Keeton, Robert E. / Owen, David G., The Law of Torts, St. Paul, Minn. (USA): West Publ. Co., 1984 (5th edition).
Zitiert: Prosser and Keeton.

Raeschke-Kessler, Hilmar, Binnenmarkt, Schiedsgerichtsbarkeit und Ordre Public, EuZW 1990/145 ff.
Rasmussen-Bonne, Hans-Eric, s. Hay, Peter.
Redinger, Craig T. / Bronley, James F., USA: Die Verfassungswidrigkeit von punitive damages, PHI 1987/187 f.
Reimann, Mathias, s. auch Juenger, Friedrich K.
ders., Beyond Fishing - Weitreichende Neuerungen im amerikanischen Discovery-Verfahren, IPRax 1994/152 ff.
ders., Einführung in das US-amerikanische Privatrecht, München, 1997.
Reithmann, Christoph, s. Martiny, Dieter.
Richardi, Jörg, Die Anerkennung und Vollstreckung ausländischer Akte der freiwilligen Gerichtsbarkeit unter besonderer Berücksichtigung des autonomen Rechts, Konstanz, 1991.
Rippert, Stephan K., Das Beweisverfahren im amerikanischen Recht, RIW 1993/626 ff.
Roggenbuck, Susanne, US-amerikanische Discovery im deutschen Zivilprozeß, IPRax 1997/76 ff.
Rosenberg, Leo / Schwab, Karl Heinz / Gottwald, Peter, Zivilprozeßrecht, München, 1993.
Rosengarten, Joachim, Punitive Damages und ihre Anerkennung und Vollstreckung in der Bundesrepublik Deutschland, Hamburg, 1994.
ders., Der Präventionsgedanke im deutschen Zivilrecht, NJW 1996/1935 ff.
Roth, Günther H., Der Vorbehalt des Ordre Public gegenüber fremden gerichtlichen Entscheidungen, Bielefeld, 1967.
ders., Der Vorbehalt des Ordre Public im Internationalen Privatrecht, NJW 1967/134 ff.
ders., Anmerkung zu BGH (Urt. v. 18.10.1967), ZZP 82 (1969), S. 149 ff.
ders., Zulässiges Forum Shopping?, IPRax 1984/183 ff.
Roth, Herbert, Herausbildung von Prinzipien im europäischen Vollstreckungsrecht, IPRax 1989/14 ff.
Rustard, Michael / Koenig, Thomas, The Historical Continuity of Punitive Damages Awards: Reforming the Tort Reformers, 42 Am. U. L. Rev. 1269 ff (1993).

Sabella, Joseph D., Stand der Arzthaftpflichtversicherung in den USA, VersR 1990/1186 ff.
Sandage, John B., s. Beucher, Klaus.
Schack, Haimo, Jurisdictional Minimum Contacts Scrutinized, Heidelberg 1983.
Zitiert: Minimum Contacts.
ders., Internationale Zuständigkeit als Strafe für die Nichtbefolgung von Discovery-Befehlen, IPRax 1984/168 f.
ders., Art. 12 EGBGB in deutschen Urteilsanerkennungs- und Regreßverfahren, VersR 1984/422 ff.
ders., Einführung in das US-amerikanische Zivilprozeßrecht, München, 1988.
ders., Die Versagung der deutschen internationalen Zuständigkeit wegen forum non conveniens und lis alibi pendens, 58 RabelsZ (1994), S. 40 ff.
ders., Internationales Zivilverfahrensrecht, München, 1996 (2. Auflage).
Zitiert: IZVR.
ders., Anmerkung zu BGH (Urt. v. 2.7.1991), JZ 1992/54 ff.
ders., Anmerkung zu BGH (Urt. v. 4.6.1992), ZZP 106 (1993), S. 105 ff.
Schäfer, Hans-Bernd / Ott, Claus, Lehrbuch der ökonomischen Analyse des Zivilrechts, Berlin, 1995 (2. Auflage).
Scheibel, Thomas O., Die Ökonomische Analyse im Kollisionsrecht und Entscheidungen amerikanischer Gerichte zu „forum selection clause", RIW 1995/197 ff.;
Scheucher, Leo, Der Ordre Public im österreichischen Recht, ZfRV 1 (1960), S. 15 ff.
Schiemann, Gottfried, Argumente und Prinzipien bei der Fortbildung des Schadensrechts, München, 1981.
ders., Die grenzen des § 249 S. 2 BGB, DAR 1982/309 ff.
Schlesinger, Rudolf B. / Baade, Hans W. / Damaska, Mirjan R. / Herzog, Peter E., Comparative Law, Cases - Text, Materials, Mineola, New York, 1988.
Schlosser, Peter, Internationale Rechtshilfe und rechtsstaatlicher Schutz von Beweispersonen, ZZP 94 (1981), S. 369 ff.
ders., Der Justizkonflikt zwischen den USA und Europa, Berlin, New York, 1985.
Zitiert: Justizkonflikt.
ders., Buchbesprechung A. Junker und C. Pfeil-Kammerer, ZZP 101 (1988), S. 327 ff.
ders., Das Recht der internationalen privaten Schiedsgerichtsbarkeit, Tübingen, 1989 (2. Auflage).

ders., Ausländische Schiedssprüche und Ordre Public „international", IPRax 1991/218 ff.
ders., Die lange deutsche Reise in die prozessuale Moderne, JZ 1991/599 ff.
Schröder, Jochen, Internationale Zuständigkeit, Opladen, 1971.
Schurtmann, William / Walter, Otto L., Der amerikanische Zivilprozeß, Frankfurt a. M., 1978.
Schütz, Dieter, Der internationale Ordre Public: der Ausschluß völkerrechtswidrigen fremden Rechts im internationalen Privatrecht der Bundesrepublik Deutschland, Frankfurt a. M., Bern, New York, 1984.
Schütze, Rolf A., s. auch Geimer, Reinhold.
ders., Die Anerkennung und Vollstreckung ausländischer Zivilurteile in der Bundesrepublik Deutschland als verfahrensrechtliches Problem, Köln, 1960.
ders., Die Doppelexequierung ausländischer Zivilurteile, ZZP 77 (1964), S. 287 ff.
ders., Der Zeitpunkt der Anerkennung ausländischer Zivilurteile, NJW 1966/1598 ff.
ders., Doppelte Rechtsverfolgung im In- und Ausland, DB 1967/497 ff.
ders., Zur partiellen Verbürgung der Gegenseitigkeit bei der Anerkennung ausländischer Zivilurteile, NJW 1973/2143 ff.
ders., Zur Vollstreckung ausländischer Zivilurteile bei Zweifeln an der Verbürgung der Gegenseitigkeit, DB 1977/2129 ff.
ders., Die Geltendmachung von § 826 BGB gegenüber ausländischen Zivilurteilen, JR 1979/184 ff.
ders., Probleme der Anerkennung US-amerikanischer Zivilurteile in der Bundesrepublik Deutschland, WM 1979/1174 ff.
ders., Zur Anerkennung ausländischer Zivilurteile, JZ 1982/636 ff.
ders., Konzeptionelle Unterschiede der Prozeßführung vor US-amerikanischen und deutschen Gerichten, WM 1983/1078 ff.
ders., Anmerkung zu BGH (Urt. v. 27.3.1984), RIW 1984/734 ff.
ders., Deutsches Internationales Zivilprozeßrecht, Berlin, New York, 1985.
ders., Zur Verteidigung im Beweiserhebungsverfahren in US-amerikanischen Zivilprozessen, WM 1986/633 ff.
ders., Die Anerkennung und Vollstreckbarerklärung US-amerikanischer Schadenersatzurteile in Produkthaftungssachen in der Bundesrepublik Deutschland, in: Festschrift für Heinrich Nagel, Hrsg. Walter Habscheid, Karl Heinz Schwab, Aschendorff / Münster, S. 392 ff.
ders., Die Anerkennung und Vollstreckbarerklärung US-amerikanischer Zivilurteile, die nach einer Pre-Trial-Discovery ergangen sind, in der BRD, in: Festschrift für Ernst C. Stiefel, Hrsg. Marcus Lutter, Walter Oppenhoff, Otto Sandrock, Hanns Winkhaus, München,1987, S. 697 ff.
ders., The Recognition and Enforcement of American Civil Judgements containing Punitive Damages in the Federal Republic of Germany, 11 U. Pa. Int'l Bus. L. 581 - 602 (1990).
ders., Die Anerkennung und Vollstreckbarerklärung ausländischer Entscheidungen in Produkthaftungssachen, in: Produkthaftungshandbuch (Hrsg. von Westphalen), Band 2, S. 206 ff.
ders., Deutsch-amerikanische Urteilsanerkennung, Berlin, New York, 1992.
ders., Anmerkung zu BGH (Urt. v. 4.6.1992), RIW 1993/139 ff.
ders., Die Anerkennung nichtiger Urteile, IPRax 1994/266 ff.
Schwab, Harold L., The State of Punitive Damages: Constitutional Law, Pretrial Strategy and Trial Techniques, 41 Fed'n Ins. & Corp. Couns. Q. 57 - 82 (1990).
Schwab, Karl Heinz, s. Rosenberg Leo u.a.
Schworer, Carolyn C., Are Excessive Punitive Damages Awards Constitutional?, 10 Hamline J. Pub. L. & Pol'y 457 – 485 (1995).
Seibt, Christoph H., Punitive Damages sowie ihre Anerkennung und Vollstreckung in Deutschland, DAJV-Newsletter 2/94, S. 40 ff.
Seidl-Hohenveldern, Ignaz, Völkerrecht, Köln u.a. 1992 (7. Auflage).
Sensibar, Steven J., Punitive Damages: A Look at Origins and Legitimacy, 41 Fed'n Ins. & Corp. Couns. Q. 375 - 387 (1991).
Shoeman, Rosalie J., s. Parliman, Gregory C.
Sieg, Oliver, Internationale Anerkennungszuständigkeit bei US-amerikanischen Urteilen, IPRax 1996/77 ff.
Siehr, Kurt, „Forum Shopping" im internationalen Rechtsverkehr, 25 ZfRV (1984), S. 124 ff.
ders., Zur Anerkennung und Vollstreckung ausländischer Verurteilungen zu „Punitive Damages", RIW 1991/705
Simitis, Spiros, Zur Kodifikation der Vorbehaltsklausel, in: Beitzke, G. (Hrsg.), Vorschläge und Gutachten zur Reform des deutschen Personen-, Familien- und Erbrechts, S. 267 ff.
Soehring, Jörg, Ehrenschutz und Meinungsfreiheit, NJW 1994/2926 ff.
Sonnenberger, Hans-Jürgen, Anerkennung und Vollstreckung ausländischer Gerichtsentscheidungen, Schiedssprüche, Vergleiche und sonstiger Titel, in: Zeitgenössische Fragen des Internationalen Zivilverfahrensrechts (Studien des Instituts für Ostrecht (München), Band 24 (1972)), S. 209 ff.
Spellenberg, U., Literaturbesprechung von Nagel, IZPR, JZ 1987/1116 ff.
Spiegel, Arthur S., Settling Class Actions, 62 U. Cin. L. Rev. 1565 - 1579 (1994).

Spickhoff, Andreas, Zur Reform des deutschen internationalen Deliktsrechts, VersR 1985/124 ff.

ders., Der Ordre Public im internationalen Privatrecht, Neuwied – Frankfurt a. M., 1989.

Stadler, Astrid, Anmerkung zu BVerfG (B. v. 7.12.1994), JZ 1995/718 ff.

Stahl, Henning, s. Nettesheim, Patrick J.

Steffen, Erich, Schmerzensgeld bei Persönlichkeitsverletzung durch Medien (Ein Plädoyer gegen formelhafte Berechnungsmethoden bei der Geldentschädigung), NJW 1997/10 ff.

Stein / Jonas, Kommentar zur Zivilprozeßordnung, begründet von Friedrich Stein und Martin Jonas, Hrsg. Wolfgang Grunsky u.a., Band 2, Teilband 2, §§ 300 – 510 b, 20. Auflage, Tübingen 1989.
Zitiert: Stein/Jonas-Verfasser, ZPO.

Stein, Ursula, Punitive Damages – eine Herausforderung für die internationale Wirtschaftsschiedsgerichtsbarkeit?, EuZW 1994/18 ff.

Steindorff, Ernst, Europäisches Gemeinschaftsrecht und deutsches Internationales Privatrecht, EuR 1981/426 ff.

Stiefel, Ernst C., „Discovery"-Probleme und Erfahrungen im Deutsch-Amerikanischen Rechtshilfeverkehr, RIW/AWD 1979/509 ff.

Stiefel, Ernst C. / Bungert Hartwin, Anerkennungsfähigkeit und Vollstreckbarkeit US-amerikanischer RICO-Urteile in der Bundesrepublik Deutschland, ZIP 1994/1905 ff.

Stiefel, Ernst C. / Petzinger, Walter F., Deutsche Paralellprozesse zur Abwehr amerikanischer Beweiserhebungsverfahren, RIW 1983/242 ff.
(= Anmerkung zu LG Kiel, Urt. v. 30.6.1982, abgedruckt in RIW 1983/206 ff.)

Stiefel, Ernst C. / Stürner, Rolf, Die Vollstreckbarkeit US-amerikanischer Schadensersatzurteile exzessiver Höhe, VersR 1987/829 ff.

Stiefel, Ernst / Stürner, Rolf / Stadler, Astrid, The Enforceability of Excessive U.S. Punitive Damage Awards in Germany, 39 Am. J. Comp. L. 779 - 802 (1991).

Stöcker, Hans A., Der Internationale Ordre Public im Familien- und Familienerbrecht, RabelsZ 38 (1974), S. 87

ders., Internationaler Ordre Public zum Schutz der Menschenrechte, StAZ 1981/16 ff.

Stoll, Hans, Empfiehlt sich eine Neuregelung der Verpflichtung zum Geldersatz für immaterielle Schäden ?, in: Gutachten für den 45. DJT, 1964, Band I, Teil 1, S. 1 ff.

ders., Consequences of Liabilaty: Remedies, Volume XI, Part 2 (Torts) of the International Encyclopedia of Comparative Law.

Stürner, Rolf, s. auch Habscheid, Walter

ders., Die Aufklärungspflicht im Zivilprozeß, Tübingen, 1976.

ders., Verfahrensgrundsätze und Verfassung, in: Festschrift für Fritz Baur, Hrsg. W. Grunsky u.a., Tübingen 1981, S. 647 ff.

ders., Die Gerichte und Behörden der USA und die Beweisaufnahme in Deutschland, ZVglRWiss 81 (1982), S.159 ff.

ders., Anmerkung zu US Supreme Court i.S. Société Nationale Industrielle Aerospatiale v. U.S. District Court of the Southern District of Iowa, JZ 1987/984 ff.

Stürner, Rolf / Stadler, Astrid., Zustellung von „Punitive Damage"-Klagen an deutsche Beklagte nach dem Haager Zustellungsübereinkommen, IPRax 1990/157 ff.

Süß, Theodor, Die Anerkennung ausländischer Urteile, in: Festschrift für Leo Rosenberg, Hrsg. Wolfgang Bernhardt u.a., München, 1949, S. 229 ff.

Thomas, Heinz / Putzo, Hans, Zivilprozeßordnung, 19. Auflage, München 1995.

Thümmel, Roderich, Neues zu den Punitive Damages in den USA, RIW 1988/613 ff.

Toepke, Ulrich, Jurisdiction over Foreign (Non-U.S.) Corporations in the United States on parent-subsidiary relationships, in: Festschrift für Ernst C. Stiefel, Hrsg. Marcus Lutter, Walter Oppenhoff, Otto Sandrock, Hanns Winkhaus, München, 1987, S. 785 ff.

Tomuschat, Christian, Grundrechtsfestung Deutschland?, IPRax 1996/83 ff.

Triebel, Volker / Peglow, Michael, Positive Funktion des Ordre Public bei Termingeschäften?, ZIP 1987/613 ff.

Trittmann, Rolf, Anwendungsprobleme des Haager Beweisübereinkommens im Rechtsverkehr zwischen der Bundesrepublik und den Vereinigten Staaten von Amerika, Frankfurt a. M., Bern, New York, Paris, 1989.

Veltins, Michael A., Anwendung der Regeln des Haager Beweisübereinkommens in internationalen Gerichtsverfahren mit den USA nur noch in Ausnahmefällen?, DB 1987/2396 ff.

Völker, Christian, Zur Dogmatik des Ordre Public, Berlin, New York, 1998.
Die Veröffentlichung der Arbeit stand bei Abschluß des hiesigen Manuskriptes unmittelbar bevor. Zitiert wurde anhand der zur Verfügung stehenden Druckfahnen.

Volz, Heike, Ansätze zur Einschränkung übermäßiger Gebühren der Rechtsanwälte bei Punitive Damages, VersR 1987/229 ff.

Vorpeil, Klaus, Schiedsspruch über Punitive Damages, RIW 1991/597 ff.

ders., Punitive Damages und Schiedsrecht, RIW 1992/405 ff.
ders., Verfassungsmäßigkeit von Punitive Damages und Jury-System, RIW 1992/851 ff.

Walter, Otto L., s. Schurtmann, William.
Weinschenk, Fritz, Die Eintreibung kleiner Forderungen in den USA, RIW/AWD 1973/131 ff.
ders., Anwaltskosten in den USA, RIW 1990/435 ff.
Weissenstein, Robert F., Anglo-amerikanisches Rechtswörterbuch, Zürich, 1950.
Welp, Dietrich Internationale Zuständigkeit über auswärtige Gesellschaften mit Inlandstöchtern im US-amerikanischen Zivilprozeß; Berlin, 1982.
Wengler, Wilhelm, Anmerkung zu BGH (Urt. v. 18.10.1967), JZ 1968/596 ff.
ders., Sonderanknüpfung, Positiver und Negativer Ordre Public, JZ 1979/175 ff.
Westphalen, Friedrich Graf von, Die US-amerikanische Produzentenhaftung, WM 1979/542 ff.
ders., „Punitive damages" in US-amerikanischen Produkthaftungsklagen und der Vorbehalt des Art. 12 EGBGB, RIW 1981/141 ff.
ders., USA: Haftungsrisiko ausländischer Unternehmen, PHI 1988/18 ff.
ders. (Hrsg.), Produkthaftungshandbuch, Bd. 1/2, München, 1991.
Wheeler, Malcolm E., A Proposal for Further Common Law Developement of the Use of Punitive Damages in Modern Product Liability Litigation, 40 Ala. L. Rev. 919 ff. (1989).
White Judith L., Critical Reappraisal of Punitive Damages encompassing Attorneys' fees: Normative Analysis and Pragmatic Concerns, 42 Baylor L. Rev. 735 - 755 (1990).
Whitlo, Richard, C., USA: Die Wirkung der Konkurseröffnung auf anhängige Produkthaftungsklagen, PHI 1997/ 58 ff.
Wiehe, Herbert, Zustellungen, Zustellungsmängel und Urteilsanerkennung am Beispiel fiktiver Inlandszustellungen in Deutschland, Frankreich und den USA, München, 1993
Wiethölter, Rudolf, Zur Frage des internationalen Ordre Public, in: BerDtGesVR 7 (1967), S. 133 ff.
Winterfeld, Armin von, Noch einmal: Der deutsche Ordre Public in der internationalen Schiedsgerichtsbarkeit, NJW 1987/3059 ff.
Wittmaack, Kann ein Vollstreckungsurteil nach § 722 und 723 ZPO aufgrund eines nordamerikanischen, insbesondere kalifornischen Urteils erlassen werden?, NiemeyersZ 22 (1912), S. 1 ff.
Witzsch, Günter, Class Action, JZ 1975/277 ff.
Wölki, Christoph, Das Haager Zustellungsabkommen und die USA, RIW 1985/530 ff.
Wuppermann Michael, Die deutsche Rechtsprechung zum Vorbehalt des Ordre Public im Internationalen Privatrecht seit 1945 vornehmlich auf dem Gebiet des Familienrechts, Frankfurt a. M., 1977.

Zekoll, Joachim, s. auch Koch, Harald.
ders., US-Amerikanisches Produkthaftpflichtrecht vor deutschen Gerichten, Baden-Baden, 1987.
ders., Recognition And Enforcement of American Products Liability Awards in the Federal Republic of Germany, 37 Am. J. Comp. L. 301 - 336 (1989).
ders., Zur Vollstreckbarkeit eines US-amerikanischen Schadensersatzurteils, RIW 1990/302 ff.
ders., Änderungen im System der Punitive damages?, VersR 1992/1059 ff.
ders., The Enforceability of American Money Judgements Abroad: A Landmark Decision by the German Federal Court of Justice, 30 Colum. J. Transnat'l. L. 641 - 659 (1992).
ders., Umkehr im US-amerikanischen Produkthaftpflichtrecht und internationaler Schadensersatzprozeß, IPRax 1997/198 ff.
Zeuner, Albrecht, Gedanken zum Schadensproblem, in: Festschrift für Rolf Dietz, Hrsg. Götz Hueck, Reinhard Richardi, München, 1973, S. 120.
Ziegenhain, Hans-Jörg, s. Mark, Jürgen.
Zimmermann, Walter, Zivilprozeßordnung mit Gerichtsverfassungsgesetz und Nebengesetzen, Kommentar anhand der höchstrichterlichen Rechtsprechung, 4. Auflage, Heidelberg, 1995.
Zöller, Zivilprozeßordnung mit Gerichtsverfassungsgesetz und den Einführungsgesetzen, mit internationalem Zivilverfahrensrecht, Kostenanmerkungen, begründet von Richard Zöller, 19. Auflage, Köln 1995. Zitiert: Zöller-Verfasser, ZPO.

STICHWORTVERZEICHNIS

A

Agent Orange 173
Allgemeine Erklärung der Menschenrechte 73
Siehe auch MRK
American Rule of Costs 209
  Anerkennungsfähigkeit 216
  Common Sense Product Liability Legal Reform Act 1995 215
  Common Sense Product Liability Legal Reform Act 1996 215
  Kritik 213
  litigation lawyers 215
  packing 219
Anerkennung
  ausländischer Schiedssprüche 28
  Begriff 42
  EuGVÜ 28
  Familienrecht 28, 57
  formellen Voraussetzungen 57
  Freiwillige Gerichtsbarkeit 28
  Interessen bei der - 33
  Rechtsgrundlagen 27
  Regel oder Ausnahme 54
  Staatsverträge 28
  Teilanerkennung 46
  Teilanerkennung, das Modell von Stiefel/Stürner 53
  Verfahren 57
  Zeitpunkt 58
Anerkennung ausländischer Entscheidungen 32
Anerkennungsfähige Urteilswirkungen 45
Anerkennungsfähigkeit
  American Rule of Costs 216
  Erfolgshonorar 211
  Gerichtsgewalt in den USA 142
  Herstellungskosten, fiktive 228
  jury-Urteil 207
  jury-Verfahren 202
  Kostenregeln 208
  Kostentragung 209
  Kumulation von Verstössen 274
  packing 219
  punitive damages 229
  Urteilsgründe 199
  Zuständigkeit US-amerikanischer Gerichte 142
  Zustellung von Schriftstücken in Deutschland 165
Anerkennungsstaat 33
Anwaltshonorare in den USA 211
Anwendungsbereich des § 328 ZPO 31
Ausforschung 185
Siehe auch pre trial discoveries
Autostrada del Sole-Fall 131
  forum shopping 132

B

Baur, Topische Thesen von - 111
Benedectine-Fall 173
Beteiligung Dritter am Ausgangsprozeß 168
Beweisaufnahme Deutschland - USA 185
Siehe auch pre trial discoveries
Bergtour in Südtirol-Fall 52
Big O Tire Dealers Inc. vs. Goodyear Tire and Rubber 236
BMW of North America Inc. vs. Dr. Ira Gore Jr. 237
Browning Ferries vs. Kelco 244

C

Caroline von Monaco I 258
Caroline von Monaco II 259
Chemie-Grünenthal 167
Siehe auch Contergan-Fall
class action 171
  Anerkennungsfähigkeit 177
  Dispositionsmaxime 177
  in Deutschland 176
  Parteimaxime 177
  Rechtliches Gehör 180
  Rechtskrafterstreckung 180
  Strafmonopol des Staates 183
  Voraussetzungen 171
  Zulassung 171

Common Sense Product Liability Legal Reform Act 1995 215
Common Sense Product Liability Legal Reform Act 1996 215
contact weighing 121
Contergan-Fall 167
contingency fees 211
corning-glass-Fall 193
cost of placement 48

D

Dalkon Shield IUD 175
deep pocket-Syndrom 211, 244
Delibation 62
Doppelexquirierung 44
double jeopardy clause 243
due process clause 70, 143, 148, 156,182, 238, 244, 247

E

EMRK 73
Erststaat 33
Europäische Konvention zum Schutz der Menschenrechte und Grundfreiheiten 73
Siehe auch EMRK
excessive fines clause 244
Exequatur 62

F

FCN-Vertrag 30
Feststellungsklage
  negative - 57
  positive - 57
Ford-Pinto-Fall 234
forum shopping 34, 135, 138, 109, 142 ff.
forum shopping und Art. 38 EGBGB 135
future medical damages 48

G

Gegenseitigkeit der Anerkennung 32
Ginseng-Entscheidung des BGH 257
Gleichstellungstheorie 53, 63
Grimshaw vs. Ford Motor Co. 234
Siehe auch Ford-Pinto-Fall
Günstigkeitsprinzip 29, 127

H

Haftungsverlagerung auf Versicherungsträger 53
HBÜ 31
Helicopteros Nationales de Colombia S.A. vs. Hall 146
Herrenreiter-Entscheidung des BGH 257
Herstellungskosten, fikitve 226
HZÜ 30

I

Inlandsbeziehung ausländischer Urteile 58
Interessen bei der Anerkennung
  allgemeine 33
  Anerkennungsstaat 33
  Parteien, - der beteiligten 36
  politische 35
  Rechtspflege, - der 37
  Urteilsstaates, - des 33
  wirtschaftliche 35
interest balancing 121
Internationale Kontrollmaßstäbe 116
Internationale Zuständigkeit
  Deutschland 142
  USA 156

J

Jane Doe 166
John Doe 166
Jayme, Prüfungsschema beim ordre public 115
jury-Verfahren 201
  Berufsrichter 204
  Ford Pinto-Fall 234
  jurors 205
  Kritik 206
  Laienrichter 205
  Simpson, O. J. 205
  Vorteile 207
Justizkonflikt 25, 141, 163

K

Kalifornien-Entscheidung (Sachverhalt)
- BGH vom 4.6.1992 36
- OLG Düsseldorf vom 28.5.1991 37
- RG vom 26.3.1909 35, 79

Kalifornien-Entscheidung des BGH vom 4.6.1992
- Art 38 EGBGB 138
- Erfolgshonorar 237
- Inlandsbeziehung / Inlandsbezug 59, 121, 137
- Konkretisierung des ordre public 67
- ordre public 65
- ordre public, international 72
- ordre public, materiellrechtlicher 68, 70, 226
- ordre public, verfahrensrechtlicher 70
- packing von Anwaltshonoraren 224
- Persönlichkeitsschutz 259
- Pseudonym 166
- punitive damages 261
- Rechtsnachfolge 167
- Sachverhalt 36
- Teilanerkennung 47
- Teilbarkeit der Ansprüche 47 f.
- US-amerikanisches Ausgangsverfahren zur Kalifornien-Entscheidung des BGH 166

Killy, J. C. (Unterhose) 153

Kranzgeld 61, 100

Kumulation von Verstössen gegen den ordre public 274

Kumulationstheorie 44

L

legal aid 212

Lehre von der Wirkungserstreckung 43

lois d'application immédiate 71

lois d'ordre public international 71

long arm statutes 148, 151

lump sum 48, 215, 228, 231, 242

M

Marcos, Ferdinand E. 173

materiellrechtlicher ordre public
- Verstösse gegen den - 226 ff.

Meistbegünstigungsregel 28, 194

Menschenrechtspakt über bürgerliche und politische Rechte 74
- *Siehe auch* Zivilpakt

Menschenrechtspakt über wirtschaftliche, soziale und kulturelle Rechte 74
- *Siehe auch* Sozialpakt

Merill Dow Pharmaceutical-Fall 173

minimum contacts-Test 121

Moseley vs. General Motor Corp. 235

MRK 79

N

Natur der Sache 108

O

ordre public
- § 328 I Ziffer 4 ZPO 66
- Art. 27 Nr. 1 EuGVÜ 52, 81, 131
- Art. 6 EGBGB 66
- Aufgabe 81
- Ausformungen 67
- effet atténué 96
- Einzelfallprüfung 121
- europäischer 77
- Funktion 81
- Gegenwartsbeziehung 122
- Grundrechte 104
- Gute Sitten 101
- Inhalt 80
- Inlandsbeziehung 58, 118
- interlokaler 78
- intern 73
- international 73
- internationaler oder völkerrechtlicher 73
- kollisionsrechtlicher 68
- materiellrechtlicher 68
- methodische Erfassung 115
- nationaler 73
- Notanker 82
- Notbehelf 82
- Notbremse 82
- politischer 79

prozessualer 69
Prüfungsmaßstab 95
Prüfungsobjekt 92
Relativität 61
Schutzschild 69
topische Erwägungen 110
transnational 71
universel 73
verfahrensrechtlicher 68
völkerrechtlicher 73
wertende Betrachtung 123
wesentliche Grundsätze des deutschen Rechts 104
Wirkungsweise 84, 90
ordre public, anerkennungsrechtlicher
Art. 5 EGBGB 125
Art. 34 EGBGB 126
Art. 38 EGBGB 126
Kollisionsnormen, international-privatrechtliche 126

P

Pacific Mutual Life Insurance Co. vs. Haslip 244
packing von Anwaltshonoraren 219
past medical damages 48
Piper Aircraft & Co. vs. Reyno 146
pre trial discoveries
adversarial system 186, 190
Anerkennungsfähigkeit 195
Ausforschung 197
depositions 186
in good faith 190
nemo tenetur-Grundsatz 197
nuisance value 188
permission to enter upon land or other property 186
physical and mental examination 186
pretrial conferences 187
production of documents or things 186
protective orders 187
Rechtshilfe 191
request for admission 186
Siemens-Fall 193
Volkswagen AG vs. Superior Court of Alameda County 189
writ of mandamus and prohibition 189
written interogatorries 186
Prinzessin Caroline von Monaco I 258
Prinzessin Caroline von Monaco II 259
Product Liability Fairness Act 1995 210
Prozeßführungsbefugnis und Anerkennungsfähigkeit 166
Prüfung der Anerkennungsfähigkeit
dreistufiges System 42
System der eingeschränkten Nachprüfung 40
System der umfassenden Überprüfung mit eingeschränkter Ablehnungsmöglichkeit 40
Prüfungsschema beim ordre public von Jayme 115
Pseudonym, Anerkennungsfähigkeit 166
punitive damages
Anerkennungsfähigkeit 261
Begriff 230
Beispielsfälle 234
Bestimmtheitsgrundsatz 271
deutsches ziviles Haftungsrecht 250
double jeopardy clause 243
due process clause 238, 244, 247
Entwicklungen, aktuelle 243
excessive fines clause 244
Funktion 233
Höhe 233
Kritik 243
Soziologische Überlegungen 265
Strafmonopol des Staates 266
Teilanerkennung 50
Verbot der Mehrfachbestrafung 270
Verfahrensgarantien 267
Verhältnismäßigkeit 271
Voraussetzungen 231

R

Rechtsnachfolge und Anerkennung 167
Regel der maximalen Wirksamkeit 29
remittitur-Verfahren 203, 235
res judicata-Wirkung der ausl. Entscheidung 97
révision au fond 38

S

Schadensregulierung, verzögerte 254
Siemens-Fall 193
Silicone Gel Breast Implant-Fall 174
Soraya-Fall 258
Sozialpakt 74
Strada del Sole *Siehe* Autostrada del Sole
System der eingeschränkten Nachprüfung 40
System der umfassenden Überprüfung mit eingeschränkter Ablehnungsmöglichkeit 40

T

Teikbarkeit des Urteils
- objektive Klagehäufung 47
- subjektive Klagehäufung 49

Teilanerkennung
- ausländischer Entscheidungen 46
- System von Stiefel/Stürner 53

Teilbarkeit eines Urteils
- horizontale 46
- vertikale 46

Territorialitätsprinzip 32
Thalidomid *Siehe* Contergan-, Bendectine-Fall
third party complaint 168
Topische Thesen von Baur 111
transient jurisdiction 146, 152

U

Ubiquitätsregel 127
Union Carbide Corp. Gas Plant Desaster at Bhopal 147
Unterhose Killy, J. C. 153
UNÜ 29
Urteile i.S.d. § 328 ZPO 31
Urteilsgründe
- Erforderlichkeit für die Anerkennung 199
- LG Berlin vom 13.6.1989 199

Urteilsstaat 33
US-amerikanische Zuständigkeitsregeln und deren Anerkennungsfähigkeit 150

V

Verbot der Doppelexquirierung 44
Verbot der révision au fond 38
Verbürgung der Gegenseitigkeit 32
Verfahrensrechtlicher ordre public
- Verstöße, mögliche - gegen den - 142

Völkergewohnheitsrecht 27
Völkervertragsrecht 28
Vollstreckbarerklärung
- ausländischer Entscheidungen 62
- Begriff 62
- Voraussetzungen 63

Vollstreckungsstaat 33
vouching in 168

W

Wirkungserstreckung 43
Wirkungsverleihung 43
World-Wide Volkswagen Corp. vs. Woodson 145

Z

Zivilpakt 74
Zustellung von Schriftstücken 155
- Anerkennungsfähigkeit 155, 165
- BVerfG vom 3.8.1994 160
- BVerfG vom 7.12.1994 162

Zweitsstaat 33

Peter Lang · Europäischer Verlag der Wissenschaften

Ausschüsse für Strafrecht, Strafvollstreckungsrecht, Wehrstrafrecht, Strafgerichtsbarkeit der SS und des Reichsarbeitsdienstes, Polizeirecht sowie für Wohlfahrts- und Fürsorgerecht (Bewahrungsrecht)

Frankfurt/M., Berlin, Bern, New York, Paris, Wien, 1999. LVIII, 641 S.
Akademie für Deutsches Recht 1933-1945. Protokolle der Ausschüsse.
Herausgegeben und mit einer Einleitung versehen von Werner Schubert. Bd. 8
ISBN 3-631-34015-X · geb. DM 198.–*

Der Band dokumentiert die Beratungen der Ausschüsse der Akademie für Deutsches Recht für Strafrecht, für die Rechtsangleichung zwischen dem Altreich und den Reichsgauen der Ostmark, der Arbeitsgemeinschaft für internationales und ausländisches Strafrecht sowie für die Neufassung des Strafgesetzbuchs (1944). In diesem Zusammenhang wird die letzte Entwurfsfassung zu einem Gemeinschaftsfremdengesetz und zur Neufassung des Allgemeinen Teils des Strafgesetzbuchs durch das Reichsjustizministerium wiedergegeben. Es folgen die Arbeiten des Ausschusses für Strafvollstreckungsrecht mit dem Entwurf des Reichsjustizministeriums zu einem Strafvollzugsgesetz von 1939, die wenigen erhalten gebliebenen Protokolle des Wehrstrafrechtsausschusses und der Arbeitsgemeinschaft für Fragen der Strafgerichtsbarkeit der SS und des Reichsarbeitsdienstes sowie annähernd vollständig die Materialien des Polizeirechtsausschusses unter Werner Best. Abschließend werden die Protokolle des Ausschusses für Wohlfahrts- und Fürsorgerecht mit den Vorarbeiten zu einem nationalsozialistischen Bewahrungsgesetz abgedruckt. Insgesamt macht die Edition wichtige Texte der Strafrechtsgeschichte in der NS-Zeit erstmals zugänglich. Die Einleitung des Herausgebers erschließt die Verhandlungsergebnisse und die Biographien der Ausschußmitglieder.

Aus dem Inhalt: NS-Strafrechtsreform · Hoch- und Landesverrat · Strafensystem · Schutz der Volksgesundheit · Homosexualität · Ehrverletzung · Radikalisierung des Strafrechts durch das geplante Gemeinschaftsfremdengesetz · Strafrechtsangleichung zwischen Deutschland und Österreich · Strafvollzug · Reichsstrafvollzugsgesetz · Nationalsozialistischer Polizeibegriff · Strafgerichtsbarkeit der SS und des Reichsarbeitsdienstes · Bewahrungsgesetz, Familiennotgemeinschaft · Ausweitung der gesetzlichen Unterhaltspflicht

FSC
www.fsc.org
MIX
Papier | Fördert
gute Waldnutzung
FSC® C083411

Kolibri 360 GmbH
Ferdinand-Jühlke-Straße 7
99095 Erfurt, Deutschland
produktsicherheit@kolibri360.de

Druck:
CPI Druckdienstleistungen GmbH
im Auftrag der
Kolibri 360 GmbH
Ferdinand-Jühlke-Str. 7
99095 Erfurt